破旧立新

新中国元年的中财委

迟爱萍/著

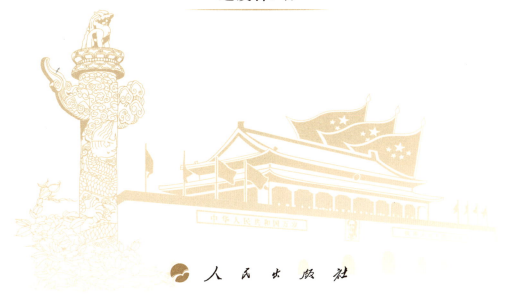

人民出版社

责任编辑：刘　伟
责任校对：吕　飞

图书在版编目（CIP）数据

破旧立新：新中国元年的中财委 / 迟爱萍 著 . — 北京：人民出版社，2020.7
ISBN 978 − 7 − 01 − 021974 − 5

I. ①破⋯　II. ①迟⋯　III. ①财政史 − 研究 − 中国 − 现代　IV. ① F812.9

中国版本图书馆 CIP 数据核字（2020）第 047886 号

破旧立新：新中国元年的中财委
POJIU LIXIN XINZHONGGUO YUANNIAN DE ZHONGCAIWEI

迟爱萍　著

人民出版社 出版发行
（100706　北京市东城区隆福寺街 99 号）

中煤（北京）印务有限公司印刷　新华书店经销

2020 年 7 月第 1 版　2020 年 7 月北京第 1 次印刷
开本：710 毫米 × 1000 毫米 1/16　印张：34.5
字数：564 千字

ISBN 978 − 7 − 01 − 021974 − 5　定价：99.00 元

邮购地址 100706　北京市东城区隆福寺街 99 号
人民东方图书销售中心　电话（010）65250042　65289539

目　录

序 一

迟爱萍同志的著作《破旧立新：新中国元年的中财委》就要由人民出版社出版了。这是令人高兴的事情。

中华人民共和国的诞生，在中华民族几千年历史中是一场划时代的历史巨变。"划时代"，意味着它结束了已经延续几千年的旧时代，开创了一个全新的时代。中国的社会结构、政治经济文化状况和它的前途命运，在它以后同以前相比，都发生了根本的变化，这是新中国七十年来发生的翻天覆地变化的最初起点。

曾经目睹并投身过这场历史巨变的人，都会清楚地记得当年的情景：人们欢欣鼓舞地迎接新生活开始的同时，又深深感到摆在面前的是多么艰难的任务：一方面，旧中国遗留下来的是一个千疮百孔的烂摊子，堆积如山的棘手的难题亟待解决，不能拖延；另一方面，更重要的是要从长远的战略眼光出发，建立起一整套全新的社会制度，这是过去几乎没有现成经验而又必须切合当时的实际情况、能同将来长远目标相衔接。标本必须同时兼治。哪一方面处理不当，都会造成严重的灾难性后果，并且会留下长远的影响，以后再来纠正或补救，就得付出重大代价。老话常说"万事开头难"，就是这个意思。

这对领导这场历史性巨变的中国共产党来说，是十分严峻的考验。一些人带着怀疑的目光在观察：共产党能在"马上得天下"，能不能在"马上治天下"？这种怀疑，不是完全没有理由的。

"沧海横流，方显出英雄本色。"中国共产党以高度的智慧和勇气，带领全国人民，在短短的一年内就在这两方面都取得了举世瞩目的巨大成就。这不能不说是一个奇迹，由此博得全国人民的信任和爱戴，也为以后的阔步前进奠定了基础。

经济工作是新中国第一年巨大成就的重要组成部分，而且直接关系千家万户的民生需求。但它起步的艰难也是太难想见的。新中国成立后才半个月，物价就出现疯狂的上涨；人民解放军的胜利进军，全国大陆的迅速走向统一，对财政经济工作提出了许多前所未有的新问题；城市居民的失业，淮河、海河等的严重洪水灾害；城乡社会的长期脱离以至对立等等，更给人民带来巨大的痛苦。以陈云为首的中财委令人赞叹的出色工作，博得了全国人民的赞誉。毛泽东主席曾经称赞：平抑物价，统一财经，它的功绩不在淮海战役之下。

前辈的丰功伟绩和宝贵经验，值得后来者永远铭记和继承发扬。但现在的年轻人也许已知之不多了。时间已相隔近七十年，这也不足为怪。前辈学者任继愈教授曾感叹："这种感受是后来新中国成长的青年们无法体会得到的。"

迟爱萍同志从事党的文献研究工作已有三十多年，曾阅读大量党的原始文献，尤其是陈云和新中国经济工作的文献，这样的条件是很难得的。她的博士论文《新中国第一年的中财委研究》曾由复旦大学出版社出版。她并不满足于已有的成果，十二年来又孜孜不倦地就这个问题继续作更深入的研究，再版了这本经大幅度修改补充的著作。希望关心这个问题的读者能够读读这本书，很可能从中受益。

金冲及

2019 年 1 月 5 日　　时年 89 岁

序 二

迟爱萍同志是改革开放和社会主义现代化建设新时期成长起来的党史和文献工作专家。受中共中央宣传部委托，我审读了她撰写的《破旧立新：新中国元年的中财委》一书。这部书有三个明显特点：

第一，这是一部研究角度新颖、具有一定创新意义的学术著作。作者以政务院财政经济委员会（以下简称"中财委"）第一年的财经政策与实践活动为研究对象，展示了中国共产党在由夺取争取向执掌政权、开始和平建设转变的初年，在破旧立新中对中国发展道路的探索。这个研究视角具有创新性，也具有重要的理论与实践意义。在毛泽东、中共中央和政务院领导下，中财委新中国元年的实践及主要历史贡献，翻开了中国经济史新的一页，是新旧社会变迁过程中具有历史转折意义的开端，对新经济基础的构建具有奠基作用和长远影响，为新中国的巩固和发展，打下了初步的经济制度、经济体制和物质方面的基础。

第二，这是一部史料扎实、考证严谨的历史研究著作。作者在梳理和研读大量历史文献材料的基础上，清楚论述了中财委在新中国元年，领导进行的整饬经济环境、解决财政赤字、统一全国财经、调整工商业、确立国营经济在国民经济中的领导地位、探索经济建设道路、有效应对抗美援朝战争开始后的财经压力等重大实践活动；展现了新旧社会交替中，社会经济的三大质变过程：由半殖民地半封建经济形态向新民主主义经济形态的转变，由战时经济体制向和平建设时期经济体制的转变，由解放区人民政府的局部经济管理向中央人民政府的国家经济管理的转变。这三大转变带来了旧中国经济生活中从未有过的独立自主、城乡结合、中央与地方统一、产销运行逐步有序的新局面，使长期受战争蹂躏的中国人民得以摆脱通货膨胀、物价波动、民不聊生之苦，在共产党引领下踏上当家做主人、建设新国家的历史征程。这是天翻地覆的变化！这部著作有助于人们较为系统地了解新中国经济起步的历史。

第三，这是一部具有思想教益和启迪的读物。新中国的成立，实现了几代中国人梦寐以求的民族独立和人民解放，为中华民族的进步创造了前提，开辟了中国历史的新时代。但这不意味着政权的巩固，只是万里长征迈出的第一步，更加艰巨而复杂的任务等待中国共产党去担当；其中经济的恢复与建设，是最基础的工作，也是社会瞩目的焦点。当时无论国际国内，等着看共产党笑话的不乏其人。"共产党军事一百分，政治八十分，财经打零分"是一种典型说法。这部书展现了在毛泽东、中共中央和政务院领导下，中财委带领全党财经干部走好了破旧立新第一年的历史过程。这一年深刻的社会经济变化，教育了许许多多的人，使他们清楚认识到了共产党与国民党的本质区别，认识到了共产党取代国民党获得执政地位的历史必然性。中财委在新中国元年，根治旧中国恶性通货膨胀痼疾，初步建立新国家的经济秩序，开启经济健康发展的实践进程，在较短时期内有效整合国家财力物力、凝聚民心，为国家应对严重外部挑战奠定经济基础等一系列出色政绩，充分说明中国共产党，不仅能够领导革命取得胜利，建立人民政权，而且有能力运用经济手段管理国家，建设新社会，带领人民奔向光明的未来。这一年治乱兴衰的财经史，承载了中国共产党领导国家经济工作的最初经验，是极其珍贵的精神财富，给后人留下重要启示。

在新中国走过七十余年的风雨兼程，广大党员干部站在中国特色社会主义新时代的历史方位，回望起步时的不易与艰难，学习老一辈无产阶级革命家，不惧困难、勇于探索的革命精神；善于驾驭全局的智慧和眼界，沉着冷静、目标坚定的意志；勤于并深入调查研究，进而把握规律，推动工作的理论水平和实践能力，很有必要，且思想受益。习近平总书记说："一切向前走，都不能忘记走过的路；走得再远、走到再光辉的未来，也不能忘记走过的过去。"清醒地回顾起步时的足迹，了解源头，总结经验，汲取智慧，认识规律，弄清楚我们从哪里来、往哪里去，对于我们永志初心，坚持"四个自信"，胸怀"两个大局"，从容不迫应对"百年未有之变局"中的新挑战，稳健完成"两个百年"的奋斗目标，实现中华民族伟大复兴的中国梦，都是有重要意义的。

在充分肯定全书的同时，我向作者重点提出：增加新中国创立时国际背景的论述；鲜明亮出党中央和毛泽东，对新中国新民主主义经济建设工作全局领导和战略筹划的指导作用；补充中财委在抗美援朝战争开始前后相关决策及实施内容等修改建议。作者欣然接受全部意见，认真修改了书稿；并表示要在今后研究工作中，进一步加强经济理论修养，自觉运用经济理论分析和观察经济史中的问题。

从国际机构的历史延续性看，新中国成立初年的中财委与当代中国的中央财经领导小组，以及十九大之后的中央财经委员会，负有同样的执政职能和职责，是有历史渊源的。历史、现实、未来是想通的。我们在工作中，十分注意汲取历史经验，丰富思想，充实智慧，以史鉴今。所以虽然工作异常繁忙，我挤时间认真审读了这部书，并接受了人民出版社希望我能为此书作序的建议。唯有一个愿望：希望更多的党史、国史工作者关注新中国经济史的研究，讲好发生过的历史，讲好中国故事，以益于我们总结历史经验，认识历史规律，把握历史趋势，干好中国特色社会主义伟大事业！

蒲淳

2020年九月九日

导　言

　　本书以政务院财政经济委员会（以下简称"中财委"）新中国元年的实践活动及政策思想为主要研究对象。全书力图通过中财委在毛泽东、中共中央和政务院领导下的实践活动，表现中国共产党对新中国发展道路的探索，表现在历史变迁过程中对旧经济秩序的整饬、新经济制度和体制的创立，以及为国家经济恢复和建设所作的努力。

　　本书所述"新中国元年"，界定于 1949 年 10 月 1 日至 1950 年 10 月 1 日，即新中国的"始年""首年"，凡称"第一年"。对"元年"，现代人有一明解："指政体改变或政府组织上的大改变的第一年"①。为弄清历史的来龙去脉，书中所论述的内容，以新中国元年为主，略有前伸和后延。

　　1949 年 7 月，按照中共中央决策，中央财政经济部与华北财经委员会合并，成立了中央财政经济委员会。7 月 12 日，中央财政经济委员会主任陈云主持了成立会议。新中国成立后，中央财政经济委员会转换为政务院财政经济委员会。在党的文献中，上述两个机构统一简称为"中财委"。本书使用的"中财委"称谓，主要指政务院财政经济委员会；中央财政经济委员会在历史上存在不足三个月，故现在党史与国史中所述的"中财委"，基本上指政务院财政经济委员会。

　　政务院财政经济委员会成立后，各中央局包括分局，都相继设立财政经济委员会，由此在党的文献中出现了"财经委"简称。这一简称即指从中央到地方的整个财经委员会系统中的单位，也就是说，从政务院财政经济委员会到地

---

　　① 中国社会科学院语言研究所词典编辑室：《现代汉语词典》（第 6 版），商务印书馆 2015 年版，第 1598 页。

方财政经济委员会，都可使用"财经委"简称，具体所指根据文献内容判定。故"财经委"不是政务院财政经济委员会固定的简称，更不是新中国成立前的中央财政经济委员会的简称。

新中国元年的财经工作在中国现代经济史和国史研究中处于重要位置，这一年的财经工作具有开端和奠基双重意义。当时，国家经济"正处在一个重大的历史转折点。这就是在全国范围内改造半殖民地半封建经济而为独立自主的新民主主义经济的历史转折点，由落后到进步的历史转折点，由坏情况到好情况的历史转折点"①。一年在中国历史中不过弹指一挥间，但在短暂的一年里，新中国战胜了婴儿诞生时母亲的阵痛，绽露出生机勃勃的容颜。认真研究这一年财经兴衰史，对于认识旧中国半殖民地半封建的经济形态，向新中国新民主主义经济形态的转变；对于认识中国共产党以保证武装斗争胜利和军民生存为主的经济工作，向和平经济的恢复与建设为主的历史任务的转变；对于认识解放区局部的、分散经营的经济管理体制，向全国逐步集中统一的经济管理体制的转变，均有重要帮助。

目前学术界专门以中财委作为研究对象的论著几乎是空白。中财委是中共中央、政务院指导全国财经工作的具体领导机关，处在国家经济实践的第一线。中共中央和政务院在财经工作方面的决策，是通过中财委来组织领导国家财经职能部门和各大区财委在全国实施的。由于指导财经工作的实践活动，中财委能够直接触及社会经济生活的方方面面，了解新旧社会交替中出现的种种问题，从而能对中共中央财经工作的决策提供重要意见，并根据中央决策具体组织实施。所以，中财委处在党和国家经济决策与实施的中心环节。选择中财委来透视新中国元年的财经工作，有助于人们更加深入具体地从国家与社会的互动中，去认识新中国经济破旧立新的历史进程，去认识国营经济为主导、多种经济成分并存的新民主主义经济制度在现实中的形成及逐步有序运行等一系列新中国经济史中的重大问题；有助于再现中国共产党在历史变迁中成功地由革命党迅速转变为执政党，担负起领导中国人民建设新中国历史重任的实践进程；有助于展现社会不同阶层从怀疑、观望到高度认同中国共产党执政地位的

① 《陈云文选》第二卷，人民出版社1995年版，第100页。

历史进程；从而坚定人民没有共产党就没有新中国的基本认识，坚定人民对中国共产党的执政地位是中国历史发展必然性的基本认识；同时也以历史启示现在和未来，在中国任何政党，只有坚持以人民为中心的执政理念和基本立场，才能无往不胜！

　　另外，为了简明，本书的注释在体例上有两点说明：（1）注释首次出现，包括著者或编者、书名、出版社、出版时间、页数，二次出现只注书名和页数。最后，附主要参考文献篇目。（2）一些重要文献中表述的史实，如正文中没有叙述直接来源，在注释中标明；如有所叙述，直接注书名或刊名。该体例在此敬告读者是有必要的。

第一章　中财委起步的历史条件

　　解放战争开始时，国民党政府统治着约占全国 76% 的面积，解放区的土地面积只约占全国的 24%。[①] 这说明新中国成立时有四分之三的国土面积是从国民党政府统治下接收过来的。中财委的工作主要是在国民党政府遗留下的经济基础上起步的。在进入对新中国元年中财委实践活动主题研究前，搞清它起步的历史条件是必要的。只有搞清起步基础，才可能更好理解和认识实践的过程。

一、国民党统治区财政经济总崩溃

　　国民党政府统治下的社会经济实力极端虚弱，工业基础尤其微薄，国家没有形成完整的工业体系。国统区经济的极端落后，特别是工业生产水平的低下，从中国 1949 年主要工业产品产量与美国和印度的列表对比中，即可一目了然（见表 1）。

表 1　1949 年中国主要工业产品产量与美国和印度之比较

产品名称	单　位	中　国		美　国		印　度	
		产　量	%	产　量	为中国倍数	产　量	为中国倍数
原煤	亿吨	0.32	100	4.36	13.63	0.32	1
原油	万吨	12	100	24892	2074.33	25	2.08

---

　　① 　中共中央党史研究室：《中国共产党的九十年（新民主主义革命时期）》，中共党史出版社、党建读物出版社 2016 年版，第 281 页。

续表

产品名称	单 位	中 国		美 国		印 度	
		产 量	%	产 量	为中国倍数	产 量	为中国倍数
发电量	亿度	43	100	3451	80.26	49	1.14
钢	吨	15.8	100	7074	447.72	137	8.67
生铁	万吨	25	100	4982	199.28	64	6.56
水泥	万吨	66	100	3594	54.45	186	2.82
硫酸	万吨	4	100	1037	259.25	10	2.5
纯碱	万吨	8.8	100	355	40.34	1.8	0.2
烧碱	万吨	1.5	100	202	134.67	0.6	0.4
纱	万吨	32.7	100	5.24	171.5	61.5	1.88
布	亿米	18.9	100	4.05	4.05	34.6	1.83
原盐	万吨	299	100	1413	4.73	202	0.68
糖	万吨	20	100	199	9.95	118	5.9
卷烟	万箱	160	100	770	4.81	44	0.28

资料来源：中华人民共和国国家经济贸易委员会编：《中国工业五十年》第一部上卷，中国经济出版社 2000 年版，第 9 页。

从表 1 可以看出，1949 年中国主要工业产品产量，与美国同类产品相差悬殊，大多有几十倍、几百倍以至二千多倍。表中所列印度 14 种工业产品中，只有 4 种产品的产量低于中国，1 种产品的产量等于中国，其他 9 种产品的产量都高于中国，高出幅度最少的有 1.14 倍，最多的达 8.67 倍。尽管各国情况不同，存在着许多不可比的因素，但此表清楚地说明同期旧中国工业水平不仅远远落后于经济发达的美国，与刚刚摆脱殖民地地位的印度也有不小的差距。如果把表中所列的中国、美国和印度的主要工业产品产量换算成按人口[①] 平均计算的产量，差距将更大。

从中国本身的历史发展来看，抗战十四年中，国统区经济基本处在工业危

[①]　1949 年中国人口为 5.42 亿人，而同年美国和印度的人口分别为 1.5 亿人和 3.51 亿人，中国人口分别比美国和印度的人口要多 2.62 倍和 0.55 倍。参见《中国工业五十年》第一部上卷，第 8 页。

机、农村凋敝和财政破产三个因素相互交织的窘况之中，而且三种危机相互推动，相互影响。政府财政的破产，导致通货膨胀，社会物价飞腾。在这种情形下，工业成本高增，国货（除某些原料外）无力与美货竞争以至丧失输出能力；民族工业走向崩溃，不但减少工业对农村原料的需求，而且增加城市的失业人口，使中国经济沦为外国独占资本的附庸，国家税收减少，财政危机进一步加重。农村危机的发展，不但缩小了工业品的市场，而且枯竭了财政税源。抗战胜利后，国民党政府的内战政策，使经济上的这三种危机愈加膨胀，终于酿成财政经济总崩溃的局面，主要表现如下：

（一）社会生产力遭到野蛮摧毁

1948 年秋，国民党政府面对内战失败的定局，在财政经济方面孤注一掷，一方面，加重税收，征集战争军费；另一方面，强行将大批工厂机器和运输设备拆迁至台湾、香港，搬不动或来不及搬走的厂房、机器、船舰、铁路、机车以及工业民用设施大量摧毁，力求不给人民政府留下恢复经济可资利用的设备。当时交通运输能力受到的摧残最为严重，所有铁路、公路，在解放时，几乎无一能够全线通车；轮船被凿沉或被迫开走；航空方面仅留下破烂的机场；交通方面的巨大工程，如大桥梁、大隧道、大机场等均遭到严重破坏。[①] 国民党政权还将中央银行的全部黄金、银元、外汇储备运走，使战后大陆恢复国民经济所迫切需要的资金接近枯竭。[②]

在农村，农业生产呈现严重的凋敝局面。国民党政府为支撑内战，垂死

---

① 政务院财政经济委员会编印：《1949 年中国经济简报》（内部编印），第 64 页。

② 据国民党政府中央银行档案记载：1948 年 11 月 29 日，本行发行局密遵银行总裁俞鸿钧之令，将黄金 200 余万两运到台湾。12 月 31 日，俞又奉蒋介石之命，将库存金银分别密运台、穗、夏三地。此前已先后运台黄金 2004459 两，运穗银币 1000 万两。此次奉命后，即将黄金 151 箱，合纯金 572899 两，银币 1000 箱，合 400 万元运至厦门。1949 年 1 月，央行及各地分行，又几次奉命将库存黄金、银币等运往台、厦。据新华社北平 4 月 16 日电称：在 1 月 21 日蒋引退前后，央行奉命陆续将约值二亿美元之金银外汇运至台湾及厦门。参见中国人民银行总行参事室编：《中华民国货币史资料（1924—1949）》第二辑，上海人民出版社 1991 年版，第 630—632、633 页。

抵抗，强力拉丁征税，使久经战争破坏已十分衰弱的农业生产环境受到进一步打击，原本就十分低下的农业生产力到1948年急剧下降，劳动力、耕畜、农具锐减。①耕作方法粗放，施肥减少，作物品种退化；城乡隔绝，正常的交通关系和贸易关系受到破坏，严重影响农业生产。由于日本侵略者和国民党政府长年对河防不加修治，且在堤上挖沟、修壕、筑垒，甚至决堤放水以利作战；还肆意砍伐林木，以致气候失调，酿致灾害。1949年自春至秋，中国可谓灾荒遍地，旱、冻、虫、风、雹、水、疫等灾害相继发生，尤以水灾最为严重。

国民党政权对经济的肆意破坏和对财富的疯狂掠夺，将残破的旧中国经济推向极致。1948年《苏联时代》杂志在评论国民党经济改革时，对国民党统治区经济情形作了这样的描绘：经济支离破碎，工业奄奄一息，朝不保夕；交通路线，自有破坏，农业生产，急剧减少。人民痛苦与社会紊乱中之竭蹶，困顿景象亦难以描绘。社会经济已没有丝毫发展生机，犹如大海中即将沉没的轮船，有的只是沉没前的忙乱与骚动。②

（二）流通领域正常秩序无法维持，社会产销和供求关系极度混乱

工农业生产和交通运输业的凋敝衰败，使城乡内外交流阻塞，城市物资严重匮乏，上海在解放时，存粮只够半月之用，燃煤只够五天至七天之用，私营纱厂存棉只够一月之用。由于物资长期极度匮乏，造成商店大批倒闭。在正常商业大批倒闭的情况下，社会经济呈盲目性发展：物价飞涨，通货膨胀，黑市猖獗，投机盛行，社会经济活动秩序受到极大破坏。官僚资本是全国最大的投机者，它们和外国资本相勾结，利用政治特权，通过战争、公债、借款、外

---

① 据政务院财政经济委员会统计：1948年劳动力，在华北地区比战前（1936年）减少三分之一，在陕甘宁边区三个乡减少了58%。牲畜在华北、山东、东北三个地区平均减少36%。农具据华北地区的武邑、冀、景、冠、馆陶、邱、恩、安国等八县45个村的调查：大车减少30%，犁减少11%，耧减少12%，全华北共缺锄750万张，等。参见《1949年中国经济简报》，第13—14页。

② 中国第二历史档案馆编：《中华民国史档案资料汇编》第五辑第三编财政经济（六），江苏古籍出版社2000年版，第361—363页。

汇、货币贬值、商品囤积等各种手段，进行大规模投机活动。在官僚资本的带动和引导下，为追逐暴利，许多正常工商业家将大部分生产资本转为投机资本，将大部分精力致力于囤积居奇、攫取暴利，使整个市场为投机势力所控制。①

在投机事业盛行的情况下，不仅商人进行商业投机，银行家、工业资本家，以致不少官吏也成了"商人"，从事投机活动。许多工业资本家用90%的精力，靠投机囤积获得暴利，只用10%的精力去照顾生产，有的仅挂一块招牌，实际并不开工生产，目的是借工厂名义取得官价外汇，囤积原料，进行投机。工厂在生产上赔钱，靠囤积原料和商业投机来弥补。所以，当时有"工不如商、商不如囤、囤不如投机"之说，社会上出现了大量的投机商号②。连城市的市民、小生产者以及政府的下级职员和其他公教人员，在物价一日数涨的威胁下，为保持其低微货币收入的价值，也在"抢购"和"囤积"。

在国民党政府统治后期，整个社会经济生活的正常秩序像是被颠倒了：工农业破产，商业统治着生产领域，投机业又像蝗虫似的笼罩着整个工商业；国民党政府剧烈的通货膨胀政策和沉重的赋税，严重伤害着城乡正常的商业流通，农村商品量减少，重物轻币，贸易萎缩，而城市市场却呈现畸形的"繁荣"，各色商人空前增多。这种流通脱离生产，生产为流通所压，城乡商业断流的状态，正是旧中国国内市场发展到死亡期的反映。

---

① 1949年平津解放后，人民政府对平津200家以上的商业行庄进行调查，了解到这些行庄投入生产的资金额，只占他们前账资金的17%，70%以上都投入商业，而且大多是投机商业，另有百分之几投入文化事业作为点缀。绝大多数的行庄，在前账以外，都设有一两本甚至三本以上的后账。后账运用的资金，竟占全部资金的80%以上，前账只有10%—20%，以此前后账共计，投入生产事业的仅有1.7%—3.4%。换句话说，就是当时行庄96.6%以上，都是从事直接或间接投机的。当时的调查者、新中国第一任中国人民银行行长南汉宸发出这样的感慨：这些"行庄扶植生产的比例这么微小，而打击生产的，却这么多"，"原来中国所谓五六千家行庄，对社会所发生的作用，破坏远远大于建设。"参见中国社会科学院、中央档案馆编：《1949—1952 中华人民共和国经济档案资料选编（金融卷）》，中国物资出版社1996年版，第9—10页。

② 如上海在1937年至1948年间，纱行从60家增加到360家；棉布行从210家增至2371家，糖行从82家增至644家，这些商号大都以"踢皮球""抢帽子"为其职业，从事买空卖空的投机活动。参见吴江：《中国资本主义经济改造问题》，人民出版社1982年版，第49—52页。

（三）财政破产，币信丧失，恶性通货膨胀如脱缰野马

抗战开始后国民党政府的财政一直处于数额不断上升的状态。抗战胜利后，财政赤字有增无减。[①] 财政赤字的激增，与蒋介石的内战政策有着密切关系。战后国民党政府财政支出中的军费不断攀升，1947 年至 1948 年上半年，军事开支经常在岁出的 80% 以上。[②] 为弥补财政亏空，国民党政府想尽办法，如抛售黄金，廉价抛售美货，钉住外汇价格，加重税收，发行公债，争取美援，等等。但由于国民党政府不肯放弃内战政策致力于生产发展，所以，采取的种种补救措施都是昙花一现，财政赤字的局面丝毫没有扭转。为应付财政的支出，只能实行恶性通货膨胀政策（详见表 2）。

表 2　1946—1948 年国民党政府赤字、银行垫款和钞票增发情况

单位：百万元法币

年　份	赤　字 （单位：百万元法币）	银行对政府垫款 （单位：百万元法币）	钞票增发额 （单位：百万元法币）
1946	4 697 802	4 697 802	2 694 200
1947	29 392 512	29 329 512	29 462 400
1948（1—7）	434 565 612	434 565 612	341 573 700

资料来源：张公权：《中国通货膨胀史（1937—1949 年）》，文史资料出版社 1986 年版，第 110 页。

尽管法币发行已达天文数字，它的支付功能却日渐萎缩，几近废纸，但政府还是不停增发。通货的无限膨胀加上商品可供量的绝对减少，致使物价急剧上涨。详见表 3。

[①] 1947 年，国民党政府支出较 1946 年增加三倍；1948 年上半年预算支出为 960000 亿元，较上一年度的实际支出数增加了一倍。到 1948 年 7 月，即实行货币本位变更前夕，实际支出达 6554710.87 亿元，较预算数几乎增加七倍。参见张公权：《中国通货膨胀史（1937—1949 年）》，文史资料出版社 1986 年版，第 101 页。

[②] 参见《中国通货膨胀史（1937—1949 年）》，第 103 页；杨荫溥：《民国财政史》，中国财政经济出版社 1984 年版，第 175 页。

表3　1945—1948年8月国统区物价指数增长情况

时　间	1945 年	1946 年	1947 年	1948 年 1—8 月
全国趸售物价总指数	163 160	379 600	2 710 750	61 200 000
全国零售物价总指数	190 723	424 992	2 864 310	61 200 000

资料来源：此表据国民党政府主计部统计局公布的"全国趸售物价指数"和"全国零售物价指数"所列。参见中国第二历史档案馆编：《中华民国史档案资料汇编》第五辑第三编财政经济（六），江苏古籍出版社2000年版，第440—445页。

　　物价的激涨使法币濒临崩溃。国民党政府不得已于1948年8月推行金圆券的"币制改革"。新币出台后，国民党政府实行完全违背经济规律的限价政策，在通货继续恶性膨胀的情况下，用行政命令强行冻结物价。大部分市场很快陷入停业或半停业状态，商店存货被抢购一空。粮食问题尤为严重，发生抢米风潮，国统区社会秩序一片混乱。国民党政府又废除了才实行70天的限价政策，修正金圆券发行办法。结果不仅没有挽救金圆券的命运，随着国民党军事上的失败，金圆券法定效力几近消失。至6月25日，逃往广州的行政院明令规定，金圆券5亿元兑银元1元。① 金圆券已形同废纸，币值几乎是零，完全起不到货币作用。

　　由国民党政府军费支出的不断增加而引起的政府财政恶化，导致钞票过量发行；钞票发行过多，引起币值不断下跌；币值下跌，又引起物价的持续上涨。这一连串的经济连锁反应和恶性循环，到国民党统治后期，已成为经济生活的主旋律，是国民党统治区内财政经济全面崩溃最突出的表现。

（四）经济危机酿成社会危机，人民无法生活，国民党统治难以维持

　　国民党政府统治的倒行逆施和治国无能，使旧中国经济情况日益恶化，国

---

① 《中华民国货币史资料（1924—1949）》第二辑，第645页。

统区人民生活困苦不堪。在农村，农业经济严重萎缩；农民在国民党政府沉重的田赋、各种苛捐杂税以及抓兵抓夫政策的长期压榨下，贫困潦倒，生活悲惨，饥民随处可见；即使中产之家，生活状况也江河日下，破产逃亡者与日俱增；加之国民党政府溃逃时，对这些地区空前洗劫，劫后余生的百姓，又遇到严重的水灾危害，不少人挣扎在死亡线上。

在城市，1949年再生产过程基本停滞，许多工厂无法开工，大批工人失业；即便暂未失业者，在国民党通货膨胀政策掠夺下，实际工资也在以惊人速度下降，工人陷入饥寒交迫的悲惨境地。公教人员是政府维持政权运转的重要基础，在通货膨胀的重压下，这部分人的生活也到了难以维持的地步，由此可以想见经济衰落的程度是何等严重。当时成都商会理事长钟云鹤是这样描述国民党财政经济总崩溃历史图景的：

迩来国步艰难，民生凋敝，库币生仰屋之嗟，黎庶有倒悬之苦，农惫于野，商困于途，工业多停，弦歌时辍。揆厥缘由，军事虽具主因，经济尤堪重视，而农村都市有关经济重要之两环，均已残破衰颓，挽救维艰，民生必需之粮食产品价格低落，可供出口之原料物资，农村破产之险象不寒而栗，一蹶不振，人民普遍穷困，饥寒交迫，救死不暇，购买力极度贫弱，外货倾销，掠夺仅余之最后销场，以致国内之残破工业及小手工业均奄奄一息，毫无振作之望，兼之土地日蹙，交通困难，外销停顿，内运梗阻，贩运批发商业已无回旋余地，仅余门市零销商店因平时门可罗雀，竟以削码减盘不计亏折血本相号召，但真正主顾无多，而薪工房租开缴利息日益加重，坐吃山空，束手无策。目前都市中灯红酒绿车水马龙之表面层只可谓粉饰太平之点缀，稍加透视则工商业已临最后关头，日趋没落，有关生产分配直达消费之经济过程均属衰颓解体，经济总崩溃之势态已呈献吾人之前①。

这就是新中国从国民党政府那里接收下来的经济遗产。中财委将要在这样

---

① 钟云鹤：《成都市商会请确立具体经济政策抢救工商业危机的呈文》（1949年10月5日），见《中华民国史档案资料汇编》第五辑第三编财政经济（六），第524页。

一个经济凋敝、城乡断流、财源枯竭、物价飞涨、民不聊生的社会基础上，开始医治战争创伤、恢复经济、建设新国家的工作。

二、共产党领导的人民解放区财政经济蓬勃发展

与国民党统治区财政经济总崩溃局面相反，中国共产党领导的解放区财政虽然存在不少困难，却蕴含着勃勃生机。1947 年 7 月，解放战争由战略防御转入战略进攻后，国共双方力量对比在政治和军事上发生根本转折，与此相应，解放区的财政经济也出现重大变化：生产领域具备一定的物质基础，流通领域有了日趋统一的商业贸易网络，财政金融领域实现了货币统一和税制管理初步有序。与此同时，共产党培养了一批具有自力更生、艰苦奋斗、密切联系群众、忠诚于革命事业的财经干部，这批干部在残酷的战争环境中锻炼了管理财经工作的能力，并积累了不少的经验。解放区积累的这些因素，当时虽然还不够强壮，但却充满生气，为共产党创立新中国后，从管理解放区经济向管理国家经济的转换，提供了必要的物质和管理方面的基础。所以，在研究新中国第一年中财委工作前，对解放区在 1947 年战略反攻后发生的变化有个大致了解，是十分必要的。

（一）在工农业生产方面：解放区的经济构成由原来主要是农村经济，逐步变成城乡经济并存的经济体系，工业比重加大，生产力水平提高，农村劳动生产关系发生重大变化，社会生产有了一定的恢复和发展

长期以来，解放区是以农村为主，并处在经济相对落后的地区。1947 年下半年随着解放战争转入战略进攻后，许多大中城市相继解放。特别是 1948 年秋冬三大战略决战逐步展开后，更多的大中城市解放了。与此相应党的工作重心，从以乡村经济为主、经济相对落后的"老区"，向城市经济所占比重较大、经济比较发达的"新区"发展。到 1949 年初，解放区已拥有工业发达的沈阳、北平、天津等大城市，就生产力发展水平看，机器工业已占有重要地位。

解放区原有的农村经济，同期内也发生重要变化。抗战胜利后，中共中央在 1946 年 5 月 4 日发布《关于土地问题的指示》，提出了"由减租减息到彻底平分土地的过渡政策"①。随后 1947 年 9 月召开的全国土地会议，将抗战时期的减租减息政策彻底改变为没收封建地主阶级的土地归农民所有的"耕者有其田"的政策。土改运动在各解放区的迅速展开，使农村各阶级在土地占有关系方面发生了根本变化。据 1949 年 4 月冀中九分区结束土改后对 12 个县 41 个村的统计，总户数 17726、总人口 53204、总地亩 202389 亩，每人平均获得土地 3.8 亩（标准亩）。② 这 41 个村各阶级户口、人口所占土地具体情况如表 4 所示。

表 4　1949 年冀中九分区 12 个县土改后各阶级土地占有情况

项　目	地　主	旧富农	新富农	富裕中农	中　农	贫雇农
户口比数（%）	2.24	2.93	0.08	5.1	42.86	46.85
人口比数（%）	2.36	4.1	0.14	6.39	45.82	41.2
所占土地比数（%）	1.95	3.91	0.16	7	46.45	40.53
每人平均亩数	3.15	3.63	4.15	4.11	3.87	8.75
每人平均亩数相当总平均数的百分比（%）	83	95.5	100.9	100.8	100.2	98.7

资料来源：《中共冀中区党委结束土改总结》（1949 年 4 月 25 日修正），见《华北解放区财政经济史资料选编》第一辑，中国财政经济出版社 1996 年版，第 1045 页。

农村各阶级土地占有情况的变化，使贫苦农民的生存环境得到很大改善，极大地提高了他们的劳动热情，促进了农业生产的发展。获得土地的农民，成为解放战争物资供应的重要力量。除土地外，贫苦农民的主要生产工具、生活资料，以及住房也得到适当补充。

随着大城市接管工作的顺利推进，城市经济的恢复和发展迫切需要农村经济的恢复和发展密切配合。为此，1948 年至 1949 年解放区人民政府加大了扶持农业生产的力度，各解放区人民政府为提高农业生产能力，根据不同地区

① 《刘少奇选集》上卷，人民出版社 1982 年版，第 386 页。
② 华北解放区财政经济史资料选编编辑组：《华北解放区财政经济史资料选编》第一辑，中国财政经济出版社 1996 年版，第 1045 页。

的情况采取一些扶助农业生产发展的措施，主要有：在财政和金融两个方面积极扶持农民[①]；成立农村供销合作社，发展农村副业，调剂城乡物资交流[②]；注意提高农业生产技术，以提高产量，减免灾害；组织农民兴修水利工程，如治河、修险、筑堤、打坝，以免除或减轻水灾等。特别是各解放区人民政府普遍采取劳动互助组的形式，在自愿、互利和民主的原则下，把分散的个体农民组织在变工或互助组中，以解决劳力和畜力不足及生产与支前等矛盾所造成的困难。这些措施的实行，推进了农业生产的恢复与发展，进而为城市经济的恢复打下基础。

　　然而，对农村经济的恢复不能作过高估计。经过八年全面抗战与三年解放战争，农村经济受到严重摧残，牲口损失 40%—50%，农具损失 10%—40%，肥料大减，耕作粗糙，抗灾能力减弱；加上解放战争尚在进行，仍需占用大量人力物力，用于农业的投资比较微弱，据对华北典型村调查，一般不足需求的80%。[③]1949 年解放区的粮食生产只相当战前产量的八成而接近于日本投降后常年产量的年景；如以地区而论，老解放区一般较战前水平降低 15%，新解放区则降低三分之一，要恢复到战前水平需要三四年光景。[④]

---

① 一是减征公粮数额，二是增加农贷。据华北统计，1949 年的夏麦，冀中减征 38%，太原减征 35%，冀南减征 25%，太行、太岳、察哈尔各减征 20%，冀鲁豫减征 10%，冀东减征 5%。1949 年农贷 56400 万元，另花生贷款 16000 万元，平津唐保解放后城郊增发贷款 1 亿元，水利贷款已发 11700 万元，以上合计贷款近 10 亿元；另外绥蒙贷粮 64 万斤，冀南指麦借粮 475 万斤，冀鲁豫 400 万斤，察省 200 万斤，以上合计贷粮 1139 万斤；另拨灾区救济粮 800 万斤。此种贷粮、贷款对农民生产度荒、抗旱播种及兴修水利起了很大作用。参见《华北人民政府党组向中央及华北局关于华北农村情况和问题的综合报告》(1949 年 7 月 1 日)，《华北解放区财政经济史资料选编》第一辑，第 1081 页。

② 分散的个体农民所生产的粮食棉花及其他产品，往往遭受商人的操纵和剥削，使农民陷于贫困，因而降低了再生产能力。许多山货土产更因销售困难，只能减产甚至停产。农村手工业者，除受中间商人剥削外，更常因原料采购、成品销售、资金周转等困难，使其再生产陷于停顿；我们在农村中普遍发展供销合作社来便利城乡交换，减轻中间剥削，并使各种农村副业得以顺利发展（农村副业收入据一般估计常占农家收入的 20%，在特产区有的高达 50%，故副业的发展，对农村经济的繁荣亦有极大作用）。到 1949 年年底，我们在全国各地已有农村合作社 24547 个，社员 10330017 人。参见《1949 年中国经济简报》(内部编印)，第 18 页。

③ 《华北解放区财政经济史资料选编》第一辑，第 1086 页。

④ 《1949 年中国经济简报》(内部编印)，第 19 页。

（二）在商业贸易方面：公营商业和合作社商业在组织上迅速发展与壮大，在组织形式和管理方法上走向正规化和统一化

最初在革命根据地诞生的公营商业，是由苏区工农政府拨款建立起来的；合作社商业是以私有制为基础的集体经济组织，是根据地人民群众投资创建的。在残酷的战争环境中，由于敌人的经济封锁和军事包围，根据地的公营、合作社商业不仅规模小，且经营分散。抗战胜利后，在解放区，由于广大民众生活的改善和购买力的提高，由于民主政府废除敌伪种种统制，实行贸易自由，废除种种苛捐杂税，实行合理税收和发放贷款，解决部分商家资金困难，商业贸易有很大发展。加上生产恢复，物资供应增加，民主政府致力于稳定金融货币，物价处在相当平稳的状态中。

1947 年初，随着大、中城市的相继解放，原来互相隔离的解放区逐步连成一片，公营商业和合作社商业的活动范围也从农村渗入大、中城市，国营贸易机构有很大发展。4 月华北财经办事处成立后，晋察冀解放区、冀中战略区的对外贸易商店永茂、永泰、德华、裕华等合并，改组为华北各解放区合营的进出口贸易公司，即永茂公司，从此，华北解放区对天津（当时仍是国民党统治区）的贸易得到统一组织，公营商业进一步向统一的方向发展。

自 1948 年以来，华北贸易机构的统一经过四个步骤。第一步，1948 年 5 月 26 日，中央财经部规定，晋察冀边贸与晋冀鲁豫贸总合并组成华北贸易总公司，统一领导冀中、渤海两地区对天津方向的斗争。永茂公司业务上改归华北贸易公司领导。同时设立胶东采购委员会，受中央财经部及华东财办领导。华北政府可在胶东设立采购办事处（兼办西北采购工作），"今后华北、西北各机关、部队，不得再在山东境内采购军用器材，所设采购机关一律撤回"①。第二步，1948 年 9 月由乡村逐渐转向城市后，撤销了作用较小的集镇机构，充实城市机构。第三步，1949 年 2 月平津解放，各解放区已连成一片，大力发

---

① 《中共中央财经部关于对敌经济斗争各项问题的决定》（1948 年 5 月 26 日），见《中共中央文件选集》第 17 卷，中共中央党校出版社 1992 年版，第 184 页。

展城乡交流成为当务之急，于是将各区市公司的固定资产，改由贸总统一调拨，逐渐做到城市领导乡村，使贸易工作更加集中统一。第四步，1949 年 7 月，对内对外贸易日益复杂，以行政区划设置的"一揽子"商店难以应付工作需要，必须逐渐设置各专业公司办理内地贸易与进出口贸易①。为此，中财委决定：逐渐地、有步骤地设立粮食、百货、花纱布、煤炭四个专业公司以经营内地调剂供给业务。猪鬃、皮毛、蛋品、油脂、土产五个出口专业公司以办理内地收购，加工整理及组织出口业务。五金器材、化学品及药品、电信器材三个进口专业公司以办理对外采购业务②。

　　与此同时，东北解放区于 1948 年 7 月将东北贸易管理总局改为商业部，加强公营商业力量。华东、中南等解放区也建立起公营商业机构。在此期间，对机关、部队所经营的公营商店进行调整，合并入整个公营商业系统，并规定今后不再开设新的机关商店③。经过一年多的发展，公营商业已逐渐联合成为一个比较集中统一的系统，经营规模也有所扩大。

　　随着解放区公营商业的迅速发展，它在经济生活中所起的作用越来越重要。1947 年 7 月转入战略进攻前，公营商业的作用主要表现在对敌贸易斗争和保障部队供给方面，用解放区的土特产品向国统区换回军需民用的重要物资，但规模较小。1947 年下半年以后，公营商业承担起调控市场和保障大规模作战的需要。1948 年以后，同公营商业在市场上并存的已不只是一般的小商小贩，而且包括数量不少的民族商业资本。它的主要任务除继续调运物资支持解放战争和对敌经济斗争外，重心已转向保障解放区市场供求平稳、平抑物价方面。

　　合作社商业是解放区商业的另一个重要组成部分。1947 年以后，由于共产党领导解放区农民实行土地改革和大中城市的相继解放，也由于得到民主政

---

　　①　到 1949 年底，华北区已建立 11 个专业公司，其中经营对内贸易者有华北粮食、花纱布、煤铁、长芦盐业等 5 个单位；经管对外贸易者有华北土产、皮毛、猪鬃、油脂、蛋品、进口等 6 个单位。参见《1949 年中国经济简报》（内部编印），第 79 页。

　　②　《中共中央财经委员会关于华北商业机构的决定》（1949 年 7 月 24 日），见《华北解放区财政经济史资料选编》第二辑，中国经济出版社 1996 年版，第 867 页。

　　③　王相钦：《中国民族工商业发展史》，河北人民出版社 1997 年版，第 690 页。

府和公营商业的扶助，解放区的合作商业迅速发展起来。① 这一集体经济性质的商业组织在扶助生产、减轻剥削、增加农民收入、解决群众生产与生活的困难以及救灾等方面，起到不容忽视的重要作用，为支援解放战争的胜利作出很大贡献。

1949 年初，北平、天津及一些重要海口的解放，使解放区取得对外贸易的便利条件。许多外国的商业机关和国民党地区的商业机关都要求和解放区进行贸易，解放区为了迅速恢复和发展经济，也需要进行对外贸易。因此，2 月 16 日，中共中央发出《关于对外贸易的决定》，向华北人民政府提出：立即在天津设立对外贸易局，统一管理华北一切对外贸易事宜。与此同时，中共中央还发出《对外贸易方针的指示》，确定对外贸易侧重于苏联和东欧新民主主义国家的方针。根据中央的指示，2 月下旬，华北局决定在天津成立对外贸易局，下辖对外贸易公司、津海关商品检验局、航政局等机构。3 月 15 日，华北局公布由中央批准的《华北区对外贸易管理暂行办法》，提出易货贸易。在中央人民政府尚未建立时，易货贸易虽然不够灵活，但比较稳妥可靠，风险小。随后，华东解放区也颁布了类似的对外贸易管理暂行办法。各解放区的对外贸易方针政策逐步走向统一。

解放区商贸的发展，不仅保障了革命战争的供给，促进了经济的恢复和发展；并为在全国范围内形成集中统一的商业体系奠定了基础。

（三）在财政金融方面：货币与税收在各解放区逐步实现统一，财政管理开始从分散走向集中

抗战时期，各大解放区由于处在被敌人分割包围状态，几乎没有什么经济联系；在财政方面则始终实行"统一领导，分散经营"的方针，各有货币，各

① 1948 年 11 月，东北解放区有合作社商业 2224 个；到 1949 年末，建立了省级合作社商业组织 10 个，县级商业合作社 175 个，基层商业合作社 8715 个，共有社员 528749 人，资金 11885 亿元(当时当地的货币单位)。山东解放区 1949 年初，已有 3 个专署、7 个专区、4 个省辖市、177 个县（市）成立了供销消费合作社总社。参见《中国民族工商业发展史》，第 692 页；吴承明、董志凯：《中华人民共和国经济史（1949—1952）》第一卷，中国财政经济出版社 2001 年版，第 101 页。

管收支，各自供给，各自成为一个经济区、一个体系。抗战胜利后，国民党不准日军就近向八路军、新四军投降，大城市和许多中等城市只能由国民党空运军队接收，致使中共领导的抗日根据地仍处于分散状态。根据这种情况，毛泽东将解放区的财经方针仍规定为："集中领导，分散经营"①。

1947 年后，随着解放战争的胜利发展，一方面，新解放区不断扩大，国民党的分割包围被打破，各解放区迅速连成一片，军事上、政治上的统一领导逐步形成；另一方面，解放军人数不断增加（已达 200 万），新解放城市，生产要恢复，市民要救济，而解放战争还在继续向前发展，财政开支越来越大，客观上要求聚集财力。为此，1948 年 9 月，中共中央政治局会议决定："以华北人民政府的财委会统一华北、华东及西北三区的经济、财政、贸易、金融、交通和军工的可能的和必要的建设工作和行政工作"，以"增加支援前线的力量"。②

解放区的财经事业从分散走向统一，经历了一个过程。人民币的诞生、货币流通的统一，是解放区财政由分散走向集中的重要标志。1947 年前，由于人民政权被分割成彼此不能连接的多个区域，各解放区建立了相对独立、分别管理的银行，各自发行在本区内流通的货币，当时解放区的货币有 10 种之多③，数

---

① 《毛泽东选集》第四卷，第 1176 页。

② 《建党以来重要文献选编（1921—1949）》第 25 册，中央文献出版社 2011 年版，第 447 页；《董必武选集》，人民出版社 1985 年版，第 207 页。

③ 到 1948 年，全国解放区大致有以下几种主要的货币：（1）西北农民银行券。原为晋绥区的地方币，随着晋绥、陕甘宁等解放区的扩大和连通，遂成为西北大区流通的货币（陕甘宁边区贸易公司流通券同时流通，但为数很少）。（2）北海银行券。原为渤海胶东地区的货币，1948 年 9 月济南解放，山东解放区统一，随之而成为全区的本位币，并且在冀鲁豫、苏北等邻近地区，也有流通。（3）长城银行券。流通在晋察冀边区及热河解放区。（4）东北银行券。沈阳解放后，即为东北大区的统一本位币，并在内蒙古地区流通。（5）冀南银行券。原为晋冀鲁豫区的地方币。1948 年春，与晋察冀连成一片，在 5 月合并成立华北解放区；同时冀南银行与晋察冀边区银行，也合并成立华北银行。由此，冀南币就成为华北大区的主要货币（晋察冀边币按比价流通，不再发行）。（6）中州农民银行券。中原解放区是 1947 年 8 月间，我军实行战略进攻时所开辟的新区。最初流通的是由华北带头的冀南币和北海币，因挺进大别山后，相距老区太远，才在 1948 年 1 月发行中州币。发行初期到 1948 年 9 月以前，曾与银元联系，实行过兑现。（7）新疆地方币，在新疆地区流通，也与银元联系，共同使用。此外，华南地区发行过南方券等。参见《新中国若干物价专题史料》编写组：《新中国若干物价专题史料》，湖南人民出版社 1986 年版，第 40—41 页。

量较大，流通较广的是东北、冀南和中州农民三种银行券。在各解放区处于分散状态的历史条件下，为适应环境的需要，在政治、经济、军事等方面都形成相当机动的独立性，并拥有各自独立的货币。这些不同的货币在残酷的对敌斗争中，发挥了特有机能，担负起支援战争、发展经济、打击敌币、扫除劣币的任务。

解放战争进行一年多后，形势发生根本变化，各解放区逐渐连成一片，军事上需要大兵团作战，经济上需要物畅其流，财政上需要收支调剂，客观上需要建立统一、稳定、能够促进全面生产发展的货币。1947 年 10 月，根据董必武的提议，中央决定着手建立解放区的统一银行，定名为中国人民银行；并先在华北财办下设银行筹备处，筹措工作基金。

货币金融统一与整个财经工作统一是紧密相连的。华北财办副主任杨立三曾提出关内五大解放区统一财政收支建议。10 月 27 日，董必武将此建议函报中央，但他认为目前财政统一的主客观条件尚未成熟，统一是必要的，应有准备、有步骤地去实现，决不能一蹴而就。①12 月 11 日，董必武将华北财办成立以来统一财经工作的情况向中央和毛泽东作了详细汇报，全面阐述了关于统一财经工、统一发行票币方针、步骤和应有的准备；并再次指出：目前统一财经，主客观条件都未成熟。他认为："主观上各区的甚至各区内各部门和各单位的本位主义和山头主义尚待克服。客观上许多必要的物质基础，如机关人事及其他许多东西都毫无准备，财经统一不可能很快地实现。"他提出，统一发行票币是财政统一中的重要环节，与各区收入、支出、银行、贸易、市场有密切关系，单独抽出发行票币是不可行的，要分五个步骤慎重解决统一发行票币问题：第一步要完成银行准备工作；第二步发行少量统一票币，统一货币与各区货币固定比价，互相兑换；第三步逐渐增加统一票币的发行数量；第四步停止各区票币的发行，完全发行统一票币；第五步用统一票币收回各区票币，形成单一的统一票币市场。董必武的意见得到薄一波和财办其他负责同志的同意，于是取消原准备 1947 年底发行统一票币的设想。②

---

① 《董必武传》下卷，中央文献出版社 2006 年版，第 577 页。

② 《董必武传》下卷，第 581、582 页。

1948 年初起，货币统一工作有计划地陆续进行。1 月，首先在西北解放区停止陕甘宁边区（包括陕甘与晋西北）的货币发行。3 月，华北财办召开的金融贸易会议制定了统一的货币方针政策和行动计划，讨论了支援战争、恢复生产与稳定物价之间的关系，认为三者的核心是货币发行政策和使用方法；确定了各地区之间货币的固定比价、自由兑换等政策。根据会议确定的货币政策，4 月，原晋冀鲁豫区的冀南币与晋察冀边区的晋察冀边区币规定固定比价互相流通；10 月，山东的北海币与华北的两种货币（冀南币、晋察冀边币），西北的农民币与华北的两种货币，都先后按固定比价互相流通；11 月，北海币与华中币也宣布等价通用。至此，各解放区货币完成了统一工作的第一步。

1948 年 11 月，东北人民解放军在完成全区解放任务后，南下进关，11 月29 日发起平津战役，平津解放指日可待，人民币统一条件已经成熟。经华北、山东和西北各解放区政府协商决定，1948 年 11 月 22 日，华北人民政府发出《关于成立中国人民银行发行统一货币的命令》，决定将华北银行（原由晋冀鲁豫的冀南银行与晋察冀边区银行合并而成）、北海银行（山东）、西北农民银行共同合并为"中国人民银行"，以原华北银行为总行；12 月 1 日起，发行中国人民银行钞票——人民币，并将人民币定为华北、华东、西北三区的本位币，统一流通。新币发行后，冀币（包括鲁西币）、边币、北海币、西农币按规定比价逐步收回。此后，人民币开始在华北、山东、西北等广大地区通行无阻，并逐渐推及全国其他解放区。各解放区开始收回地方币；新区通过排挤伪币，禁止黄金、银元、外币流通，扩大人民币下乡，稳定人民币币值等几个环节，使人民币的流通逐渐向全国市场扩展。

解放战争后期，解放区税政建设和税制的改进也是财政由分散走向集中的重要内容。老解放区进行土改比较早，1947 年已具有社会进步的经济基础和巩固的人民政权，较为稳定的税收制度已成为人民政府财政收入的重要来源。为了适应解放战争形势发展的需要，老区人民政府在税政建设上，一方面继续进行改革，比如：在农业税方面，废除统一累进税，改征农业税和公粮，同时取消累进税率，改行比例税率；对原来老区课征的工商税改征营业税；普遍降低工商业税的税率，部分地区停征进出口货物税，华中等地区还将产销税改为货物税。① 另一方面，进一步完善税收制度，如 1948 年 1 月，东北行政委员会发布关税、货物产销税、营业所得税、屠宰税、牲畜交易税等若干税种条例。从 1949 年 1 月起，华北人民政府陆续发布牲畜屠宰税、薪给工资所得税、进出口货物税、工商业所得税、营业牌照税、临时营业税、房地产收益税、矿业税、烟类税、交易税、印花税等税收条例。②

　　在解放区税制建立和完善的同时，与整个财政从分散走向集中的趋势相吻合，解放区财税管理体制也由分权向集权的方向发展。1949 年 2 月 24 日，为稳定新解放的大中城市的税收秩序，保证财政收入，支持全国解放战争的胜利进行，中央明确规定，在来不及建立比较完整的税制情况下，对原来的各项税收，根据情况采取废除与利用、接受与改革相结合的政策。③ 根据中央的指示，北京解放初期，人民政府对国民党统治时期制定的绥靖临时捐、绥靖建设捐、守护团捐、城防费、兵役费等所有苛捐杂税和临时摊派项目一律取消；此外，国民党政府制定的直接税、货物税、矿产税、营业税等几十种税目和税率暂时沿用不变④。

　　3 月 20 日，中共中央又明确指示："各解放区的财政收支概算，均须送交中央审核，但对新区初期不作严格要求，老区则应逐步走上正规制度。老区财政制度完全建立后，县以下的地方收支，应由各解放区根据中央财政政策自行审核"。"各老区的关税、盐税、统税，应有步骤地分别由中央统一管理。老区应划分中央税与省税，并从华北开始试办。各老区的农业税则及其他税目、税率，应报告中央，以便于必要时进行调整。新区税收，应由各解放区根据中央规定方针，自行实施，待秩序安定后，再送中央审核。"⑤ 这些政策规定，使解放区的财政税收工作逐步从分散管理向统一有序的方向发展。

---

　　① 《中国税务百科全书》，经济管理出版社 1991 年版，第 406 页。

　　② 刘佐：《中国税制五十年》，中国税务出版社 2000 年版，第 4 页。

　　③ 《中央关于改革旧税制的指示》（1949 年 2 月 24 日），见《中共中央文件选集》第 18 卷，中共中央党校出版社 1992 年版，第 156 页。

　　④ 《北平市人民政府关于开征税收的布告》（1949 年 3 月 1 日），见《华北解放区财政经济史资料选编》第二辑，第 1520—1521 页。

　　⑤ 《中央关于财政经济工作及后方勤务工作若干问题的规定》（1949 年 3 月 20 日），见《中共中央文件选集》第 18 卷，第 182—183 页。

解放区货币和税制管理的初步统一，为新中国财政金融工作的起步奠定基础，并为中财委整合全国财经工作提供重要条件。但解放区的财经工作毕竟是一个局部，而且主要局限于乡村；管理虽趋向集中，但分散经营的部分依然很大，经济实力相当有限，要应付和支撑整个国家的财经工作远远不够。这种状况决定新中国成立后中财委的任务将十分艰巨。

三、新中国新民主主义经济建设的理论准备 与共产党城市接管经验的积累

对于革命胜利后，如何建设新国家，中国共产党进行了长期探索。

中财委新中国元年的工作，是在以毛泽东为核心的党的第一代中央领导集体在革命时期探索出的新民主主义经济理论，以及党这一理论的重要载体《共同纲领》中的新民主主义经济方针的指导下进行的。在研究中财委时，对指导其实践的理论及方针政策的发生发展过程有所了解十分必要。

理论产生和发展的认识过程与实践推进的历史过程紧密联系。中国共产党在领导人民进行革命之初，对革命后将要引起的经济变革就十分关注。毛泽东在党的新民主主义经济理论的创立过程中，起了主导作用。

抗日战争进入相持阶段后，针对国民党在建国方针问题上，歪曲孙中山三民主义，攻击共产主义，宣扬专制独裁的假三民主义的思想倾向，毛泽东相继发表《中国革命和中国共产党》《新民主主义论》，从正面系统精辟论述了新民主主义革命和社会理论。

毛泽东的新民主主义革命和社会理论是建立在对时代特征及实践规律清醒认识基础上的。1937 年 8 月，抗日战争全面爆发不久，毛泽东在《矛盾论》中即明确指出：十月社会主义革命"开创了世界历史的新纪元，影响到世界各国内部的变化，同样地而且还特别深刻地影响到中国内部的变化，但是这种变化是通过了各国内部和中国内部自己的规律性而起的。"[1] 以后，毛泽东进一步

---

[1] 《毛泽东选集》第一卷，人民出版社 1991 年版，第 303 页。

指出，一百年来，中华民族许多优秀人物奋斗牺牲，前仆后继，探索救国救民真理，可歌可泣。"直到第一次世界大战和俄国十月革命之后，才找到马克思列宁主义这个最好的真理，作为解放我们民族的最好的武器，而中国共产党则是拿起这个武器的倡导者、宣传者和组织者"。但马克思列宁主义普遍真理只有和中国革命实践相结合，才能"使中国革命面目为之一新"。① 毛泽东对时代特征的判断和马克思主义中国化原则的确立，为中国共产党正确方针政策的拟订提供了理论前提。

基于对时代的判断，毛泽东在 1939 年 12 月发表的《中国革命和中国共产党》一文中，对中国革命的性质和世界意义提出明确观点："现时中国的资产阶级民主主义的革命，已不是旧式的一般的资产阶级民主主义的革命，这种革命已经过时了，而是新式的特殊的资产阶级民主主义的革命"，称之为"新民主主义的革命"，"是世界无产阶级社会主义革命的一部分"。它坚决地反对帝国主义即国际资本主义；在政治上是几个革命阶级联合起来对于帝国主义者和汉奸反动派的专政，反对把中国社会造成资产阶级专政的社会；在经济上是把帝国主义者和汉奸反动派的大资本大企业收归国家经营，把地主阶级的土地分配给农民所有，同时保存一般的私人资本主义的企业，并不废除富农经济。"这种新式的民主革命，虽然在一方面是替资本主义扫清道路，但在另一方面又是替社会主义创造前提。"②

毛泽东在 1940 年 1 月发表的《新民主主义论》中，明确了中国革命的目标、发展阶段与前途。共产党奋斗的目的"在于建设一个中华民族的新社会和新国家"。"我们要建立一个新中国"。旧中国的社会性质决定，创立新中国的历史进程要分两个步骤。"第一步，改变这个殖民地、半殖民地、半封建的社会形态，使之变成一个独立的民主主义的社会。第二步，使革命向前发展，建立一个社会主义的社会。"由此决定中国共产党承担双重革命任务：领导资产阶级民主主义性质的革命（新民主主义革命）和无产阶级社会主义性质的革命；二者不能"毕其功于一役"，中间也"不容横插一个资产阶级专政的阶段"。革

①《毛泽东选集》第三卷，人民出版社 1991 年版，第 796 页。
②《毛泽东选集》第二卷，人民出版社 1991 年版，第 647 页。

命胜利后，在生产力十分落后的半殖民地半封建废墟上，共产党不具备直接建设社会主义的条件，必须在新民主主义制度下发挥各个阶级建设新国家的积极性，允许有利于国计民生的资本主义有一个较大的发展，创造向社会主义转变的物质条件。革命性质和时代背景决定"中国革命的终极的前途，不是资本主义的，而是社会主义和共产主义的"。①

毛泽东论述了中国新民主主义革命政治、经济、文化的基本纲领。明确新民主主义政治、经济、文化相结合"就是新民主主义共和国"，"就是我们要造成的新中国"。它区别旧形式的、欧美式的、资产阶级专政的、资本主义的共和国，也区别苏联式的、无产阶级专政的、社会主义共和国；是"一切殖民地半殖民地国家的革命，在一定历史时期中所采取的国家形式"，"是过渡的形式，但是不可移易的必要的形式"。②

毛泽东论述了新民主主义经济纲领，并初步阐述了新中国各种经济成分的性质及政策指向。（1）无产阶级领导下的新民主主义共和国，没收操纵国计民生的大银行、大工业、大商业，建立国营经济；"国营经济是社会主义的性质，是整个国民经济的领导力量"。（2）因为中国经济还十分落后，"共和国并不没收其他资本主义的私有财产，并不禁止'不能操纵国民生计'的资本主义生产的发展"；"农村的富农经济，也是容许其存在的"。（3）"没收地主的土地，分配给无地和少地的农民，实行中山先生'耕者有其田'的口号，扫除农村中的封建关系，把土地变为农民的私产"。在新民主主义经济阶段，"一般地还不是建立社会主义的农业，但在'耕者有其田'的基础上所发展起来的各种合作经济，也具有社会主义的因素。"③毛泽东在《新民主主义论》中，对国家资本主义没有表述，同年9月23日，在杨家岭《时局与边区问题》的报告中则明确提出："边区有四种经济，国营经济、私人资本主义、合作社经济、半自足经济。私人资本主义要节制，但非打击，更非消灭，消灭限于党内"；并定义"新的国营经济，是一种特殊的国家资本主义，与俾斯麦和列宁的都不同。要消灭党内资本主义思想，发展新式

---

① 《毛泽东选集》第二卷，第663、666、651、685、650页。

② 参见《毛泽东选集》第二卷，第709、675页。

③ 《毛泽东选集》第二卷，第678页。

的国家资本主义"①。这种认识表明，在抗日战争中，毛泽东对"新民主主义共和国的经济构成"②将由五种经济组成，已有了比较清晰的认识。

毛泽东的新民主主义革命和社会理论，以及关于新民主主义经济构成及政策的初步认识，为党在复杂的历史环境中，认清中国革命的性质、内容、发展阶段和前途起了重要指导作用，并为解放区新民主主义经济方针与政策的拟订奠定理论基础。

抗战后期，毛泽东对实现国家工业化的意义，以及工业化与共产党土地政策和民族工商业政策之间的关系等重要问题已有精辟论述，体现在 1944 年 5月 22 日，他在中共中央办公厅为陕甘宁边区工厂厂长及职工代表会议举行的招待会的讲话和 7 月 14 日与英国记者斯坦因的谈话中。

第一，"我们共产党是要努力于中国的工业化的。""要打倒日本帝国主义，必须有工业；要中国的民族独立有巩固的保障，就必须工业化。"中国落后的原因，主要是没有新式工业。日本帝国主义敢于欺负中国，就是因为中国没有强大的工业，它欺侮我们的落后。消灭这种落后，是我们全民族的任务。老百姓拥护共产党，是因为我们代表了民族与人民的要求。但"如果我们不能解决经济问题，如果我们不能建立新式工业，如果我们不能发展生产力，老百姓就不一定拥护我们"。对于经济工作，尤其是工业，我们不大懂，可这是决定军事、政治、文化、思想、道德、宗教一切东西的，是决定社会变化的。"因此，所有的共产党员都应该学习经济工作，其中许多人应该学习工业技术"。如果共产党员不关心工业，不关心经济，只会做一种抽象的"革命工作"，这种空头"革命家"毫无价值，我们应该反对，并学习使中国工业化的各种技术知识。"中国社会的进步将主要依靠工业的发展。""工业必须是新民主主义社会的主要经济基础。只有工业社会才能是充分民主的社会"。③

第二，未来的新民主主义社会不可能建立在封建土地所有制下的分散的个体小农经济基础上，"为了发展工业，必须首先解决土地问题。"故"新民主

① 《毛泽东年谱（1893—1949）》中卷（修订本），中央文献出版社 2013 年版，第 208—209 页。

② 《毛泽东选集》第二卷，第 678 页。

③ 《毛泽东文集》第三卷，人民出版社 1996 年版，第 146—147、183、184 页。

主义的主要经济特征是土地革命"。西方的土地革命扫除了封建障碍,为资本主义民主制度的发展开辟了道路。在中国,内战时期我们没有理由阻止农民没收地主的土地;抗战爆发后,农民很快了解我们用减租的新政策代替过去没收土地的做法有两大好处:一是改善农民的生活,二是吸引地主留在乡村参加抗日。目前"实行一切土地逐步转移给耕种者的方法,将会鼓励地主的资本投向工业,同时还要制定出其他的有利于地主、佃农,有利于整个中国经济发展的财政经济政策及其实施办法。"但这不排除如果国民党发动内战,我们将实行"全部地没收地主土地并分给佃农的必要性"。①

第三,"不管是中国的还是外国的私人资本,在战后的中国都应给予充分发展的机会,因为中国需要发展工业。"在中国和外部世界的商业关系方面,我们要以同一切国家进行自由平等贸易的政策,来代替日本把中国沦为殖民地的政策。在国内,我们要以在解放区已经实行的促进人民生产力发展、提高购买力、尽快为现代工业稳定发展创造先决条件的政策,来代替国民党政府降低人民生活水平从而阻碍国内工业发展的政策。按照孙中山先生的设想,实现工业化有三种方式:凡是能够操纵国民生计的关键产业如铁路、矿山等,最好由国家开发经营;其他产业可以让私人资本来发展;为开发利用手工业及农村小工厂的巨大潜力,必须依靠强大的用民主方式管理的合作社。我们认为这些主张是正确的。②

毛泽东的上述论述,已基本理清未来新中国新民主主义经济发展的目标,以及实现目标的基础路径,为全党新民主主义经济政策的拟订提供基本原则。

1945年夏,中国处于两种前途与命运抉择斗争的关键时刻。当时国内正在开着两个大会:"一个是国民党的第六次代表大会,一个是共产党的第七次代表大会。两个大会有完全不同的目的:一个要消灭共产党和中国民主势力,把中国引向黑暗;一个要打倒日本帝国主义和它的走狗中国封建势力,建设一个新民主主义的中国,把中国引向光明。这两条路线在互相斗争着。"毛泽东在党的七大开幕词中,亮出中国共产党坚定明确的政治主张。这就是"放手发

---

① 《毛泽东文集》第三卷,第183、184—185页。
② 《毛泽东文集》第三卷,第186页。

动群众，壮大人民力量，团结全国一切可能团结的力量，在我们党领导之下，为着打败日本侵略者，建设一个光明的新中国，建设一个独立的、自由的、民主的、统一的、富强的新中国而奋斗。"①

毛泽东在大会闭幕词中揭示，中国共产党的主张是完全符合世界发展潮流的。"现在的世界潮流，民主是主流，反民主的反动只是一股逆流"，且终究不会变为主流。斯大林很早就分析过世界有三大矛盾：一是帝国主义国家中的无产阶级和资产阶级的矛盾，二是帝国主义国家之间的矛盾，三是殖民地半殖民地国家和帝国主义宗主国之间的矛盾。现在这三种矛盾不但依然存在，而且发展得更尖锐、更扩大了。由于这些矛盾的存在和发展，虽有反苏反共反民主的逆流存在，但"这种反动逆流总有一天会要被克服下去"②。

毛泽东在《论联合政府》的政治报告中，对新国家的性质和经济发展的政策目标作出进一步界定。新中国是"以全国绝对大多数人民为基础而在工人阶级领导之下的统一战线的民主联盟的国家制度。"在这一国家制度下，经济将"由国家经营、私人经营和合作社经营三者组成"；共产党将彻底实行孙中山提出的"耕者有其田"和"节制资本"的主张；保障不"操纵国民生计"而有益于国民生计的私人资本主义经济自由发展和正当的私有财产；要进行土地改革，"帮助农民在自愿原则下，逐渐地组织在农业生产合作社及其他合作社之中"。共产党要"在若干年内逐步地建立重工业和轻工业，使中国由农业国变为工业国。"③

毛泽东在七大口头报告中，批评党内存在的"直接由封建经济发展到社会主义经济，中间不经过发展资本主义的阶段"的民粹主义思想，进一步提醒全党在新民主主义经济中，"广泛地发展资本主义，是只有好处，没有坏处的。"同时进一步明确，新中国允许发展的是一般资本主义经济，也就是中等资产阶级和小资产阶级的民族资本主义经济，不包括"操纵国民生计"的大资产阶级的官僚资本主义经济。新中国是要没收"操纵国民生计"的大资产阶级财产的。目前在具体纲领中没有写出，是因为在联合政府总体政治框架下，谈"没收蒋

① 《毛泽东选集》第三卷，第 1103、1026 页。

② 《毛泽东选集》第三卷，第 1103 页。

③ 参见《毛泽东选集》第三卷，第 1056、1058、1057、1058、1078、1081 页。

介石、宋子文、孔祥熙"三家财产,"那就不大好"。毛泽东在七大结论讲话中,提出"新民主主义的资本主义"概念,并指出"这种资本主义有它的生命力,还有革命性";① 但没有直接界定这个概念。综观毛泽东一系列论述,我同意这样的分析:毛泽东"所谓新民主主义的资本主义,不是泛指中国的一切资本主义经济,不包括官僚资本主义经济,而是特指由上层小资产阶级和中等资产阶级所代表的资本主义经济,即民族资本主义经济;也不是泛指任何时期的资本主义经济,而是特指新民主主义国家制度或政权下的资本主义经济。"② 毛泽东对待"新民主主义的资本主义经济"的基本态度和总原则,在党的七大已确定,在以后历史进程中没有变化,表述上的变化由特定政治目标决定,服务于中国人民最根本利益。

陈云自 1944 年主持西北财经办事处后,对党的经济工作问题思索较多,并特别注意针对当下存在的将会影响全局的紧要问题提出建议。他在七大发言中坦言:"我讲一讲我的本行,叫做保存农村家务,到城市里头保存机器。"共产党"快由乡村转到城市,快要离开农村";"对几年以来生产劳动的结果——农村家务",应该爱惜,使自己动手生产的东西损失尽量少点。另外进城后,"千万不要把机器搞坏了,那时候机器是我们恢复经济的本钱。如果没有机器,我们恢复经济就很困难"③。陈云的话引起毛泽东的注意。接收城市,对八路军和新四军已是实践。陈云提了一个必须紧迫注意的现实问题。故毛泽东在会议结论讲话中特别说:"我当了几十年共产党员,过去没有学会搞经济这一条,没有学会就要承认,现在就要学。陈云同志讲,进了城市不要打烂机器,这就有一个学习问题,不学会还是要打烂的。抓到机器、抓到工业以后怎么办?这不是一件容易的事情,是一个重要的问题。"④

任弼时在党的七大期间写了一个发言稿。其中第三部分专门谈"建设事业的重要"。任弼时批评党内"缺乏长期建国的认识",具体表现是:缺乏建设方

---

① 《毛泽东文集》第三卷,第 323、322—323、384 页。

② 郑德荣、柳国庆:《毛泽东"新民主主义的资本主义"思想述略》,《党的文献》2000 年第 1 期。

③ 《陈云文集》第一卷,中央文献出版社 2005 年版,第 437、438 页。

④ 《毛泽东文集》第三卷,第 406 页。

面的经验和干部，又对经济、文化方面的知识分子及原有干部不重视和争取；轻视建设和经济工作，创立新区时，不知爱惜物资、人力和工程器械，随意浪费。由此，任弼时提出：第一，"由战争转到建设的思想的建立，现在已很重要。"我们要有由战争破坏转到和平建设的思想准备，要认识革命的两方面的任务，即破坏旧的建设新的。如果没有新的改善人民生活的建设，人民是不会拥护我们的。第二，建设工作是一种细致科学的事业，在某种意义上说，它比破坏旧的更为复杂困难，需要利用和培养大批干部。我们进入大城市后，要善于争取和利用旧的技术干部，如工程师、技师、教员等，并加以优待和改造。要争取大批知识分子为新民主主义建设服务，也要从工人青年和农民青年中培养可靠的技术干部作中坚骨干。第三，到大城市后，要反对不保护器财产，随意破坏和浪费的现象。要反对小资产阶级的破坏性。第四，要善于组织合作经济和公营生产，同时使私人资本能获得正常合理的发展。要在建设上比倒国民党，充实我们的军事和政治力量。① 任弼时所言有很强的前瞻性。但在抗战还未完全结束，国共双方政治及军事较量的帷幕尚未拉开之时，即较为系统提出"由战争转到建设的思想的建立"为时尚早。故任弼时的发言稿没有发表。但以后实践的发展印证了任弼时透过现象洞察问题发展趋向的准确和深刻。

毛泽东在党的七大高瞻远瞩，引导全党在总结党的 24 年历史经验的基础上，确定了建立新中国新民主主义国家的纲领和政策，并初步明确新民主主义的经济纲领，为全党在将要展开的争取新中国光明前途的阶级大搏斗中，把准历史发展方向，拟定正确的经济方针和政策，提供了理论和战略上的指导。

抗战胜利后，革命力量由乡村向城市发展，中共对新民主主义经济理论的探索同城市接管实践经验的积累紧密结合。新民主主义经济理论指导着城市接管工作的开展，而城市接管经验的积累又大大丰富和深化了中共对新民主主义经济理论的认识。正确的理论往往来自对实践经验的正确概括。要弄清中国共产党新民主主义经济理论和方针在抗战胜利后发展的脉络，必须紧密结合解放战争时期城市接管的具体实践进程去考察。这一认识过程大致可划分为四个阶段。

---

① 《任弼时选集》，人民出版社 1987 年版，第 391、392、390—392 页。

（一）1945 年 8 月至 1947 年 12 月，是中共对新民主主义经济理论和城市工作经验的初步探索阶段

抗战胜利后，中共解放区内虽然没有北平、上海这样的大城市，但在向日军发起反攻的过程中以及在解放战争初期，先后接管张家口、长治、烟台、威海卫、德州、承德、赤峰、安东（今丹东）、哈尔滨、佳木斯等几十个中等规模的城市。由于共产党坚持和平建国方针，力求通过谈判避免内战的发生，赢得了短暂的和平。解放区人民政府利用这宝贵的和平时期，积极恢复社会经济秩序，初步探索出城市财经方面的一些管理经验。

1945 年 9 月 2 日，中共中央在《关于新解放城市工作的指示》中，就城市财经管理向各中央局等提出要求：对敌伪公有财产及大汉奸的企业，要成立统一接收机关；在金融方面，采取打击伪币，挤其外流的方针；在较大城市中，必要时成立粮食管理机关，召集粮商，研究粮食需要与来源，禁止囤积，协助粮运，疏畅粮源，首先供给劳动人民①。10 月 19 日，中央又进一步指示东北局：在城市的财政经济管理方面，应宣布保护私人企业及一切正当营业，确定税收及货币政策等；在公营企业中发动工人、职员组织委员会管理，设法开工等②。这些初步摸索出来的城市财经管理经验，在解放战争初期，对接管中小城市起了一定的作用；同时也反映出，中共中央在接管城市之初就对如何稳定城市经济秩序、尽快恢复生产这一重大问题有着比较明确的方针。

在领导解放区经济建设和中小城市经济的恢复和发展中，中共十分注意探索对经济恢复和建设有着重要影响的各种问题的解决方法，如公私关系、劳资关系、内外交流等。如何对待私人企业，这是城市接管和解放区生产发展中的重要课题。1946 年 2 月 5 日，中共中央在给华中分局书记、华中军区政委邓子恢的指示中，对解放区的私人企业，从其经营的合法性、私企与人民政府之间的关系、政府对私企的约束途径等方面作出规定，明确指出："我们是奖励私人企业，提倡私人资本主义之发展的。我们当前的任务是发展生产，发展解

_____

① 《中共中央文件选集》第 15 册，中共中央党校出版社 1991 年版，第 263—264 页。
② 《中共中央文件选集》第 15 册，第 365 页。

放区的经济建设。"①劳资关系的处理，对企业的发展至关重要。1946年3月28日，中共中央在《关于解放区经济建设的几项通知》中，就此问题指示各中央局："解放区劳资关系必须取合作方针，以达发展生产繁荣经济之目的，无论公营、私营，都是如此。"工会必须与厂方协同制定生产计划并协同执行，力求以较低成本获得较多盈利，以利于劳资双方，"工人福利必须于发展生产繁荣经济中求之，任何片面的过火要求，都将破坏解放区的经济"。②内外交流，当时虽然还只是在解放区个别地方进行，但对外贸易，不仅对经济的发展有着重要的作用，而且有着重要的政治性。所以当这个问题在解放区出现之初，中共中央就明确规定：我们政府及商业机关应在两利的原则下，和外国商人以至外国政府"直接订立一些经济契约，吸收外资来开发山东的富源，建立工厂，发展交通，进行海外贸易与提高农业和手工业"，"应采取和美国以及英、法各国实行通商及经济合作的方针，但须拒绝美国经我们的手在山东建立任何军事据点"③。公私关系、劳资关系、内外交流，都是新民主主义经济方针政策方面的核心问题，中共在城市接管工作初始，就对这些问题的根本原则有了较清楚的认识，这为以后的进一步探索提供了良好的基础。

　　解放区的经济建设是支撑人民解放战争和成功推进中共城市工作的重要基础。4月，中共中央在延安召集各解放区负责同志开会，除研究了土地问题外，讨论了解放区经济建设问题。任弼时受中央委托，会后代中央起草了《解放区经济建设和财政金融贸易方针》，全面提出解放区经济建设、财政、金融、外贸等一系列方针政策。④因后来形势急剧变化，这个文件没有下发，但这个文件反映了当时中共在向城市工作迈进之初，对解放区的经济建设与财政金融贸易等问题的总体谋划。5月4日，刘少奇代中共中央起草的《关于土地问题指示》下发，共产党抗战中实行的减租减息政策，改变为实行"耕者有其田"的政策。为发动农民参与同国民党政府进行的武装斗争，创造了社会条件。

①　《中共中央文件选集》第16册，中共中央党校出版社1991年版，第69—71页。
②　《中共中央文件选集》第16册，第107页。
③　《中央关于解放区外交方针的指示》（1946年5月3日），见《中共中央文件选集》第16册，第152、151页。
④　参见《任弼时选集》，第394—401页。

1946年6月，蒋介石发动全国规模的内战，国民党军队开始向解放区进行大规模的全面进攻。人民解放军经过8个月英勇的反击，于1947年2月粉碎国民党对解放区的全面进攻；随后，又粉碎国民党对山东、陕北解放区的重点进攻。从7月至9月，根据中共中央和中央军委的战略部署，人民解放军依次由内线转至外线，由战略防御转入战略进攻。在这一年多时间里，中央将主要精力投入领导军事斗争以及政治斗争中。在经济方面强调依靠自力更生，作持久打算。在解放区有计划地发展生产和整理财政，坚决地实行发展经济、保障供给、统一领导、分散经营、军民兼顾、公私兼顾等方针政策，以配合军事和政治方面的斗争，通过这些经济政策的实施来保障自卫战争的物质需要和使人民生活有所改善。

其间为粉碎国民党的重点进攻，毛泽东在党内指示中提出：除完成军事斗争任务外，"务须团结赞成土地改革的百分之九十以上的群众，孤立反对土地改革的少数封建反动分子，以期迅速完成实现耕者有其田的任务。"[1]为此，中央和军委直属机关分别派人赴陕甘宁边区各地解决土地问题。刘少奇明确指示，目前解决土地问题，"实际做的就是打倒蒋介石的工作。"[2]在毛泽东、周恩来、任弼时率党中央机关转战陕北的同时，刘少奇、朱德、董必武组成中央工作委员会，前往华北解放区领导解放区经济工作，特别是推动土改工作。7月17日至9月13日，刘少奇在西柏坡主持中央工委召开全国土地工作会议。这是新中国成立前，中国共产党召开的最大的专门讨论土改问题的会议，制定了《中国土地法大纲》。《大纲》的实施，激发了广大农民参军参战热情，从而为解放战争的胜利奠定了人力和物力基础。

解放战争进行一年后，战争形势发生根本变化。1947年6月30日，刘邓大军挺进中原，揭开人民解放军战略反攻的序幕。10月10日，中国人民解放军总部发表宣言，第一次提出"打倒蒋介石，解放全中国"的口号。11月，华北重镇石家庄解放。解放战争形势的迅猛发展使做好城市接管工作显得更加紧迫。

---

[1]《毛泽东选集》第四卷，第1216页。

[2]《刘少奇年谱》第二卷，中央文献出版社2018年版，第234页。

石家庄是抗战胜利后中共解放和接管的最大城市。石市私营工商业比较发达，其大部分和地主富农有关联①。中共领导的土地改革，使这里的工商业者深感不安，以为中共将像对待地主阶级那样对待他们。石市解放后，许多股东经理认为大祸临头，纷纷躲藏、隐蔽、转移物资财产，甚至出售和分散工厂店铺，工商业一时十分混乱。这种情况对经济恢复和发展极为不利，引起石市人民政府注意，并明确拟订了保护与发展工商业的政策：严禁以清算斗争方式查封、没收工商业及其他财产；依据发展生产、繁荣经济、公私兼顾、劳资两利的基本原则，引导私营工商业者为新民主主义经济服务；教育商人树立新商业观念，保护其正当营业、反对其非法牟利；在劳资关系上要求实行两利合作原则。另外，运用行政管理力量开展以下工作：改进各行业公会及商会，使这些组织掌握在正派的靠近人民政府的中小工商业者的手里，政府通过这些组织了解情况，推行政令，教育商人；订立各种新的法规和制度，取缔旧的陋规，严格奖惩；加强对市场及工厂店铺营业情况的调查和检查，特别对银号、货栈、跑合等容易囤积投机、操纵的行业，应有经常的检查制。除此之外，石市人民政府在稳定物价，恢复和建立新的贸易关系方面，在有计划地帮助部分奢侈品商人、洋货商人转业等方面也作出了尝试②。

为全面制定党的行动纲领，准备夺取全国胜利，1947年12月25日，中共中央在陕北米脂杨家沟召开扩大会议。毛泽东在《目前形势和我们的任务》的报告中深化和进一步明确对新民主主义经济中重大理论及实践问题的认识。(1)新民主主义经济纲领。"没收封建阶级的土地归农民所有，没收蒋介石、宋子文、孔祥熙、陈立夫为首的垄断资本归新民主主义的国家所有，保护民族工商业。"(2)新民主主义经济的构成及基本政策。新民主主义经济由三部分构成："国营经济，这是领导的成分"；"由个体逐步地向着集体方向发展的

---

① 据当时工商局不完全调查，逃亡地主所办的工商业有633家，占当时工商户的26.7%，又据10家中等商店的38个股东的调查，其家庭成分为地主富农者占50%，同时不少店员又系地富子弟出身。《石家庄市入城工作经验的初步总结》(1949年2月)，见《华北解放区财政经济史资料选编》第一辑，第495页。

② 《石家庄市入城工作经验的初步总结》(1949年2月)，见《华北解放区财政经济史资料选编》第一辑，第496页。

农业经济";"独立小工商业者的经济和小的、中等的私人资本经济。"由于中国经济的落后性,资本主义经济在全国革命胜利后及一个长时期内,必须允许存在;并需要其中一切有益于国民经济的部分有所发展;"它们在整个国民经济中,还是不可缺少的部分"。蒋宋孔陈四大家族垄断资本和国家政权的结合,叫作官僚资产阶级,是新民主主义革命的对象;官僚资本垄断了全国的经济命脉,为新民主主义革命准备了充分的物质条件。(3)"发展生产、繁荣经济、公私兼顾、劳资两利"是新民主主义经济的总目标。国民经济的指导方针必须紧紧地追随着这个总目标,"一切离开这个总目标的方针、政策、办法,都是错误的"。① (4)贯彻《中国土地法大纲》的基本原则。必须注意满足贫雇农的要求,这是土改最基本的任务;必须坚决地团结中农,不要损害中农的利益;对待富农和地主一般要有所区别,土改后农村产生的新富农经济是允许存在和发展的。党在1931年至1934年期间,经济政策上所犯过的"左"倾错误,绝不许重复,如果重犯,"必然要损害劳动群众的利益和新民主主义国家的利益。"②

　　毛泽东的报告凝聚了抗战中后期,党中央对新中国新民主主义经济理论和方针探索的重要思想成果,为指导解放战争进程中的解放区经济建设和接管城市经济的恢复,为党对新民主主义经济道路的探索,提供根本遵循,奠定思想基础。此后,中共对新民主主义经济理论认识的轨迹和实践的发展基本是沿着毛泽东这次报告所阐述的精神丰富和发展的。

(二)1948年1月至9月,是中国共产党对城市管理经验初步总结,对新民主主义经济理论的探索有重大推进的阶段

　　进入1948年,解放战争的形势越来越朝着有利于共产党和人民的方向发展。军事形势的相对稳定和明朗,使中共领导人得以用更多的时间和精力来研究各项工作的具体政策和策略,尤其是城市接管工作中的工商业政策等问题。

---

① 《毛泽东选集》第四卷,第1253、1255、1256页。
② 《毛泽东选集》第四卷,第1255页。

自 1947 年秋，部分中小城市收复时出现的对城市和工商业破坏的现象引起毛泽东的重视，并提醒全党注意。① 翌年，在考虑土地改革政策等问题时，他对保护城市和工商业问题作了进一步的研究，向党内发出许多重要指示。

1 月 18 日，毛泽东在为中共中央起草的《关于目前党的政策中的几个重要问题》决定草案中，对工商业政策作出较为全面的规定：必须避免对中小工商业者采取任何冒险政策；对地主富农的工商业一般应当保护；官僚资本和真正恶霸反革命分子的工商业应当没收，其中凡属有益于国民经济的，在国家和人民接收之后，必须使其继续营业，不得分散或停闭。对于一切有益于国民经济的工商业征收营业税，必须以不妨碍其发展为限度。在公营企业中，必须由行政方面和工会方面组织联合的管理委员会，以加强管理工作，达到降低成本、增加生产、公私两利的目的；私人资本主义企业也应当试行这种办法。工人生活必须得到改善，但是必须避免过高的待遇。②

劳资关系的处理是工商业政策中一个十分重要的问题。在收复的城市中，私企内的工人普遍存在不顾客观条件，要求提高工资的要求，使企业不堪重负而倒闭。对此，中央已有多次指示，但有些地方政府并未引起注意，"仍然执行历史上使我党遭受过严重挫折的错误方针"。为此，毛泽东在 1948 年 1 月 31 日转发的《朱德关于军事民主及职工待遇问题给中央信的批语》中，指示各地中央局以及各级党委："必须以严正态度对待此项问题，立即改正党内在此项问题上存在着的错误思想与错误政策"；并明确指出："工厂中商店中工人店员职员的生活条件，不可过高。我党工商业政策的任务，是发展生产，繁荣经济，公私兼顾，劳资两利。如果我党不善于领导工人阶级执行这一任务，提出了过高的劳动条件，重复过去历史上犯过的错误，致使生产降低，经济衰落，公私不能兼顾，劳资不能两利，就是极大的失败。这件事，必须引起全党

---

① 毛泽东指出："对于上层小资产阶级和中等资产阶级经济成分采取过左的错误的政策，如像我们党在一九三一年至一九三四年期间所犯过的那样（过高的劳动条件，过高的所得税率，在土地改革中侵犯工商业者，不以发展生产、繁荣经济、公私兼顾、劳资两利为目标，而以近视的片面的所谓劳动者福利为目标），是绝对不许重复的。这些错误如果重犯，必然要损害劳动群众的利益和新民主主义国家的利益。"《毛泽东选集》第四卷，第 1255 页。

② 《毛泽东选集》第四卷，第 1269 页。

注意，决不可只看见眼前片面的所谓劳动者福利，而忘记了工人阶级的远大利益。"①

2月27日，毛泽东又向党内发出《关于工商业政策》的指示，针对当时工商业政策方面存在的错误，从领导方针和领导方法两个方面，向全党提出纠正错误的要求：在领导方针上，"应当预先防止将农村中斗争地主富农、消灭封建势力的办法错误地应用于城市，将消灭地主富农的封建剥削和保护地主富农经营的工商业严格地加以区别，将发展生产、繁荣经济、公私兼顾、劳资两利的正确方针同片面的、狭隘的、实际上破坏工商业的、损害人民革命事业的所谓拥护工人福利的救济方针严格地加以区别。"在领导方法上，要求各中央局等，依照中央方针和指示，通过派工作团，以电报、电话、车骑通讯、口头谈话等方法密切联系，并且利用报纸作为自己组织和领导工作的极为重要的工具。毛泽东郑重告诫全党："政策是革命政党一切实际行动的出发点，并且表现于行动的过程和归宿。一个革命政党的任何行动都是实行政策。"在战争、整党、土地改革、工商业和镇压反革命五个政策问题中，任何一个问题犯了原则的错误，不加改正，我们就会失败。② 毛泽东的这一指示表明，中共已把城市工商业政策问题提到与军事和政治同样重要的全局地位来考虑。

1948年初收复和管理城市，对一些解放区来说已成为很现实的重要问题。思想的发展进程与历史发展的进程是一致的。1月31日，中共东北局就召开城市工作会议向中央请示。2月19日，中央工委向东北局及其他解放区发出《关于收复石家庄的城市工作经验》的指示，对于石家庄收复过程中存在的问题，作了归纳总结，提供东北局及其他解放区参考。指示中估计：东北及其他解放区，都可能在最近收复一些中等和大的城市，"如何去收复城市，收复后又如何管理，这在党内一般是还没有完全解决的问题，特将石庄这些不完全的经验介绍给你们，作为参考，在石庄的许多错误，是应该而且可以避免的"③。中央工委将此电报告中央。2月25日，中共中央向各中央局及中央工委发出《关于注意总结城市工作经验的指示》，要求各中央局将中央工委2月19日电当作

① 《中共中央文件选集》第17册，第23、22页。
② 《毛泽东选集》第四卷，第1285、1286页。
③ 《中共中央文件选集》第17册，第59页。

党内文件发至地方地委一级、军队团委一级；各级党委收电后均应引起讨论，石家庄城市工作经验"必须引起全党注意"。为将党的注意力引到注意城市工作，为使现已取得的城市工作事先有充分的精神准备与组织准备，"中央责成各中央局分局前委对于自己占领的城市，凡有人口五万以上者，逐一作出简明扼要的工作总结，并限三至四个月内完成总结"，然后电告中央。① 这一指示由毛泽东亲自起草，可见中共中央对城市工作的重视程度。

4月5日，人民解放军再度攻克洛阳后，毛泽东于8日为中共中央起草了《再克洛阳后给洛阳前线指挥部的电报》，提出9点城市工作中应注意的政策问题。除以往提到的城市工商业政策、劳资及人民生活改善政策、国民党方面人员处理政策等外，对官僚资本作了进一步明确规定。指示电中说："对于官僚资本要有明确的界限，不要将国民党人经营的工商业都叫做官僚资本而加以没收"，对于那些查明确实是由国民党中央政府、省政府、县市政府经营的，即完全官办的工商业，应该确定归民主政府接管营业的原则。对于著名的国民党大官僚所经营的企业也应照此办理。但"对于小官僚和地主所办的工商业，则不在没收之列。一切民族资产阶级经营的企业，严禁侵犯"。对于官僚资本企业应该如何管理，指示规定：如民主政府一时来不及接管，则应该暂时委托原管理人负责管理，照常开业，直至民主政府派人接管时为止；如国民党人已逃跑，企业处于停歇状态，则应该由工人和技师选出代表，组织管理委员会管理，然后由民主政府委任经理和厂长，同工人一起加以管理。②4月26日，毛泽东在为中共中央起草的致华东局及华东野战军副政委兼山东兵团政委谭震林的报告批示中，除进一步阐述这一思想外，针对谭震林的报告③指出：该电说到企业管理委员会时，只说由经理、工会代表组织管理委员会，没有提到工程师、技师及有经验的职员。"须知单是经理及工人代表是不够的，必须有工程

---

① 《中共中央文件选集》第17册，第69、70页。

② 《毛泽东选集》第四卷，第1323—1324页。

③ 1948年4月1日，谭震林在给华东局并转中央等的报告中说：对公营大煤矿，决定工厂管理经营的方式是由工人职员及财办派去的干部共同组织管理委员会，以后再正式成立经理、工会代表合作的正式管理委员会。参见《毛泽东文集》第五卷，人民出版社1996年版，第89页注[2]。

师、技师及职员参加管理委员会，这个委员会应当是厂长负责制下面的管理委员会。在任何企业中，除厂长或经理必须被重视外，还必须重视有知识有经验的工程师、技师及职员。必要时，不惜付出高薪。即使是国民党人，只要有可能，也要利用。"批示中还特别指出：这一点过去没有说清楚，"故在这里补充说明"。① 这一思想的重要价值在于，认识到了知识和技术在工厂管理中的重要作用，并基本确定了中华人民共和国成立后国营企业管理的模式。

4月26日，被国民党军侵占一年一个月零三天的延安重新回到人民手中。延安的收复，意味着国民党对解放区重点进攻的彻底失败。据此，毛泽东将生产的恢复与发展提到重要的考虑日程。5月11日，他在为中共中央起草的致晋绥分局，并告华北局、西北局的电报中指出：在收得延安后，西北局亦须注意恢复及发展工业。"分局应将工业生产问题放在领导工作的重要位置"②。

工资问题是企业管理中一个重要问题，工资政策恰当与否将直接影响工业劳动生产率的提高。最初，中共中央还只是从解决劳资关系，以双方互利，能促进生产发展作为考虑工资政策的出发点。到1948年下半年，随着接管企业日益增多，管理中的问题也越来越多，中共中央对企业工资政策的思路进一步拓展。6月1日，党中央向各地发出《关于工资政策的指示》，要求在工资问题上注意纠正两种偏向：一方面，必须反对那种盲目的无限制的过分提高工资的自杀政策，这种办法使企业无法扩大生产，甚至无法继续再生产；另一方面，必须反对那种无原则的过分压低工资，反对那种抹杀工程师、技师及技术工人和普通工人之间差别的平均主义。③ 这些原则性的意见，为城市接管中企业内部工资制度的建立提供了指导，新中国成立后的工资制度也是按照这一基本思路确定的。

为贯彻和配合中共中央对城市接管工作的指导，部分大解放区开始对城市工作经验进行系统总结。7月6日，以中央政治局委员身份指导晋察冀解放区工作的中央组织部部长、书记处政策研究室主任彭真，在北岳城市工作干部会议上作了《做好城市工作迎接革命的新高潮》的讲话。在讲话中，他对当时城

---

① 《毛泽东文集》第五卷，人民出版社1996年版，第88页。
② 《毛泽东文集》第五卷，第95页。
③ 《中共中央文件选集》第17册，第196页。

市工作面对的情况、具体任务、斗争策略、组织形式、宣传工作，进城后的接管工作都作了论述，指出："现在是从乡村包围城市进到夺取城市的时期。我们整个党缺乏管理城市的经验"，要抓紧机会好好地学习管理城市，"入城以后，要建立新民主主义的社会秩序，即无产阶级领导的、人民大众的、反帝反封建反官僚资本的社会秩序。我们的一切政权建设、工商业政策，都是从这个总政策出发的。所谓无产阶级领导的，即不是独占，而是占优势，带某些计划性，能克服无政府状态，有一定发展目标的。这是与旧的、资本主义的无政府状态的主要区别"。① 这篇讲话依据中共城市工作的经验，包含着对未来政权性质和特点及社会管理职能的认识。

东北解放区在这方面更为突出。到 1948 年 6 月，东北面积 99% 已为我占领，敌人占领地区，只占东北面积的 1%；县城以上的 187 个城市（冀热察不在内），我占领者 176 个，敌尚占领的只有 11 个。我占城市已巩固，解放区连成一片，有乡村有城市；敌占城市完全孤立，交通隔断，四周被封锁。东北解放区工业矿山铁路的比重和城市的比重已大大不同于抗战时期的解放区，也大大不同于目前关内的解放区。② 据情，中共中央东北局委员、城市工作部部长王稼祥，在总结城市工作经验的同时，对如何逐步实现党的工作重心由农村向城市转移，作了比较系统的研究。

1948 年 6 月，王稼祥代东北局城市工作部起草《城市工作大纲》（以下简称《大纲》），明确提出"加强城市工作已到时候了"。"城市与乡村是截然不同的两个环境"，不能简单将"乡村中的政策和一套经验搬到城市中来，这是城市工作的重要出发点之一，城市工作要根据城市情况办事。""全党必须有城乡的统一的整体的观念，要加强城市干部，研究城市政策，在最短期间学会城市工作。"③《大纲》包括十个部分，较全面地凝聚了中共东北局的城市工作经验，并对党的工作重点由农村转移到城市的必要性和工作的开拓，提出重要意见。其中王稼祥对城市经济工作提出许多精辟见解。他强调，在毛泽东提出的新民主主义经济三大纲领和"发展生产，繁荣经济，公私兼顾，劳资两利"总方针

① 《彭真文选》，人民出版社 1991 年版，第 148、147—148 页。
② 参见《王稼祥选集》，人民出版社 1989 年版，第 366—367 页。
③ 《王稼祥选集》，第 367、369、370、368 页。

的指导下，"变敌伪国民党统治的城市为经济上政治上文化上新民主主义的城市。"强调党的城市经济政策要注意整体性，即政策的拟订要从"工业、农业、贸易、运输、金融等等整体认识出发"，从各种经济成分兼顾的整体观念出发，否则在实行经济政策时会犯错误，城市工业生产运动也搞不好。在对城市工业生产与经济建设分析的基础上，王稼祥概括"城市生产运动的指导思想是以国营工商业为领导，充分使用私营工商业，引导他们使其走向国民经济的需要的道路。贯彻计划性，配合以手工业及小工厂生产的自发与多种多样性，以国家贸易及消费合作为骨干，调节私人商业，限制商人投机。合理的流通自由，反对统制、管制与各地封锁垄断，只有这样才能把城市经济发展引向正确的道路。"① 在历史重大转变关头，党内思想参差不齐，因东北局内部有争议，《大纲》未能在东北局城市工作会议上讨论。但全国解放战争的发展，印证了王稼祥观点的正确。党的七届二中全会后，中央对此亦有所肯定。②

中共中央候补书记、中共东北局副书记、东北财经委员会主任陈云，从财经工作角度，也提出了工作重点转移问题。1948 年 8 月，陈云在给中央的报告中，分析东北财经情况后明确指出："在目前情况下，需要把财经工作放在不次于军事或仅次于军事的重要位置上"；在第六次全国劳动大会的报告中他指出："在解放区，恢复和发展工业生产，已经提到了重要的地位"。为实现工作重心转移，陈云认为东北在经济工作方面要作好几个方面的准备。第一，"要加强工业的计划性。""没有计划就会造成浪费，按计划办事就可以提高生产，也可以为将来搞全国计划打下基础。"第二，"要改善国营、公营企业的经营和管理工作，主要是贯彻企业化原则和实行管理民主化。"第三，"要重视和培养技术干部和管理干部"等。③ 在三项准备工作中，陈云尤为重视加强东北工业的计划性。他在 8 月给中央的报告中说：东北局决定，1948 年必须制订 1949 年工业生产计划，如果可能要进一步拟定 1949 年及 1950 年两年的生

① 《王稼祥选集》，第 380、368、384、390 页。

② 参见：《刘少奇代中央起草〈关于对民族资产阶级的政策问题给东北局的指示〉》(1949 年 5 月 31 日)，见《建党以来重要文献选编(1921—1949)》第 26 册，中央文献出版社 2011 年版，第 427—428 页。

③ 《陈云文选》第一卷，人民出版社 1995 年版，第 373、365、366、367 页。

产计划，"以便我们学习并走向计划生产"。随后，陈云和李富春联名给东北各省、市、县负责人写信，对 1949 年和 1950 年工业生产计划的拟订提出要求。①

工作重点从农村转到城市是解放战争发展的必然趋势。这是一个具有重大实践意义的战略问题。东北局对这个问题筹划较早，与东北地区的形势有关。王稼祥、陈云对东北城市工作的谋划，为党的工作重心转移后的城市工作，以及当下已经开始的大批城市接管，提供了重要的政策思想和工作思路。

这一时期中共中央在新民主主义经济理论的构建方面有重大推进。理论的拓展与毛泽东对国际国内局势的观察和分析有着密切关系。

从内战爆发到国民党军对解放区的全面进攻，转为重点进攻期间，毛泽东对国际国内局势有许多重大判断。第一，"美国和苏联中间隔着极其辽阔的地带，这里有欧、亚、非三洲的许多资本主义国家和殖民地、半殖民地国家"。美国借口反苏在中间地带国家建立和准备建立军事基地，"这些军事基地是指向苏联。但是，在现时，首先受到美国侵略的不是苏联，而是这些被建立军事基地的国家。"中国是受害者之一。目前在中国"美国帝国主义及其走狗蒋介石代替日本帝国主义及其走狗汪精卫的地位，采取了变中国为美国殖民地的政策、发动内战的政策和加强法西斯独裁统治的政策"；在这种的情势下，中国"人民除了斗争，再无出路。为独立、为和平、为民主而斗争，仍然是现时期中国人民的基本要求。"第二，"全世界反帝国主义阵营的力量超过了帝国主义阵营的力量。优势是在我们方面，不在敌人方面。"② 第三，解放区人民解放军的胜利和蒋管区人民运动发展的事实，预示中国时局将要发展到一个新的阶段，"即是全国范围的反帝反封建斗争发展到新的人民大革命的阶段。现在是它的前夜"。这个新的阶段的到来"毫无疑义"，并可能取得胜利。"我党的任务是为争取这一高潮的到来及其胜利而斗争"。国际形势的发展，对于中国人民的斗争，极为有利。苏联力量的增长及其外交政策的胜利，世界各国人民的日益"左"倾及其反对本国和外国反动势力的斗争的日益发展，这两大因素已经迫使，并将继续迫使美帝国主义及其在各国的走狗日益陷于孤立。加上无可

---

① 参见《陈云文选》第一卷，第 372—373 页；《陈云文集》第一卷，第 633—634 页。

② 《毛泽东文集》第四卷，第 1193、1194、1212—1213、1259 页。

避免的美国的经济危机这一因素，必将迫使美帝国主义及其在各国的走狗更加处于困难地位。"美帝国主义及其走狗蒋介石的强大仅仅是暂时的，他们的进攻是可以粉碎的。"① 第四，清晰描述了国民党财政经济总崩溃的发展趋势。指出，1946 年 11 月 4 日，国民党政府和美国政府签订的《中美商约》②"是不平等条约"。条约签订日"是中国新的国耻纪念日"；"我们公开表示将来一定要废弃"，"另订平等商约"，"解放区现在就没有实行这一条约"。③ 由于蒋介石政府长期施行反动的财政经济政策，通过中美商约蒋介石的官僚买办资本同美帝国主义资本相结合，恶性通货膨胀将迅速发展，中国民族工商业日趋于破产，劳动群众和公教人员的生活日趋恶化，为数众多的中等阶级分子日益丧失他们的积蓄变为毫无财产的人，罢工、罢课等项斗争不断发生。中国空前严重的经济危机，已经威胁着各阶层人民。蒋介石为继续内战，恢复抗战时期极端恶劣的征兵、征粮制度，这将迫使广大的乡村人民首先是贫苦农民不能生活，民变运动已经起来将继续发展。这样，蒋介石反动统治集团就将在广大人民面前日益丧失威信，遭到严重的政治危机和军事危机。"这个形势，一方面推动蒋管区反帝反封建的人民运动日益向前发展，另一方面影响蒋军士气更加下降，增加人民解放军的胜利的可能性"④。

根据整个国际国内形势的分析，毛泽东 1948 年 4 月 10 日明确指出："中

---

① 参见《毛泽东选集》第四卷，第 1211、1212、1211、1214—1215 页。

② 《中美商约》即《中美友好通商航海条约》，1946 年 11 月 4 日，国民党政府和美国政府在南京签订。这个条约大量出卖了中国主权，共有 30 条，其主要内容是：第一，美国人有在中国"领土全境内"居住，旅行，从事商务、制造、加工、科学、教育、宗教、慈善事业和非专为中国人保留的各种职业，以及租赁土地等权利。倘若允许第三国采勘和开发中国矿产资源，美国也享有此项权利。美国人在中国，在经济权利上与中国人享受同样待遇。第二，美国商品在中国的征税、销售、分配或使用，享有不低于任何第三国和中国商品的待遇。中国对美国任何种植物、出产物或制造品的输入，以及由中国运往美国的任何物品，"不得加以任何禁止或限制"。第三，美国船舶可以在中国开放的任何口岸、地方或领水内自由航行，其人员和物品有经由"最便捷之途径"通过中国领土的自由。美国船舶，包括军舰在内，可以在遇到"任何危难"的借口下，开入中国"对外国商务或航业不开放之任何口岸、地方或领水"。参见《毛泽东文集》第四卷，第 208 页。

③ 《毛泽东文集》第四卷，第 205 页。

④ 参见《毛泽东选集》第四卷，第 1213—1214 页。

国新的革命高潮的到来，我党已经处在夺取全国政权的直接道路上。"①4月30日至5月7日，毛泽东在河北城南庄召开中共中央书记处扩大会议，提出召开没有反动分子参加的新政协会议，筹备建立民主联合政府；确定把战争引向国民党区域的战略决策，作出在中原打几个大仗的部署。这次会议意味着，毛泽东及中共中央将推翻国民党统治，筹建新中国的斗争提上了日程。

会后，人民解放军在豫东、津浦、苏北、晋中、襄樊五个方向对国民党军展开夏季攻势，毛泽东全力投入指挥全国解放战争的军事斗争。解放战争进程的迅猛发展，使城市接管，恢复经济，安定人民生活的任务日益凸显。毛泽东未雨绸缪，考虑到党在经济恢复与建设方面理论准备不足，经验缺乏，嘱托刘少奇集中精力研究新中国经济发展道路问题。

城南庄会议后，周恩来对新民主主义经济建设问题有所思考。6月21日他撰写了一个提纲，对新中国新民主主义经济作了宏观勾画。第一，经济制度。新民主主义经济区别于旧民主主义经济，是无产阶级领导的、为多数人、以劳动大众为主附加自由资产阶级的，"如果少数人或个人利益与大多数发生根本冲突时，则抛弃少数而顾大多数"；"以是否于国计民生有利为标准"；所有制结构是"公营、私营与合作社三种经济"。第二，经济体制。"基本上计划经济"，"反对农业社会主义或极端平均主义的经济方针"；国家将通过税收、金融、会计核算等新经济手段管理；企业实行"工厂委员会与厂长负责制"，发挥"工会、党委的作用"；工业管理科学化，用工资制代替供给制，用生产观点代替救济观点。第三，经济发展方式。重技术进步，不安于落后；区别工业与商业，"工业是生产的，商业则附属于工业"等。②周恩来这个提纲虽短，但涉及了国家经济制度、体制及发展方式等根本问题，直指国民党统治下的经济弊端和共产党经济工作中易出现的小农意识，展现了当时中央领导集体从国情出发，以现代化意识筹划新中国经济发展道路的认识水平和胸怀。

刘少奇因受到毛泽东和党中央委托，全力研究新民主主义经济问题，初期研究成果，集中体现在他9月撰写的《论新民主主义的经济与合作社》手稿和

---

① 逄先知主编：《毛泽东年谱（1983—1949）》下卷（修订本），中央文献出版社2013年版，第302页。

② 参见《周恩来选集》上卷，人民出版社1980年版，第305—306页。

9 月 13 日在政治局会议上关于新民主主义经济建设问题的讲话中。这两篇文献清晰阐述了新中国新民主主义经济三个重大理论与实践问题。

第一，比较完整地提出并初步论述了新中国新民主主义经济构成理论。在旧中国废墟上建立的"国民经济的总体就叫做新民主主义经济"；其中，包含着自然经济、小生产经济、资本主义经济、半社会主义经济、国家资本主义经济以及国营的社会主义经济；"并以国营的社会主义经济为其领导成分。"根据当时的情况，刘少奇概述了"国家经济""合作社经济""私营经济"（其中含"私营资本主义经济及其被允许设立的外国私人经济机关"）及个体小手工业和小农业，在国民经济中的性质、地位和作用。没有论述国家资本主义经济和自然经济。①

第二，明确提出在新民主主义经济中，资本主义与社会主义的矛盾"是新社会的主要矛盾"。目前在帝国主义、封建势力和官僚资本主义还未打倒时，"主要的矛盾还是人民与帝国主义、封建势力和官僚资本的矛盾，资产阶级与无产阶级的矛盾，是被这第一个矛盾掩盖着"。取得全国政权、民主革命任务解决后，"主要的矛盾就是无产阶级劳动人民与私人资本家的矛盾"。私人资本主义经济"在目前整个国民经济中，是一个不可缺少的部分，它的适当的发展，对于国民经济也是有利的"；但是"它又处在和国家经济与合作社经济竞争的地位，它的发展方向是要走旧资本主义道路的"。因此，"在新民主主义的国家，一方面，应该采取严厉的办法禁止一切公私机关及个人囤积居奇、买空卖空的投机行为，同时，允许并在适当的范围内帮助那些有益于国计民生的工商业之发展。在它发展的过程中，国家经济与合作社经济，又须逐步地适当地和它进行一种和平的经济竞争。"这种竞争"是长期的"，"是带社会主义性质的"，有个"谁战胜谁"的问题。"因此，固然不能过早地采取社会主义政策，但也不要对无产阶级劳动人民与资产阶级的矛盾估计不足，而要清醒地看见这种矛盾"。②

第三，提出较完备的中国合作社经济发展的政策思想。在新民主主义经

①　参见《刘少奇论新中国经济建设》，中央文献出版社 1993 年版，第 3—4、1—3、10—11 页。

②　参见《刘少奇论新中国经济建设》，第 4、10—11、4、5 页。

济成分的研究中，刘少奇对合作社经济的研究投入很大精力。这主要出于两个原因：一是国情原因。中国"是一个小生产占极大优势的国家，还是一个农业国。"二是实践原因。发展合作社经济"就可能保障新民主主义的经济按照无产阶级所指导的有利于全国人民的路线向前发展。"刘少奇认为："无产阶级与资产阶级的这种斗争，是社会主义与资本主义的两条道路的斗争，资产阶级要来跟我们争领导权，要把国家引导走资本主义的道路。在这个斗争中，决定的东西是小生产者的向背"，而"合作社是团结小生产者最有力的工具"。[1] 刘少奇精辟概括了合作社经济在新民主主义经济向社会主义经济过渡中的三项历史任务和作用。即：合作社经济是"消灭投机商业，保障新民主主义经济胜利前进的最重要的工具"；是无产阶级与资产阶级在经济和平竞争中"最重要的工具"；承担着"组织小生产，以提高小生产的生产力，在将来，则在极广大的范围内改造小生产成为大生产的历史任务"，"是无产阶级及其所领导的国家去帮助、教育、组织与改造千千万万的小生产者最主要的形式"。[2] 他提出组织合作社的七项原则。一是应该由上而下然后由下而上地去组织合作社及改造现有的合作社。二是在经济上为社员服务是唯一任务；首要是供给社员所需要的生产资料与生活资料，推销社员所生产的商品。三是合作社在营业中必须与国家商业或生产机关，并酌量与私人资本家、小生产者直接订立交易合同；不以营利为目的，不分红利给社员，入社股金不高且一律，多入股金作为储蓄给以利息。四是必须坚持对社员高买贱卖的原则，这是合作社存在和发展的基础。五是只供给社员、不供给非社员货物，必要时对缺少货物实行社员间平均配给。六是在合作社整个组织体系中实行严格的民主集中制，实行定期社员代表会议制，建立党的组织，在领导机关成立党组。七是要把国家用一切正当办法帮助和领导合作社，定为新民主主义国家的政策和制度，并在政府中设立管理合作社事务的部门。[3] 新中国成立前后，合作社事业基本是在这七项原则的政策框架指导下发展的，实践印证了这些政策设计切实可行并行之有效。

在刘少奇9月13日中央政治局讲话后，毛泽东在结论讲话中充分肯定了

① 《刘少奇论新中国经济建设》，第11、28、5页。
② 参见《刘少奇论新中国经济建设》，第14、15、19页。
③ 参见《刘少奇论新中国经济建设》，第20—26页。

刘少奇对新民主主义问题的研究。毛泽东说:"新民主主义和社会主义问题,少奇同志的提纲分析得具体,很好,两个阶段的过渡也讲得很好,各位同志回到中央局后,对这一点可以作宣传。"同时毛泽东指示:"对经济成分的分析还要考虑,先由少奇同志考虑,并草拟文件,以便在召开二中全会时用。"①

毛泽东在结论讲话和刘少奇讲话时的插话中,对刘少奇阐述的新民主主义经济理论观点作了重要补充。第一,关于新民主主义社会矛盾问题。毛泽东肯定刘少奇的判断:"资产阶级民主革命完成之后,中国内部的主要矛盾就是无产阶级和资产阶级之间的矛盾";同时指出,外部有同帝国主义的矛盾;内部还有民族矛盾和工农矛盾。② 第二,关于国营经济与资本主义经济的斗争形式问题。刘少奇谈了经济上和平竞争;毛泽东进一步补充说:"斗争有两种形式,竞争和没收,竞争现在就要,没收现在还不要。""单讲与资本主义竞争,还不能解决问题,还有一个利用它以发展生产的问题。"③ 第三,关于新民主主义经济向社会主义经济过渡问题。刘少奇提出:"不能过早地采取社会主义政策",并预见"和平转变有极大可能"④。毛泽东肯定刘少奇"两个阶段的过渡""讲得好";并进一步指出:"完成新民主主义到社会主义的过渡的准备,苏联是会帮助我们的,首先帮助我们发展经济。我国在经济上完成民族独立,还要一二十年时间。我们要努力发展经济,由发展新民主主义经济过渡到社会主义。"⑤

另外,毛泽东在9月8日的政治局会议报告中讲了八个问题,其中三个与党的经济工作有关。一是提出财经统一。要"以华北人民政府的财委会统一华北、华东及西北三区的经济、财政、贸易、金融、交通和军工的可能的和必要的建设工作和行政工作"。金融、货币须先统一。二是向全党提出,"我们已有城市和广大地区",必须"学习工业和做生意"。三是批评党内存在的"新资本主义"和"农业社会主义"的错误论调。指出"我们的社会经济的名字还是叫'新民主主义经济'好",称"新资本主义"不妥。因为在我们社会经济中起决

---

① 《毛泽东文集》第五卷,第145、146页。
② 《毛泽东文集》第五卷,第145—146页。
③ 参见《刘少奇论新中国经济建设》,第4—5、6页。
④ 《刘少奇论新中国经济建设》,第7页。
⑤ 《毛泽东文集》第五卷,第145、146页。

定作用的是国营经济、公营经济，国家是无产阶级领导的，经济是社会主义性质的；农村个体经济加上城市私人经济在数量上大，但不起决定作用；国营经济、公营经济在数量上较小，但起决定作用。"我们反对的农业社会主义，指的是脱离工业、只要农业来搞什么社会主义，这是破坏生产、阻碍生产发展的，是反动的"。①

在九月政治局会议上，毛泽东有关新民主主义经济理论与实践的讲话精神及刘少奇的研究成果，为全党进一步探索新民主主义经济理论，并推进实践，提供了重要指导，并明确了在经济工作方面应该着力的战略重点和避免的错误倾向。

在刘少奇研究新中国新民主主义经济的同期，中共东北局常委兼组织部部长张闻天，对东北经济构成和经济建设基本方针也进行了深入研究。1948 年 7 月 18 日，张闻天在东北局召开的各县组织部长、宣传部长联席会议上作《新民主主义的经济结构与农村经济的发展前途》报告，分析了新民主主义的主要经济形式及我们的基本政策。8 月 31 日，他又在东北首次城市工作会议上作总结发言，具体分析城市阶级关系和经济结构，提出党在城市工作中的阶级路线（即政治路线、策略路线）。在上述讲话基础上，张闻天于 9 月 15 日为东北局写成《关于东北经济构成及经济建设基本方针的提纲》，对东北经济构成及经济建设基本方针作了深刻分析。②

张闻天认为，东北经济由六种成分构成："国营经济、合作社经济、国家资本主义经济、私人资本主义经济、小商品经济、秋林式的社会主义经济（这里苏联国家企业都用"秋林公司"名称）。""正确认识这六种经济的性质、地位和发展趋向及其相互关系，是正确决定东北经济政策的出发点与基础。"张闻天全面分析了六种经济成分的性质、地位、发展方向及其相互关系，并在分析基础上提出，六种经济成分都应发展，但在经济政策上必须实行一条明确的阶级路线："以国营经济为主体，紧紧依靠群众的合作社经济，改造小商品经济，利用私人资本主义经济，尤其是国家资本主义经济，防止与反对商品的资

---

① 《毛泽东文集》第五卷，第 137、138、139 页。

② 参见程中原：《张闻天传》，当代中国出版社 1993 年版，第 547 页。

本主义经济所固有的投机性与破坏性。这条路线是力争无产阶级在新民主主义经济建设中的领导地位的路线。只有这条路线，我们才能顺利地加强新民主主义社会的经济基础，并给社会主义的前途开辟道路。"①

张闻天的《提纲》经东北局讨论通过后，于 9 月 30 日报送中央。恰逢九月政治局会议，毛泽东嘱刘少奇对新民主主义经济成分问题继续研究不久。故张闻天的《提纲》受到中央高度重视。刘少奇审读了《提纲》，并作了大量补充，在修改中，推进了他在九月政治局会议讲话中对新民主主义经济的认识。

第一，明确"过渡性"是新民主主义社会的特点。刘少奇提出：新民主主义社会中的无产阶级与资产阶级的基本矛盾斗争，"特别是在这个矛盾上的长期的经济竞争，将要决定新民主主义社会将来的发展前途：到底还是过渡到社会主义社会，抑或过渡到普通的资本主义社会。这种过渡性，就是新民主主义社会也是新民主主义经济的特点。"②

第二，明确"新民主主义的国民经济应该是在某种程度上具有组织性与计划性的经济"。因为一切经济命脉"已操在国家手中，由国家对整个国民经济的生产和分配实行有力的领导，即实行某种程度的国民经济的组织性和计划性，是完全可能的和必要的"。因此必须大大加强国家统一的经济领导机关，建立一切必要的由上至下的经济机关系统；"并按各个生产部门实行适当的分工，分别地建立各种公司与托拉斯，在统一的领导和计划之下，分别地去进行生产或交换"；并建立国家银行总行和各类专业银行，以促进生产与交换的社会业务，建立巩固的信用制度，以使国家企业能够在统一计划之下去经营。"如果再经过供销与生产合作社系统去结合广大的小生产者在国家经济的领导之下，又建立了广大的消费合作社系统，并用国家资本主义的方法把颇大一部分私人资本也吸收在国家经济体系之内，就使无产阶级领导的新民主主义国家有可能把整个社会和国家的生产和分配，即整个国民经济在可能和必要的限度以内有步骤地加以组织，一步一步地使之成为具有计划性的经济，逐步地避免资本主义经济的无政府状态和经济恐慌。"与此同时，刘少奇提醒：实行国民经

---

① 《张闻天文集》第四卷，中共党史出版社 1995 年版，第 17、27—28 页。

② 参见《刘少奇论新中国经济建设》，第 30 页。

济的组织性与计划性，"必须严格地限制在可能的与必要的限度以内，并且必须是逐步地去加以实现，而决不能超出这个限度，决不能实行全部的或过高程度与过大范围内的计划经济"。国营经济"必须首先适当地实行这种组织性与计划性"。"因为中国的广大及经济发展的落后与不平衡"，"必须特别重视地方性的国民经济计划，这在那些偏僻的农业区域更为重要"。①

第三，进一步充实了对新民主主义合作社经济的认识。提出"在新民主主义的国家中，合作社应该成为广大劳动人民所易于接受和了解的一种经济组织形式和一种普遍的社会制度。"系统论述消费、供销、生产合作社承担的任务、组织形式和原则、在经济生活中的作用。突出强调供销合作社及消费合作社，特别是农村供销合作社，在组织领导小生产者方面的重要作用；明确指出农业生产合作社分为劳动互助社、集体农场、农业公社三类，后两种"是农业生产合作社的高级组织形式，在中国现时还不能实行"，前一种"现时就能普遍实行并已普遍在解放区实行了"。②

毛泽东认为刘少奇对"此件修改得很好"，并对《提纲》亦作了修改。③由此，新民主主义经济成分构成理论确定了。在1949年1月6日的中央政治局会议上毛泽东说：经济建设方针，去年九月会议讨论了，基本方针决定了。"经济成分包括国营、合作社、国家资本主义（公私合营、租借）、私人资本、个体。东北有个文件，基本是对的，与九月会议讨论的精神相符。"一方面，决不可以认为新民主主义经济不是计划和向社会主义发展的，完全是资本主义世界。另一方面，我们必须谨慎，不要急于社会主义化。"前年十二月二十五日我说过，不怕资本主义发展，它的这个积极性我们要利用。要容许自由贸易，但国民经济由我们操纵。合作社必须发展，少奇同志对这个问题很有研究"。④

总之，这一时期，在推进城市接管工作的实践过程中，中共中央较全面地总结了城市工作经验，形成较为系统的政策思想。针对城市收复中出现的比较

---

① 《刘少奇论新中国经济建设》，第30、32—33、30、33页。

② 《刘少奇论新中国经济建设》，第34、37页。

③ 参见《刘少奇论新中国经济建设》，第29页题注。

④ 参见《建党以来重要文献选编》第26册，第29页。

突出的损害工商业的现象，中共主要领导人提出一系列保护和促进工商业发展的政策思想，并对协调劳资关系，搞好企业管理等问题进行初步探索。对新民主主义经济理论中的经济构成理论、基本矛盾和特点的理论、合作社经济发展的政策思想都比较成熟了，并开始探索党的工作重心转移问题。这些认识成果为以后中共中央对新民主主义经济建设路径的继续探索提供基本框架和充足的理论准备。

（三）1948年10月至1949年3月，是中国共产党城市工作经验的全面实践和积累阶段，也是新民主主义经济理论和方针政策基本原则确定阶段

中央政治局九月会议后，辽沈、淮海、平津三大战略决战依次展开，中国人民解放军势如破竹，挥师南下，许多大、中、小城市相继被解放，其中包括沈阳、天津、北平这样全国闻名的大城市。大批城市的相继解放，使城市接管工作成为中共中央关注和研究的重点；接管中各种错综复杂问题的处理，又使党在这一阶段积累了极其丰富的城市工作，特别是大城市接管的经验。

中共诞生在大城市，但后来长时期战斗、生活在乡村，许多干部不熟悉城市工作，对大城市社会经济的管理更是陌生，城市生产的领导经验十分缺乏，盲目性、片面性的缺点还很多，如"常常把领导乡村个体经济的经验搬运到城市中来，不对城市经济作整个的调查研究，不对整个城市经济工作做全面的领导，而盲目地开工厂，搞生产；不利用现有的公私工厂已有的装备，而各行其是，各搞一摊"，"忘记了城市经济不是个体经济，不能孤立地无计划地发展"①。1948年4月19日，薄一波曾把华北局城市接管初期存在的问题写成报告呈送毛泽东；毛泽东在批注中指出：在城市或乡镇破坏工商业，"是一种农业社会主义思想，其性质是反动的、落后的、倒退的，必须坚决反对"。华北乃至全党按照这一精神，在广大干部中进行教育，要求"原封原样、

---

① 《王稼祥选集》，第385页。

原封不动"地接管好城市。①

　　沈阳是中共成功接管大城市的典型范例。11 月 2 日，沈阳解放。这是中共接管的第一个大城市，许多过去没有遇到过的问题摆在面前。时任中共东北局副书记的陈云，率军管会成功接管沈阳，为完整接收大城市、尽快恢复生产提供了一套切实可行的经验。沈阳接收工作基本完成后，陈云将接收经验写成简报，经东北局转报中央。这一经验解决了接管工作中的两大难点：怎样做到完整接收和怎样迅速恢复秩序。具体办法是"各按系统，自上而下，原封不动，先接后分，"以此做到接收得快而完整；同时，抓紧解决有助于在政治上、经济上稳定人心的关键问题，例如迅速恢复电力供应、解决金融物价问题、收缴警察枪支弹药、利用报纸传播政策、妥善处理工资问题等，以使城市秩序较快恢复。②陈云在简报中还建议组织专门接收班子。③中共中央对陈云的报告十分重视，并把它转发给各局、各前委。④随后，沈阳经验被中央政策研究室编入《一九四八年以来政策汇编》，成为中共接管城市工作的范例。

---

　　①　中共华北局最初接管城市时走过弯路。在收复井陉、阳泉等工业区时，曾发生乱抓物资、乱抢机器的现象，使工业受到很大破坏。收复张家口的时候，不少干部随便往城里跑，乱抓乱买东西，有的甚至贪污腐化，领导机关又放松了乡村工作，引起部队战士和农村基层干部的不满。1947 年 11 月攻克石家庄，接管工作虽有所改进，但仍有不少士兵随便拿取东西，还鼓励城市贫民去拿。最初是搬取公物，后来有的地方就发展到抢私人财物，以至于不得不实行戒严，甚至枪决几个抢劫犯人来制止这种乱抢现象。进城后，外地机关纷纷派人去抢购物资，四乡农民也准备乘势涌进来。邯郸、焦作、运城等几个城市也发生类似情况。在城市的管理上，常常自觉不自觉地搬用农村的经验，混淆封建主义和资本主义的界限，损害工商业的发展。薄一波：《若干重大决策与事件的回顾》上卷，中共党史出版社 2008 年版，第 5 页。

　　②　《陈云文选》第一卷，人民出版社 1995 年版，第 374—378 页。

　　③　陈云说："接收一个大城市，除方法对头外，需要有充分准备和各方面能称职的干部。依目前形势看，中央和各战略区野战军，均需准备有专门接收大城市的班子，待工作告一段落，即可移交给固定的市委等机关。这样的接收班子，可以积累经验，其中骨干可以变成专职，依次接收各大城市。"《陈云文选》第一卷，第 379 页。

　　④　1948 年 12 月 15 日，中共中央电告陈云及东北局：接收沈阳的经验简报等"已转发各局、各分局及各前委阅读，你提议各区要有专门办理接收大城市的班子，甚对，已告华北、华东、中原及西北在接收和准备接收大城市中即作此准备"。《建国以来重要文献选编（1921—1949）》第 25 册，第 701 页。

　　陈云提供的沈阳经验的意义，在于探索出一套能够迅速稳定社会秩序的接收城市的方法。随后天津、北平的接管，使这套方法不仅得到进一步的实践和充实，而且在城市的政治、经济、社会等方面的管理，尤其是生产的恢复和发展方面又摸索出不少新的经验。当年跟随陈云一起参加接收沈阳工作的李锐以自己的亲身感受写道："北平解放后的第二天，我随陈云到北平，以及1949年夏南下到武汉、到湖南，所见所闻，以及自己的经历，确感到沈阳的接管经验在起作用，且都有不同程度的发展。"[1]

　　鲜活的城市接管经验，进一步促进了中央领导集体的理论思考。在接管天津和北平前，刘少奇在1948年12月25日华北财政经济委员会上的报告中，从理论上进一步论述了新中国新民主主义经济的性质和经济建设方针。刘少奇指出，"在华北，我们党是军事与经济两大任务同时进行"；"要一切服从军需，又要开始经济恢复与建设工作。"这是党的工作重心转移提出的前奏。刘少奇进一步明确：中国革命"完成的标志，是打倒国民党，完成土改，取消帝国主义在华特权。"新民主主义经济"是一种特殊的历史形态，它的特点是过渡时期的经济，可以过渡到资本主义，也可以过渡到社会主义。这是一个没有解决的问题。过渡性不能长久存在，但有一个相当长的时期。"如果没有国内暴动和国外武装干涉，"这种过渡可能是十年到十五年，这样对无产阶级有利"。故"我们不要搞急了，特别是今天国民党还没有从根本上打倒的时候"。刘少奇明确了使新民主主义经济迈向社会主义经济的两条基本途径：一条是通过国家资本主义管理和改造资本主义经济，这是"无产阶级领导的国家，在适当条件下监督资本家，使资本家为国家服务的一种制度。"另一条是国家经济与合作社经济"必须有机地联系在一起"；"新中国的国家经济是无产阶级手中的基本工具，而合作社是劳动人民的集体经济，它与国家经济相结合，建立同盟，就能向社会主义发展。"[2] 在这次报告中，刘少奇对新民主主义经济过渡性的特点讲得更加明确和透彻，对国家资本主义的性质和作用有了清晰的阐述，对合作社经济强调了必须与国家经济结合的原则。这些思想都比他九月政治局会议前后

---

① 李锐：《接管沈阳记事》，见《辽沈决战》续集，人民出版社1992年版，第487页。

② 《刘少奇论新中国经济建设》，第45、47、48、52、54页。

对新民主主义经济的认识又进了一步；为当时党的干部在平津接管中把准经济政策的正确方向起到直接引导作用。

根据中央新民主主义经济理论探索的方向，进入天津和北平前，中共华北局第二书记、华北财政经济委员会副主任薄一波，在1949年1月6日，政治局会议的发言中，对平津接管后，如何开展工作提出具体意见：(1)注意依靠工人阶级，反对片面注意工商业者，而忽视工人利益的现象。(2)学会管理城市生产和做生意的本领。(3)通过商品交换巩固工农联盟。(4)经济建设工作要统一管理、统一计划。薄一波在发言中对财经统一提出具体要求：铁路运输和对外贸易必须统一，"银行货币的印刷发行要有统一计划，财政收支中的大项要有统一预算，关税、盐税、货物税要统一，大型工矿企业要统一于中央，脱产人员之多少、民负比例之大小、供给制标准之高低，也都需要考虑统一"①。这些问题是从政治与经济交叉的角度提出的城市工作原则，它的意义不仅仅限于稳定新接管的城市，而且在于探索了经济恢复与发展的方法。同日，彭真在对准备接管北平的干部的讲话中提出：进城后要作掌握政权、建立民主、恢复和发展工商业三件事，并把发展工商业与城乡交流的问题结合起来谈。他说：无产阶级先锋队的任务在于解放生产力，使城市为农民服务，城市农村互相交换物资。在这当中，商业即为彼此交换的媒介，"所以，我们进城以后，除了推翻旧的政权建立新的政权以外，必须抓工商业"；而且要利用国营商店及合作社做好商业工作，"经过合作社调查统计农民的需要，按需要组织生产，可以减少一些生产的无政府状态"。从城乡交流的角度去强调工商业发展的重要性，这在中共以往对财经工作的认识中是鲜见的。彭真还特别强调，城市工作必须从调查研究着手；但"在从事调查时，不要什么都调查，要把握重心，进行系统的调查研究，才能实事求是地依照具体情况确定进行工作的步骤及方法。"②调查研究的工作方法，对于中共干部来说是不生疏的，但郑重提出把调查研究作为开展城市工作的起点，并要选择重点进行调查，这在中共以往对城市工作的要求方面也无先例。

---

① 《薄一波文选》，人民出版社1992年版，第66—67页。
② 《彭真文选》，第171、172、173页。

1949 年 1 月 14 日，天津解放。1 月 31 日，北平和平解放。根据城市接管中出现的问题，刘少奇 1949 年 1 月起草了《中共中央关于接收官僚资本企业的指示》，提出接收官僚资本要把国民党的政治机构和它拥有的企业管理机构、生产机构严格区分的原则，"必须严格地注意到不要打乱企业组织的原来的机构。"① 这在城市接管中是十分重要的一项原则。

中共对平津两大城市接管的实践，不仅印证了以往城市工作经验及预期设想的正确，而且摸索出不少新的方法，进一步充实了城市工作经验。以北平接管经验为例。2 月 25 日，北平军事管制委员会主任、市长叶剑英在向毛泽东的报告中，将北平接管工作概括为六条：（1）用和平方法通过联合办事处，自上而下的接管，自下而上的系统地接收，不打乱原来机构。（2）依靠地下党，团结广大的工人、职员、学生群众及一切进步力量进行接管，"这是我们在新解放城市中的支柱"。（3）要充分了解情况，做好准备工作，然后稳重而又及时的接管。（4）在接管的同时要很好地解决旧职员的生活问题，以安定情绪、便利工作。（5）要在工人和下级职员中进行教育，说明新民主主义的性质及其经济政策与劳动政策，纠正两种偏向：一是否定一切，希望改变一切旧制度，赶走一切旧人员的偏激情绪；一是平均主义与极端民主化。（6）加强组织纪律，严格请示报告制度。② 这六条经验中，第一点大体上是沈阳经验；第二、三点在入城前也作为要求提出过；第四、五、六点在以往城市工作中也多少涉及，但将它系统地总结为城市工作的重要经验尚是首次。

4 月 9 日，北平军管会有关部门对北平接管经验又作出一条重要补充，即"接管工作与建设工作结合"，在接管中，要尽一切可能迅速复工，使生产不致中断。对国民党企业机构和生产方法，不应急于否定，也不应一味盲从，学习其好的方面，废除其不合理的部分，逐步加以必要与可能的改革。这一条补充经验表明，中共对城市的接收已比较有把握，并将城市工作探索的重点移至如何管理城市和尽快恢复生产。北平军管会将接收的企业和单位

---

① 参见《建国以来重要文献选编（1921—1949）》第 26 册，第 44 页。
② 《华北解放区财政经济史资料选编》第一辑，第 480—481 页。

分为不同类型，并且针对不同情况，提出不同的管理主张。第一类是企业性、技术性的机关，如发电厂、自来水公司、交通运输机关、工厂、银行、电信局、邮政局等，这是接了马上就要管，要建设，甚至一刻不能停的。第二类是军政机关，须加打碎后尽速恢复建设。第三类是仓库及物资较多的单位，接收后没有业务，但须加保管、疏散或调拨（粮食、家具等）。第四类是"接了就完了的"，如各地流亡机关。接管前必须根据不同类别，作人员、经费、物资、计划等方面的充分准备①。这种分类管理的方法表明中共接管工作水平的提高，其着眼点明显落在怎样有利于生产的尽快恢复就怎样接收和管理企业这一关节点上。

大批城市的解放意味着农村包围城市的历史任务即将完成，工作重心逐步从农村移向城市。这是中国革命即将取得全国胜利的征兆。在巨大胜利到来的同时，也有大量新问题出现，特别是接管大城市后面临着许多亟待解决的经济问题。

整顿金融秩序和稳定物价是这一阶段中共在城市接管中财经方面首先要解决的两大问题，能否妥善解决，直接关系到生产的恢复和人民生活的安定。

前面提到在国民党政权统治下，通货恶性膨胀，物价一日数涨，金融秩序十分混乱，人民利益和国民经济受到的损失无法计算。在金融方面，当时解放区人民的利益就是迅速驱逐国民党货币出境，换回解放区人民需要的物资。如果让国民党货币在解放区内流通，或让它在解放区内停留时间过久，就会使解放区人民分担通货贬值的损失。为此，中共中央 1948 年 10 月 6 日曾发出《关于与国民党进行货币斗争的指示》，7 日又发出《关于在新收复区对敌币的政策给陈云、李富春的指示》，其主要精神就是对国民党货币"采取有步骤排挤、收兑、禁用"等方法，坚决地、迅速地把它驱逐到国统区。遵照中央指示，天津、北平解放后，人民政府立即禁止国民党货币流通，为建立全国性的、独立的、统一的人民币市场，建立新民主主义经济秩序，恢复

---

① 《北平市军管会物资接管委员会关于接管工作经验教训的总结》（1949 年 4 月 9 日），见《华北解放区财政经济史资料选编》第一辑，第 534—535 页。

生产，稳定市场创造了条件。①

　　对外币的处理是人民政府在金融政策方面需要考虑的又一个重要问题。由于国民党货币的不断贬值，在许多城市中，美钞、港币实际上已代替金圆券主币地位，在市场上自由买卖，计价流通，并且外国银行在中国境内还有发行钞票的特权（如汇丰银行、麦加利银行等）。②为维护中国独立自主的货币制度和正常的货币流通秩序，各地人民政府在已解放的城市和地区，迅速禁止外币流通；坚决取缔外国银行在中国发行货币和垄断外汇的经营权；规定合理牌价，收兑各种外币，禁止一切外国货币在中国市场流通和私相买卖；加强外汇统一管理，一切外汇业务，包括国际贸易结算、国际汇兑、外汇买卖都需由中国人民银行及其指定机构办理。人民政府的这项政策在实践中取得显著成果：在接管城市中肃清了外币计价流通的现象，制止了外币投机买卖，加快了人民币统一市场的建立；排除了帝国主义国家对我金融业的威胁；同时把分散在人民手中的外币集中到国家手中用作外汇储备，保证了正当需要的供给。

　　金融秩序的整顿与物价稳定直接相连。人民币发行时，适值平津两市处于大会战状态，太原又尚未攻下，战争供给巨大，货币发行猛增，以致关内物价剧烈上涨。平津解放后，大批乡村商贩涌入城市，抢购物资，又造成平津物价上涨、货币向平津集中的趋势。城市接管后，工资与薪金的发放，由于数字

---

　　①　1949年1月，天津军管会入城后即宣布国民党政府所发行之一切货币自即日起一律为非法货币，商界等人可以拒用；但为照顾市民困难，暂准流通，并规定下列处理办法：（1）凡持金圆券十万元以上者，准向海关或工商局办理登记手续，携运出境换回物资。（2）凡持有金圆券十万元以下者，准向中国人民银行天津分行各中心兑换所申请登记，开给敌币携带证运出境换回物资。（3）如商界确因自行携带困难，特准向中国人民银行的兑换机构依照牌价兑换本币。北平军事管制委员会亦在进城后即宣布：（1）人民币为本位币，作价记账，均以之为本位。（2）金圆券在20天内暂准流通，但人民有拒用及议价的自由。工人、学生、独立劳动者、工厂职员、城市贫民、公务人员、警察每人可按1∶3兑换金圆券500元，其余均按银行牌价收兑。（3）限期禁止白洋流通，但允许人民保存；人民银行先以牌价190元收兑，后又改为230元。《北平市军管会物资接管委员会关于接管工作经验教训的总结》（1949年4月9日），见《华北解放区财政经济史资料选编》第一辑，第535—536页。

　　②　据估算，1949年全国解放前夕，在上海、天津、北平等地，流通的美钞达3亿美元，在广州及其毗邻地区流通的港币约5.8亿美元。参见杨希天等编著：《中国金融通史》第六卷，中国金融出版社2002年版，第38页。

较大，一方面提高了社会购买力，另一方面也增加了货币发行量，对物价的波动产生不小影响。为平稳物价，1949 年 1 月 26 日，中共中央发出《关于平稳物价的几项建议》，提出：各地应负责采取各种有效办法支持人民币，妥慎掌握货币发行，严禁投机抢购，以平稳物价；在物价尚未平息时期，各地勿多发大票；对于战争所引起的物价波动，各地必须互相支持，共同负担平稳物价之责。①

根据中央指示精神和实际情况，华北人民政府采取一系列平稳物价的措施：(1) 根据发行指数，对于粮价继续采取平稳政策；组织零售与支援合作社；用大力组织运输工作，以解决目前运输与贸易配合不好的现象。(2) 根据城市工业需要，继续吸收工业原料，尽快使平津工厂复工；同时继续掌握工业品，调剂农村，逐步加强对私营工厂生产成品的统销力量。(3) 迅速打开与东北、华东及中原的贸易往来。②

东北解放区这一时期稳定物价的工作较有成效。东北全境解放后，工农业生产迅速恢复，物资交流畅通无阻，与关内各解放区的经济联系逐渐加强，物资比较充足；主力部队和大批干部入关，物资消耗减少，财政负担减轻，货币发行减少，这在客观上为稳定物价创造良好条件。在此前提下，东北局把克服物价上涨作为东北财经工作的一项重要任务。1949 年 3 月，东北财经委员会规定，1949 年全年的物价总指数最高不得超过 100%。为此，东北采取经济手段与行政管理相结合的方法，加强国家商业网与合作社的联合，大量推销货物，回笼货币；发行公债，调整税收，加强对私营工商业和市场的管理，加强物价情报工作。通过这些措施，基本上达到预期目标。

官僚资本的没收在接管大城市的工作中处于核心位置，这项工作进行得如何，直接关系着城市经济恢复和社会秩序稳定。中央高度重视。1949 年 1 月 15 日，刘少奇代中央起草了《中共中央关于接收官僚资本企业的指示》，提出接收官僚资本要把国民党的政治机构和它拥有的企业管理机构、生产机构严格区分的原则。即：对国民党的政治机构，如军队、警察、法庭、监狱及其各

---

① 《中共中央文件选集》第 18 册，第 88—89 页。

② 华北人民政府工商部：《平津解放后的私人工商业动态与我们的工作》(1949 年 3 月)，见《华北解放区财政经济史资料选编》第二辑，第 813 页。

级政府机构，应该彻底破坏，而不能利用；而"对于旧的统治阶级所组织的企业机构，生产机构，在打倒旧的主人换成新的主人之后，则不应加以破坏，而应加以保持，然后依照革命阶级科学准备的水准逐渐地加以改良"。负责接管的军事代表"必须严格地注意到不要打乱企业组织的原来的机构。"接收的工厂、矿山、铁路、邮政、电报及银行等，如果原厂长、矿长、局长及工程师和其他职员没有逃跑，并愿意继续服务者，只要不是破坏分子，应令其担负原来职务，继续工作，军管会只派军代表监督其工作，而不应派人去代替他们当厂长、局长、监工等。如果某个企业的主要负责人逃跑，即从本企业职工中提拔适当人员代理。除非是无法提拔或我们派去的人完全是该企业的内行，能够无困难地管理该企业时，才任命他们直接负责该企业的管理。对于企业中的各种组织及制度，亦应照旧保持，不应任意改革及宣布废除，旧的实际工资标准和等级及实行多年的奖励制度、劳动保险制度等，亦应照旧，不得取消或任意改订。旧制度中有一部分须要加以改良者，亦须等到后来详细研究后，才能提出更合理的改订办法，绝不是草率拟定办法或用老解放区企业中的制度去硬套所能改善的。只有如此，我们的接收人员才能保持主动，否则将立即陷于被动。刘少奇在《指示》中明确了军事代表的任务：保障上级命令的实行；保障生产的进行或恢复；防止破坏或怠工，清查反动分子；防止偷盗贪污及浪费；对职工进行政治教育与宣传，从职工中挑选干部；协助职工组织工会及消费合作社等；了解企业中的情况，学习管理生产。为完成上述任务，军事代表有权力监督企业中的一切活动等。"这就是说：军事代表不直接去管理生产，只监督原来的人员去管理生产，保障生产能照旧进行。"① 这项指示确定的原则在城市接管中十分重要，为保障接管城市社会经济的稳定和生产秩序的尽快恢复发挥了重要作用。

如何对待外资企业，这时中央尚没有专门的指示，只是在外交工作的指示中提出部分原则性的意见：对于一切资本主义国家政府和私人在华的经济特权、工商企业和投资，均不给以正式的法律承认；但目前不要忙于做有关禁止、收回或没收的表示，对于危害人民经济生活最大的金融投机、外轮在内

---

① 参见《建国以来重要文献选编（1921—1949）》第 26 册，第 44—46 页。

河自由航运等应立即发出禁止命令；其他如外国银行、保险公司等不要忙于处理。①

城市接管后，如何在解放战争大规模推进、财政负担十分沉重的情况下，尽快恢复生产，又能适当满足和改善工人生活，是一个直接关系人民群众利益、又与当时生产恢复紧迫联系，需要恰当解决的问题。故各地军管会都极慎重对待，许多地方就职工工资薪水问题，向中央发电请示。在天津、北平解放前夕，1月10日，中共中央发出《关于新解放区解放城市职工工资薪水问题的指示》，明确指出："新解放城市中，职工与留用的公教人员的工资薪水问题，是一个非常复杂的问题，也是全国性的问题，不能草率制定新的工资标准。而目前的形势又不允许我们召集带全国性的会议来通盘解决这一问题。我们过去在农村环境中因袭供给制而草率规定的那一套工厂工人工资制度和标准，又不能搬用于城市"；故根据现实情况，为维护社会稳定，中央指示一般暂时维持原来的水平不动。即"按解放前最近三个月内每月所得实际工资的平均数领薪"。②平津解放后，不少工人要求增加待遇，特别是年关临近，一些行业的工人要求按惯例发双薪。北平市委为此向中央请示。中央从实际情况出发明确电示：工人如提出增加待遇，"则答以现在不能增加，以后是否增加，须待局势安定全盘考虑后再说，要求工人务必等待，不要在目前困难时期提出这类要求，以致增加人民解放军及人民政府的困难"。同时，指示平津市委及各中央局等，必须向职工普遍地进行解释，说明人民解放军及人民政府目前的困难，请求工人谅解，允许我们欠发一部或全部，欠发的时间亦须说明，即答应在平津战役结束，秩序恢复后，即补发，或在政府困难减少有办法时即补发，或在战争大体结束时再补发，由你们依据情况决定。说明时"必须承认工人这些特殊待遇是应该照发的，而不要使工人感觉人民政府有取消这些待遇的意图，以致引起工人的不安"。"如果有人在根本上企图降低工人的待遇，取消对于工人原来有利的条件，那工人就决难谅解，我们也决不应该这样

---

① 《中央关于外交工作的指示》（1949年1月19日），见《中共中央文件选集》第18册，第45页。

② 参见《建国以来重要文献选编（1921—1949）》第26册，第31—33页。

作。望照这个原则处理其他企业中同类的问题。"①随后，中央又指示平津市委及各中央局，在已接管城市中，要求私营工厂主尽可能迅速复工，不得故意怠工拖延；不得降低工人的实际工资及其他待遇，过年费、年终花红等按旧习惯发给；在厂主请求停工时，政府应派员切实调查，并召集职员及工人的代表来共同审查资本家要求停工的理由是否充足，研究能否克服困难恢复生产。②中央上述指示，为各大接管城市妥善处理好职工和工人工资问题，以稳定人心、稳定社会秩序，起了重要指导作用。

在城市接管过程中，对财经以及社会各方面复杂问题的处理，使中共各级干部对城市工作的认识日益成熟，由局部和现象升华到整体和本质。1949年初虽然中共中央文件中还没有明确提出将党的工作重心转移到城市，但部分解放区的领导已根据实际情况，"把领导的重心转移到城市"作为1949年解放区工作的全局任务明确提出。1949年1月29日，薄一波在中共中央华北局干部会议上指出："我们解放了城市，就必须管好城市。今后党的领导重心应逐步由农村转到城市，把城市工作做好了，才能指导农村工作的发展。城市工作比农村工作复杂得多，这就要求我们的干部必须熟悉党中央所规定的有关城市工作的各项政策，学会自己不懂的东西"。特别是"做好财政经济工作，学会管理工厂和做生意的本领，克勤克俭地建设新民主主义的经济"。③2月5日，华北局在给毛泽东和中共中央的报告中反映道：许多城市解放后，不是积极去恢复工业和设法建立城乡关系，既不征税又不生产，只忙于救济贫民、失业工人、公教人员，好像国民党统治所造成的罪恶，我们应分担责任，不立即解决就不行。但结果适得其反，越救济越多，越解决不了问题。这反映了党内存在希望一下子解决"国民党帝国主义留下的龌龊东西"的"急性草率情绪"。"但对最根本的恢复工业和建立城乡交换关系（这里最主要的是平稳物价问题）的问题，反弃置不理。其实城市如果解决不了这两个问题，则一切问题无从谈

① 《中央关于工资问题的指示》（1949年1月20日），见《中共中央文件选集》第18册，第55—56页。
② 《中央关于私营工厂复工等问题的指示》（1949年2月5日），见《中共中央文件选集》第18册，第113—114页。
③ 《薄一波文选》，第69页。

起，失业的人数一定会大大增加起来，形成单纯地以乡村养城市，就一定会把自己陷于困境"①。华北局反映的问题表明，根据解放战争形势的发展，需要明确提出党的工作重心转移问题，并在党内加强不仅是接收好城市的教育，还要加强管理、改造好城市的教育，并引导全党探索好新民主主义经济在城市恢复和发展的规律。华北局关于工业恢复和建立城乡交换关系是城市工作中关键问题的看法，触及了做好城市工作的两个基本的且十分重要的问题。

总之，以辽沈、淮海、平津三大战役为标志的战略决战的胜利，使维持国民党反动统治的主要军事力量基本被摧毁，创建新国家，建设新社会已成为中国共产党紧迫的任务，党的工作重心由乡村向城市转移已水到渠成。伴随着这一转变，党的任务也由主要是破坏旧社会的革命，向开创新中国的和平建设过渡。这是重要的历史转变时期。顺应这一转变的当务之急是制定出能够指导解放全中国、创立和建设新中国的带有全局性、长期性的战略方针和政策。经过长期革命斗争的磨砺，经过长期城市工作经验的积累，经过长期新生民主主义经济理论及方针政策的探索，此时，党中央全面提出适应全党工作重心转移，迎接新中国成立的理论及方针政策的准备已经成熟。1949 年 3 月 5 日至 13 日，在河北省平山县召开的中共七届二中全会承担了这一历史任务。毛泽东在大会上作政治报告，全面论述了新中国的建国方针。

毛泽东对中国革命历史性的转折和党的工作重心的转变作了精辟论述。毛泽东指出："从一九二七年到现在，我们的工作重点是在乡村，在乡村聚集力量，用乡村包围城市，然后取得城市。采取这样一种工作方式的时期现在已经完结。从现在起，开始了由城市到乡村并由城市领导乡村的时期。党的工作重心由乡村移到了城市。"工作重心转移后，全党要城乡兼顾，决不可以丢掉乡村，仅顾城市。"但是党和军队的工作重心必须放在城市，必须用极大的努力去学会管理城市和建设城市"。恢复和发展生产的秩序"必须确定：第一是国营工业的生产，第二是私营工业的生产，第三是手工业生产。从我们接管城市的第一天起，我们的眼睛就要向着这个城市的生产事业的恢复和发展。""只有将城市的生产恢复起来和发展起来了，将消费的城市变成生产的城市了，人民

---

① 《华北解放区财政经济史资料选编》第一辑，第 461 页。

政权才能巩固起来。"①

　　毛泽东深刻揭示国情并高度概括 1947 年以来中央领导集体在新民主主义经济构成和社会基本矛盾理论方面的理论探索。毛泽东指出：中国有大约 10% 的现代性工业经济，有大约 90% 的分散个体的农业和手工业经济；中国现代性工业最大和最主要的资本集中在帝国主义和官僚资产阶级手中；中国的私人资本主义工业，占现代性工业的第二位，是一个不可忽视的力量。由此而产生的"国营经济是社会主义性质的，合作社经济是半社会主义性质的，加上私人资本主义，加上个体经济，加上国家和私人合作的国家资本主义经济，这些就是人民共和国的几种主要的经济成分，这些就构成新民主主义的经济形态。"② 毛泽东精辟论定了新民主主义经济结构中不同经济成分的性质、地位、作用和发展方针。

　　毛泽东明确提出建立先进的工业国和独立完整的工业体系的战略目标。毛泽东指出："中国的经济遗产是落后的"。进步的现代性工业只占 10%，90% 是落后的分散的个体农业经济和手工业经济。"这是帝国主义制度和封建制度压迫中国的结果，这是旧中国半殖民地和半封建社会性质在经济上的表现，这也是在中国革命的时期内和在革命胜利以后一个相当长的时期内一切问题的基本出发点。"③ 在党的七大毛泽东就郑重宣示："中国工人阶级的任务，不但是为着建立新民主主义的国家而斗争，而且是为着中国的工业化和农业近代化而斗争。""建设新中国，必须发展工业。"④ 在党的七届二中全会上毛泽东再次重申：革命胜利后，要迅速恢复和发展生产，"使中国稳步地由农业国转变为工业国，把中国建设成为一个伟大的社会主义国家"。由于国民党政府"还没有解决建立独立的完整的工业体系问题，只有待经济上获得了广大的发展，由落后的农业国变成了先进的工业国，才算最后地解决了这个问题。"⑤ 这表明党中央把"建立独立的完整的工业体系"作为新中国工业化重要的战略目标确定下来。

---

①　《毛泽东选集》第四卷，第 1426—1427、1428 页。

②　参见《毛泽东选集》第四卷，第 1430—1431、1433 页。

③　《毛泽东选集》第四卷，第 1433、1430 页。

④　《毛泽东选集》第三卷，第 1081、1080 页。

⑤　《毛泽东选集》第四卷，第 1437、1433 页。

毛泽东提出新中国对外经济工作的基本原则。毛泽东指出，中国革命胜利且解决土地问题后，还存在两种基本矛盾：第一种是国内工人阶级和资产阶级的矛盾，第二种是国外中国和帝国主义国家的矛盾。因此革命胜利后，工人阶级领导的人民共和国的国家政权不能削弱，必须强化。"对内的节制资本和对外的统制贸易，是这个国家在经济斗争中的两个基本政策。"同时确定对外开放的经济政策。毛泽东说："同外国人做生意，那是没有问题的，有生意就得做，并且现在已经开始做，几个资本主义国家的商人正在互相竞争。我们必须尽可能地首先同社会主义国家和人民民主国家做生意，同时也要同资本主义国家做生意。"[①]

新中国的对外经济政策与外交方针紧密相连。毛泽东在报告中论述了新中国"一边倒""另起炉灶""打扫干净屋子再请客"三项外交方针。毛泽东指出："整个帝国主义制度在第二次世界大战以后是大大地削弱了，以苏联为首的世界反帝国主义阵线的力量是空前地增长了。"有"世界各国工人阶级的援助，其中主要的是苏联的援助，中国经济建设的速度将不是很慢而可能是相当地快的，中国的兴盛是可以计日程功的"；所以"我们必须尽可能地首先同社会主义国家和人民民主国家做生意"。毛泽东指出："旧中国是一个被帝国主义所控制的半殖民地国家。"取得政权后，"我们可以采取和应当采取有步骤地彻底地摧毁帝国主义在中国的控制权的方针"，"不承认国民党时代的任何外国外交机关和外交人员的合法地位，不承认国民党时代的一切卖国条约的继续存在，取消一切帝国主义在中国开办的宣传机关，立即统制对外贸易，改革海关制度"；从而建立新中国独立自主的经济体系。毛泽东指出："关于帝国主义对我国的承认问题，不但现在不应急于去解决，而且就是在全国胜利以后的一个相当时期内也不必急于去解决。我们是愿意按照平等原则同一切国家建立外交关系的，但是从来敌视中国人民的帝国主义，决不能很快地就以平等的态度对待我们，只要一天它们不改变敌视的态度，我们就一天不给帝国主义国家在中国以合法的地位"。[②]

---

① 《毛泽东选集》第四卷，第 1433、1435 页。
② 《毛泽东选集》第四卷，第 1434、1433、1435、1434、1435 页。

上述三项外交方针，毛泽东在党的七大《论联合政府》的报告中就有所论述；到党的七届二中全会时更加明确，并在随后筹建新中国的历史进程中进一步完善：一是强调二次大战后形成的社会主义和资本主义两个阵营的国际格局，决定新中国"必须一边倒"，"骑墙是不行的，第三条道路是没有的"；我们属于以苏联为首的反帝国主义战线一边，"真正的友谊的援助只能向这一方面去找，而不能向帝国主义战线一方面去找"；没有这种援助，中国的革命和建设不可能成功。① 二是国际上任何国家要同新中国建立外交关系或做生意，必须断决同国民党政府的关系。在新中国成立前后，毛泽东反复强调这一原则。② 三是新中国只同"愿遵守平等、互利及互相尊重领土主权"的外国政府建立外交关系；"中国的事情必须由中国人民自己作主张，自己来处理，不容许任何帝国主义国家再有一丝一毫的干涉。"③

毛泽东及中共中央确定的这些外交原则，为新中国独立自主的国民经济体系的建立，对外经济工作的正确拓展，起了重要指导作用。

刘少奇、任弼时在七届二中全会上先后发言。他们的发言，充实了毛泽东讲话中有关新中国经济建设的内容。刘少奇强调，党的工作重心转移后，"要有城乡一体的观点"。对城市"接收得好，还要管理得好，还要改造。有些旧的东西要丢掉，但也不能去掉太多，新的东西要生长起来。"要注意"依靠工人，发展生产"。④ 任弼时强调，工业化"是城市工作中最本质的问题。"中国工业化资金积累有五个渠道：工业利润，农业增产，各种税收，举办内外债，提倡节约；"最基本的是依靠工人和农民努力发展生产，增加物质财富，只有如此，才能增加贸易利润和税收、为工业的发展积累资金。"⑤

毛泽东在全会的总结讲话中指出："这次二中全会，按其性质来说就是一次党的代表会议"。⑥ 如此政治定义中央全会，在党史上独一无二。七届二中

---

① 参见《毛泽东选集》第四卷，第1473、1475、1473—1474页。
② 参见《毛泽东文集》第5卷，第285、293页；《毛泽东外交文选》第117、129页。
③ 《毛泽东文集》第6卷，第2页；《毛泽东选集》第四卷，第1465页。
④ 《刘少奇选集》上卷，第419、420、421页。
⑤ 《任弼时选集》，第464、468—470。
⑥ 《毛泽东文集》第五卷，第266页。

全会高度浓缩了，以毛泽东为核心的党的第一代中央领导集体探索创建新中国的基本思想观点；毛泽东在全会讲话中绘制的创建和建设新中国的蓝图，充分体现在全会决议中，成为全党的意志，成为随后拟订《共同纲领》的根本遵循。毛泽东对新中国新民主主义经济方针的论述，成为党的工作重心由乡村向城市转移、创建新中国及建设新民主主义经济的根本指导思想。

（四）1949 年 4 月至 9 月，是党的工作重心全面转移，全党学习落实七届二中全会精神，城市接管大规模向南推进，新民主主义经济理论和方针政策在实践中进一步丰富的阶段

共产党长期在农村斗争，随着解放战争迅猛推进，城市接管普遍展开，工作重心转移成为现实，党内思想认识并未与实践同步，认识水平参差不齐。特别是"党的经济政策已经在实际工作中实施，并且收到了显著成效。但是在为什么应当采取这样的经济政策而不应当采取别样的经济政策这个问题上，在理论和原则性的问题上，党内是存在着许多糊涂思想的。"① 有的同志认识不到在相当长时期内，有利用城乡资本主义积极性推动国民经济发展的必要，错误地把资产阶级当作目前主要斗争对象；有些同志对资本主义片面强调限制一面，不大了解限制与反限制是为了使经济发展不走资本主义道路，而走向社会主义道路，是为了发展生产、繁荣经济。还有些同志单纯从农民眼前利益出发，对大城市解放后某种手工业、副业生产衰落表示怜惜，认识不到进步的机器工业代替农村中小城镇落后手工业是必然的，应主动领导其转业等。②

为引导全党落实好党的七届二中全会精神，特别是在城市工作中落实好新民主主义经济政策，中央委托刘少奇赴天津视察，加强对城市接管的研究和指导。刘少奇从 4 月 11 日至 5 月 6 日视察了 28 天，在各种讲话和谈话中，根据当时天津具体情况，结合中央精神，着重阐述了四个重大实践问题。第一，"依靠工人阶级，团结其他劳动群众，争取知识分子，争取尽可能多的能够跟

---

① 《建国以来重要文献选编（1921—1949）》第 26 册，第 205—206 页。

② 参见《中共冀中区党委关于传达讨论二中全会决议的结论》（1949 年 5 月 7 日），见《华北解放区财政经济史资料选编》第一辑，第 572 页。

我们合作的自由资产阶级分子及其代表人物站在我们方面","这是一切城市工作的,也是管好天津市工作的总路线。"第二,党对资产阶级的政策一贯是又联合又斗争,时下的重点是联合资本家恢复和发展生产。国家资本主义"是私人和公家的长期合作",在生产、商业、金融等方面,资本家都可以在自愿互利前提下与政府协商合作。第三,党采取公私兼顾和劳资两利的限制政策,是为了避免旧资本主义的前途,走向社会主义;但"中国今天还不能实行社会主义"。必须妥善处理劳资关系,在私营企业中,只顾工人眼前利益,影响生产恢复和发展,是违背工人根本利益的;"只有生产发展了,工人的生活才能提高和改善","这是个整个社会的问题"。第四,"中国就要进入建设时期,特别是经济建设",要努力"把战时工业、战时经济,转变为平时工业、平时经济"。[①]

视察期间,刘少奇按组织原则嘱薄一波将他在天津活动报告毛泽东。毛泽东肯定了刘少奇对七届二中全会经济方针的阐述,并凝聚全党智慧,将新民主主义经济政策概括为"公私兼顾,劳资两利,城乡互助,内外交流"十六个字,要薄一波转告刘少奇。刘少奇对毛主席的科学概括极为重视。[②]十六字方针包括:公私关系、劳资关系、城乡关系、内外关系"四面";公私、劳资、城乡、内外"八方",史称"四面八方"政策。

毛泽东"四面八方"政策的提出,标志着党新民主主义经济政策的成熟,是党根据形势变化,不断推进对解放区经济工作规律认识的重要成果。1945年12月15日,毛泽东在为中共中央起草的党内指示中确定:"发展生产,保障供给,集中领导,分散经营,军民兼顾,公私兼顾,生产和节约并重等项原则,仍是解决财经问题的适当的方针。"[③]当时毛泽东说的"公私兼顾",是指公家和个人,还不是指公营和私营企业。1947年12月,毛泽东在中共中央杨家沟会议的报告中,曾根据人民解放战争进入战略进攻的历史转折、城市接管在全国日益拓展的新形势,提出"新民主主义国民经济的指导方针,必须紧紧地追随着发展生产、繁荣经济、公私兼顾、劳资两利这个总目标。一切离开这个

---

① 《刘少奇论新中国经济建设》,第 76、77、97、116、118、112、113 页。

② 参见薄一波著《七十年奋斗与思考》,中共党史出版社 1996 年版,第 508—509 页。

③ 《毛泽东选集》第四卷,第 1176 页。

总目标的方针、政策、办法，都是错误的。"①1949 年，共产党长期在农村，国民党长期控制大城市的格局已发生根本性变化，党的工作重点转移，解放区为迅速恢复生产需要与外国及国统区进行经济交流。正是在这样的背景下，毛泽东凝聚全党智慧，高度准确地概括出了"四面八方"政策，深刻揭示了新形势对新民主主义经济发展的客观要求。

刘少奇在天津视察期间，结合天津实际，积极阐述了毛泽东的"四面八方"政策②，以及运用这一政策"管理、改造、发展天津，把消费的城市变为生产的城市，变为新的、生产的、人民的天津"③ 的途径。刘少奇说："四面八方的关系就是全面关系。照顾四面八方就是照顾到全面"。贯彻"四面八方"政策目前要做好以下工作：（1）必须切实组织好对外贸易。国家要统制对外贸易，但统制不要妨害正当的进出口贸易。海关的税收税率应配合对外贸易的发展。对外贸易应当公私兼顾，允许私人出口和进口货物，国家有些统销的出口货也可以公私合办，但统销的名义不能取消。不需要进口的，中国能够制造的东西，不许进口。对外贸易的管理、统制、税收、海关等工作，都应加以改善。外汇也要管好。可以组织对外贸易委员会，要吸收资本家参加，他们比我们熟悉外贸业务。（2）必须切实迅速地沟通城乡关系。城乡之间过去是对立的，今天要使货畅其流，使城市工业品与乡村农产品相互交换的关系发达起来，灵活起来。在这方面又要与资本家商人合作。天津应组织农产品收购委员会，贸易公司、商人、工厂应该合作，运输、价格、税收等问题要共同商量。对中小商人要给些利益。还应组织交易市场，组织农民物资交易所。各机关购买东西可组织机关合作社统一供给。推销城市工业品可组织百货商场、推销所等，公私商品都可以在这里推销。为搞好城乡关系，政府的贸易公司领导要和资本家商量，共同努力。（3）必须贯彻公私兼顾政策。党、政府、贸易局、公营工厂必须主动联合资本家，同他们合作。公私结合起来，才能形成一个完整的生产体系。农业生产比较单纯，工业生产很复杂，很多方面要配合，才能搞好生产。故在原料、市场、价格等方面都要公私兼顾，不要一方独占，互相竞争；这样

① 《毛泽东选集》第四卷，第 1256 页。
② 参见《刘少奇论新中国经济建设》，第 80、116 页。
③ 《刘少奇论新中国经济建设》，第 76 页。

必定公私都吃亏，达不到发展生产的目的。但合作的条件要缜密考虑，要把国家利益放在第一位，私人利益放在第二位，但不要使私人没有利益。(4) 必须贯彻劳资两利的政策。劳资关系能否妥善处理，是影响私营工厂生产恢复与发展的重要问题。刘少奇通过天津调查，对劳资两利提出一套较完整的方案，即：所有公私工厂尽可能保证工人职员解放前的生活水准，不得降低；有特殊困难必须降低生活水准的，也一定要经过工会与工人同意。在目前经济困难的军事时期，暂时不能提高工人生活水准；过去工资太低的，可作适当调整，但要有所限制，最高不得超过实际工资的 50%。一切公私工厂必须开工，努力生产，不得怠工；没有政府批准，不得停业、停工、裁减工人。私营企业主因生产需要，可以雇请或辞退工人，工会不得强迫厂方雇请或辞退工人；政府要设立职业介绍所，规定资本家只准到职业介绍所去雇请工人；还可商讨由政府和资本家共同拿款，作为失业救济金。雇主必须正当使用和管理工人，不准打骂和虐待；工人必须遵守厂规，服从指挥。工人开会或搞其他活动，不准占用工作时间搞生产以外的活动。工会工作人员，可以脱离生产，生活费照原来工厂薪金由工会负担；工会经费今后要独立，造预算，公营和私营工厂工会的经费都由政府供给。工人对厂方提出的要求条件，应交工会研究分析后，由工会向厂方交涉；一切劳资纠纷都由总工会集中审查解决。除劳资政策以外，刘少奇指出："要告诉工人注意提高生产，否则改善生活是不可能的"。(5) 为了搞好四面八方的关系，首先公家与公家的关系要搞好。工业经济是一个整体，不容分割，把各自管理的企业、部门看成独立国，是无组织无纪律的状态。今后必须规定各企业、部门的请示报告制度；实行经济专员制度，经济专员可以代表中央调动一切，军管会要召集经济会议，各经济组织的代表要互相报告情况；还要组织经济委员会，以及与资本家商人一起组织进出口贸易委员会和原料采购委员会等，研究政策，统一领导。①

"四面八方"政策在新中国成立前后的城市接管、经济恢复、生产发展、新的经济制度和新型对外关系的建立中，起了重要指导作用。薄一波回忆

---

① 参见刘少奇在天津市干部会议上的讲话（1949 年 4 月 24 日），见《刘少奇论新中国经济建设》，第 80—89、92、94 页。

说："有了这个重要政策作为遵循，我们在指导平、津的经济工作中就更加自觉了"①。

中央安排刘少奇的天津视察，在实践中产生两大重要成果。一是对天津的接管和经济恢复产生直接促进作用，并对全国城市工作避免"左"的错误有着广泛影响和指导意义。4月下旬渡江战役开始后，南京、上海、武汉等大城市相继解放。邓小平回忆说：少奇同志天津讲话"是根据党中央的精神来讲的"，"对我们当时渡江南下解放全中国的时候不犯错误是起了很大很好的作用的。"② 同时，新区城市接管及经济恢复的实践，也验证了党的七届二中全会确定的新民主主义经济方针的正确，及"四面八方"政策的有效。二是直接促成七届二中全会"决定建立中央财经委员会来统一领导全国的财经工作"的决策付诸实施。③ 天津视察使刘少奇感到："建立中央财政经济的统帅部，其紧急不亚于军事及其他问题"。"我们在军事上取得了很大的胜利，接收了很多东西，外国人要来做生意，交通需要统一，因此财政经济上需要高度的集中"。"要把生产搞好，许多事必须统一，而且许多事可以统一，这就需要总的统帅机构"。④ 故刘少奇在天津紧张的视察期间，起草了《中国人民革命军事委员会关于国家财政经济机构的组织大纲（草案）》，并送给部分中央领导征求意见。5月11日返京后，刘少奇与朱德、陈云等在香山中央军委召开的财政经济工作会议上，讨论了中央财经委员会机构设置问题。随后根据各方意见，刘少奇对《大纲（草案）》又作修改后，送毛泽东审定。⑤6月上旬，陈云依照大纲确定的原则，迅速领导组建中央财政经济委员会，使党在解放战争迅猛发展、城市接管任务日益繁重、许多棘手的财经问题需要全局应对的情势下，有了统一的财经指挥机构。这对落实好党的七届二中全会拟订的新民主主义经济方针，解决好新中国创立前夕棘手的财经问题，并为建设新中国做好准备，是一项强有力的有着全局领导意义的组织举措。

---

① 《七十年奋斗与思考》，第508页。

② 《邓小平文选》第一卷，人民出版社1989年版，第205页。

③ 《若干重大决策与事件的回顾》上卷，第49页。

④ 《刘少奇论新中国经济建设》，第129、130页

⑤ 《刘少奇传》下卷，第642页；《陈云年谱（修订本）》上卷，第724页。

新中国成立在即，与苏共沟通，赢得支持，至关重要。为此，中共中央委派刘少奇6月下旬率代表团秘密访苏。行前，刘少奇就新中国经济建设方针问题撰写了党内报告提纲。刘少奇自1948年春夏以来，受毛泽东委托集中精力研究新民主主义经济理论与实践问题，这份提纲是对他以往研究成果的精辟概括。关于新民主主义经济构成理论中，对五种经济成分在国民经济中的性质、地位、占比和作用及相互关系的论述；关于新民主主义经济的性质、基本矛盾、斗争趋势的论述都比以往更精准和理论化。毛泽东在党的七届二中全会的报告中全方位地论述了新中国创立和建设的治国理政根本原则；刘少奇的这份党内报告，集中概括了中国共产党在中国这样一个产业落后、发展不平衡的大国进行经济建设的方针政策，高度浓缩和提炼了党中央集体，自1947年12月中央会议以来，对新民主主义经济方针探索的成果，全面精辟概论了中国共产党关于新中国经济建设的治国理念。主要包括六个要点：第一，必须以发展国营经济为主体，鼓励其他有利于国计民生的经济成分共同发展。加强国民经济计划性，逐步地稳当地过渡到社会主义。第二，普遍建立合作社经济，使其与国营经济密切结合，扶助独立的小生产者并使之逐步向合作社方向发展。第三，用法律禁止一切投机操纵及有害国计民生的私人资本主义经济；在颇大范围采用国家资本主义经济，形式是租让、加工、定货。第四，适当实行某些物品配给制；对市场采用调剂物价的政策；发展国家商业及合作商业，逐渐在广大范围代替私商。第五，苏联及东欧各国在经验、技术、资金上的援助，是帮助新中国更快走向社会主义的条件。第六，中国共产党要经常进行两条战线斗争、反对两种倾向：一种是放弃无产阶级领导地位的资产阶级或小资产阶级倾向；另一种是在经济计划和措施上超出实际可能性，过早、过多、没有准备地采取社会主义步骤的冒险主义倾向。[1] 学术界有人认为，刘少奇这份党内提纲与毛泽东七届二中全会的报告，"为《共同纲领》奠定了理论的、政策的基础"[2]。

工人是党在城市工作中依靠的基本阶级力量。在实现党的工作重心转移、筹建新中国的历史进程中，中共中央加强了对工会工作的领导。1948年8月，

---

① 参见《刘少奇选集》上卷，第428—431页。

② 赵德馨：《中华人民共和国经济史(1949—1966)》，河南人民出版社1989年版，第48页。

中共中央派陈云在东北参加全国第六次劳动大会，代表党中央在大会上讲话，明确了当前中国职工运动的总任务："就是彻底推翻美帝国主义及其走狗国民党反动派在中国的统治，建立新民主主义的人民共和国。""将来还要为社会主义而奋斗。"①陈云在大会上当选全国总工会主席。此后，人民解放战争由北向南迅猛发展，沈阳、天津、北平、上海、南京、武汉等大城市相继解放。为保证党的工作重心转移，贯彻好七届二中全会确定的"依靠工人，发展生产"的重要方针，朱德和周恩来共同出席 1949 年 7 月 23 日在北平召开的全国工会工作会议，并在开幕会上讲话，着重启发工人的阶级觉悟，使他们认清在历史转变中的中国工人阶级地位的变化和肩负的责任。朱德说：在新民主主义中国，"工人阶级不仅在政治上领导着资产阶级，而且在经济上也经过它所领导的国家政权与国营经济来领导私人资本主义经济，使之在公私兼顾、劳资两利的原则之下，为发展生产、繁荣经济服务"②。无论是国营还是私营的工人，都要面向生产，艰苦奋斗，努力学习，提高自己，克服狭隘的经济主义。周恩来说："工会动员全体工人阶级的口号是：恢复生产，建设新中国。"原封不动接收城市比较容易，进一步管理难得多；要改变中国的半殖民地经济结构，重新组织中国经济结构更不容易。目前，工人阶级"最基本的任务就是恢复和发展生产。"③党加强对工会工作指导的举措，对城市经济恢复，社会安定，人民政权的巩固，产生了政治、经济、社会的综合效益，益于了党的工作重心转移。

彭真从北平具体情况出发，根据党的七届二中全会精神，在 4 月 16 日起草的中共北平市委《关于北平市目前中心工作的决定》中，提出落实毛泽东"四面八方"政策，尽快恢复与发展北平生产的八项指示。第一，根据已有的条件迅速订出指导本市公营和私营生产与贸易的大体的计划，给公营企业、私营企业、机关生产和城乡手工业的生产与贸易以方向上的指导，以减少生产与贸易方面的无政府状态。第二，根据目前北平具体情况下，恢复有益国计民生的私营工业必须和公营工业一样重视。在步骤上，首先是恢复、改造与充分运用已有的工业，然后是建立新的工业。第三，工人是恢复与发展工业生产的主

---

① 《陈云文选》第一卷，第 361、363 页。

② 《朱德选集》，人民出版社 1983 年版，第 262—263 页。

③ 《周恩来选集》上卷，第 359、363 页。

力和最基本的依靠力量，他们的组织与觉悟程度如何是决定恢复与发展生产及城市其他建设工作成败的第一个关键。党必须在工人阶级中进行系统的组织与教育工作，并争取在一二年内把本市工人群众大部分组织起来。第四，在公营工厂中，建立和健全工厂管理委员会。第五，正确地系统地处理劳资纠纷，调整与稳定劳资关系，以提高劳资双方生产积极性。在新民主主义社会中，只有实行劳资两利政策才能发展私营企业的生产。同时也只有在恢复并且不断扩大与发展生产的基础上，才能进一步改善劳资双方的经济地位。任何只顾一方面利益的"单利"政策，都是使劳资两败俱伤、同归于尽的政策，是一种损人而不能利己的自杀政策。第六，必须打通并用极大力量恢复和发展城乡贸易，并尽可能恢复对外贸易。人民政府除加强市贸易局工作外，必须建立指导城乡贸易和指导对外贸易的专门机构，并吸收有经验的私商参加；必须动员、组织各种曾经营城乡贸易和出入口贸易的关系和商人，按照政府的政策来迅速恢复城乡贸易与出入口贸易，以促进与协助生产的恢复与发展。应在财经委员会下设立议价委员会，在便利恢复与发展生产的方针下，评定公营企业某些产品之价格。第七，根据恢复与发展生产的方针，审查旧的并拟订新的税则。第八，确定保护城市房屋所有权及其买卖租赁自由，并解决城乡土地问题，以利生产进行。① 彭真这八项指示，将党的七届二中全会的新民主主义经济方针具体化，对北平城市经济的恢复与发展产生了重要指导作用。

七届二中全会关于新中国经济建设方针的确定，毛泽东"四面八方"政策的提出，以及党中央主要领导及各中央局主要负责的同志，对城市经济工作思路的积极探索，将党的新民主主义经济理论推到一个完备和成熟的阶段，使党在新中国成立前夕，基本完成了指导国民经济恢复和建设的理论准备。

4月下旬，渡江战役开始。随后，南京、上海、武汉等大城市相继解放。解放战争向南推进后，城市工作出现新的情况。过去是先占领乡村，然后包围、夺取城市；到南方后则是先占领城市和交通要道，然后再向乡村扩展。由于这个变化，使作好城市工作在新解放区的开辟中显得格外重要。中共各级领导干部依照七届二中全会提出的新民主主义经济方针，结合新情况在接管城市

① 《彭真文选》，第179—182页。

中积极探索、总结恢复和发展城市经济的新路径与新经验，进一步丰富了中共城市接管经验。

1949 年 4 月 1 日，中共华东局就江南城市接管问题向中央专门发出请示报告。根据中央以往接管城市的指示原则、各地接管城市的经验，以及江南的实际情况，华东局确定："在接管江南各城市时，应采取按照系统整套接收，调查研究逐渐改造的方针"。据此，在城市财经工作方面采取以下政策：第一，对一切官僚资本企业及其他各种公共企业，必须一律接管。在接管时"应采取自上而下、按照系统、原封不动、整套接收的办法。同时必须严格地注意到不要打乱企业组织的原来机构"。对于接管来的企业原有人员，除个别破坏分子必须逮捕处分外，应一律留用，并令其继续担任原来职务。对企业中的各种组织及制度应照旧保持，不应任意改变或废除。对旧的实际工资标准或等级及其实行多年的奖励制度亦应暂时照旧，不得取消或任意改订。第二，对私人经营的企业及一切民族工商业的财产，应一律保护不受侵犯。在管理上要坚持"公私兼顾，劳资两利"的方针。第三，确定人民币为本币。对金圆券采取排挤方针，辅之以限额收兑。第四，对新收复城市的旧有各种税收，原则上应一律暂时照旧征收。除少数苛捐杂税应即停止征收外，对一般旧有税收税率及税则，应待调查研究后再行改革；对一般旧税务人员亦可暂时留用。第五，组织公共房产管理委员会，统一管理接收公共房屋。对私人房屋暂采取一律照旧缴纳房租的办法，房租亦应由房客与房东协议规定①。这些方针和政策显然是在沈阳特别是平津接管经验的基础上提出的。

4 月 25 日，中央对华东局的上述请示作出批示，明确在江南城市接管中，除吸收平津接管经验外，应根据实践发展进一步完善城市接管工作。在平津接管中反映出两个问题：一是"军管会能很好地接收城市及工厂和资财，但军管会不能经营企业和工厂"。二是"旧人员去收税，普遍遭到群众的反对和抵制"，"委任我军人员任税收局长，并由我军人员带领旧人员去收税，发给我人民政府税收局收条，人民才踊跃交税"。由此，中央指示华东局，对第一

---

① 参见《华东局关于接管江南城市的指示（草案）》（1949 年 4 月 1 日），见《中共中央文件选集》第 18 册，第 241—244 页。

个问题要纠正，"军管会在接收后，应迅速将企业、工厂和物资，分别交给各适当的负责的机关管理和经营"；对第二个问题要注意汲取已成功的经验。另外特别提出注意：在城市解放后，"应正式宣布除官僚资本之房屋应予没收外，一切私人房屋的所有权应予保障"；并要特别注意妥善处理私营企业的劳资关系。前一个问题关系到社会的稳定，后一个问题关系到生产的恢复，两者都是城市接管中至关重要的问题。中央在指示中还提出，对于国民党的官僚资本主义企业，"在确定工厂管理关系后，应即发动工人迅速改革这些制度，以利生产"。①

中共中央这一指示明确表达了接管江南城市包括三个环节：接收、管理、改造。这比沈阳和平津接管经验的内容更充实了。"各按系统，自上而下，原封不动，先接后分"的沈阳经验主要是"接收"城市的经验；"接管工作与建设工作相结合"的平津经验将"接收"和"管理"紧密结合。中央在对江南城市的接管指示中，除涉及"接收"和"管理"两个环节外，又初步提出城市接管后的"改造"任务，这是对城市接管经验的重要充实。以后上海及江南城市的接管正是按照这三个环节进行的。

江南城市经济比江北发达。所以对工商业特别是企业的接管，在江南城市工作中占有重要位置，无论是党中央，还是华东局对这个问题都极其关注。

4月11日，部队在过江前，朱德在对第四野战军高级干部的报告中强调：今后渡江是先占城市，再占乡村，要注意占领一个城市，一定要先把城市的工商业好好保护起来，迅速恢复和发展生产。②5月20日，部队过江后，朱德指示中共华东局第三书记邓子恢，要避免以往城市工作在劳资关系中出现的"左"和右的错误，落实"四面八方"政策，组织劳资双方共同努力发展生产。③

前面提到，中共中央在4月25日《对华东局关于接管江南城市指示草案的批示》中有五点具体指示，其中三条分别涉及企业的接收、管理和改造。5月26日，中共中央又向华东局、华中局、西北局、南京市委发出《关于接收

① 参见《中共中央文件选集》第18册，第235—237页。
② 《朱德选集》，第256页。
③ 《朱德年谱（新编本）》中卷，中央文献出版社2006年版，第1334页。

企业问题的指示》，强调对企业"不但要接好，而且要管好，使生产不受损失"，不可将企业物资当作战利品没收分配消耗掉，致使企业无力继续生产。① 中央就企业接收问题专门发出文件，这在解放战争时期的城市接管中是鲜见的，此举足以反映出在江南城市接管中，中央对企业接管的特别重视。

中共华东局在 5 月 14 日给苏南区党委转无锡市委的电报中，对尽快恢复私营企业生产的问题提出许多具体要求，主要有：企业一般采用原来的工资标准，"力求迅速开工"，同时，规定工资标准时，"还应照顾到公私企业大致相等"；在原料来源和产品推销诸问题上，要鼓励资方设法解决，政府在可能的范围内，"在公私兼顾的条件下，予以协助（如煤炭供应）"；"对于清理私人企业中官僚资本部分，不要性急。在秩序已定，工厂已经复工之后，再去进行，也不为迟"。电报特别强调要注意处理私营企业内的劳资关系，并明确指出：在新民主主义阶段，对私人资本主义是采取限制政策。但"这个限制政策，是依各地各业及各个时期的具体情况，而采取恰如其分的、有伸缩性的限制政策，是既要在活动范围、税收政策、市场价格、劳动条件诸方面加以限制，而又不得把私人资本主义经济限制太大太死的经济政策"。所以，对于民族资本家的代表人物要主动接触，召开资本家座谈会，向他们宣传公私兼顾、劳资两利的工商业政策；在政治上，要"在适当时机和适当形式（如各界代表会之类）下，容纳其适当的代表人物，参加政权活动"。5 月 21 日，中共中央向华中局转发了华东局的这一电报，提醒要"充分注意抓紧对新占各城市的政策指导"，并指示将华东上述对无锡恢复和发展生产的指示电，转发武汉市委、湖北省委及湘鄂两省委。②

为了保障城市接管过程中新民主主义经济政策的正确实施，5 月 16 日，中央宣传部发出《关于城市建设宣传方针的指示》，提醒全党：为了防止思想倾向的片面性，应当努力宣传中共七届二中全会的整个路线，教育干部时常记住："公私兼顾，劳资两利，城乡互助，内外交流"的"四面八方"政策；"民族资产阶级在我们的宣传中不应占主要地位，但亦不应毫无地位"。③

① 《中共中央文件选集》第 18 册，第 301 页。
② 《中共中央文件选集》第 18 册，第 285—287、284 页。
③ 《中共中央文件选集》第 18 册，第 271 页。

上海是中国资本主义工商业最集中的城市。对上海的接管将会对全国的政治特别是经济产生重要影响。所以，在江南城市解放的过程中，中共对上海的接管十分关注。

为了能够顺利接管上海，1949 年初，上海地下党就开始秘密进行准备工作。1 月 10 日，中共中央上海局发出《京沪一般形势的特点及当前的基本方针与我们具体工作》的指示，提出：为彻底解放京沪与具体准备对京沪的接收与管理而奋斗。这是上海地下党的一个总动员令，上海地下党各级组织、全体党员在思想上、组织上、行动上完全一致地投入到为解放上海、接管上海的伟大斗争中。

紧接着是进行调查研究，为即将开始的接收与管理准备材料及提出初步意见。中共上海局在 1 月指示中说：这是"头等重要意义的事"。依照上海局的部署，上海地下党各级组织、支部、群众团体、公开出版物的党组织，都设了调查组，搜集和研究资料，定期向上级报告。调查内容主要是：国民党的党、政、军、宪、特机关和团体的基本情况，负责人员的名单、简历、表现、住址、电话等；官僚资本工厂、企业、商店、大楼、仓库物资、保管地点、生产设备、账册财物。接管系统按产业为主，国家机关、市政机关、公用事业（电力、电车、煤气、自来水、电话、公交）、铁路、码头、航运、邮电、海关、银行、保险、中纺公司等。周密的调查是接管工作的重要保证。当时上海地下党几乎所有党员都投入这项工作。

在动员和调查两个环节的基础上，4 月 8 日，中共上海局发出《解放军渡江和我们的工作》，提出把接管准备工作从调研转到具体的组织部署、资料集中、干部统一、提出初步接管意见等工作上。由此，上海局的接管准备工作进入新阶段。

与此同时，中共华东局、人民解放军为接管上海，在丹阳、常州、苏州、木渎积极从四个方面作准备：（1）建立机构、配备干部，完成人事组织安排；（2）入城的政策纪律的教育和学习；（3）人民生活安排，解决好米、棉、煤等物资供应；（4）统战政策的掌握。各接管系统的负责人员以《上海概况》《上海调查材料》等十几种有关资料为依据，熟悉了解上海各方面的历史和现状，还有大量有关接管工作的事务和技术方面的准备工作。如草拟有关接管命令，刻制各种印章，动员了全丹阳城的木刻匠工、买光了丹阳城内能供印刷的纸张。①

5月27日上海解放，28日上海市人民政府宣告成立，上海军管会的接管工作从此开始。接管工作是按照华东局的部署，从接收、管理、改造三大方面进行的。接收分四大部门进行，这就是：政务部门，军事部门，财经部门，文教部门。接收工作包括移交清点接收，主要力求不打乱、不影响军管时期工作与业务的继续。在此阶段，国民党反动制度的遗迹暂时存留很多，变化不大。在管理阶段，主要是进行研究和考察，开始局部的改造和整编。国民党反动制度的遗迹开始被清除，人民民主制度开始建立。在改造阶段，则着重全盘地或大部地肃清国民党的反动制度，建立巩固的人民民主的新政权制度。政务部门和军事部门按照解放区的优良的军政制度，进行全盘的彻底改造；经济部门和文教部门则保留其符合人民利益与符合科学规律的部分，改变其反人民利益与反科学规律的部分。②

上海是中国产业集中、金融业发达的大都市，也是国内外贸易的吞吐港。根据这些特点军管会在接管初期，特别注意重建金融、生产、对外贸易等方面的秩序。

在金融方面，首先是取缔金圆券，确定人民币本位币地位。上海一解放，军管会即布告规定金圆券流通期限。6月10日，应市民要求，军管会取缔银元投机，检查投机中枢证券大楼；14日为稳定金融秩序，中国银行开始在沪举办折实储蓄。为稳定金融、扶植生产，8月21日华东军区又公布了《华东区管理私营银钱业暂行办法》。通过这一系列措施的实行，上海金融秩序很快稳定下来。

为了尽快恢复生产，上海解放初，市人民政府即邀集产业界座谈，研讨恢复生产问题。8月17日，军管会公布了关于私营企业劳资争议调处程序办法；20日，中共上海市委又邀集产业界座谈，中财委主任陈云参加了座谈，并在会上明确指出，目前是胜利中的困难，公私企业都有充分发展的条件。为了尽

① 中共上海市委党史研究室：《中国共产党上海史（1920—1949）》下册，上海人民出版社1999年版，第1933—1934页。
② 《中国共产党上海史（1920—1949）》下册，第1936页。

快使上海与外埠恢复联系，盘活城乡经济，市人民政府特别注意交通事业的恢复和发展。5月28日，沪宁全线通车。8月1日，沪杭线直达通车。

在外贸方面，6月3日，中国人民解放军华东军区司令部公布《外汇管理暂行办法》。该文件分总则、进出口商、出口贸易、进出口贸易、易货贸易5章，共16款，对人民政权条件下的外贸工作的进行规则作了初步规定。随后，华东区成立了国外贸易管理局，上海市成立了贸易总公司。外贸基本规则的拟订，管理机构的建立，为上海对外经济尽快恢复正常运转创造了条件。

由于军管会接管初期，在财经工作方面抓住了大上海的特点，加之接管人员的努力和上海各界人民的通力协助，仅两个月的时间，就初步取得了收兑金圆券与美钞、取缔贩卖银元违法活动、调剂煤粮、恢复水陆交通、修复铁路、恢复航运、恢复工厂生产、调整税收和公用事业价格、进行对外贸易和管理外汇、调解劳资纠纷等工作方面的成就。通过这些工作使上海社会秩序得以很快恢复，各种公营私营的生产事业逐步呈现出活力，进而促使大上海的建设步入正轨。

在江南城市的接管过程中，设在各中央局内的财经机构所发挥的作用日显突出。这一特点在江北城市接管过程中还不明显。以中共华东财办为例，为了准备支援大军渡江和接管江南各大城市，华东财经办事处分设了前方办事处（到上海后就改组为上海财经接管委员会）随军行动；在城市的解放、接管过程中，对新区借粮及城市接管等政策，都曾作了充分研究和准备。9月24日，华东区财政经济委员会正式成立。

从1949年过江到年底，华东财办及以后的华东财委在城市财经方面完成了一系列对城市接管至关重要的工作。第一，5、6两个月，在皖南、苏南、浙江等地，筹借了军粮近4亿斤，保证了大军过江以后的给养。第二，沪、宁、杭各大城市顺利接收国民党庞大的官僚资本企业，并迅速恢复生产。如上海接收轻重工业工厂74个，贸易公司及贸易机关10个，大小银行46处，航行组织14个，接管后，即逐渐复业和开始生产。第三，为了照顾私营生产，采用各种有效办法，例如外棉进口免税，鼓励自备外汇进口，公布调处私营企业劳资争议和复业复工纠纷等有效办法，使城市生产自7月以来进步明显。根据上海私营棉纺、丝织、染织、针织、搪瓷、机器、钢铁、冶金、造船、化工、电工、织工等13业的统计，7月除丝织外，平均开工厂数为43.34%；8月除针织外平均为48.62%；9月各业情况均好转，平均开工厂数突增至73.29%；10月除染织、机器、织工三业外，其余10个行业的平均数亦达73.32%。第四，华东区在解放军渡江前即建立国家金融机构209处，过江后接收和改组金融机构到年底已增至424处，而且还正确地团结了各地的私营行庄，通汇地点已达1302处。在接管初期，为迅速肃清伪金圆券，并使人民免受损失，华东财办在沪、宁、杭三市曾收兑金圆券36万亿元。接着在各城市又普遍进行反银元斗争，禁用黄金、外钞，使之不能操纵市场金融与捣乱物价；为了保障职工生活，更在华东37个城市举办了折实储蓄，吸收了大批存款，对于稳定市场起了极大作用；对国营企业、公用事业及有利于国计民生的私营工业，曾举办了定货货款，埠际押汇及工厂票据承兑等。1949年12月上海银根奇紧，影响生产，人民银行曾通过贸易部放出购货款750余亿，其他货款160亿，承兑票据318亿，解决了不少工厂的困难。第五，大力恢复内地交通以利城乡物资交流和生产。胶济、津浦（南段）、陇海（东段）、沪杭及浙赣各大铁路均已修通，并新建了淮南铁路合裕段，计长120公里；打捞了公私船只67艘，合14000余吨。城乡物资交流在国营贸易公司大力推动下，亦有相当成绩。自6月至12月，上海国营贸易公司及公私合营国棉联购处曾收购大批棉花供应纱厂生产；调运到上海的煤有80多万吨，还经常储存20多万吨；供应了大批米面，并低价配售粮食给有组织的城市工人和学生，对平抑物价起了作用。丝茶为华东特产，大军南渡正值茶丝收成时期，杭州、无锡、屯溪等地贸易公司曾收购茶叶93000余担，丝1400担，适当地解决了丝茶产民的困难。国外贸易方面，为粉碎敌人封锁，采取了鼓励自备外汇进口，便利物资在各口岸转口等办法，同时主动输入若干重要工业原料，如橡胶、烧碱、钢铁、五金等，并开展中苏贸易，以茶叶等土产换取苏联的重要物资。此外，兴修水利和税收工作也取得一定成绩。[1]

在江南大城市的接管中，中共的城市政策特别是在接管财经工作方面，无

---

[1]　以上所述五点情况，参见《曾山在中共华东军政委员会第一次会议上〈关于华东财经工作情况及今后任务的报告〉》（1950年1月29日），见《上海解放一年（一九四九年五月至一九五〇年五月）》（文献部分），解放日报社1950年版，第64—68页。

论在认识上，还是实践上都更加成熟和完备。当时主持中共华南分局准备接收广州的叶剑英，9 月 23 日，在华南分局和二野、四野部分负责同志干部大会上作《关于解放广东的若干问题》的讲话，对城市政策从"接收"和"管理"两个方面作了系统论述，提出针对城市集中的特点，在组织形式与工作方式上，要创造出一套完全不同于在农村工作时期的组织形式与工作方式。①

总之，中共在解放战争胜利向南推进、将大批城市收复和接管、将工作重心转移到城市的历史进程中，管理城市财经工作的经验日益丰富，在实践的探索中，提出许多重要观点。这些思想将中共自抗战胜利以来逐步提出的新民主主义经济政策及理论中的精华具体化，为新中国新民主主义经济方针的实施提供了实践思路，也为中财委在新中国成立后卓有成效地开展财经领导工作奠定了基础。

四、《共同纲领》确定的新民主主义社会经济运行目标和经济政策

经过长期艰辛探索，到新中国成立前夕，中国共产党已经基本完成对新中国新民主主义经济基本方略的战略筹谋，对如何建设新民主主义经济，如何推进新民主主义经济向社会主义过渡，有了整体的战略研判、完备的理论体系、成熟的方针政策，这一系列思想资源以国家施政纲领形式，展现在中国人民政治协商会议第一届全体会议通过的《共同纲领》中。中财委在新中国元年卓有成效的工作正是在中共中央、毛泽东的领导下，依照《共同纲领》规定的经济方针政策起步和成功推进的。

《共同纲领》由周恩来主持起草。周恩来先五易其稿，后经毛泽东、周恩来及胡乔木进行技术性的结构调整与修改后形成初稿，由中共中央正式提出。在党外，周恩来主持七次相关会议讨论，广泛吸收了各方面意见②；在党内，

---

① 《叶剑英选集》，人民出版社 1996 年版，第 197—205 页。

② 参见《周恩来选集》上卷，第 366 页。

毛泽东、刘少奇、周恩来等先后对初稿进行精心修改。故《共同纲领》最大限度地代表和凝聚了当时全党和社会各界人士，对国家制度及发展方向的思想智慧。

《共同纲领》是新中国的建国纲领，勾画了国家建设的宏伟蓝图，总结了中国人民百余年艰苦奋斗的经验，清楚指出新中国建设起步的道路。经济是基础，经济建设是执政党的主要任务，因此经济方针和政策在纲领中占有很大比重。《共同纲领》分7章，共60条。第四章经济政策有15条，加总纲第3条，外交政策第57条，经济方面的条目接近《共同纲领》内容的三分之一。中国共产党由主要是进行革命斗争，夺取政权，转变到主要是进行建设工作，巩固政权，面临的经济方面问题最多，百端待举，万分紧迫，又须分清轻重缓急，循序推进。故起草《纲领》时，经济问题讨论费时最多。周恩来凝聚各方智慧，对国家经济方针政策在《纲领》中作出一目了然的规定，以毛泽东为核心的第一代中央领导集体对新中国新民主主义经济基本方略思索的精华，都集中体现在《纲领》的经济方针和政策中，成为执政的共产党领导国家经济工作的总方针，也是中财委组织和管理国家经济事务的行动指南。全面理解《纲领》确定的经济方针和政策，是研究和认识新中国初期经济史不可缺少的前提，也是理解中财委新中国初期活动的钥匙。

《纲领》确定了新中国经济运行总目标。新中国经济运行总目标是由国家性质及其使命决定的。《纲领》总纲第一条规定：中华人民共和国的性质为"新民主主义即人民民主主义的国家，实行工人阶级领导的，以工农联盟为基础的、团结各民主阶级和国内各民族的人民民主专政"。国家现阶段的使命是"反对帝国主义、封建主义和官僚资本主义，为中国的独立、民主、和平、统一和富强而奋斗"。由此总纲第三条确定国家要达到的经济运行总目标是："必须取消帝国主义国家在中国的一切特权，没收官僚资本归人民的国家所有，有步骤地将封建半封建的土地所有制改变为农民的土地所有制，保护国家的公共财产和合作社的财产，保护工人、农民、小资产阶级和民族资产阶级的经济利益及其私有财产，发展新民主主义的人民经济，稳步地变农业国为工业国。"[1] 这是

---

[1] 《建国以来重要文献选编》第一册，中央文献出版社1992年版，第2页。

新中国新民主主义经济运行的总目标，是与巩固人民民主专政密切配合的。

《纲领》确定了新中国经济建设总方针。即"以公私兼顾、劳资两利、城乡互助、内外交流的政策，达到发展生产、繁荣经济之目的。"①这一总方针的基本精神是：第一，经济的繁荣要建立在发展工农业生产与交通运输事业的基础上。国民党统治时期的大城市如上海，表面似乎很繁荣，但从本质上看，这种繁荣有其依附性、投机性和腐化的本质，因此这不是人民需要的繁荣。新中国经济的繁荣，必须建筑在发展生产的基础上，而不是建筑在其他基础上。第二，"四面八方"不是等量齐观要有主从之分。在人民民主专政国家之内，"公私兼顾"应以国营经济为主，私营经济为辅；国营经济处于领导地位，要保障它有较快的发展，对私营经济的扶助必须以有利于国计民生的发展为前提。为了发展生产力，需要"劳资两利"，允许私人资本的存在，并保障其一定的合法利润；但劳资之间首先需要考虑的是劳工阶级的根本利益，资产阶级的利益处于服从地位。"城乡互助"，自党的七届二中全会决定了要将工作重心从乡村移到城市，工业的恢复与发展即成为重心。"内外交流"，是以内为主，以外为辅的，就是要将国内多余物资，换取国家发展生产所必要的设备与原料。搞清"四面"中"八方"的主从关系，在经济工作中就可避免犯"左"的或右的错误。

《纲领》规定了新民主主义经济制度和体制。经济制度由新民主主义五种经济成分构成及其在经济结构中的位置和作用决定。国营经济是社会主义性质的经济，凡属国家经济命脉和足以操纵国民生计的事业，均由国家统一经营；凡属国有的资源和企业，均为全体人民的公共财产，为人民共和国发展生产、繁荣经济的主要物质基础和整个社会经济的领导力量。合作社经济为半社会主义性质的经济，是整个人民经济的重要组成部分；人民政府要扶助其发展，并给以优待。凡有利于国计民生的私营经济事业，人民政府要鼓励其经营的积极性，并扶助其发展。国家资本与私人资本合作的经济为国家资本主义性质的经济，应鼓励私人资本向国家资本主义方向发展，例如为国家企业加工，或与国家合营，或用租借形式经营国家的企业，开发国家的富源等。土地改

---

① 《建国以来重要文献选编》第一册，第7页。

革为发展生产力和国家工业化的必要条件；凡已实行土地改革的地区，必须保护农民已得土地的所有权；尚未实行土地改革的地区，必须逐步实现耕者有其田。① 在新民主主义经济制度中，国家资本主义的发展有着特定的社会意义，它紧密了国家资本与私人资本的合作，为过渡到社会主义阶段提供物质基础。从这个角度说，国家资本主义又是私人资本向新的方向发展的光明通途。"国家应在经营范围、原料供给、销售市场、劳动条件、技术设备、财政政策、金融政策等方面，调剂国营经济、合作社经济、农民和手工业者的个体经济、私人资本主义经济和国家资本主义经济，使各种社会经济成分在国营经济领导之下，分工合作，各得其所，以促进整个社会经济的发展。"新民主主义经济不能像旧资本主义经济那样缺乏计划性，也不能像社会主义经济具有高度的计划性，是处在两者之间的过渡形态。"中央人民政府应争取早日制定恢复和发展全国公私经济各主要部门的总计划，规定中央和地方在经济建设上分工合作的范围，统一调剂中央各经济部门和地方各经济部门的相互联系。中央各经济部门和地方各经济部门在中央人民政府统一领导之下各自发挥其创造性和积极性。"②

《纲领》还规定了微观企业管理体制和基本制度。在新中国的国营企业中，已经没有劳资关系，无论职员或工人都是为了国家和人民共同工作；私营企业里，虽然还存在劳资关系，但这和资本主义国家中资方残酷剥削、劳方团结罢工的情形已根本不同，新民主主义国家是以工人阶级为领导的人民民主专政的国家，劳资关系必须是互助合作的两利关系。所以《纲领》中规定："在国家经营的企业中，目前时期应实行工人参加生产管理的制度，即建立在厂长领导之下的工厂管理委员会。私人经营的企业，为实现劳资两利的原则，应由工会代表工人职员与资方订立集体合同"等。同时，《纲领》还在工人福利和劳动保护方面作出明确规定："公私企业目前一般应实行八小时至十小时的工作制，特殊情况得斟酌办理。人民政府应按照各地各业情况规定最低工资。逐步实行劳动保险制度。保护青工女工的特殊利益。实行工矿检查制度，以改进工矿的

安全和卫生设备。"① 这些规定充分表现了新中国新民主主义政权的人民立场。

《纲领》具体规定农林渔牧业、工业、交通、商业、合作社、金融、财政、对外贸易的恢复和发展的目标与政策。

在农林渔牧业方面，凡已彻底实现土改的地区，人民政府应组织农民及一切可以从事农业的劳动力，以发展农业生产及其副业为中心任务，并引导农民逐步地按照自愿和互利的原则，组织各种形式的劳动互助和生产合作。在新解放区，土改工作每个步骤均应与恢复和发展农业生产相结合。人民政府应根据国家计划和人民生活需要，争取于短时期内恢复并超过战前粮食、工业原料和外销物资的生产水平，应注意兴修水利，防洪防旱，恢复和发展畜力，增加肥料，改良农具和种子，防止病虫害，救济灾荒，并有计划地移民开垦。还要保护森林，有计划地发展林业；保护沿海渔场，发展水产业；保护和发展畜牧业，防止兽疫。②

在工业方面，《纲领》确立了中国以重工业为发展重点的工业建设道路。多数资本主义国家工业发展的路线是：先发展轻工业，渐次推进至重工业。根据中国的国情，《纲领》规定，工业"应以有计划有步骤地恢复和发展重工业为重点，例如矿业、钢铁业、动力工业、机器制造业、电器工业和主要化学工业等，以创立国家工业化的基础；同时，应恢复和增加纺织业及其他有利于国计民生的轻工业的生产，以供应人民日常消费的需要。"③ 新中国之所以要首先发展重工业，是因为旧中国的重工业基础太薄弱了，而一个国家的独立和富强，必须靠重工业支撑；没有独立的重工业，国家轻工业不可能顺利发展，整个国民经济的改造也不可能进行，国防也没有保障。

在交通方面，《纲领》提出："必须迅速恢复并逐步增建铁路和公路，疏浚河流，推广水运，改善并发展邮政和电信事业，有计划有步骤地建造各种交通工具和创办民用航空。"④ 中国是一个空间广大的国家，全国面积近一千万平方公里，比整个欧洲还大，要实现全国的统一、团结、发展，必须尽快恢复和发

---

① 《建国以来重要文献选编》第一册，第 8 页。
② 参见《建国以来重要文献选编》第一册，第 9 页。
③ 《建国以来重要文献选编》第一册，第 9 页。
④ 《建国以来重要文献选编》第一册，第 9 页。

展交通事业。连年的战争，使交通遭到严重破坏，是旧中国经济衰落与停滞的重要原因之一。没有交通的恢复，国内贸易将处于中断状态，整个经济体系是死水一潭，国民经济的恢复和发展无从谈起。只有首先恢复及改进交通，为城乡交流，埠际交流，准备好道路，才可繁荣商贸，促进经济发展。从中国国情出发，中国交通应以铁路为主，水运为辅。东北和华北的煤铁森林，是全国铁道网的物质凭借。汽车制造较复杂，而汽油又是中国所缺少的，加上多条公路才抵得上一条铁路的运输价值，故中国应着重铁道建设以迅速恢复交通。至于水运应当和水利及水电整合考虑发展。

在商业方面，《纲领》规定："保护一切合法的公私贸易。实行对外贸易的管制，并采用保护贸易政策。"在旧中国工业十分落后的条件下，外货的大量倾销阻碍了中国工业的发展。故新中国实行外贸保护政策十分必要。保护贸易政策即是以海关进口税率的调节来保护国内工业，必要时可以用限制进口及禁止进口政策保护国内工业。而在国内，则应"在国家统一的经济计划内实行国内贸易的自由，但对于扰乱市场的投机商业必须严格取缔。国营贸易机关应负调剂供求、稳定物价和扶助人民合作事业的责任"。概言之，新中国的商业政策就是对外统制管理，对内给予适当自由。《纲领》还规定，新中国应在"平等和互利的基础上，与各外国的政府和人民恢复并发展通商贸易关系"。① 这是打开和建立新中国对外经济关系的政策立足点，完全不同于国民党政府的殖民性对外贸易政策。

在金融方面，《纲领》中规定："金融事业应受国家严格管理"；"依法营业的私人金融事业，应受国家的监督和指导；凡进行金融投机、破坏国家金融事业者，应受严厉制裁"。尽管工商业部门中都存在私营问题，但没有类似突出规定。对金融业的特别规定，与旧中国的金融状况有关。旧中国长期处于恶性通货膨胀状态，在金融事业上误入歧途者较多，必须加强管理，才可能保持正常的金融秩序。至于"货币发行权属于国家。禁止外币在国内流通。外汇、外币和金银的买卖，应由国家银行经理"，这是任何独立国家的通例，新中国自然也不例外。旧中国自抗战后十余年来，生产资金已经慢慢从有关国计民生的

---

① 《建国以来重要文献选编》第一册，第9、9—10、13页。

生产事业中脱离，转变为社会游资，从事投机；这种畸形现象是由长期恶性通货膨胀造成，根源很深，社会危害很大。为根绝这种社会弊端，将社会游资纳入有利于国计民生的生产事业方面来，《纲领》在商业方面的条文中对社会游资作出明确规定："人民政府应采取必要的办法，鼓励人民储蓄，便利侨汇，引导社会游资及无益于国计民生的商业资本投入工业及其他生产事业"。①

在财政方面，《纲领》明确提出"要建立国家预决算制度"。国民党政府实际上是没有预决算制度的。新中国要消灭这个弊端，确立国家预决算制度，"划分中央和地方的财政范围，厉行精简节约，逐步平衡财政收支，积累国家生产资金"。财政如果不平衡，就要发行通货，通货发多了，就影响物价，使社会经济不能安定下来，生产建设亦会受到障碍。当时，革命战争尚未终了，国家的税收政策"应以保障革命战争的供给"为第一任务；当革命战争完结后，"照顾生产的恢复和发展及国家建设"，将是税收政策的中心任务；"简化税制，实行合理负担"，②是税务工作进步所必不可少的。

从性质上来说，《共同纲领》不是社会主义的，而是新民主主义的。《纲领》没有写明社会主义前途，因为这是行动纲领，是为规范当时行动拟定的，规定的是新民主主义社会奋斗的任务，但这些任务的实现，将保障新民主主义向社会主义发展的前途。对此，刘少奇和周恩来都作了说明和解释。刘少奇在政协第一次会议的讲话中说："中国将来的前途，是要走到社会主义和共产主义去的。因为中国工业化的结果，如果不使中国走到社会主义去，就要使中国变为帝国主义的国家，这是中国人民以至全世界的人民都不能允许的。但这是很久以后的事情，对于这些事情，中国人民政治协商会议很可以在将来加以讨论。"③周恩来在会议的讲话中的解释是：新民主主义的前途是社会主义，这是肯定的，毫无疑问的，但应该经过解释、宣传特别是实践来证明给全国人民看，"只有全国人民在自己的实践中认识到这是唯一的最好的前途，才会真正承认它，并愿意全心全意为它而奋斗。所以现在暂时不写出来，不是否定它，而是更加郑重地看待它。而且这个纲领中经济的部分里面，已经规定要在实际

---

① 《建国以来重要文献选编》第一册，第10页。
② 《建国以来重要文献选编》第一册，第10页。
③ 《刘少奇选集》上卷，第435页。

上保证向这个前途走去"①。《纲领》没有将社会主义前途直接写入条文，反映
了即将执政的中国共产党从实际出发，又不放弃未来目标的理想与现实结合的
探索思路。

《纲领》中的新民主主义经济政策，内容博大精深，如何把握其核心内容
呢？周恩来在 9 月 22 日全国政协第一届全体会议上所作的《关于〈中国人民
政治协商会议共同纲领〉草案的起草经过和特点》的报告中，对这个问题作了
回答。他说：新民主主义的经济政策的"基本精神是照顾四面八方，就是实行
公私兼顾、劳资两利、城乡互助、内外交流的政策，以达到发展生产繁荣经济
的目的。新民主主义五种经济成分的构成中，国营经济是领导的成分。在逐步
地实现计划经济的要求下，使全社会都能各得其所，以收分工合作之效，这
是一个艰巨而必须实现的任务。"经济建设百端待举，须有缓急轻重之分，"草
案中已根据哪些是应该做的、哪些是不应该做的；哪些是现在可以做的、哪些
是现在不能做的；哪些是已经做了的、哪些是尚未做的等分析规定出具体条
文。"②周恩来的解释清楚点明了新民主主义经济运行中必须把握的重中之重及
把握的方法。

在第一届全国政协会议上当选为中央人民政府委员会委员的薄一波，在
发言中点明了在现实经济生活中人民政府应关注的两个问题：一是争取在五年
到十年内有计划有步骤地恢复并改组工业生产，发展重工业，做到完全改变依
靠帝国主义的状态；二是逐步改变过去不合理的城乡关系，做到城乡互助，经
济交流，在经济互助的坚实基础上巩固工农联盟。③之所以将关注点放在这两
个方面，因为经济的对外依附性和城乡对立是旧中国经济生活中的两大突出弊
端，要想改变旧的经济面貌，建构新的经济结构，推动中国社会生产力的发
展，必须克服这两大弊端。这两个问题在《纲领》的经济条文中也得到了反映。

《纲领》确定的新民主主义经济建设总方针，以及落实总方针所要实施的
一系列经济政策，既明确了新中国经济运行的基本目标，也指明了实现目标的
基本路径。共产党立足国情、实事求是的政治态度，得到社会最大限度的认

---

① 《建国以来重要文献选编》第一册，第 16—17 页。

② 《周恩来选集》上卷，第 370 页。

③ 参见《薄一波文选》，第 77 页。

同，广泛凝聚了民心。当时知识界对《共同纲领》的经济政策给予很高评价。有人说："人民政协的共同纲领，是建设中华人民共和国的第一张蓝图。把这张蓝图细看一遍，我们得到的印象是：新中国的建设是以经济为中心的。"有人认为：《共同纲领》"完全适合中国目前经济建设的需要。我们有了这个经济政策，就有了方向，新民主主义的经济建设就有了胜利完成的保证。"还有人说："依着共同纲领中经济政策的指示，一个工业化的富强的新中国将很快地壮大起来"。①

新民主主义经济是一种全新的经济形态。如何建立新中国经济的基本结构和运行机制、把握新民主主义经济的发展规律，特别是新中国第一年财经工作应如何起步，又从哪些方面去推进实践发展的进程，这些都是陈云领导中财委在新中国第一年必须面对的课题。在了解了《纲领》所确定的新民主主义经济政策后，即可明显感到，这些问题解决的原则框架，《纲领》都作了明确规定。陈云作为中共代表出席了中国人民政治协商会议筹备会第一次会议，并被大会选为中央人民政府委员、政协委员。接下就可看到，陈云领导的中财委在新中国元年为落实《纲领》中提出的经济政策，尤其是落实"四面八方"的经济工作总方针，殚精竭虑，付出极大努力，同时以丰富的实践证明了《纲领》确定的经济政策和方针是完全正确的。

五、中财委在新中国第一年面临的历史任务

新中国面对的是国统区的战争废墟，残破落后的经济，陷入贫困和破产深渊、过着饥寒交迫和毫无政治权利的人民，以及正在蓬勃发展，但经济力量极其有限，并要继续承担繁重的战争物资与人力支援的解放区经济。这就是新中国经济起步的物质基础和社会现实。这种客观现实决定了中财委在新中国第一年将面临诸多复杂而棘手的问题。

---

① 周有光：《论共同纲领的经济政策》，张宣三：《实现经济政策为建设新中国而努力》，吴承禧：《拥护人民民主专政的"经济政策"》；见《经济周报》第 9 卷第 14 期，1949 年 10 月 6 日，第 276、281、279 页。

　　由于国民党政府经济实力极端虚弱，造成旧中国物资长期匮乏，社会总需求与总供给严重失衡。新中国临近诞生时，占全国大多数面积的国统区经济生活情形是：物价飞涨，币制无信，工商倒闭，投机盛行；生产能力低下萎靡，经济秩序混乱无效，整个社会动荡不安，人民生活苦不堪言。新中国经济工作起步的财政金融环境可谓极度恶劣，而人民政府一时还有没有力量抑制通货膨胀。1948年12月人民币诞生后，在解放区逐步成为统一通货，为克服旧中国货币和价格混乱局面提供了可能，但现实中还存在许多困难。人民币开始发行时，解放军正在进行平津、淮海战役，接着又要渡江向全国大规模进军，军费开支浩繁。为支持人民战争，1949年人民币发行量4月比1月增加近4倍；这些超量发行的人民币，大多滞留在城市，一时难以下乡，市场物价一旦出现波动即可被投机分子利用。当然，此时人民币的超量发行，与国民党金圆券的超量发行的性质和前途完全不同。但不管怎样，通货膨胀的趋势在新中国成立前夕依然存在；加上国民党统治时期的恶性通货膨胀的长期影响，人们普遍存在重物轻币的心理，这种心理对物价的波动具有推波助澜的作用，并为投机资本和投机商人的活动提供温床。另外，中国的大工业很少，重工业基础很弱，中共执政初期掌握的商品不能满足社会的需要，大量能供给市场的商品容易被操纵在私人资本家手中。中国社会存在着为数众多的小生产者，"他们一般地能够参加和拥护革命"，但"有些人容易受资产阶级的影响"，[1] 将为商业投机及旧资本的发展创造有利的社会条件。

　　天公不作美。1949年4月，河北受灾，粮食减产。天津纺织工业尚未恢复，纱布供应紧张。新解放的北平、天津两大城市，不仅未能发挥稳定市场的作用，反而成了投机商人以粮食、纱布带头哄抬物价的阵地。据华北地区15个市场的统计，1949年4月的物价和1948年12月的物价相比，上涨2.14倍。[2] 由此形成该年的第一次物价涨风。

　　政府的财政实力是物价稳定的重要条件，可是即将诞生的新中国政权除要继续承担较大的军费开支外，还要支付其他许多消耗，财政负担异常沉

---

①　《毛泽东选集》第二卷，人民出版社1991年版，第642页。

②　苏星：《新中国经济史》，中共中央党校出版社1999年版，第103页。

重。随着解放区的扩大，人民政府管理的范围不断扩大，机构和行政人员也随之增多。在新解放区，人民政府对于一切不愿抵抗的旧军队与旧人员采取一律包下来的政策；大量的而且还在继续增加的脱产人员的生活费，需要政府负担。此外，1949 年中国灾情严重，700 万重灾民亟待救济①，需要人民政府拨出大批粮食和物资，以安定民心；伴随着人民解放战争前进的步伐，大量城市解放，而城市经济一时难以恢复，失业人口大量增加，旧中国遗留下的这些社会问题都需要政府财政资助以解决。② 国民经济和各项事业恢复所需的财政开支也相当可观，战争对工厂设备造成很大破坏，恢复生产需要投入很大资本去购买机器，还需要拨出一定的经费抢修铁路、兴修水利、发展农业。

人民政权财政需求加大，财政税收的增加却十分困难。老解放区在革命时期一直是财税的主要来源，由于长期负担过重，财力已经相当有限，亟待休养生息。新解放区因许多工作尚待整顿，特别是土改尚未进行，一时难以对财政作出很大贡献；有些地区因农业生产的季节性和丰歉情况不一，反而需要财政资金的帮助。刚刚解放的城市工商业，恢复需要一个过程，一时也难以对财政发挥更大的作用。此外，临近解放时，财政体制尚处在由分散向统一的转化过程中，有的只统一了财政支出而未统一财政收入，这种情况的存在也给人民政府财政收支的平衡带来困难。为了弥补大量财政需求，人民政府不得不超量发行货币，由此引发 1949 年 6 月 27 日至 7 月 30 日第二次物价涨风。

由于缺乏管理城市经济的经验，不少领导干部在工作中畏首畏尾、消极放任，不善于和投机商人及旧资本主义进行经济上的斗争，具体表现是："不懂得或者不善于依靠工人阶级，团结其他劳动人民、革命的知识分子，以及自由资产阶级的代表人物、知识分子、民主党派，共同致力于建设城市从而建设国家的艰巨事业"。"只重视私营企业，而轻视公营企业；无原则地、无限度地、

---

① 《财政状况和粮食状况》，1950 年 4 月 13 日；见《陈云文选》第二卷，第 79 页。

② 比如，1949 年 1 月上旬，寒流袭击上海，街头冻毙童尸每日逾百。市救济会流动收容车改为白天出动，各庇寒所、工赈所已收容难民 3100 余人。参见当代中国研究所编：《中华人民共和国编年》1949 年卷，当代中国出版社 2004 年版，第 341 页。

无区别地扶植一切私营工商业，而对投机操纵的、野蛮的、不利于国计民生的私营工商业不加以必要的限制"。"只知鼓励生产，而在供销上没有计划，没有办法，致使生产和消费脱节，供给和需要发生矛盾，生产品推销不出去，不能不陷生产于停滞的状态中，且给投机商人以操纵剥削的机会"。① 另外，在公营企业中有不少领导干部还不善于与工人群众建立密切联系，不善于运用工厂管理委员会通过群众路线来管理工厂。这些问题都将对新中国财经工作的起步和前进起障碍作用。

在国内经受各种考验的同时，在国际方面，中国共产党必须面对以美国为首的帝国主义的敌视态度。一是美国拒绝承认中华人民共和国，继续承认国民党政府，同时向其盟友及亚洲新独立国家施压，以使其采取同样敌对态度，孤立新中国。二是排斥新中国在联合国等国际组织中的合法席位，以削弱中国的影响。三是对新中国实行经济封锁。1949 年 1 月，美国曾考虑与中国解放区进行一定的贸易往来。但南京解放后，美国立即中断了对解放区的援助，并规定对一切可直接用于军事目的物资实行禁运，对重要的工业、交通、电讯设备出口予以严格审查，对一般贸易也实行种种歧视性限制。随后，美国发起组织了"巴黎统筹委员会"，对包括中国在内的社会主义国家进行战略禁运。在美国的支持下，国民党政府在新中国成立前夕，对解放区海航实施严厉封锁和破坏。据中财委报告：

敌在每一港口撤退时均有计划将船舶炸沉或劫走，华北全部海航船只均被劫空，上海九十万吨位只留下可航行者十四万五千吨位。自六月二十六日我公布津沪通航后，匪即宣布封锁我各海口，在海上设兵舰巡弋袭击，在长山、舟山诸岛设海上据点掠夺商船物资，阻挠航行，企图扼死我海上交通线。据七、八、九三个月不完全统计，来解放区外籍商船中途受阻返回者达十二次，较大劫掠六次，受害船只三十余只。八月份，只上海即炸沉约二万吨，香港二十万吨船只不能驶回。敌对我封锁重点在津沪线，特别对沪更

---

① 详见薄一波主持为新华社写的社论。《把消费城市变为生产城市》（1949 年 3 月 17 日），见《薄一波文选》，第 74—75 页。

为严重。在扬子江口有敌舰四艘轮流骚扰，使华北煤盐等物资不能经海航
运沪。①

　　第二次世界大战结束以后，国际上形成以苏联为首的世界人民民主阵营
和以美国为首的西方帝国主义两大阵营。解放战争开始后，美国公开支持国民
党，从物质上帮助国民党消灭共产党，而苏联支持中国共产党。由于中国革命
的性质加上两大阵营的态度，毛泽东明确表示，中国共产党站在苏联一方，属
于世界民主阵营的一部分。新中国成立前夕，党中央派刘少奇秘密访苏，取得
成功，斯大林及苏共中央表示将在政治上、经济上支持未来的新中国政府，并
达成一系列具体协议。②"但是，中国革命迅速取得胜利是出乎苏联领导人意
料之外的，他们在对这个胜利表示欢迎的同时，在政治上还有些疑虑。苏联对
中国的经济援助也不能很多。"③

　　客观形势决定了中财委在新中国元年承担的历史任务。总的来说，就是要
在新的社会生产关系形成和发展过程中，逐步消灭旧中国带来的残余或痕迹，
建立新中国的经济秩序，为国家经济的恢复和发展开辟一条新的道路。同时在
严峻的国际局势下，努力突破帝国主义的经济封锁，为新中国对外经济的起步
开拓出局面。这一总的历史性任务要通过以下课题的解决去实现。

　　制止通货膨胀，稳定市场物价，建立良性的经济环境，这是中财委面临的
首要任务。恶性通货膨胀是牵动整个社会、影响政权稳固的重要经济因素。附
在旧中国经济机体上的这一恶疾不革除，新中国经济就难以健康发展，人民政
权也难以巩固。因此，中共执掌政权后，中财委作为主导全国财经工作的领导
机关，必须把建立正常的市场秩序作为头等任务。

　　通货膨胀的抑制，与财政收支平衡密切相关。中财委必须采取积极的财
政和金融手段弥补财政赤字问题；其中从经济体制的建设上保障财政收支的平
衡，有着重要的特殊意义。新民主主义革命时期，各个根据地政府都有独立的

---

　　① 《中财委报告敌封锁我海航后之航务情况》（1949 年 10 月 30 日），见《1949—1952　中
华人民共和国经济档案资料选编（综合卷）》，第 153 页。

　　② 参见《关于重大决策与事件的回顾》上卷，第 26—27 页。

　　③ 胡绳主编：《中国共产党的七十年》，中共党史出版社 1991 年版，第 264 页。

财政经济，这在各根据地处于分割状态的革命战争年代完全需要。三大战役后，解放军主力离开了原来的根据地，向新解放区挺进。为支援战争，财政支出已逐步统一，但是直到新中国成立时，财政收入尚未统一，公粮和税收都掌握在各大行政区和各省、市、县人民政府手里，收入的多寡和迟早，中央无法确实掌握。这种收支脱节现象，不利于中央集中财力，统一调度，以解决影响全局的经济问题；特别是在中央财政暂时比较困难的情况下，统一全国财经，建立高度集中的财政经济体制，是平衡财政收支必不可少的体制保障，也是新中国历史发展的必然要求。

与此同时，要在破除旧的经济体系、建立新民主主义的经济制度的前提下，确立新民主主义经济的运行机制，其中包括建立中央财经领导机构系统，确定新民主主义经济内部各个部门的运行规则；"以前组织起来的军事时期的战时工业、战时经济，以及经济的军事化，现在要转变为平时工业、平时经济"，"政府应有一个专门机关来研究计划"，这是转变问题；另一个问题是"工业生产计划问题"[①]，拟订新中国经济恢复与发展的规划，首先是新政权头一年的经济发展计划，并着手建立计划经济的体制和机制，以扭转旧中国生产与流通无计划的突出弊端。

财政问题的最终解决，要靠发展生产。所以，在稳定新民主主义经济恢复的社会环境和进行经济体制方面建设的同时，要迅速恢复遭到战乱破坏的生产设备，并作某些必要的和可能的添补及调整。在恢复的基础上必须首先建设基本工业，如煤、电、石油、化学工业、钢铁工业、机器制造工业、交通工具（包括机车、汽车、船舶、飞机等）各种制造工业等，以奠定发展生产，繁荣经济的物质基础。在地区上，应该向西北、西南等地发展，建设新的工业基地，为此就必须发展交通，把铁路伸展到西北和西南去；同时要大力发展水利事业，以尽最大努力促进农业生产的恢复与发展。只有推进各项建设事业，才能使初创的新中国逐步形成独立自主、完整的经济体系，以达到巩固新政权，安定人民生活，使国家逐步强盛，人民生活逐步改善的目的。

要使新中国经济的发展有一个稳固的基础，必须确立社会主义国营经济

---

① 《刘少奇论新中国经济建设》，第 112、113、115 页。

为主导，多种经济成分并存的新民主主义经济制度；切实落实《共同纲领》规定的"公私兼顾，劳资两利，城乡互助，内外交流的政策"，"使各种社会经济成分在国营经济领导下，分工合作，各得其所，以促进整个社会经济的发展"。从中国具体国情出发，新中国成立初年，协调好公私关系、劳资关系，保护并有限制地发展民族资本主义工商业，对稳步推进经济工作向前发展有着极为重要的意义。

连年战争，城乡阻隔，经济交流不畅，是旧中国经济衰败的重要原因之一。要改善经济环境，激发展经济活力，必须盘活城乡经济，疏通商品流通渠道，改善城乡关系，建立统一有序的贸易体系，以促进和协调新国家经济整体健康发展。同时，还要扭转旧中国经济的对外依附、建立独立自主的外贸体制。这也是新中国经济起步时必须进行的事业。

面对严峻的国际局势，中财委要努力探索一条以自力更生为主，争取外援为辅，主要依靠全国人民力量，充分利用本国的资源、物力和财力，独立自主建设新国家的道路。"要准备帝国主义的长期封锁"。"敌人的封锁虽然给我们造成困难，但后果将是促使我们更快地达到自力更生。"[1]同时，中财委也要积极谋划打破封锁的路。帝国主义阵营不是铁板一块。对此，中财委很有自信。1949年8月8日，陈云在上海财经会议的讲话中就明确指出：帝国主义"不可能把我们完全封锁死。从香港多少可以进出一些。广州解放后，南边即可有一条通路。帝国主义之间有矛盾，我们可以利用，你不做生意，他还要做生意。北方也有通路，天津可以出，大连可以出，满洲里也可以出。有些东西可以让外商代销一下。""在财力许可的条件下，要从农村收购主要的出口物资，以便维持农村经济，这对农民有很大好处。"[2]这些设想，在新中国成立后都成为现实。

上述历史任务均是新中国从旧社会脱胎而重生所必须完成的关系国家发展战略全局的重大步骤。这些任务能否完成？平津解放后，薄一波对这个问题作出肯定的回答。他说："无论从主观条件或客观基础上看，迅速恢复和发

---

①　《陈云文选》第二卷，第2、20页。
②　《陈云文选》第二卷，第2页。

展城市生产都是可能的"。"首先，中国的工人阶级虽然在数量上是少数，而在质量上则很坚强，并且大部分集中在城市，只要紧紧地依靠他们，发挥他们的力量，则恢复和发展城市生产的主观条件是具备了的。其次，现代化的工业，在中国国民经济中虽仅占百分之十左右的比重，但大都集中在城市及其周围，其中最重要的、最大规模的又都为帝国主义及其走狗官僚资本家所垄断，我们把它没收过来，作为新民主主义的国家财产，只要不分散、不破坏、不在经营上犯无纪律无计划的错误，则恢复和发展城市生产的客观基础也是存在着的。再次，在城市中，私人资本所经营的现代化工业虽然是脆弱的，但也还存着相当数量。只要我们坚持保护工商业的政策，引导它们向有益于国计民生的方向发展，则对于城市生产的恢复和发展将成为一种有力的因素。还要看到，分散的、个体的手工业生产不仅在乡村大量存在着，而且在城市，特别是没有现代化工业的城市（如北平）也相当存在着。这些手工业是不可缺少的，我们要给予它们以适当的扶植，并把它们经过生产的、消费的、信用的以至供销的合作等方式逐步地组织起来，则对于城市生产的恢复和发展也是大有作用的。"[①]

历史的活动是人的主体活动，在具备客观条件的前提下，人的历史活动的主动性，对于推动历史进步有着关键作用。从中共自身的条件看，具备了以下领导新中国的主观条件。

第一，中共具有坚实的执掌政权的阶级基础和民心基础。毛泽东早就说过："中国无产阶级开始走上革命的舞台，就在本阶级的革命政党——中国共产党领导之下"，"人数虽不多，却是中国新的生产力的代表者，是近代中国最进步的阶级，做了革命运动的领导力量"。[②] 工人和农民在长期的革命斗争中，早已结成巩固的政治联盟。在全国迅速解放的过程中，解放区的乡村逐步建立供销合作社，一方面收购农民的农产品，另一方面又供应他们所需要的工业品，这样既恢复了农业生产，有力地支援了革命战争，又促进了工人和农民之间经济上的联盟，大大削弱了资产阶级和农民的联系。解放战争胜利后，在

---

① 《薄一波文选》，第74、73—74页。

② 《毛泽东选集》第二卷，第644页；第一卷，人民出版社1991年版，第8页。

新解放区城乡普遍建立了供销合作社，通过合作社这一经济系统，进一步把千千万万的小生产者和其他劳动人民组织起来。

谈到民心，可以说，中共有着深厚的民心基础。这从中共在城市解放过程中实行的一系列政策获得的社会认同程度即可得到证明。北平市军管会入城后规定，金圆券在 20 天内暂准流通，但人民有拒用及议价的自由。兑换时工人、学生、独立劳动者、工厂职员、城市贫民、公务人员、警察（后两种人未在报上公布）每人可按 1∶3 兑换金圆券 500 元，其余均按银行牌价收兑，当时黑市为 13∶1，牌价 10∶1，共计兑入伪金圆券 8 亿元，内优待兑换 5 亿元。国民党统治时期，无论哪次币制改革，人民总要吃亏，这次却得到些补助。据华北人民政府统计，在这次货币转换中，劳动人民所得实惠约合人民币 1.1 亿元。① 在其他城市接管中，也实行类似的货币政策。中共这一政策的实行，博得市民各阶层特别是广大劳动人民热烈的拥护。入城后实行的其他经济政策也都是从人民群众利益出发的，显示出与旧政权完全不同的面貌。上海评论家这样说："今天，人民政权的经济路线显然是和过去根本不同的"，"第一是走'经济自主'的路，他们要把中国经济从帝国主义的经济结构中脱出；第二是走'经济民主'之路，他们要使得全国最大多数的人有工作，有饭吃；第三是走'发展生产'之路，他们要把过去十多年来那种投机与通货膨胀的经济规律完全消灭"。② 这三点是中共经济政策立足于人民利益的具体体现。正是因为中共领导的政权具有广泛的民心基础，所以，整个组织系统所迸发出的社会动员力和民心凝聚力是国民党政府无法比拟的。

第二，中共具备了一定的领导经济建设的经验和干部方面的准备。由于客观条件的限制，解放区在经济上主要是依靠农民和手工业者的生产，国营经济的比重很小，它对经济生活还没有起决定性的领导作用。但是，当时解放区经济工作中积累起来的管理金融、市场和组织群众生产方面的经验，解放一些中小城市后取得的对资本主义经济实行公私兼顾、劳资两利政策方面的经验，特别是在经济工作中培养了一批干部，都为人民政府成立后，组

---

① 《华北解放区财政经济史资料选编》第一辑，第 535 页。

② 参见《经济周报》第 9 卷第 2 期，1949 年 7 月 14 日，第 37 页。

织几千个大规模的国营企业的恢复和发展提供了管理方面的经验和干部方面的准备。比如，中国人民银行是在各解放区所办银行的基础上建立起来的；国营贸易机构是以各解放区的贸易公司作为骨干发展起来的；原来解放区许多小工厂的干部和职工，有一部分在接管大城市后，成为国营工厂的领导骨干。

第三，中共拥有缜密的组织系统，严明的组织纪律。随着解放战争的发展，1948 年 3 月 25 日，中共中央发出《关于建立报告制度的补充指示》，严格内部的组织机制，严明纪律，增强了整体一致行动的能力。内部的高度统一，使中共具备较强的社会控制力和领导能力。

第四，中共对指导新中国新民主主义经济建设，有着充足的理论准备，对前进的方向、路径、步骤等方面在方针、政策、措施方面已有系统谋划。对此前面已系统阐述。

第五，国际上，来自苏联社会主义阵营的支持和援助，也是重要条件之一。新中国一成立，就得到苏联和欧亚各人民民主国家的承认。印度、缅甸、瑞典、瑞士等国也经过谈判，确认同国民党政府断绝外交关系而同新中国建交。1949 年 12 月毛泽东访问苏联，1950 年 2 月签订《中苏友好同盟互助条约》，还有《关于贷款给中华人民共和国的协定》和《关于中国长春铁路、旅顺口及大连的协定》，给予中国很重要的支持和援助。这些都为新中国突破帝国主义的孤立和封锁，提供了一定的条件。

显然，无论从客观还是主观方面说，新中国经济的恢复与发展都已具备一定条件。问题的关键在于将要执政的共产党能否根据实践要求，按照已拟订正确的方针政策，充分、有效、合理地利用已有的政治和经济资源，并不断根据实践发展丰富战略谋划，切实开辟一条与以往旧政权完全不同的国民经济发展的新路。

面对势如破竹的中国人民解放军向全国推进的步伐，面对各地有条不紊的政权接收工作，没有人再怀疑中国共产党对国民党在军事上和政治上取得的决定性胜利；但对它能否在从战争转向国内和平建设后，承担起强盛国家、造福人民的历史任务，无论是国内还是国外，敌对势力还是人民阵营内部都还有各种疑虑。1949 年初，美国国务卿艾奇逊在给总统杜鲁门的信中曾断言，没有任何一个中国政府能解决数以亿计的人民的吃饭问题。国民党方面也嘲笑中国共产党是"土包子"，管理不好经济。中国民族工商业者对旧中国残破的经济状况有着切肤之痛的了解，又目睹了战争重创后的经济状况，且近代中国的历代政府又何曾使贫弱的国家在经济上强盛过呢？所以，他们对中共领导经济工作的能力同样抱有疑问，有些资本家说："共产党是军事一百分，政治八十分，财经打零分。"[①] 这是他们凭借以往经历对新中国人民政权的预断。历史的发展是否应验了这些说法？待了解了中财委新中国元年的政绩，答案便不言自明了。

---

① 《陈云文选》第二卷，第60页。

第二章　中财委的创立和组织机构

为了适应各大解放区财经统一的需要，特别是为即将诞生的新中国的经济恢复和发展作准备，中共中央在组织方面的一项重大措施，就是建立中央财政经济委员会。

一、中财委的前身——华北财经办事处、
中央财政经济部、华北财经委员会

中财委是从华北财经办事处起始，以后又经历了中央财政经济部和华北财经委员会，在此基础上建立的，是适应解放战争的发展对经济工作客观要求的产物。

1945 年 9 月至 1946 年，中共中央没有设立统一的中央财政经济机构；部分地方有财经机构，如西北财政经济委员会及西北财经办事处，晋察冀财经办事处，晋冀鲁豫中央局设有财政经济部，晋冀鲁豫边区政府内设有财政厅、建设厅、粮食总局、工商管理总局、贸易总局、交通管理局、邮务管理总局，以及华中局财政经济委员会，山东人民政府内设有财政厅、实业厅、工商厅、交通局，苏皖边区人民政府设有财政厅、建设厅、交通总局、邮政总局、两淮盐务管理局、贸易管理局、华中银行、经济建设委员会等。

中央财政机构的建立和逐步转换，是与各大解放区的逐步相连和统一同步的。华北财政经济办事处是解放战争时期直属中央的第一个财经工作机构。它的成立和华北财经会议的召开紧密相连。

1946 年末，晋察冀中央局提议召集华北财经会议。当时解放战争尚处于国

民党全面进攻、人民解放军积极防御的阶段。"空前自卫战争的巨大消耗，已使一切解放区的财经情况陷入困境，必须以极大决心和努力动员全体军民一致奋斗，并统一各区步调，利用各区一切财经条件和资源，及实行各区大公无私的互相调剂，完全克服本位主义，才能长期支持战争。"中共中央认为，晋察冀中央局提议召集华北财经会议的建议很好，很有必要。1947 年 1 月 3 日，中央各大区发出《关于召开华北财经会议的指示》。会议的议程定为："交换各区财经工作经验，讨论各区货物交流及货币、税收、资源互相帮助、对国民党进行统一的财经斗争等项，并可由各区派人成立永久的华北财经情报和指导机关。"①

华北财经会议在晋冀鲁豫中央局所在地邯郸以西武安县冶陶镇召开，故这次会议也被称为"邯郸会议"。参加会议的主要有陕甘宁边区代表团团长白如冰，晋绥代表团团长陈希云，晋察冀代表团团长南汉宸，晋冀鲁豫代表团团长杨立三、戎子和，华东代表团团长薛暮桥等华北、华东、西北解放区财经部门的负责人。会议由晋冀鲁豫中央局副书记薄一波主持，1947 年 3 月 15 日开始举行预备会议，3 月 25 日至 5 月 11 日召开正式会议。②

华北财经会议分三个阶段进行。第一阶段由各代表团作本地区财政经济情况的综合报告，有些地区还作专题报告。第二阶段与会人员分别对财经基本方针、财政工作和经济工作的具体问题进行详尽讨论。第三阶段是大会对综合报告进行讨论、修改至定稿，上报中央。③

财经工作统一的设想是在会议第二阶段提出的。当时"各区派去参加华北财经会议的代表，并不是抱着统一财经的目的而去的，只是想相互了解各区的财经状况，调整一下相互关系。随着会议讨论的深入，大家认为要支持全国范围内的战争，财政必须统一"。代表们要求在中央直接领导下，"成立统一的财经机关，调整各地贸易关系，统一各区经济政策和对敌经济斗争，调剂贫富有无，平衡各地人民负担，统一规定各地供给标准，统一计划掌握各地货币发行，稳定各种货币兑换比率，并在这些基础上，逐渐达到各解放区财经工作

---

①　《中共中央文件选集》第 16 册，第 376 页。

②　徐建青、董志凯、赵学军主编：《薛暮桥笔记选编（1945—1983）》第一册，社会科学文献出版社 2017 年版，第 47 页。

③　薛暮桥：《薛暮桥回忆录》，天津人民出版社 1996 年版，第 177—178 页。

的进一步的统一，其它具体工作则完全由各地机动处理"。中央批准这个建议，决定先成立华北财经办事处。①

从 3 月开始，国民党在对解放区全面进攻严重受挫的情况下，放弃全面进攻，改为对陕北和山东解放区进行重点进攻。为了应付严酷的战争局面，中央决定，将中央机关分成三部分：中央书记处的多数同志与毛泽东留在陕北，主持中共中央和中央军委的工作；刘少奇、朱德、董必武东渡黄河，前往华北，进行中央委托的工作；叶剑英、杨尚昆在晋西北地区负责中央机关的后方工作。与此同时，为加强经济工作以支撑战争，4 月 11 日，中共中央指示董必武去邯郸参加华北财经会议，准备担任华北财经办事处（简称华北财办）主任②。

4 月 16 日，中共中央发出《关于成立华北财经办事处的通知》，指出：为着争取长期战争胜利，中央决定在太行成立华北财经办事处，统一华北各解放区财经政策，调剂各区财经机关和收支；决定华北财经办事处主任由董必武担任，另由华东、五台、太行、晋绥各派一得力代表为副主任并经常参加办事处工作；正、副主任均由华北财经会议选举确认。③

董必武被中央任命为华北财经办事处主任后，4 月 18 日，即电中共中央表示："中央给我的新任务是很光荣的，但也是很艰巨的，我对华北各解放区财经情况不明，对这一部门的干部熟悉的很少，请中央为我挑选得力者三五人予以协助。"④ 次日，董必武即赶赴邯郸参加华北财经会议。

在董老赶往邯郸的路途中，华北财经会议已进入第三阶段。在会上各解放区代表从保证长期战争供给及土地改革与解放区生产建设方向出发，对财政、华北人民负担政策、整理村财政、财务行政、开源节流、贸易税收金融货币等问题提出建议，共识"基本要争取独立自主，完全不依靠，而且是与美蒋斗争的经济体系。"会议建议"将银行发行、各区脱离生产人数、人民负担标准及可以调剂贫富的几种统税、专卖收益归中央"等。4 月 25 日，薄一波将上述

---

① 《董必武选集》，第 165—166、179 页；《华北财经会议决议》（1947 年 6 月 5 日），见《中共中央文件选集》第 16 册，第 570 页。

② 《董必武传》下卷，第 554—555 页。

③ 中央档案馆编：《共和国雏型［形］——华北人民政府》，西苑出版社 2000 年版，第 283 页。

④ 《董必武年谱》，中央文献出版社 1991 年版，第 294—295 页。

情况简要电告中央。5月4日，中央电复薄一波并财经会议各同志等，指示：
（1）"确定各区财经共同方针和各种政策，今后各区银行发行权，各区脱离生
产人数比例、人民负担标准、各区贫富间的调剂等，可由中国解放区财经办事
处在中央领导之下去统一计划和规定。"（2）关于税收是"由财经办事处直接
管理几种统税和专卖收益来调剂贫富区域为好，还是只由财办处统一筹划指定
富足区域来协助贫弱区域为便利"；会议对这两种方式可再研究。（3）中央同
意会议产生正式决定，待董老到后作最后决定。①

　　6月上旬，董必武到达会议举办地武安县冶陶镇。在董必武的指导下，会
议形成《华北财政经济会议决议》，并于6月5日上报中央。《决议》对解放区
财经工作提出九项要求，其中明确指出："目前财政经济工作的首要任务，就
是保障长期战争的军需供给。"为能支持长期战争，要适当解决"必须大量养兵、
必须保障部队生活的一定水准和必须照顾人民负担能力三个基本矛盾"。为此，
必须在财经工作方面加强领导，成立在中央直接领导下的统一财经机关，"调
整各地贸易关系，统一各区经济政策和对敌经济斗争，调剂贫富有无，平衡各
地人民负担，统一规定各地供给标准，统一计划掌握各地货币发行，稳定各种
货币兑换比率，并在这些基础上，逐步达到各解放区财经工作的进一步的统
一"。10月24日，中共中央向各中央局等发出《批准华北财政经济会议决议
及对各地财经工作的指示》，要求各级党委和财经机关坚决执行财经会议拟订
的"各种财经政策"。同时中央尖锐指出：各解放区对于"发展经济，保障供给"
的方针，"还缺乏深刻认识，重财政经济的现象尚相当普遍地存在"；"要坚决
反对认为生产缓不济急、利润太小，不能解决财政的观点，必须认清只有增加
解放区内部的财富，才是积极开辟财源、保障长期战争需要的根本环节。"②

　　显然，华北财办是中共中央为统一调配各解放区有限的财力、物力，以适
应解放战争发展对军需要求不断扩大的客观形势而设置的财经工作机关。7月
14日，董必武致电华东局、晋冀鲁豫局、晋绥分局、西北局、东北局：华北财
办即将正式开始工作，地点设在晋察冀建屏县峡峪村，请将你们对财经工作的

---

① 《中共中央文件选集》第16册，第444—446页。
② 《中共中央文件选集》第16册，第567、566、570、564、565页。

决定及各省区财办、财政、实业或建设厅处、银行、贸易公司等机关各种重要法令、工作计划、出入口贸易、币价比值等有关材料从速带来，以资参考。①

　　与此同时，董必武对华北财办的职能、内部机构的设置及人员安排等组织问题，进行缜密考虑，主持制定了《华北财经办事处组织规程》，并于8月1日报送中央。《规程》确定：华北财经办事处，在中央及其工委领导下，统一华北各个解放区（东北暂不在内）的财政经济政策，指导华北各解放区财政经济工作的推行。华北财办的任务是：制定华北解放区国民经济建设方针；审查各解放区生产、贸易、金融计划，并及时作必要的管理与调剂；掌握各解放区货币发行；指导各解放区的对敌经济斗争；筹建中央财政及银行；审定各解放区人民负担；审查各解放区脱离生产的人数及其编制与供给情形；审查各解放区财政预算并作出必要调剂办法。《规程》对华北财办内部机构设置及职能范围和工作方式作出规定。从组织隶属关系上说，它是中央委员会的工作机构，内设秘书处、财政组、经济组、军事供给组、调查研究室5个办事单位。华北财办通过处务会议（各机构的主要负责人）的形式进行工作。②

　　8月16日，中共中央批准《华北财经办事处组织规程》，并指示董必武和中央工委电告各中央局及各区财办施行。③8月25日，董必武向华东中央局、晋冀鲁豫中央局、西北中央局及晋绥中央分局发出华北财办组织规程通知，要求各解放区按照组织规程所列各项任务积极开展工作；10月2日，又电告明确，华北财办的工作经费由华东中央局、晋冀鲁豫中央局、西北中央局、晋绥中央分局及各区财办筹措。10月前后，各区推举的华北财办副主任陆续到齐。11月下旬开始分工办事，并按组织规程建立内部机构。④办事处的干部大部分是

────────────

①　《董必武年谱》，第296页。

②　《董必武关于提请审批华北财经办事处组织规程向中央的报告》（1947年8月1日），见《共和国雏型［形］——华北人民政府》，第285—286页。

③　中央档案馆编：《共和国雏型［形］——华北人民政府》，第284页。

④　先是晋察冀的南汉宸1947年7月到建屏，因冀中、渤海间贸易往来有问题，9月赴渤海，适值华东工委在渤海召开高干会，华东财政因受战争影响，情况极为严重，遂电华东工委要南汉宸代表财办参加高干会，协助工委解决渤海财政问题，10月底，南汉宸偕华东薛暮桥到华北财办。晋冀鲁豫的杨立三是11月下旬到职。参见《董必武关于华北财经办事处结束工作的报告》（1948年10月21日），见《共和国雏型［形］——华北人民政府》，第304页。

各副主任带来的，有50—60人。除了华东来的，还有吕克白、廖季立、黄剑拓、黄韦文等。董老亲自主持办事处的全部工作。①

华北财经办事处的主要领导人，基本上都从事过经济领导工作或城市领导工作，并具有全局性的行政领导工作能力。办事处主要领导人员的简要情况参见表5。

表5 华北财经办事处主要领导人员的简要情况

姓　名	职　务	任职时间	抗战胜利后至1947年所任主要职务
董必武	主　任	1947.7—1948.5	曾任中共中央南方局书记、南京局主持人，并兼任南京局地下工委书记、财经委员会书记，是中共中央工作委员会常委
南汉宸	副主任兼财政处组长和中国人民银行筹备处主任	1947.7—1948.5；1947.11—1948.5；1947—1948.5	曾任晋察冀边区政府财政处长，兼任华北银行总经理
薛暮桥	副主任兼经济组组长	1947.10—1948.5；1947.11—1948.5	曾任山东省人民政府委员、省工商局局长、省人民政府秘书长兼实业厅厅长
杨立三	副主任兼军事供给组组长	1947.11—1948.5；1947.11—1948.5	曾任晋冀鲁豫中央局常委、经济部部长、军政联合办事处主任
汤　平	副主任	1948.1—5	曾任晋西北行政公署秘书长兼粮食处处长，吕梁行政公署副主任
申伯纯	秘书处处长	1947.11—1948.5	1945年8月曾任晋冀鲁豫国民党军队工作部部长
王学文	调查研究室主任	1947.11—1948.5	中共中央马列学院副院长，中央军委总政治部敌工部部长

资料来源：参见中共中央组织部、中共中央党史研究室、中央档案馆合编：《中国共产党组织史资料》第四卷（上）全国解放战争时期（1945.8—1949.9），中共党史出版社2000年版，第69—70页；《中国人名大词典·当代人物卷》，上海辞书出版社1992年版。

---

① 参见《薛暮桥回忆录》，第184页。

此后，地方普遍设财经机构，并开始了财经统一工作。解放区的财经统一工作从东北开始。1947年8月，东北财经会议确定由分散转到统一的财经工作方针，并成立以陈云为主任、李富春为副主任的东北财经委员会，加强对财经工作的统一领导。这次会议后，首先统一了北满七省的财政。次年，南满三省的财政也统一起来。其他各大解放区的财经统一工作陆续展开。

1947年下半年解放战争迅猛发展。5至8月，中共中央和中央军委针对蒋介石关于将战争引向解放区、进一步破坏和消耗解放区的战略企图，先后作出三军挺进中原、创建中原解放区、以调动敌主力回援、策应内线作战的新部署。为了配合军事战略行动和解放区逐渐连成一片的客观形势，必须统一调剂和利用各解放区的经济条件和资源，以保证大规模自卫战的财粮和物资供给。为此，华北财办1947年12月至1948年3月先后召开三个专业性会议。

其一，1947年12月10日，中央工委及华北财办召开的华北军工会议。这次会议是根据中共中央的指示召开的。所要达到的目的是，在中央工委及华北财办领导下，先行统一华东、晋冀鲁豫、西北、晋绥、晋察冀五大解放区的兵工生产计划和领导，调杨立三主持其事，管理范围限于华北、西北等解放区，以晋冀鲁豫为中心来分配调剂各区的生产、器材、技术等，办公地点设在邯郸。会议沟通了情况，研究改进了管理制度和工资制度，确定了促进兵工生产、保证军队供给的方针政策和办法。这次会议对解放区的兵工生产的统一起了推动作用。

其二，1947年12月中旬，华北财办召开的华北交通会议。这次会议主要讨论了华北解放区交通事业的统一管理和铁路、公路的恢复建设问题。抗日战争时期和解放战争初期，为了战争的需要，解放区的军民是一面修路，一面破路，修了又破，破了又修，由于战争情况的变化，不可能有固定的计划。但自解放军转入全面反攻，华北解放区已经相当巩固的情况下，统一各解放区的交通以保证大兵团作战和建设已是可能而且必需的事情了。这次会议加速实现了华北、西北和华东各解放区公路、铁路、河运、邮电等各方面工作的统一，保证了解放战争迅速发展的需要。1948年1月4日，董必武在华北交通会议上着重分析了统一交通工作的极端重要性。他说，在当前几个解放区已经连成一片的形势下，"各种工作，都要求统一，交通工作也要求统一"；现在解放战争规模很大，这样大规模的运动战，如果没有大规模的交通运输工作与之配合，战争是会遇到很大困难的。因此，应当按照新形势和发展前途来布置我们的交通工作。11 月 21 日，董必武、薄一波、黄敬将修复津浦、平汉、同蒲路计划电报中央。中央将此计划转发华东局及晋绥分局。要求他们充分动员当地民工，在地冻前完成筑好路基的任务。①

其三，1948 年 3 月 22 日，华北财办召开金融贸易会议②。这次会议先由各地作工作报告，然后分金融货币、贸易、工商业政策、生产合作社四组研究及解决各种具体问题。中央认为，这种"用介绍情况、提出问题并研究解决办法的方法来进行很好"；同时中央还提出下列问题，希望会议进行讨论：（1）由于战争扩大与延长，如何节用财力、物力、人力以支持长期战争。其中包括：人民负担能力的研究，如何紧缩村开支，有何方法开源节流，如何解决各区存在的很大的财政赤字，怎样节用配合战争的人力动员使之不太妨碍生产，每一野战军究竟需要后方动员多少人力配合才适当等。（2）主力初到国民党区域行动时应采取的财经政策和办法。至于发展经济，达到解放区经济上的自给这一基本问题，应注意谈出一些意见和办法。③根据中央的指示精神，会议讨论确定了今后的"中心工作，一个是发展生产，一个是支援战争；而有无力量支援战争，又基本上决定于生产的发展程度"。所以金融贸易工作都应为生产服务，"生产是一切经济活动的基础，从生产的发展中产生交换，更从交换的发展中产生货币"。另外，要尽可能使"分散的地方经济，逐渐发展走向统一的国民经济"。④会议从货币政策、货币斗争、信贷工作、城市金融工作几个方面确定了金融工作的方针和政策，从物价政策、对外贸易、内地贸易、私营工商业几个方面确定了贸易工作的方针和政策。这些方针和政策为统一各解放区的金融与贸易，接管新解放的大中城市的金融与贸易，提供了重要的方针政策方面

①　参见《董必武年谱》，第 305、319 页。

②　关于华北金融贸易会议的召开时间，另一种说法是 1948 年 3 月 15 日。参见《董必武传》下卷，第 584 页。本书所定时间依据《董必武关于华北金融贸易会议情况向中央工委和中央的报告》（1948 年 3 月 29 日），见《共和国雏型［形］——华北人民政府》，第 288 页。

③　参见《中央关于华北财经会议讨论事项给薄一波的指示》（1948 年 3 月 23 日•），见《中共中央文件汇集》（内部本）1948 年第一分册，第 349 页。

④　华北《金融贸易会议综合报告》（1948 年 5 月），《中共中央文件选集》第 17 册，第 281 页。

的指导。会后在董必武的主持下，由薛暮桥起草了《华北金融贸易会议的综合报告》，于 5 月上报中央。8 月 6 日，中央批准此报告，同时将此报告作为党内文件电传各中央局。中央指示："华北、华东、西北各地党、财办及一切财经机关即遵照该报告所提之金融贸易工作方针和各项具体政策努力实行。"①

这三个会议虽然涉及三个不同方面的工作，但有一点是共同的，就是促进各解放区财政经济的统一。这也是中央成立华北财办的主要目的。

在华北财办金融贸易会议召开前夕，中共中央开始酝酿另一件大事。1948 年初，国共战局已发生根本变化。西北战场国民党败局已定，全国胜利曙光初现，中共中央决定东渡黄河，转移到华北，以便指挥全国范围的胜利。为了加强整个华北解放区的建设，使之成为支援全国战场的基地，3 月 3 日，中共中央工作委员会召开会议，决定晋冀鲁豫与晋察冀两中央局合并，成立中共华北局。此时，两个解放区的地域已连成一片，合并的条件已水到渠成。董必武在会议的发言中提出：晋冀鲁豫与晋察冀两中央局合并，应成为统一全国各项工作的开始。②

3 月 21 日，毛泽东、周恩来、任弼时率领中共中央机关离开陕北，于 4 月 13 日到达晋察冀边区所在地河北省阜平县城南庄。4 月 23 日，周恩来、任弼时率中共中央部分工作人员到西柏坡，董必武及华北财办的主要领导人与刘少奇、朱德一起前往迎接。薛暮桥等向周恩来报告了华北金融贸易的情况。周恩来听后说："不能再搞联合政府了（指华北财经联合办事处），要搞统一经济。"③

5 月 9 日，中央军委发出《关于改变华北、中原解放区的组织、管辖境地及人选的通知》，正式通报各中央局：晋冀鲁豫、晋察冀两解放区合并为华北解放区，成立中共华北局、华北军区和华北联合行政委员会；刘少奇兼任华北中央局第一书记，聂荣臻为华北军区司令员，董必武为华北联合行政委员会主席；等等。④ 与此相应，中共中央决定取消华北财经办事处，成立中央财政经

---

① 《中央批转华北〈金融贸易会议综合报告〉》（1948 年 8 月 6 日），见《中共中央文件选集》第 17 册，第 279 页。

② 《董必武年谱》，第 306 页。

③ 《薛暮桥回忆录》，第 188 页。

④ 《中共中央文件选集》第 17 册，第 151—153 页。

济部（简称财经部），任命董必武为财经部部长，原华北财办副主任：薛暮桥任财经部秘书长，杨立三任军委后勤部部长，南汉宸负责筹建中国人民银行。华北财办于 5 月底结束，所经办未完事项一律交财经部办理。① 可以说，中央财政经济部是各解放区走向联合趋势的产物。

华北财办名义上存在时间有一年，实际摆开摊子工作不过半年，但却取得重要成绩。1948 年 10 月 21 日，董必武在给毛泽东《关于华北财经办事处结束工作的报告》中，将华北财办的成绩概括了六点：（1）调整了各解放区间的相互关系，缓解了各区财经工作之间的矛盾。如撤销各区间的关税壁垒，规定了两区货币兑换比较合理的办法，增进了各区民间贸易工作往来等。（2）协同各战略区负责人调剂了贫富区的财政，使较富区帮助较贫区，较贫区财政困难得以缓解。（3）确定了战时解放区财经工作的基本路线，使战时脱离生产人数、供给标准和人民负担三个基本矛盾的要求得以调剂。（4）反对并部分消除了在财经工作人员中存在的相当严重的山头主义、本位主义。（5）为统一财经工作在思想上、物质上作了准备。（6）搜集研究解放区部分财经问题的材料。同时董必武也坦诚检讨了两个问题：一是在准备华东野战军流通券时犯了急性病和官僚主义的错误，流通券不好用，公家损失很大。二是理论修养差，对一些问题不能说出一些道理而使人信服。② 华北财办，统一了华北各解放区财政经济工作，同时为全国解放区财经工作的统一，为创建新中国的财经工作，作了重要准备。

6 月，中央财政经济部正式成立。中共中央指示财经部目前暂以研究工作为中心，主要研究任务是：在中央领导下审查并指导各解放区的财政经济政策；研究各解放区执行财政经济政策的方法和步骤，予以指导；收集、整理、保管有关财政经济之各种材料，并作有计划的调查统计；在中央决定下，调剂各解放区间的财政收支及财政经济关系；研究统一各解放区财政经济工作的方法和步骤，筹备中国人民银行基金和统一发行工作。③

中央财政经济部与华北财经办事处同样都属于中共中央委员会的工作机

① 《共和国雏型［形］——华北人民政府》，第 305 页；《薛暮桥回忆录》，第 188 页。

② 参见《共和国雏型［形］——华北人民政府》，第 305—306 页。

③ 《中国共产党组织史资料》第四卷（上）全国解放战争时期（1945.8—1949.9），第 70 页。

构。从中央确定的工作职能来看，与华北财办相比，中央财经部政策研究性的
职能更加突出，实际协调各区财经工作的任务减弱。与工作职能变化相对应，
中央财经部 6 月 13 日拟订的《中央财政经济部组织规程》，对部内机构设置与
分工作了较大调整：财经部设部长 1 名，主持本部工作；秘书长 1 名，协助部
长处理日常工作；秘书 3 名，分管行政、干部、机要等工作；设研究室，室内
分财政、经济、材料 3 个组；还设立了研究指导委员会，决定研究工作的方针
和计划。另外，财经部附设中国人民银行筹备处。①

　　中央财经部机关驻河北省平山县李家庄，靠近华北联合行政委员会，后因
离中央驻地西柏坡较远工作不便，遂由薛暮桥带数人靠近中央驻地，王学文带
数人接办华北财经学院。据薛暮桥回忆，5 月 20 日，晋察冀边区行政委员会
与晋冀鲁豫边区政府合署办公，8 月，华北联合行政委员会改称华北人民政府，
董必武任华北人民政府主席，中财部实际上由周恩来直接领导。华北财办结束
后，薛暮桥和出任军委总后勤部部长的杨立三实际成为周恩来管理经济（主要
是战争供应）工作的秘书。② 可见，承担协助中央军委拟订对前方的后勤供应
计划，是当时中财部一项十分重要的任务。

　　中财部替代华北财经办事处后，内部机构发生较大变化，但主要领导人基
本未变，有的人同时还兼任其他职务（参见表 6）。

表6　中共中央财政经济部主要人员组成

姓　名	职　务	任职时间	现兼任和曾任职务
董必武	部　长	1948.5—1949.7	华北人民政府主席
薛暮桥	秘书长	1948.6—1949.7	中共山东省政府委员
王学文	研究室研究指导员	1948.6—1949.7	华北大学财经学院院长
黄松龄	研究室研究指导员	1948.6—1949.7	抗战时曾任中央党务研究室财经组组长
南汉宸	中国人民银行筹备处主任	1948.5—11	华北银行总经理

资料来源：《中国共产党组织史资料》第四卷（上）全国解放战争时期（1945.8—1949.9），第
　　　70 页；《中国人名大词典·当代人物卷》。

---

① 《中国共产党组织史资料》第四卷（上）全国解放战争时期（1945.8—1949.9），第 70 页。
② 薛暮桥：《薛暮桥回忆录》，第 188 页。

　　自1947年到中央财政经济部成立时，各大解放区已普遍设有财经工作部门，财经机构的分类也更加细化，如西北中央局设有财经委员会，晋察冀中央局设有财经办事处，中共华中工作委员会设有财经委员会，中共中央东北局设有财经委员会。

　　各解放区人民政府内设有分工较细的经济职能部门，如陕甘宁边区人民政府设有财政厅、工商厅、建设厅、交通厅、企业厅、工业局、盐务总局、税务总局、邮政管理局、西北农民银行、贸易总公司。晋冀鲁豫人民政府设有财政厅、工业厅、贸易厅、合作厅、交通厅、邮政总局、冀南银行、贸易总公司、工业研究处。华北人民政府设有财政部、工商部、农业部、公营企业部、交通部、劳动局、华北银行总行、税务总局、电业总公司、供销合作社、华北财经学院和农学院。山东省人民政府设有财政厅、实业厅、工商厅、交通局。东北行政委员会内设有财经、农业、交通、房地产委员会，办公厅内设有财政部、工业部、农业部、商业部、交通部、铁道部，还有东北铁路总局、东北银行、劳动局、粮食局、税务局、邮电局、林务局、航运局、金矿总局、贸易总公司等。

　　中原局及中原各行政公署和市政府，长江南北游击区、华南游击区的党政军主要组织，以及部分处于江南的省委、特委、市委等，因在国民党统治区内或激烈的战争环境中，经济建设尚无从谈起，均没设置经济机构。而中共华北局和华北人民政府在中央财政经济部成立时，还没有另设财经部门，这与华北财经办事处和中财部都设在华北有着紧密关系。

　　1948年下半年，解放战争形势发展得更加迅猛，客观上需要更强有力的财经工作方面的支持。随之各大解放区内部开始了财政统一工作，至1949年8月，除华南、西南外，华北、西北、华东基本上实现了财政体制的统一。中财部成立后，依照华北金融贸易会议所拟订的金融和贸易方针，开始从贸易和金融两个方面协调和统一各大解放区财经工作的管理。在贸易方面，加强了对华北地区贸易工作的统一管理，成立对天津方向出入口的贸易管理委员会，设立胶东采购委员会等。在金融方面，为统一华北、西北与华东三区的货币进行了一系列调查研究工作，如了解各解放区的财政经济政策和执行情况，研究各区之间的财政收支及财经关系，研究统一各区财经工作的方法和步骤等。

　　8月2日，董必武在中共中央工作会议上，对财经工作的统一提出如下建议：各地要求币制统一，财政也必须统一，生产建设也应统一；金融、贸易 9 月可统一起来，如果金融、财政、贸易统一起来，必须有统一的机构。① 董必武为什么要提出建立新的财经领导机构的问题呢？因为金融、财政、贸易统一将牵涉到解决各财政收支的审核及相互调剂，贸易和货币关系的调整以及金融贸易的管理等许多具体问题，必须成立与各大解放区权力机构密切结合的财经领导机构，才能逐步完成各解放区财经统一的任务。显然，中央财政经济部作为中央财政经济政策制定的研究机关，是无法承担这样繁重的财经工作领导和协调任务的。

于是，在 9 月中央政治局会议期间，中央召集华北、华东、西北三个地区的财经负责人研究决定，在三区政府未合并前，先对三区的财经实行统一领导，成立华北财经委员会，统一华北、华东、西北三大区的财经工作，然后再统一东北和中原两大区的财经工作。

10 月 6 日，中共中央电告各中央局及华中工委，决定成立华北财经委员会，并同意董必武兼任主任，薄一波、黄敬任副主任（均兼委员），方毅任委员兼秘书长，曾山、贾拓夫、姚依林、南汉宸、戎子和、杨秀峰、宋劭文、武竞天、赵尔陆任委员。华东及西北各设财经分会，受华北财委领导。除华北方面已经华北人民政府通过外，华东及西北亦应经过政府同意，并提出分会委员名单，电告中央及华北财委会审查批准。今后山东及西北（包括晋绥）有关财经、金融、贸易、交通等问题的请示及报告和电报应直接发华北财经委员会并告中央，同时华北财经委员会的决定指示及复电亦应同时报告中央②。华北财委的成立，对各大解放区的财经统一，对于支援大规模的军事行动，特别是集中财力、物力支援辽沈、平津战役起了重要保障作用。

同期，中财部并未撤销，而是与华北财委一起，继续推动解放区财经工作的统一和发展，并督促各中央局落实中央有关经济工作的指示。

华北财委成立以来，中财部的主要工作是促成华北、华东、西北财经工作的统一。在货币方面，主要遵照书记处指示来统一华北、华东、西北三大解放

---

① 《董必武年谱》，第 311 页。
② 《共和国雏型［形］——华北人民政府》，第 301 页。

区的货币，决定华北与华东的货币于 10 月 5 日起，华北与西北的货币于 10 月
20 日起，固定比价，互相通用；在财政工作方面，主要是审查各地区的财政收
支概算，作出概略的调剂计划；在贸易工作方面，主要是处理华北和山东进出
口政策上的许多纠纷，制止各地互相征税现象，以及统一进出口的税率等。①

随着解放战争规模的扩大和向全国推进，中央财经部和华北财经委员会的
力量日益显得不足，无法同迅速发展的形势相适应。9 月政治局扩大会议期间，
中央集合华北、华东、西北三个地区的财经负责同志研究决定，首先采取过渡
性的步骤，经华北政府的财经委员会统一华北、华东、西北三大区的财经工
作。当时决定华北财经委员会在华北中央局的领导之下，华东、西北两区派财
经负责人参加。但由于当时辽沈、平津、淮海三大战役正在紧张进行，而且华
东、西北两区派不出人来，华北财委不甚了解华东和西北的具体情况，许多问
题不易处理，只能请示中央。因而由华北财委来组织和协调三个大区的财经工
作存在实际困难。② 华北财委在统一财经方面，特别是在促成中国人民银行成
立和人民币的发行方面起了重要作用，但此后的实际工作基本上仍局限于华北
解放区的经济恢复与建设方面。中财部是中央财经政策的研究机关，并不是指
导各解放区实施财经政策的权力机关，也无法领导各解放区的财经统一工作。

1949 年元旦，中央召开财经座谈会。朱德、董必武和各大区的负责人刘
伯承、陈毅、林彪、饶漱石、高岗、罗荣桓和薄一波出席会议。大家不满意财
经统一工作进展缓慢的状况，要求建立统一的财经管理机构。毛泽东审阅了这
次座谈会纪要。③

二、中财委的成立

1949 年 1 月，平津相继解放，中央人民政府的成立指日可待。建立全国

---

① 《董必武向中共中央、毛泽东呈报的〈中财部工作报告〉》（1948 年 10 月 25 日），见《董
必武年谱》，第 317—318 页。
② 薄一波：《若干重大决策与事件的回顾》上卷，中共党史出版社 2008 年版，第 49 页。
③ 《若干重大决策与事件的回顾》上卷，第 49 页。

性财经领导机构，以指导各大城市接管，并为全国财经工作的统一和新中国经济工作的展开作准备，是客观形势发展的需要，时机已经成熟。

1月27日，中央财经部出台《关于财经工作统一方案的初步意见》（以下简称《意见》），明确提出设立中央财经委员会的建议。《意见》中指出："过去我们底财经工作，一切都由地方经管，中央只在方针上和计划上加以指导。这种方法在现时革命战争快要在全国范围内胜利，中央政府行将成立之际已不适合"，必须尽快建立一个比较充实和健全的中央财经工作机构。《意见》提出："现存的中央财经部太弱，不能负此责任。中央财经部名义可以取消，各区必须推荐财经负责人（至少一人）到中央，中央另组一个财经委员会负责财经工作。在财经委员会下再分设财政部、经济部（将来可再设工业部、贸易部、交通部、合作部等）及人民银行等，处理日常工作。没有这样一个充实的、健全的中央财经工作领导机构，我们就只能限于所谓'原则领导'，或做各地区间联络传达工作，解决不了实际问题。"①

中财部在《意见》中，从财政、金融、贸易、工业、交通等方面对中央的财经统一工作提出具体方案。（1）在财政方面，中央要审核各区预算、决算，规定机关编制、供给标准、供给范围及人民的负担率；调拨各区的粮食和款项；审核各区税目税率；逐步建立中央财政，接管关盐统税；野战军供给暂由中央统筹，分配各地共担。（2）在金融方面，货币发行权必须属于中央，除东北以外，其他地方货币一律停止发行，由中央统一发行中国人民银行新币，关内各票币印制工厂由中国人民银行总行统一管理，所印票币由中财委掌握，负责分配调拨；各地银行仍归地方领导，经营存款、放款、国内汇兑、代理收付款项等信用业务。另外，建立中国人民银行总行，负责发行货币、代理国库、买卖外汇（目前可由人民银行规定办法，委托地方银行经营）；各地方银行暂兼中国人民银行分行，属于分行范围内的业务归总行直接领导，将来待条件许可，即与地方银行划分开，建立中国人民银行独立的、完整的体系。各大城市国民党的"国家银行"及官僚资本所设全国性的银行财产，由军管会没收后，拨交中行接收处理，作为中行基金；国民党省市行之财产归地方银行，作为地

---

① 《共和国雏型［形］——华北人民政府》，第318页。

方银行基金。（3）在贸易方面，对外贸易应由中央统一管理，外贸机构移交中央财经委直接管理，在未移交以前，外贸计划及比较大的贸易合同应报告中央审查批准。内地贸易可由中央与地方作适当分工；若干重要物资（如盐、粮食、棉花、煤炭等）的内地调剂，亦归中央直接管理，在未移交以前由地方制定调剂计划报告中央审查批准，并由中央予以一定的调剂任务。（4）在工业方面，中央财经委应直接管理几宗大的产业作为典型，次要的委托地方去管。兵工生产划归军委后勤部直接管理。（5）在交通事业方面，除铁路已归军委铁道部统一管理外，中央财经机构应直接管理邮政、电讯及有关数个省区的公路和航运工作。（6）对于东北财经工作，中央暂时指导方针计划，不直接管理，但财政预算决算、生产计划、货币发行计划及对外贸易计划仍应报告中央审查批准。[①]这些意见已基本勾画出将要建立的中央统一的财经机构所应承担的职责框架。

中财部的建议得到中央的重视。在考虑建立中央财经领导机构的同时，中央领导也在考虑和物色帅才。

1月31日，北平和平解放的第二天，东北局副书记兼东北财委主任陈云赶赴北平，与东北野战军领导人林彪、罗荣桓和华北人民政府领导人董必武、薄一波开会，商讨东野的后勤供应、关内外的铁路运输、东北币与人民币的比价等问题。会议期间，毛泽东来电邀罗荣桓、陈云去西柏坡面谈。到西柏坡后，陈云向毛泽东、刘少奇、周恩来、朱德汇报了东北的情况和东北局的工作，并同他们彻夜长谈。从主持西北财经办事处，到东北财委的领导工作，陈云的经济领导才能已在党内突显。所以，当周恩来向毛泽东推荐陈云负责中财委工作时，毛当即表示同意，并向书记处提出这个建议，得到大家的赞同。[②]后来在组建中财委时，毛泽东又找华北局第二书记薄一波，要他到中财委任副主任，协助陈云工作。

3月召开的中共七届二中全会，在决定进城后的财经工作方针的同时，决定建立中央财政经济委员会来统一领导全国财经工作。[③]会后，周恩来在深入

---

① 参见《共和国雏型［形］——华北人民政府》，第319—321页。

② 朱佳木：《陈云的西柏坡之行》，见朱佳木：《论陈云》，中央文献出版社2010年版，第259页。

③ 《若干重大决策与事件的回顾》上卷，第49页。

调查研究的基础上，主持起草了《中央关于财政经济工作及后方勤务工作若干问题的规定》，在中央财经部提出的《关于财经工作统一方案的初步意见》的基础上，进一步提出建立中央财经委员会的具体设想。

对于财经统一总的方针，《规定》指出：中央应即成立财政经济委员会，首先与华北财政经济委员会合并，并加入东北、华东、西北、华中各区财政经济工作负责人为委员，依靠华北政府各部及其直辖的各省市，进行业务。"中央一切命令，必须经过各区财委会。"各解放区政府的财经部门及各军区、各野战军的后勤部门，有责任向中央财经委及其所属各部与军委后勤机关、卫生机关，提供各项报告和材料。中央财经委及其所属各部，与军委后勤机关、卫生机关，也得向各区有关部门发给在中央批准的计划范围内的各项指示。另外，当时中央考虑到，中国国土广大，经济落后，发展不平衡，并且预想战争尚需两年至三年时间才能完成，因此仍强调，"在中央领导之下的区域制，在相当一个长时期内仍然成为必要。关于财政经济工作及后方勤务工作的统一问题，应该是在分区经营的基础上，在可能与必须的条件下，有重点地、有步骤地走向统一。对于新区的领导机关，应该给予较大的机动权"。[①]

《规定》吸收了中财部意见，对在金融、税收、贸易、生产、交通等各个方面实现统一，提出进一步明确的要求。（1）金融方面，中央掌握除东北以外的人民银行货币发行权。东北的货币发行计划须经中央批准。中央暂以华北人民银行为中国人民银行的总行，各地方银行兼为中行的分行，但各地方银行仍归各解放区领导，进行原来业务。国民党政府的中央、中国、交通、中国农民四行和合作金库及其一切产业，军管会接收后，原则上应交中行负责接管，目前暂委托各地军管会代管；其他国统区的地方政府银行及官僚资本银行，均归我各地方银行接管。（2）税收方面，各老解放区的财政收支概算，均须送交中央审核，逐步走上正规制度；新区初期不作严格要求；县以下地方收支，由各解放区根据中央财政政策自行审核。各老区的关税、盐税、统税，应有步骤地分别由中央统一管理；老区应划分中央税与省税，并从华北开始试办。老区农业税则及其他税目、税率，应报告中央。新区税收，目前暂由各解放区根据

---

① 《中共中央文件选集》第 18 册，第 185、181 页。

中央规定方针，自行实施。（3）贸易方面，对外贸易应由中央有重点地先在华北实施统一管理。解放区内贸易，暂由各区自行协商解决；重要或大批的贸易协定，必须呈报中央备案；向邻区采购大批物资，必须通过当地贸易机关；重要物资如粮食、煤炭、棉花、盐、木材及重要金属矿物等，中央有权实行调剂。（4）工业和交通方面，中央准备先从华北开始接管几宗大的国营企业；一般的国营企业暂归各解放区地方经营，生产计划报告中央。各解放区的交通事业，首先必须保证中央批准的铁路修复计划的全部实施；各区铁路总局或铁路管理局，行政业务上受军委铁道部直接管辖及在经费上实行统筹分担，政治上及在铁道部已划定在本区范围内的业务计划上，应受有关解放区党委会领导及政府指导，以保证铁道的畅通。邮政、电信、航空、海运原则上由中央统一管理，实施中根据当前具体情况逐步解决，某些机构特别是新区，一定时期内暂交地方管理；公路不论国道省道，目前均归地方管理，并须保证畅通。（5）军工生产与物资供应方面，兵工及通信、卫生器材的生产计划，由各老区领导机关提出和负责实施，军委核准计划；各种生产成品由军委划定范围，或规定种类数目，责成各区依照计划或命令，供给前线或地方需要。新区的兵工、军需及交通、卫生器材的生产机关，经各地军管会接收后，应交由各有关军区后勤部门接管，报告军委，并提出生产计划。汽油、机油以分区自行供应和交换为原则，但东北除供给东北野战军外，余量应交中央调剂；华东除交换外，西北除生产外，如尚不足，由中央设法补助；各野战军在新区及城市缴获的军用物资，接收后除必须补充其本身者外，应将重要部分报告军委，以便调剂。①

　　3月20日，此《规定》在送毛泽东、朱德、刘少奇、任弼时审阅同意后，下发各中央局、分局等实行。这份凝聚中央及中央财经智囊智慧的文件，为当时迅猛发展的解放战争获得的物质成果，得以有序转化为支撑解放战争全局、支持恢复与发展解放区经济、支持新中国经济恢复与发展的物质基础，提供了重要指导规则和基本运行路径。随后，中共中央领导机构由河北省平山县西柏坡移驻北平，财经部人员随中共中央迁到北平。财经统一的具体实施，中央考虑在新中国成立后展开。

---

① 《中共中央文件选集》第18册，第181—185页。

4月11日至5月6日，刘少奇赴天津视察。对城市经济工作的实际接触，使政治敏锐的刘少奇深感到，必须立即"建立中央财政经济的统帅部，其紧急不亚于军事及其他问题。"刘少奇说：

以前我们不懂，这次去天津，与产业界和地方工作同志谈了一谈，才感到这项工作很紧急。我们在军事上取得了很大的胜利，接收了很多东西，外国人要来做生意，交通需要统一，因此财政经济上需要高度的集中。以前我们的财政经济是分散的。最初有几十个根据地，等于几十个国家，每个根据地都有自己的税收、银行、票子、工商业等。如五台山与太行山这两个地方，十多年都是各自为政，石家庄打下来了以后，两地做生意碰了头，但是票子不过铁路，彼此货物流通都要抽税。那时这边涨价，那边落价，有几千个工作人员在彼此斗争，而且双方都是共产党员。这问题不解决老百姓怨声载道。现在平津与东北不好做生意，就因为税收和票子的问题不统一。天津和上海与外洋都通了电信，但是和沈阳与石家庄却不通。在进出口方面，各地区彼此竞争。山东、华北、东北各地都与香港做生意，但却彼此竞争买西药、军用器材；出口方面也是一样，大家都想出口，彼此压低了价钱。工业上也存在着割裂状态。例如山东缺少的东西，天津工厂却多得卖不掉；又如天津生产了很多电线，而东北却缺乏电线，彼此间是隔绝状态。要把生产搞好，许多事必须统一，而且许多事可以统一，这就需要总的统帅机构。本来想等联合政府成立后，再来建立统一的财政经济机构，但是实际情况是马上需要，等不得了①。

4月20日，人民解放军发起渡江战役，23日解放了国民党统治中心南京。南京的解放标志着国民党22年反动统治的崩溃，预示着新中国诞生的临近，筹组中央财政经济委员会（简称"中财委"）已事不可待，刻不容缓了！4月24日，刘少奇在紧张的天津视察期间，为中国人民革命军事委员会起草了《关于建立中央财政经济机构大纲（草案）》，分送朱德、周恩来、陈云、王稼祥、

---

① 《刘少奇论新中国经济建设》，第129—130页。

董必武、薄一波征求意见①。《大纲》对中财委成立的目的、机构组成、领导原则、中央与地方财经机构权限等问题作出明确规定：(1)"由于人民革命战争正在取得全国范围的胜利，为了尽可能迅速地和有计划地恢复与发展人民经济，借以供给目前人民革命战争的需要及改善人民生活之目的，应即建立有工作能力的中央财政经济机构，并使各地方的财政经济机构和中央财政经济机构建立正确的关系"。(2)在建立中财委的同时，陆续建立若干中央财经部门。这些机构在召开新政协、成立民主联合政府以前的几个月内，由中国人民革命军事委员会组建，并受其委托，计划并领导国家的财经工作。中央各财经部门在财经计划方面应服从中财委的决议，各部门的主要负责人应加入中财委为委员。(3)中财委人员的组成，由中央军委决定，其决议由过半数到会委员的多数通过才能生效。中财委设主任1人，副主任1人至数人，负责处理日常事务。(4)对中财委下设的"六局一处"和下属13个处、行、署、部作出规定。(5)在东北、西北、华中、华东等区域及在各省各大中城市，均应建立财政经济委员会，并在各级人民政府委员会下设若干财政经济部门，其组织条例由中财委另行拟订。(6)关于中央财政与地方财政的划分，国家企业由中央直接经营或划归地方经营或委托地方经营等事，均由中财委决定。国家重要企业和资源出租给私人经营或开发，其年限相当长久者，其合同须经中财委批准后方为有效。(7)地方财政经济机关在中央与上级财政经济机关的领导下，完成以下各项任务：执行中央与上级机关指定的任务，管理当地财政和金融工作，恢复与发展当地人民经济，经营中央与上级机关划归地方或委托地方管理的国家企业，监督与协助由中央直接经营的当地国家企业。②可以说，这份《大纲》确定了中财委作为中共在经济工作方面的统一领导机构的地位和内部组织的基本框架。

5月9日，在中央连电催促下③，陈云等在完成东北局承担的工作后，离开沈阳赶赴北平。刘少奇也在结束天津视察后，于5月10日回到北平。刘少奇和陈云共同投入了中财委的组建工作。

---

① 《刘少奇传》下卷，第644页。

② 《刘少奇论新中国经济建设》，第124—128页。

③ 1949年4月10日和4月30日，周恩来先后致电东北局，询问陈云来北平时间。参见朱佳木主编：《陈云年谱（修订本）》上卷，中央文献出版社2015年版，第722页。

　　5月11日至6月2日，刘少奇、朱德、陈云等出席中央军委在北平香山召开的财经工作会议，共同讨论了中财委机构设置问题①。根据会议讨论意见，刘少奇对《大纲》又作了修改，然后报送毛泽东审定。5月31日，毛泽东批示："此件很好"。随后，《大纲》下发讨论。② 成立中财委的准备条件成熟了。

　　6月4日，周恩来在北京饭店主持召开中共党政机关负责人和各民主党派人士会议。会上，周恩来宣布由中央军委派陈云、薄一波负责筹组中财委。中财委暂时属中央军委领导，中央人民政府成立后，由中央人民政府领导。③

　　陈云在会上作报告，对中财委的成立作了简要说明。他说：因为解放战争胜利的日益扩大，带有全国性的财经问题逐渐增加，这就需要成立中央财经机构来处理这些问题。这件事很大，需要党内外同志合作；财经委员会内部也要合作；各部门之间，如工业、农业、交通等部门之间也要合作。陈云明确指出："这个机构初成立是带有临时性的，暂时属军委会④管，时间也只是几个月，中央人民政府成立之后就交给政府"；中财委机构设置和运行原则均按照中央审定《大纲》进行。成立中央财经机构，目的是为强调集中统一，但目前仍要"把地方经济放在必要的地位"。这是"因为现在是军事时期，中国地方又太大，交通不便，需要地方机构与中央配合。集中统一有两个条件：一是需要；二是有可能。两者缺一不可"。但现在有很大一部分事业还不能集中或不能过分集中，最大的问题是，三百多万军队有两百多万在前方，给养需要在各地筹、借、征，就地解决。⑤

　　中财委主任陈云的首次亮相，即鲜明显示了他实事求是和辩证的风格。陈云在报告中既阐明了目前成立统一的中央财经机构的紧迫和必要，也表明了在全国政权尚未建立、解放战争仍在进行的特殊历史条件下，中财委统一领导全国财经工作的限度。

---

　　① 《陈云年谱（修订本）》上卷，第724页。

　　② 《刘少奇传》下卷，第644页；《陈云文选》第一卷，第388页。

　　③ 《陈云年谱（修订本）》上卷，第726页。

　　④ 军委会，是当时以毛泽东为主席的中国革命军事委员会的简称，现一般史著中所用简称为"中央军委"。故书中除引语外，中国革命军事委员会的简称均使用"中央军委"称谓。

　　⑤ 《陈云文选》第一卷，第388、389—390页。

刘少奇在会上作了财政经济政策问题报告。他说：组织中央财政经济委员会，这事很急迫。"目前，军事时期大体上成为过去，建设事业成为全国各党派及中央与地方政府主要的事。因此需要成立相应的机构，并使之健全和加强起来，以便工作更有成效"①。刘少奇在报告中结合天津视察，阐述新中国财政经济政策，并突出阐释公私兼顾和劳资两利政策的落实。

中财委组建完成后，办公地点安排在当时北平的朝阳门内大街九爷府。九爷府成为新中国成立之初的财经工作司令部②。

7月12日，陈云主持中财委成立大会，宣布中财委是在原中央财经部和华北财经委合并基础上组建起来的，中央其他的一些财经部门也主要是以华北人民政府的有关财经部门为基础组建的。薄一波说："这样做，有利于较快地展开工作"③。中财委成立后，中央财经部工作即结束，全部人员和资料移交财委。④

中财委内部工作机关设有6局1处，下属13个处、行、署、部。具体情况见表7。

表7　中央财政经济委员会内部和下属机构设置及其职能

	机构名称	机构职能
内部工作机构6局1处	中央计划局	负责审查与拟订关于财政经济方面的计划。局内设统计处、供应处、国家资源调查登记处、地质勘察处等，按各财经部门逐步设立若干计划组
	中央财经人事局	负责管理财经领导干部、技术专家及一般职员和工人的训练、登记与调动等事务
	中央技术管理局	负责管理有关新技术发明、采用与推广等事务，按各项技术性质逐步建立若干技术组
	私营企业中央事务局	负责管理对于私营企业的指导事务，按各项私营企业部门逐步设立若干事务处和设立华侨经济事务处

① 《刘少奇论新中国经济建设》，第131页。
② 九爷府，原为清代道光第九子孚亲王奕譓的府第。北平解放后，九爷府曾为四野司令部。随着四野继续南进，司令部随之开拔，这所房子便腾出来由中财委迁入办公。
③ 《若干重大决策与事件的回顾》上卷，第50页。
④ 《中国共产党组织史资料》第四卷（上）全国解放战争时期（1945.8—1949.9），第70页。

续表

	机构名称	机构职能
内部工作机构6局1处	合作事业中央管理局	负责管理对于合作社的指导与协助事务，设立消费合作事务处、农业合作事务处、手工业合作事务处、水利合作事务处等
	外资企业中央事务局	负责管理关于外资企业的事务
	秘书处	负责管理中央财政经济委员会内部事务
下属13个处、行、署、部	中央财政处	负责管理税收、粮食、盐务、烟业、酒业、渔业及其他财政事务
	中国人民银行	负责发行货币、代理国库、管理金融并进行其他银行业务
	海关总署	负责管理全国海关和港口、码头及边境检查等事务
	中央商业处	负责管理对内与对外贸易及实物配售等事务
	中央铁道部	负责管理全国铁道的运输及铁道修建事务
	中央交通处	负责管理邮政、电讯、船运、航空、公路等事务
	中央燃料处	负责管理煤炭、石油及电力等事务
	中央金属处	负责管理钢铁及有色金属与机械制造等事务，并管理军事工业与造船工业；基本化学工业及建筑材料工业的事务，也归金属处管理
	中央纺织处	负责管理棉、麻、毛、丝的纺织等事务
	中央工业处	负责管理除纺织工业以外的其他各种轻工业事务
	中央农业处	负责管理农业、畜牧、垦务及农业试验场、国家农场等事务
	中央林业处	负责管理森林的采伐与培植并管理造纸工业的事务
	中央水利处	负责管理巨大水利工程事务

资料来源：刘少奇：《建立有工作能力的中央财政经济机构》（1949年5月31日），见《刘少奇论新中国经济建设》，第125—127页。

中财委组建时的干部是从四面八方调来的。其中，一部分是华北财委和中财部原有工作人员，一部分是从东北抽调的，还有从陕北和香港新来的，其余由中央调配。在中财委组建时，除陈云担任中财委主任、薄一波担任副主任外，领导干部还有宋劭文、薛暮桥、周荣鑫等。宋劭文负责计划局的工作，包括财政组、金融组、贸易组、工业组、农业组、交通组及供应组，凡有关拨款事项，均由宋劭文负责批办。薛暮桥负责合作事业中央管理局、私营企业中央事务局、劳动局统计组、秘书处、新闻审查、接待民主人士、苏联专家，以及与中央机关联络等工作。周荣鑫负责中央财经人事局及机关日常行政工作，凡机关经费问题、干部生活待遇问题等，均归周荣鑫负责批办。秘书处由廖季立负责，行政处由黄剑招负责。因为初创的中财委带有临时性，机构设置没有安排足相应的干部，成立时只有 60 多人，到 1949 年 10 月增加到 300 多人。①

中财委虽然建立，但这一机构要适应对整个全局工作的领导还需要一个过程。对此，陈云心中是有数的。7 月 14 日，陈云在中财委第一次干部会议的讲话中指出：我在陕甘宁边区搞过"小摊摊"，现在是搞全国的"大买卖"。我们不可能一下子就做好城乡经济联系工作及外贸工作，要逐步进行。当前工作，主要依靠各地财办。② 中财委的工作与以往解放区分块经营的经济领导工作不同，要具有全局领导意识；经济工作与革命斗争的方式也有所不同，要注意循序渐进，要善于发挥相对应的地方组织系统的作用。为此，9 月 12 日，中财委临时会议决定，中财委工作的基本方式是定期会议制，中财委工作会议每星期四召开，各处处长参加；中财委委员会议不定期召开，如果开也安排在星期四，不再开工作会议；计划委员会会议需要时临时召开。

三、中财委的组织机构和人员构成

1949 年 9 月 21 日，中国人民政治协商会议召开，建立中华人民共和国的工作进入日程。9 月 27 日，政协第一届全体会议通过《中华人民共和国政府组织法》，中财委的全称确定为政务院财政经济委员会，归属政务院管辖，在

---

① 刘美玲、赵月琴：《中央财政经济委员会成立始末》，《当代中国史研究》2002 年第 5 期。
② 《陈云年谱（修订本）》上卷，第 731 页。

中央人民政府组织系统中处于十分重要的位置。参见图 1 和表 8。

图1 中华人民共和国人民政府组织系统

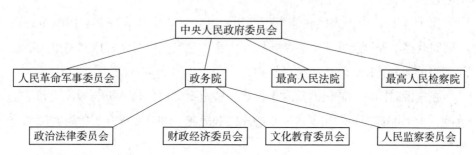

表 8 中华人民共和国政务院组织系统

政务院下设委员会	政务院下设各委员会分管的部、会、院、署、行
政治法律委员会	内务部、公安部、司法部、法制委员会、民族事务委员会
财政经济委员会	财政部、贸易部、重工业部、燃料工业部、纺织工业部、食品工业部、轻工业部、铁道部、邮电部、交通部、农业部、林垦部、水利部、劳动部、人民银行、海关总署
文化教育委员会	文化部、教育部、卫生部、科学院、新闻总署、出版总署
人民监察委员会	负责监察政府机关和公务人员是否履行职责

图 1 和表 8 的资料来源:《中华人民共和国中央人民政府组织法》,1949 年 9 月 27 日中国人民政治协商会议第一届全体会议通过。参见中共中央文献研究室编:《中华人民共和国开国文选》,中央文献出版社 1999 年版,第 260—261、264、265—266 页。

从图 1 和表 8 可以看出,中财委在国家政权体系中处于十分重要的位置:第一,地位高。中财委成立之初,暂时由中央军委领导。在新中国人民政权体系中,归属于政务院;而政务院直接"对中央人民政府委员会负责",中财委是政务院下设四个委员会之一。第二,管辖范围宽。"政务院下设的专管行政部门共有三十个",除外交部、情报总署、华侨事务委员会直接归政务院管辖外,其他 27 个部门由政务院下设各委员会分管:中财委分管了 16 个,政法委分管 5 个,文教委分管 6 个,监委负责监察政府机关和公务人员是否履行职责;中财委是分管部门最多的一个委员会,这是"因为我们的人民共和国应转向建设，不能不多设几个部门去管财政经济工作"。① 中财委事实上是"党中央的财经参谋部和具体作战的指挥机构"②，担负着领导和管理国家各种经济事业的艰巨任务。

10月1日，中央人民政府举行开国大典，宣告中华人民共和国诞生。政务院财政经济委员会在十天后举行成立大会，它实际上是7月成立的中央财政经济委员会的转换，实体机构已经存在。

在这段时间内，陈云着重对中财委一些重要部门中具体机构的设置和管辖范围、干部配备等问题作了进一步的充实和完善，并初步确立了中财委的工作原则。

中财委成立之初干部十分缺乏，只有原中央财经部的30余名干部和华北财委的30名干部，共60余人，无法应付大规模的经济恢复和发展工作。所以，陈云主政中财委不久，便与薄一波联名致电中央并中组部，请求从全国范围内调三百到五百县委书记、团政委、团长以上干部到中财委分配工作，以加强城市企业的政治领导力量。到10月初，合并了华北财经学院的干部100余人，加上各方零星抽调，中财委的干部已从60多人增加到300余人。③ 但这些干部大多原来对财经工作并不熟悉，一时难以适应工作，普遍缺乏财务观点，如预算不亲自核准；材料分配仅依据各方面的需求，不作预算，浪费很大。因此，私人资本家不愿与政府合作经营。陈云敏锐地注意到这个问题，对财经部门缺乏财务观点的现象进行严厉批评，要求财经工作人员要有高度负责任的精神。10月12日，陈云在报社记者会的讲话中说：政治家还不是企业家。财务不是小事，是企业的基本事项，一切不负责任和浪费，是违反为人民服务宗旨的，我们是在办国事，对国家、对人民负有严重的责任。他提出：财政部门工作人员自上而下都要认真地亲自核算财政经济材料，要学会打算盘，不会打算盘的工作人员和领导人员决不是好的工作人员和领导人员。陈云身体力行，从新中国成立初开始，他对国家重大的财政经济计划，在认真调查研究后，都要

① 《中华人民共和国开国文选》，第263、259、258页。
② 《若干重大决策与事件的回顾》上卷，第51页。
③ 《陈云年谱（修订本）》上卷，第747页；《陈云文集》第二卷，中央文献出版社2005年版，第1页。

亲自打算盘核算，这种习惯一直坚持到晚年。

中财委内部机构框架，刘少奇在为中央军委起草的《关于建立中央财政经济机构大纲（草案）》中已作规定。但内部机构的具体设置，还需要根据实际需要逐步完善。计划局是中财委的核心部门。如果整个财经工作处于无计划无秩序的混乱状态，其他一切都无从谈起。因此，陈云高度重视中财委计划局（有时称计划委员会）的工作。9月12日，他首先向中财委临时会议提出计划局机构设置方案。他认为，中财委的内部机构不应再按地域划分，而应按产业结构划分。这是在财经管理思路上区别于解放区财经工作的突出特点。依此原则，陈云提出计划局暂设10个处：一处管理机器、技术以及钢铁、铜、金的生产；二处管理工业投资，以及煤、电、纸的生产；三处管理工业计划以及铁路、运输、材料的生产；四处管理林业、纺织、交通的生产；五处管理财政和金融；六处管理商业贸易，指导合作社事业的发展；七处负责编译、出版，以及中财委委员和秘书长交办事宜；八处负责干部、人事、学校等方面的事宜；九处负责职工运动；十处即秘书处，承担秘书及总务方面的工作。计划局主任叶季壮，副主任曹菊如、邵式平；秘书长曹菊如（兼）；其他成员还有陈康白（一处处长）、闵一凡（二处处长）、叶林（三处处长）、王玉清（四处处长）、贾石（五处处长）、姜君辰（六处处长）、王思华（七处处长）。此外，李逸民、陈林、李颉伯分别担任第八处、九处、十处处长。会议讨论通过了陈云提出的组织机构和人事配备方案。

新中国成立初始，中财委根据实际需要，将计划局下设机构调整为财政、金融、贸易、工业、交通、农业、供应七个组，干部有70余人；暂由宋劭文负责，组长有曹菊如、钱之光、张国坚、沈鸿等人①。这里值得注意的是，中财委增加了党外熟悉财经工作的钱昌照、孙晓村等参加计划局的领导工作。

在计划局行政框架基本确定后，10月10日和11日，陈云主持中财委所属各部委联合办公会议，对计划局各处的管辖范围作了进一步划分，并根据实际需要充实和完善了计划局的工作机构。陈云领导经济工作的一些重要原则和经济恢复时期工作的基本设想，在这两次会议的讨论中，比较明显地反映了出来。

---

① 《陈云文集》第二卷，第1页。

第一，注意吸收苏联专家的意见，但并不唯他是从，而是根据国情作必要的修正。新中国成立前后，苏联派出大量专家来到中国，帮助恢复和发展国民经济。由于新中国成立之初缺乏经济工作经验，陈云曾明确指示中财委及下属机关，必须认识到苏联的帮助对中国建设的重要性，以老老实实的态度向苏联学习，搞好与苏联专家的合作。在中财委内部机构设置问题上，陈云充分听取苏联专家的意见。根据苏联专家的意见，上述两次会议决定在计划局内新设文化保健处；在财政处专设对外财政部门，管理外汇；薪资不能并入劳动部，在计划局内设劳动薪资处；按生产资料和消费资料两个系统将轻重工业分开等。但当苏联专家提出将桐油、茶、丝放在轻工业处和专门设立渔业处时，陈云没有同意。因为在中国，桐油、茶、丝几类产品都与农业相关，渔业当时在中国并不是一个主要产业，所以，陈云提出将桐油、茶、丝放在农业处，渔业可归入食品工业处。会议按陈云的意见作出相应决定。

第二，为了在贫弱的经济基础上有效地调动和使用社会资源，必须加强政府部门的计划职能。10月10日，在中财委所属各部委联合办公会议上，陈云提出要加强计划局的计划范围，他说：中国企业目前私营的比例要大于国营，如果计划局只计划国营经济，那整个国家经济仍然要浪费的，中国资本家是要计划的。次日，会议又作出如下决定：统计处、技术规格处设于计划局之外；计划局要增加对各地区同业工业的计划指导，并将这一职能分派给综合处的统一地域科；另外增设定额标准处。这些决定显然都是强化政府对国民经济的计划指导职能的。

第三，把发展水利和治水事业放在经济恢复的重要位置。中国是世界上水旱灾害比较频繁的国家，治水成败左右着国运兴衰，治国必先治水，这是中国几千年的历史结论。人民政府从国情和历史经验出发，极其重视水利和江河治理。新中国成立前夕，在中财委下属的合作事业中央管理局中设有水利合作事务处；另外，在中央财政经济部门还专门设有中央水利处。《共同纲领》第34条规定："应注意兴修水利，防洪防旱"；第36条则有"疏浚河流，推广水运"的内容。① 鉴于新中国成立时面临极其严峻的江河治理形势，10月11日，陈

---

① 《建国以来重要文献选编》第一册，第9页。

云在主持中财委所属各部委联合办公会议所作的第七项决定中，明确将水利与治河分开。管理职能的细化，凸显了治水和水利事业在人民政府国民经济恢复工作中的重要位置。

第四，重视专家。中共长期工作重点在乡村，接管城市的时间并不长，对城市大规模的财经管理，明显经验不足。所以，中财委工作之初，陈云就注意党外管理人才的使用。

比如，进入平津后，接收旧银行职员 3000 余人，这些人能够谨慎行事，安心工作，但思想作风方面存在一些问题，不加改造，是不能适应新中国政权需要的，特别是金融工作涉及国家经济机密。而开国将至，作为经济中枢的金融工作系统的正常运转，必须具备一定数量的专业工作人员。怎么办？以陈云为首的中财委意识到，如果对这部分人盲目排斥，是不利于新中国金融工作恢复和正常进行的；但对他们不加改造，简单使用，也不利于金融工作的发展，因此决定把这些人分批集中，进行政治训练，两月一期。陈云还吸收一批民主人士中的专家、学者、大学教授参加中财委工作。有的给以顾问的名义，如章乃器、千家驹、沈志远；有的给以研究员名义，如吴清友、郑伯彬；还有的给以特约研究员名义，如季陶达等，这样做颇有效果。事实表明，解放前过来的旧职员是能够和共产党合作共事的。他们具备较高的文化业务知识，特别是在旧银行的一套技术管理经验及国际汇兑和外国情况、资料搜集与编译上，给我们不少帮助。但他们存在的"失之于旧，失之于空洞"的"资产阶级思想和作风"，使其"以担负研究工作为宜，一时尚不能担任实际的负责工作"。1949年 9 月 20 日，陈云和薄一波在给中央的电报中，汇报了上述情况。

新中国成立后，在中财委所属各部委 10 月 10 日联合办公会议上，陈云又提出"各部门专家的职位如何摆"的问题。当时党内一种意见是：我们与资本家接触时间短，对他们没有细致了解，要考验他们。苏联专家的意见是，非党专家一定要政治可靠才可当处长，对专家的采用一定要视政治条件而定，先以顾问、副处长名义安置。在这种状况下，陈云在会议上没有立刻对专家位置的安排作具体规定，只是强调：部门要多，人少没关系；每个部门要放几个专家，同时放几个党员去向专家学习；计划局要设副局长多人，否则很难管理。中财委爱惜专家和善于用人的工作艺术，体现了新中国政权的包容力。

　　上述四条原则对中财委工作的展开，对新中国经济的良性运行，都起了积极作用。以后，陈云在实践中对这四条原则不仅始终坚持，且进一步充实和完善。

　　从中央财政经济委员会成立到新中国成立，相隔 3 月余，时间短暂，但中财委却做了十分有意义的工作。其中，调拨全国物资，平抑 7 月物价涨风；召开上海财经会议，确定一系列重要的财经工作政策，协调各大解放区的财力、物力，以支援前线的解放战争，筹备和建设中财委内部机构，挑选和培养财经干部，探索经济工作的管理方法等，都为中财委在新中国第一年经济领导工作的开展创造了条件。与此同时，在中财委指导下，县以上各级人民政府逐步设立了相应的财经委机构。这些都是中财委强化国家经济部门行政力量，并探索如何领导新中国经济建设所采取的重要步骤。

　　10 月 19 日，毛泽东主持召开中央人民政府第三次会议，通过了中央人民政府下设机构的一系列任命事项。在这次会议上，陈云被任命为政务院副总理、政务院财政经济委员会主任，薄一波、马寅初被任命为中财委副主任。从此，中央财政经济委员会的名称也正式改为政务院财政经济委员会，但仍简称为"中财委"。

　　中央人民政府第三次会议对中财委分管的 16 个部、署、行的主要负责人分别作了任命，参见表 9。

表 9　政务院财政经济委员会所属各部、署、行及其负责人

机构名称	负责人姓名	备　注
财政部	部长薄一波，副部长戎子和、王绍鳌	
贸易部	部长叶季壮，副部长姚依林、沙千里	1952 年 8 月 7 日中央人民政府委员会第 17 次会议决议：成立对外贸易部、商业部，并于该两部成立后撤销贸易部
重工业部	部长陈云（兼），副部长何长工、钟林、刘鼎	1950 年 4 月 11 日，陈云辞去重工业部部长职务，李富春接任；1952 年 8 月 7 日免去李富春重工业部部长职务和何长工、钟林、刘鼎副部长职务，王鹤寿接任部长，吕东、赖际发接任副部长

续表

机构名称	负责人姓名	备 注
燃料工业部	部长陈郁，副部长李范一、吴德	1950 年 9 月 5 日，免去吴德副部长职务
纺织工业部	部长曾山，副部长钱之光、陈维稷、张琴秋	1952 年 8 月 7 日，免去曾山纺织工业部部长职务，蒋光鼐接任
食品工业部	部长杨立三，副部长宋裕和	1950 年 12 月 26 日，中央人民政府委员会第十次会议决议：食品工业部无单独设置的必要，应即结束
轻工业部	部长黄炎培，副部长杨卫玉、龚饮冰、王新元	
铁道部	部长滕代远，副部长吕正操、武竞天、石志仁	
邮电部	部长朱学范，副部长王诤	
交通部	部长章伯钧，副部长李运昌、季方	
农业部	部长李书城，副部长罗玉川、吴觉农、杨显东	1952 年 9 月 5 日免去罗玉川农业部副部长职务
林垦部	部长梁希，副部长李范五、李相符	1951 年 11 月 5 日，中央人民政府委员会第十三次会议决定将林垦部改名为林业部
水利部	部长傅作义，副部长李葆华	
劳动部	部长李立三，副部长施复亮、毛齐华	
海关总署	署长孔原，副署长丁贵堂	1952 年 12 月 25 日，政务院决定海关总署划归对外贸易部领导，并任命孔原为对外贸易部副部长兼海关总署署长
中国人民银行	行长南汉宸，副行长胡景沄	

说明：1952 年 8 月 7 日，中央人民政府委员会第 17 次会议除取消贸易部，增设对外贸易部和商业部外，另新增第一机械工业部、第二机械工业部、建筑工程部、地质部、粮食部、国家统计局。这些部、局都归属于政务院财政经济委员会领导。对外贸易部部长叶季壮，商业部部长曾山，第一机器工业部部长黄敬，第二机器工业部部长赵尔陆，建筑工程部部长陈正人，地质部部长李四光，粮食部部长章乃器，国家统计局局长薛暮桥。

资料来源：中国社会科学院、中央档案馆编：《1949—1952 中华人民共和国经济档案资料选编（综合卷）》，中国城市经济社会出版社 1990 年版，第 563—568 页。《中华人民共和国党政军群领导人名录》，中共党史出版社 1990 年版，第 38、40、43、46、47、48 页。

继中央人民政府第三次会议后，政务院财政经济委员会召开成立大会。会议基本情况见表10。

表10　政务院财政经济委员会成立会议基本情况

时　间	1949 年 10 月 21 日
地　点	政务院财政经济委员会
主　席	陈　云
出席人（按签到顺序排列）	何长工　李书城　陈叔通　章伯钧　马寅初　刘子久　包达三　李民欣　钱昌照孔　原　梁　希　陈　云　李士豪　黄炎培　章乃器　千家驹　孟用潜　薛暮桥陈郁　杨立三　戎子和　南汉宸　滕代远　曹菊如　傅作义　宋劭文　梅龚彬薄一波　李立三　朱学范
列席人（按签到顺序排列）	杨显东　武竞天　石志仁　杨卫玉　王绍鏊　吴觉农　丁贵堂　邢肇棠　张琴秋季方　张文卿　胡景沄　姚依林　李葆华　李相符　张　冲　王　净　周荣鑫
会议议程	(1) 陈云报告财政经济情况与今后工作；(2) 薛暮桥报告中财委机关内部情况；(3) 讨论事项；(4) 通过议案。
会议通过的议案	(1) 推定宋劭文、薛暮桥、钱昌照、章乃器、俞寰澄、千家驹、胡子婴、李民欣等 8 人起草中财委组织条例。(2) 迅速建立各部行署组织机构，各正副部长应即开始工作，原华北人民政府各有关部门负责人应即向正副部长报告工作，办理移交，各部行署并自行拟定组织条例草案。(3) 各部兼部委员工作问题原则上确定每人均须选择有关专门问题进行调查研究，但个人具体工作则须留待下次委员会讨论决定。(4) 五个工业部的业务范围划分问题先行交换意见，再由计划局召集会议解决。(5) 各工业部门讨论有关职工问题的会议，均应请中华全国总工会派员列席。(6) 向政务院建议统一接收原南京国民党中央政府各部的人员和档案文件。

资料来源：《中央人民政府政务院财政经济委员会成立会议纪要》，参见中华人民共和国国家经济贸易委员会编：《中国工业五十年》第一部（下卷），中国经济出版社 2000 年版，第 1099—1101 页。

陈云在 10 月 21 日中财委成立大会讲话中，简要回顾了以往财经工作的发展历程，报告了当前财政金融和农业、工业、交通状况，提出了目前至 1950 年第一季度，中财委应该在农业、工业、交通、财政金融五个方面进行的工作，要求"目前各部的工作应放在建立组织机构上面，先找房子，集中与物色工作人员，拟定组织机构方案与工作条例"①。

---

① 《陈云文集》第二卷，第 20 页。

当天下午，在周恩来主持的政务院第一次扩大会议上，陈云报告了政务院财政经济委员会成立情况。周恩来在会上宣告政务院成立。他说：政务院作为国家管理机构的首脑部包括很广泛，不仅有它所属的各部、署、行，还有指导各行政部门的三个指导委员会，即政治法律委员会（简称"政法委"），财政经济委员会（简称"中财委"），文化教育委员会（简称"文教委"），另外还有人民监察委员会（简称"监委"）。根据中央人民政府委员会的意见，三个指导委员会扩大了，这样可以多容纳各方面的人，以便集思广益，将政策宣扬到各方面去。政法委国民党革命委员会的人参加较多，中财委民主建国会的人参加较多，文教委民主同盟及无党派的人参加较多。

显然，政务院财政经济委员会与此前中央财政经济委员会的工作性质相同，但隶属关系发生了变化，承担指导工作的范围加大，任务更重了。与此相应，组织机构和人员组成都发生了变化。

机构设置发生的变化。中央财政经济委员会成立时设6局、1处，下属13处、行、署。1949年11月，《中央人民政府政务院财政经济委员会组织条例》规定：政务院财政经济委员会内设8局，比以往新增物资分配局和统计局；原"秘书处"改设为"办公厅"；另加一个编译室；下属16个部、行、署，从名称上原为"处"的改称为"部"；从职能上原中央工业处扩展为食品工业部和轻工业两个部，中央金属工业处改为重工业部，另新增劳动部。①12月1日，薄一波在起草的《关于各局工作的指示》中提出："目前成立的八个局室厅都是必要的"；并简要点明计划局、私人企业局及外资企业局、人事局、技术局、合作事业管理局，还有秘书长和办公厅、编辑室的工作职能②。

与机构的设置相比人员变动更大。原中央财政经济委员会成员主要来自中财部和华北财经委员会，基本是中共党内的财经干部和专家，如薛暮桥、宋劭文、曹菊如、钱之光、周荣鑫、廖季立、孟用潜等。新中国成立后，政务院财政经济委员会正式纳入中央人民政府组织系统之中，其委员会容纳了各方面人才，成分比原中财委发生较大变化。参见表11。

---

① 中国社会科学院、中央档案馆编：《1949—1952　中华人民共和国经济档案资料选编（工商体制卷）》，中国社会科学出版社1993年版，第76—80页。

② 《中国工业五十年（第一部）》上卷，第891—892页。

表 11 政务院财政经济委员会人员的构成（1949 年 10 月）

职　务	姓　名	党派及职务
主　任 副主任 秘书长 副秘书长	陈　云	中共党员，原东北财经委员会主任
	薄一波	中共党员，原华北人民政府副主席
	马寅初	无党派人士，兼浙江大学校长
	薛暮桥	中共党员，中财委私人企业局局长
	胡子婴	民主建国会发起人之一
	周荣鑫	中共党员，原华北局副秘书长
委　员	李富春	中共党员，东北财经委员会副主任
	贾拓夫	中共党员，西北财经委员会副主任
	邓子恢	中共党员，华中财经委员会副主任
	曾　山	中共党员，华东财经委员会副主任　纺织工业部部长
	叶季壮	中共党员，贸易部部长
	陈　郁	中共党员，燃料工业部部长
	杨立三	中共党员，食品工业部部长
	黄炎培	中国民主建国会创始人之一，轻工业部部长
	滕代远	中共党员，铁道部部长
	朱学范	中国国民党革命委员会创始人之一，邮电部部长
	章伯钧	中国农工民主党创始人之一，交通部部长
	李书城	和平民主促进会创始人之一，农业部部长
	梁　希	九三学社创始人之一，林垦部部长
	傅作义	原国民党党员，水利部部长
	李立三	中共党员，劳动部部长
	南汉宸	中共党员，中国人民银行行长
	孔　原	中共党员，中华人民共和国海关总署署长
	戎子和	中共党员，财政部副部长
	何长工	中共党员，重工业部副部长
	钱之光	中共党员，纺织工业部副部长
	宋裕和	中共党员，食品工业部副部长
	宋劭文	中共党员，中财委计划局局长
	曹菊如	中共党员，中财委计划局副局长
	钱昌照	原国民党党员，中财委计划局副局长
	孙晓村	民主建国会党员，中财委计划局副局长
	范子文	中共党员，中财委人事局局长
	钟　林	中共党员，中财委技术管理局局长
	孟用潜	中共党员，中财委合作事业管理局局长
	冀朝鼎	中共党员，中财委中央外资企业局局长
	梅龚彬	中国国民党革命委员会党员

续表

职　务	姓　名	党派及职务
委　员	章乃器	民主建国会党员，上川企业公司常务董事
	胡厥文	民主建国会党员，新民机器厂总经理
	盛丕华	民主建国会党员，上海上元企业公司经理
	包达三	民主建国会党员，上海信义地产公司总经理
	俞寰澄	民主建国会党员，江南纸厂董事长
	冷　遹	民主建国会党员，江苏四益农业育种场董事长
	吴羹梅	民主建国会党员，中财委私营企业局副局长、中国标准铅笔厂总经理
	李士豪	中国农工民主党中央执行委员
	千家驹	中国民主同盟党员，中财委私营企业局副局长、香港达德学院教授
	李民欣	中国国民党民主促进会中央常务理事
	刘子久	中共党员，中华全国总工会政策研究室主任
	罗叔章	民主建国会党员，中华全国民主妇女联合会生产部副部长
	陈叔通	工商界人士，商务印书馆董事
	简玉阶	工商界人士，中国南洋兄弟烟草股份有限公司董事
	侯德榜	工商界人士，永利化学工业公司总经理
	胡子昂	工商界人士，川康兴业公司董事长
	周苍柏	工商界人士，华中化工厂董事长
	周叔弢	工商界人士，天津启新洋灰公司总经理
	宋棐卿	工商界人士，天津东亚企业公司总经理

资料来源：中央人民政府全部人选名单，1949 年 10 月 19 日；见《1949—1952　中华人民共和国经济档案资料选编（综合卷）》，第 556—557 页。人物的党派和现任职务略有补充；参见廖盖隆等主编：《现代中国政界要人传略大全》，中国广播电视出版社 1993年版。另有个别人物党派情况不详。

　　从表 11 可以看出，新组成的政务院财政经济委员会在成分上有比较明显的变化。首先，大部分中财委委员在中央或地方政府的财经部门中担任重要领导职务，其中包括中财委下属 16 部、行、署的主要负责人，以及各大区财经委的领导人。这样的安排便于中财委直接了解和掌握各部门、各地区财经情况，有益于强化中财委垂直领导，增强组织系统的控制力和动员力，这在新中国成立初期，财经任务繁重、紧急，国力贫弱的历史条件下十分必要。另外，委员中增加了民主党派和无党派人士。中财委正副主任 3 人中，有无党派人士1 人；50 名中财委委员中，20 名是民主党派人士，占总数的 2/5；不少民主党派人士在中财委及直属机构中担任重要职务，比如，原国民党员钱昌照、民主建国会的孙晓村均担任中财委计划局副局长,民革的朱学范、农工民主党的章伯钧、和平民主促进会的李书城、九三学社的梁希、原国民党的傅作义分别担任邮电部、交通部、农业部、林垦部、水利部部长等。根据周恩来在政务院第一次会议上的建议,特别增加了民主建国会成员,在20名民主党派中财委委员中,有10名是民主建国会成员。

　　为什么周恩来要特别提出吸收民主建国会成员进入中财委呢?这与民建的政纲及成立后的一系列工作密切相关。中国民主建国会1945年12月16日在重庆成立。它是由中华职业教育社理事长黄炎培、副理事长杨卫玉,迁川工厂联合会理事长胡厥文,中国工商经济研究所负责人章乃器等人共同发起的,主要由从事工商企业工作和其他经济工作的人士以及与其有联系的知识分子组成。它是抗战胜利后,中国民族工商业者为生存自救,加强团结,争取政治民主、经济自由,发展民族工业,维护其自身利益而成立的具有政治联盟特点的政党。该组织对新中国成立有着明确的政治、经济、社会主张,认为新中国成立"之最高理想,为民有、民治、民享";新中国成立之途径"采取孙中山先生所定三民主义之重要进步部分,订入宪法,以确定全民共同信守之范围";"政治须以文化为指导,而以经济为基础",反对"军人武断政治与大官僚政客包办政治","必须使从事生产各阶级之广大人民拥有最大之发言权";"必须于和平中完成建设,以恢复元气,增进国力,于统一中实行自治,以安定秩序,发挥民力,而和平与统一,均须于民主政治中求之"。在经济上,主张"有民主的经济建设计划与在计划指导之下的充分企业自由,"反对"国营事业之官僚化与私人企业之独占化","由国家征租或发行债券征购非自耕土地",强调"国家必须以全力培养资本,而不能以节制资本的名义消灭资本";"同时集中力量,用和平合理的手段解决土地问题,以解除农民痛苦,并扫除国家工业化的障碍"。"货币、金融、贸易、捐税等政策,必须彻底改善",以"密切配合国家工业化的要求"。在社会方面,主张政府须有全部就业计划,充实职工福利及业余设施,政府须制定公平合理的分配制度,奠定劳资合作的基础等①。宣言和纲领中的主张,

---

　　① 参见《民主建国会政纲》和《民主建国会成立宣言》,均于1945年12月16日中国民主建国会成立大会通过。参见泰国生、胡治安主编:《中国民主党派历史　政纲　人物》,山东人民出版社1990年版,第361、362、364、359页。

特别是经济与社会方面的主张，既代表了中国民族资产阶级的利益，也在一定程度上反映了中国社会经济发展的客观要求，与中共在民主革命时期的纲领大体相同。因此，民建从成立之日起，就是中共的同盟者与合作者。

随着解放战争的发展，民建在国家经济恢复方面又协助人民政府作了不少具体工作。1949 年 4 月，毛泽东邀请民建会主要负责人黄炎培、章乃器、施复亮等 11 人到香山双清别墅会餐，嘱勉他们为解放上海出力。黄炎培等人向周恩来、董必武提出许多宝贵建议。上海解放前后，民建与中共合作，对上海工商界做了很多思想动员工作。黄炎培通过电台发表广播讲话，要求上海人民起来作局部和平运动。北平民建总会将《欢迎解放军宣言》送到上海在《商报》上发表，宣言向沪工商界指出："新民主主义的政策是发展生产，繁荣经济，公私兼顾，劳资两利，它将帮助你们在有利于国民经济发展的前提下，发展你们的事业，增进全民和你们的自由、幸福"，号召工商界人士拥护中共主张。5 月 27 日上海解放后，民建会组织专题报告会和讲演会，向工商业者介绍解放区保护工商业的新民主主义政策等，解除工商界顾虑；并发表《告会员书》，提出："新上海建设工作与解放军继续向南追剿，均须吾民主人士肩负，更加繁重之工作，举凡协助接管，加紧生产，动员人民，支援前线，吾人应努力贡献其力量"等。新中国成立后，民建会的主要领导成员担任了中央人民政府委员、各委员会委员和政务院副总理、部长、副部长等重要职务；民建会又成立推进委员会，联系工商界代表，发展会务，协助政府稳定市场，恢复生产，对工商业者进行爱国守法教育。① 了解了民建组织的基本情况，就不难理解周恩来为什么特别主张在中财委中增加民建成员了。可以说，民建是新中国成立后，中共恢复和发展国家经济的重要合作者。

除此之外，中财委中还增加了一些专门的工商企业家。比如：永利化学工业公司总经理侯德榜、川康兴业公司董事长胡子昂、华中化工厂董事长周苍柏、天津启新洋灰公司总经理周叔弢、天津东亚企业公司总经理宋棐卿等。

中财委内部这两种人员的增加，是新中国成立初期多种经济成分并存，以及与之相应的人民统一战线在国家政权建设中的具体反映。这种人员结构，有

---

① 《中国民主党派历史　政纲　人物》，第 352—353 页。

益于中共凝聚各方面的社会力量，共谋新中国建设大业；也有益于中共提高经济领导和管理的专业水平，补足经济工作经验不足的弱点，以更好地承担迅速恢复和发展国民经济的重任。事实表明，这种人员组成比较好地调动了社会各个方面的积极性，一些民主人士和工商界人士在新中国元年，为国家经济的恢复和经济秩序的建立出谋划策，贡献了不少力量。

新成立的政务院财政经济委员会机构与功能的进一步完善，以及组成人员的充实，使中财委在国家经济管理中的地位、领导能力以及影响力都得以加强。

四、中财委工作机制的确立

政务院财政经济委员会成立大会后，除组织机构和人员作相应调整外，在陈云领导下，还采取一系列措施，进一步建立和规范了工作机制，并逐步健全了地方的财经机构领导系统。

第一，明确了中财委的权限和内部工作机构的职能。在陈云主持的政务院财政经济委员会成立大会上，推举宋劭文、薛暮桥、钱昌照、章乃器、俞寰澄、千家驹、胡子婴、李民欣等8人起草中财委组织条例草案。该草案共21款，其中第三、四款确定了中财委的主要职权和任务。主要职权是：指导下属16个部、行、署的工作；对所属各部、行、署和其他下级机关颁发决议和命令，并审查其执行；向政务院报告工作及提出建议案；联系并调整所属各部、行、署及其他机关的互助关系，内部组织和一般工作；领导全国各地区及省市人民政府的财政经济工作。主要任务是：拟订财政经济计划，审核及监督执行事项；提高及推广生产技术；统筹计划及监督执行物资分配；统计有关财政经济事项；确定有关私营企业、外资企业、合作事业、财政经济之人事管理政策方针事项；完成有关财政经济资料的收集及编译，以及政务院交办事项。①

---

① 《中央人民政府政务院财政经济委员会组织条例（草案）》（1949 年 11 月），见《1949—1952　中华人民共和国经济档案资料选编（工商体制卷）》，第 76—77 页。

这些规定明确了中财委在国家经济运行中的重要指挥和领导责任。条例的五至十六款确定了其内部机构的设置及职能（见表12）。

表12　政务院财政经济委员会内部机构设置及其职能

机构名称	机构职能	机构主要负责人
中央财政经济计划局	财政经济计划的拟订、审核及监督执行事项；有关财政经济计划问题的临时处理事项；特殊财政经济问题的临时处理事项；其他有关财政经济计划的事项	局长宋劭文，副局长曹菊如、钱昌照、孙晓村
中央技术管理局	生产技术提高推广事项，生产技术标准的厘定事项，生产技术发明及改进审定事项，生产技术问题的研究解决事项	局长钟林，副局长陈修和
中央物资分配局	重要生产器材的统筹分配计划事项，消费定额的拟定事项，器材的节用事项，分配计划执行的监督与检查事项	
中央财政经济统计局	建立财政经济统计制度，供给有关财政经济计划的各种统计，定期统计各财政经济部门的工作进度	
中央私营企业局	拟订及审核管理私营企业及公私合营企业之各项法令办法，并监督其执行；拟订有关私营企业及公私合营企业的辅导办法，并监督其执行；有关私营企业的调查研究事项；办理有关登记事项；其他有关私营企业的处理事项	局长薛暮桥，副局长千家驹、吴羹梅
中央外资企业局	拟订及审核管理外资企业及中外合资企业的各项法令办法，并监督其执行；拟订有关外资企业及中外合资企业的辅导办法，并监督其执行；有关外资企业的调查研究事项；办理有关外资企业登记事项；其他有关外资企业处理事项	局长冀朝鼎
中央合作事业管理局	拟订及审核合作事业的各项计划法令办法，并监督其执行；指导整理及发展各地的合作事项；各地合作事业的登记及检查事项；其他合作事业的登记及检查事项。	局长孟用潜，副局长梁跃、于树德
中央财政经济人事局	全国财政经济及生产技术人员的调查登记事项；财政经济委员会各局，室厅及所属各部、行、署的人事登记，考核分配及调整事项；各地区、各省市财政经济机构的人事登记、考核、分配及调整事项；全国财政经济及生产事业所需干部的计划及培养事项	局长范子文

续表

机构名称	机构职能	机构主要负责人
编辑室	国内外财政经济动态及经济建设经验的研究介绍事项，财政经济资料的收集及交流事项，财政经济刊物的编译及出版事项，财政经济系统编译工作的联系及指导事项	主任王寅生，副主任李国钧
办公厅	办理日常事务，并管理财务、文书、档案及不属于其他各局的事务。秘书长和副秘书长协助正、副主任执行职务	秘书长薛暮桥，副秘书长胡子婴、周荣鑫

资料来源：机构设置及职能参见《中央人民政府政务院财政经济委员会组织条例（草案）》［节录］，1949 年 11 月；《1949—1952　中华人民共和国经济档案资料选编（工商体制卷）》，第 78—80 页。机构主要负责人参见《中国人民政府全部人选名单》，1949 年 10 月 19 日；《1949—1952　中华人民共和国经济档案资料选编（综合卷）》，第 557 页。

薄一波对中财委各局、厅、室工作的权限作了形象和具体描述。他说：计划局的"性质是财委会的首脑，类似军队中的参谋本部，又像主任办公室"，"各部预算大部分都要计划局研究并提出意见给主任批发"。秘书长与办公厅是财委会的对内对外总收发总文书，办理交际、应酬事项，"它是承上启下，联系各部门的工作机构"，没有秘书长与办公厅，"计划局就会变成光有脑袋，而没有四肢"。私人企业局及外资企业局"是起另一种参谋作用的，其工作主要是根据已定原则来研究具体政策与体现政策"。人事局"管理干部的训练、培养、改造与使用（调动奖励、审核），它必须与文教委员会和各部的职员密切联系，今天我们还必须使用旧职员，所以对他们改造工作十分重要"。技术局的工作"主要是采用新技术改良旧技术，它必须与计划局工作分开"。合作事业管理局是给予合作社"政策与业务工作上的指导机构"。编辑室"主要是帮助各局工作，可以定期出版财经丛书，编印定期刊物，编辑国内外书刊"。①

第二，确定中财委的工作机制。首先，1949 年 11 月 2 日启用"中央人民

---

① 《关于各局工作的指示》（1949 年 12 月 1 日），见《中国工业五十年（第一部）》上卷，第 891—892 页。

政府政务院财政经济委员会印"，下属的部、行、署开始正式办公。工作开始
运行后，为了协调好中财委与地方财委及内部机构和下属部门之间的关系，中
财委拟定了《关于工作制度的规定》。11 月 30 日，陈云、薄一波、马寅初联名
致函周恩来，报告中财委所拟《关于工作制度的规定》的主要内容，并请周恩
来审核批发。报告中说：中财委所属 14 个部及银行、海关等单位均已开始正式
办公。今后各项财经工作，应归有关各部分别处理，中财委则负责掌握全盘计
划，并指导各部、行、署工作。在这一总的原则下，择要规定如下工作制度：
(1) 各地区的各项财经工作，应按性质分别向本会所属各部、行、署报告或请
示（较重要的除报主管各部、行、署外并报中财委），并由各该部、行、署负
责答复。各地必须执行一事一报制度，以便分别处理。综合性报告可直报中财
委，由中财委抄送各部、行、署。(2) 中央各部、行、署对各地下属机关指导
方法为：重要指示及有关方针计划问题，应得中财委同意由中财委批发，特别
重要的由中财委呈请政务院批发；已定方针计划的具体执行，原则上由各部、
行、署自行批发，但在过渡时期，各部、行、署尚不熟悉情况，较重要者可与
中财委商量后，再自行批发，必要时送中财委批发，以利通盘筹划，统一领
导。该项工作制度确定了国家与地方政府财政机构在组织方面的行动规则。

中财委包括内部机构和直属机构两部分，其领导能力及对地方整合能力的
强弱，与内部机构及下属部、行、署之间关系的协调有密切关系，所以《中央
人民政府政务院财政经济委员会组织条例（草案）》中，将中财委与内部和下
属机构之间领导与被领导的关系原则确定为四条：(1) 中财委所属各部、行、
署，应遵照中央人民政府所订政策、方针分别执行其职权以内之任务，但遇有
关建设计划或其他较重大的事项，均应先行报由财政经济委员会决定，或转报
政务院核定后执行。(2) 中财委每两月开会一次，但遇有必要，得由主任临时
召集。(3) 中财委为便于推进工作及与所属各部、行、署、局密切联系起见，
规定每星期召开各部、行、署、局、室首长委务会议一次。(4) 每星期召开各
局、室、厅首长及其他指定人员的工作会议一次①。中财委是代表政务院统管

---

① 《中财委组织条例（草案）》（第十七、十八、十九、二十款）（1949 年 11 月），见《1949—
1952　中华人民共和国经济档案资料选编（工商体制卷）》，第 80 页。

全国财经工作的领导机构，只有协调好中财委内部和政务院各所属经济部门之间的关系，才可能形成统一和有力量的经济工作领导核心，以引领和推动国家经济恢复与建设的工作。

为了协调好中财委与中央各部及地方各大区的工作关系，12月1日，发出由薄一波起草的《关于各局工作的指示》，提出了中财委工作运行的总原则：(1) 中财委内部各局决定政策性与计划性问题要请示财委会，各个部有关外资企业或私营企业的政策问题，要报告财委会。(2) 在中财委的局与地方关系方面，重要问题以中财委命令地方财委办理，重大政策性问题，遵从中财委，地方具体问题归地方处理。(3) 上下级关系，按毛主席说的"互通情报""参与决定"去作，尽量提高大家工作积极性，叫大家多办事情。①

陈云进一步明确提出中财委的工作方针是"依靠各部，相信大区"。中财委按照陈云的意见，建立两项制度：一是每旬、每半月或一月（视具体情况而定）用电报的形式向各地方、各部门发一次通报，通报全国重要的财政经济情况和存在的问题，使各地方、各部门和军队的负责同志及时了解全局的情况和问题，以利于交换意见，统一看法，共同齐心协力地做好工作。二是中财委建立集体办公会议制度，每星期二、五上午，由陈云主持召开中财委办公会议，中财委的负责同志和财经各部的部长或副部长参加，听取汇报，通报情况，讨论决定全国性的重大财经问题，以及各部提出的要中财委解决或商定的重要问题。办公会议充分发扬民主，赞成的反对的各种意见都可以讲，经过集体讨论，取得统一认识的，就集中作出决定，分头去办。如果对某个问题、某件事情意见不一致，一时又统一不起来，则不匆忙作决定，而是请大家再考虑，留待下次或以后的会议讨论决定。这种集体办公会议制度，既减少公文往来，避免文牍主义，又利于直接听取各方意见，集思广益，民主集中，解决问题既快又稳妥②。

第三，成立中财委党组。11月2日政务院成立党组，以周恩来为政务院党组书记，董必武、陈云为第一、第二副书记。随后，中央任命陈云为中财委

---

① 《中国工业五十年（第一部）》上卷，第891—893页。

② 杨波：《新中国经济战线的奠基人——缅怀陈云同志对我国经济建设的巨大贡献》；见《缅怀陈云》编辑组编：《缅怀陈云》，中央文献出版社2000年版，第128页。

党组书记，薄一波为党组副书记。陈云受命后，拟定中财委下属各部部长（行、署长）副部长及财委各局长、副局长、正副秘书长的中共党员均参加党组；为工作方便，内设陈云、薄一波及宋劭文、薛暮桥、陈郁、滕代远、叶季壮7人组成党组干事会。党组工作除讨论财经政策方针问题外，拟传达及研究党的政策和当前大事，传阅党内电报文件，联系群众。12月24日，陈云、薄一波将中财委党组上述情况报告中央。中财委党组的成立，加强了中共对全国财经工作和整个经济运行机制的领导。

除上述中财委所作的组织工作外，中央人民政府还完善了各大区的财经机构。新中国成立后，虽然人民政权建立起来了，但完整的国家政权系统的组建尚处于初始阶段，中央政府结构尚处在雏形，只具备初步计划和统筹能力，各大区还是掌握了相当权力。此外，由于各地区环境及面临的问题存在巨大差异，军事行动还在进行，陈云领导的中财委并未掌握对地方的绝对控制权，而是给地方一定的自由度，以利于其主动性和积极性的发挥。总的格局是中央下达基本政策，各地区决定实施方法和进度。但中央与地方的财经系统要比新中国成立前严密得多，各大区以及下属政权机构都设立了相应的财经机构，到1950年初基本从上到下形成一个垂直的组织系统（见表13）。

表13　各大区财政经济委员会及其组成人员名单

机构名称	组成人员姓名	成立与任命时间	备　注
华东军政委员会财政经济委员会	主　任：曾　山 副主任：方　毅、许涤新 委　员：于　眉、王艮仲、王志莘、石　英、朱则民、江干臣、冷　遹、吴兆洪、吴雪之、吴蕴初、宋季文、李人俊、李人凤、汪道涵、俞寰澄、柯庆施、胡厥文、苗海南、马一行、孙冶方、徐雪寒、梁竹航、张克侠、张劲夫、曹丹辉、陈大凡、陈国栋、陈穆、郭棣活、程照轩、项叔翔、黄逸峰、杨荫溥、荣健生、荣毅仁、刘少文、刘和赓、刘长胜、刘靖基、刘鸿生、刘宠光、蔡承新、钱孙卿、黄延芳、卢绪章、骆耕漠、谢寿天、龚意农、顾　准	1950年4月11日中央人民政府第六次会议任命。	

续表

机构名称	组成人员姓名	成立与任命时间	备 注
中南军政委员会财政经济委员会	主 任：邓子恢 副主任：李一清、徐 林、范醒之、易秀湘 委 员：孔祥桢、牛佩琮、王任重、古念良、皮宗石、朱 毅、余金堂、吴德峰、宋乃德、沈亚纲、沈肇年、周纯全、周苍柏、周焕章、林一山、胡善恒、范式人、唐伯球、高元贵、高芸生、张平化、张永励、陈希愈、陈经畲、陈铭枢、陶 铸、彭笑千、曾一凡、曾 志、曾传六、曾国华、贺希明、贺贵严、贺衡夫、杨志诚、杨端六、熊子民、赵 敏、赵尔陆、刘 斐、刘惠农、刘秉麟	1950 年 4 月 11日中央人民政府第六次会议任命。	1950 年 12月 26 日，中央人民政府第十次会议任命林彪为主任、邓子恢、刘杰为副主任。1952 年 8 月7 日，中央人民政府第十七次会议增补牛佩琮为副主任。
西北军政委员会财政经济委员会	主 任：贾拓夫 副主任：张宗逊、白如冰 委 员：王世泰、王启贤、王达成、王 震、方仲如、卡尤木伯克·禾加、白海风、狄景襄、李景林、李赋都、孙健初、马明芳、马辅臣、高士一、康世恩、张仲良、庄星书、陈志远、陈卓尔、傅道伸、喻 杰、惠中权、曾震五、盛彤笙、冯 直、黄亚光、杨生华、杨景周、杨晓初、赵伯平、刘良湛、刘海宾、刘墉如、黎化南、霍子乐、霍维德	1950 年 4 月 11日中央人民政府第六次会议任命。	1950 年 9月 5 日，中央人民政府第九次会议任命彭德怀为主任，贾拓夫为副主任。
西南军政委员会财政经济委员会	主 任：邓小平 副主任：陈希云、段君毅、刘岱峰 委 员：文藻青、毛毅可、王 磊、吴作民、吴晋航、李文采、李承庵、李 斌、李紫翔、沈兰芝、贝仲选、屈 健、胡子昂、胡浚泉、苗天宝、孙天霖、康心如、张天放、张志和、张茂甫、陈 离、陈 铁、黄汲清、黄凉尘、黄墨涵、华问渠、杨尚高、杨灿三、杨体仁、万 里、熊 奎、赵立德、赵健民、刘 中、刘卓甫、刘 星、蔡树藩、蒋崇璟、邓辰西、邓锡侯、郑东琴、萧松立、阎秀峰、严 俊	1950 年 6 月 28日中央人民政府第八次会议任命。	

续表

机构名称	组成人员姓名		成立与任命时间	备 注
华北局财经工作委员会	主 任：刘澜涛 副主任：刘秀峰、李哲人 委 员：姚依林、李葆华、胡景沄、刘 鼎、毛齐华、 武竞天、吴 波、王 林、梁 耀、张林池、 李耕涛、程宏毅		1951 年 3 月成立。	
东北人民政府财政经济委员会	主 任：高 岗 副主任：李富春、林 枫、叶季壮 委 员：王鹤寿、顾单新、杜者蘅、朱理治、王兴让、 余光生、张维桢、吕 东、魏振武、易秀湘、 刘居英、张化东、倪 伟、唐韵超、安志文、 王企之		1949 年 8 月 27日成立。	1950 年 2月 10 日经政务院批准取消，新成立东北人民政府经济计划委员会，以李富春兼任主任，朱理治为副主任。

资料来源：《1949—1952 中华人民共和国经济档案资料选编（综合卷）》，第559—562页。

与政务院财政经济委员会相对应的地方财经组织系统的形成，强化了中财委对全国经济工作的领导能力和权威，也为中共中央新民主主义经济方针和政策的具体落实提供了组织保障。

五、中财委的主要领导人——陈云
及薄一波、马寅初、李富春

成立政务院财政经济委员会，指挥接收国民党留下的烂摊子，迅速恢复国民经济，并在新中国成立初期异常复杂的经济环境下高效和创造性的工作，帅才的选择甚为重要。周恩来向毛泽东推荐陈云为中财委主任，得到毛泽东和中央书记处一致同意。这一认可与陈云具备的条件和他的革命经历有着密切关系。

陈云生于 1905 年，1949 年 44 岁，正是年富力强之时。陈云经过 20 世纪 20 年代工农运动的洗礼，30 年代中共地下斗争的考验和苏区工运斗争的磨炼，成为一名坚定和成熟的职业革命家。在长征途中，中国革命面临危难之际，他在遵义会议上坚定支持毛泽东的正确主张，支持确立以毛泽东为代表的正确领导。随后，陈云受中共中央委托，只身赴莫斯科与共产国际联系，汇报了中共党内及遵义会议和中国工农红军长征的情况；后又奉中央命令赴新疆迎接西路军，在十分艰难的情况下出色完成任务。1937 年到达陕北后，陈云先后任中央组织部部长、西北财经办事处副主任；后赴东北，开创北满根据地，并巩固了南满根据地，成功领导了东北财经工作，接管了沈阳，为新中国的解放夯实了战略后方基地。陈云在一系列独当一面的工作中所表现出的开拓工作局面的创造力、多谋善断的政治智慧、沉着稳健的领导气质，受到中央领导层的普遍认可。此外，还有一个十分重要的原因是陈云有着较丰富的从事经济活动的阅历和领导经济工作的能力。

陈云自幼在舅舅家开的小饭铺帮忙，对商业行为并不陌生。11 岁时他受亲戚资助，曾到上海青浦县乙种商业学校读书，虽然仅学习两月，就因资助中断辍学回家，但在这短暂的时间内，他学会了珠算和记账。14 岁时，陈云到上海商务印书馆当学徒，亲身感受到大都市现代经济的气息；而且商务印书馆是中国近代有名的企业，有一整套比较现代的经营管理办法，这些给陈云留下了较深的印象，比如商务印书馆重视商品质量和品牌问题，并以此赢得顾客信任，处于竞争中的不败之地，多少年后，陈云对此仍深有感触[①]。20 世纪 30 年代，陈云在上海领导中央特科工作期间，曾建立经济实体，既为党筹集经费，又掩护党的秘密工作。这些经历使他有机会接触社会经济活动，对经济规律有所了解。

---

① 1952 年，陈云作为主管全国经济工作的政务院副总理，谈到商品的品牌时曾指出：名牌货我们要提倡，不要名牌货不好。买货的人，都希望买名牌货，"我也亲身碰到过这样的事情。早先在上海的时候，世界书局、中华书局、商务印书馆几家共同组织了一个书店，我是被派去的一个。有一个人要买小孩用的书包，问多少钱，我说一块钱。他说，有一块钱还不如到商务印书馆去买哩。实际上是一样的东西，只是用了另一个牌子，但是他就认为商务印书馆的好。老百姓要名牌货，这个要求是合理的，取消名牌货不好"。参见《陈云文选》第二卷，第 174 页。

　　1933 年初，陈云到中央苏区后，担任中央局成员、常委兼全总党团书记、副委员长，领导苏区和全国的工人运动。到后不久他便同全总委员长刘少奇一起赴汀州检查工会工作，开始纠正"左"的错误，领导工人开展经济斗争，并与刘少奇、张闻天一起修改了照搬苏联经验、不符合苏区经济情况的《劳动法》，扭转了根据地经济工作中在劳动政策和私营工商业政策方面存在的"左"倾错误。陈云在苏区中央局机关刊物《斗争》及《苏区工人》两个刊物上先后发表一系列文章，分析"左"倾错误产生的根源、表现及其危害，强调在工运中要反对不注意改善群众眼前生活的倾向，要把工人阶级当前利益与长远利益结合起来；提出要领导工人群策群力，发展边区经济，组织失业工人建立合作社和改善国营企业的管理，并亲自深入实践指导苏区工人订立劳动合同。这一时期的革命实践活动提高了陈云指导经济工作的政策水平。1936 年，陈云赴苏参加共产国际工作期间，曾在苏联列宁学校特别班学习。这个班主要的学习科目是政治经济学。为了使学习能够深入，学校专门聘请苏联著名的经济学家西嘎尔和列宁学校特别班的学员住在一起，以便学员随时向他请教。经过这一时期的学习，陈云积累了比较系统的马克思主义政治经济学理论知识。

　　陈云主持财经工作的经历是从抗战后期开始的。1944 年 3 月 5 日，中央政治局会议根据毛泽东提议，决定陈云任西北局委员、西北财经办事处副主任兼政治部主任，西北财经办主任由贺龙兼任。因贺龙当时集中力量领导军事斗争，西北财办工作实际上是陈云主持。当时陕甘宁边区大生产运动，已度过最艰难时期，但供给依然十分紧张，特别是棉花、布匹和若干工业品仍需从国民党统治区购入。更大问题是财政收支有巨大赤字，货币发行过多，于 1943 年发生物价大波动。在敌顽的包围封锁中，要稳定和发展边区经济，保障边区军民供给，满足边区抗战需要，仍需付出十分艰巨的努力。为了解决当时遇到的经济问题，陈云提出"生产第一，外贸第二，财政开支第三"的财经工作总方针，领导西北财办在贸易、金融、财政、生产等方面实行一系列有效措施。在贸易方面，通过实行贸易统一政策，活跃内部市场，积极探索在封锁状态下进行对外贸易的方法和规律，实现了对外出超。在金融方面，发行边区贸易公司商业流通券，建立规范的边区银行信用制度，灵活展开边币与法币的斗争，实现了金融的平衡和物价的稳定。在财政方面，将财政与金融政策结合，积极支持农业和工业生产，实现了中央确定的"节约储蓄，增加生产自给，备战备荒"和"生产节约，长期打算，积蓄物资，准备反攻"的战时财政基础。在边区经济建设方面，自力更生，积极发展农业和工业生产，使布和粮等主要物资得到保障。

陕甘宁边区的财经工作，是陈云主持和领导财经工作的初始阶段。陈云在仅一年零六个月的短暂时期，领导拟订一系列正确政策和措施并有效实施，边区财政经济状况有了很大变化：打破了国民党经济封锁，基本扭转边区主要生活日用品入超，出入口基本平衡；1944年边区财政收支达到平衡，物价稳定，边区经济基本自给，并为1945年的反攻和随后大规模的军事调动准备了物质方面的基础。陈云在初次短暂主持解放区财经工作中，即显露出领导经济工作的卓越才能。

抗日战争胜利后，陈云奉中央命令北调，初任中共东北局副书记，参与东北解放战争的领导工作；并且，先兼任东北财经办事处主任，后兼任东北财经委员会主任，主持东北局财经工作。陈云这一时期的经济领导工作，虽然在地域上局限于东北，但具有全局意义。这是由于东北解放区特定的战略地位决定的。东北有丰富的资源，是中国最大的重工业地区，东北城市人口占全国人口的三分之一，工业的发展占全国第一位，农村经济的商品性比关内大部分地区要多一些，城乡分工与工业分工也有较高度的发展，交通比较发达。1947年，经过人民解放军"四保临江"和"三下江南"战役以及夏、秋、冬攻势，国民党在东北覆灭的命运已成定局，东北解放区连成一片，有乡村有城市，地区广大，工业、矿山、铁路的比重和城市的比重已完全不同于抗战时期的解放区，也完全不同于关内的解放区；加上东北土地改革的进行，为工业的发展开辟了更加广阔的途径。到1948年，东北事实上已成为解放战争的总基地。另外，哈尔滨和沈阳等大城市的先后接管，使东北的战略地位更加重要，也使主持东北局财经工作的陈云积累了全面的财经领导工作经验。他提出的完整接管大城市的"沈阳经验"，受到中央高度重视。在城市接管中，陈云提出了把日伪和官僚资本主义企业改造为社会主义性质的国营企业的一系列主张；为克服公营经济生产的盲目性，提出了加强东北经济工作的计划性的一系列主张。在中央确定他主持中财委工作时，陈云正领导东北局财经委筹划东北经济建设的全局蓝图。

　　陈云在领导陕甘宁边区和东北解放区财经工作期间，不仅自身积累了不少财经工作经验，也为中共培养了一批出色的财经工作干部。陈云的领导才能和胆识，在财经工作方面表现出的思想建树和创造出的业绩，以及在党内树立起来的经济工作领导权威，为他在新中国成立后，主持领导全国财经工作，提供了重要的思想、经验、能力、组织等方面的资源，奠定了他主政新中国财经工作的基础。这些都是中共中央选择陈云主持中财委工作的必然因素。

　　另外，中共在将近30年的革命斗争中，造就了一批出色的政治、军事领导人才，可谓群星灿烂。但像陈云这样懂经济规律，有领导经济工作全局能力，且又在中央领导岗位工作过，具有丰富领导经验的人才确实屈指可数。这也是党中央选中陈云的客观原因之一。

　　2005年6月13日，胡锦涛在陈云诞辰100周年纪念大会上，对陈云在新民主主义革命时期的活动是这样评价的：

　　　　从土地革命、抗日战争到解放战争，陈云同志先后担任党和军队的许多重要领导职务，无论是领导工人运动、农民运动还是参加举世闻名的中国工农红军长征，无论是参加组织如火如荼的抗击日本帝国主义侵略者的斗争还是参加领导推翻蒋介石反动统治的解放战争，无论是领导党的组织工作还是主持陕甘宁边区和晋绥边区的财政经济工作，无论是参加领导建立巩固的东北根据地还是主持东北经济的恢复和重建工作，陈云同志始终不畏艰险，勇挑重担，精心谋划，勤奋工作，以高超的智慧和卓越的工作，为党中央和毛泽东同志制定的一系列重大战略决策的实施，为新民主主义革命的胜利和新中国的诞生，建立了赫赫功勋。①

　　2015年6月12日，习近平总书记在陈云诞辰110周年座谈会的讲话中进一步精辟概要指出："新民主主义革命时期，陈云同志为民族独立和人民解放顽强奋斗，是中华人民共和国的开国元勋"②。

① 参见《人民日报》2005年6月14日。

② 参见《人民日报》2015年6月13日。在陈云诞辰90周年、100周年时，党中央还没有使用过"开国元勋"的评价。

薄一波在晚年回忆中财委成立的情况时写道：

党中央和毛主席在决定建立统一的财经领导机构的过程中，最重要的一着是从东北调回陈云同志主持中财委。陈云同志是新中国财经工作的卓越领导人。1942 年，他主持的陕甘宁晋绥五省联防财经办事处，工作很出色。解放战争时期，他主持东北财经委员会的工作，顺利实现了东北全区财经工作的统一管理，较早地把经济稳定下来。党中央和毛主席任命他为中财委主任，是再合适不过了。①

中共中央除选定陈云主持全国财经工作外，还选择薄一波担任中财委副主任，辅助陈云工作②。

薄一波 1908 年生，1949 年 41 岁。他早在学生时代就接受五四运动新思想和马列主义影响。在大革命洪流中，他组织山西省立国民师范学校学生参加声援五卅爱国运动的斗争。1925 年秋加入中国共产主义青年团，同年 12 月转为中国共产党党员。1926 年夏，任中共太原地方执委会北部地区委员会副书记，从事党的组织、宣传和群众工作，领导了同山西国民党新右派的斗争。

大革命失败后，薄一波长期坚持白区斗争，历任中共山西临时省委委员、顺直省委军委常委等职务。1929 年后在北平、天津、唐山等地从事兵运工作。由于白区工作环境险恶，他先后四次被捕，两次入狱。在狱中，他带领同志们对敌人进行坚决斗争，保持了共产党人的崇高气节。1936 年夏秋之际，经党中央批准，关押在草岚子监狱的薄一波等 54 位同志被营救出狱。对于薄一波等在草岚子监狱中的英勇斗争，毛泽东后来给予充分和很高的评价。毛泽东说：你们把监狱变成了学校，通过学习革命理论，武装了自己的头脑，为党保

---

① 《若干重大决策与事件的回顾》上卷，第 50 页。

② 薄一波说："在组建中财委时，毛主席找我谈话，要我到中财委任副主任，协助陈云同志工作。我说，中央要我到财委协助陈云同志工作，从内心讲是很愿意的，可以多学习一些东西；但我还有华北局的工作，也是一个重头，一身二任要误事。毛主席说，那你就把华北局搬到财委去办公嘛！从此以后，我的主要精力就转到了中财委。"《若干重大决策与事件的回顾》上卷，第 50 页。

存了一大批革命同志，这就是胜利。①

抗日战争爆发后，薄一波组织领导山西牺牲救国同盟会和山西青年抗敌决死队，任山西新军第一纵队政治委员。1940年起任八路军第一二九师决死队第一纵队司令员兼政治委员，冀南、太行、太岳行政联合办事处副主任，后兼任太岳军区司令员、政治委员。1941年7月起任晋冀鲁豫边区政府副主席。1942年9月起任中共中央太行分局委员，中共太岳区委书记。1945年，薄一波在延安出席党的七大，当选为中央委员。

抗日战争胜利后，薄一波任中共晋冀鲁豫中央局副书记兼晋冀鲁豫军区第一副政委和晋冀鲁豫边区政府副主席、边区参议会议长等职务，协助邓小平主持晋冀鲁豫中央局的日常工作。1947年刘邓大军南下后，他任晋冀鲁豫中央局代理书记，主持中央局日常工作。在领导晋冀鲁豫解放区土地改革和基层整党运动中，他坚持从实际出发，纠正"左"的错误。他结合地方实际，贯彻落实党的工商业政策，推动了晋冀鲁豫解放区经济的恢复和发展。1948年5月，晋冀鲁豫和晋察冀两大解放区合并为华北解放区，成立中共中央华北局，刘少奇兼第一书记，薄一波相继任第二书记、第一书记兼华北军区政治委员，实际主持华北局的工作。华北局刚成立，薄一波就提出以经济建设为中心的工作方针，指出在华北大部分地区应及时宣布土地改革已经完成，全面转入大生产运动。9月华北人民政府成立，薄一波当选为第一副主席，任政府党组干事会书记。

1948年11月，党中央和毛泽东决定把接管平津的任务交给华北局，薄一波兼任平津卫戍司令部政治委员。中央决定，北平解放后，由薄一波先行赴平，为党中央机关进驻北平打前站。行前毛泽东、刘少奇先后同薄一波谈话，提出对城市接收工作的原则意见。②薄一波协同华北局其他领导人成功地完成

---

① 李景田：《在纪念薄一波同志诞辰100周年座谈会上的发言》，《人民日报》2008年1月29日。

② 毛泽东叮嘱薄一波："城市接收工作主要是接收官僚资本；对民族工商业要好好保护，接收工作要'原封原样，原封不动'，让他们开工，恢复生产，以后再慢慢来。做好城市工作要依靠工人阶级，还要团结好民族资产阶级，跟他们保持长期的统一战线；现在是人民民主专政，不是搞无产阶级专政。接着，毛主席又谈到了郭沫若写的《甲申三百年祭》。他说，我们不能像李自成进北京，一进城就变了。"刘少奇主要谈了对待民族工商业的政策问题。参见《若干重大决策与事件的回顾》上卷，第4页。

了平津的接管工作，指导华北局的工作重心及时从乡村转入城市，为党中央从乡村进入城市和确定以北平为首都筹备建立新中国创造了良好的条件。他在陈云提出的"沈阳经验"的基础上，对大城市接管经验进一步作了系统的总结和充实。1949年4月2日，薄一波向刘少奇口头汇报了平、津接管的情况；4月9日，又给毛泽东写了书面报告，详细列举了平、津工业生产中的主要问题：城乡交换阻隔，外贸断绝，原料匮乏，产品滞销，通货膨胀，工作中没有完全处理好公私、劳资关系等。薄一波的报告引起毛泽东的重视。4月中旬，毛泽东针对平、津大城市解放后经济工作中出现的新问题，高瞻远瞩地提出"四面八方"政策，这个政策后来写入《共同纲领》，[①] 成为新中国经济恢复与发展的战略指导方针。

从参加革命到1949年，薄一波积累了丰富的革命经历，既有从地方到大区的组织领导工作经验，又有出色的军事指挥才能，还有着坚强的革命意志和机敏的斗争方法。虽然他没有专门从事过经济领导工作，但多次承担独当一面的工作，开创出色的政绩，有着很强的领导和协调能力。在平津大城市接管中，又摸索和积累了较丰富的城市工作领导经验。从1949年3月起，薄一波列席中共中央书记处会议，参与党中央一些重大决策的讨论。所以说，中央选择薄一波协助陈云领导中财委的工作，绝不是偶然的。

中财委的另一位副主任马寅初与陈云、薄一波有着完全不同的经历。

马寅初生于1882年，1949年时已67岁，是中国著名的经济学家、教育学家。他从小接受中国传统文化教育。1898年，赴上海英华书馆求学，1904年考入北洋大学堂，在这所中国最早的现代大学中选读矿冶专业。1907年被北洋政府保送到美国耶鲁大学，1910年获经济学硕士学位，1914年成为哥伦比亚大学经济学博士，是我国最早获得西方科学学位的留学生之一。

马寅初胸怀"强国富民"理想，谢绝美国人丰厚的聘请条件，回到灾难深重的祖国。1915年回国后，他立志"治学救国"，先后在北京大学、上海交通大学任教。在北京大学受聘教授期间，曾任经济、商学两系主任，并兼任教务长，传道授业之余，他以北大教务长身份，积极协助蔡元培校长实施教育改

---

① 《七十年奋斗与思考（战争岁月）》上卷，第507—508页。

革。其间也曾在北洋政府财政部任职，并兼任过中国银行总司券（总发行人）等职。

为了拯救灾难深重的祖国，1927 年，马寅初复走"从政救国"之路，辞去北大教授职务南下辅政，担任浙江省政府委员、省财政委员会主席等职；后又担任国民党政府立法院立法委员、立法院经济委员会委员长、财政委员会委员长，并兼任中央大学教授，曾当选第一届中央研究院院士。

抗日战争爆发后，马寅初抵达重庆，在重庆大学担任经济学教授和商学院院长。面对"前方吃紧，后方紧吃"的丑恶现实，马寅初提出一系列战时经济主张，将政治上的反贪污和经济上的反通货膨胀结合起来，并直言批评当局政策和政府官员。1941 年 12 月，马寅初被投入贵州息烽、江西上饶集中营，身陷牢狱长达一年零八个月。后来，随着沦陷区的收复，马寅初离开重庆回到杭州、上海，积极投身爱国民主运动。1948 年，他在中国共产党的帮助下，冲出国民党统治区，经香港进入解放区。新中国成立后，马寅初先后担任全国政协第一届全体会议代表、中央人民政府委员、华东军政委员会副主席、浙江大学校长等职。

从马寅初的经历中可以看出，他不仅有渊博的经济学知识，而且还有丰富的从事财经工作的实践经验，并有着深厚的爱国情怀和先进知识分子追求真理的品格。在旧中国，马寅初经历了清政府腐败无能、任人宰割的时代，经历了军阀混战、烽火四起，生灵涂炭的时代，也经历了国民党政府独裁统治、中国人民苦难深重的时代。在动荡的历史进程中，正义与邪恶、进步与倒退、压迫与反压迫的激烈交锋与对抗，震动着这位有爱国良知且在中华优秀文化传统熏陶下成长起来的知识分子。他渴望在知识的海洋中探寻出一条报国强国之路，并运用知识的力量，痛砭时弊，奋臂疾呼，口诛笔伐，无情地揭露和鞭挞旧社会种种倒行逆施、奸诈丑恶的黑暗行径。

从 20 世纪 20 年代起，马寅初就比较系统地向国内介绍西方经济学各种流派，并针对当时中国经济问题阐明自己的观点。他认为英国古典政治经济学理论和凯恩斯理论不适于中国，而李斯特的保护关税、发展国家综合生产能力、学习外国先进技术经验，以及借助国家力量发展经济的观点，比较适于中国。抗日战争时期，他研究战时经济问题，在立法院提出向发国难财者征收临时财税的议案。解放战争时期，他一针见血地指出，官僚买办资本、封建势力与帝国主义势力勾结，摧毁国内一切中小私营企业的生产，是在走工业美国、农业中国的殖民地道路。

这位爱国知识分子疾恶如仇、爱憎分明、旗帜鲜明的立场和观点早就受到中国共产党领导人的尊重。政务院财政经济委员会成立后，管理规模扩大，人员增加，任务加重。为了承担起引领国民经济恢复和发展的重任，陈云在工商界和社会上广泛搜罗懂经济的专业人才。当时担任陈云副手的只有薄一波，陈云感到应该增设一位副主任，最好是选择有威望，懂经济的民主人士充任。他把这一想法报告周恩来，立即得到周恩来的同意。周恩来向陈云推荐了马寅初，也立刻得到陈云的认同。①

陈云对马寅初的情况比较熟悉。他在商务印书馆工作时，就听过马寅初的演讲，总共四集的《马寅初演讲集》，是在商务印书馆印刷的；马寅初抗战期间痛斥蒋介石，被囚禁息烽的情况陈云也早有所闻。他很乐意这样一位有渊博经济学知识又有爱国正义感的党外人士加盟中财委核心领导层。所以，当马寅初在中财委成立大会上提出：本人因任浙江大学校长恐不可兼顾财经委员会副主任职务，请改任不兼职委员时，陈云和薄一波相继发言，一致认为马寅初完全可以兼任中财委任副主任。②

1950年4月以后，中财委副主任又多了一人，这个人就是李富春。

李富春1900年5月生，1949年时49岁。五四运动后赴法国勤工俭学；1922年加入中国社会主义青年团（旅欧支部），1923年转为中国共产党，曾为中共旅欧总支部领导人之一。回国后1925年7月，任国民革命军第二军副党代表、政治部主任，中共江西区委军委书记，中共江西省委委员，江西省委代书记。

大革命失败后，曾任中共江苏省委宣传部部长，中共江苏省委代书记，中共上海法南区委负责人。1931年1月起任中共广东省委宣传部部长、中共广东临时省委代书记。1931年5月起任中共中央军事部部长，1931年6月至12月任中共中央军委委员、代书记。1931年12月起任中共江西省委书记。1934

① 《陈云与马寅初》，华文出版社1999年版，第9页。

② 《中央人民政府政务院财政经济委员会成立会议纪要》（1949年10月21日），见《中国工业五十年（第一部）》下卷，中国经济出版社2000年版，第1100页。

年2月当选为中华苏维埃共和国第二届中央执委会委员；长征期间，分别任工农红军总政治部副主任，红三军团代政治委员，红军总政治部代主任。1935年11月起，先后任中共陕甘省委副书记、中共陕甘宁省委书记、中央组织部副部长、中央秘书长、中央书记处办公厅主任，延安自然科学院校长，中共中央副秘书长等职。

李富春是中共党最早从事经济工作的领导人之一。从1931年起到长征开始，他担任江西省委书记的主要任务之一是"发展经济，保障供给"。在他卓有成效的领导下，江西根据地的经济贸易得到较快发展，不仅保证了人民的基本生活，还有力地支持了红军的反"围剿"斗争。从1934年10月初长征开始，到1935年6月红军一、四方面军会合，李富春担任过红军总政治部副主任、代主任，除负责开展部队思想政治工作外，还负责筹集红军长征所需要的粮食、被服等各种给养。

抗日战争时期，日本侵略军和国民党顽固派严密封锁各抗日根据地，使延安和陕甘宁边区遇到严重的经济困难。这时，中央任命李富春担任中央副秘书长兼中央财政经济部部长。李富春坚决贯彻党中央、毛主席的指示，直接领导和组织了著名的延安大生产运动。实现了毛主席提出的"自己动手，丰衣足食"的要求，使边区得到巩固，军民生活有了明显改善，部队的战斗力进一步加强。李富春的工作业绩受到毛主席的高度赞扬，并号召全党同志都要像李富春那样学会做经济工作。

解放战争时期，李富春任中共中央西满分局书记，后分别任中共中央东北局常委、副书记、东北人民政府副主席、东北军区副政治委员；并协助陈云主持东北地区的经济工作。东北解放后，李富春在东北局和东北人民政府中分管经济工作，领导和组织东北地区经济的恢复和建设，使东北地区煤炭等部分工业产品1949年的产量就超过了伪满时期。东北经济的恢复，有力地支援了全国的解放战争。

为什么在中央财政经济委员会和政务院财政经济委员会成立时，中央没有调李富春参与领导全国财经工作呢？这是因为东北局在陈云离开后，财经方面的领导人已显缺乏；而当时东北局在中共财经工作全局中处于极其重要的地位，既承担着解放战争供需方面的重任，也是全国经济秩序稳定的物质方面的主要保障。

从 1950 年开始，新中国经济恢复工作全面铺开，统一财经的工作也在各方面开展起来，紧张的工作使体弱的陈云支撑不住，不得不暂停工作休养一个时期；而当时国家繁重的经济领导工作不允许领导核心有任何减弱。所以，中央亟待选择一位既懂得经济领导工作，又能与陈云配合自如的副手，以加强中财委的工作。

4 月 11 日，中央人民政府委员会第六次会议任命李富春为政务院委员、政务院财政经济委员会副主任，并接替陈云兼任中央人民政府重工业部部长。当时东北局因工作需要"恳请中央不调或缓调李富春，待东北工业建设走上正轨再行调动"，但此时，"中央方面因急需调整全国的工商业并为拟制全国经济计划准备基础，急需有人负责"，调人之事已无法拖延。6 月 29 日，毛泽东和刘少奇联名致电高岗指出："现在陈云同志生病休养，富春同志必须速来中央工作"；"这与东北经济中目前最困难的问题亦有直接关系"。① 中央在这一人事调动中所表现出的坚定、果断态度，反映出当时中央财经工作急需将才的紧迫性。中央调任李富春的目的十分明确。1950 年 4 月 13 日，周恩来在全国统一战线工作会议讲话中说：这次调李富春同志任中财委副主任兼重工业部部长，就是为了从工业的全盘上协调各方面的关系而采取的措施。今后财经部门不仅要管国营企业，也要管私营企业。至于国营企业和私营企业的经营范围如何划分，要从各方面进行具体研究。②

"在调整工商业时，调李富春到中央协助陈云抓工业和计划工作，从工业的全盘上协调各方面的关系，这是毛泽东、周恩来深思熟虑后作出的一项重要人事决定。"③ 李富春革命经历丰富，资历很深，有着充实的从中央到地方的工作经验，而且还有着较丰富的领导经济工作，特别是管理工业的实际经验。李富春抗战期间在延安，曾担任中央财政经济部部长；解放战争时期担任东北财经委员会副主任；新中国成立前后领导东北工业的恢复与建设；1950 年 2 月 10 日，政务院批准取消东北人民政府财政经济委员会，成立东北人民政府经济计

---

① 《建国以来刘少奇文稿》第二册，中央文献出版社 2005 年版，第 260、259 页。

② 《周恩来统一战线文选》，人民出版社 1984 年版，第 170 页。

③ 房维中、金冲及主编：《李富春传》，中央文献出版社 2001 年版，第 381 页。

划委员会，李富春担任主任，主持编制了东北地区的第一个国民经济计划。可以说，李富春是中共党内不可多得的熟悉现代工业交通，又懂得经济计划工作的领导人之一。此外，陈云在延安担任中共中央组织部长时，李富春任副部长；陈云担任东北财政经济委员会主任时，李富春任副主任。他们在工作中早就是一对配合默契、相互理解的搭档。中央选择李富春协助陈云领导全国财经工作，并直接领导推动国家重工业的恢复和发展，是一项十分恰当且适时的重要人事举措。

中央财经领导机构的成立和帅将的确定，为新中国经济工作的起步和展开创造了最基本的组织领导方面的条件。以后，陈云主政的中财委的出色工作政绩亦充分证明了中央这项组织决策的正确性。

综上所述，新中国成立前夕，中共所面临的财经形势十分严峻，经济恢复与重建任务异常艰巨，有许多问题亟待解决。1949 年 6 月，刘少奇在一份党内报告提纲中指出，目前经济工作方面存在三个问题：没有制订完备的经济方针和经济计划；干部不懂得管理经济，大批最好的干部还在忙于军事，无暇学习经济；没有建立全国性的统一领导的经济机关，各个地方、各个部门的国营经济常出现无组织无政府状态，互相竞争，商人资本家从中渔利。中央拟于最近发布关于经济建设方针的决议，建立全国性的国民经济委员会，建立各省各县的国民经济委员会，成立财政、工业、铁路、航运、邮电、农业、商业各部及国家总银行与各专业银行，并按各产业部门成立公司或托拉斯，经营国家的工厂和矿山。建立国营、省营、县营、市营各企业间的正确关系。① 在历史提出的巨大挑战面前，即将执掌全国政权的中国共产党，要顺利实现由革命战争到经济建设的转变，必须拥有全国性强而有力的组织系统，成立中央财经领导机构即是建立全国性财经组织系统的首要和核心举措。

---

① 《刘少奇选集》上卷，第 429 页。

第三章　中财委指挥稳定市场物价的斗争

跨入 1949 年，中国社会的经济环境极端困难。国民党统治时期持续 12 年的恶性通货膨胀没有随着北京、天津、上海等大城市解放的庆贺烟花一起消失，物价猛涨、市场混乱的经济因素依然存在于刚刚获得新生的社会中：大量资本还在流通领域内进行投机活动，威胁着物价稳定；城乡之间的商路相当部分被破坏，新解放的小城市及广大农村，仍多以银元或物物交换为交易手段，致使人民币的流通范围不能随着解放地区同比例扩大。人民解放战争还在继续进行，城市接管、经济恢复、公教人员的薪金、旧人员的包容、灾民的救济等，使财政费用大大增加。人民政权尚无统一的税收政策和税收系统，社会生产短期内难以恢复，人民政府财政支出的数额超过财政收入的赤字部分不得不暂时靠超发人民币来弥补。正是在这种情况下，新中国成立前后相继出现四次大规模的物价上涨①。

社会经济环境的稳定是恢复国民经济的重要前提。通货膨胀问题不解决，物价难以稳定；物价控制不住，社会混乱局面就会继续存在；社会不稳定，谈不上经济的恢复和建设；民生问题不解决，政权将失去民心；没有民心的政权，难以生存。所以，中财委成立后，面临的首要任务是整顿社会经济环境，解决物价飞涨和市场混乱问题。在中共中央领导下，中财委治理经济环境、稳定市场物价的斗争是逐步展开和深入的，最终平抑了物价，为新中国第一年的经济恢复工作提供了良好的经济环境。从政治上看，稳定物价斗争的胜利，也为新生政权的巩固创造了具有决定意义的社会条件。

---

① 指 1949 年 4 月、7 月、11 月和 1950 年 2 月在平、津、沪等地区出现的四次大幅度的物价上涨。

一、整顿金融秩序

第一次物价上涨风潮，出现在 1949 年春。这次物价上涨的突出特点是：随着各大城市的陆续解放，旧中国长期积累下来的严重经济痼疾很快显露在人民政权面前，首当其冲的是金融秩序的混乱。当时除国民党政府发行的金圆券、银圆券外，金、银、外币实际上成为市场流通中的主要货币；资金绝大部分流向金融投机和商业投机领域；金融业畸形繁荣，大大超出正常生产和流通的需要。混乱的金融秩序，成为人民政府在经济方面首先需要解决的问题。

1949 年人民政府在解放的大城市内，颁布了金银只许持有、不准买卖的命令，宣布不准持有、必须按照牌价收兑。但以金、银、外币刺激和引导物价上涨的投机活动，在城市解放初期一时还难以控制，尤其在投机势力深厚的上海与天津为甚。4 月，上海第一次物价波动就是由金、银、外币投机掀起的。

4 月下旬南京解放后，当时仍在国民党政府控制下的上海就已经开始出现拒用金圆券、银元市价飞涨的情况。到 5 月 2 日，上海"袁头"的身价由 25 万元升至 170 万元，上涨 580%，过去引导金融性商品的美钞、黄金，已是望尘莫及。美钞与"袁头"的比率已平换进至 2∶1 的纪录。为制止这种态势的发展，国民党淞沪警备司令部颁发布告，明令金圆券不得拒收，买卖不得以银元标价，违者"一律按扰乱金融严处治罪"。但金圆券的信誉随国民党南京政府的倒台已彻底崩溃，银元的使用已无法禁止。5 月 19 日，上海中央银行不得不宣布银元挂牌办法，每枚银元合金圆券 960 万元；5 月 21 日，每枚银元与金圆券的比价涨到 1320 万元，三天内较旧价提高 360 万元；5 月 23 日，中央银行银元牌价再度调整，新价每枚银元合金圆券 3600 万元，已与黄金市价轧平①。"此种情况乃是在平津解放及我军渡江后金圆券迅速崩溃，南京政府完全垮台之下造成的"②。这种由政治局势大变动引起的金融环境的剧烈变化势不可当。

5 月上旬，陈云从东北到中央就任。当时，中财委正在组建中，尚未正式

---

① 《中华民国货币史资料（1924—1949）》第二辑，第 639—641、645 页。
② 《陈云文集》第一卷，中央文献出版社 2005 年版，第 678 页。

成立。陈云凭借他领导经济工作的经验，敏锐估计到，新解放区的金融将会出现两种情况：第一，"金圆券不打自倒"，"金融上我们所遇到的敌人，已不是软弱的金圆券，而是强硬的银元"。第二，"过江以前，解放战争一般是先解放乡村，包围大中城市，然后解放之。这样在金融贸易上人民币就先在乡村生了根，城市一解放，我币占领市场，恢复城乡交流，都是比较容易的（如沈阳、平津）"；但过江以后，"我们先占城市，后占乡村，而城乡均是银元市场，乡村非但不能帮助城市推行我币，而且增加了我币推行的困难"。①

现实情况正是如此。5月27日，人民解放军占领上海。次日，上海军管会和人民政府成立，郑重宣布人民币为解放区流通的合法货币，开始收兑金圆券。因金圆券已形同废纸，人民政府仅用4亿元人民币即兑完。当时上海市场上流通的主要通货不是金圆券而是银元，人民币一时难以占领市场。据中共华东财委估计，上海市面上流通的人民币总额超不过20亿（包括兑换3.5亿元，工资借支9亿元，收购5亿元，部队使用及新区流入至少2亿元）。由于人民币不是唯一的流通手段和支付手段，便形成市场上大批买品基本上通过银元和黄金进行交易，而人民币买不到整批货物，只是个喊价，实际上成为银元的辅币。这种情况严重影响人民币的信用。许多市民习惯于手中不留存多的人民币，领到人民币就购存商品，或干脆先买银元再买东西，因此，市面上银元价格不断上涨。6月初，上海公营企业发出每人预借工资3000元后，银元即由3日的720元，涨到4日的1100元左右，高于京、锡、杭、芜等地，但以银元黄金计算的物价反而微跌。②

由于银元的扰乱，正常的金融周转无法恢复，并带动物价上涨，严重影响了生产的恢复和市场的繁荣，产业界和中小市民极为不满。为控制金融混乱、物价上涨的局面，中共华东财委和上海市委分别于6月4日和5日电告中共中央，决定采取有力措施，使人民币尽快占领新解放区市场，以平抑物价。拟定的共同措施是：（1）通过报纸及座谈会等方式宣告我方对银元的态度。（2）集中抛售银元，争取在几天内将银元价格压低；然后在京、沪、杭等地区同时宣布禁用

① 《陈云文集》第一卷，第678页。
② 《中共上海市委致中央电》（1949年6月5日），见《中共中央文件汇集》（内部本）1949年第二分册，第182页。

银元。（3）禁令公布后，群众和军警立即联合行动，镇压银元贩子，对大银元投机家给以严厉制裁。(4）举办银元折实存款，并收兑银元。(5）贸易处抛售米、煤、油、盐等各种实物，以吸收人民币；又适当抛出人民币吸收工业品，以使工业品缓慢上涨。通过这样收进和抛出的方法使人民币和物资结合。① 随后，上海方面立即行动。6月5日，《解放日报》发表《扰乱金融操纵银元的投机者赶快觉悟》的社评，得到上海市民普遍热烈拥护。银元黑市价格开始下跌。

　　陈云看到华东财委和上海市委的电报后，于6月8日代中共中央起草回电，同意上海市委及华东财委电报中提出的打击银元投机使人民币占领市场等办法，但明确指出，这一斗争不容易，"除政治手段外，还须陆续采取许多经济步骤"。他在回电中提出以下新的措施，希望华东财委和上海市委研究："(甲）明令铁路交通事业及市政公用事业，一律收人民币。（乙）税收一律征收人民币。另外请考虑是否可预征若干种税款。（丙）以地方为单位，首先是上海，酌发实物公债。但应避免向工厂、商店普遍摊派公债。（丁）像平津一样，通令各私人银行查验资金。（戊）开放各解放区之间的汇兑，其目的是以老区比较坚强之货币阵地来支持南方新区货币阵地。"②

　　依照6月8日陈云起草的中央指示，华东和上海人民政府对金融市场采取强硬管理措施。6月9日，上海市公安局采取行动逮捕银元贩子。商店也与人民政府合作，拒收银元。6月10日，华东军区司令部公布《华东区金银管理暂行办法》，严禁用金银计价行使流通与私相买卖。从此华东区反银元斗争，由以管理为主转为依照暂行办法取缔为主。同日，上海市政府公安局奉军管会命令查封金融投机大本营上海证券交易所③的"证券大楼"，逮捕并法办投机违

---

　　① 参见《中共中央文件汇集》（内部本）1949年第二分册，第180—181、182—183页。
　　② 《陈云文集》第一卷，第679页。
　　③ 上海证券交易所为远东最大的证券中心，起始于清末。1881年，西商中一批从事证券买卖的经纪人，成立了"上海股份公所"，1905年改名为上海众业公所，这就是上海最早的交易所。1918年，日商也在上海发起组建了当时洋商开设的第二家证券交易所，即"日本取引所"。在此前后，上海的华商证券业也开始出现。1914年，联合发起成立"上海股票商业公会"，并于1920年成立中国第一家华商交易所——上海华商证券物品交易所。1933年，上海华商证券物品交易所依法折并为5家交易所，即上海华商证券交易所、上海华商纱布交易所、上海金融业交易所、上海面粉交易所和上海杂粮交易所。1946年9月，华商证券交易所更名为上海证券交易所。

法分子二百余人。公安局还分组出动，在街头及隐蔽地区搜捕银元投机分子。银元黑市价格立即下跌七八百元。为配合政府行动，肃清银元投机，上海民众还于当日展开拒用银元运动。①11日，上海中国银行受人民银行华东区行委托，开始收兑银元。由于政府收兑牌价接近黑市，兑换市民异常活跃，银元黑市价格暴落，物价亦趋于稳定。政府据情将收兑牌价机动地逐渐提高，持兑者日多，从而使上海银元黑市在很短时间渐趋消灭。人民和政府的相互配合，沉重打击了破坏金融秩序的非法活动，基本消灭了金、银、外币成为领导物价波动的力量。这场斗争史称"银元之战"。

在这场斗争之前，人民政府还加强了对外币的管理。上海临近解放时，熟悉金融业务的党外民主人士章乃器、千家驹、沈志远曾向陈云进言：上海解放后，外币要禁用禁持。②6月3日，中国人民解放军华东军区司令部公布了外汇管理办法，严禁外币流通。在打击银元的投机斗争中，为防止外币对金融市场的扰乱，6月8日，上海军管会再次颁发布告重申严禁外币在市场计价流通，③积极配合了随后展开的"银元之战"。通过这一系列办法，银元、黄金、外币都与物价脱离关系，使人民币成为事实上的本位币。

为根除银元投机现象，6月13日，上海人民政府按原定计划，采取釜底抽薪的措施，开始抛售棉、纱、面、油等实物，一方面抑制市场投机活动，另一方面促进人民币在市场上流通，逐步占领市场。6月14日，人民银行举办折实储蓄，使一般市民不必再用购买银元的方式保存币值。党和政府还积极领导发展城乡供销合作社、消费合作社，将人民必需的消费品通过合作社直接分配下去，以免除投机商人的中间剥削。协助银元贩子转业等工作也先后展开，给反银元斗争的成功增加了保障。

华东区其他城市也与上海采取统一步骤，对银元黑市展开猛烈攻击，由此

---

① 《1949—1952　中华人民共和国经济档案资料选编（金融卷）》，第191—192页。

② 《陈云年谱（修订本）》上卷，第724页。

③ 布告规定：凡持有外币之商民等，限于外汇交易所成立后半个月内，到中国银行按牌价兑换人民币，或存入中国银行取得外汇存单，凭存单向指定之外汇交易所自由交易，严禁外币在市场计价流通，如有蓄意违犯扰乱金融者，决予严惩不贷。参见《1949—1952　中华人民共和国经济档案资料选编（金融卷）》，第183页。

新区金融市场秩序稳定的局面基本形成。为巩固这一局面，根据陈云提议，6月21日，中国人民银行总行通令平、津两分行自今日起可先行办理与沪宁的汇兑业务，并且通告平津私营行庄与上海、南京、武汉、西安等地通汇办法。新老解放区的通汇，加强了人民币的流通，进一步巩固了人民币在新区的本位币地位。

这场"反银元斗争"取得了完全有利于人民和新社会发展的效果：银元黑市完全消失，对物价不再发生影响；秘密经营金银投机的金铺，因受到严厉镇压而销声匿迹；公开或半公开的银元计价现象已经肃清。银元黑市消灭后，人民币的流通范围日渐扩大，信誉日益巩固，实质上已完成币制的统一；金融市场渐趋稳定，以往由于金融市场混乱而引起的商品市场混乱的现象已不存在；银根平稳趋松，银钱业存款增加，物价渐趋稳定，为今后发展生产掌握市场创造了条件。

二、统筹调拨和调控市场物资

中共"银元之战"的胜利，基本结束了中国近代国内货币流通市场长期混乱的局面，这对恢复全国工农业生产、发展新民主主义经济、巩固新生的人民共和国具有重大意义；但由于市场供应的物资不是和通货继续增发，并未消除物价波动的基本因素。自6月27日起，上海等江南大中城市出现1949年的第二次物价上涨风潮。7月初，平沪直达列车通车后，上海投机商携款赴平津大量抢购物资，物价随之迅速上涨。

对这次物价上涨，中共领导人早有心理准备。薄一波在回忆录中写道："银元斗争我们虽然胜利了，但资产阶级在经济上没有受到重大打击，还不服气。那时，物价不稳定，粮食和纱布往往代替货币充当筹码，成为囤积的对象。资产阶级也把眼光转到粮食和纱布市场上。"[①] 粮和棉是当时对市场物价具有重要影响力的两项物资。其实4月和7月的物价涨风，都始于粮食，然后纱

---

① 《若干重大决策与事件的回顾（修订本）》上卷，第57页。

布跟进。所以，人民政府通过全国物资统筹调拨，以掌握大量市场必需物资，特别是粮食与纱布；利用市场吞吐政策，控制市场，是稳定物价的一项基本措施。这也是史家所谈的，中共对投机资本家进行的"米棉之战"。

在第一、二次涨风中，人民政府都是利用手中掌握的物资，大量抛售，并配以其他行政和经济方面的措施，将涨风压下去。在 1949 年 4 月物价暴涨时，北京国营商业在 4 月 23 日至 31 日 9 天中，在市场抛售及供应机关企业等单位粮食共 7481 万斤，拖住了物价涨势。7 月，上海国营贸易机构在物价暴涨时，大量抛售棉纱、棉布、大米、面粉，抛售量分别达到市场成交量的 37.3%、76.8%、36.3% 和 34.1%，控制了物价上涨幅度[1]。

此外，为保证职工和广大劳动人民和生活不受影响，在大量抛售物资、稳定市场物价的同时，还对职工实行低价供应粮食、纱布等日用生活必需品的办法。具体做法是按工厂企业、机关、学校、街道，组织消费合作社，由国营贸易部门按国营牌价对社员供应物资，不受市场物价变动影响。这项措施条件首先在平津实施。截至 6 月底，天津共组织合作社 312 个，其中职工社 108 个、市民社 149 个、机关学校社 51 个、生产社 8 个，共有社员 505 194 人（占全市人口四分之一强）。供应社员粮食 18 611 914 斤（平均每人 37 斤），日用品 50 余种。北平在 7 月的物价涨风中，除通过原有的消费合作社供应外，对广大职工、学生实行更充分的配售，规定工人每月定量粮食 45 斤（其中细粮二分之一），学生和公教人员 40 斤（后来也改为 45 斤，其中细粮四分之一），职工家属每人每月 35 斤（其中细粮 10 斤）；并且允许合作社赊销粮食，五天一交款，十天一结账。根据平津经验，上海也对工人、公教人员和学生实行平价配售粮食的办法，每人每月供粮 30 斤。其中，6 月供应了 529 343 人，大米 90 230 斗；7 月供应了 688 347 人，大米 137 669 斗。[2] 其他一些大中小城市也采取相应措施。通过合作社低价供应劳动人民生活必需品，对安定人民生活，减轻对市场的冲击，暴露不法资本家的投机活动，起到重要作用。

为保障全国重要物资调拨工作的有效进行，有益于人民政府控制物资，必

---

[1] 薛暮桥、吴凯泰：《新中国成立前后稳定物价的斗争》，《经济研究》1985 年第 2 期。

[2] 《新中国若干物价专题史料》，第 79、91 页。

须加强城乡物资交流。而为了畅通城乡物资交流的渠道，恢复和发展交通事业是首要条件。首先是大力抢修铁路和公路。修复工程主要是配合军事需要进行的，但对促进全国物资交流也发挥了重大作用。1949 年铁路修复工程主要在津浦、京汉、粤汉、胶济、陇海、京绥、同蒲等路。经过抢修，东北主要铁路干线、关内铁路干线的部分段点 5 月前后基本通车，在关内初步形成以平津、济南、郑州为中心的铁路网。海运因受敌人封锁而尚未展开，但内河运输有一定恢复，特别是上海解放后，内河运输在沟通城乡交流上起了很大作用。华北地区的公路运输仅在 1948 年冬至 1949 年 6 月，就恢复和修建了 2 855 公里。到 5 月中旬，东北粗粮已可大批入关，济南和冀南地区的小麦亦陆续运津，①为人民政府控制市场提供了充足物资。

除运输线的抢修外，整个交通运输事业包括邮政事业都逐步展开。7 月 10 日，中国人民革命军事委员会铁道部制定铁路客货运价。16 日，沪工商处为照顾各接管机关的实际困难，重新制定库存物资提取办法；与此同时，为解决上海纺织原料问题，华中的棉花开始运沪。7 月下旬，沪汉物资交流日畅，为方便流通，华中贸易公司设沪办事处；沪私营企业十余家，开始运工业品往外埠，以换取农产品来沪。至 8 月，华中、华东两区已拟定出进一步加强各区间物资交流的初步计划。中国人民银行为促进物资交流，订定汇兑优待办法，还开始办理照顾公私厂商的埠际押汇等②。广州临近解放时，新中国已成立。为了使城市接管后即可恢复交通运输，预防投机商在城市内掀起物价涨风，陈云于 10 月 5 日为中财委起草复叶剑英、方方③并华中局、军委、铁道部及报中央电，指出："我们正与铁道部商量力争广州攻占后大力修复粤汉路，希望你们在广州及沿线尽早收集桥梁修路材料"，并请力争租船南运在秦皇岛的三万吨煤，同意在解放粤北、广州时，湘南、赣南粮食南运以济广州之急④。这些交通和邮政事业的推进，已不是单纯从军需出发，而且具有明显的盘活国内贸易、保障物资交流顺畅的目的。

---

① 《新中国若干物价专题史料》，第 80 页。
② 参见《上海工商》第 6、7 合刊，1950 年 1 月 1 日。
③ 叶剑英时任中共中央华南分局第一书记，方方时任中共中央华南分局第三书记。
④ 《陈云文集》第二卷，第 6 页。

建立城乡贸易系统对人民政府宏观调控物资有着重要作用。中财委成立后，就开始指导各解放区有计划有步骤地建立以国营贸易机构为中心，敷设广大城乡贸易网的工作。

首先是分设各级国营贸易公司，加强国营贸易机关对市场的领导。7月召开的上海财经会议，对国营贸易公司的发展作了统一部署。根据中财委指示精神，自8月开始，华北贸总逐步改为11个专业公司，其中以内地调剂为主的有粮食、花纱布、百货、煤和铁五个公司，以出口为主的有猪鬃、土产、皮毛、油脂、蛋类五个公司；属于进口者，暂设一个进口公司。各专业公司均按经济区划与交通要道在各中小城市分别设立分支公司，上下级垂直领导，资金、干部统一调度，但须与地方工作密切结合，受地方财委的指导及监督。华北贸总改组后，各分支公司马上开始新的工作。9月20日，陈云和薄一波将上述情况电告中央。

华北粮食公司9月3日召开公司经理会议，布置今后一年的工作。会议强调：粮食经营必须与收购棉花土产等工作密切结合，大力加强调剂工作，支持经济作物区，掌握粮价，坚持粮棉价格比例（一斤皮棉等于十斤小米），保证棉花土产收购任务顺利完成；并顺应自然流转规律，掌握地区合理差额，供给灾区大量粗粮换细粮，并保证国营工厂、机关及学校的粮食，通过供给商店予以充分供给。对一般市民粮食供应，通过市场来调剂供给；此外，对私商采取团结方针，组织领导它们进行采购调剂，对投机奸商捣乱市场者，坚决予以打击，以平稳粮价、稳定市场。会议明确指出：国营贸易不是单纯为盈利，而是为了扶持生产。这次会议还决定，华北粮食公司设在天津，在该公司下设绥远、张家口、唐山、太原、邯郸、石家庄、保定、新乡、单县、衡水、临清、北京等12个分公司，以及沧县、五原、包头等39个支公司。①

上海经济的恢复和发展，对全国经济的恢复和发展有着重要意义。陈云曾明确提出，稳定市场、控制物价工作的重点在大城市，首先是上海。所以，为发展国内对沪贸易，缓解经济封锁给上海带来的经济困难，解放区各贸易公司加强了和上海市贸易公司的联系，纷纷在上海设立办事处和筹备处。设立办事

---

① 参见《天津日报》1949年10月23日。

处的有苏南建中贸易公司，设立筹备处的有华中区贸易公司、东北政委会商业部、山西贸易总公司、苏北贸易总公司、赣东北贸易总公司、山东贸易总公司、华北贸易总公司、皖南贸易总公司和皖北贸易总公司等。它们设立贸易公司和办事处、筹备处的任务，就是要把各地区的土产品运到上海来，交换农村所需要的工业品。地方棉、粮的大批运沪，使上海物价从高峰下挫，并大大有益于沪纺织业的再生产。[①] 为便于物资交流，6 月 28 日，中国人民银行上海分行，开始办理内汇，通汇城市共 50 余处。次日，华东人民政府，为奖励输出，又公布华东区纱布外销办法。同日，还成立华东区国外贸易总公司。

二是发动群众组织各级供销合作社成为城乡贸易的基层机构。供销合作社是在国营商业机构指导协助下，根据农民和市民自愿原则加以组织的。它在发展城乡贸易方面发挥着重要作用。供销合作社的主要任务是采购工业生产原料，推销各种商品，解决农业生产和农民生活多种经济问题。比如：北平地区 1949 年 2 月解放后，在郊区农民普遍缺乏生产与生活资料的情况下，为解决农民生产困难，合作社首先配合政府及合作银行发放农贷，解决农民的种子和肥料问题。在秋收前，青黄不接，农民极端困难时，合作社以食盐、布匹等工业品，按市价预购大米，免除农民出卖青苗时所受过重剥削；秋收后农民急于出售粮食，合作社为保护农民利益，免受商人压价，秋收后及时进行收购。冬季与国营贸易机关签订合同，积极组织农民进行副业生产，以解决农民生活问题。

组织农民和市民联合的供销合作社，联合经营产品运销和生产工具及生活日用品的采购，也利于防止中间商人剥削，促进城乡贸易的健全发展，对国家掌握物资，稳定物价有着重要作用。北平合作总社粮货栈，在 1949 年的物价波动中，通过各地合作社与农民，共采购食粮 886 9109 斤，除供给合作社外，一部分在物价波动时，配合粮食公司抛售市场，在稳定市场上起了一定的作用。[②] 由于供销合作社在工农业生产、城乡贸易、人民生活等方面有着重要作用，人民政府及国营贸易机关在各新解放地区都特别重视加强合作社组织。1949 年 1 月至 7 月间，仅华北地区半年内就建立了一万多个供销合作社，社

---

① 娄立斋：《反经济封锁》，见《经济周报》第 9 卷第 4 期，1949 年 7 月 28 日版，第 79—80 页。

② 《北京人民政府财政经济委员会关于北京一年合作工作总结》（1950 年 2 月 1 日），见北京市档案馆：《国民经济恢复时期的北京》，北京出版社 1995 年版，第 338 页。

员人数占了全华北地区的 3.28%。①

　　三是提倡贸易自由。鼓励私营商业公司、行号下乡销货，或采办工业生产原料，以辅助国营贸易和合作社供销机构力量不足，达到活跃城乡及各地区物资交流、建立稳定有序的流通秩序和物资交流供求相应的要求。对于那些囤积居奇、投机垄断市场、过分剥削生产者和消费者的投机私商，中财委主张坚决打击；但对于有益于生产、有益于城乡物资交流的正当私营商业活动，则积极提倡。对有利于国内生产的涉外物资交流，陈云同样十分重视。6 月，香港私商提出运棉二万包到沪换纱布出口的要求。陈云得知后，于 6 月 24 日，代中央财经部起草致香港古乔并上海市委电，指示：此事有利于我们生产，可赞成并鼓励其进行。

　　为实现贸易自由，建立稳定有序的流通秩序，陈云坚决反对地方保护主义。华东解放初期，徐州市人民政府曾发布告，实行凭证购运和运销，限制物资外流。针对此事，6 月 14 日陈云主持起草中共中央致华东局并告华北、华中局电，指出：现各地交通已恢复，人民币已在全国流通，徐州为南北交通枢纽，限制物资交流恐有不妥。②上海财经会议期间，中财委曾做出原则上准备取消华北、东北纸烟专卖决定。但由于东北和华北解放区的特殊情况，纸烟一直没有取消专卖权。沪津产业界对此颇有异议，要求东北、华北开放纸烟专卖，让沪津纸烟行销全国。新中国成立前夕，《共同纲领》中明确了对内贸易自由一条。华北率先于 9 月 15 日取消纸烟专卖。

　　这些工作活跃了国内市场，也大大加强了国营贸易机关对物资的控制，为中财委统一调拨全国物资、进行稳定物价的斗争创造了有利条件。

　　新中国成立前后两次物价涨风的平抑充分证明，实现全国物资的统一调拨和顺畅交流，是稳定市场物价的关键一着。1950 年 2 月 1 日，陈云和薄一波在给中共中央的报告中明确指出："粮食、纱布是市场的主要物资，我掌握多少，即是控制市场力量之大小。"③国家掌握足够数量的粮食和纱布，稳定市

---

① 《华北合作事业迅速发展　半年建立万余供销社　推动城乡生产稳定物价保障人民生活》，《人民日报》1949 年 10 月 18 日。

② 《陈云年谱（修订本）》上卷，第 728 页。

③ 《陈云文选》第二卷，第 59 页。

场、控制物价就具备了基本物资条件。掌握粮食以稳住城市，掌握纱布以稳定农村，这是以陈云为首的中财委在物价平抑工作中得出的重要经验。

三、中财委主持的上海财经会议

单靠币制的统一、国营贸易力量的加强，还解决不了人民政府财政上的困难。当时，人民解放战争仍在继续推进，军费需求有增无减，对旧人员"包下来"的政策又增加了财政开支，货币物资不平衡造成的物价飞涨隐患并没有消除。5 月 28 日，毛泽东将邓小平、饶漱石、陈毅、曾山①23 日向中央和中央财经部请求拨 300 亿元人民币应急的电报，批送周恩来、朱德、刘少奇、陈云，请他们商酌②。为弥补财政赤字，人民币的发行量仍在不断上升，市场通货超量增长这一因素，随时会导致物价上涨。

在江南各大中城市中，虽然已基本肃清银元的投机活动；但在广大农村，由于人民政府各项工作处于初创时期，国营贸易、银行等经济机构才开始建立，银元仍在市场流通。这种情况导致人民币集中流通于城市，在当时城乡物资交流正在努力恢复顺畅但还未达到顺畅的情况下，江南的上海等大中城市内，一时出现通货集中和物资缺乏的现象。加上江南处于夏雨连绵之际，交通被阻，各地运往京沪的粮食等类物资大为减少；国民党对上海等港口实行封锁，上海对外贸易一时处于停滞状态。第二次物价的上涨正是这些因素综合作用的结果，它要求中财委对整个财政经济形势进行全盘分析，以采取对策。

财政的严重困难和物价的不断波动，"对经济恢复工作和人民生活是重大打击"，"上海等地人民对我们的经济工作颇感失望，各地财经工作同志也感

---

① 邓小平，时任中国人民解放军第二野战军政治委员、中共中原局第一书记；饶漱石，时任中共华东局书记，负责接收上海；陈毅，时任中国人民解放军第三野战军司令员、上海军管会主任，后任上海市市长；曾山，时任上海军管会财经接管委员会主任，后任华东财经委员会主任、上海市副市长。

② 《陈云年谱（修订本）》上卷，第 725 页。

到形势严重，必须迅速采取有效办法"。华中局曾向当时的中财部提出召开各区联合会议，"研究各地区的财政收支、物资调拨、货币发行等问题。"①7月10日，陈云代中财部起草致华东财委并华中、东北、西北财委的电报指出："三日华中财委向华东财委提议，于上海召集一次华北、华东、华中的金融贸易会议"，"中财部赞成华中局提议。如华东财委同意这一集会，则中财部可派陈云并会同华北财委及军委铁道部人员出席"。12日，中央财政经济委员会正式成立。15日，陈云又代中央起草了致华东并华中、东北、西北财政经济委员会电，通告上述各区于7月25日在上海召开各区金融贸易会议，并研究秋征、税收及财政开支问题。会期一星期。请各区"携带目前财政收支材料（包括城市税收、粮食收入、缴获收入、开支人数、科目、赤字）、秋征估算、货币发行与市场状况（银元与人民币占领市场的比例）、物价状况、公营贸易投资数及掌握实物数量等材料，并带货物税办法、出入管理办法及税则等"。② 次日，周恩来批发此电。

就在中央与各大区商定召开上海财经会议期间，邓小平从上海回到北京。他向中央反映：目前上海"煤粮两荒。接收旧人员十五万，工厂原料缺，运输贵，开厂难，学校多，税收少，开支大，被迫大发行。农村全部以物易物，或光洋市场。情况严重，提出厂校及人员疏散，向各解放区求援"。陈云得知情况后，于7月16日，给东北财委副主任李富春、叶季壮去电，请叶来沪开会前，"研究在万不得已情况下可否挤出十五万至二十万吨带壳粮，并准备迁一部分工厂学校到东北。在精神上准备若干程度上冲破原定经济计划。"③

中央对邓小平报告的情况进行了研究，感到情况严重，随即派陈云于7月19日动身赴沪，向华东局面传中央讨论的情况。7月21日，毛泽东代中央起草致华东局电，指出："上海问题须从农村、精简、疏散三方面着手才能解决。"首先要用大力进行苏浙皖三省农村工作，以获得农民群众的拥护，否则上海及任何城市的困难都不能彻底解决。其次精兵简政，节省国家开支，现在即开始作起。再次有计划地疏散。"请你们与陈云商量后提出一具体方案交中

---

① 《陈云文集》第二卷，第2页。

② 《陈云文集》第一卷，第685、686页。

③ 《陈云文集》第一卷，第688页。

央讨论"。① 根据中央指示，华东局随后作出疏散工作和机关部队精简工作的具体部署和规定。②

7月22日，陈云抵达上海，开始对上海的财经情况进行调查。他与上海及几个已解放的大区财经负责人交换意见，初步摸清上海和各大区财政收支、粮食和棉花积存、黄金银元外钞库存、货币发行和流通等情况以及物价上涨趋势③。在调查研究的基础上，27日，中财委代表中央在上海召开了有华东、华中、华北、东北、西北五大区财经领导干部参加的会议，陈云主持会议。这就是中国现代经济史上有名的、中财委成立后召开的第一个全国性会议——上海财经会议。

根据当时财经形势和中央指示，中财委要求会议达到的目标很明确：找出克服上海经济困难的办法；稳定物价，抑制通货膨胀；解决财政问题，全力支援解放战争。会议分综合、财政、金融、贸易四个小组详细研究上述问题。由于要讨论研究的问题很多，会期超过原定一星期的期限，延至8月15日才结束。

会议期间，陈云分别在8月8日和15日两次作重要讲话，提出一系列克服财政经济困难的措施，以及对当时财经工作具有指导性的意见。这些意见主要有以下几个方面：

第一，要用政治的观点观察和解决财经问题。当时的情况是：解放战争还在广大地区进行，作战费和六百多万脱产人员的费用，很大部分是依靠发行钞票来解决的，财政十分困难。对如何看待所遇到的财政困难，陈云认为：目前全国财政经济的困难"是胜利中的困难。从根本上解决这一困难，要靠军事上的彻底胜利"，应该看到财政困难的局面是会逐渐改变的。"今冬明春如无特殊情况，全国除台湾、西藏、西康、新疆及青海的一部分外，都可以解放，解放区的人口将达到四亿四千多万"，随着新区工作的开展，我们的回旋余地会越来越大，困难会随之减轻。到那时我们"是在一个发展的环境中，加一点税不会出大问题。如果赤字不大，可以用增加税收的方法，努力求得收支大体

---

① 《中共中央文件选集》第18卷，第387页。
② 《毛泽东年谱（1893—1949）》（修订本）下卷，第536页。
③ 周太和：《陈云与上海财经会议的重大决策》，《中共党史研究》2000年第3期。

平衡，以便使经济走上健全发展的道路"。所以，"现在决定一切的是部队打胜仗，我们所有的工作都必须是为了战争的胜利。"①薄一波在回忆中说：会议完全同意陈云同志的分析，认为"解决财经困难的根本办法，还是要依靠军事上的胜利。不论财经工作有多大困难，仍然要把支援解放战争放在第一位，在支援战争的前提下谋求经济的稳定。离开这个前提，孤立地看问题，就经济论经济，路子不会宽广。"②

第二，要从恢复和发展生产的角度考虑解决财经问题。克服财政困难、稳定物价，关键要财政收支平衡，消除通货膨胀。如何达到此目的？陈云认为，最根本的措施是把"眼光要放在发展经济上"，"节流很重要，开源更重要。所谓开源，就是发展经济"。陈云在上海财经会议上提出的许多克服困难的决策都是从发展生产角度去考虑的。中央原来曾委托陈云同华东局商量，是否用搬迁部分工厂的办法来疏散减轻上海负担。经过对实际情况反复研究商议后，陈云明确指出，上海工业的主要部分，特别是纱厂不能搬。因为工厂不是随便搬到什么地方都可以生产的，不具备一定条件形成不了生产能力。所以，"不能因为目前有困难，就把许多工厂搬走了事。要完全具备搬厂的经济条件并不容易"。"应将解决目前困难与全国长期建设看成两回事，分开来处理"。陈云还提出：要"力争上海主要行业（纺织、印染、纸烟等）的开工率维持到三分之二"，面粉厂要继续生产。五金机器工厂多，修铁路、造船可以利用这些工厂，至于"改造旧上海，主要的是使生产事业得到恢复和稳步发展"。③

第三，考虑财经工作必须有全局观点。陈云认为，要稳定物价，制止通货膨胀，必须具备全局观点。一个地方物价上涨，必然会影响其他地方，个别地方用提高价格来限制物资外流的"自卫"办法，是要不得的，"只有让物资自由流通，物价保持平稳才行"。关内钞票已统一，在处理金融、财政问题上，必须有全局观点，"地方如果都各自打算，分散使用力量，就不能应付目前这个局面"。从全局的观点出发，陈云提出，要设立由中财委直接领导的花

① 《陈云文选》第二卷，第1、9、5页。
② 《若干重大决策与事件的回顾》上卷，第53页。
③ 《陈云文选》第二卷，第18、2、5页。

纱布公司、土产公司；开展国内汇兑，建立统一的发行库；税目、税率和食盐外销要统一管理；各地区大宗物资的调拨，要经过中财委的建议。为了把握好全局，他说："各大区财委机关要组织成为一个司令部。现在各地区财委只有几个人，这样不行。财委要设置专管各方面工作的组织，如金融、财贸等处"；"我们今天面临的是管理一个有几亿人口的大国局面"，以前的机构，已完全不适应今天的需要，过去的那一套经验也应付不了现在的局面。"必须吸收党内外各方面有知识的人来共同工作"。陈云还认为，各大区之间要密切联系，"必要时各地区都在友区设一个办事处"。①

陈云在讲话中，对解决上海生产困难的问题发表了许多意见，因为上海是全国最大的工商业城市，是全国经济的中心。上海经济形势的稳定还是混乱，对全国经济有着举足轻重的影响，其问题的解决又要依赖于全国各地的支援。所以说，上海问题的解决，具有全局意义。在会上，陈云就敌人封锁，工厂搬家，粮食、棉花、煤炭等物资的运输，工业生产，金融工作等5个问题从全国范围着眼提出具体对策。归结起来就是，由各区共同维持上海，承担分配的粮、棉等各种所需物资的调拨任务，以保证上海的社会稳定及经济恢复；上海的社会经济稳定住了，反过来就可以有力地影响全国社会经济的稳定。从这时起，在全国开始实行粮、棉等关系国计民生的重要物资的统一调拨。这一重大举措，发挥了上海这个经济中心在经济恢复中的重要作用。由于全国各地从多方面给予上海支援，还由于解放区的扩大，上海与全国各地在经济上形成整体，从而使美蒋封锁海口、窒息上海经济的阴谋被粉碎。1949年底，上海经济形势逐步趋向好转。

第四，要认识客观经济规律，综合运用各种经济手段解决财政困难和平抑物价。上海财经会议酝酿时，正值1949年第二次物价涨风，会议开始后，涨风基本平息。此时，人民政府已有两次平抑全国物价涨风的经验。物价波动的原因，归根到底取决于两个方面的因素：一是商品的因素，投机商人利用物资的短缺，倒买倒卖，扰乱市场；一是货币的因素，由于财政困难，政府超量发行货币，引起通货的恶性膨胀。对这两方面出现的不正常因素，单靠行政管理

①　《陈云文选》第二卷，第5、18、19、16页。

力量的控制，或是仅依靠物资的调拨，都很难迅速达到预期目标。必须从商品和货币这两方面因素同时下手，运用贸易、金融、财政等多种手段，才可能较快较好地达到稳定物价的目的。

在商品方面，陈云根据前两次平抑物价的经验，强调国家一定要掌握足够的粮食和棉纱，能够投入市场特别是上海，"有了粮食，控制上海物价就有了相当的把握了"；同时"华北、华东、华中都要保证棉花收购计划的完成"，并"把纱布交中央统一掌握，由中央统一供应棉花"，以保证对上海棉花的供应，维持纱厂开工。为了保证物资供应，陈云强调要加强铁路运输工作，要求华东财委把运输看成一个重要问题，"好好组织，设一个专门机构来管理这一工作"；主张实行内部贸易自由，并特别提出"华东地区不要禁止粮食运到上海来"，"各地一定要开放粮运，让它自由流通，以维持上海的供应。"① 这些措施的有效性都被实践验证了。

在货币方面，陈云主张采取紧缩货币发行政策：发行公债，加强税收，尽量减少发钞。对于公债发行问题，陈云在会上作了许多分析。为避免公债发行引起银根过紧，他提出三项手段：调剂通货，调剂公债发放数量，调剂黄金、美钞收进数量。三项手段服从一个目的，即"达到我们所预期的金融、物价保持良好的状态，保证粮食和其他重要物资的供应。"陈云提出加强城市税收。"过去说敌占城市我占乡村，在经济上是敌强我弱，道理就在于城市的收入优于乡村。我们应该逐渐增加税收的比重。"② 通过发行公债和增加税收，即可有效控制社会游资，增加政府财政收入，弥补赤字，减少货币发行，使物价上涨因素得到有效抑制。

为摸清情况，找准相应对策，陈云提出，上海财经会议后，要召开部分专门会议：金融会议，讨论外汇、公债问题；贸易会议，讨论棉花收购问题；物价会议，讨论价格政策特别是工农业产品比价问题。另外，还要召开讨论工业生产计划的会议。公私企业为推销产品，可以到各地去开展销会，或者和外地工厂联系，相互参观。

---

① 《陈云文选》第二卷，第 17、13、4、3 页。
② 《陈云文选》第二卷，第 12、9 页。

陈云提出的上述四点意见，不仅对解决当时财经困难有指导作用，对新中国成立后的财经工作也有重要指导意义。因为这些意见不是学者书斋中苦研所得的清谈，而是丰富财经工作实践经验和高超的政治智慧融合的结晶；是在充分调查研究、了解当时财政经济实情基础上，循着财经工作客观规律、切中问题要害的见解。其中体现出领导者必须把握的一条重要方法论原则：政治和经济"两者需要很好配合"①，搞经济工作要有政治眼光，作政治工作要同时着眼于经济工作。

陈云的讲话给与会者以很大启发。根据陈云讲话精神，与会者在认真分析全国军事和经济基本形势的前提下认为："财政赤字巨大所引起的通货膨胀，是物价剧烈上涨的基本原因，所以恢复物价平稳的基本办法，主要应从开源节流、减少财政赤字上去寻求。其次便是调拨物资供应上海。"因为上海是全国最大的经济中心，上海物价剧烈跳跃，其他地区决不可能保持平稳。由此，中财委推出几项克服财政困难的重要措施：（1）减薪。单靠精简节约在当时已效果不大，而且困难很多，因为军费、政费事实上已不能再减；裁员不如酌量减薪，三个人的饭五个人吃。（2）加强税收工作。在新解放区，乡村要抓紧征粮工作，城市要抓紧税收工作。这两方面都大有文章可做。如上海税收每月原仅45亿元，经研究增至160亿元。关内各地征粮任务布置了193亿斤小米。（3）发行公债。华东、华中干部大部分赞成发，并商议发行2400亿元。（4）物资统一调拨。在中财委的统一主持下，各地互相调拨物资。首先是要保证上海所需粮、煤、棉花的供给，并作出具体计划，开始实施。②

8月14日，根据陈云提出的思路，会议就1949年8月至12月的全国财经工作中的若干问题达成以下共同意见：（1）关于解决财政困难的具体安排。8月至12月预计财政赤字为7130亿元（内有银行用款555亿元）。物资调度抵付开支817亿元；公债收入抵付开支2100亿元（上海收美钞、黄金合300亿元另计）；推动货币下乡，公粮附征货币500亿元。三项合计为3417亿元。收支相抵赤字为3713亿元。公粮征收占农业收入比率不能小于16%，最高不

---

① 《陈云文选》第二卷，第10页。
② 《陈云文集》第二卷，第2—3页。

能超过 20%，要力争税收与公粮收入相等，因此，从 8 月起各区就要用力整顿税务，盐税先增加到每担 30 斤小米，逐渐增加到 50 斤小米。（2）关于物资收购及货币发行。为保证生产，公营贸易机关必须进行必要的物资收购。首先是收购棉花，以保证纱布生产。其次要收购丝茶、桐油、烟叶、生油、猪鬃等出口物资以刺激继续生产。粮食除征公粮外是否大量收购，需秋收后看粮价情况而定。收购物资资金总数为 4700 亿元；计现钞收购 3400 亿元，包括预备金 450 亿元，物资周转 900 亿元（包括中财委掌握之 600 亿元），粮食周转 400 亿元。为保证收棉供棉计划实现和掌握出口物资，各区一致认为，应成立全国性的花纱布公司和丝、茶、桐油公司，直接由中财委领导。8 月至 12 月，财政赤字为 3713 亿元（包括银行资金 555 亿元），收购物资需要现钞 3400 亿元。两项合计需发行货币总额 7113 亿元。（3）关于国内贸易与金融问题。由于货币已经统一，各解放区的省、区、县之间应实行贸易自由，要废除一切关卡、证照等妨碍贸易自由的措施。各种物资除特别规定外，全国解放区均得按照政府法令自由流通。特别是某老区所实行的粮禁，限制粮食出境的措施，必须立即取消。要设立粮食交易所、花纱布管理委员会对市场进行管理，要制定全国统一的货物税税目和税率。全国各解放区大中城市应畅通汇兑，以调节金融。一般采取低汇率多汇兑的方针，汇兑额不加限制。但在新区物价失调时，经中财委同意可提高汇率，限制汇兑额。各区汇兑采取逐级集中的清算制度，汇兑及清算详细办法由中财委责成人民银行总行拟定，中财委批准后宣布。关内与东北因实行两种货币汇兑，另行规定。建立发行库，把财政金库、银行营业库与发行库分开；会议对发行库的职能作了具体规定。（4）关于国外贸易问题。出口统销的目的是用我们可以垄断、左右国际市场的土特产争取高价出售。目前只有猪鬃、大豆具备此条件。除此之外，桐油、茶、丝等产品暂不统销。关税的税目、税率必须根据国家工业与民族工业的生产状况来决定。（5）关于各区间的财经关系。中财委是各区财经工作的后盾，各区间财经调度统一由中财委负责。各区间可互设总办事处，办理财经往来事宜。另外，要求各区财委准备召开工业生产会议，其中包括纺织、机器、燃料、药品等方面的会议，还有金融、贸易、税务、邮政、农业等方面的会议。要组织上海工业考察委员会，由中财委、华东、东北、华北、西北派人组织，了解上海工业生产状况，并提出各方面意见，作为召开各系统专业会议的参考。①

陈云主持召开的上海财经会议，根据诸多方面问题的分析和研究，提出了解决财政困难的主要措施，并对 1949 年 8 月至 12 月财经工作作出安排，其中确定的发行公债、整顿税收、加强征收公粮、成立全国统一内外贸易的专业公司、统一集中掌握与调运物资，以及"三个人的饭五个人吃"、召开各类专业会议等各项措施，已完全超出中央原定的"上海问题须从农村、精简、疏散三方面着手才能解决"的框架，并改变了原来预定对上海作必要疏散的计划。会议从金融、物价、财政、贸易、管理以及军事和政治多角度确定的解决通货膨胀和财政困难的方针政策，大大提高了人民政府在稳定物价斗争中的主动性和计划性，也为即将执政的中共各级财经干部认识和解决财政困难提供了基本工作思路。

上海财经会议拟订的工作方针和措施，得到中央充分肯定。9 月 2 日，毛泽东在中央会议上听取陈云报告上海财经会议的情况后说："中央同意此次上海会议决定的总方针及许多具体办法。我们必须维持上海，统筹全局。不轻议迁移，不轻议裁员。着重整理税收，以增加收入。"②

总之，新中国成立前后，局部地区的解放战争仍在进行，通货膨胀引起物价上涨状况严重存在。在大规模战争没有结束前，要使物价完全稳定是不易做到的，但不使物价发生过分剧烈波动，获得相对稳定，人民能安居乐业，工商业能正常发展，是可能而且也是政府必须努力去做的事情。因为新政权的诞生将会营造与解放前完全不同的社会环境，只要政府确定正确方针和对策，是能够收效的。上海财经会议承担了这一社会政治功能。会议从领导思想上明确了克服当时严重财政经济困难的原则、措施。陈云作为主要决策者、组织领导者，在这次会议中表现出领导经济工作的非凡智慧和胆略，为正确方针和政策的制定，作出重要贡献。新中国第一年的财经历程表明，上海财经会议决策的实施，对解决持续多年的通货膨胀，实现社会经济的稳定与发展起到重大作用。正因为这次会议确定了正确的财经工作方针，为争取国家财政经济状况的

---

① 参见《上海财经会议若干问题讨论共同意见的记录》（1949 年 8 月 14 日）。
② 《毛泽东文集》第五卷，第 335 页。

根本好转、巩固新生的人民政权奠定了基础，上海财经会议在中国现代经济史上占有了重要的地位。

四、新中国成立后对物价的综合治理

上海财经会议结束后，各地物价趋于平稳，江南各地粮价还有所降落。且秋收将至，交易频繁，需要大量货币。于是，中央决定，发行五百元和千元券。9月11日，沪、汉、平、津、西安等地同时发布。次日，"华北、华中均开始将新钞票发出，华北至十八日共发出新钞三百四十二亿元，大部供给国营企业，汉口至十三日共发出十亿元，大部作小票兑换"。由于各地密切配合，采取物资支持、财政征税、银行紧缩放款、加强市场管理、群众宣传等工作，新钞发行一周，物价仍保持稳定。①

但这种物价平稳的形势事实上很不牢固，表面的平稳中蕴藏着深层次的导致物价波动的因素。因物价的稳定，使行庄头寸一时松弛，平津私营行庄存款共60亿元；另新区农村货币信用尚未建立，农村物资交流还很不畅通，货币下不了乡，游资在城市中会越积越多。这两部分货币如大量投放市场，随时可以引起物价波动。恰逢华北地区棉花获得丰收，产皮棉约3亿斤。为扶植华北棉花生产，供给全国纺织工业原料，中财委决定在华北大量采购原棉，"由华北花纱布公司主持，联合津沪纱厂共同采购，全年预计购棉一亿六千万斤，财政征收五千八百万斤"②。收购皮棉的同时，供给棉农粮食及大量日用品，从而促使人民币下乡和城乡物资流通。新棉上市，充盈市场，又增加了市场稳定的因素。

陈云头脑十分清醒。他意识到，虽然出现各种乐观因素，"但今后物价估计仍将继续上涨，且仍有发生剧烈跳跃的可能。原因是财政赤字仍然很大，且须收购大量物资（主要是棉花），必须继续增发货币"。上海财经会议估计8月

---

① 《陈云文集》第一卷，第705页。
② 《陈云文集》第一卷，第709页。

至 12 月的财政赤字为 6700 亿元，收购棉花等类物资约需求 4000 亿元，合计共需 10000 余亿元。除 8 月已发行的约 2000 亿元外，还需要发行 8000 余亿元，即在 4 个月内发行数额尚需增加两倍。在这样的情况下，要想停止物价上涨估计是不可能的，"因此，困难还很严重，不能盲目乐观"①。

果然不出陈云预料，由于纸币的大量发行，自 10 月 15 日以来，由沪津先导，华中、西北跟进，再一次出现全国币值大跌、物价猛涨的风潮。至 10 月底，全国物价平均上涨 44.9%。这是第三次物价上涨风潮。

此时，新中国诞生刚半个月，社会安定极为重要。物价在这时出现猛涨，会使人心严重不安。所以，物价涨风初起，便引起中财委高度重视。稳定物价的措施仍是从控制物资着手。11 月 1 日，中财委召开会议研究决定：由财政部拨一部分粮食给贸易公司，用粮食收购棉花，减少货币投放，迅速运输棉花供给上海，以平抑纱布价格②。此前，10 月 20 日，陈云、薄一波为稳定华北物价，已致电东北财委，希望他们将明年度调入关内之粮食先行拨运一部分支持华北市场。11 月 11 日，陈云同薄一波又电示李富春、叶季壮："根据关内八月初以来及今后两月的货币发行指数，估计目前物价指数的涨度将达顶点。"我们正准备采取措施，计划于 12 月初顶住此次涨风，并求以后两个半月之供求平衡。为此，务请设法从 11 月 15 日起，"由东北保证每日运一千万至一千二百万斤粮食进关"③。有了一定数量的物资，就有可能应对投机商突如其来的进攻而造成的社会动荡。

在积极从东北调粮的同时，中财委于 11 月 5 日再次召开会议，决定依照上海财经会议确定的综合治理物价方针，从金融、贸易、管理等方面共同采取六项措施，以稳定物价：（1）冻结未入市场货币 10 天，以稳定人心；（2）各贸易机关抛售物资 10 天，以收回货币；（3）停止各机关购存物资；（4）检查各银行的存款；（5）收缩贷款；（6）加强市场管理。④

---

① 《陈云文集》第二卷，第 4—5 页。

② 中央财经领导小组办公室编：《中国经济发展五十年大事记（1949.10—1999.10）》，人民出版社、中共中央党校出版社 1999 年版，第 2 页。

③ 《陈云年谱（修订本）》中卷，第 10 页。

④ 《中国经济发展五十年大事记（1949.10—1999.10）》，第 2 页。

七八天过去了，物价继续飞涨，仍没有任何回落迹象。物价平均指数以 7 月底为基期：京津已涨达 1.8 倍，沪涨达 1.5 倍，华中、西北亦与此相近。到 11 月"北京十二日、天津十三日市场极乱，个别粮商叫价有高出七月底指数四五倍者"①。物价情势严重地影响人心。

陈云对这次物价的上涨早有精神准备，对问题所在有透彻的了解，因此十分冷静。他在研究了发行与物价指数上涨情况及与解放区扩大之间的相互关系②后断言："在目前物价已涨了两倍的情况下，稳住的可能已经存在，各地均应以全力稳住"。11 月 13 日，陈云为中财委起草指示电，提出综合治理物价的有力措施：(1) 调运物资。再次明确从东北调动粮食的计划；派员到上海、汉口适当调整两地纱布存量，同时催促华中棉花东运；由西北财委派员将陇海路沿线积存之纱布尽速运到西安；财政部拨交贸易二亿一千万斤公粮，以应付棉产区粮食销售。(2) 紧缩银根。人民银行暂停一般性贷款，并按约收回贷款；各大城市于 11 月 25 日左右开征能起收缩银根作用的几种税收；一般性工矿投资及收购资金即日起暂停支付；地方经费一般均应延缓半月或 20 天；军费不得扣压，但部队后勤不得介入商业活动。(3) 集中抛售。各贸易公司力争于 11 月 25 日将主要物资调集于主要地点，并于 11 月底 12 月初在全国各主要城市一齐抛售。(4) 打击投机商人。在抢购风盛之时，将冷货呆货抛给投机商，待物价平稳后，再买进他们吐出的主要物资。③此电报告中央时，已至深夜。周恩来见电后批示："如主席未睡，请即送阅。如睡，望先发，发后送阅。"毛泽东阅后批示："即刻发，发后再送刘、朱。"④从两个批示中可以感觉得到当时情况万分紧急。

---

① 《陈云文选》第二卷，第 29、32 页。

② 1949 年 7 月底发行总数 2800 亿元，按当时的价格折算，等于布 1000 万匹或粮食 20 亿斤（大、小米平均）。11 月 13 日发行总数达 16000 亿元，按现价折算，等于布 2000 万匹或粮食 40 亿斤。7 月底与目前的货币流通速度大体相同，且估计我货币占领地区到 11 月中旬已扩大一倍。依此推算，全国平均物价比 7 月底上涨近两倍，按这一物价水平，则关内货币的全部需要量为 16000 亿元。因此，陈云认为："目前稳住物价已有可能。"参见《陈云文选》第二卷，第 29—30 页。

③ 参见《陈云文选》第二卷，第 30—31 页。

④ 《陈云年谱（修订本）》中卷，第 10 页。

物价发展的情况完全应验了陈云事先的估计。在采取这些措施后，从 11 月 15 日开始，京津市场逐步稳定，粮和布都在向预期上涨两三倍的指数回缩，"京津我贸易公司已卖不掉粮，粮价在回跌中"。陈云估计"沪汉也可能出现如十二、十三两日京津市场一度极乱的情况"，"只要我们确已紧缩货币发行，物价指数已涨达两倍，则不必恐慌"，只要沪汉两地也出现京津粮价回跌的情况，"此次涨风即告一段落"。据此，陈云和薄一波在给邓子恢并华东、西北、华南等大区财政经济委员会的电报中比较明确地指出：在 11 月 25 日前，全国稳住物价的可能性是存在的，"但为稳当起见，各地仍照十一月十三日电全力准备物资，勿稍松弛"①。

据此，11 月 20 日，中财委发出《关于十一月二十五日起平稳物价具体措施的指示》，主要内容有：（1）布置京津方面准备布 35 万匹、纱 5000 件，粮食从东北调进 6000 万斤；上海方面准备布 110 万匹、纱 2.8 万件；汉口方面准备布 30 万匹、纱 8000 件；西安方面准备布 40 万匹。（2）除特许者外暂停一切贷款，并按约收回贷款。（3）自 11 月 25 日起征能起收缩作用的税收，暂停支付除特许外的工矿投资的收购资金，地方经费中可以迟发的一律迟发半个月至 20 天。（4）各地贸易公司从 11 月 20 日起，逐渐提高牌价，到 11 月 24 日使其与黑市价格持平，然后从 25 日起，一齐开始抛售，抛售时的价格要按市价逐日下降。②

按中财委的统一部署，从中央到地方的贸易、金融、财政等各个部门，协同动作，精心安排，对投机资本家展开了全面而有力的反击。

物资调运工作仍是重中之重。中财委经过充分准备和周密部署，先调运大量粮食到华北以稳定北方市场，震慑住京津一带的投机资本，然后再将大量粮食纱布等运往上海，着手打击上海等地的投机势力。东北自 11 月 15 日至 30 日每天运粮 1000 万至 1200 万斤入关支援京津；财政部拨交贸易部 2.17 亿斤公粮以增加棉产区销粮，陇海沿线积存的纱布迅速运到西安，华北、华中以大量煤炭和粮棉支援上海③。据 11 月 23 日《天津日报》报道：华北粮食公司仅 11

---

① 《陈云文选》第二卷，第 32、33 页。
② 《中国经济发展五十年大事记（1949.10—1999.10）》，第 2—3 页。
③ 薛暮桥、吴凯泰：《新中国成立前后稳定物价的斗争》，《经济研究》1985 年第 2 期。

月 22 日一天，即从东北运到天津的红粱、玉米达 320 多万斤，运往北京的粗粮有 180 万斤，运往唐山粗粮 204 万斤。同日，华北粮食公司由津浦线运津的麦粉、小麦也达 190 多万斤。①

为配合物资调运，铁道部电令上海、济南、郑州、天津各铁路局，自 11 月 15 日起，将原定每星期三开行的京沪直达货物列车，改为每日对开一次，办理直达京津整车零担货运，沪路局并加挂直达郑州货车三辆。

经过一段时间物资调运后，人民政府掌握了充足物资，并在平、津、沪、汉等大城市形成局部物资相对集中的优势，平抑涨风的物质力量已准备充足。11 月 24 日物价波动达到最高点，为 7 月底的 3.7 倍，大大超出社会承受力。按照中财委的部署，国营贸易公司从 11 月 25 日开始了统一的行动，大量抛售重要物资。沪贸易总公司大量抛售食米、纱布、油盐等物资，各项民生必需品价格普遍回跌，市民莫不称快，人心日益稳定。粮食方面，贸总除在门售已不限制数量外，同时又在中塞门、下关米市场以每石低于市价约三四千元的价格抛售出，且数量不限，市面熟糙米普跌二三千元。至 29 日，沪全市南北市场食米成交千余石，其中贸总抛出数量即占近千石。② 投机商人错误估计形势，认为物价还要上涨，涨速一定超过利息，于是拼命借债（甚至不惜高利债）买货以待物价上涨从中渔利。国营公司早有准备，不断向市场投放货物，价格又不断下降，致使投机商人不得不抛货还债，越抛货价越低，货物越卖不出去，只好举新债还旧债，不仅亏本，还要偿付高债高息，投机商人因资金周转失灵，纷纷破产，物价迅速下跌。事实再次表明，国营经济掌握足够物资，是控制市场、稳定物价、战胜投机资本的重要物质保障。

在调运和逐步抛售物资的过程中，中财委加强了市场管理措施：（1）普遍实行工商业登记，未经核准，不得擅自开业。（2）加强对物资的采购管理，把大宗物资采购工作置于政府监督之下，防止争购等。（3）严格管理市场交易，建立交易所，主要物资集中交易，禁止黑市地下交易。（4）运用政权力量管理和控制市场价格，保护国家牌价不受冲击和损害。当时中财委对物价管理的措

---

① 《察绥粮食源源运津 东北等地昨续来五百余万斤 凭证购粮将按区陆续实施》，《天津日报》1949 年 11 月 23 日。

② 《沪贸总大量抛售物资 民生必需品普遍回跌》，《新闻日报》1949 年 11 月 28 日。

施之一，就是主动调整价格，使物价稳步上升，并控制在利于社会稳定、供需基本适当的范围之内。

为稳定市场秩序，保证广大劳动人民的基本生活，使他们在物价波动中不受很大损失，依照前两次平抑物价的经验，京津两市的国营贸易公司，在原有基础上又增加了粮食零售代销店的数目，并且重新组织了纱布零售代销店，以低于市价的价格向市民出售粮食和纱布。至12月，天津的粮食代销店已增至640户，纱布代销店新设37户；北京市粮食零售代销店已增至107户，纱布代销店新设十余户。① 天津一普通工役说："这和国民党的民食调配处不一样；那时穷人买不到粮食，现可到代售店随时买粮食。"② 从11月19日开始，天津等地开始发放购粮证，使人民生活在物价波动的情况下有了保障。③ 涨风稳定后，京津两市人民政府又大量直接组织粮、油、盐、布等供给零售店，以便直接供给广大市民生活必需品，免除商人的中间剥削。通过这些市场管理政策，中财委部署的物资吞吐，达到预期效果。

在加强国家对市场控制和引导的同时，国家亦加强金融财政手段，尽量紧缩通货，统一现金管理。政务院规定所有国营企业收入现金必须于当日存入中国人民银行；中国人民银行采取一系列措施，暂停贷款，并按约收回贷款；暂停支付工矿投资及收购资金，缓发地方经费。同时，大力开办保值"折实储蓄"，吸收短期定期存款，扩大储蓄规模，克服人们抢购心态，稳定金融和物价。通过这种方法，人民银行很快掌握全国存款总额的80%，在金融市场上独占领导地位。同时，人民政府要求资本家按时发放工资不准关厂，并征收税款，这一财政手段的运用，使投机商人手里的银根更紧，对平抑物价也产生了不小的作用。

这次平抑物价，主要是采取经济手段。与此相配合，上海、北京、广州等地也采取法律措施，打击商业、金融投机分子，拘捕一些煽动投机的首要分子。北京市人民政府于11月13日将一贯以投机囤积、哄抬物价、暴利自肥的"粮老虎"王振廷、田雨川、田柏林、曲跃亭等奸商逮捕法办。上海人民政府

---

① 《全国物价普遍回落》，《新闻日报》1949年12月12日。

② 《"凭证购粮"市民齐声赞扬》，《天津日报》1949年11月24日。

③ 《今起发放购粮证》，《天津日报》1949年11月19日。

在 11 月 16 日将哄抬粮价扰乱市场的庆丰、源泰、天盛、福陆、新同德等 7 家米店老板逮捕，分别予以处分、教育；① 为配合 11 月 25 日行动，中国人民银行上海分行与公安局突击查封地下钱庄 26 家，抄出大量支票、黄金、银元和美钞。随后，各地仿效执行，对金融黑市、商业投机活动，都进行了有效取缔。

在中财委统一部署的综合治理物价措施的强大压力下，12 月 10 日，涨价风潮得以平息。在这次稳定物价的斗争中，投机资本家之所以受到重创，除人民政府综合治理物价的措施奏效外，在于不法资本家认不清形势。以上海为例，解放初期，由于二十余年来国民党统治所造成的上海工商业的腐朽性与畸形发展不能一时根本改变过来，同时，由于帝国主义的武装封锁，使上海对外贸易断绝，由于交通尚未恢复，城乡物资交流不能展开，因此，上海工商业在原料、销路、资金、劳资关系方面遇到许多困难。经过人民政府三个月左右的改造，新中国成立初期，上海工商业的困难虽依然存在，但困难的性质已发生根本变化：以前是生产沉滞中的困难，原料缺乏，销路未畅，工厂不能全开，市场日益萎缩；现在是生产发展中的困难，物价波动和资金周转方面的问题是这个时期上海工商业困难的中心，并对于认识当时的困难及研究克服此种困难的办法有最根本的意义。新困难发生时的经济形态和旧困难发生时的经济形态已完全不同。解放后的上海经济形态，已开始过渡到独立自主、城乡互助的新的经济形态，此种根本性质的转变，使得它具有克服困难的有利条件。投机资本家正是由于没有看清全国各大城市经济形态发生了这种实质性的变化，才在物价涨风中大折头寸，从事投机，结果物价并不如他们所预期的那样成为一匹脱缰野马，结果演成他们搬起石头砸自己脚的局面。

事后，陈云在向毛泽东的报告中谈到，申新厂主荣毅仁表示："六月银元风潮，中共是用政治力量压下去的，此次则仅用经济力量就能稳住，是上海工商界所料不到的"。中共"不用政治力量，而能稳住物价，给上海工商界一个教训"。② 还有的民族工商业者说："在这次物价波动之前，我们上海的工商业，已因我们政府的经济政策，把握得正确，使本来农产品与工业品的剪刀差的

---

① 《全国物价普遍回落》，《新闻日报》1949 年 12 月 12 日。
② 《陈云文选》第二卷，第 52 页。

倒挂现象，逐渐扶正；工商业的业务，渐趋正常发展，这样好不容易得来的顺境，竟被这次不合理的涨价逆风，又吹向倒转，这真是一件大憾事，但是怪谁呢，只怪我们工商界太短视"①。显然，中共11月对物价的平抑，使在经济方面曾轻视共产党能力的资本家，不得不收起傲慢态度，重新认识共产党人了。

11月涨风的平息，是人民政府在新中国成立后以经济手段为主平抑物价的首例。由于全国政权的产生，人民币已全面流通市面，各地的汇兑先后恢复，国营经济的发展，又使国家对贸易和市场两方面的管理和控制能力加强，主动调整物价可以说是这次物价平抑中的重要特点。在4月的第一次物价波动中，平津解放不久，上海尚未解放，当时还谈不上管制物资。在7月的第二次物价波动中，中财委领导下的贸易部曾在市场上大量抛售物资以平稳物价，但还没有进行大量收购，还没有就物价不合理的比价作有计划的调整。在11月的物价波动中，贸易部已兼用对收购和抛售政策的主动调整。据中财委对此次物价稳定的总结中说：在平抑物价过程中，国家对于市场价格进行了多次规定和调整，"开始时我们根据货币发行的指数，曾决定以7月底的物价计算，全国稳定到2.2倍。后来估计到我所掌握的物资力量，并照顾到继续发行货币的情况，又经过两次改变，由2.2倍提到2.6倍，又改为3.2倍。目前全国各地物价在中财委统一直接指挥一致行动下，已基本上稳定到3.2倍的标准上"②。

在这次物价波动中，贸易政策掌握上的另一个突出成就是，工业品与农业品价格的调整基本上是成功的。关于剪刀差和反剪刀差的调整，大致可以分成两个时期，在10月以前，存在着严重的反剪刀差，7月一件20支金城纱只能换13.43石中白粳，最低的时候只能换10石中白粳。9月调整为18.8石。从9月以后，因为纱布旺销，价格涨速超过农业品，由反剪刀差转变为剪刀差，这是第三次物价波动中的特点。10月第四周，一件20支金城纱可换中白粳31石，到11月第二周已可换中白粳31.8石，但是即使在这种物价剧烈波动的时候，

① 胡子婴：《从这次物价波动中工商界应有的认识》，见《上海工商》第一卷，1949年第3期，第6页。

② 《中财委：一九四九年十一月物价波动的主要经验》（1949年12月14日），见中国社会科学院中央档案馆编：《1949—1952　中华人民共和国经济档案资料选编（商业卷）》，中国物资出版社1989年版，第545页。

贸易部负责人仍没有失去主动,积极调整和消灭剪刀差,所以从11月第三周开始,这种剪刀差在不断地缩减中,12月1日至24日市价20支金城纱平均可换中白粳28石左右,剪刀差已较前缩小。①

在平息物价波动与抽紧银根后,粮布价格曾有下跌趋势。粮布价格过低对生产不利,特别是对农民不利。因此,中财委在《此次平抑物价的标准》中指出:"物价平抑后,一定会出现银根吃紧。物价继续跌至预定标准以下时,得酌量发行票子收买纱布和米,即上海布价跌至10.5元以下,米价跌至0.055元以下;汉口布价跌至于12.5元以下,米价跌至0.05元以下;天津布价跌至12元以下,小米价跌至0.06元以下时(西安物价和沪津汉纱价照此比例推算),即可相机买进,勿使续跌。"后来,为平衡纱的供求,12月15日中财委又调整纱价,主动将上海纱价提至320元,天津纱价提至350元。经过平息后的调整,基本上使市场物价发展纳入正常轨道。②

中财委在1950年3月以前所采取的物价方针是:"逐渐出售物资,主动调整价格,使物价徐徐上涨,避免发生大的波动。"③薛暮桥在回忆录中也说,这次稳定物价的斗争与前两次不同。"国家不仅能够主动地对付物价波动,而且能够有计划有步骤地达到预定的要求。无论是物价总指数,还是主要商品的价格,都平息在预计的水平上,这是极大的成功。"④

国营贸易公司在稳定市场物价中的地位和作用更加突出。新中国成立前的两次物价涨风的平抑,已充分显示了解放区人民政府领导下的国营贸易公司控制物资的重要作用。新中国成立后的11月物价涨风的平抑进一步显示了国营贸易公司地位和作用的重要。通过国营贸易公司体现国家在市场方面的意志,有计划地实施市场的吞吐政策,是国家逐步取得商品市场物价领导权的重要通道。陈云领导的中财委对这条经验尤为重视。

---

① 张宣三:《上海解放以来贸易的发展及前途》,见《经济周报》第10卷第1期,1950年1月5日,第21—22页。

② 《新中国若干物价专题史料》,第109—110页。

③ 《中央人民政府贸易部半年工作报告》(1950年),见《1949—1952　中华人民共和国经济档案资料选编(商业卷)》,第66页。

④ 《薛暮桥回忆录》,第202页。

第三次物价平抑后，中财委对物资调度、供应、各种国营贸易专业公司的组织等问题作了进一步研究。12 月 10 日，涨风稳定的当天，陈云主持召开中财委第六次委务会议，向贸易部提出两项要求：（1）必须掌握 1950 年各地区存粮、产粮与缺粮数字，进行必要和及时的调整，保证各地区粮食供求的平衡。（2）必须掌握 1950 年花纱布的存量、产量、供应量及对其价格的调整。以上两项由贸易部在即将召开的城市供应会议中，研究出具体数字，交中财委计划局做出计划。

12 月 12 日，贸易部召开全国城市供应会议，研究讨论调剂物资、回笼货币、平稳物价、统一贸易的问题。陈云在会议讲话中，针对主要物资供求失调，特别是粮食和花纱布短缺的问题指出，我们的政策应该是集中统一，越是力量不足，越要集中使用。[1] 会议决定成立粮食、花纱布、煤炭建筑器材、盐业、百货、猪鬃、油脂、土产、茶叶、矿产、石油、进口等 12 个专业公司[2]，并对全国粮食、纱布、煤、食盐四种主要物资的统一调度作出具体部署。12 月 14 日，中财委在总结 11 月物价平抑的经验时曾指出：此次中财委统一领导的物价斗争，证明这是一场大的作战，必须统一指挥。"为保证实现统一指挥的意图，做到集中使用力量，灵活调度物资，全面指导物价，全国的贸易公司必须统一领导，建立各专业公司统一的全国公司，会计独立，与财政严格分开，否则就不能在全国范围内进行有计划的物资吞吐。"[3]

1950 年 1 月 6 日，陈云在政务院十四次会议讨论全国城市供应会议报告时又说：国家一定要保证几个大城市粮食与棉花的供应，并准备用外汇购买一部分粮食和棉花，以保证供应需求。"贸易和城市的物资供应要统一指挥，统一行动，把主要的力量放在主要的战场上，集中力量打垮一部分奸商。"他驳斥了关于"公营商业在资金或运输方面都很便当，并指责一个大国家的政府当局还要搞小小的百货店"的说法，指出："物价涨时私商不卖公商卖，赔本生意私商不做公营商店做。这就无法讲绝对平等，不能不在运输等方面给予国营

---

① 《陈云年谱（修订本）》中卷，第 20 页。

② 这些公司大体于 1950 年第一季度成立。

③ 《中财委：一九四九年十一月物价波动的主要经验》（1949 年 12 月 14 日），见《1949—1952　中华人民共和国经济档案资料选编（商业卷）》，第 66 页。

商店更多的便利。""表面上看来是不平等，实际上不但是平等，而且国营商店还赔本"①。

虽然平息第三次物价波动后，国营经济在市场上有了比较大的发展，主要商品的集中产地和重要企业，大额批发和对城市职工的供应，已由国营经济控制。但此时人民解放战争尚未完全结束，军费开支未减，政府负担的公职人员数目扩大。为解决财政困难，1949年12月2日，中央人民政府第四次会议通过了中财委关于发行1950年人民胜利折实公债的计划，但公债一时收不上来，弥补财政赤字仍需靠增发通货来弥补。故1950年1月6日，政务院十四次政务会议又批准了陈云作的《发行大面额钞票计划的报告》，同意发行5000元一张和10000元一张的大面额人民币。

增发通货，物价就有可能上涨。为使大额人民币发行后，对物价能有所控制，中财委于1月13日下达了《对物价重新的估计及措施办法》，重新规定市场物价要有计划地允许上升，即："以去年12月31日为基础，至2月16日（旧历年底）止，物价上涨为45%，但精神上还准备可能增长至60%"。为保证这一目标不被突破，同时作出如下部署：迅速完成公债认购，特别是工商界，并准备收款；加紧征收税款；由东北、华中及华东加速调运粮食，维持上海供应；物价上升的计划要分批实现。

市场物价形势的发展，基本上没有超出中财委的估计。但由于1950年2月6日国民党飞机轰炸上海，除法商电力一家未损外，发电厂遭到严重毁坏，顿时减少14万基罗瓦特的发电量，全市工厂除自备电力者外，全部停工，随即工业品涨价。投机商人乘势只购不售，在春节前后又掀起一次全国性物价涨风。

为平息这次物价涨风，2月9日，中财委向各有关部门作出如下部署：（1）贸易部组织各地向上海运棉计划暂时停止执行，并立即会同纺织工业部拟定适合于新的情况的供应调配计划报核。（2）纺织工业部立即组织除上海外其他各地纱厂积极加工，每日生产时间提高到22小时。（3）华东财委及上海市府立即用各种办法组织柴油马达发电，争取工厂多开工。贸易部立即订购柴油2万

---

① 《陈云文集》第二卷，第52、53页。

吨备用。（4）1950 年军装减发军衣（或衫衣）一套，后勤部裁制衫衣计划立即停止。（5）今年地方人员单衣只发一套，并推至 3 月以后发；若干部门可不发单衣，由财政部负责分别不同地区、不同部门不发或减发。（6）一切机关、部队、合作社及除花纱布公司以外之各企业，一律停止向市场上买布，现有积存者，必须拿出销售。（7）为稳定上海金融，维持布粮合理比价，决定米价与布价之比为一石到一石二比一匹。米价在 2 月内定为 26 万至 28 万。上海贸易公司应在此价格水准范围内抛售粮食、纱布，一定要把物价稳住；如当下市价小于此规定时，应随市场转移，不必主动上提。①

　　按照中财委的部署，物价涨风不到半月就平息了。为什么平息得这么快？从客观方面说，这次物价波动程度比前三次都低：时间短，集中在"二六"轰炸后和春节前后的半个月内；波及地区比较集中，大致是几个主要城市；上涨幅度比前三次都弱。以 1949 年 12 月 3 日为基期，到 2 月中旬的物价总指数，超过一倍的有两个市场，即重庆 1.86 倍，西安 1.32 倍；不足一倍的有四个市场，即广州 7.3%，天津 8.3%，上海 7.1%，汉口 6.8%；东北区基本平稳，沈阳的物价指数仅上升了 5.7%。②

　　从主观方面说，这次物价上涨前，中财委按照 1949 年 12 月 6 日第六次委务会议和 12 月 12 日全国城市供应会议的精神，对津京沪等大城市粮和布的存量及调拨作了充分准备。1950 年 2 月 1 日，陈云和薄一波在给中央的报告中汇报了在津、京、沪贮存粮和棉的计划。报告中说：目前京津存粗粮 3.5 亿斤（需要 4 亿斤），细粮 1 亿余斤。上海存粮太少，不到 1 亿斤，必须设法于旧历年关前后，力争上海粮食公司存米达到 4 亿斤。"来路有二：一是苏皖浙的公粮，这是主力；二是东北、华中、西南拨华东的稻米"。"今后必须保证在秋粮上市前，上海、京津两点除日常出售外，各常屯四亿斤"。办法有三：一是华东公粮只能用作口粮，不能随便移作经费开支；二是由华东全年不断用大力从华中、西南接运粮食；三是中贸部购外米 4 亿斤济沪。③ 此前，1 月中旬至月末，

<hr />

①《中财委关于物价措施等项紧急命令》（1950 年 2 月 9 日），见《1949—1952　中华人民共和国经济档案资料选编（综合卷）》，第 384—385 页。

②《新中国若干物价专题史料》，第 117 页。

③《陈云文选》第二卷，第 59 页。

中财委已向华中、东北、中南等地分别布置运粮济沪的任务①。1 月 25 日，陈云在给中共华东局第一书记饶漱石、华东军政委员会副主席曾山的电报中明确说：京津沪"如果不能经常保持各囤四亿斤米，则游资集中冲击于上海或京津是必然的。"②

正是因为有充足的物资准备，中财委才有可能在短期内指挥各大城市再次利用市场吞吐政策，抛售物资，并辅以其他经济手段，很快和有效地制止了在 1950 年春节期间出现的物价涨风。在这次涨风中投机资本遭受毁灭性打击，从此失去操纵市场、左右物价的能力；社会主义国营经济则牢牢掌握了市场和物价的领导权。此后，市场物价出现了旧中国从未有过的稳定局面，恶性通货膨胀的环境得到根本性治理。

在新中国成立后两次物价平抑中，人民政府社会控制力明显增强，这与新的历史条件的出现是紧密相连的，即中华人民共和国的诞生、政务院财政经济委员会的成立及其强有力的领导、新民主主义国营经济实力的日益强壮、解放战争接近结束。这些条件的存在，使人民政府在市场上取得领导地位，并逐步掌握了调控市场物价的主动权。对此，下文中还要进一步分析和阐释。

五、中财委迅速治理恶性通货膨胀的缘由分析

恶性通货膨胀像恶魔一样，缠绕了旧中国近 12 年。在此期间，国民党政府曾采取种种措施对它进行治理，包括采用发行、税收、公债、控制物资、限制物价、币制改革等一系列经济手段，但仍一筹莫展，始终未能奏效。共产党执政后还不到一年，人民政府就结束了旧中国遗留下来的恶性通货膨胀局面，稳住了物价。两种完全不同的结果，是有许多复杂原因凝成的，基本原因有三点。

---

① 参见《陈云文集》第二卷，第 75—79 页。
② 《陈云文集》第二卷，第 73 页。

（一）通货膨胀的性质、发生的原因和作用有了根本性的变化

1937 年至 1948 年，旧中国发生的通货膨胀属于典型的政策性通货膨胀。由于日本帝国主义入侵，以后又由于国民党政府发动内战，实行国民经济军事化，造成财政连年赤字，不得不依靠滥发纸币来弥补财政亏空和应付庞大的军事开支，加上种种贪污、中饱私囊，结果使货币发行量超过千亿倍，投机资本又乘机兴风作浪，物价指数上升超过万亿倍。尽管国民党政府依靠赤字财政政策暂时维系了统治，但这个政策的实施，却把通货膨胀推向了最高峰，导致国民经济全面崩溃，市场萧条，民族工商业破产，劳动群众和公教人员深受恶性通货膨胀之害，生活极端困难。旧中国的通货膨胀是随着内战的不断升级而狂涨，是一种"战争型"的超级恶性通货膨胀，在世界经济史上罕见的现象。由于旧中国经济水平低，国民党政府超量发行的货币大多用于军费、军备开支，因此，货币超量发行不仅无助于经济发展，且会进一步加剧社会物资匮乏；同时也为投机倒把提供了适应的条件和场所。投机倒把活动猖獗，反过来又加剧了物资匮乏，致使政府超发货币，不仅不能刺激经济发展，而且更造成经济的萎缩和对货币需求的持续压力，使政府不得不无节制地增发货币。所以说，旧中国的通货膨胀是在经济萧条和萎缩基础上的一种累积性通货膨胀，在社会基础不改变的情况下，只能是不治之症。在长达 12 年的通货膨胀过程中，国民党政府实施的种种治理措施，都未能使恶性通货膨胀收敛，反而进一步加剧，1948 年国民党政府的"币制改革"，以金圆券敲响了国民党财政经济总崩溃的丧钟。

中华人民共和国成立前后，通货膨胀仍然存在，但性质已发生根本变化。

为适应全中国解放的需要，人民解放军的数量大大增加，由 1948 年 6 月的 280 万人，到 1949 年 6 月增至 400 万人，一年内增加 40% 以上。在部队数量扩大的同时，装备也空前提高，大规模战争的耗费远非往日所能比拟。由于战争的胜利，解放区的扩大，地方工作人员比过去大大增加，其中接收原属国民党的军政公教人员超过 100 万人以上。各种生产事业与交通事业的恢复和建设，需要大量投资。对外贸易的开展，土产收购及保证主要工业原料的供

应，也需要投放巨额资金①。所以，1949年除东北地区财政赤字较小（占支出的 5.5%）以外，关内地区的财政赤字，占全部支出的 65.9%。从 1948 年 12 月至 1949 年 12 月，人民币发行额从 185 亿元增加到 3 万亿元②，增长 160 多倍。这样的通货膨胀速度也是解放区前所未有的③。上述支出虽然很大，但都是与人民根本利益有关的大事和好事，是政府必须举办的。陈云在新中国成立一周年时，对 1949 年的经济形势作出如下概括。他说：

一九四九年是解放战争取得决定性胜利的一年，但是这一年的财政形势则是很困难的。困难来自两个方面：一个方面，帝国主义的侵略和国民党反动派长期统治的结果，我国民生必需的粮食、棉花，不小数量历来是依靠进口的；水利事业遭到大破坏，年年受灾，而以一九四九年为最重；十二年来的通货膨胀，在官僚资本的领导之下，投机市场统制着工商业，人民日夜不安于通货贬值、物价飞涨；解放战争胜利之后，我们不得不承受这样一份遗产。另一方面，去年空前规模的革命进军，对于一切不再抵抗的旧军队与旧人员采取一律包下来、实行三个人的饭五个人吃的政策，中央人民政府的财政负担是很重的。不仅如此，铁道必须恢复，被封锁的上海必须支援，战争阻塞了城乡交流，税收甚微，支出很大，我们曾不得不暂时仍旧依靠发行钞票来弥补庞大的财政赤字。其结果是，一方面解决了当时解放战争和重点恢复的需要，另一方面则仍不能避免通货膨胀、物价波动的局面。④

这段话是对 1949 年在人民政权下为什么还存在通货膨胀的精辟解读，也是对新中国成立后物价波动原因的深刻揭示。对此，不仅是中共党内的共识，社会上也有同样的看法。有人言："从解放后到财经统一前的这段短时期内，关内物价的上涨和波动，是伟大军事胜利的一个不可避免的副产物，是扫除帝

---

① 杨波：《一年来全国物价发展的分析》，见《经济周报》第 11 卷第 11 期，第 7—8 页。

② 此系人民币旧币面值。1955 年人民币以新币代替旧币，1 元兑换旧币 1 万元，即现时流通的人民币面值。

③ 《薛暮桥回忆录》，第 197 页。

④ 《陈云文集》第二卷，第 170—171 页。

国主义与国民党反动派长期统治所遗留下来的毒害不可避免的过程。"① 它与解放区的迅速扩大、城乡经济的全面恢复与展开、政府社会救济政策，以及人民币流通区域的暂时狭隘和速度较高、投机资本的兴风作浪有着密切关系。

工商界人士认为，对 1949 年物价和通货膨胀的分析要有历史的、客观的立场和观点。当前物价涨风在本质上是绝对不能和伪法币、伪金圆券的时代相比拟的。"在国民党统治的时期，物价的跳跃象征着整个社会经济的解体，和封建买办官僚资本家对人民无情的剥削。而目前则反映着整个社会经济向高一级的发展，任何时候都根据着人民大众切身的利益。"②

不少学者当时就注意到，在人民政府领导下，物价涨风中出现了完全不同于国民党统治时期的现象。他们以 11 月物价涨风为例分析说："在国民党反动统治时代，物价每一次大波动，都给投机者造成了无数的财富和暴利。现在的情形就完全两样了。"许多现象都是过去所没有的：第一，投机行庄倒闭。第二，物价不合理的上涨引起群众的激愤，一致要求政府捉拿投机奸商。第三，在物价涨风中，银根始终是紧俏的。第四，各地物资大量调运到需要的地区。第五，工业生产量和开工率更见增加。第六，存款激增。以折实单位存款而言，据人民银行统计，11 月 15 日一天当中，收进折实储蓄 274 万余份，付出的仅 7 万余份。这种现象，在反动统治时期岂曾有过。论者进一步说：这次物价上涨虽然使人民的生活受到威胁，但却坚决扫除了在涨风中充分暴露出的障碍新民主主义经济发展的"扰乱市场的投机商业""破坏国家金融事业投机者"；并使人民政府在市场管理和金融政策的运用方面，都获得重要经验。"投机者掀起了 11 月物价的风波，但它们却在这风波下覆没了。假如说，过去的旧上海是冒险家的乐园的话，那么现在的新上海应该说是投机者的坟墓了"③。

总之，在人民政权管理下，通货膨胀产生的原因、性质及作用都与国民党统治时期的超级恶性通货膨胀完全不同。1949 年和 1950 年初的通货膨胀是在

---

① 巫宝三、萧步才、胡积德：《新中国物价稳定的过程——一个初步的综合研究》，见《新建设》1953 年 7 月号，第 13 页。

② 勇龙桂：《分析物价问题的观点和立场》，见《上海工商》1949 年第 3 期，第 5 页。

③ 陈树三：《十一月市场的风波》，见《经济周报》第 9 卷第 24 期，1949 年 12 月 15 日，第 11、12 页。

人民解放战争胜利的进程中、在国民经济恢复和发展中、在旧社会弊端的不断克服中产生的暂时困难，困难本身中就孕育着解决通货膨胀的前途。这是中财委得以治理通货膨胀的重要社会基础。

而且当时物价的上涨与旧社会遗留下来的经济的、社会的因素有密切的关系，这些因素的消除，需要一个历史过程，不能一蹴而就。物价水准不仅是通货和商品之间的交换关系的具体反映，且在一定时段、一定条件下也联系着整个社会生产力的水平和发展。根据当时社会生产力恢复和提高的客观情况，物价的升降起伏是不可避免的。物价水准的高度不以人们的意志为转移，是由物质条件决定，并随着物质生产的恢复和发展而变动。在一次次物价波动的过程中，可以看到同时生长着稳定的因素。只有把握住这一规律，才能避免对物价稳定产生不切实际的主观幻想或丧失信心的偏见。在人民政府领导的不断扩大的生产基础上，物价必将出现长期的稳定。

（二）治理通货膨胀的社会环境发生了质的变化

1949 年的通货膨胀是在解放战争胜利进行中发生的。随着解放战争前进的步伐，地方人民政府相继建立，10 月 1 日伴随着中华人民共和国的诞生，中央人民政府成立。共产党从执掌政权起始，就以人民利益为根本价值取向，有着一条完全不同于国民党政府的治国思路和政策目标。人民政府的出现，为旧中国通货膨胀的治理提供了政治保障。

新中国成立初期财政困难，问题成堆。在百废待举的情况下，以陈云为首的中财委把稳定金融物价当作保障人民生活、维护人民群众切身利益的首要任务来抓。这是因为国民党统治时期 12 年的严重通货膨胀，曾给社会经济和人民生活带来巨大灾难，在人民生活中留下巨大阴影。人民政府成立后的物价上涨虽然与国民党统治时期的恶性通货膨胀已属不同性质，但仍是影响人民生活和经济发展的重要因素。人民政府只有解决这个问题，才能安定社会，为人民的新生活创造前提；也只有解决这个问题，才能顺利地完成人民解放战争，转动国民经济恢复和建设的历史车轮。

为了给生产发展扫清道路，必须狠狠打击破坏性最强的投机资本。中财委把同投机资本斗争的重点放在大城市，主战场就在上海；以打击投机性的金融资本为突破口；运用革命政权的作用，加强国营经济的力量，同商业投机资本进行斗争，取得了市场领导权，稳定了市场物价，为经济的恢复和发展创造了条件。

通货膨胀的最终解决要靠社会生产的发展。所以，在诸多问题的考虑中，陈云和中财委始终把发展生产作为首要问题来考虑。上海解放前夕，陈云和董必武商定，为维持上海纺织工业开工，要在中原、江苏等地购买三万吨棉花。这样做需多发行人民币四五百亿元，可能会导致苏鄂物价一时波动，但与上海纺织业能开工相比，利大弊小。① 随着国内生产的逐步恢复，中财委十分注意保护民族工业，规定凡"因入口过多而妨碍关内外自己工业生产者"，要"逐渐减进和停进。"② 这条思路在实践中，不仅获得广大人民群众的信任，也得到工商界的普遍支持和赞扬。有的民主人士说："今天的政府是人民的政府，今天的政权是人民自己的政权，人民的利益与政府的利益是完全一致的。"③ 不少爱国工商业者表示愿与人民政府真诚合作，为国家建设出力。④

国民党政府也曾考虑种种方法解决财政上的困难，抑制通货膨胀的速度。但他们这样做的根本目的是为了支持内战的继续进行，政策目标与人民的根本利益相违背。所以，他们的税收、公债、金融政策最终都失败了。而共产党执政意志与人民利益的一致性，使政府与社会形成了旧中国从未有过的良性互动。这种新型的社会政治气氛，充分体现于中财委在全国组织调度物资、与投机商人进行较量的斗争中；充分体现在政府促成的城乡物资交流、人民币下乡、全社会工农联盟加强的社会经济交往中；充分体现在工人、农民、城市小资产阶级、民族资产阶级在政府的组织下，以极大的热情投入国民经济恢复和建设，不断创造出新的劳动纪录的生产活动中；充分体现在全社会积极响应政府号召，踊跃购买人民胜利折实公债的爱国运动中。这是在短期内能够治理

---

① 《陈云文集》第一卷，第 675 页。

② 《陈云文集》第一卷，第 701 页。

③ 千家驹：《对于当前物价问题的认识》，见《经济周报》第 9 卷第 5 期，1949 年 8 月 4 日，第 101 页。

④ 《产业界如何与政府合作（上海工商界笔谈）》，见《经济周报》第 9 卷第 3 期，1949 年 7 月 21 日，第 56—58 页。

通货膨胀、建立国民党十余年都无法成就的政绩的根本原因。工商界人士说："由于中国共产党领导的正确，仅仅五个月时间，国民党反动政府永远搞不好的物价就已经纳入正轨；投机市场的彻底消灭，公营贸易机构对于市场供需所起的领导作用，使城乡物资交流顺利进行，因此就稳定了物价，安定了数百万人的生活。"①

除政权性质的变化外，1949 年一年间与 1950 年初，军事、经济、社会改造、外交等各方面的成就，也为稳定物价创造了社会条件。

随着解放战争的顺利推进，人民政权没收了以国民党官僚资产阶级的工厂、矿山、交通、贸易等企业，建立了强大的国营经济体系，使国家与投机资本进行斗争有了中坚力量。新中国对官僚资产阶级控制的银行实行国有化，建立起强大的、以人民银行为首的国家金融体系，使国家掌握了调整货币流通的强有力杠杆。交通在逐步恢复，全国铁路原有 26857 公里（包括台湾、海南岛），其中东北占全长的 42%，关内占 58%；至 1949 年底，已经接管的铁路有 24794 公里，约占总里程的 92%；共修复铁路 8278 多公里，原有铁路网基本已经恢复；其他交通事业，如公路、航运、邮电的恢复也很迅速。② 这使全国各地区、城市与农村、工厂与矿山连成一片，给经济恢复创造了前提。民族工商业在政府的扶植下，从解放时奄奄一息的状态逐渐复苏，到 1949 年底，已较解放前有某些发展。如天津的私营工业，大工厂一般已恢复到解放前水平的 80%，中小工厂及个别大工厂甚至有所超过。③ 作为全国工业基地的东北地区，在经济恢复工作中取得巨大成就，为帮助关内解放区克服经济困难，积累了一定的财力和物力。1949 年，东北解放区共交给中央 80 万吨粮食、150 万立方米木材、20 万吨钢铁，支援华北解放区 20 万吨粮食。④ 这些为通货膨胀的治理创造了必要的经济基础。

到 1949 年底，解放战争的进军已在大陆基本结束，军费开支大幅度减省。

---

① 《从克服困难踏进新生道路（上海工商界笔谈）》，见《上海工商》第一卷，1949 年 11 月 15 日，第 2 页。

② 政务院财政经济委员会编印：《1949 年中国经济简报》（内部本），第 65—66 页。

③ 《新华月报》第 1 卷第 4 期，第 899 页。

④ 朱建华主编：《东北解放区财政经济史稿》，黑龙江人民出版社 1987 年版，第 71 页。

土匪的清剿与一部分特务分子和特务组织的破获，使主要地区的社会秩序逐步安定。全国农村已有 1.5 亿人口和 6 亿亩耕地完成了土改。在这些地区，农村经济上升显著。农村购买力的增长，具体反映出这种情况：在东北各地，国营百货商店中，农民购买整匹布的现象已很平常；1947 年在东北销售的布是 80 万匹，1948 年增至 120 万匹，1949 年增至 320 万匹。1949 年的销售量相当于 1947 年的四倍，相当于 1948 年的 2.67 倍。东北的情形如此，其他经过土改较久的地区亦相类似。[①] 社会秩序的安定，农村经济的恢复，有益于城乡物资交流的发展；货币流通的顺畅和范围的扩大，对通货膨胀的治理有着重要的帮助。

还需要看到，新中国取消了帝国主义对中国海关的特权，实现了对外贸易管制与外汇管理，消除了帝国主义国家从经济上任意侵略支配中国的可能性。中央人民政府成立后，与苏联及东欧新民主主义国家很快地建立了外交关系。1950 年 2 月，中苏两国签订的中苏友好同盟互助条约以及苏联对中国贷款的协定具有重大意义，给新中国经济的恢复与发展提供了有力援助，增强了国家治理经济环境的能力。

（三）承担领导新中国财经具体工作的中财委，有着顺应时势的政治远见和卓越的财经工作领导能力，这是以往腐败的国民党政府无法比拟的

中财委内部有一批具有远见卓识的领导人。就说陈云，他能以政治家的远大眼光看经济问题。上海财经会议要解决的问题很多，大多数人想的是财政赤字、货币发行、通货膨胀和稳定物价问题，而陈云在 8 月 8 日的报告中，一开始就说："目前全国财政经济在困难中，尤其是南线更困难。这是胜利中的困难。从根本上解决这一困难，要靠军事上的彻底胜利。"在安排财政、金融、贸易工作时，他一再强调：现在决定一切的是部队打胜仗，我们所有的工作都必须是为了战争的胜利。因此必需的财政赤字，必需的货币发行是不可少的，即使因此而引起物价上涨，也要这样做。解放战争的胜利推进，本身就孕育着

---

① 政务院财政经济委员会编印：《1949 年中国经济简报》（内部本），第 33—34 页。

解决财政困难的办法。

由于陈云善于从政治角度去把握经济问题，所以，他目光深远，不拘泥于一时一地的眼前小账。"三个人的饭，五个人吃"的接收旧人员的方针就是典型一例。新中国成立后，几百万接收下来的包括国民党军政人员和职员在内的旧人员，是财政上很大的包袱。如果当时决策人的眼光，只局限于眼前的经济利益，可能要甩这个包袱。陈云从政治角度看这一财政负担。他认为，对这批人的安置，不仅是经济负担问题，而是政策问题。"如果不供给这一批人，简单地将他们遣散回家，必然造成地方治安的不安。他们回去后没有饭吃，就会走上不正当的道路，就要骂共产党，结果将有害于人民。""我们现在将他们供给了，一年内通过政治教育，然后遣送他们回家生产，这样我们的担子只担了一年。"如果不管他们，"他们跑到地方上去闹事，我们还要派部队去剿匪，那末，至少要两三年弄得我们不安，这个担子放在背上卸不下来。"① 更重要的是，他一再强调，旧人员中许多人有一技之长，需要发挥他们的长处，为新中国服务。因此，我们必须管他们吃饭。但国家财政又确有困难，所以要"三个人的饭，五个人吃"。这个方针在上海财经会议上达成共识。会后，得到毛泽东充分肯定，中共中央发出《关于旧人员处理问题的指示》。② 依照这一方针，人民政府不仅减轻了社会动荡的压力，并使一批人力资源得以利用，客观上起到减缓国家财政负担，并对治理通货膨胀有益的作用。

面对复杂和往往突如其来的物价涨风，中财委能够把住经济规律，善于抓住要害问题，以带动其他，迅速稳住物价涨势。对经济工作中的关键性问题，从不掉以轻心，工作抓得细、抓得实，考虑十分周全。旧中国的物资贫乏、金融市场混乱是十分严重的。所以，物资和货币的控制及使用是治理通货膨胀必须掌握的两个基础环节。中财委看准了这点，在新中国成立前后四次物价涨风的平抑过程中，始终把物资的调运、抛售和金融秩序的治理作为平抑物价的主要措施。

能否将全国有限的物资进行合理调动，是对中财委有否解决通货膨胀问题能力的测试。中共组织系统严密，中央具有绝对权威，且有广泛民心支持，为

---

① 《陈云文集》第二卷，第 39 页。
② 《毛泽东文集》第五卷，第 335 页；《中共中央文件选集》第 18 卷，第 460—461 页。

中财委控制和调运全国物资指令的很快落实提供了重要的组织保障。常常是物价情势紧急时，陈云向各地发出调粮电报，各大区人民政府立刻行动，服从中财委的调配，将粮食及时运到指定地点。[①]人民政府在稳定物价斗争中所具有的对物资动员能力十分令人感叹。章乃器在文章中是这样描写的：

> "单说今年八月间支持上海的一次经济动员，那个规模就伟大的惊人。东北的大米第一次运到上海，使得过去一向只知道依赖洋米渡荒的上海市民尝到了自己的东北米。华北的煤从来没有坐过火车，这次为着要突破敌人的海口封锁，大量的开滦煤用火车冒着敌机的袭击，源源的运到上海。华北、西北、华中的棉花，在青黄不接的季候，也出乎意料的大量运到上海。"就这样，"到现在还有足够的存粮可以供应民食，继续镇压投机商人的兴风作浪。……到现在依然存储着比抗日胜利以后国民党任何时期都丰富的煤斤。棉花维持了纱厂的继续开工……经过这一次经济动员，我们便基本战胜了敌人的封锁，同时还给投机商人以重大的打击。"[②]

由于调粮及时，津、京、沪等大城市发生的粮价上涨很快得以控制，从而稳定了社会秩序，保障了人民基本生活的正常进行。

物资调动不仅仅是国家行政能力的体现，关键还在于如何通过经济方法控制社会物资。中财委从实际情况出发，很快找准两个渠道。

一是通过积极开展贸易工作，发展城乡交流，获得与投机资本较量的物质资源。就新民主主义经济原则来说，贸易工作的重要任务之一是发展城乡交

---

① 1950 年 1 月上旬，上海粮价上涨 23% 强，当时沪存粮仅八九千万斤，情况十分紧急。为了防止和应对投机商利用上海粮食的再度紧缺，制造新的物价涨风，陈云于 1 月 11 日致电华中邓子恢、东北财委并曾山：要求华中、东北短期内运粮济沪以应急。同日，又致电饶漱石、曾山：要求从四川调米 4 亿斤东运；四川刚解放，干部少，华东要派人组织运输，并在宜昌建仓。"上海和华东是缺粮和需粮地区，以多屯粮为上策"。参见《陈云文集》第二卷，第 76—77 页。根据统一的部署，各地食米从 1 月下旬起纷纷运учень。2 月 10 日至 20 日十天之间，上海粮公司共从东北、华中、华东接运 8000 多万斤粮食到沪，充分保证供应市民所需。参见《各地食米源源支援上海　十日来运到八千多万斤》，《新闻日报》1950 年 2 月 23 日。

② 章乃器：《投机商人赶快洗手》，《天津日报》1950 年 1 月 10 日。

流，贸易是城乡结合的纽带。在新民主主义城乡结合的形式中，城乡经过贸易供给城市以原料和粮食，城市则供给乡村工业产品；然而这种城乡结合关系在国民党统治时代是倒过来的：帝国主义通过城市里的买办资本勾结乡村的地主阶级剥削农民，农村中的土产以及手工业品痛苦地找不到销路，农民没有购买力来吸收城市的工业品，又使工商业感到滞销的困难。这种状况不仅对国民经济恢复无益，对通货膨胀的治理也是极其不利的。

解放初期，城乡交流的局面一时打不开，人民币下不了乡，流通范围难以扩大，城市游资因无法疏导而越聚越多，难以疏通，给投机资本提供温床。陈云看准了其中的要害，认准发展贸易，改善城乡关系，乃是一切使中国经济进步的工作中最主要的工作之一。根据这样的认识，中财委在指挥全国物价平抑过程中，努力促进城乡贸易交流。通过各种国营贸易公司大力收购农村土产品①；通过开办城市工业展览会，向农村推销工业品。② 这样做的结果，不仅推动人民币下乡，抑制城市游资压力，削弱投机资本的力量；而且使国家获得大量与投机资本斗争的粮食、棉花等重要物资。

二是通过国营经济的力量，掌握引导市场物价的控制权。资本主义发展初期，对于物价是采取自由放任政策的。中共实行的新民主主义经济政策则强调，利用国营经济的领导作用、合作经济的建立和发展，逐步引导和控制市场物价。中财委在稳定物价的斗争中，创造性地将这一经济政策转变为事实，使旧中国杂乱无序的市场，成为在国营贸易引领下的运转有序的市场。

再看中财委对货币金融的控制。上海解放不久，在打击金融投机分子的斗争中，巩固了人民币的本位币地位，初显了对社会金融的控制能力。华南解放后，中南财委并华南局及华南分局等，致电中财委提出禁用港币的建议，得到陈云及中财委的支持。③ 但这些措施只是促进货币在城市的统一，中国民众，

---

① 例如，华北土产公司 1949 年 10 月起在各地结合合作社及财政上的秋征，大力开展土产收购工作，扶助群众发展冬季生产渡过灾荒，并在收购中供给农民所需布、粮、盐等日用品。两月共收进山货等 1400 余万斤，土布 4 万多匹。参见《收购土产供应日用品》，见《天津日报》1949 年 12 月 26 日。

② 《各地代表团参观工展后 订购大批工业品》，见《天津日报》1949 年 12 月 3 日。

③ 参见《陈云年谱（修订本）》中卷，第 37 页。

特别是农民对银元的依赖心理，是在旧中国特定的经济条件下很长时期内形成的，绝非一朝一夕、一城一区用行政管理力量就能够根本改变。华东财委指出，只有在所有新区城市中，特别是新区乡村的农民中广泛推广使用人民币，才可能牢固确立人民币的本位币地位。"对于农民使用银元，第一步只能依照我们现有力量，利用集市结合秋征，广泛向其宣传解释，主要还依靠城市禁用银元及人民币币值相对稳定的事实，依靠城市工业品流入农村，才能逐渐使农民认识人民币信用和收用人民币，停止使用银元。"另外，还要利用秋征工作，在一定地区酌收人民币，以刺激人民币在农村中的流通。①

国家要想有效地控制货币量，并通过金融调节社会生产，根治通货膨胀，仅靠扩大货币在城乡的流通范围仍远远不够，还需要采取一系列金融措施。在这方面中共也显示出管理国家的能力。以中共华东局的工作为例。上海是旧中国的金融中心，上海地区货币金融管理得如何，对全国金融工作影响很大。为此，人民政府对华东地区的金融工作投入很大力量。在解放军渡江前建立了国家金融机构 209 处，过江后接收和改组了旧金融机构，到 1949 年底已增至 424 处，而且还团结了各地的私营行庄，通汇地点已达 1302 处。人民币已成为全区唯一的通货。在接管初期，为迅速肃清金圆券，并使人民免受损失，沪、宁、杭三市收兑了国民党货币 36 万亿元，接着在各城市又普遍进行反银元斗争，禁用黄金、外钞，使之不能操纵市场金融与捣乱物价。此外，为保障职工生活，人民银行华东 37 个城市举办了折实储蓄，吸收了大批存款，对稳定市场起了极大作用；对国营企业、公用事业及有利于国计民生的私营工业，举办定货贷款，埠际押汇及工厂票据承兑等。1949 年 12 月，上海银根奇紧，影响生产，人民银行通过贸易部放出购货款 750 余亿元，其他贷款 160 亿元，承兑票据 318 亿，解决了不少工厂的困难；1949 年全年，为扶助农村生产，发放秋贷计麦种 7279 万斤及杂粮 34 万余斤，现金 3.5519 万元，农具制造折实贷款 8.8000 单位。关于金融行政，8 月人民政府颁布了《华东区管理私营银钱业暂行办法》，全区已有 17 个城市，350 家行庄（其中上海占 172 家），办妥

①《中共华东财委会关于当前三个金融问题的指示》（1949 年 6 月 30 日），见上海档案馆档案，全宗号 Q61，目录号 1，案卷号 1412。

增资手续，对地下钱庄的非法投机活动，亦曾加以严厉的惩处。① 这一系列工作，都加强了人民政权运用国家金融工具的能力。

由于新中国成立初期，投机资本的活动不仅有经济目的，而且有政治性。有一些人甚至仍想从经济捣乱入手达到颠覆新中国的目的。因此，除按照经济规律采取必要的贸易和金融措施外，从政治上采取某些强硬措施打击投机资本也是当时中财委平抑物价过程中采取的必要措施。强有力的国家政权干预不仅打击了投机资本的嚣张气焰，铲除了其主要活动场所和组织基础，减轻了他们对各方面的干扰、破坏和危害；同时加强了国家对财政金融的领导权，扩大了人民币的城乡市场，初步改变了因投机活动所造成的金融市场的混乱局面。打击投机资本的强硬措施，使城市工商业得到治理整顿，使国家基本上控制了投机资本哄抬物价的混乱局面，相对增强了国营商业的调控能力。投机资本活动的减少，使城市工商业的经营状况和承税能力逐步上升，同时为国家采取更为深入的经济措施、清除投机资本的危害，创造了有利条件。此外，中财委在财政、生产方面采取的措施，对通货膨胀的治理也产生了重要作用。

应该说，新中国元年，物价平抑和通货膨胀得以治理，是陈云领导中财委，依据货币和物价运动规律，利用金融、贸易、财政、生产等经济手段，辅之于必要的行政干预，综合治理通货膨胀而成功的范例，是中共具有执掌国家权力和管理国家经济能力的突出体现。

上述种种主观和客观两方面的因素在国民党统治时期都是不具备的。所以，陈云领导中财委取得稳定物价斗争的胜利，使通货膨胀得以治理的奇迹只能出现在新中国。这一成果的取得，为新民主主义经济的进一步发展打下基础：城乡物资交流已有显著的进展；金钞虽然还有个别黑市存在，但已与物价脱离关系，人民币的威信已完全确立；投机资本在国营贸易和政府管理的双重斗争之下，已遭受相当严重的打击和削弱；物价涨幅缩小，平稳时期大为延长；工业品与农业品的剪刀差明显改善，即使在物价波动时暂时仍有失去平衡的可能，但不会持久，因为国家已控制了市场，随时可以对物价进行合理调

---

① 曾山：《关于华东财经工作情况及今后任务的报告》，见《上海解放一年（一九四九年五月至一九五〇年五月）》（文献部分），第65页。

整。可以说，新中国成立初期，中财委指挥稳定物价，打击投机资本的胜利，实质上是计划价格对无政府状态的自由价格的胜利。从此，市场的性质发生根本性变化，国营贸易掌握了市场的领导权。

陈云领导的中财委"用不到一年的时间把形势险恶的市场物价完全稳住，这不能不说是一个奇迹"；"这一胜利，成为我国财政经济状况根本好转的前奏"。① 它向翘首以待人民政府成立的中国人民交出一份出色的答卷：中国共产党不仅在军事战场上是胜者，在财经战场上同样具有取胜的智慧和能力！

---

① 梅行：《我国过渡时期经济战线上的三大"战役"》，见《陈云与新中国经济建设》，中央文献出版社 1991 年版，第 15 页。

第四章　中财委实施解决财政赤字的
　　　　措施和城乡税制的建立

　　1949 年至 1950 年春四次物价大波动过后，陈云曾说：金融物价的几次波动，"是因为去年国家财政赤字占全部支出的三分之二。去年每次物价大波动之后，短时期中虽然也有过金融物价比较稳定的状态，但那种稳定是暂时的，并不是因为财政赤字缩小了"，"不是建立在财政收支的平衡上面，继之而来的波动，就是不可避免的"。① 财政赤字是引发通货膨胀的基础原因。财政收支不能平衡，就要增发通货；通货膨胀了，物价就有波动的可能。要使物价真正稳定下来，必须消除财政赤字，制止通货膨胀，使货币的发行和商品流通同货币的需要量之间保持平衡。然而，新中国成立之初，百废待兴，需要投资的方面很多；旧中国留下的国民经济基础极其薄弱，通过发展生产，来积蓄国力和充盈财政，短期内难以奏效，必须寻求其他财政收入途径，并严格计划开支。1949 年 12 月，中财委在中央人民政府第四次会议上，向中央提出发行公债和建立国家预算制度两项重大措施；与此同时，着手建立城乡统一的税收体制，以使财政收入获得保障。

一、新中国成立后面临的严峻财政形势

　　新中国成立之初，国家财政负担十分繁重。截至 1949 年 12 月 8 日，全国由财政开支供给的人数已达 750 万人，1950 年预计达到 900 万人。② 其中，接收下

---

① 《陈云文选》第二卷，第 77、78 页。
② 《陈云文集》第二卷，第 39 页。

来的国民党军政旧职员的原有薪金都相当高，如果以平均薪金制一个人等于供给制 2.5 个人计算，50 万人即等于供给制人员 125 万人。工业、农业、交通亟须恢复，建设投资大大增加。如要在两三年内使工业、农业与交通恢复到战前水平，必须投放巨量资本。据不完全统计，1949 年各解放区在工业上的投资约合细粮 350 万公吨，交通事业投资约合细粮 150 万公吨，以上合计约为 500 万公吨。[①]

　　1950 年财政负担更加繁重。"台湾要解放，就要建设海军、空军，要买军舰、飞机"，军费要增加。"铁路要建设，否则，经济事业的发展有困难。破坏的经济建设要恢复。这些都需要国家拿出大量的钱来，不然是办不成的"。[②] 而且新中国初创，建设事业刚刚开始，随着建设的发展，投资需求量将继续扩大。但当时国家的财政整个状况是入不敷出，收入远不能满足财政支出的需要。

　　老解放区从抗战开始到新中国成立初年，一直是中共财政收入的主要承担者，12 年来没有喘息机会，亟须休养生息。新中国成立初期，战争还没有完全停止，新解放区农业税收工作尚未走上正轨，一时无法减少老区负担，但其税负是绝不能再增加了，因为已到了人民能够承担的极限。中财委对此有个较详细的分析：（1）抗战中，各解放区农民对公粮的负担，一般每人平均在 32 斤米左右，有的地区有时还低到每人平均 18—19 斤。1948 年公粮每人平均到 40 余斤，1949 年每 1 位农民平均纳公粮 56 斤还多，已达 1949 年农业总产量的 18.2%。抗战中，农民负担除公粮外，只有一些村款，并无其他附加，目前省县都有附加，几经统一，也还要由省附加 5%—15%。如此农民总负担平均已到 58—64 斤细粮，占 1949 年农业总产量的 20.6%—22.7%。（2）除公粮负担外，事实上盐税、关税的负担大部分也落到老区人民身上；另外，还要平均负担 66 斤小米的票子发行。（3）抗战中，每个脱离生产人员的开支，平均是 1000 斤米左右；1949 年达到 4000 斤，新确定的部队开支标准又增为 4200 斤。抗战中，每个脱产人员所需的供给相当两个半老百姓的开支（老百姓的开支以 400 斤计），1950 年则相当 10 个老百姓的开支。抗战中，脱离生产的人员约占负担人口的 2%；1950 年 1 月底已超过 2%；如攻下台湾和海南岛，百分比还

　　① 《中国经济情况报告（初稿）》（1949 年），见中国社会科学院、中央档案馆编：《1949—1952 中华人民共和国经济档案资料选编（财政卷）》，经济管理出版社 1995 年版，第 182 页。
　　② 《陈云文集》第二卷，第 40 页。

要加大。总起来说,按老百姓生活水准计算,抗战中每100个老百姓养活5人,而1950年每100个老百姓要养活20人,也就是5个老百姓就要养活1人,老区"人民的负担已不能再增加",人民政府必须努力开辟新的财源。[①]

但新中国成立初期,新财源十分有限。新区农业税收工作还未走入正轨。大军南下,进入新区后,民主政权尚未建立或刚刚建立,公粮制度一时尚不能实行,普遍实行预借粮政策。[②] 在这种情况下,能保证新区军政人员的用粮,减少后方的供给,已经很不易;增加政府财政收入,对于新区来说,可欲而不可及。

财政的关键在税收,而城市税收对于各级人民政府来说,几乎是一项陌生的工作,一时还难以把握。随着大城市的相继解放,税收收入应有所增加,并逐步成为财政主要来源。但实际情况怎样呢?详见表14。

表14 1948年和1949年部分解放区收支对比表

时间与地区	脱产人员	收入及人均数	支出及人均数	备 注
1948年晋冀鲁豫、晋察冀、华东、西北	189.5万人	收入540 340万斤米,每人平均2850斤	支出686 478万斤米,每人平均3620斤	1949年和1948年之比:收入每人平均减少816斤,支出增加2701斤
1949年华北、华东、华中、西北	591万人(按上海财经会议人数计)	收入1 291 020万斤米,每人平均2034斤(原文如此,有误)	支出3 785 900万斤米,每人平均6321斤(原文如此,有误)	

资料来源:《中国目前财政情况》(1949年),见《1949—1952 中华人民共和国经济档案资料选编(财政卷)》,第200页。

---

① 中财委:《全国财政经济现况》(1949年),见《1949—1952 中华人民共和国经济档案资料选编(财政卷)》,第186页。

② 1949年3月21日,《中央关于新区筹粮的规定》中指出:大军南下,除以缴获粮及伪政府屯粮拨充军食,当地如有地方公产收入之存粮亦可尽先借用外,不能依赖后方供给,主要地必须采取就地征借办法,解决军队粮草供应问题。根据合理负担之原则,征借的主要对象是地主、富农;其次是中农。按其粮食总收入作为征借标准,地主征借40%—50%,富农征借25%—35%,佃富农征借20%,中农征借10%—15%,贫农一般不借,只有在不得已时,才可少借一点。"征借的粮草,将来再另订办法拨还或顶交公粮,届时亦可宣布大地主、大富农所借出之粮食,即作为征发之军粮,或只顶还其一部。"参见《中共中央文件选集》第18卷,第187页。

以上情况说明，1949 年在大城市相继解放的情况下，人民政府的收入不但没有增加，反而有所减少，"这说明我们的城市税收政策有毛病"①，其原因有以下几点：

首先，这种情况的产生有历史原因。长期以来，中共的胜利不是从城市到乡村，而是从乡村到城市。"从 1937 年到 1948 年这十一年来我们财政的主要负担者是农民，几乎是不征工商税"，"当时国家支出的 90％以上靠公粮，很少靠工商税"。1949 年，中共取得一批城市，情况出现变化，并反映到预算与财政工作上。但总体来说，中共对税收仍没有经验。更严重的是，党内许多财经干部对城市税收在思想上及组织执行上远不及对农业税重视。没有认识到现在城市税收已应该是国家重要财源（不亚于公粮），同时又是掌握工商业政策、调整城乡人民负担、实行对国民收入合理分配的重要手段，而且通过税收回笼货币，在稳定金融物价上亦占有很重要的位置。所以，在上海财经会议上，虽然中财委提出要求农业税与工商税平衡的新方针，但在实际中遭到许多城市的反对。有人说："这违反工商业政策，工商业要关门。"1949 年北京市经费由中央补助 62％，上海税收还不及国民党时代的 10％。这说明 7 月的上海财经会议虽然提出并确定了税收方针，但"大家并未完全执行"。②

在这种情况下，尽管中财委及所属部门在城市税收工作方面作出许多努力，税收收入一时还难以增加。客观上，城市税收工作毕竟处于初创阶段，适应环境变化，转变思想观念和工作方法，特别是理顺社会方方面面的运行秩序，需要一个过程，不可能一蹴而就，这是历史发展中的正常现象。可财政需求无法避免，得不到适量补充，赤字就不可避免地扩大。1949 年 11 月 18 日，陈云在政务院第六次会议关于物价问题的报告中明确指出：四个月来，我们的财政收入是 1.88 亿元，总收入只占总支出的 34.6％，赤字数目是 3.55 亿元，它占总支出的 65.4％，差不多每项支出 3 元，收入只有 1 元，赤字 2 元。这个

---

① 《中国目前财政情况》（1949 年），见《1949—1952　中华人民共和国经济档案资料选编（财政卷）》，第 201 页。

② 薄一波：《财政预算与财政政策》（1950 年 3 月 11 日），见《1949—1952　中华人民共和国经济档案资料选编（财政卷）》，第 192—193 页。

入不敷出的数目当时只能靠发钞票解决。①

1949 年人民政府共发钞三次，每次都有特殊背景。7 月物价平抑后，市场稳定，秋收将届，交易频繁，需要大量货币。这是第一次发钞。9 月上旬，物价与抗战前比较上涨 3100 余倍，100 元券仅合战前 3 分，200 元券仅合战前 6 分，"有碍大规模物资交流，商民甚感不便"；且"上海财经会议决定，从 8 月起至年底，尚需发几千余亿，若继续印制百元、二百元券，则无法满足此一需要。"于是中央决定，发行 500 元、1000 元大钞。以往国民党发大钞，物价必上涨，工商业者对此心有余悸。为消除社会上存在的种种顾虑，沪、汉、平、津、西安等地人民政府在 9 月 11 日发大钞消息公布前，作了必要的物资准备，分别召开了厂商座谈会。"由于各地密切配合，物资支持，财政征税，银行紧缩放款，加强市场管理、群众宣传等工作"，新钞发行一周，"物价尚称稳定"。②这是第二次发钞。12 月中旬，物价基本稳定在原有的 3.2 倍；然而市场银根很紧，资本家又急于出售物资，于是中财委决定投放一批货币，收买资本家急于出售的物资，以作 1950 年调节市场之用。12 月 28 日，中财委正式向中央报告：人民币现在最大票面的千元券，仅值抗战前币值 7 分左右，市场流通颇感不便，解款运输尤感困难。特别是财政开支随币值下降而增大，印刷力已赶不上。因此提议，于 1950 年 1、2 月间，增发 5000 元和 10000 元两种票面的人民币。次年 1 月 6 日，陈云在政务院第 14 次政务会议讨论关于发行 5000 元与 10000 元大钞问题时说："国民党反动派统治时期发行钞票，手段低劣，物价较稳定时不敢发，到了物价大波动时被迫发行大钞，使物价更受刺激。我们应该采取主动，在物价稳定时有计划地发行大钞，不至于刺激物价。"陈云向会议提出："具体发行日期，希望授权由财政经济委员会按照实际情况和需要来确定。"③会议批准了陈云的发行大面额钞票计划的报告，明确发行日期由财委酌情而定。这是第三次发钞。

中财委的发钞计划充分表明，共产党运用发钞弥补财政赤字，与国民党滥发通货截然不同。国民党政府每次都在物价暴涨之后，以"筹码不足"为借口

---

① 《陈云文集》第二卷，第 27 页。

② 《陈云文集》第一卷，第 704—705 页。

③ 《陈云文集》第二卷，第 54 页。

发行大钞，尽其剥削搜刮之能事。因为不是出于经济现实的需要，大量发行的结果，刺激物价更猛烈上涨，且恶性循环，终至币制崩溃，促成整个社会经济的大混乱。共产党执政的人民政府不走国民党靠发钞弥补财政赤字的老路，只是必要时才考虑投放一定数量的货币，且是在物价稳定时有计划地发行大钞，并事先做好充足准备。人民政府发钞的理由是：（1）解放区扩展、人口增加、市场扩大、所需通货必须随之增加。（2）秋收农产品登场，需要大宗通货以利城乡的物资交流。（3）恢复交通建设扶植工厂、帮助私营押汇等，不能没有资金的融通。（4）为照顾接管公教机关数十万职员，需要给以相当的生活费。（5）为便利交易、节省计算时间，须发行比较大额的钞票。可见人民币特别是大额人民币的发行，除小部分因税收一时难于增加而不得不为财政发行外，几乎全部出于社会经济的客观需要。因此，对人民政府采取的发钞措施，社会舆论普遍反映与国民党政府完全不同，认为"新钞发行今非昔比"，是出于经济现实的需要，因时制宜。①

何况当时物价稳定为十年来所未有，这和国民党统治时期通货跟物价赛跑的情形已完全不同。而且发钞的客观条件，特别是金融条件已发生变化：对私营银钱业加强管理，地下钱庄已失去活动余地；取缔退票办法，严禁滥发空头支票，使投机的人们无从施其惯技；埠际押汇业务的逐渐展开，虽可能增加通货的流通量，但这样的增加是以商品流通量的增加为前提，且帮助再生产继续进行；折实存款，短期存款，限制了社会部分游资的活动；银钱利率委员会的成立，市场利率既得有机动性的调整，更不至于漫无标准而影响于信用的授受。这些客观条件的变化，使群众中存在的"政府发大钞，物价一定要涨"的心理渐渐消除；并且看到人民币有它的物质基础，发行出于社会经济需要，与国民党发行"法币""金圆券"不能等量齐观。

但不管何种目的发钞，通货过量必然引起物价上涨是客观经济规律。1950年1月20日，陈云和薄一波在给中央的报告中说：因脱产人员增加，军费标准提高，解放台湾、海南岛等渡海作战费的需要，1950年预算将增到71亿斤小米。"如此浩大之费用，如完全靠银行透支，过量发行票子，必将造成严重

---

① 《一周瞭望》，见《经济周报》第9卷第11期，1949年9月15日，第214页。

后果"①。物价上涨"与物资不足是有关系的，但关系不大。主要原因是财政赤字数目太大，钞票发行太多"②。所以，发钞决不能作为解决财政困难的长久性办法。

为尽量降低财政赤字，减少发钞，中财委除努力开源外，在节流方面采取三项重要措施。（1）清理仓库。库存物资一部分出卖，一部分代替向外订货。据中财委派赴上海清仓人员报告，仓库物资很多，如不及早清理，将被无计划调动和取用而产生浪费。（2）核实编制。1950年初统计的脱产人员942万，是各方估计数字不准确，人数核实后，能削减二三十万至50万人，这样即可少开支10亿以至20斤小米。（3）提倡节约。尽量减少办公杂支等费用，计可节约5亿斤小米。为节流措施的落实，1950年2月召开的全国财政会议决定，成立清理仓库及核实编制、厉行节约两个委员会，分别以陈云、薄一波任主任。③

为减少开支，中共从一进城就要求内部人员，力行精简节约，反对铺张浪费，为国分忧，与民同苦，消除国民党政府贪污浪费的恶劣作风，各项开支均精打细算，反对百废俱兴或铺张浪费。如1949年5月28日上海军管会成立后，很快发出通知，要求内部食堂的中小灶于7月11日一律改为大灶，原定的中小灶费用一律收回，患病或其他特殊情况者，另行请示办理。④7月下旬，上海军管会财经接管委员会金融处秘书组又发出《节约通知》，对公务人员的日常生活提出较为严格的节约要求。《通知》中规定：

一、电梯开机时间：上午7时至8时半，中午12时至2时，下午6时至7时。二、电风扇每次使用不得超过5分钟，每天不得超过10次，每间办公室以使用一架为原则。三、电灯白天不得开用，晚间使用要尽量节约，不用时随手关熄，各楼走廊夜间可酌留二灯具，其余一律关熄。四、电炉电熨斗禁止使用。五、自来水洗面，每人以半盆为原则，洗衣用水应尽量限制。六、开水专供办公室饮水之用，家属所用热水（如脸水浴水等）概不供给，所有蒸馏水一

---

① 《陈云文选》第二卷，第53页。
② 《陈云文集》第二卷，第25页。
③ 《陈云文选》第二卷，第54页。
④ 上海档案馆：全宗号Q61，目录号1，卷号1428。

律停止等。七、各单位尽量用旧文具，如用新的须以旧的换掉等。①

天津市政府 12 月 1 日召开各局、处长会议，发起全面节约运动，成立三个节约机构，即由市委书记黄敬直接领导的市节约委员会，统一领导市府机关节约运动；另外还成立了市级行政部门薪资调整委员会和机关编制委员会。副市长刘秀峰在会议的讲话中严肃指出：有少数干部，入城以来，多多少少受到城市的腐化诱惑与影响，逐渐失掉原来艰苦朴素的优良作风，开始趋向追求物质享受的堕落途径，这种腐化堕落思想我们坚决反对。②

仅此两例即可了解中共对节俭问题的重视，对内部工作人员要求的严格。中财委认为：节约不仅是克服财政困难的一种方法，而且是新民主主义经济的特性之一，"尤其像中国这样贫乏的国家，在新民主主义的建设过程中，节约必须被看作与建设同等重要的另一双轮子，我们不仅以节约来克服困难，我们还要以节约来帮助建设，节约在中国是长期性的"③。

为渡过财政困难，1949 年 12 月 2 日，在中央人民政府第四次会议上，陈云还提出，后方部队、机关、学校人员，应尽可能进行生产，以自给一部分粮食和蔬菜。没有直接战斗任务的部队，在可能条件下，要进行农工生产。一切可能节省的支出，要统统加以节省。④ 随后，12 月 5 日，中央人民政府革命军事委员会发出《关于 1950 年军队参加生产建设工作的指示》，明确提出：为弥补国家财政收入不足，人民解放军"必须担负一部分生产任务"⑤。

尽管中财委采取许多措施，但终究不能满足当时财政需求。财政赤字仍在继续增长，而财政赤字的扩大，将会再次引发物价上涨，危害国民经济恢复和发展全局。因此在 1949 年 12 月，第三次物价涨风平抑后，中财委将稳定金融、制止物价上涨所采取的措施，重点转向如何减少财政赤字方面。围绕开源和节流两个方面，中财委向中央人民政府提出发行 1950 年人民胜利折实公债和建

---

① 上海档案馆：全宗号 Q61，目录号 1，卷号 1412。
② 《天津市政府召开各局、处长会议　发起全面节约运动》，见《天津日报》1949 年 12 月 1 日。
③ 孙晓村：《论节约》，见《经济周报》第 9 卷第 7 期，1949 年 8 月 18 日，第 136 页。
④ 《陈云文选》第二卷，第 35—36 页。
⑤ 《建国以来重要文献选编》第一册，第 68 页。

立国家预算制度两项重大措施。

二、中财委参与决策和部署发行新中国第一笔国债

1950 年胜利折实公债是新中国第一笔国债。国债在新中国成立之初被称为公债，它是弥补财政赤字的一种重要融资方式，可使政府的货币和财政协调配合，在国家经济生活中发挥重要作用。1950 年折实公债的发行，中财委内部已酝酿多次。

上海财经会议已作出发行公债的决策。公债发多少合适呢？会议预计发 1.2 亿银元或 2000 亿元人民币。有些人主张多发些，陈云倾向发行 2400 亿元人民币（包括收购一部分黄金外汇），而且主要是在城市及新区的农村市镇发行，以便帮助推行人民币。

中财委对公债这一经济手段的运用是有信心的。苏联在卫国战争和几次五年计划中都利用公债的发行动员人民储蓄，从而减少了人民日常向市场上购买商品的需要，促进了货币价值的稳定，这在财政困难、物资匮乏的条件下是必要的。苏联的做法为新中国提供了借鉴。另外，公债的发行对中共来说也不陌生。在革命根据地，公债是筹集资金的一种方法，它在回笼货币、稳定物价、解决财政困难、支持生产建设方面，都起到重要作用。1949 年 3 月 6 日，东北行政委员会发行了上、下两期生产建设实物有奖公债，共 1200 万银元，第一期已如期完成。关内私营经济占的比重比东北大得多，中财委认为公债的发行是完全可行的。

当时除东北生产建设实物有奖公债条例外，可参照的还有华东地区发行的人民公债条例。陈云在上海财经会议上提请大家对这个条例的草案进行研究。8 月 11 日，他致电中共中央，报告了上海财经会议准备发行公债的情况，并向中央提出公债预备发行 2400 亿元（以 7 月底物价为基准计）的建议。电后，附上华东地区人民公债条例（草案），供中央参考。①

---

① 《陈云文集》第一卷，第 692 页。

中共中央见电后，于 8 月 14 日致电华东局并转陈云，要求说明发行 2400 亿元公债的用途，2400 亿元公债发行数字的由来及可否减少，工商业者对发行公债的态度，公债利息是否合适，还本付息时间是否太促等五个问题。①

陈云接电后，于次日复电中央，对中央所提问题一一作出答复。

关于公债用途。目前估算 8 月至 12 月，全国财政赤字为 5800 亿元。新区收入一时难以骤增，解放区日益扩大，人员不断增加，修铁路，建海军和空军开支均不能减少。秋后收购棉花及出口物资需现钞 3500 亿元，为保证纺织和农业副产品的继续生产，这笔款项也不能少。此两项合计为 9300 亿元。目前江南农村小城镇人民币并未占领市场，因物价波动，交换多以大米计价，大米价格突出，超过工业品价格一倍左右，对工业生产十分不利。改变的办法在于争取物价的相对平稳，货币下乡，改以大米计价为货币计价，缩小工农业产品的剪刀差。发行公债 2400 亿元虽然只占货币发行额的四分之一，但可以弥补财政赤字四分之一，减少物价波动，易于收购土产，帮助货币下乡，在金融上所起的作用是很大的。

关于公债数额。会议中提出三个方案，即 1600 亿、2000 亿、2400 亿元人民币。目前之所以债额定为 2400 亿元，是因为京沪杭三角地带殷实户普遍存有美钞、黄金，公债的目的虽在收回人民币以减少发行，但事实上势难完全拒收黄金、美钞。故 2400 亿元公债中要准备拿出 300 亿元接收黄金、美钞。另外，8 月、9 月、10 月的财政发行数约 6000 亿元，公债届时除收回黄金、美钞外只有 2100 亿元，放多收少，银根不致过紧。如果过紧，则准备采取延长缴款、减少推销数字至 2000 亿或 1600 亿元两个步骤。

关于工商业家对公债的态度。公债以劝购形式推销，把发行公债的好处对工商业家讲清楚，并采取各大城市代表会的形式加以讨论，通过工人劳动者及舆论方面赞助购债，工商业家亦会承受；但派他们的数字大了，也会叫的。公债对资本家来说比起工商业利润是小，资本家短期内是有一些牺牲，但便于渡过 5 个月的财政困难。大中城市游资很多，公债为数不多，有利于物资交流和刺激工业恢复，对工业资本家是有利的。所以总的说，工商业家对发行公债不

---

①　《陈云文集》第一卷，第 696 页。

会积极拥护，但积极反对者为数也不会多。

关于公债利率。公债用折实办法，利率4厘，相当于半年定期折实储蓄利率。现在上海有许多工商业家要求折实储蓄，利率4厘适合于正常储蓄利率。

关于还本付息时间是否太促的问题。短借短还，目的在于树立信用。必要时与第一次还债同时可发行第二次公债。明年秋后还三分之一，因正在秋粮登场，市场需要筹码多的时候，估计国家确能偿还。陈云在此电最后特别强调：解决财政问题，各国一般均用征税、借债、发行三种办法，我们长期处于农村，对公债办法用得少。在货币收入不足货币支出的情况下，今后适当应用公债办法，比单纯发行货币好。①

这封电报表明，陈云领导中财委在上海财经会议中，通过和各地领导财经工作的干部共同研究，对发行公债的问题已考虑成熟，并对公债的作用有了明确的认识。显然，中财委已在摆脱战时财经工作思维模式的影响，综合各方面经济因素、从长远的利益去考虑财政问题，公债的发行已被视为解决财政问题的一般手段，并非只是财政困难应急的经济措施。

当时中央最大的忧虑是，发行公债会引起银根紧，对工商业的恢复和发展不利。如何应对这个问题，陈云在8月15日上海会议作总结时提出三项措施：注意调剂通货，避免发行时市场银根过紧；发行公债数量、时间，各月按市场银根情况，灵活掌握；银行收兑黄金、美钞数量，也依银根而定。陈云说："我们要善于运用这三个手段，使其服从一个目的，即达到我们所预期的金融、物价保持良好的状态，保证粮食和其他重要物资的供应。"②

虽然上海财经会议对公债问题作了充分酝酿。但在8月15日上海财经会议结束时，发行公债问题仍未能作出最后决断。

公债的发行涉及社会方方面面，党中央十分慎重，在接到陈云8月15日电报，了解这次会议对公债问题的基本意见后，没有明确表态。8月17日，中央连续两电陈云。第一封电报说，公债问题关系重大，要他立即回平向中央报告后决定；同时请饶漱石、陈毅试探民建方面资本家的意见，电告中央。第

---

① 上述1949年8月15日陈云复中央电内容，参见《陈云文集》第一卷，第693—695页。
② 《陈云文选》第二卷，第11—12页。

二封电报要他在动身回北平前，同饶漱石、陈毅邀请上海工商界代表人物分批座谈一下财经问题，以使在商决公债及其他有关问题时有更多的把握。对其中好的或比较好的意见，"似应予考虑，使他们敢于言，尽其言，并能得到应有的结果"①。

依照中共中央指示，8月19日至23日，陈云先后出席中共上海市委召集的民主建国会负责人、上海产业界代表，以及机器、银钱、纺织、卷烟、西药、化工各业代表座谈会，征求他们对发行公债等经济对策的意见。在座谈中他了解到，一些民族资产阶级人士对现时发行公债一事尚有异议。他将了解到的情况上报中央。资产阶级对购买公债的消极态度引起中央重视。当时战争还在进行，政局尚不稳定，与资产阶级的关系不能搞得太紧张，于是中央决定公债推迟发行。②

上海财经会议后，1949年第二次物价涨风已经平息，但经济形势仍十分严峻。为了应急，中共不得不多发行货币。从1949年7—11月，货币发行量累计为：7月底2800亿元，9月底8100亿元，10月底11000亿元，11月中旬16000亿元，发行量增加近5倍。③财政的超量发行，不可避免地要引起物价猛涨。中财委领导层对这个后果十分清楚。10月3日，陈云和薄一波在致毛泽东的电报中指出：由于财政赤字仍然很大，且须收购大量物资（主要是棉花），必须继续增发货币；在货币发行量不断增加的情况下，"今后物价估计仍将继续上涨，且仍有发生剧烈跳跃的可能"。为了扼制恶性通货膨胀，陈云和薄一波再次向毛泽东提出发行公债问题。④

经济规律不可抗拒。陈云、薄一波的估计很快应验了。11月物价涨风再起。为稳定经济秩序，抑制物价继续上涨，中财委第四次委务会议决议，必须尽快发行公债。11月18日，周恩来主持召开政务院第六次会议，批准了陈云在会上作的关于物价问题的报告。会上大多数委员赞成发行公债，并决定成立专门小组，由陈云召集，研究开源节流、发行公债等问题。

---

① 《陈云年谱（修订本）》上卷，第738页。
② 《陈云文集》第二卷，第3页。
③ 《陈云文选》第二卷，第29页。
④ 《陈云文集》第二卷，第4、3页。

中财委和政务院的意见促使中央在发行公债问题上作出最后决断。11 月 29 日，毛泽东主持召开全国政协常委会议，讨论了《1950 年度全国财政收支概算（草案）》和《关于发行人民胜利折实公债的决定（草案）》。毛泽东提醒与会人员对公债发行数额、如何折实、利息分期等问题作进一步研究，并将发行公债事宜通报民主党派负责人和各地区主要负责人。会议指定周恩来、陈云、黄炎培、薄一波、马寅初等进一步修正这两个文件。①

在经过上述准备工作后，12 月 2 日，中央人民政府委员会第四次会议在北京召开。在会上陈云以物价和发行公债为主题作报告。据当时的财经形势，陈云郑重代表政务院向中央人民政府提出议案，提请政府发行公债，并对所发公债的作用和特点作了透彻说明。他的报告赢得与会者的赞同。会议通过了《关于发行人民胜利折实公债的决定》，并责成政务院根据本决定制定人民胜利折实公债条例，公布实行。②政府预计发行的公债将要解决 38.4‰财政赤字。③12 月 3 日，中央人民政府委员会颁布了《关于发行人民胜利折实公债的决定》。

当时政府内部对第一期 1 万万分公债能否发得出去有疑问。12 月 11 日，陈云主持中财委会议讨论发行人民胜利折实公债条例时，对这个问题作了分析：根据现在钞票发行的情况，两个月的发行量就可超过 1 万万分公债的数量；买公债非全用人民币，有 20%—25%是用黄金买的；公债发出后，如发现市面头寸少了，还可以在税收、公粮收缴时间、快慢和财政支出的快慢、多少等方面调剂。由此陈云明确回答，一期公债发得出去的。④

如何避免因公债发行而造成市场上银根过紧，是自酝酿发行公债到确定发行后，政府内部始终关注的热点问题。陈云一方面考虑通过税收量和调剂黄金、美钞收进的数量来控制货币的流通量；另一方面也考虑在发行公债的同时适当发钞。12 月 12 日，陈云在给毛泽东并中央的一周财经要事报告中说：自

---

① 《毛泽东年谱（一九四九 —— 一九七六）》第一卷，中央文献出版社 2013 年版，第 52 页；《陈云年谱（修订本）》中卷，第 16 页。

② 中国人民银行国库司编：《国家债券制度汇编（1949—1988）》（内部发行），中国财政经济出版社 1989 年版，第 2 页。

③ 薄一波：《关于一九五〇年度财政收支概算草案的报告》，见《新华月报》1950 年第 1 卷第 3 期，第 650 页。

④ 《陈云年谱（修订本）》中卷，第 20 页。

11月26日以来，物价平稳后又宣布发行公债，故全国银根甚紧。"我们的办法以发行公债时避免物价下降，且以微微上涨为有利"，"因此，在发行公债同时，须专发一批钞票收购主要物资（花纱布、粮食），使我居于主动。"①

12月16日，政务院第十一次会议通过了《一九五〇年第一期人民胜利折实公债条例》，当日政务院即向全国发布。同日，陈云和薄一波书面向中共中央报告了公债和钞票发行计划。第一，针对工商界顾虑公债发行影响工商业经营提出二项对策：一是发行公债时适度增发新钞，使银根不至于过紧，以达到既推销公债，回笼货币，又避免物价下跌、工商受困的目的。二是在不准以公债券代替货币流通市面、不准向国家银行抵押、不准用作投机买卖的规定下，不禁止债券持有者私人间正当转让或向私营银行抵押。第二，公债发行中要根据银根松紧不同情况掌握三种工具：银行收兑黄金美钞的数量依银根松紧而定，预订购债人可以30%的黄金美钞向国家银行兑换人民币交纳公债；银根紧时公债催收得松些，银根松时催收得紧些；银根紧时贸易部可以多收买些主要物资（花纱布、粮食），银根松时则少收买些。第三，预计1949年12月和1950年1月、2月三个月内财政赤字达25000亿元，拟"全部用发行弥补之"②。这样做的好处是：使银根不紧，易销公债；保持物价逐月分涨，避免挤在下半年短期猛涨；在平价时购进主要物资，不但可贱买贵卖，且可援助工商界。③这份书面报告集中体现了中财委内部，在中央决议发行公债后，为应对可能出现的困难所反复谋划而最后确定的措施。

12月29日，中财委向中央正式递交请示报告提议："一九五〇年一月至二月间，选择有利时机，增发五千元和一万元两种人民币。"1950年1月1日中央批复同意。④12月30日，中央人民政府政务院向全国各政府机关发出《关于发行一九五〇年第一期人民胜利折实公债的指示》，阐明政府发行公债的目的和作用，规定公债在各地的具体分配数额，提出防止物价暴跌的办法，明确

---

① 《陈云文集》第二卷，第45页。

② 《陈云文选》第二卷，第38—39页。

③ 《陈云文选》第二卷，第41页。

④ 《中共中央文件选集(1949年10月—1966年5月)》第2册，人民出版社2013年版，第5—6页。

公债推销对象，布置组织和宣传工作。陈云领导的中财委关于公债发行的一系列政策思想在这份指示中都有体现。可以说，新中国第一期公债的发行，从提出到酝酿发行方案，再到正式条例拟订，中财委的意见都起了很重要的作用。

1950 年 1 月 5 日，第一期人民胜利折实公债开始发行。这次公债的发行是对中共社会动员力和民心基础的严格检验。整个公债推销与公债购买的互动过程，充分展现了政府在与人民利益一致的前提下形成的空前社会动员力和凝聚力，人民对政府的信任及支持是国民党执政时期从未有过的。

社会各界竭诚拥护政府发行公债。民盟主席张澜、民盟中常委章伯钧、民革中常委谭平山、民进中常理事马叙伦等都公开表示，拥护政府公债决策。[①] 中财委委员及经济学家孙晓村、千家驹等纷纷在《人民日报》上著文，论说折实公债发行的合理性，号召社会各界积极行动起来购买公债。[②] 京津沪一些银行家、企业家对政府发行公债也明确支持。[③] 舆论给人的明显感觉是，各界对政府发行公债的拥护并非盲目，而是建立在对人民胜利折实公债发行意义清醒认识基础上的，即：发行公债是人民政府弥补财政赤字，有益于经济发展的办法；购买公债益于政府，也益于个人；募购公债是公民义不容辞的义务，尤其是工商界义不容辞的责任。

人民团体和各民主党派积极协助政府进行认购公债的社会动员。全总率先发出告全国工人书，号召工人阶级踊跃认购，积极宣传；同时要"开展广泛的深入的持久的生产节约运动，增加产量，提高质量，减低成本，增加国家的财政收入"，以保证 1950 年国家财政收支概算的实现，保证公债发行计划的完成。团中央发出通知，号召全体青年团员和爱国青年，在公债发行期间，积极进行公债宣传和劝购。"各城市团委应当将购买公债的宣传作为当前宣传工作的重要项目之一。"凡有能力购买公债的团员，要积极购买。全国妇联号召各地妇联，动员全国姐妹协助推销认购公债。民革、民建、民进、民盟、农工民主党、台盟华北总支部都号召本部党员，要踊跃认购和劝募公债。[④]

---

① 参见《新华月报》第一卷第三期 1950 年 1 月号，第 657—658 页。
② 参见《人民日报》1949 年 12 月 8 日、22 日、29 日。
③ 参见《银行周报》第 33 卷 50 号（上），1949 年 12 月 12 日，第 12—14 页。
④ 参见《人民日报》1950 年 1 月 5 日、6 日、7 日、8 日、12 日、13 日。

　　全国各大城市人民政府认真执行政务院的指示，积极地、有步骤地开展公债推销工作。成立专门公债的推销机构是地方政府落实中央政府公债推销任务采取的第一个步骤。北京市政府聘请各界代表人物组成"北京市人民胜利折实公债推销委员会"；工商界以工商联合会筹备委员会为基础，成立"工商业界公债推销分会"，并按行业成立支会；机关工作人员、文教工作者、摊贩和郊区工商业者等相继成立公债推销组织。政府还聘请比较开明的殷实富户、退职文武官吏及热心公益的地方人士组织"地方人士公债推销分会"，以区里主要干部为骨干，吸收地方人士参加，成立推销支会，下设推销小组。① 上海是工商业家的聚集地，为充分将他们动员起来购买公债，市政府帮助各行业组织推销委员会，最先成立的是上海市推销委员会，随后，上海市推销委员会工商界分会、毛纺织业推销支会、金融业推销支会、棉纺业推销支会先后成立②；这些机构的成立，有力推动了公债在上海工商业家中的认购工作。

　　广泛展开社会动员工作是各地人民政府落实中央政府公债推销任务采取的又一个重要步骤。工商界是公债募购的主要承担者，政府对他们的宣传和动员至关重要。当时工商界对政府发行公债的态度比较矛盾。许多企业家清楚，在解放战争中农民出力多，城市工商业负担较轻；他们也明白，只有收支平衡，经济稳定，工商业才能恢复和发展，因此对政府发行公债表示支持。但中国毕竟是一个经济十分落后的国家，又经过长期战争蹂躏，财力物力远不如战前，因此工商界虽无人不赞成政府发行公债，但又都说有困难，对公债发行有着各种想法：有的要求"公债券能有流动性，在自己手头紧迫时，希望银行能作抵押贷款"；有的提出"这次公债应普遍各个角落，人人认购，平均负担"；还有的提出"希望能以货物顶款，购买公债"；甚至有人"希望能以金银换购公债"。1950年1月1日，陈云在给毛泽东的电报中，特别报告了上海工商界对政府公债的矛盾态度及需要采取的对策。陈云说："他们对公债认为不可抵制，表面上是拥护的，但抱有两个希望：一是少购，二是以合理价格收兑黄金。我们

---

　　① 《北京市人民政府关于人民胜利折实公债推销工作致政务院的总结报告》（1950年5月20日），见《国民经济恢复时期的北京》，第267页。

　　② 参见《解放日报》1950年1月6日、14日、25日、28日、31日。

决定满足其第二个希望，并严重注意不使银根太紧，力求保持适度。"① 前面已提到，中央人民政府 1950 年初，发行 5000 元和 10000 元大钞，目的之一就是松弛银根，以易公债发行。

配合国家财政政策，舆论界在公债发行前后对工商界作了大量说服劝导。有论者对工商界中的种种想法作了解答。首先，说明公债为什么不能在市场流动。公债如果可以在市场流动，那是变相地发行通货，结果不是收回通货，使货币回笼，反而会增加通货膨胀；更可怕的是会给某些投机商人提供渔利和兴风作浪的场所。其次，说明为什么不能发金库券以代替公债。解放后资本家的金银均被政府冻结。如果政府满足他们的要求，用金库券代替公债，不但没有收缩市场通货，相反把冻结的金银变成流通资金，加入市场投机活动，这与政府发行公债的意义完全相悖。第三，说明公债不能以货顶替的原因。这次公债发行目的之一是为紧缩货币，平抑物价，并配合 1950 年度财政工作在国家银行的透支，即发行货币，以免造成通货膨胀。如果大家都交货物，会使某些货物在国家手里囤积起来无法销售，相反货币又不能回笼，通货膨胀的现象仍不能避免。第四，说明"平均负担"的说法不妥。农民长期支持解放战争，目前税务负担仍是最重的，城市税务负担相对较轻。如果工商界不在税务负担上要求平均，却在认购公债上要求平均，是不公正的。工人及其他薪俸阶层的人自然也要尽力拿出钱来购买公债，但这些人毕竟收入微薄，又有家庭负担，不可能拿出很多钱来购买，所以公债的认购不能不主要依靠城市工商界来负担。②

还有论者特别阐明政府发行公债与工商界利益的一致性。公债政策是争取经济建设的整个链条中的主要一环。工商界多购一分公债，就能为物价稳定、交通恢复和全国解放事业，多增加一份力量，就能使全国经济建设的高潮和工商业自身的繁荣早一天到来。③

这些论说不仅有益于解开工商界的疑虑，也进一步向社会说明了人民政府发行公债的目的和要求，并反映出人民政府发行公债是经过多方考虑，是在汲

---

① 《陈云文选》第二卷，第 52 页。
② 贺笠：《动员起来购买公债》，《人民日报》1949 年 12 月 22 日。
③ 吴群敢：《工商界应怎样认识折实公债》，《解放日报》1950 年 1 月 16 日。

取旧中国内债市场教训和着眼于新中国建设长远利益的基础上慎重制定的。

在政府与社会普遍宣传和组织的基础上，全国各地认购公债出现火热场面。1月5日，公债开始发行。次日，京津等市销售10万余分。上海5天内售出公债110余万分。为了加快完成公债推销任务，杭州工商界发起10万分超额竞购任务。① 广大人民群众虽然经济力量有限，却尽其所能，多购公债，充分展示了国家主人翁的姿态。在公债认购的第一期中，北京原分配职工、教职员、机关、部队及摊贩行商、郊区工商业共40万分的任务，截至2月14日止，即已超额认购54 3492分。②

由于全国人民大力支持，一期公债的推销和缴纳进展顺利。2月，浙江皖苏北湖南中小城市相继超额完成公债推销任务。3月中旬，一期折实公债已销6400余万分，华北、华东完成84%强；武汉长沙超额完成。4月上旬，京津两市及豫绥察三省实销公债均超过原分配额；沙市、宜昌等地也完成了实销任务。③ 到5月初，一期公债实缴任务基本完成。折实公债发行的成功说明，人民政府在民众中有着很高信誉，中共具有雄厚的执政实力和社会基础。

在发行国债的同时，1950年2月14日，中央人民政府还签署了与苏维埃社会主义共和国联盟政府关于贷款给中华人民共和国的协定，从苏方接受三亿美元的贷款。自1950年起在5年期间，每年以贷款总额的五分之一，即6000万美元的物资交付中国。陈云及薄一波、马寅初、李富春于9月1日共同签署中财委通令，规定：此项收入列入国家预算，贷款物资分配给各部门使用时，应作为财政上的正式投资，而不应视作预算外之拨付；贷款的管理、使用、还本付息等事宜，均统一由中央人民政府财政部负责办理。④

国债和外债并行，充盈了国家财政，使国民经济的恢复与发展获得一定的资金支持。

① 参见《人民日报》1950年1月7日、15日、23日。
② 《北京市推行人民胜利折实公债的情况》（北京副市长吴晗在北京第二届第二次各界人民代表会议上的报告，1950年2月26日），见《国民经济恢复时期的北京》，第261页。
③ 参见《人民日报》1950年2月11日、3月12日、18日2版，4月1日、7日。
④ 参见《1949—1952 中华人民共和国经济档案资料选编（财政卷）》，第627—628页。

三、中财委拟订新中国第一个概算

1949 年 12 月 2 日，中央人民政府第四次会议在通过发行 1950 年人民胜利折实公债的同时，还批准了 1950 年全国财政收支概算。这是新中国第一个概算，是新中国国家预算制的起点。

新中国成立前，革命根据地曾编制过预算收支计划，但那时属于战时财政预算，并由各革命根据地依其所辖地区情况自行编制，由于条件限制，没有也不可能有全国统一预算。

《共同纲领》在财政政策方面规定："建立国家预算决算制度，划分中央和地方的财政范围，厉行精简节约，逐步平衡财政收支，积累国家生产资金。"①新中国成立之初，要解决的棘手的财经问题很多，而且战争还在进行，各大区财经工作尚处在逐步统一过程中，编制全国统一预算的客观条件还在生成过程中。所以，中财委没有将国家预算工作提上日程。

但对国家预算，中财委不是没有考虑。在 1949 年 10 月 29 日，中财委所作的《三个多月工作及今后三个月简单计划》中，曾拟订在 1950 年 2 月由中财委计划局作出一个"明年度的实物及现金收支的概算，并计算赤字的多少，拟出弥补赤字的办法，拟订明年度发行钞票的大概数目，估计明年的物价水平，以便依此简要计划，进行明年工作"。中财委计划局局长宋劭文，在 11 月 4 日的一次讲话中尖锐地说："不少同志在经济工作中，把政策放在前面，把计算放在后面，实行所谓政治领导，这是错误的。在经济工作中，计算就是政治。离开了计算，经济工作就一无所有。搞经济工作，办公就是办计算。管理经济工作，最重要就是掌握数字。"②

显然，中财委计划局在工作筹谋中已明确提到国家概算的拟订问题，但当时还只是视国家概算为平衡财政收支、尽量减少赤字的工具。宋劭文的讲话虽然没有明确提到拟订国家概算问题，但把经济工作中的"计算"放在政治位

---

① 《建国以来重要文献选编》第一册，第 10 页。
② 《1949—1952 中华人民共和国经济档案资料选编（综合卷）》，第 797—798、781 页。

置上，强调数字对经济管理工作的重要，其中蕴含着对建立计划管理体制的思考。而国家预算管理是财政计划管理体系中最重要的起主导作用的环节，国家预算的编制是国家财政计划管理体系建立的重要标志。

概算可以说是粗略的预算，概算没有预算那样细密，但基本功能是一样的。从当时的历史情况分析，新中国第一个概算是在国家面临严重经济困难的情况下编制的，将国家十分有限的财力用于国家亟待解决的事业上去的政策目标十分鲜明，尤其是保证物价的稳定。中央人民政府第四次会议后，新华社所发社论明确指出："这个会议分析了 1949 年物价上涨的原因、性质和前途，规定了争取物价稳定的具体方案，即 1950 年度收支概算和发行人民胜利折实公债办法。"① 客观地说，当时还顾不上从财政体制建设上去考虑国家预算问题。

毛泽东在 12 月 2 日中央人民政府第四次会议的讲话中指出："国家预算是一个重大的问题，里面反映着整个国家的政策，因为它规定着政府活动的范围和方向。"② 那么，1950 年国家财经工作的主要"活动范围和方向"包括哪些内容呢？中财委 1950 年 2 月 28 日第十四次委务会议确定了四项内容，即：保证战争供给，争取最后胜利；养活全国 900 万军政公教人员；调运粮食，生产救灾；有重点地恢复工业和交通。③3 月 11 日，薄一波在谈到财政预算与财政政策时更简明地说："'打台湾、九百万、运粮救灾、重点恢复'就是路线，如在 1950 年做好这四件事就不犯错误的，一切事情要抓住中心。"④

完成上述四项任务的财政保障，薄一波在 1949 年 12 月 2 日的《关于一九五〇年度全国财政收支概算草案的编成》报告中已有安排。1950 年全国财政概算支出项下，各种科目所占百分比是：军事费 38.8%，行政费 21.4%，国营企业投资 23.9%，文化教育卫生费 4.1%，地方补助费 2.3%，东北公债还本付息 0.1%，总预备费 9.4%。概算收入项下，各种科目所占百分比是：公粮收入 41.4%，各项税收收入 38.9%，企业收入 17.1%，清理仓库收入 2.4%，其他收入 0.2%。这个收入总额，仅合支出总额的 81.3%，其余的 18.7% 则是

① 《新华月报》第一卷第三期，1950 年 1 月号，第 648 页。

② 《毛泽东文集》第六卷，第 24 页。

③ 《1949—1952　中华人民共和国经济档案资料选编（财政卷）》，第 269—270 页。

④ 《1949—1952　中华人民共和国经济档案资料选编（财政卷）》，第 270 页。

赤字亏欠。我们解决赤字的办法是两个，一是发行公债，解决赤字的 38.4%；另一个是银行透支，即发行货币，解决赤字的 61.6%。[①]

　　对 1950 年国家财政概算安排的依据，1949 年 12 月，周恩来在对参加全国农业会议、钢铁会议、航务会议人员的讲话中有过明确阐释。他说：全国财经计划是根据什么观点、什么理由制定的呢？我讲四点：（1）承受负担。为了全国胜利，人民要承受"必要的负担"，"这种负担叫做胜利的负担"。解放战争已经取得基本胜利，只剩下西藏、台湾、海南岛尚待解放。所以军事上要有准备，不仅要有陆军而且要有海军，军费在财政支出上仍要占很大比重。军队人数要增加，估计 1950 年最高峰会达到 550 万，再加上公教人员 350 万，共 900 万人"要由人民来负担"。（2）恢复生产。"国家 1950 年的负担很大，不抓生产是不行的"，"国家计划中的经费，除去军事开支和行政开支，主要的是用于恢复生产。只有生产恢复以后，才能使几百万人转到企业中去。"（3）开源节流。开源主要是依靠人民：一是来自农村的负担。农民已支持我们 12 年；"将来在一个相当的时期内，农民大概还要拿出收入的百分之二十左右作为负担"。二是来自城市的负担。城市中的负担是税收，"但开始的时候不能把城市的负担提得很高，要比农村少一点"。三是国家企业的收入。"以上三种收入还不够，还会有赤字，这就要发公债"。另外，也需要外援，友邦的援助我们欢迎，"但中国的建设主要应靠自力更生"。从节流方面看，"国家财经计划的安排是节约的"。开支主要用于支援战争，解放全中国；其次是用于建设，恢复生产。财政支出总共不到 600 亿斤粮食，"这说明我们的开支是节约的，生活水平是低的"。（4）掌握政策。要在 1950 年财政支出的规模、方向下掌握政策，进行工作：重视重工业，首位是钢铁业；农业要水利与农业生产并重，水利要配合农业；交通方面，铁路恢复最重要。"每个单位必须有整体观念，要在总的财经计划中找到自己的位置，认识自己的方向，有重点有计划地恢复生产和发展生产"。[②] 周恩来将中财委编制的新中国第一个概算的基本思路和要达到的财政目标都阐释清楚了。

---

① 《1949—1952　中华人民共和国经济档案资料选编（财政卷）》，第 271—272 页。
② 《周恩来经济文选》，中央文献出版社 1993 年版，第 22—27 页。

　　总体来说，1950 年概算是一个紧扣着当年国家财经工作任务、精打细算、收支水平都比较低的预算；同时在财力十分有限的情况下，为保证军事、经济社会生活等必不可少的支出，又必须实行赤字概算。

　　中央人民政府经过慎重研究，批准了 1950 年度的国家概算草案。1949 年12 月 27 日，政务院发出《关于一九四九年财政决算和一九五〇年预算编制的指令》，要求各级政府及中央直属企业部门对 1949 年的财政收支决算和 1950年财政预算，按规定时间编制上报。《指令》规定，我国实行历年制，即从 1月 1 日起至 12 月 31 日止为一个预算年度；在年度开始时，所有上年度终了后的财政余亏悉转入本年度上年结转余亏项下。各种税收及企业财政任务、推销公债，除中央所分配的任务外，凡可能与应争取的收入，均应列入；支出数字，除中央已有规定数字应依规定编制外，凡未具体分配数字，可根据中央通过的 1950 年度全国财政收支概算的精神，按实有人员数字及事业情况编造。在各级 1950 年度编制的预算尚未批准前，其一切经费开支，暂按 1949 年度全年预算 20% 批拨等①。

　　在军事斗争时期，国家预算难以实行，一切得服从军事发展的需要来决定，靠通货膨胀解决财政问题难以避免。新中国第一个概算的拟订，标志着财经工作正脱离军事时期，向和平时期过渡。人民政府不能像以往那样靠通货膨胀来解决财政问题，要尽量减少通货发行，执行国家预算，以达到财政收支平衡。1950 年 2 月 24 日，在中财委召开的全国财经工作会议上，中央书记处书记、中央军委副主席朱德在讲话中强调，国家机关特别是军队要坚决执行国家预算制度；并着重指出：开支最大的数目在军队方面，"军队里如果执行这个制度，就可以减少许多浪费现象"②。

　　政府和军队实现 1950 年概算的目标，需要社会方方面面的配合。社会对国家概算的反应如何呢？在中央人民政府第四次会议上，许多民主党派委员，如黄炎培、章伯钧、张难先、李济深、李烛尘和张东荪等先后发言，一致赞扬和拥护 1950 年国家概算，认为："这个概算是真正老实的预算"。黄炎培根据

---

　　①　《1949—1952　中华人民共和国经济档案资料选编（综合卷）》，第 298—300 页。

　　②　参见《党的文献》1988 年第 3 期。

会上听到的李富春《关于东北财经计划的报告》，以及他自己所看到的北京、天津、上海等地经济迅速恢复的情形乐观地认为："只要大家努力，明年的收入还可以比概算的估计有增加。"①

社会舆论对 1950 年国家概算评价较高，普遍认为："这个概算可说是长期战争十二年之后不可能更好的概算了"，"一九五〇年的财政问题是争取这个概算的实现，如其实现了这个概算中国的财政可说是初步打下了基础"。②

民革中央常委王昆仑在 1949 年 12 月 8 日民革中委扩大座谈会上的报告中说：1950 年国家收支概算"是中华人民共和国的第一次的概算"，它有别于国民党政府任何一年的概算，有着新鲜特点，主要是大规模战争还在进行，"军费却只占百分之三十八点八；我们正在成立中央与地方的各层政治机构，展开全面性的政治建设，行政费却只占百分之二十一点四，这绝非反动政权和帝国主义国家所能作到的"。其次，在财政很困难的情况下，还要为国营企业投资，为文化教育卫生在总预备费中留下适当比例数字。第三，这个概算是本着"量入为出，量出为入，取之合理，用之得当"的基本精神拟订的，"敢于面对困难，公开困难，实事求是，使人民与政府为了财政政策而结合一致，共同负责，来解决困难，这又是与反动政权以预算欺骗人民绝对相反"。对于这样的概算，"我们只有竭诚响应"，"尽量负担，努力征收，减少损耗，减少浪费，保证不突破支出，不减少收入"。③

中财委委员、民主建国会领导人章乃器 12 月 17 日在《人民日报》撰文说："革命军事尚未结束，中央人民政府成立了只有两个月，居然能够提供出来一个全国性的财政收支概算。我想，在世界各国的历史上，即使不是空前，至少是不可多得的。"他说，在概算通过的第二天，毛泽东主席签发了中央人民政府革命军事委员会文告：《关于一九五〇年军队参加生产建设工作的指示》，这是一个明智的措施，"不但使概算支出的贯彻执行得到了又一重的保障，而且使新国家建设的前景增加了又一道的光明"。按供给制，中共干部每个人的

---

① 参见《新华月报》第一卷第三期，1950 年 1 月号，第 647 页。

② 周有光：《一九五〇年财政经济展望》，见《经济周报》第 10 卷第 1 期，1950 年 1 月 5 日，第 12 页。

③ 参见《新华月报》第一卷第三期，1950 年 1 月号，第 661 页。

平均生活费几乎和解放军战士差不多，比较按薪金制的平均产值要低一半多，"有了共产党员在刻苦自己替国家省钱的方面起代头的作用，是概算支出彻底执行的另一重保障"，在概算中有一笔比较大的总预备费，"可以调剂一些概算上可能的偏差，可以应付一些临时发生的困难，这又增加了一道彻底执行概算的保障"。①

总之，中央人民政府所拟订的新中国第一个概算，当时在社会上确实得到普遍认同，而且这种支持态度不是盲目的，而是建立在对概算特点深刻认识基础上的，同时分析了中共的其他措施，确实感到概算的执行有保障；由此产生的认同态度包含了对政府权威的信任，这种自觉的社会政治认知，为概算的实现提供了重要的社会基础。

中财委不仅拟订出 1950 年概算，且十分关注概算的执行，努力维护概算的权威性。新中国成立后，根据客观情况，人民政府确定了中央与地方财政分级管理体制。中财委曾设想给各大区较宽的收支管理权限，在 1949 年 12 月 10 日给华东局的电报中指出："财政方面，由大行政区统一起来，区以上党政民学的收支统一由大行政区逐级计算审核。"②据此，华东区拟订 1950 年财政收支概算表，报送中财委。陈云阅后，有新的考虑。他在与薄一波及中财委其他负责人商议、报告刘少奇后明确指出，国家财政任务有随时变动的可能，国家概算要随之调整。各大行政区如各自公布所拟订的概算，将不利于国家概算的调整，而束缚自己，"作为内部的各省财政上的税收任务与支出限度的一种账单子，是必要的，但不必发表"③。

此后，中财委还指导一些特殊部门拟订了概算。如 12 月财政部、外交部颁发的《驻外使馆预决算编造暂行办法》；1950 年 2 月 1 日，陈云和薄一波向刘少奇并中央报告了民航局 1950 年概算情况。这些工作充实了新中国的预算制度。

根据国家财经形势变化的实际情况随时修改国家概算，是 1950 年概算执行过程中的重要特点。对此，在预算编制过程中，中央领导层内部就有思想准

---

① 参见《新华月报》第一卷第三期，1950 年 1 月号，第 662—663 页。
② 《1949—1952 中华人民共和国经济档案资料选编（财政卷）》，第 213—214 页。
③ 《陈云文集》第二卷，第 68 页。

备。薄一波在《关于一九五〇年度全国财政收支概算草案的编成报告》中明确指出："这个概算草案是根据不完全的材料加上经验推算估计所编成的。因此，它只能画出一个轮廓、一个基本方向出来。"周恩来也说："现在还处在战争状态中，成都附近、西藏、台湾、海南岛等地还没有解放。在这种情况下还不能制定出一个几年的计划。就是这一年的计划也只是个大体的、不很准确的，还要在执行的过程中不断地修正，才能准确。要求一下子订出一个准确的计划是不可能的，不实际的。"① 事实正是如此。1950 年国家预算在执行过程中，中财委曾根据实际情况的变化三次调整概算中的原订收支计划。

第一次是在 1950 年 2 月。1 月财政收入没有完成计划，支出超过概算，货币继续大量发行②。财政困难的原因，除军费和行政费用负担沉重外，在很大程度上是由于国家财经制度不健全，现金管理、物资管理制度还未建立，财政预算制度和收支系统还不统一，各地自收自用的现象普遍存在，使得本来有限的财力、物力得不到有效的使用。为迅速克服财政经济上的困难，3 月 13 日至 25 日，中财委召开全国财政会议，作出全国财经统一的决策；全国财经统一的主要内容是财政收支的统一，这不仅保障了国家概算的实现，而且加强了国家概算的权威性。会后，财政部根据新的财经情况，对 1950 年概算进行了修改并报中财委批准。

第二次是在 1950 年 6 月。全国财经统一后，国家收支情况发生变化。中财委根据情况的变化，在 1950 年下半年对国家财政概算上的数字又作了相应调整。6 月 15 日，陈云在政协一届二次会议上对财政概算执行情况作了说明：支出方面比原概算增加 115 亿斤，收入方面比原概算增加 80 亿斤。其中，支出比例是：军费占 43%，政府开支占 20%，经济建设费占 24.5%，文教费占 4.3%，社会救济费占 3.4%，其他费用占 4.8%。"军费加政府开支占百分之六十三，超过总支出的一半以上，它说明我们国家尚处在战争状态中。"收入

① 《1949—1952　中华人民共和国经济档案资料选编（财政卷）》，第 271 页。

② 1950 年 1 月 22 日，陈云和薄一波在向中央的财经报告中指出："去年十一月底物价平稳时，发行总数近二万亿元，十二月增发一万亿元；今年一月份已开出支票一万三四千亿元，至十九日实支近一万亿元。以此计算，五十天中，共增发钞票一倍多。截至目前止，发行累计数为四万一千亿元。"《陈云文选》第二卷，第 54 页。

比例是：公粮占 30%，税收占 30%，国家企业利润占 20%，借款占 20%。显然，支出的增加大于收入增加的 35 亿斤。所以，"发行钞票是不可免的"。在战时财政情况下，"通货发行已经接近了危险的界线"，财经统一后，收支平衡，1949 年通货膨胀的危险"不能让它再重复了，但也不是说以后连小的风潮一点没有了"。为了巩固财经统一后经济情况好转的成果，陈云提出必须做到三点：(1) 应征的公粮、税收必须征收。(2) 国家机关、部队、工厂必须遵守现金管理的指示。(3) 财经机关在主要物资上要有充分的准备，物价的稳定即取决于准备情况。①

第三次是在 1950 年 8 月。6 月工商业调整在全国各大城市普遍展开，经过两个多月，财经统一后出现的工厂倒闭、商品滞销的情况明显好转。8 月 28 日，中财委就"关内财政、金融、状况及今后努力方向"向毛泽东并中央及各中央局、分局、各财委、各大军区作了较为详细的书面报告，其中，财政状况方面报告了收支概算三度修订和最近修正数与 1949 年 12 月概算的比较情况（见表 15）。

表 15　1950 年国家概算修改情况比较②

概算通过和修改时间	总收入（万斤）	总支出（万斤）	赤字（万斤）	概算修改情况合计
1949 年 12 月	3 825 860	4 920 233	1 094 373	1950 年 8 月最后修订的概算，与 1949 年 12 月中央人民政府通过的概算比较，收入增加 622 719 万斤，支出增加 570 577 万斤，赤字减少 52 142 万斤
1950 年 2 月	5 019 638	5 681 053	661 415	
1950 年 6 月	4 343 558	5 681 053	1 337 495	
1950 年 8 月	4 448 579	5 490 810	1 042 231	

资料来源：《中财委：关于关内财政、金融、贸易状况及今后努力方向的报告》,1950 年 8 月 28 日；见《1949—1952　中华人民共和国经济档案资料选编（财政卷）》，第 274—275 页。

---

① 《陈云文集》第二卷，第 140—142 页。
② 此方案在执行过程中的收入、支出、赤字情况又有变化。参见财政部：《中华人民共和国一九五〇年度国家总决算》(1952 年 5 月)，见《1949—1952　中华人民共和国经济档案资料选编（财政卷）》，第 275—279 页。

中财委弥补赤字的办法，1950 年概算中为发行公债 400000 万斤，银行透支 694373 万斤；8 月修订的概算为发行公债 203420 万斤，苏联借款 180000 万斤，银行透支 658811 万斤，即公债减少 196580 万斤，增加苏联借款 180000 万斤，银行透支减少 35562 万斤。现新概算中货币"收支相抵，尚差三万亿至五万亿元"，但"有三亿多美金的外汇可以运用"。据此，中财委拟定三点作为解决收支差额的努力方向：（1）贸易部要加紧回笼货币，整顿组织，健全制度，使资金的运用更灵活合理。同时，具体核实今冬财务计划，大大减少其收支差额。（2）银行以大力吸收存款，增加提供贸易周转金的数目。（3）财政上应努力开源节流，健全机构，严密制度，以实现今冬货币收支平衡，并争取有剩余。①

1950 年国家概算毕竟是国家预算制度的初始成果。因为没有经验，概算管理在计划性方面、制度方面、收入重点完成方面、结算方面、统一收支管理方面都存在不少问题；② 经过几次修正，"变动虽然较大，而计划却一次比一次接近实际了"③，赤字也在逐步缩小。这说明，中央人民政府在拟定和执行国家概算之初，就坚持了概算要根据实际情况的变化而随时调整的原则，并把实现财政收支平衡作为执行概算的重要指导原则，并在实际工作中开始学会这项原本陌生的概算制订工作。

四、公债发行和概算拟订的社会效益及后续工作

发行人民胜利折实公债和制订新中国第一个概算，是人民政府为稳定物价、解决财政赤字、减少通货发行而采取的两项重大财政措施。这两项措施，

---

① 参见《中财委关于关内财政、金融、贸易状况及今后努力方向给毛泽东并中央等的报告》（1950 年 8 月 28 日），见《中共中央文件汇集》（内部本）1950 年第一分册，第 233—242 页。

② 参见王子英：《一九五〇年度预算执行的几个主要问题》（1951 年 2 月），见《1949—1952 中华人民共和国经济档案资料选编（财政卷）》，第 644—650 页。

③ 财政部：《中华人民共和国一九五〇年度国家总决算》（1952 年 5 月），见《1949—1952 中华人民共和国经济档案资料选编（财政卷）》，第 279 页。

在中国现代经济史上有着重要意义。

（一）公债发行的社会效益和后续完善

1.达到了预期平衡财政收支、弥补赤字、稳定物价的决策目标

人民政府发行折实公债直接是为弥补财政赤字，间接是为稳定物价，安定民生，实行结果表明对这两方面都发挥了重要作用。自 1950 年 1 月 5 日公债开始发行至 2 月底，仅一个月的时间华北、华东、中南、西北等四大行政区推销人民胜利折实公债 6300 余万分，全国总共推销公债 1.4 亿分，为原定两期发行总额的 70%。据计算，因公债发行，减少了 1950 年财政赤字的 38%以上。[①] 陈云在报告中充分肯定了公债发行在实现财政平衡中的作用。由于收支接近平衡，政府减少通货发行，货币的流通速度减慢，物价稳中有降，中国长达 12 年之久的通货膨胀局面得到有效控制。

1950 年人民政府首次发行的折实公债，与旧中国政府发行的公债有着本质区别："（1）它虽然是为了弥补赤字而发行的，但它是有保证的，是建筑在全国胜利的基础上而发行的，它可保证按期归还本利。（2）它是折实公债，等于定期储蓄。（3）它是有利的，年利 5 厘。（4）时间不长，一年以后，即开始还本付息，5 年还清。有这些好处，就给购买者以很大的利益，给社会游资开了一条正当的出路。"[②] 这些特点决定人民折实公债能恰到好处地将国家和个人利益兼顾。这种取之合理、用之得当的公债发行与国民党政府的变相通货膨胀的公债发行，自然两样，所以对国民经济所产生的影响也完全不同。总的来说，这期公债是建设性的、生产性的，是有益于人民和社会的。虽然人民政府发行公债是为弥补因战费而造成的财政赤字，但主要是用于建设性投资。有人分析说："1950 年度支出概算中，最大的是军费，其次是行政费，再次就是企业投资，企业投资占总预算 23.9%，全部财政赤字占 18.7%，这

---

① 董志凯主编：《1949—1952 年中国经济分析》，中国社会科学出版社 1996 年版，第 154 页。

② 《中央人民政府政务院关于发行一九五〇年第一期人民胜利折实公债的指示》（1949 年 12 月 30 日），见《国家债券制度汇编（1949—1988）》（内部发行），第 5 页。

个数字约等于企业投资四分之三。假如政府不愿意开发生产，可以把企业投资减少到5.2%，便没有赤字了。政府为了要来一个建设高潮，所以要发行公债，这次的折实公债，可以说完全是为生产建设之用。"①这是旧中国以往历届政府都做不到的。

1950年概算的执行，同样获得两个方面的结果。一方面，国家财政收支接近平衡。这是1950年国家财经工作成功的集中表现。这一成果的取得由多种因素促成，其中根据实际情况的变化适时调整国家概算，并在实际工作中尽量保障国家概算的实现，是促成财政收支平衡不可忽视的重要因素。从1950年各季开支的财政赤字比率来看：第一季度为43%，第二季度为40%（使用公债推销款在内），第三季度降为9.8%，第四季度为6.4%。这一赤字变化情况，明显反映出国家财政的收支是逐渐趋向平衡，接近平衡；②并且，这一赤字变化的过程，与几次概算调整吻合。它说明国家预算通过预算平衡和预算结构的调整实现了对国民经济的调节功能。预算的调整既是国家经济发展变化的反映，对经济的进一步发展又产生了新的促进作用。4月13日，陈云在中央人民政府委员会第七次会议报告财政状况时说：自第四次中央人民政府委员会会议通过1950年国家财政概算后，四个月来，国家的财政情况已有好转。"收支相较，虽然仍有赤字，但比一九五〇年概算所列已经缩小五分之二。今年一、二两月，是统一财经管理的准备时期，国家财政赤字仍然不小。但如从今年三月份起计算，此后十个月的财政赤字将大为缩小。平均算来，收支可以接近平衡"③。

另一方面，金融物价趋向平稳。由于严格执行概算，财政收支接近平衡，赤字减低，发行减少，全国物价显著变化。据中国人民银行总行统计，如以1949年12月为基期，1950年全国六大城市32种主要商品的加权指数变化如

---

① 施毓华：《认识人民胜利折实公债》，见《银行周报》第34卷3号，1950年1月16日，第2页。

② 戎子和：《一九五〇年财政工作总结及一九五一年工作的方针和任务》（1951年3月30日），见财政部办公厅编：《中华人民共和国财政史料（国家预算决算）》第二辑，中国财政经济出版社1983年版，第8页。

③ 《陈云文选》第二卷，第76—77页。

表 16 所示。

表 16　1950 年全国六大城市 32 种主要商品加权平均指数表

第一季度	1 月　121.1	2 月　177.3	3 月　210.9
第二季度	4 月　173.4	5 月　154.6	6 月　163.7
第三季度	7 月　178.2	8 月　182.6	9 月　185.2
第四季度	10 月　192.7	11 月　201.7	12 月　199.7

总平均指数为：178.5。

资料来源：戎子和：《一九五〇年财政工作总结及一九五一年工作的方针和任务》（1951 年 3 月 30 日），见《中华人民共和国财政史料（国家预算决算）》第二辑，第 8 页。

　　从中可以看出，第一季度各月物价是急剧上涨的；3 月财经统一后，实现了收支管理的统一，概算的执行有了体制上的保障，第二季度的物价开始下降。6 月公私关系调整后，生产恢复，税收收入有了保障，第三季度物价呈现出平稳发展趋势。第四季度由于朝鲜战争的影响，某些进口物品价格稍有波动，引起物价整体略有上扬；但人民生活必需品如粮食、纱布、燃料等价格，仍是稳定的。从此由国民党遗留下来的 12 年的长期物价飞涨、市场不安的紊乱局面，已基本不存在了。"这不能不说是我们财政收支平衡后获得的一个伟大果实"[1]。

　　国家概算的编制，是政府筹集和分配财政资金的重要工具，执行过程中在收支两方面都取得重要成就。

　　从收入方面看，城市税收明显增加。在 1949 年 12 月概算最初计划中，农业税居第一位，占总收入的 41.4%；城市税收居第二位，占总收入的 38.9%。这样安排，主要是考虑到各大城市解放不久，经济尚处于恢复之中；国家税收人员少，工作经验差，税收工作的开展还需要有一个过程。但从概算一年执行的结果来看，城市税收在各类科目的收入中，不仅超过农业税，也超过其他科目的收入，仅次于公债收入（参见表 17）。

---

[1] 《中华人民共和国财政史料（国家预决算）》第二辑，第 9 页。

表17　1950年国家概算收入完成情况分项一栏表

科　目	完成原概算收入的情况（%）	占总实收入的情况（%）	备　注
公　粮	10.4	32.7	城市税收中，工商业税超过59%，货物税超过70.5%，其他印花税、屠宰各税超过56.6%；关税超过83.6%，占实收6.7%；盐税超过33%，占实收5.3%。
城市税收	62.9	37.8	
企业收入	18.4	15.4	
清仓收入	27.4	1.3	
其他收入	41.6	0.8	
以上收入总计	31.7		
公债收入	70.4		

资料来源：戎子和：《一九五〇年财政工作总结及一九五一年工作的方针和任务》（1951年3月30日），见《中华人民共和国财政史料（国家预算决算）》第二辑，第7页。

从各地区税收完成情况看，除西南地区因解放较晚、城市税收在概算百分比中低于农业税外，其他区城市税收的百分比都要高于农业税（见表18）。

表18　各区完成1950年概算收入的情况（%）

地　区	农业税	各项税收	企业收入	其他收入	专卖利润
华北区	97.00	167.68		175.67	42.86
华东区	87.90	118.37	24.48	447.59	
中南区	101.90	131.95	0.78	36.69	
西南区	154.70	105.51	19.25	88.90	
西北区	90.53	114.40	15.49	64.73	
东北区	124.00	184.39	72.12	167.67	147.91
内蒙区	97.00	121.34	44.69	48.41	174.65

资料来源：王子英：《1950年度预算执行的几个主要问题》（1951年2月），见《1949—1952 中华人民共和国经济档案资料选编（财政卷）》，第634页。

以上表格反映的情况说明，在执行第一个概算过程中，人民政府从头开始的城市税收工作取得很大成绩，它不仅在概算收入中几乎居第一位，而且各区都超额完成预定指标，许多地方超额完成60%以上，为此后的财经工作打下好的基础。

从支出方面看，保证了经济建设重点资金的拨付。1950年概算共支出粮食232亿余斤，其中，用于工业方面的有112亿余斤，铁道交通方面的有38

亿余斤，农林水利方面的有 24 亿余斤，贸易方面的有 39 亿余斤，银行方面的有 14 亿余斤，此外其他方面也有 3 亿余斤，这样就使接收过来的破烂不堪的生产机构有了财力的支撑，从而加速生产恢复工作，并使部分生产部类得到发展。如以历史上最高产量年份为 100，1950 年中国各种工业恢复年生产量达到的百分比是：生铁 49.39%，钢锭 66.35%，钢材 53.32%，煤 58.6%，电力 63.19%，水泥 71.76%，铜 176.13%，钨 86.27%，锡 36.38%，玻璃 128.41%，烧碱 90.27%，纯碱 82.52%，棉纱 89.26%，棉布 154.52%，麻袋 45.57%，造纸 83.58%，轮胎 110.64%。[①] 从列举的 17 种工业产品的生产量中可以看出：铜、玻璃、棉布、轮胎的产量已超过历史最高产量的年份；除生铁、麻袋只接近历史最高产量年份的一半外，其他 11 种产品产量都恢复到历史最高产量 50% 以上，有的已接近 100%。在战争还没有完全停止、社会各方面综合治理任务繁重、国民经济恢复工作头绪众多的情况下，新中国第一个概算能将国家有限的财力集中起来，使经济建设取得这样的成就实在不易。

但如果战争还在大规模进行，公债发行和概算这两项财政手段的作用都会受到严重局限。所以，1950 年春能够实现财政收支的平衡和物价的稳定，除财经工作本身取得的成就外，不能离开 3 月除西藏外全国大陆已全部解放这个大背景。战争基本停止，战费不再增加，相反还减少；新解放区的生产又在逐步恢复和发展，能够为国家财政提供新的财源。这种客观形势的变化，为稳定物价创造了决定性的条件。

据形势的变化，贸易部确定了 3 月物价标准，决定把物价稳定下来，并准备长期不变。对此，1950 年 3 月 2 日，贸易部副部长姚依林在中国花纱布公司成立会议上的总结中指出："这一财经工作中的'斯大林格勒之战'改变了十二年来物价上涨的规律，把整个物价稳定在现在基础上。中央的决定不是偶然的，是经过长期考虑，而今天是具备了可以争取的条件的，条件有三：甲、中国大陆已无战争，台湾的蒋介石与西藏喇嘛是不可能反攻到大陆上来或打入四川。乙、财政收支平衡已有可能。丙、从粮食纱布的供求来看，物资供求平衡亦已存在。在

---

①　财政部：《中华人民共和国一九五〇年度国家总决算》（1952 年 5 月），见《1949—1952　中华人民共和国经济档案资料选编（财政卷）》，第 639—640 页。

这样的条件下决定银行停止向财政透支，贸易部停止物价上涨"①。结果，奇迹出现了：从3月起，物价稳步下降，旧中国12年来恶性通货膨胀、物价剧烈动荡的历史，奇迹般地结束了，人民开始有了正常、稳定、有保障的生活。这个事实使人民政府更加博得全国民众的信任和爱戴，觉得新旧社会确实是根本不同了！

2.通过实践，积累了国债发行助力于财政的经验

发行公债和制订预算，中共在根据地和解放区都做过，但那只是局部的，而且主要是为了提供支持战争的财政所需。新中国运用这两项财政手段，无论所要把握的范围还是要达到的政策目标，其难度都是以往无法比拟的。通过实践，中财委在这方面初步积累了经验。

第一，发行公债同时适当发钞和结合加强税收，以形成益于生产恢复与发展的财政配置。通过1950年人民胜利折实公债的发行，中财委认识到，公债是吸收人民购买力转移给政府使用，是给没有参加生产过程的游资找到一条合理出路；但发行公债必须与税收、发钞并行，才能形成有意义的财政配置。

发行公债只是弥补财政赤字的一种融资方式，如果公债规模超限度扩大会导致国债利息支出增加，反过来又会增加财政赤字。另外，公债发行量过大，不仅人民难以负担，还会侵蚀工商业的生产资本，妨碍生产的恢复和发展。所以，公债的发行必须适度，并配合以其他财政收入方式。故中财委在提出发行公债的同时，拟定了发钞计划，包括发行大面额人民币的计划；这些计划都得到中央批准。具体情况前面已有叙述。

但财政收入绝不能依赖发钞，这也是新旧政权的本质区别之一。中财委在拟定发钞计划后，于1949年12月19日第八次委务会议上，曾专门讨论弥补财政赤字的办法，究竟是多发票子还是多收税，权衡的结果，大家都不赞成多发票子，而主张用多收一点税的办法来争取收支平衡②。陈云分析说："税收和发钞这两者比较，在可能限度内，多收一点税，比多发钞票，为害较小。这样做，工商业负担虽稍重，但物价平稳，对正当的工商业有好处。反之，物价波动大，任何人也不愿拿钱去经营工业，资金都囤积在物资上，或放在家中不用，劳动者也跟着没有

---

① 《1949—1952　中华人民共和国经济档案资料选编（商业卷）》，第66—67页。
② 《若干重大决策与事件的回顾》上卷，第65页。

活干了。这样，势必造成资金和劳动力的浪费，使生产受到严重影响。"①

但单用增加税收应付支出也不可取。税收过重，会直接影响生产资本，影响生产的恢复和发展。税收多少要根据纳税人负担能力，以不影响生产的发展为宜。因税收不够而遗留的赤字，再以公债和发钞弥补。中财委正是遵循了这些财经规律，适度运用财政、金融手段，在发行公债的同时配合税收和发钞，从而形成有了益于生产恢复和建设的财政收入配置，也为人民政府以后运用公债手段积累了经验。

第二，根据财经情况的变化，随时调整公债发行计划，这是中财委在公债发行过程中积累的又一条经验。折实公债原计划发行两期，但实际上只发行一期，为什么？这与当时经济环境的变化有着密切关系。

1950 年 2 月，人民解放战争已接近全面胜利，但军费开支仍较大，政府负担的公职人员数目也在增加，还存在不小的财政赤字需要弥补。为此，中财委召开全国财经会议，讨论统一财经、紧缩编制、现金管理、物资平衡四大问题。政务院根据这次会议的意见，于 3 月 3 日颁布《关于统一国家财政经济工作的决定》；并通过征收税款，收缴公债款；要求资本家按时发放工资，不准关厂；公营企业现金一律存入国家银行，不准向私营银行和私营企业贷款四项措施，收紧银根。这样做后产生两个结果：一是财政状况开始好转。收支平衡，货币流通速度减慢，物价稳中有降；与此同时，人民币信用提高，银行存款增加，存放款利率有所下降。这表明政府已无须通过发行公债来吸收社会游资和弥补财政不足了。二是由于银根抽紧，造成 1950 年春夏之交，全国市场萧条，私营工商业经营困难，部分私营关门、歇业，造成新的失业现象。在这种情况下如果政府再发行第二期公债，势必会使银根更紧，加剧工商业发展的困难。

五六月间，中央人民政府财政部在北京召开第二届全国税务会议，决定对现行税种、税目、税率以及征收方法作适当调整。6 月 5 日会议期间，周恩来致信陈云及薄一波，请他们就征粮、征税、公债三件事，同来京开会的各大行政区和京津沪三市负责人分别座谈两次，征求他们的意见，解决存在的问题。②

---

① 《陈云文选》第二卷，第 58 页。

② 《周恩来文稿》第二册，中央文献出版社 2008 年版，第 467—468 页。

6月6日，中共中央召开七届三中全会。毛泽东在会上作《为争取国家财政经济状况的基本好转而斗争》的书面报告，提出不要四面出击的方针。毛泽东诚恳地说："人民政府在最近几个月内实现了全国范围的财政经济工作的统一管理和统一领导，争取了财政的收支平衡，制止了通货膨胀，稳定了物价。全国人民用交粮、纳税、买公债的行动支持了人民政府"。"对民族资产阶级，我们要通过合理调整工商业，调整税收，改善同他们的关系，不要搞得太紧张了"①。

陈云在会上就调整工商业和整顿税收问题发言。他认真总结前一阶段中成功和不够妥善的地方，指出："今年发了一万万分公债，对回笼货币、稳定物价，起了很好的作用。但是，这一次搞得太多了，如果分几次搞，可能好一点。一下发这么多，而且和税收等挤在一起，这种办法不妥。根据现在的通货情况，这样集中的大量的回笼货币也不适宜。对于尾欠，能交者就收，不能交者就停。"②

至此，中央根据财政经济情况好转和调整工商业的需要，确定不再发行第二期公债。6月8日，陈云就停发第二期公债问题又致信周恩来，请他考虑起草文字通知时加上两点意见：（1）停发理由可说通货收缩已有成效。（2）无论公教人员或其他购买第一期公债者，政府方面都拒绝接收捐献。③

1950年人民胜利折实公债虽然是新中国成立后发行的第一笔公债，但整个工作布置非常周密，推销工作有条不紊，发行后从中央到地方都进行了认真总结。

在公债发行过程中，中国人民银行总行为全面了解公债发行情况，系统总结经验，进行了全国统计工作。1950年1月28日，总行电各地，要求将公债推销委员会成立日期和组织状况、任务分配情况、推销动员情况、执行中技术上的问题及今后改进意见等汇集报总行，以便详尽系统整理，并分析本期公债发行效果。2月3日总行再电，进一步要求将各地各界各行业分配任务数字汇集成表、认购情况进度按旬报告、认购对象编造详细统计表等报总行④。中行总行严格的总结要求，不仅益于政府从技术上全面、系统掌握本次公债发行情况，为以后公债发行工作积累经验和经济信息，而且也为了解新生的人民政府

---

① 《毛泽东文集》第六卷，第68—69、74页。

② 《陈云文选》第二卷，第97页。

③ 《陈云年谱（修订本）》中卷，第79页。

④ 《国家债券制度汇编（1949—1988年）》（内部发行），第32页。

的社会动员力和控制力提供了重要材料。4 月 5 日，中行总行发出的《结束代理发行一九五〇年第一期人民胜利折实公债工作应行注意事项》，从报告及报表、债款、债券、临时收据、债券样本、费用等几个方面，对各地方所要编制并向总行上报的各种统计报表等工作的详细规定，① 进一步反映了新中国金融工作走上正规化的起步轨迹。

在旧中国，政府发行公债通常不能如期偿还，民众对它失去信任。新生的人民政府，严守债信，如期还本付息，使人民有了全新感觉。1951 年 1 月 29 日，中央财政部发出《关于制定第一期人民胜利折实公债还本付息办法的公告》，并附《第一期人民胜利折实公债还本付息办法》等三个文件。还本付息工作后，根据实际工作中存在的问题，中行总行于 1954 年 3 月 1 日又发出《关于一九五〇年第一期人民胜利折实公债第四次还本付息应注意事项及改进处理手续各点的通报》，对公债还本付息处理手续及兑付清单和息票装订等手续作出以下改进：加强兑换前宣传工作；加强预收公债本息工作，加强农村兑付工作，以增强农民对政府的信心；明确分工，做到账务及债券不错不乱等。此外，通报在修改手续、公债本（或息）兑付清单、息票装订暨经付公债本（或息）报告表填制等问题方面也作出严格新的技术规定。② 此后，在各级党政机关领导及各级人民银行的努力下，公债还本付息工作继续顺利进行。③

1950 年人民胜利折实公债还本付息工作的严谨细密，充分表现了人民政

---

① 《国家债券制度汇编（1949—1988 年）》（内部发行），第 31—35 页。

② 《国家债券制度汇编（1949—1988 年）》（内部发行），第 100—103 页。

③ 1955 年是"一九五〇年第一期人民胜利折实公债"第五次还本付息。为做好最后一次还本付息工作，中国人民银行特发出《关于一九五〇年第一期人民胜利折实公债第五次还本付息应注意事项并另发修订处理手续部分的指示》，进一步完善了国家债务工作。一些债权人应种种原因，延误兑换，这其中不仅包括 1950 年人民胜利折实公债，而且包括东北生产建设折实公债、东北榆陶铁路修建公债和全国解放前苏区、解放区发行的公债。为了保障人民群众的利益，广东省财政厅、中国人民银行广东分行曾致函财政部和中国人民银行总行，询问如何处理上述债项的遗留问题。1962 年 6 月 2 日，财政部和总行复函广东省财政厅及分行：由于财政体制的改变，上述还需兑付的债项，"自文到之日起改由国家经济建设公债还本付息基金中支付，不再由地方预算的其他支出款内支付"。1963 年 3 月 14 日，财政部、中国人民银行正式向全国发出《关于继续收兑全国解放前苏区、边区公债和 1950 年人民胜利折实公债、东北地区发行的公债的通知》。参见《国家债券制度汇编（1949—1988 年）》（内部发行），第 107、221、220 页。

府严守信誉、确保人民利益不受损失的高度负责精神，一扫旧中国公债在人们心理留下的阴影，提高了新中国人民政府的信誉。

（二）新中国第一个国家概算的社会效益和后续完善

1950 年概算是新中国国家预算制的开端。国家预算主要是指国家财政年度收支计划。它反映出国家财政所要达到的目标和任务，规定国家财政的活动范围，体现了国家财政的路线、方针和政策，以及国家财政的计划性、科学性和统一性。它在国家财政管理体制中起着主导作用，具有重大战略意义。1950 年国家概算是新中国预算制度的开端，它以保证战争胜利，逐步恢复生产为指导思想，以兼顾量入为出与量出为入，取之合理、用之得当为基本原则，以开源节流为总方向。这个概算拟订时是粗略的，几经修改后，日益完善。由于概算反映了当时国家各方面财政的客观需求，符合人民的利益，受到社会广泛支持，得以较圆满地实现。

1950 年概算执行后，财政部对财政工作及预算管理作了认真总结。1951 年 3 月 30 日，第七十八次政务院政务会议通过了财政部副部长戎子和作的《关于财政部 1950 年工作总结及 1951 年工作方针和任务的报告》。报告中说，1950 年国家财政工作实现了统一收支管理，出现了收支接近平衡的局面；总收入超过原概算 31.7%，总支出超过原概算 14%，收支相抵，赤字为总支出的16.7%。全国金融物价趋向平稳。据情确定 1951 年的工作方针是，巩固财政收支的统一管理，大力整顿收入，重点掌握开支，建立财政纪律和加强企业财务管理。

戎子和在报告中及有关方面对 1950 年概算收支执行情况进行分析，其中的经验总结可概括为三点。

一是要注意国家概算执行的各种具体计划的配套拟订。执行国家概算，必须事先编订许多具体计划。这些计划对财政部门掌握概算、执行概算，进行企事业财务管理有很大帮助。就总的方面，要有整个粮食分配调运拨支计划、现金收入调度计划、物资分配调配计划；就分的方面，要有各项收入支出的粮食、现金、物资收回入库出库计划；就时间季节方面，要有季度月度的计划；

就地区上说，要有分区、分省、分项、分季收支计划；就分配方面说，要有各部门生产经营事业等计划。在 2 月中财委召开的财政会议上，订了许多计划，各区各省各项收支也都订了计划，这对 1950 年执行概算起了很好的作用。财政部依计划批拨各部门各区省概算，检查收支，检查事业进行，起了限制随便支拨和随便要求款项的作用。"只有财政的预算执行计划，没有各部门的计划，形成财政计划的裸体跳舞，结果，计划往往不能保证"。实践表明，订计划的主要环节，是抓重点、看季节、有弹性、有配合、收入稳、支出紧，这样计划才能贯彻。

二是要注意健全预算管理制度，特别是会计制度。执行国家预算需要五个环节：财政收支体系划分、预算制度、编制制度、供给制度和会计决算制度。只有财政收支决定（这是一个收支体系、预算、会计混合的东西），仅能说是财政管理的轮廓，不能当作具体实施的法规，因为有许多具体事务，必须明确规定在制度内，一个混合的东西显然不能包括一切。有了编制，有了标准，只能说有了一个框架，何项收支属于哪一级，何种预算编审程序如何，预算追加减少，又经什么手续，必须另订单行法规。在 1950 年概算执行中，因为具体法规不健全，就使得执行紊乱、重复、浪费；实践中出现的问题，要求 1951 年各大行政区都要拟出一套单行的会计制度。"不注意会计制度，把会计报表、簿记，看作一种纯技术工作，是不妥当的，因为检查预算的尺度，会计报表，是一个最有力的武器，也是最好的标志。必须引起各地领导和做财政工作同志注意。"

三是要注意抓住收支重点。财政的主要问题在收入，收入完成与否，是决定预算能否贯彻的关键。在 1950 年概算所列的收入计划中，东北和华东是主要收入区，各占概算的 26.68% 和 22.64%。从各项收入看，税收和公粮是目前国家收入的主要来源，各占概算的 42.21% 和 33.97%。如以各区各项收入看，公粮主要是靠中南和华东，各占概算的 25.5% 和 21.5%；税收主要靠华东、中南，各占概算的 35.29% 和 20.5%。从收入季节看，公粮完成是 7 月和 11 月，工商各税是当年 9 月到第二年度的 2 月中旬。从每项税收占各项税收的比例看：工商税占 40.9%，货物税占 38.7%，其他税收占 20.4%，显然工商、货物税是主要的。在关内 56 个大城市的总收入比例中，上海和天津在税收总收入的比例中最高，分别是 37.63% 和 13.1%。了解这些情况，是为了明确要抓的收入重点，即："应该抓那几样税，抓那几个地区，那几个城市，抓那一个季节。如果平均注意，平均使用力量，平均抓起来，就会使我们失之于应付被动。"

总之，"预算执行的重心，是组织收入。在支出方面掌握的重点，是弹性大、可变动的项目"。要注意以往不熟悉而又有弹性的开支，如军费中的国防建设费与作战费，经济事业费中的基本建设部分，事业费中的水利、交通、卫生等项，以及政府机关的临时费等开支。至于军队、政府、文教机关以及各团体的经常费和行政费，经过多年摸索，出入已不大，不是重点，今后的问题乃是核实人数和调整各部门和各地区间的工资待遇。①

上述财政工作的预算管理经验总结，记录了中共在由战时经济向和平经济转变过程中，对完全不熟悉的国家经济管理规律积极探索的轨迹，以及取得的成果，这些经验虽是初步的，却为以后国家财政概算更好地执行起了奠基作用。

在新中国元年概算基本完成的基础上，国家开始实行决算制度。1950 年 12 月 1 日，第六十一次政务院会议通过《政务院关于决算制度、预算审核、投资的施工计划和货币管理的决定》，要求全国军政机关、学校、团体、国营企业的经费，都要作决算报告；企业和文化事业的投资，必须作出施工计划、施工图案和财务支拨计划，并经各级地方政府的批准；部队、机关、团体、企业、合作社的现金使用，必须编造收入计划，并经批准；国内国际一切交易往来，全部通过中国人民银行划拨清算。②12 月 13 日，此《决定》正式实行。新中国决算工作由此开始实行。

1950 年，国家概算和决算工作的实行，在国家财政体制的建设方面有着重要意义。预算和决算是现代经济管理中的重要范式。国民党政府时期，国家也有预决算制度；共产党执政的人民政府同它在这方面的重要区别，就在于预

---

① 参见王子英：《一九五○年度预算执行的几个主要问题》（1951 年 2 月），戎子、王绍鏊：《一九五○年财政工作总结及一九五一年工作的方针和任务》（1951 年 3 月）；见《1949—1952 中华人民共和国经济档案资料选编（财政卷）》，第 643、644—648、652 页。

② 参见中央人民政府法制委员会编：《中央人民政府法令汇编（1949—1950）》，人民出版社 1952 年 9 月版，第 213—214 页。

算和决算出发点和落脚点的人民性，以及预算和决算的切实执行。

国家预算和决算制度实行后，政务院对该项制度又作了进一步的研究和规定。1951 年 7 月 20 日，政务院第九十四次政务会议通过《预算决算暂行条例》。条例分总则、预算编制及核定、预算的执行、决算的编造及审定、附则。总则规定，财政部依照国家施政方针与建设计划拟编下年度预算的指标数字，经政务院批准者，称概算。根据概算拟编的年度收支计划，经过核定程序者，称预算。按照年度预算执行最终结果所编造的全年度会计报告，称决算。国家预算每一会计年度办理一次。会计年度采用历年制，自公历 1 月 1 日起，至 12 月 31 日止，为一会计年度。中国预算和决算体系，由国家大行政区、省（行署）和县（市）总预算、决算组成。① 此条例于 8 月 19 日正式公布。这是人民政府第一个将预算和决算合二为一的规定，它使国家的预决算制度规范化了。

五、税政的初步统一和税收的整顿

新中国预算和决算制度的建立，有利于财力的合理使用，但并不能增加财源。公债的发行对弥补财政、平衡收支起了重要作用，但毕竟是应急措施，不是财政收入能持久获得的稳定渠道。如对公债规模不加限制，不仅无益于财政充实，反而会给国家带来新的财政负担。为保障新中国财政收入，中财委将工作的着力点放在城乡税制的建设方面。对任何国家来说，税收都是长久和稳定的财源。中财委只有从过去解放区主要靠公粮为主转变为公粮和税收并重，才有可能增加财政收入。这一要求决定新中国成立初财政的主要工作是开辟城市税收，实现城市负担和乡村负担的适度平衡。针对党内轻视税收的思想，陈云多次指出，要把城市税收视为财政的重要来源；城乡负担比例一定要合理，要逐步减轻农民负担；"过去我们在城市的政治力量是劣势，现在是优势，应该要增税"，"今后应多在城市税收方面打主意"。②

---

① 参见中央人民政府法制委员会编：《中央人民政府法令汇编（1951）》，人民出版社 1953 年版，第 124—130 页。

② 《陈云文集》第二卷，第 29、56 页。

新中国成立初，城市税收工作的主要问题是税制不统一。老解放区，仍延续以往被敌人分割时各自制定的征税办法；在新解放区，除废除国民党政府的苛捐杂税和为帝国主义服务的征税规定外，一般都是暂时沿用旧税法征税，在执行中逐步进行整改。这种做法在当时是必要的。

但旧税法中有许多不合理之处，各地在沿用时作了一些调整，但没能从根本上解决问题。而且在全国范围内，新老解放区税制不统一；各老解放区之间、新解放区之间的税收制度也不一致；各地区计税价格、征收方法、完税凭证也不一样。这种状况与新形势的发展不适应，既影响城乡之间、地区之间的物资交流，也影响国家财政收入。所以，建立城乡统一税制日益显得重要。

各大区人民政府对税收问题进行了认真研究。1949 年 10 月，华北第二届财政会议讨论并布置了 1950 年度华北各省市农业税（32 亿斤小米）及工商税（28 亿斤小米）等税收任务；完全同意在华北试行中央、省、县三级财政体制，认为这种体制符合民主集中制原则，有益于发挥各省市对建设与财政管理上的积极性；并号召开源节流，加强财务管理。① 中共华东局会议也做出 1950 年"保证完成税收七十三亿斤，公粮五十二亿五千万斤"的决定。②

在此基础上，1949 年 11 月 24 日至 12 月 10 日，中央财政部召开首届全国税务会议，研究统一全国税政、税制和建立统一税务机构等问题。12 月 8 日，陈云出席会议并在大会上讲话。这次会议主要作出三项决定。

第一，建立全国统一的税务机构。会议初期，11 月 27 日，政务院复函中央财政部，指示以原华北税务总局为基础，建立全国税务局；会议拟订了《全国各级税务机关暂行组织规程》，明确规定各级税务机关的设置、职责、人员编制和领导关系。会议强调："税收工作是双重领导关系，在保证政策法令执行上应完全服从中央。各地税收计划对中央负责，任务与政策掌握、经验交流、干部培养由中央税总统筹办理。税局是半独立性的，将来税务机关要成立司（或部），实行逐级负责制"，"今后机构要统一，直、间两税局应该合并统一领导（东北、华北现已实行）"。1950 年 1 月 1 日，中央财政部税务总局正

---

① 《华北二届财政会议结束》，见《天津日报》1949 年 10 月 12 日。
② 《陈云文集》第二卷，第 76 页。

式成立。

第二，通过《全国税政实施要则》。《要则》规定，凡有关全国性的税收条例、法令，均由政务院统一制定颁布实施，有关全国性各种税收条例施行细则，由中央税务机关统一制定，经财政部批准施行。全国统一开征14种税①。在简化税制的前提下，首先抓货物税（这是税收的最大一项，包括烟、酒、盐产、水产等）、工商税（包括营业所得、临时商业、摊贩牌照等）、盐税和关税等主要收入；其次是整理印花税、交易税、屠宰税、房屋税、地产税、遗产税、使用牌照税、利息所得税、薪给报酬所得税、特种消费税（包括娱乐、筵席、旅店、冷食等）；确定货物税、工商税、盐税、关税四项为全国税收重点；公营企业及合作社一律照章纳税，实行烟酒专卖等，为国家税政、税制的统一提供基本原则。

第三，加强和完善税收工作。首先，要改进征税方法。在税收的征收上，有自报实缴和民主评议两种方法，这两种方法要相互融合。"单用自报实缴很危险"，"先靠评议也会出乱子"，查账和自报，调查研究与民主评议要相互融合。另外，要建立有系统的报告与统计制度，"税务工作的各项计划要按法律办事，反对先入为是的经验主义，考虑问题须从中央与全国出发，特别注意请示报告，养成纪律性。各大区要开办税务训练班，大批培养干部，招收学生，收容旧人员，同时加强在职干部的学习"②。

这次全国税务会议还有一个重要目的，就是使国家政权各级机构都能重视税收工作。由于中共长期在乡村从事革命活动，对于农村征收公粮一般有"较好的认识"；但对城市税收，一直"认识不够"。一些干部认为"向老百姓要钱越少越好，向国家要钱越多越好"。对此，陈云在大会讲话中提出，要求扭转这种偏见，提高对税收的认识。陈云说，要解决财政困难，单靠多发票子不

---

① 即货物税、工商业税（包括坐商、行商、摊贩营业税和所得税）、盐税、关税、薪给报酬所得税、存款利息所得税、印花税、遗产税、交易税、屠宰税、地产税、房产税、特种消费行为税（筵席、娱乐、冷食、旅店）、使用牌照税。参见《中央人民政府法令汇编（1949—1950）》，第223—224页。

② 上述三项决定内容叙述参见《财政部副部长戎子和在首届全国税务会议上的总结报告》（1949年12月9日），见国家税务总局办公厅编：《全国税务工作会议主要领导讲话汇编（1949—1994)》，中国税务出版社1995年版，第15—18页。

行，主要靠增加税收，要把税收看作人民政府的重要财源。共产党决不能像国民党一样，靠通货膨胀解决财政问题。1950年财政概算中税收任务的完成，"不仅是一个财政任务与经济任务，而且是一个严重的政治任务"。各级领导必须切实加强对财政工作的领导，要把财政工作，特别是税收"放在主要议事日程之内"，"目前一切主张轻税的思想都是错误的"。陈云强调，要加强税务工作的干部队伍建设。市、县党委领导要把最得力的干部调到税务局来，"宁缺一个县委组织部长，也不能缺一个县税务局长"；要把旧税务人员聚集起来，大胆使用；要吸收一些青年学生参加税务工作，办训练班。① 陈云这个讲话对于正确认识新中国税务工作起了重要作用。

全国税务工作会议分析了1950年的情况，认为完成税收任务的客观条件是具备的：战争范围大大缩小了，和平地区扩大，政府大力恢复经济从事生产，交通恢复，友邦协助。

在全国税务会议召开期间，中央财政部于12月5日至16日召开首届全国盐务会议。中国盐产丰富，历代财政中，盐税都是主要收入之一。新中国成立后，盐税依然是国家主干税之一。这次盐务会议就是为统一盐政，加强对盐税的管理，以充分发挥盐税平衡国家财政收支的重大作用而召开的。

根据中华人民共和国成立初盐产情况②，盐务会议确定了生产、税收、运销分开的方针。在生产方面：采取公私兼制、按销定产、提高质量、增加产量、减低成本的方针；根据盐场生产的质量和产量分好、中、坏三种，进行恢复与发展、暂维持现状、最后裁废三种应对处理；确定1950年公私盐滩的生产任务为6842万担（台湾未计算在内）。在运销方面，东北继续统销，关内各地采取公私兼运兼销的方针，凡是产销分开的地区，由盐业公司负担，资金除国家增拨200万担盐作为投资外，仍须注意吸收私资扩大运销；运销任务总计

---

① 参见《陈云文集》第二卷，第41—44页；吴波：《记陈云同志在财政部的一次讲话》，见《陈云与新中国经济建设》，第156页。

② 当时盐产情况是：东北公营盐滩约占70%，关内公营盐滩仅占20%。运销方面，东北已实行统销，关内则采取公私兼营自由运销的方针。综合起来生产运销私营仍占主要成分。在盐务分工方面，东北华北生产税收属财政，运销属贸易；华东西北内蒙产销税均属财政。参见财政部税务总局编：《中华人民共和国财政史料（工商税收）》第四辑，中国财政经济出版社1987年版，第56页。

5556万担。在税收方面，要采取"提高税额"与"税不重征"的方针，从量核定，就场征收；确定各区税额为东北每担征高粱175斤，西北土盐每担征小米80斤，潞盐每担征小麦90斤，华东淮南盐每担征大米80斤，除内蒙古税额另定外，其他各地盐税每担一律征小米（或大米）100斤；工农业用盐及出口盐全部免税，渔业用盐按食盐税率30%征收。1950年食盐税及渔盐税必成数折食粮32亿斤。

会议还决定盐务分工采取产税统一与运销分开的方针。除西北内蒙古暂维持现状、东北继续统销外，华北、华东、中南等区的运销工作，统由贸易部门指定其各级盐业公司负责，西南另定。生产、税收、缉私确定仍由财政部门的各级盐局负责。全国盐务组织采取五级制：中央财政部设盐务总局，各大区设区盐务管理局，其下设直属或区属盐务管理局，其下设盐场管理处或分场场务所。全国按各大行政区划分东北、华北、华东、西北、西南、中南、内蒙古7个销盐和产盐区，由盐业公司统一内销和外销，盐局负责生产，逐步统一全国盐务组织。①

根据会议讨论情况，政务院于1950年1月20日发布《关于全国盐务工作的决定》。这一决定既保证了盐的产销，又进一步发挥了盐业对国家财政收入的积极作用。3月8日，中央财政部盐务总局正式成立。总局成立后，公私盐业即按照国家经济建设的要求，在产、销、税分工管理的方针下，本着公私兼制兼运兼销的原则，走上新的发展途径。

盐务会议后，中央粮食部又召开全国粮食会议，对各区粮税的分配与争购情况进行普遍了解和研究。经过了解，中财委认为各区负担不平衡，初步计算，各区每人负担细粮（米麦）约数：西北59斤，华北53斤，华中47斤（两广在外），华东44斤；以人民生活论，华东第一，华中次之，华北第三，西北最苦。"而负担之轻重，则适得其反"②。中财委对各区公粮负担进行调整，其中西北、华中稍微减了些；东北、内蒙古，华东稍微加了些；西南加得最多，比

① 参见《政务院关于全国盐务工作的决定》（1950年1月20日），见《中华人民共和国财政史料（工商税收）》第四辑，第55—59页。
② 《中财委：全国粮食会议初步汇报（节录）》（1949年12月16日），见《1949—1952中华人民共和国经济档案资料选编（财政卷）》，第57页。

原定数额增加 20 亿斤①。粮食会议提出，要统一全国农业税负担办法，建立粮库制度，加强对粮食工作的领导和管理等。

新中国首届税务、盐务、粮食三个会议，为国家城乡税制的建立和统一，以及国家税收的增加拟订了基本框架和原则。

1949 年 12 月 26 日和 1950 年 1 月 6 日，陈云和薄一波先后两次向毛泽东并中共中央报告了税务、盐税、粮食三个会议的情况。陈云、薄一波在报告中向中央反映，据三个会议估计，税率调整和加强新税管理后，城市税收可增加 35 亿斤小米，来源是减少偷、漏、免者和提高税率。通过上述三个会议中央与地方已达成共识："农民负担占其总收入的百分之二十，已够重了，不能再加，可是也不能减轻。城市负担比较轻，今后应多在城市税收方面打主意。"会议议定：棉纱，国民党时期税率 10%，我们提高为 12%。盐税，我们原来是斤盐半斤米，现提高一倍，为斤盐斤米，增加一倍；但仍比抗战前低，抗战前百斤盐征税合米 140—170 斤。另征薪给报酬所得税。高级薪俸生活者应该征，工人、职员也应对国家负些责，全年收入不过 2 亿斤，数目很小，但对回笼货币有很大作用。为照顾工人，每月收入在 250 斤以下者免征。公粮比原概算增 24.02 亿斤。只要按会议决议方向努力，国家财政收入会有很大改观。三个会议认为，目前全国财政税收方面需要继续解决的主要问题是：税收法令不统一；负担不平衡；财务行政不统一，制度很不健全，收支无确数；轻税思想和开支浪费现象仍很严重等。② 这些问题需要在税制建设过程中逐步解决。

中共中央对陈云和薄一波的报告很重视。1 月 17 日，中央向各中央局等转发了中财委 1 月 6 日关于全国税务、盐税、粮食会议的综合报告，明确表示："中央同意全国税务会议的各项决定"，并指出："该会规定税收任务为二百二十三亿七千万斤米，占一九五〇年总收入的二分之一以上。这一任务能否完成，关系中央人民政府一九五〇年收支概算的能否实现。因此，各级党委必须抽调应该和可能抽调的干部加强税收机关，并确实督促、检查、保证税收任务的完成。"③

---

① 《陈云文集》第二卷，第 57 页。
② 《陈云文集》第二卷，第 50、56—58 页
③ 《中共中央文件选集（1949 年 10 月—1966 年 5 月）》第 2 卷，第 53 页。

　　此后，中央有关部门加快了税务会议提出的城市税制工作方面法规的研究和建设。1月27日，政务院第十七次政务会议通过《全国税政实施要则》、《全国各级税务机关暂行组织规程》《工商业税暂行条例》和《货物税暂行条例》。1月31日，政务院发布《关于统一全国税政决定的通令》，颁布上述四项规程和要则。通令规定：要以《全国税政实施要则》为整理与统一全国税政税务的具体方案；未公布的各项条例，仍按税法进行征收；健全加强税务机关并提高税务干部的政策水平。①这几个文件规定了新中国税收政策、税收制度和税务机构组织等一系列重大原则，在新中国税制建设方面有重要奠基作用。根据文件精神，国家税务部门，对全国各地税政不统一的情况，进行整理，迅速统一了全国税政，建立了新中国税收制度和税务工作体系的基本框架。在此次政务会议讨论税收问题的过程中，陈云提出了国营与私营运用同一套税法一律征税的原则。这一原则的确立，对于保证国家税收，落实《共同纲领》公私兼顾的新民主主义经济原则；对于运用国家税收政策，将私营企业纳入国家统一的经济运行轨道，加强对私营工商业的利用、限制和改造，使之利于国民经济的恢复和发展，起了引导作用。但陈云在明确这一原则的同时指出："国营企业与私营企业不同，它不是为赢利，而是为民生，在许多方面都是赔本的。如贸易公司自四川运米到上海，一斤米的运费也是一斤米的钱，但不能加价出售。这样看，对国营企业不收税才公平。只是为了避免麻烦，才一律征税。"②

　　在政务院第十七次政务会议上，还通过《关于关税政策和海关工作的决定》。关税历来是国家财政收入的主税之一。新中国关税自主权收回以后，新的海关税尚未确定。为此，该文件规定，准许海关总署在新海关税未规定施行前，在输入货物方面暂用1948年进口税则，在输出货物方面暂用1934年的出口税则（1945年修正本）；同时责成中财委组织专门委员会，遵照以下原则拟订新的海关税则：（1）对于国内能大量生产的或者暂时还不能大量生产但将来有发展可能的工业品及半制品，在进口同样类似商品时，海关税率应规定高于

----

①　《中华人民共和国财政史料（工商税收）》第四辑，第45—46页。

②　《陈云年谱（修订本）》中卷，第37页。

该项商品的成本与中国同样货品的成本间之差额，以保护国家民族生产。（2）对于一切奢侈品和非必需品，要征更高税率。（3）在国内生产很少或者不能生产的设备器材、工业原料、农业机械、粮食种子及肥料等，其税率要低或免征关税。（4）凡一切必需的科学图书与防治农业病虫害等书籍，以及若干国内不能生产的或国内药品所不能代替的药品的输入，免征或减征关税。（5）海关税则对进口货物有两种税率：对于凡与新中国有贸易条约或协定的国家，应该规定一般的正常的税率；凡与新中国没有贸易条约或协定关系的国家，要规定比一般的较高的税率。（6）为了发展国家出口货物的生产，对于经由中央人民政府所奖励的一切半成品及加工原料的输出，只订很低的税率或免税输出。① 这些新税则的确定，充分体现了国家关税的自主权，并有利于保护民族经济，促进内外贸易和增加国家财政收入。

税务、盐务、粮食三个会议的另一个重要意义在于，使干部进一步确立了城市税收是新中国经济恢复和建设资金重要来源的财政思想。

新中国成立后，陈云曾几次批评财经干部中存在的轻税思想，强调税收是财经稳定的必要条件之一，要努力通过发展生产，增加税收，来解决财政赤字问题；必要时可以发钞，但共产党决不能走国民党通货膨胀的老路。这一原则通过这三个会议进一步深入到财经干部的思想中。薄一波在全国税务会议的讲话中说："我过去个人是主张轻税的，减税的。现在我思想打通了，从思想上认识到税收的重要性。资本家对我们鼓掌，我们的同志即冲昏了头脑，随意减轻税收"，"我们对税收必须照顾政策，要慎重地处理"，"增加税收并不妨碍毛主席四面八方的政策"。不管资本家鼓不鼓掌，1950 年我们的税收任务要达到182.25 亿斤。②2 月 1 日，陈云在给中央的报告中进一步阐述了"多收税，少发钞"的财政思想，并且批评"温和"的物价上涨可以刺激生产的说法。他说：发钞，必然会引起物价波动，"物价的波动，只能打击生产，使经济逐渐停滞。这是后退的办法。少发行多收税，负担是重了一些，但物价平稳，经济发展，

① 《中央人民政府法令汇编（1949—1950）》，第 348、349 页。《中华人民共和国海关法》和《中华人民共和国海关进出口税则》分别于 1951 年 5 月 1 日和 16 日起正式施行。

② 《中央财政部部长薄一波在首届全国税务会议上的报告》（1949 年 11 月 24 日），见《全国税务工作会议主要领导讲话汇编（1949—1994）》，第 4 页。

则不失为一种前进的办法"①。随后，陈云在 3 月的一次讲话中再次明确指出，现在大城市银根紧，中小城市钞票回笼多于大城市，问题集中在现金上。要用得少，收得多；贸易公司要卖货，要和不卖货的保守主义斗争；银行要接受存款，与不收存款斗争。现金中收税是重要的，过去主要是收农业税，农业税占 70%—75%，工业税占 25%—30%，现在工业税要大过农业税；税收的负担者主要是消费者，发钞票必须多收税，收税与发钞二者必居其一；然发钞票是无计划的税收，老百姓无从准备。

在新中国元年国家财政入不敷出的情况下，陈云主张，多收税，少发钞，稳定社会经济环境，努力发展生产，逐步裕民的财政思路很明确，也是当时中财委工作的重要方针之一。经过税务、盐务、粮食三个会议和陈云及中财委的反复强调，广大财经干部对税收在国家财政中重要作用的认识普遍提高，税收是国家财政收入的主要渠道成为共识。思想的统一和认识的提高，为税收工作的进一步推进提供了良好的思想氛围。新中国税政的初步统一，以及随后在全国统一过程中城乡税制的进一步完善，使国家的财政收入有了较为稳定的保障。

总之，中财委在新中国第一年，于财政方面所采取的发行公债、建立国家预算制和城市税政的初步统一等措施，不仅对平衡财政收支，稳定金融物价，解决财政赤字起到重要作用，并为新中国以后财政工作的开展提供了基础框架。

---

① 《陈云文选》第二卷，第 58—59 页。

第五章　中财委统一管理全国财经工作

整饬金融和市场环境，加强税收征管，通过公债发行和概算制定来弥补和抑制财政赤字，实现收支基本平衡，这些更多的是从解决当时财政经济问题着眼的治标措施。要使新中国的财政经济得到恢复并走上新的稳定发展的轨道，最根本的要靠发展生产，而且要建立集中统一的财经体制，使全国有限的财力和物力得到有效的利用。这样才能完成将战时经济体制转入和平建设时期的历史任务。

1949 年 7 月中财委的建立，使即将成立的新中国有了财经工作统一的领导机构，但直到 1950 年 2 月还没有真正实现财经管理上的统一。所以，1950 年中财委的一项重要任务，就是要建立一套适合国情、有利于宏观调控和有效运用国力的经济体制，为新中国整个财政经济工作格局开好头。

一、实现财经统一管理的历史必然性

1949 年以前，各抗日根据地及以后的解放区，长期处在被敌人分割的状态，虽然中共的财经政策是统一的，但财政经济却是地方分散管理。这符合当时客观的需要。但在财经工作分散管理的情况下，财经制度不严格，预算决算、请示批准一套统一的制度都没有建立。从这种"集中领导，分散经营"的管理模式，向全国财政统一管理模式的转变，不是一朝一夕能够完成的，需要有一个历史过程。

前面已经提到，毛泽东在 1948 年 9 月 8 日中央政治局会议的报告中提出了解放区财经统一的战略方向。他说："这个问题不需要多讲。以华北人民政府的财委会统一华北、华东及西北三区的经济、财政、贸易、金融、交通和军工的可能的和必要的建设工作和行政工作。不是一切都统一，而是可能的又必要的就统一，可能而不必要的不统一，必要而不可能的也暂时不统一。如农业、小手工业等暂时不统一，而金融工作、货币发行就必须先统一。行政上的统一，就是由华北财委会下命令，三区的党、政、军要保障华北财委会统一命令的执行。"① 此后，解放区财经统一工作逐步展开。

陈云十分精辟地叙述了解放区财经工作的历史发展过程。② 在抗战时期财经工作是以农村为主，在根据地分割状态中进行；抗战胜利后，在东北是以哈尔滨、齐齐哈尔、四平等中等城市领导广大农村的战时财经工作；1949 年前后，解放区分散的、局部的财经工作随着沈阳、北平、天津以及后来上海、武汉等大城市的接管，情况发生很大变化，各解放区虽仍然是分散管理，但统一的范围与程度都扩大和加强了。

1949 年 5 月，薄一波在给毛泽东的汇报中提出："全国财政在可能的条件下，进行适当的统一计划是必要的。不然，就很难计算，物价不能掌握，投资不能计划。出入口管理与外汇管理的统一，这也是与财政统一相联系的问题。"③ 7 月上海财经会议上，中财委明确提出全国财经统一的问题。当时财经方面紧迫需要解决的是市场物价的稳定，这个问题的解决与财政收支的统一、金融管理的统一、物资调拨的统一有着密切关系。陈云当时赴上海主持召开财经会议，带着中央交付的两项任务：一项是稳定物价、稳定市场；另一项是为统一全国财经作准备，制定方案。④ 但因各地财经统一的条件尚未成熟，上海财经会议除略计算 1950 年全国财政收支概况，规定各地 1949 年秋粮征收任务、8 月至 12 月各地货币发行数额、各地物资相互调拨计划及统一各地税率等外，仅决定建立统一的发行库，由中央财委领导；建立全国性的花纱布公司与中纺公司，由中央纺织工业部领导；建立全国性的土产公司，负责推销各地丝、茶、桐油等类特产，⑤ 由中央贸易部领导。会议对各区间的财经关系作出如下

---

① 《毛泽东文集》第五卷，第 137 页。
② 参见《陈云文选》第二卷，第 69—70 页。
③ 《1949—1952　中华人民共和国经济档案资料选（综合卷）》，第 587 页。
④ 周太和：《陈云与上海财经会议的重大决策》，见《缅怀陈云》，第 356—357 页。
⑤ 《中央财政经济委员会 8、9 月工作综合报告》（1949 年 10 月 3 日），见《陈云文集》第二卷，第 3—4 页。

规定：中财委是各区财经工作的后盾，各区间财经调度一致由中财委负责；各区间可互设总办事处，办理财经往来事宜等。① 显然，上海财经会议对财经工作统一的问题只是作了初步规定。

上海财经会议后，全国财经统一管理的各项措施是同稳定市场和物价结合进行的。这以前，在全国已基本确立了人民币的本位币地位，统一了货币流通。8月以后，在全国平抑物价的斗争中，继续提高了中央政权对全国金融系统的控制权，首先是掌握了全国货币的发行权。10月，中财委发出《关于建立发行库的决定》，使人民币的发行和调度有了严格而明确的规范② ；同月，畅通全国各地间的汇兑，中财委颁布了《全国统一邮资的决定》，并发出《关于邮政储汇工作的指示》。邮政局组织在旧中国已普遍存在。新中国成立时，全国有4万多个邮政局，办理小额汇兑和储蓄业务。人民政府接管后，取缔了邮政储汇局投机倒把非法营利的业务，但保留并允许它发展储汇业务，并对储汇局的组织、隶属、工作等作出规定③。邮资的统一和邮政储汇的规范，密切了各地联系，加强了金融工作统一的力度。11月15日，华北与东北开始互通邮汇。

---

① 上海财经会议关于若干问题共同意见的记录，1949年8月14日。

② 1949年10月，《中央财政经济委员会关于建立发行库的决定》共11条，主要内容为：发行库为中国人民银行机构组成部分之一，在总行设总库，各区行及主要分行按需要与可能先后设立分库。发行库应在各地中国人民银行行长领导之下，设置专门机构，派定专人管理。发行库总库对分库建立垂直系统的独立的会计制度，发行库款应与银行业务库款和金库款分开。各地印刷厂印刷的完成券必须如数交发行库，完成券及指定解交发行库的款项，在未入库前，任何机关不得动用。发行库款的支配权，属于中财委，中国人民银行未得中央财委的批准，不得动用库款或命令各分库付款给任何机关。发行分库支付款项，统一由中国人民银行总行指挥等。各区财经委员会应以本决定为重要的财经纪律之一，督导各地人民银行严格执行。参见《中华人民共和国经济档案资料选编（金融卷）》，第114—116页。

③ 1949年10月，《中央财政经济委员会关于邮政储汇工作的指示》规定："邮政局办理储汇业务，在政策上要在人民银行统一指导下进行。不得办理公营企业存款，不得办理贷款，投资及买卖金银外汇等业务。吸收私人存款，也必须再转存入银行。人民银行则应帮助其调拨头寸、支援资金，彼此密切结合，相辅相成，以达共同发展之目的。"据此邮政储汇局的业务应该是：(1) 办理汇兑，以乡镇、小城市为主，补银行之不足；在有银行的城市，不作大额的汇兑。具体额数和银行商定。(2) 储蓄业务可以试办。目前货币存款，尚没有条件，折实储蓄应在银行委托下进行。(3) 代办委托业务，如代兑破票和代售书报、印花、公债等。储汇局应由邮政局统一接管，仍属于邮政局的组织系统等。参见《中国工业五十年（第一部）》上卷，第515页。

随着国家政治上的统一，社会生活对国家财经工作统一的要求愈来愈高，也愈来愈强烈。这种客观要求，推动着还没有彻底转轨的解放区分散管理的财政经济向着高度集中统一的财经管理体制快速发展。

11月24日至12月10日，财政部召开第一次全国税务会议，使全国税政得到初步统一，但关于财税体制统一管理方面的问题尚未解决。同样，1949年12月中央人民政府第四次会议通过的第一个1950年国家预算，只是意味着国家财政收支计划的统一，财政收支管理权限，包括物资、货币、金融三大管理权限的统一问题都没有解决。

由于财经管理体制没有统一，中央只能通过统一的政策对地方财政进行通盘调剂，审核各地的财政收支概算，但不能掌握实际的粮税收入；粮税收入仍由地方掌握，而各地区的财政赤字却要靠中央发行货币来弥补。就各个地区内的管理来说，也处于分散状态。当时华东地区采取按税种分成按级负责的办法，各省（市）区在划分收支范围内，都是自行负责调度，结果中央对华东、华东对下面省市的收支都无法全部控制。在收入方面，税收公粮的征收不可能抓紧，征收方法、手续甚至项目各有不同，有些地区在征齐后又不及时解库，以致不仅财政机构不能通过征收税款及公粮的方式，有效地达到回笼货币、收缩通货的目的，在某些地方甚至产生一些征收过程中的偏差，使工商业受到影响。在支出方面，随便动支挪用税款公粮的事情常有发生，由于管理不善，甚至还有贪污中饱浪费的现象，大大增加了华东及中央全盘掌握财政的困难。由于财政收支无法有效控制，失去平衡，全国财经统一前，华东财政仍须中央适当补贴[①]。

这种从中央到地方财政收支脱节的现象，严重阻碍着中央及各大行政区实现财政收支平衡和解决财政困难，成为财经工作健康发展中的突出矛盾。1950年3月1日，陈云在中央人民政府委员和全国政协常务委员座谈会的发言中尖锐地指出，收支脱节现象的存在有它的历史原因，但如再继续下去，天下必大乱。因为收支脱节，只有额外增加通货发行。货币的超量发行，必然引起物价

---

① 参见聂钟南：《关于国家财政情况的好转》（1950年），见《中国工业五十年（第一部）》下卷，第1611页。

的波动。过去各解放区处在分割的局面下，物价波动，一般是局部的；现在火车、邮电、汇兑都通了，一有波动，必然影响全局，受害的是老百姓。而且目前统一管理全国财经工作的条件已具备，可以提到议事日程了。

此前，在全国税务会议结束时陈云就下决心，要实现财政经济的统一管理，解决财政收支脱节问题。1949 年 12 月 28 日，陈云和薄一波在复华东财委的电报中，明确提出财经要统一管理的意见。他分析了三方面的理由：第一，支出方面，五六百万主力部队与大行政区直属部队必须按月由中央（通过大行政区）开支，这个开支到今天为止主要靠发行货币。第二，收入方面，公粮、税收都在县、市、省的手里，收入的多寡迟早，中央无法确实掌握。而公粮变卖及现金税收，又恰恰是今后按月回笼货币的主要手段。第三，关内币制已统一，汇兑、交通已畅通，一遇金融、物价风潮，必然牵动全国，除东北外没有一个地区能自保。由此，陈云坚定地指出："实行统一所遇到的困难小，为害亦小；由不统一而来的金融、物价风潮的困难大，为害亦大。因此，应该克服统一中可能出现的小困难，避免由于不统一而产生的物价混乱等大困难。"①

在电报中，陈云和薄一波托出对财政税收、公粮、贸易及主要经济部门管理统一办法的初步设想：（1）税收中，除关税、盐税、货物税、工商税外，划一部分归地方收是好的，但地方征收的各项税款均要计算数字，规定任务，并以地方经费开支加以比较，多则上解若干，不足则由中央补助若干。超收部分，地方可提成 50％至 70％。（2）公粮收入，除经中央或大行政区批准的地方附加归地方支配外，其余全由中央或大行政区支配。除吃粮外，另拨粮食作财政开支时，大行政区须与中央商定。粮食必须集中使用于各大区之间，使用于各大城市的调剂，并作为今后回笼货币的一个手段。属于中央掌握的粮食，由中央统一调度，地方负责保管。管理上坚持先大公后小公的原则。（3）主力部队与地方部队暂归军区后勤部供给，向大行政区报销。（4）大项目的投资（如铁路、工业、水利等）属于中央各部直接掌握者，由中央各部直接管理；属于大行政区掌握者，由大行政区管理。②

---

① 《陈云文选》第二卷，第 48—49 页。

② 参见《陈云文选》第二卷，第 49—50 页。

既然陈云及薄一波已有了全国财经统一的基本筹划，为什么在全国税务会议上没有提出呢？这与当时新区的实际情况有关。1950年1月11日，陈云、薄一波在致西南财委电报中，回复他们关于税收、税目、税率统一及管理问题的请示时说：西南地区解放不久，财经由中央统一需要半年时间。所谓由中央统一，首先是指公粮及主要税收归中央，再由中央按预算拨给地区粮款；其次是指全国统一的税则、税目、税率及管理制度、税收任务由中央规定，但具体管理工作还是由地区财委办。① 这说明全国财经工作统一的客观条件还没有完全成熟。

另外，财经工作从分散管理到建立统一的管理体制有一个过程，干部对这个问题的认识也有一个过程。由于许多干部长期在解放区工作，已形成分散、独立的工作习惯，对统一财经存在顾虑：认为财政集中管理会影响地方积极性；认为地方搞好了，对全国也有利；认为"统一是好，只是时机太早"；等等。这种认识在全国第一次税务会议中反映得比较明显。这次会议研究的税政、税制及各区税收任务的分配等问题，都涉及地方利益，不少干部流露出对财经统一管理的消极态度。会议初期，各区代表大多向中央诉地方财政困难之苦。12月2日，中央人民政府第四次会议通过《1950年度全国财政收支概算》，代表们听了财政部部长薄一波作的《关于一九五〇年度全国财政收支概算草案的编成》报告后，认识有很大变化，由消极诉苦，转变为积极完成任务的态度，纷纷给自己地区打电报、写信，报告会议要求，建议开源增税办法。但由于各地区干部还不了解中央意图，有些区或回电要求减低任务，或派员到会诉苦。②

针对党内思想状况，陈云12月8日在全国税务工作会议上讲话，着重强调："一九五〇年度的财政概算中税收任务的完成，不仅是一个财政任务与经济任务，而且是一个严重的政治任务。"各地党政机关"今后应该把财政工作放在主要议事日程内，特别是税收。"中央对完成1950年度的公粮任务有信心，因为过去我们在农村十几年对征收公粮积累了一些经验，党政方面同志对征收公粮有较好的认识，但对于税收任务的完成，中央很担心，因为有很多党政领

---

① 《陈云年谱（修订本）》中卷，第30页。

② 参见《第一次全国税务会议的总结报告》（1949年12月15日），见《中华人民共和国财政史料（工商税收）》第四辑，第42页。

导还没有从思想上认识到税收的重要性，甚至存在着片面的群众观点与仁政观点，"以为向老百姓要钱越少越好，向国家要钱越多越好，殊不知国家从何处来钱？这些认识今后必须彻底纠正。"过去农民负担重于资本家的几倍，这是不应当的，要平衡城乡负担；但"目前不是减低农业税，而是增加城市负担来取得平衡，农业税的减低是将来的问题，在财政赤字未消灭前是不能减的。目前一切主张轻税的思想是错误的。""现在税重一点，国家财政有了办法，将来什么事都能成功。农业国变成了工业国，人民自然会欢喜、拥护；反之，现在税轻一些，将来变不了工业国，万事不成，群众是要骂的。"所以，"完成税收任务是一个严重的政治任务"，"各地税收任务必须完成，并要超过"。①

陈云的讲话启发和提高了各地财经干部对税收工作重要性的认识，激励了他们完成税收任务的决心和信心。会议经过几天讨论核算，最后确定的税收任务突破了原来的全国概算：华东增加 4 亿斤，西南增加 2.3 亿斤，华中增加 2 亿斤，华北增加 1.8 亿斤，东北增加 1 亿斤，西北增加 0.6 亿斤，全国概算连关、盐税共 187.8 亿斤；现不计算关、盐税已达 176.3 亿斤，增加关、盐税达到 223.7 亿斤，已超过农业税 24 亿斤。为完成 1950 年统一税制和分配给各区的任务，会议提请中央及中财委解决三个问题：(1)请各级领导从政治上、组织上对完成税收任务给予支持和重视，并写成决定，通告各级执行。(2)迅速公布税法、税则，以求征收一致。(3)从事税收工作的一般干部由各区负责培养，但主要的领导骨干，请由中央设法调配。②

全国税务工作会议上的情况表明，党内对税收和财经统一的重要性，认识上有提高，但对如何开展工作的主动性和创造性都不够，依赖中央的倾向十分明显。陈云对这种思想状况看得很清楚。故在 12 月 28 日复华东财委的电报中，他一方面坚定地表示要实现财经统一管理，解决收支脱节问题；同时充分估计到实现财政经济基本管理统一时，下级干部可能产生一时不关心收入，只伸手向上要的情况。为改变这种思想状况，陈云认为，必须在党内"反复说明统一与分散的利害得失，说明革命者的责任，并保证下级的开支"。他诚恳地希望

---

① 《陈云文集》第二卷，第 41—44 页。

② 参见《第一次全国税务会议的总结报告》(1949 年 12 月 15 日)，见《中华人民共和国财政史料（工商税收）》第四辑，第 44 页。

华东财委能说服各地干部，"既交出权力，又勇于负责，以此精神共渡难局"。①党内思想的状况决定了财经统一工作必须分步骤实现，不可能一蹴而成。这也是陈云不急于在全国税务会议上提出从管理体制上实现财经统一的重要原因。

薄一波回忆当时这种思想状况时说：有些地区的干部也想解决金融物价波动问题。但他们只是凭老经验办事，各打各的主意，以为这样就可以自保。这是脱离实际的想法。在国家已经统一的情况下，如果还不能从全局考虑解决财经问题，"一旦金融物价波动，谁也不能幸免。全局不稳，即使偏安一隅也是不能持久的"。所以，"必须克服我们自己队伍里的狭隘观念，打破局限性，跟上已经变化了的新形势。"②

党内对财经统一问题的认识状况，同当时经济运行与调控的现状也有着密切关系。1949年新中国成立前后，战争刚刚结束，老解放区与新解放区之间、各老解放区之间的财政、货币和其他方面的经济政策都存在相当大的差别。地方政权有较大的调控经济运行的权力，相对而言，中央政府的经济调控能力显得比较薄弱。这不仅是因为经验不足，还因为统一过程中遇到相当大的利益冲突。但财政经济的统一管理是新中国社会经济发展的客观要求，是不以人们意志为转移的。随着全国财经形势的发展，特别是1949年11月至12月，中央人民政府统一领导的全国规模的平抑物价的成功，使干部中对统一财经工作的认同越来越高。

中财委委员、粮食部部长章乃器在文中写道：

去年十一月的涨风加强了各地区对于统一的要求。比如，涨价的中心点上海，起初是单独的自行抛出物资企图压平物价的，结果是无效。原因不单是在于物资数量的不够，尤其在于时机的把握不准确。货币是全面地流通着，物资也是全面地转运着，市场的波动当然是全面性的。单独一个地区的市场管理显然是不可能；而物资吞吐时机的掌握，当然还必须依据全面性的资料才有可能。以后完全由中央财经委员会指挥作战，终于很有效地把市场稳定下去。这

---

① 《陈云文选》第二卷，第49页。
② 《若干重大决策与事件的回顾》上卷，第59页。

一事实使得各地区的财经工作人员更迫切地要求更高度的统一。①

　　陈云及中财委主要领导人对问题看得更深远。他们知道，平抑物价斗争取胜后，出现的市场物价稳定是暂时的。这种稳定还没有建立在财政收支平衡和市场供求平衡基础之上，很不巩固，新的物价波动随时可能发生。只有实现国家财政收支的统一管理，物资供应的统一调拨，才可能实现财政收支平衡和市场供求平衡，进而铲除物价波动的因素。

　　除收支的统一外，全国贸易的统一也是极为重要的。在当时物资缺乏、财力极为有限的情况下，中央财政对全国物资集中统一的调度权和指挥权是克服全国性经济困难、恢复和发展国民经济必需的。1949 年 12 月中旬，中财委召开城市供应会议，专门讨论全国统一物资调拨以稳定物价。1950 年，中央对全国贸易统一问题作出进一步规定。1 月 6 日，陈云在政务院第十四次政务会议上强调，在稳定物价、打击投机奸商的斗争中，"贸易和城市的物资供应要统一指挥，统一行动，把主要的力量放在主要战场上，集中力量打垮一部分奸商。"② 随后，陈云及薄一波进一步强调：为完成供应任务，国内外贸易必须基本统一。只有做好调剂物资、统一贸易这两件事，才有希望免除粮荒、回笼货币、掌握物价③。为落实中央贸易统一的决策，2 月 21 日，中央贸易部公布《关于出口货物统购统销的决定》，指出，为避免由于各地区对出口货物统购统销办法不一致，而给投机商人造成可利用的空隙，经中财委批准决定：钨、锑、锡金属矿砂实行统购统销，大豆、猪鬃实行统销，其中猪鬃在东北实行统购。2 月 25 日，政务院又发布《关于全国贸易统一实施办法的决定》，规定由中央贸易部统一管理内外贸易业务，在各大行政区设立大区贸易部，在各省设立省贸易厅（或工商厅），在各大城市，设立市商业局，各大行政区及中央直属省市之贸易部门，受中央贸易部及当地方人民政府财政经济委员会之双重领导；并对各级贸易部门的工作职权、资金管理原则、物资调拨原则作出规定。这两

---

　　① 章乃器：《对于统一财经工作的认识》，见《学习》第二卷第 4 期，1950 年 4 月 16 日，第 6 页。

　　② 《陈云文集》第二卷，第 52 页。

　　③ 《陈云年谱（修订本）》中卷，第 32 页。

个决定初步奠定了全国贸易统一管理的工作框架。

1950 年是新中国十分关键的一年，面对的困难多且任务艰巨：一是要解放西藏、台湾和海南岛，军费必须有充足的保证；二是要保证全国大约 900 万军政人员的生活与工作费用；三是要运粮救灾，还要充分保证各大城市的粮食供给；四是要有重点地恢复经济与文化事业。1949 年末至 1950 年初，中财委召开了各项专业会议，对经济恢复与建设作出总体规划，规划的落实需要财力的支撑。

统一国家财经工作也是保证 1950 年概算实现的客观要求。1950 年 1 月的金融物价情势固然比 1949 年同期要好得多，但 1 月国家财政支出还是超过了1950 年概算，货币不得不继续大量发行。[①] 在战争规模已经大大缩小的情况下，造成财政困难的原因在很大程度上是：国家财政制度不健全；现金管理、物资管理制度未建立；财政预算制度和收支系统不统一，各地自收自用现象普遍存在，使本来就有限的财力、物力得不到有效使用。如果这种情况继续下去，则不仅概算中的赤字不能缩小，还会大大增加。薄一波分析说，1950 年概算实行三个月后，我们研究认为："概算是支持不了了，物价将不止上升三、四倍，如果这样继续下去，情况有危险性，概算必须加以修改，另一方面，我们发现，如果实行财政管理统一，可使收支接近平衡和物价稳定"[②]，从而有效保证1950 年概算的实现。

从 1949 年上海财经会议起，经过一段时间的过渡，到 1950 年春，实现由原来解放区"集中领导，分散经营"向统一财经管理模式转变的条件已基本成熟：关内货币，税则、税目、税率，公营厂商的生产计划、原料的来源、产品的推销、物资的采购，国外贸易的管理、外汇的分配、外销物资的购运、进口商品的核办、外汇使用的分配，内地贸易物资的调拨，物价的管理，交通运输事业的全盘计划与集中管理，邮政邮资等方面，都已陆续开始，有的已完成统一工作；由此奠定了全国财政、贸易、金融体系统一的基础。

---

① 1950 年"一月份已开出支票一万三四千亿元，至十九日实支近一万亿元。以此计算，五十天中，共增发钞票一倍多"。参见《陈云文选》第二卷，第 54 页。

② 薄一波在公粮征收会议开幕会上讲话的节录（1950 年 8 月 3 日），见《1949—1952 中华人民共和国经济档案选编（财政卷）》，第 226 页。

从客观环境看，1950 年初也已具备了财经统一的政治和军事条件。除西藏、台湾、海南岛外，中国大陆已完全解放。以往解放区的分割状况已成为历史陈迹，财经工作只从个别区域出发、分散地各自处理，非但没有必要，而且有害。全国财经统一已刻不容缓。

客观现实使大多数干部越出以往区域发展的狭隘眼界，放眼全国，认同中央统一财经工作的必要性和重要性。中共华东财委在新区金融工作总结中写道："这种统一的成就是伟大的。没有这样迅速的统一，全国性货币波动是不能掌握的。一九五〇年的困难，将比应有的增加。我们必须坚决拥护这种统一。"①

总之，把财经工作从分散走向统一，是新中国经济建设过程中必经之路。正如陈云后来在回顾开国第一年财经工作的成绩时所说："在财政经济的管理问题上，解放战争的初期，解放区是被分割的。那时，我们所采行的政策上统一领导、业务上分散管理的方针，曾经收得了极大成效。全国大陆解放了，形势改变了，此项方针也必须随着改变。"②

一句话，财经统一，大势所趋，势在必行。

二、中财委在财经统一决策中的作用 和社会各界对决策的认同

1950 年 2 月 13 日至 25 日，中财委主持召开全国财政工作会议，目的"主要是解决全国财政统一问题"③。2 月上旬，陈云草拟的全国财政会议四个会议议题，第一个就是财经统一问题；其他三个议题是：编制问题，预算、现金、物资平衡问题，关于上海轰炸后的一些问题。

会前一个月左右，陈云就考虑要将一些重大问题交付会议讨论决定。1 月 19 日，陈云复函财政部，同意其对全国后勤会议所拟 1950 年军费拨付办法及部

---

① 上海档案馆：全宗号 22，目录号 1，案卷号 101。
② 《陈云文集》第二卷，第 171 页。
③ 《朱德在全国财政会议上的讲话》(1950 年 2 月 24 日)，《党的文献》1988 年第 3 期。

队供给物价评定办法的意见，同时指出：军费的发付与物价评定，关系全国财政开支与保证部队供给，须全国财政会议最后决定。故指示财政部与后勤部再作研讨，提出具体办法交会议讨论。为实现财政收支平衡，1月22日，陈云与薄一波向中共中央报告："拟于二月召开的全国财政会议上，组织清理仓库及核实编制、厉行节约两个委员会，以陈云、薄一波分任主任。"①当然，陈云考虑最多的还是如何通过会议解决收支脱节这个障碍财经工作健康发展的突出问题。

陈云主持了全国财政会议，并在开幕式上作了《关于财经工作统一的决定》的报告。会议结束后，3月1日，陈云在中央人民政府委员、全国政协常委座谈会上，通报了财政会议对全国收支概况的分析和国家财经统一的主要内容。这两次讲话突出强调三个问题：第一，分析财经方面存在的问题，特别是收支脱节及其危害，强调统一财经工作的紧迫性和重要性。第二，从国情出发，强调"在落后贫困的经济基础上前进，必须尽可能地集中物力财力，加以统一使用"的原则。第三，从中国革命的历史进程出发，强调"我们的工作，已不是一个地区或一个部队的工作，而是四亿七千五百万人、地大物博的全国性的工作"。因此，要求做财经工作的干部必须提高自觉性，具备整体思想和全局观念，防止"局部观点和本位主义"。②这三个方面正是中共中央作出全国财经统一决策的重要客观依据。

全国财政工作会议详细讨论了统一财经、紧缩编制、预算收支和现金管理及物资平衡四个重大经济问题。会议确定1950年财经工作总方针是：集中一切财力、物力做目前必须做的事。在统一财经工作方面要做到，财政收支统一集中到中央；公粮除5%—15%作为地方附加外，均由中央统一掌握；税收中的关税、盐税、货物税、工商业税统一集中到中央、每日结算解缴国库。统一编制，改变编制庞大、人浮于事的状况。各地贸易公司的资金、业务计划、商品调拨统一由中央贸易部掌握，地方不能干预。现金调度统一于银行。在财经平衡方面要做到，通过整顿税收、公营企业利润、折旧交公、清理仓库等措施，保证财政收支平衡；并通过粮纱调度等措施，保证物资平衡。

---

① 《陈云文选》第二卷，第54页。
② 《陈云文选》第二卷，第61页。

从 2 月 13 日会议记录中可知，经过讨论，全国财政会议对统一全国财经已形成一条比较清楚的思路：在财力有限的情况下，必须集中使用财力，确定用资重点。朱德说，最重要的是解放台湾。薄一波也说：今天打台湾是中心，必须集中力量搞。陈云提出解放台湾、养活 900 万公职人员、救灾三个重点。为了集中财力，陈云提出：一是要完成税收任务，特别是华东、华中，税收任务一定要完成，各企业一律收税，而且折旧税不能低。二是缩编，华东要减 35 万，西南减 30 万，西北减 10 万，华中减 30 万，中央与华北约减二三万人，共约 110 万人。三是清仓，军队仓库最好能与地方统一清理，如果不便，可归后勤部统一清理。四是建立国库。总的原则："多收少用"。陈云特别对华东、西北地区的财经工作提出要求：华东要准备多收税，并且要加紧税收，机动权交中央；西北要少开支，整顿公营企业，收回利润与折旧，机动权仅限少开支。为了保证和促进税收任务完成，薄一波在会上明确提出，财政部不准向银行要钱，银行也不准对财政部透支。从这些要求看，当时中央对地方财政要求相当严格，地方灵活余地极其有限。这个特点同新中国成立初期，任务繁重而国家财力有限的客观情况相符合，这些措施也只有在财经统一的前提下才能落实。在讨论时，陈云说，现在方案有三个：一个是后退，一个是停止，一个是前进。前两个方案是财经不统一的结果，后一个方案是财经统一的结果。

中央对这次财政会议十分重视。朱德不仅出席会议，而且参加会议讨论，并于 2 月 24 日在大会上对财经统一中的一些重要问题作了进一步的指示。他说："目前，最大的问题是国家统一"，"这样大的家务，这么多的人口，统一起来力量就大了。""如何统一？ 中央和地方要有分工"，"过去游击时期，一揽子的办法曾有过效果。今天情况不同了，不能采用这个办法了。首先军队已经统一，它的开支要由国家负担。因此，各地必须服从中央，不能闹独立性。否则就不可能统一。中央划给地方一定的财政收入，而且支持地方在这个范围内把工作做好，如果仍旧把中央的东西抓在手里，是不合法的，对党员来说是党性不强。"统一财经的决定是十分重要的。"在党内，一定要拥护政府的决定，这样才能打破旧的财政制度，建立起新的财政制度，很快地建立我们的家务。"①

---

① 《朱德在全国财政会议上的讲话》（1950 年 2 月 24 日），《党的文献》1988 年第 3 期。

3月3日，政务院第二十二次会议讨论通过并决议正式颁布由陈云起草的《关于统一国家财政经济工作的决定》。《决定》共10款，确定了全国财经统一工作的基本框架。陈云在讨论发言中，对《决定》起草过程作了简要叙述。他说，这个文件在全国财经会议召开前曾修改过两次，会议中又修改两次；根据中央人民政府委员、全国政协常务委员座谈会上提出的意见，修改第五次；今天会议的修改是第六次了。这一修改过程勾勒出财经统一方案形成的过程，即中财委提出，全国财经会议充分讨论，中央人民政府和政协审定，社会各方面达成共识。

《决定》的内容大体有以下方面：（1）为了人力与物力的节约，成立薄一波为主任、聂荣臻为副主任的"全国编制委员会"，统一制订和颁布全国各级军政人员、马匹、车辆等编制，避免自行遣散和招收。成立陈云为主任、杨立三为副主任的"仓库物资清理调配委员会"，在6月底前查明所有仓库存货，由中财委统一调度，合理使用所存物资。这两个机构的成立，利于在统一调配下，节省一切可能节省的开支，决定应办或缓办的事务，以达到"统一管理""实行节约"的目的。（2）为了收入的增加，全国所收公粮，除地方附加粮外，全部归中央财政部统一调度使用；除批准征收的地方税外，所有关税、盐税、货物税、工商税的一切收入，均归中央财政部统一调度使用。税收是国家财政的主要收入之一，是全国财政开支、经济恢复所需现金的最大来源。全国各大城市及各县如2月底尚未建立国库者，统限3月建好，并代理地方库业务。3月起所有税款逐日入库。为完成征税工作，必须委任最好的干部担任税务局长；一切公营工厂企业及合作社，均须按时纳税。（3）为了调节国内供求，组织对外贸易，有计划地供售物资，回笼通货，各地国营贸易机构业务范围的规定与物资调动，均由中央人民政府贸易部统一负责。（4）统一规定国家所有的工厂企业的管理办法。国家所有的工矿企业分为中央各部直接管理、暂时委托地方或军事机关管理、划归地方政府或军事机关三类。责成中财委划清各国有企业的管理责任，制定对它们投资贷款的条例；并厉行节约，规定各类人员的工作定额、生产定额及原材料消耗定额，提高资金周转率。（5）指定人民银行为国家现金调度的总机构。国家银行应增设分支机构，代理国库。外汇牌价和外汇调度由人民银行统一管理。各公营经济部门及各机关请求外汇统由政务院财政经济委员会审核等。（6）中央财政部必须保证军队与地方人民政府的开支及恢复国民经济所必需的投资，其原则是先前方，后后方，先军队，后地方。为保证各项经费的支出，财政部必须严格地管理税款、公粮支出和拨付、公粮实物变款、公债收入、国营企业上缴利润、折旧基金等，以保障这些收入按时入库。(7) 为了纠正工作中的偏向，严格执行决定，中央人民政府将制订适当法律，给破坏人民利益、违反国家法纪的分子以必要的制裁。①

《决定》的颁布，标志着政务院统一财经工作决策的正式出台。这是新中国成立以后，中央人民政府对于全国财经统一采取的第一个重大措施，它奠定了新中国财政经济管理体制的基础。

同日，也就是 3 月 3 日，中共中央发出《关于保障实施政务院关于统一国家财政经济工作的决定的通知》，指出："中共中央认为政务院这个决定是完全正确的和适时的，各级党委必须用一切方法去保障这个决定的全部实施。"通知中进一步指出：

过去各解放区被分割的状态，已经完全改变，全国在地域、交通及物资交流与币制等等方面已经统一。在这种情况下，如果国家财政收入的主要项目不作统一的管理和有计划的使用，则非但不利于国家的财政和经济工作，且将严重地影响人民的经济生活与妨害国家的恢复和建设。各地同志对于财政经济工作，在过去长时期内，是习惯于被分割状态下的各自分散处理的，这在当时是完全必要和正确的，并且获得了巨大成绩。但是，现在必须切实地加以转变，如果不加转变，则要犯严重的错误。望各级党委，对于这种转变的必要性，向每个党员充分地加以解释，使他们都能有正确的认识。同时，从旧的分散的管理方法变为统一的管理时，各地在财政和物资上的征收、调度与支领等等方面，要发生若干困难，是难免的。因此中共中央要求各级党委在军政、财经各部门工作的党员和非党人员中进行解释，准备承受一时的部分的困难，保证政务院决定的迅速全部实现，以便共同努力来克服国家财政上的困难，避免金融物价的大波动，以利人民经济的迅速恢复和发展。②

---

① 参见《陈云文选》第二卷，第 64—68 页。
② 《中共中央文件选集（1949 年 10 月—1966 年 5 月）》第 2 册，第 189—190 页。

为了使全党思想高度统一，充分认识全国财经统一的必要性，使全社会清楚了解财经统一政策的主要内容、合理性、执行中应着重注意的问题等，陈云依照中央《通知》精神，撰写了《为什么要统一财政经济工作》一文，于3月10日作为社论发表在《人民日报》上。陈云在文中，对统一全国财经工作，实行统一管理和统一领导的客观历史必然性及意义作了精辟论述。他说："统一国家财经工作，将不仅有利于克服今天的财政困难，也将为今后不失时机地进行经济建设创造必要的前提。"①

陈云明确指出了统一财经工作的三项内容：一是"统一财政收支，重点在财政收入"。二是统一全国物资调度，"全国国营贸易机构资金、物资的运用调拨，集中于中央人民政府贸易部"。三是统一全国现金管理，"一切军政机关、学校、团体和公营企业的现金，除留若干近期使用者外，一律存入国家银行"。陈云说："这些统一在今天已经必不可少"，"如果国家收入不作统一使用，如果国家支出不按统一制度并遵守节省原则，如果现有资金不加集中使用，则后果必然是浪费财力，加剧通货膨胀。这样，不但有害于战争和军政人员的供应，而且有害于国家经济和人民生活。②"在新中国第一个国庆，陈云精辟论述了财经统一的主要内容及其作用，他说：政务院3月3日公布的财经统一工作决定的"基本内容有三：第一是统一全国财政收支，第二是统一全国物资调度，第三是统一全国现金管理。财政收支的统一，使国家收入中主要部分的中央收入，集中使用于国家的主要开支。全国物资调度的统一，使国家所有的重要物资，如粮食、纱布、工业器材，从分散无力的状态中集中起来，而变为有效的力量。统一全国现金管理的办法，是把所有属于政府的但是分散在各企业、机关、部队的现金，由中国人民银行统一管理，集中调度，这就不但避免了社会上通货过多的现象，而且大大增加了国家能够使用的现金。这三种统一的同一结果是避免了财力物力的分散和浪费，达到了集中使用的目的。这种效果对于扭转困难的财政经济局势是有重大作用的"③。

根据当时形势发展需要，国家实行财经统一完全必要，但统一是相对的。

---

①　《陈云文选》第二卷，第74—75页。

②　《陈云文选》第二卷，第70、71页。

③　《陈云文集》第二卷，第172页。

就当时的形势和任务讲，既要有中央的集中统一，也要给地方留有机动余地，因为总是有些问题需要地方解决。所以在采取坚决有力措施统一国家财经的同时，也应适当保留一定的地方自主权。对此，陈云说：财经统一后，事实存在的分散经营比重还不小。从农业生产方面说，在中央人民政府农业部规定了总的方针后，必须由地方政府担任具体的组织和领导。从工厂管理方面说，国家工厂的一部分完全划归地方和军事机关管理，另一部分中央投资经营的企业，也暂时委托地方政府或军事机关管理；地方政府对当地的中央所属企业完成主管各部所给的计划任务，负指导、协助、监督的责任。从财政收入方面说，地方可以保留按一定比例征收地方附加①粮和地方税②。地方严查漏税所得，中央与地方"二八"分成，大部分归地方使用。从财经的统一管理方面说，公粮、税收归国库后，地方政府对粮税的征收、保管、运输仍负有全部责任。另外，东北的货币暂时维持现状，财政也暂时只采取抽调物资的办法。

统一财经在中国财政管理体制上是一个大突破。财政管理体制规定财政分级管理的根本原则，划定各级政权之间、国家同企事业单位之间在财政管理方面的职责、权力以及财政收支的范围，核心问题是如何处理中央与地方关系。财经统一的决策出台后，有些人对短期内能否克服中央集中统一与地方机动性之间的矛盾，实现全国财经统一，心存疑虑。

---

① "地方附加"指地方随正税征收的、不列入国家预算部分。正税指列入国家预算的税收。国家对地方附加的比例有严格的限制。例如，农业税地方附加，一般不得超过正税的15%，某些获利大的经济作物区不得超过30%。参见《陈云文选》第二卷，第 351 页注 [71]。

② "地方税"指：地方留用税收的统称。在政府政务院 1950 年 4 月 1 日发布的《关于统一管理一九五〇年度财政收支的决定》中，将税收划分为中央税收和地方留用税收。各地征收的国家公粮、关税、盐税、货物税和工商业税，均归中央人民政府所有，由中央人民政府财政部指拨。其他税收，如存款利息所得税、印花税、交易税、屠宰税、房产税、地产税、特种消费行为税、车船使用牌照税等，统由中央人民政府财政部根据各大行政区、各中央直辖省（市）人民政府之全年财政预算，划归地方留用；各大行政区所属省（市）人民政府应留用部分，则由各大行政区人民政府财政部根据各省（市）人民政府之全年财政预算予以划分。决定还提出，中央人民政府给各大行政区、省（市）规定的国家公粮及税收任务，必须遵照中央人民政府所规定的政策和税种、税则、税率努力征收；超过部分，公粮按八成留归地方，二成上解中央；税收按七成留归地方，三成上解中央。参见《陈云文选》第二卷，第 350—351 页注 [68]。

对财经统一后，正确处理中央与地方关系的问题，中财委十分重视。陈云在《决定》中特别强调：各级政府必须严格遵守财经统一决定；中央人民政府要制订适当的法律，保障财经统一决定的实行。由于许多地方是新解放区，实行统一管理会有若干困难。同时，在公粮、税收划归中央人民政府统一支配以后，地方经费开支比以前更困难的情况可能发生，但"这种困难，比之全国财政经济的管理继续不统一和金融物价大乱而来的困难，其范围、程度和后果都要小得多。因此必须强调部分服从全体，地方服从中央，宁愿忍受若干较小的困难，以避免发生更大的困难"。在公粮、税收归中央人民政府统一支配后，地方干部不应消极不负责任，而应更加积极负责。①

针对当时存在的种种疑虑，陈云在社论中指出：（1）财经统一后，地方机动性必然大大减少。因为目前国家财政收支很不富裕，可以使用的现金和物资很少。这种微小的机动力量必须放在中央人民政府手里。如果"分散给全国各级地方政府，其后果必然是把这微小的机动力量丧失无余，必然是全局不机动，大家不机动。"（2）统一管理后，地方积极性可能会下降，但应该避免。因为"中下级机关仍负有极大的责任，国家任何事情，办得好、办得坏，都与自己有密切关系。'事不关己，高高挂起'，是完全错误的。"（3）统一财经工作后，地方经费款项的币值有保证。因为通货膨胀已制止，对若干地方仍继续发部分公粮作为经费，即令货币贬值，国家银行对一切军政部门及公营企业举办的折实存款仍可使币值有所保障。（4）税收统一由中央管理，便于中央从全局考虑国家的需要，而避免地方照顾"当地需要"，把经费"使用在一些不重要的事情上"，这是一种浪费。浪费"不单指铺张滥用的那种浪费，而特别是指办事用钱不分轻重缓急，不分全体、局部的那种浪费。"目前仍在战时，因此财政上处理中央与地方关系的原则在财经工作统一后是不变的，依然是"先前方，后后方；先军队，后地方"。②

章乃器对财经统一后中央在财政上给地方留出的余地，作了概要和准确的说明：

---

① 《陈云文选》第二卷，第68页。
② 《陈云文选》第二卷，第73、74页。

县人民政府附加征收的地方公粮，可达国家公粮额百分之十五，用以支应村的文教、建设、行政等支出。在城市里面还可以经大行政区政府的批准，在地方税上附加征收行政教育事业费，用以支应市内和郊区的文教、建设、行政等支出。各大行政区、市、省经收的国家公粮和税收，超过规定任务的，其超过部分，还可以提出七成到八成，作为奖励，留给大行政区、省、市各级政府支配。因此，各级地方政府除了预算的事业费和经费支出完全由中央拨给之外，仍有若干自由发展的余地。这种规定，在鼓励地方人员的积极性方面，是会起一定的作用的。①

中央与地方关系处理得是否恰当，不仅是经济利益分配问题，还关系到中央政府的权威乃至整个社会的稳定。所以，中央对这个问题从一开始就特别重视。新中国成立后，中央人民政府委员会将全国划分为东北、西北、华东、中南、西南五大行政区，分设人民政府或军政委员会，作为各地区最高政权机关和政务院领导地方政府工作的代表机关；华北的工作由中央直辖。大区是在特定情况下设立的临时机构。朱德在全国财政会议上曾明确说："现在各大行政区是中央的代办机关，是中央级的机关，将来中央有条件能指挥全国时，就不一定需要它了。所以，将来是中央、省、县三级财政。"②

在大行政区建立过程中，周恩来提出：在目前情况下，大行政区应该成为一级政权组织。一个地区，在经济、政治、民族等方面有许多共同特点，军事上连成一片；但国家绝不会因为大行政区的存在而不统一。中国是一个大国，地大人多，经济发展不平衡，必须在经济发展条件下，才能逐步走向统一。政权组织的划分，要既利于国家统一，又利于因地制宜。不能只强调一面。"要在统一政策领导下因地制宜，在因地制宜的发展中求统一"。全国财经统一后，周恩来依然明确指出：财经工作的重心在统一，但并不取消因地制宜。③陈云在酝酿财经统一的过程中，提出另一条重要原则，即"管理上要坚持先大公后

---

① 章乃器：《对于统一财经工作的认识》，见《学习》第二卷第4期，1950年4月16日，第7页。

② 《朱德在全国财政会议上的讲话》（1950年2月24日），《党的文献》1988年3期。

③ 《周恩来年谱（一九四九——一九七六）》上卷，第17、28页。

小公的原则"①。周恩来和陈云提出的这两条原则，对处理中央与地方关系有着普遍指导意义。

各级干部对财经统一后中央与地方关系的处理是有信心的，信心建立在一个牢固的历史事实基础上：新中国已经不是军阀时代，不再有封建式的割据，也不会再有地方截留经费的现象。人民政府在中共领导下，国家对社会的控制力、影响力、凝聚力是国民党时期无法相比的。政治统一了，财经统一就有坚实基础。只要中央对地方负责，保证预算支出的规范，保证地方恢复人民经济所必需的投资，地方对财经统一后经济工作方面存在的种种顾虑就会打消。

中央估计到，要保障统一财经工作决定的落实，首要的是统一和扭转干部，特别是各级财经干部的思想。因为过去长期处于被分割状态的战争环境下，各地区的干部已养成自行处理财经工作的习惯，改变为统一管理后，各地财政与物资上的征收、调度与支领上的困难会发生，新解放区的困难会更多一些，所以对干部思想上的动员十分重要。

3月3日，在政务院颁发《关于统一国家财政经济工作的决定》的同时，中共中央向各级党委发出《关于保障实施政务院院关于统一国家财政经济工作的决定的通知》，要求"各级党委必须用一切方法去保障这个决定的全部实施"。《通知》指出："从旧的分散的管理方法变为统一的管理时，各地在财政和物资上的征收、调度与支令等等方面，要发生若干困难，是难免的。因此中共中央要求各级党委在军政、财经各部门工作的党员和非党人员中进行解释，准备承受一时的部分的困难，保证政务院决定的迅速全部实现，以便共同努力来克服国家财政上的困难，避免金融物价的大波动，以利人民经济的迅速恢复和发展。"②

遵照中央的指示，各级党政组织迅速进行政治动员。华东军政委员会于3月6日召开会议。军政委员会主席饶漱石在会议上讲话，要求各级财政干部必须照顾全局，坚决克服本位主义。会议决定，成立华东整编委员会，由军政委员会副主席曾山挂帅；召开华东财委会议，根据中央财政会议精神和政务院统

---

① 《陈云文选》第二卷，第49页。
② 《中共中央文件选集（1949年10月—1966年5月）》第2册，第189、190页。

一财经决定，以及华东各地具体情况，制定执行国家统一财政经济工作决定的办法。①3月11日，中共中央华东局暨上海市委员会召开了有2000人的党员干部大会，曾山在会上报告了2月召开的全国财政会议精神和3月政务院颁行的全国财经统一决定；饶漱石在大会上讲话，号召华东局各级党组织和全体党员为坚决保证政务院统一财经指示的落实而努力。在谈到税收工作时，饶漱石指出，必须改变部分同志在过去农村环境中养成的重视公粮、轻视税收的思想，调配最好的党员和干部去做税收工作等。②3月28日，华东军政委员会第六次行政例会通过了关于保证贯彻执行《政务院关于统一国家财政经济工作的决定》的方案，即：公粮税款缴解国库，大力整理城市税收，草拟夏征条例，进行仓库物资清理，5月底前完成整编等。③

3月7日，西北军政委员会主席彭德怀在第六次行政扩大会议上，就政务院统一国家财政经济工作决定的意义、克服执行决定阻力的途径等问题讲话，指出我们应当无条件地、坚决地、彻底地执行政务院的决定。今天我们处在国家空前统一的新时期，我们的财经工作必须立即由分散经营转向统一管理，才能完成建设繁荣富强的新中国的历史任务。彭德怀在讲话中严肃批评了1949年8月西北大局奠定后，党内开始潜滋暗长的铺张浪费、贪污腐化、本位主义、官僚主义等不良现象；强调各部门要建立检查制度，坚决清除执行统一财经工作中的各种阻力。3月11日，西北局第二书记习仲勋发表谈话，表示西北地区的共产党员，将坚决执行中共中央指示，保证迅速全部实现政务院财政经济统一决定。只有财政经济工作的统一，才能巩固军事上、政治上的胜利；并指出要向某些党员思想中存在的轻税观点、不愿作税收工作的思想作不调和的斗争等。④

4月上旬，天津市人民政府对执行《1950年财政工作方案的决定》提出严格实行的六点要求：(1)建立全市统一的财政收支制度。(2)实行全年总预算制度，分配预算制度和计算制度，严格检查批准制度。(3)整顿编制，调整

---

① 参见《新闻日报》1950年3月7日。
② 参见《新闻日报》1950年3月25日。
③ 参见《新闻日报》1950年3月29日。
④ 参见《新闻日报》1950年3月12日。

人员待遇，厉行节约。（4）凡有附属机构的行政、企业部门，一律建立会计室或专设会计员，以专责进行审计会计工作。（5）清点财产物资，建立财产会计制度。（6）委托中央天津分金库代理市金库。[①]

中共湖北省委书记、省人民政府主席、省军区司令员兼政治委员李先念，4月3日，在湖北财经会议的讲话中说：今后财经工作搞得好不好，很大程度要看能否正确认识和自觉对待统一财政收支的问题，要克服各自为政的思想。1941年国民党对解放区实行经济封锁，企图饿死、困死我们。当时毛主席提出三条路任同志们选择：饿死；散伙；自力更生，自己动手，生产自给。我们选择第三条路，终于克服困难，取得胜利。"现在，摆在我们面前的只有两条路：一条路是拖延下去，仍然各自收支，分割自主，结果走向失败；另一条路是突破现状，实行财经统一，前进一步，走向新的胜利。""我想同志们一定会选择走向胜利之路"[②]。

各地党政系统的政治动员，使中央财经统一决策的落实有了组织保障。为提高全国财经干部的政策水平、加强财经工作，以利于财经统一决定的实施，3月25日，中财委通令所属各部、署、行及各大行政区财委组织全体财经干部，认真学习政务院《关于统一国家财政经济工作的决定》和《人民日报》社论《为什么要统一国家财政经济工作》《税收在我们国家工作中的作用》等文件。

国家财经统一决策出台后，社会舆论反响强烈，认同呼声很高。

首先，一致认为国家财经统一必要。有人撰文说：在全国统一的新局面下，许多财经工作往往会牵一发而动全身，特别是由通货膨胀而来的金融物价波动，已不能限一地，它势必会影响全国。为坚决执行1950年财政概算，为了防止全国金融物价波动，更为了安定民生和发展生产，中央政府必须统一全国财经工作，来节约支出、增加收入、缩小赤字，以争取国家财政经济状况好转。[③]

其次，充分肯定财经统一的意义。有人撰文说："这是一件大事。这一决

---

① 参见《天津人民政府颁发财政工作方案》，《天津日报》1950年4月17日。

② 《李先念论财政金融贸易（1950—1991）》，中国财政经济出版社1992年版，第4页。

③ 陶大镛：《人民经济的新发展与新胜利》，见《新华月报》，第五卷第7期，1950年4月15日，第4页。

定，对于目前国家财政困难的克服，军事费用和经建投资的保证以及金融物价大波动的防止等都是具体有效的办法，对于财经工作的统一领导，使国民经济在通盘筹划的范畴中更有效率的进展则更是作用重大"，"财经工作之加强统一领导，正是缩短困难，促进新中国经济及早好转的有力保证"，"总起来说，就是要统筹人力、物力、资力，有计划、有步骤地把财经工作做得更好，其基本精神就是要从节约支出，增加收入，缩小赤字，统一管理的过程中，使一九五〇年的概算不要落空，从而达到消灭残敌，重点恢复经济的目的"。①还有人说，财经统一"具有划时代的意义。由于这一决定，开始并基本上结束了习惯于被分割状态下的各自分散处理的财经制度"。只有坚决执行政务院这一决定，才能完成人民十二年来对于停止通货膨胀的期望；才能保证集中于军事上消灭残敌，提早解放全国；"才能集中有限的机动财力进行重点经济恢复，修复战争破坏的交通运输，农田水利及必要和首要部门的重点建设，准备不久以后全面经济建设开始的条件"。②

更多的学者，对财经统一工作中的三项主要内容，进行分析和阐释。这些阐释将中央财经统一的原则具体化，便于社会了解财经统一的内容，进而认识财经统一的重大作用。社会与国家认识上的互动，对中央统一财经决策的落实有着重要意义。

三、中财委领导全国财经统一工作的实施

1950 年 3 月 3 日，政务院第二十二次会议在通过《关于统一国家财政经济工作的决定》的同时，也拉开了全国实施财经统一决定的序幕。会议对如何落实财经统一决定作出较全面的研究和部署，一方面通过税收和金融方面两个重要文件：《公营企业缴纳工商业税暂行办法》《中央金库条例》；另一方面成立系

---

① 吴承禧：《统一国家财经工作的重大意义》，见《经济周报》第十卷第 10 期，1950 年 3 月 9 日，第 7 页。
② 林素钧：《为贯彻统一财经工作而斗争》，见《经济周报》第十卷第 11 期，1950 年 3 月 16 日，第 3、4 页。

列专题研究小组，对财经统一中的重大政策问题进行研究，拟订文件。其中，包括由政务委员兼中财委委员章乃器负责召集审查的《关于统一全国各级人民政府党派群众团体员额暂行编制》《全国各级人民政府 1950 年度暂行供给标准》《政务院关于统一管理 1950 年度财政收支的决定》三个草案专题小组；由政务委员黄绍竑负责召集审查的《政务院关于全国仓库物资清理调配的决定》草案专题小组；由章乃器负责召集审查的《政务院关于统一国家公粮收支保管调度的决定》草案专题小组；由政务委员罗隆基负责召集审查的《政务院关于统一全国国营贸易实施办法的决定》草案专题小组。这些专门小组对中央财经统一决定在清仓、整编、收支、贸易、公粮等方面的落实方案进行政策方面的研究。

　　会后政务院各专题小组加快调查研究工作，分别于 3 月 10 日和 24 日将上述调查的专题文件交由政务院第二十三次和二十五次会议审议并通过。这几个文件对国家收支、编制、清仓、贸易、公粮等管理权限的统一提出规范性的要求。随后，3 月 31 日，政务院第二十六次会议通过的《契税暂行条例》，进一步推动了税收的整顿和统一工作。至此，财经统一工作各个方面的政策基本拟订齐全。

　　根据政务院下发的文件精神，中财委及下属各部委分别拟定部门实施方案，确定管理制度，召开全国性专业会议，对于财经统一中的技术性问题，进行缜密研究与安排，使财经统一决定在全国得以落实。

（一）整理编制，节约支出，统一供给标准

　　编制的确定和供给标准的统一，同财政支出的使用和节流有着密切关系。1 月 23 日，政务院曾颁布过《关于中央直属机关新参加工作人员工资标准的试行规定》，要求："凡在一九四九年九月底以前参加工作，按当时实行供给或'薪金制'一般不再变动。十月一日以后参加工作者，除自愿享受供给待遇者外，"其余均按规定发给工资，工资标准定为 25 级；"暂以小米市斤为计算单位，按照工资米价，折款发给"；于 1950 年 1 月 1 日起实行。[①] 当时，国家养

---

　　① 　中国社会科学院、中央档案馆编：《1949—1952　中华人民共和国经济档案资料选编（劳动工资和职工福利卷）》，中国社会科学出版社 1994 年版，第 406、407 页。

活人数已突破 900 万，经济负担超出 80 万斤小米。人民政府一方面感觉人多无法安置养活，一方面各部门各地区仍在大量开办全供给制学校训练班，扩大编制，招收新生，吸收新人员，如此下去，预算将无法维持，旧人员更无法安置。于是 2 月，中财委发出《关于停止招收新生和新人员的指示》，要求各部门、各地区、直属市自电到之日，即刻停止招收新生，吸收新的人员。任何地区、部门、机关如招收新人员，招收新生，必须报请本委批准，否则一概不准报销。上述两项规定是人民政府统一供给标准，统一编制，以紧缩开支，节约国家财力的开始。

按照政务院统一财经决定的部署，3 月建立了薄一波挂帅的全国编制委员会，大区、省、大城市建立了相应的委员会。编制委员会负责制定各级军政机关人员、马匹、车辆的编制和供给标准；要求各地不经批准不得擅自增添人员，编外或编余人员由编委会统一调配，"虚估"与"虚报"人员必须核实，能够不脱离生产的人要回到生产中去。中央整编工作安排后，各地立即响应，纷纷拟订整编计划，"努力整编核实军政人员，以便最大限度地节省开支"①。

各地区、各部门整编工作安排各有特色。如上海市编委会确定的方针是：编制与改造机构相结合，提高工作效率；编制与整理思想相结合，反对不顾整体的本位主义；编制与工作需要和发展相结合；编制与合理调配相结合。② 国营企业的职工除规定职工人数和生产的数量和质量外，还实行原料消耗的定额制度，反对贪污浪费；对旧军政人员通过教育改造，发挥他们一技之长，从提高工作效率上节省开支。

在整编工作中，陈云特别强调要切合实际，慎重从事。如《关于统一全国各级人民政府党派群众团体员额暂行编制草案》，在 3 月 10 日的政务院第二十三次会议已通过，但文件至 6 月 13 日才由政务院正式颁发。因文件在编制过程中，陈云明确指示：鉴于各机构编制草案都由财政工作人员草拟，他们对行政方面有些事情了解不够深切，故文件要先作为草案下发，广泛征求意

---

① 《建国以来刘少奇文稿》，第二册，第 24 页。

② 参见《新闻日报》1950 年 3 月 17 日。

见，以便修正。①

整编工作政策性极强，中央当时对这项工作极为关注。中共上海市委 8 月 14 日《关于上海党政群体机关团体编制情况给中央并华东局的报告》中，有两点意见引起毛泽东的注意：一是慎重处理编余人员问题，二是编制委员会撤销后要指定专门机关继续负责指导编制工作。8 月 20 日，毛泽东将这两点意见批转周恩来，并指示说："此电两项建议值得注意，请考虑指示各地，省及大市照此办理，成为制度。"② 统一整编为国家节约了财政开支，亦精干了国家公职人员队伍，提高了工作效率。

编制的整理和供给标准的严格实行是紧密结合的。政务院第二十三次会议通过的《全国各级人民政府 1950 年度暂行供给标准草案》，对供给标准中的个人生活 10 项：菜金及燃料、食粮、服装费用、津贴费、过节费、保健费、老年优待金、妇婴费、医药费、埋葬费；个人公务开支中的 19 项：公杂费、水电费、学习费、差旅费、会议费、家属招待粮、夜餐费、车马费、马草料定量、装备费、电讯费、烤火费等等均作出统一明确的规定。③ 当时在供给标准上中央严格要求从简、从严，以最大限度节约国家财力，但也要根据变化的情况，实事求是地调整供给标准，以保障国家公务员的个人利益。2 月的全国财政会议，曾商议将部分原来是供给制的人员改成薪金制，但根据当时国家经济状况，此事经请示中央后，中央认为不改为好。于是 3 月 23 日，陈云、薄一波即电示各地财经委，原议暂缓执行。国家财经统一后，收支平衡，物价稳定且有所降落，特别是当时用作折实标准的几项物资的价格均有降落，因此用折实办法计算工资已影响薪给制人员的收入。《长江日报》一工作人员在信中将这一情况报告毛泽东，毛泽东将信转给陈云，6 月 10 日，陈云即指示中财委副秘书长、央行副行长曹菊如研究，局部或逐渐将工资改为货币制，取消小米制。

---

① 《陈云在政务院第 31 次会议上的发言》(1950 年 5 月 5 日)，见《陈云年谱(修订本)》中卷，第 70 页。

② 《建国以来毛泽东文稿》第一册，中央文献出版社 1987 年版(内部发行)，第 473 页。

③ 参见《1949—1952　中华人民共和国经济档案资料选编(劳动工资和职工福利卷)》，第 407—425 页。

《标准草案》通过后，也是先在各地试行，直到 9 月 27 日政务院才正式颁布。供给标准的统一不仅保障了国家财政开支的统一和 1950 年概算的严格执行，而且为 1951 年度财政预算的制定提供了重要依据。

（二）清理仓库，调配物资

在国民党统治时期，各地仓库中堆积着许多属于国家的物资和器材，迅速清理和利用这些物资，有利于经济建设和克服财经困难。为此，政务院成立了以陈云为首的全国仓库物资清理调配委员会。随后，各级地方政府和军区后勤部及各工商企业都设立了相应的委员会，由负责财经工作的主要领导担任主任和副主任，形成了一个自上而下、组织严密、权威性强、队伍精干的领导系统。

3 月 10 日，政务院通过的《关于全国仓库清理调配的决定》，对清调工作提出原则性意见：全国各地区各部门所有接管的仓库及各企业各部门的自备仓库，限于 6 月 30 日前一律清查完毕；清查出来的所有物资器材，统一归全国物资清调委，商请中财委或中央人民政府人民革命军事委员会调配；清理仓库所有收入，一律归国库；国民党时期所有对各公营企业的物资器材分配计划及全国各公营企业的经济往来，一律无效，全国各公营企业一律重新登记资产，核定资金。

《决定》发出后，为了加强对清理工作的领导，3 月 21 日，中财委召开第十六次委务会议，进一步研究了仓库清理调配问题。全国清调委副主任宋劭文在会议上报告了《中财委关于执行政务院仓库清理调配决定的实施方案》，对仓库清理工作、物资调配、仓库保管等工作提出具体要求及实施办法。①3 月 28 日，陈云领导的全国清调委又拟订了《关于清理调配仓库物资的几个具体规定》，对清理调配工作的组织机构及上下领导关系、清理及报表、调配及出售、保管及修整作出技术规定，使全国清调工作的实际操作有了明确规范。②

---

① 参见《中国工业五十年（第一部）》上卷，第 518—519 页。
② 参见《中国工业五十年（第一部）》上卷，第 523—524 页。

此后，清仓工作在全国各大部委、各大行政区普遍展开。各级清调委通过深入调查，有效工作，使国家很快统一掌握了全国物资的库存情况。如中央财政部的天津物资清理处，自 1949 年 5 月初开始，即积极着手清理在津接管的仓库物资；其直接清理的仓库共有 23 处，接管物资达 17000 余种，这些物资大部分是日寇储存和美"援"剩余物资，各种物资总值约折小米 2.2 亿斤。截至 4 月中旬，一共清拨出仓库 14 处，还剩 9 处；已清理的物资约占原接管总值的 4/5，已清理的物资价值约折小米 1.75 亿斤。这不但为国家财政需要弥补巨大缺口，在回笼货币、稳定物价方面，也起了重大作用。仅 1950 年 1 月至 3 月 20 日间，回笼的货币即达 265.58 亿元，并及时缴入国库备用。这个回笼数字较天津该年第一季（1—3 月间）回笼任务 250 亿元，超过 15.5 亿元。①

陈云领导的全国清调委员会，主要通过两种方式严格指导各地清调工作。一是派工作团实地指导。如 4 月 8 日，派出三个工作团分赴华东的上海，中南的桂林，西南的重庆协助进行清理工作。二是以全国清调委和中财委的名义，或是以二者联合名义下发文件，拟定清调工作具体要求，指导全国的清调工作。当时，发出的文件主要有：5 月 6 日《全国仓库清调委关于清调工作中具体问题的补充规定》，5 月 8 日《中财委关于废料处理的规定》，5 月 10 日《全国仓库清调委关于仓库清理物资上缴中央财政的范围与办法》，5 月 19 日《中财委关于简化物资调配手续的通知》。大规模清调工作结束后，针对清理出的物资处理，特别是一些特殊物品的处理，全国清调委又发出一系列指示性文件。在这些文件的规范下，清理工作不仅开展得顺利，而且进行得深入细致。

通过清仓，中财委集中统一了全国库存物资的调拨权，比较全面地落实了统一物资管理目标，为发挥物资的经济效用、节省国家财政开支起到积极作用。

（三）统一财政收支管理权限

对于 1950 年支出方向，全国财政会议上已明确：解放台湾，养活 900 万

---

① 《津物资清理处仓库清理将竣查出大批可用物资》，《天津日报》1950 年 4 月 16 日。

人，运粮救灾，重点恢复（工业、农林、水利），其他可省者一概节省。国家统一财政支出的目的就在于通过发挥国家集权作用，统筹安排，节省开支，合理集中使用有限资金，保证重大战略任务的完成。在这一大原则前提下，可以不办的，坚决不办，可以缓办的，尽可能缓办，必须要办的，一定办好，以尽量节省开支。

1950 年 3 月 24 日，政务院第二十五次会议通过《关于统一管理 1950 年度财政收支的决定》，并于 4 月 1 日颁布实行。《决定》的基本精神是强化中央人民政府财政集权：税收制度、财政收支程序、供给标准、行政人员编制及全国总预算、决算，均由中央财政部根据收支总概算会商有关部门统一制定或编制，报经政务院或转呈中央人民政府批准后实行；以克服国家财政收支不平衡与收支机关脱节的现象，节约支出，整顿收入，统一国家财政收支的管理。为了实现这样的政策目标，《决定》对中央人民政府和各大行政区及其所属省（市）人民政府的财政收支范围、渠道、权限作出明确具体的划分。①

《决定》的实行，使国家财政收入所有权、使用权、调拨权在中央，保管权在地方，财政支出大权主要在中央的财政高度统一格局得以确定。这一格局符合新中国成立初期国家的财政情况和形势发展的需要。严格收支的统一管理，既可保证国家财政收入、平衡收支、缩小赤字、减少发行、防止金融物价波动；又能有效保障事关新中国安危的重大战略任务的完成，发展和繁荣人民经济。因此，在政务院第二十五次会议讨论这个决定时，财政部部长薄一波说，1949 年财经上有些乱。2 月全国财政会议后，实行收支统一管理，情形就好转了。过去票子发行额，每月至少增加 50%，最多增加了 80%；1950 年 3 月只增加了 7%，以后不会超过 7%。

收支统一制度确立后，中财委严格督促各地执行。9 月 27 日，政务院发出《关于编造一九五一年度财政收支预算的指示》，要求各大行政区、省、市人民政府和中央各委、部、会、院、署、行对 1950 年度财政收支概算审查、总结，以便编造 1951 年度财政收支预算。在检查过程中，发现西北财委在 7 月、8 月、9 月三个月的财政收支工作中出现"听任自流的现象"，结果"影响

---

① 参见《建国以来重要文献选编》第一册，第 160—166 页。

着收入的保证与支出的节约"，为此受到中财委的批评。10 月 24 日，中财委将西北财办呈西北局关于 1950 年财政收支情况及存在问题的报告转发各地财委，并指示"参照西北财委这一检查报告做一次检查，以加强整顿收入和节约支出的工作，并望将检查结果报告中财委。"①

在中财委特别是中央财政部督促下，一套比较完整的统一财政收支体制初步确立。从中央到地方，各部门严格执行各项制度，诸如预算制度、审计会计制度、财政监察制度，做到核实人数、核实开支、节余缴公，无计划不审核预算、无预算不拨款，随时检查各部门收支情况，检查财政收支的执行情况，建立严格的支领手续和报表制，使财政的监督保证作用得以加强，财政收支的统一工作落到了实处。

（四）加强税收的统一征管

整顿税收，健全税法，强化税收统一征管，是保障财政收入统一的重要条件。故在统一财政收支管理的过程中，中财委采取一系列措施加强税收统一征管。

1. 整顿盐税

自盐务工作决定实行以来，各地出现一些新的情况：由于各地实物标准价格高低不同，以至于盐价分歧，盐产互相冲销，土盐冲销海盐，芦盐冲销淮盐，东北冲销关内，私商则钻空投机，使国家 1950 年盐的产销计划和收入受到很大影响，特别是盐税提高后土盐大大发展，各地人民政府又因生产救灾，提倡群众刮晒土盐。这种办法对救灾不无好处；但从全局说则有害。群众多晒一斤土盐，即等于使国家少收一斤米的税，直接影响 1950 年财政收入，而且次年停废这些土盐滩地时，又要帮助群众转业，增加新的困难，结果仍会使群众不满。为了使盐税工作健康发展，中财委对盐务工作进行了整顿。

3 月 5 日，由政务院发出《关于加强土盐检查和管理令》，规定："在产土盐地区，当地政府须协助盐务机关，加强土盐管理。已经停废的滩地，不宜再

---

① 《中国工业五十年（第一部）》上卷，第 547 页。

恢复。"① 为便于盐税管理，财政部拟定了统一的《土盐管理暂行办法》，上报中财委修正后，于 3 月 10 日经政务院批准颁行。3 月 14 日，财政部又发布《关于实行统一盐税税额办法决定》，规定统一的税额标准实物价，并决定先从华北（包括运城）、华东、中南（广东）三个地区做起。②

盐税提高后，走私严重。加上 2 月间平稳物价的过程中，贸易部门抛售存盐，争取现金回笼，与此同时，私商存盐也大量向市场抛售，致使盐场存盐销量减少。所以，上半年盐的运销任务均未完成，税收任务亦未完成③。中财委经过反复研究后认为，减轻人民负担，促进盐的产销，并有效取缔私盐，"盐税必须降低。拟自六月一日起在全国各区一律按现行税额减征百分之五十，盐场区附近则减低百分之七十五"。为此，陈云和薄一波 5 月 22 日特致函请示周恩来。次日，周恩来批复同意。④6 月 1 日，中财委发布《关于将现行食盐税额减半征收的决定》。为弥补盐商存盐，因减税所受损失，中财委同时发布《关于食盐税额减低后盐商存盐因减税所受损失的补偿办法》。⑤ 这一举措对减轻人民负担，取缔私盐起了积极作用。

2. 强化对公营企业税收的征管

随着国民经济的恢复和发展，公营企业承税能力有所加强，为了发挥公营经济对平衡财政收支的作用，国家加强了对公营企业税收的管理。在政务院要求统一的国家财政收入中，包括中央和地方经营的企业按隶属关系上缴中央财政和地方财政的利润和折旧金，上缴数额及分期解缴的数额，由中财委和地方

---

① 《中央人民政府法令汇编（1949—1950）》，第 297 页。

② 统一的税额标准实物价，即以天津（河北小米 30%，东北小米 70%）、济南（小米）、徐州（花小麦）、上海（中白粳）、杭州（中白粳）、广州（雪米）等六地标准食粮的零售平均价为计算标准，并以首届全国盐务会议确定的 1950 年运销计划 2620 万担为基数，从而求出各项米价的百分比，计天津米价占总额 31%，山东米价占 10%，徐州麦价占 15%，上海米价占 15%，杭州米价占 12%，广东米价占 17%。再以百分比分乘各地上述标准食粮的零售平均价，相加总和，即为统一的税额标准实物价。参见《中华人民共和国财政史料(工商税收)》第四辑，第 60 页。

③ 1950 年上半年原计划盐税完成 14.07 亿斤，实收 10.59 亿斤，仅完成 75%。参见薄一波等：《第二届盐务会议综合报告》（1950 年 9 月 30 日），见《中国工业五十年（第一部）》下卷，第 1231 页。

④ 《陈云年谱（修订本）》中卷，第 73—74 页。

⑤ 参见《中央人民政府法令汇编（1949—1950）》，第 298—299 页。

政府根据具体情况分别作出规定，利润的折旧金基本上也由中央统一掌握。3月3日的政务院第二十二次会议通过了《公营企业缴纳工商业税暂行办法》，要求纳税单位必须照章交纳工商税，拖欠的税款要在其经费或其人民银行存款中扣缴，并要按日计算以所欠税款3%的滞纳金，还要追究其单位负责人的责任。①

　　据此，中财委强化了对公营企业税收的征管，分别确定各产业系统的上缴税额。3月14日，财政部召开铁道、交通、邮电、贸易、燃料、食品、纺织及轻重工业部、人民银行联席会议，讨论公营企业征税问题，并于17日发出《关于公营企业缴纳工商业税的通知》，要求"一九五○年起，全国公营企业之所得税，一律作为利润，由其主管部门集中向中央财政部交纳。""一九四九年公营企业之税，均从三月二十日开始交，限三月底交清"②。

　　中财委还加强了对企业财税管理的指导。新中国成立前，解放区无审核企业决算的习惯。1950年5月15日，中财委首次发出《关于1949年企业决算审核工作的意见》，对企业决算审核程序、方法等问题作出八项规定；因是首次规范，对以后企业决算审核制度的建立起了奠基作用。5月25日，中财委又发出《关于中央直属国营企业缴纳地方附征税的意见》，规定"中央经营的国营企业，只按其营业税部分附征，税率以不超过营业税额正税的5%—10%为原则。至于所得额部分，因全部打入中央预算，地方不得再予附征。"③

　　当时，从所有制方面来说，除公营和私营两类企业外，还有一类公私合营企业，对这类企业利润与折旧应该如何管理？针对这个问题，5月6日，华东财委向中财委请示。5月10日，中财委就企业折旧上缴问题复函华东财委，对公私合营类企业利润与折旧的提取作出规定："公股部分提缴国库"，"私股部分应保值存于银行"等。④

　　此外，中财委加强了对私营企业纳税的监督。3月16日，财政部公布了《摊

---

① 《中央人民政府法令汇编（1949—1950）》，第251—252页。
② 《中华人民共和国财政史料（工商税收）》第四辑，第76页。
③ 《中国工业五十年（第一部）》上卷，第539、540页。
④ 《中国工业五十年（第一部）》上卷，第536页。

贩营业牌照税稽征办法》，以及摊贩营业牌照税额等级表等①，加强对私营企业纳税的监督，以保证按时和足额完成国家税收任务。

3. 研讨和颁行新税法

为保障中央税收统一，中财委及所属有关部门加强了对税收工作的研究。3月26日至4月5日，中央财政部税务总局召开全国地方税务工作会议，着重讨论交易税、房产税、地产税、使用牌照税、屠宰税、特种消费行为税等6种税收。会议在对地方税的认识上取得两点共识：第一，目前仍要保持地方税。因为有些税收是地方性的，执行时要照顾其地方性，但地方税收的立法、征收、动用仍是统一的，税务局以外的机关不得征收，不经中央人民政府批准也不能擅自开征或动用。第二，提高征收交易税的认识和信心。交易税收入于抗日战争和解放战争期间，在华北税收中一直是第一位，1949年有了京津等大城市，才降低为第三位，但仍是一项很大的收入。因为交易税在全国许多地区没有开征，所以有的代表担心交易税是否会增加人民的负担，是否会与其他税收重复。经会议深入讨论，消除了这两种顾虑。

在全国地方税务工作会议期间，中央财政部奉中财委指示，4月2日发布印花税、利息所得税、特种消费行为税、使用牌照税、屠宰税五种税暂行条例草案，并同时下达试行命令。条例草案分别就五种税的纳税范围、税率以及其他纳税要求作了说明和规定。试行命令要求，在政务院未予核定公布以上各税草案前，"凡原已订有单行税则之地区，可仍照各地区原订单行税则办理，其原未订单行税则尚未开征上项各税之地区得依照草案先行试行。"② 次日，政务院又发布了3月31日第二十六次政务会议通过的《契税暂行条例》。各主要税种的法规基本健全，依照各税法，税收管理也日渐完善。

4. 加强税务工作和队伍的建设

为适应税收工作的需要，中财委从思想上、组织上、工作方法等几个方面

---

① 其中规定："凡资本总额满20万元者（约等于小米200斤，依物价变动调整），应领取营业牌照，照章纳税。不满20万元者，领取免税营业牌照"。"为照顾小手工业，得按税额等级表所定税额，减征10%—40%，由当地税务机关，依行业具体情形酌定。"参见《中华人民共和国财政史料（工商税收）》第四辑，第77—79页。

② 《中华人民共和国财政史料（工商税收）》第四辑，第80页。

加强对税务工作的完善和税务队伍的建设，以保证税收任务的完成。

首先，选拔大批有一定工作经验、作风正派、工作责任心强的干部充实到财税战线上来，并大力宣传财税工作的重要性，以加强财税干部的政策思想水平，克服轻税观点。3月26日，《人民日报》发表薄一波撰写的《税收在我们国家工作中的作用》社论，其中指出，"税收是国家经济的重要工具"，不仅保证国家的财政收入、平衡收支、回笼货币、保证平稳物价，而且还有下列的重大作用：调节利润，调节收益，即有保护劳动和节制资本的作用。在生产事业上，有鼓励和限制的作用，可集中国家分散资财，引导到对国家当前有决定意义的方面。对国营企业征收所得税和营业税，则可以促进该企业经济核算制的建立。"总之，建立正确的税收制度，把税收工作做好，是一件异常重大的事情"。各级人民政府和各级党委必须"一致明确认识城市税收在国家预算中的地位，坚决地完成一九五〇年的税收任务。"①

其次，完善税务制度。中央财政部税务总局电令全国各大行政区及中央直辖各省市税务管理局，严格执行税收日报与旬报制度。凡全年税收任务折米2000万千克（公斤）以上而又有有线电报可通的城市，自3月21日起，必须建立日报制度，将当天税收情况于次日以电报或电话报告总局。命令特别指出，税收日报与旬报制度的建立，关系全国税收计划的检查与实现，对于便利财政收支调度、稳定各地金融物价有很大作用，必须严格执行。由此形成全国财政信息网络，益于政府管理财经效能的提高。

再有，加强税收工作，督促各地切实完成税收任务。3月21日，中财委第十六次委务会议提出，由中财委与财政部共组工作团于3月底出发，前往主要省市检查、监督税收工作与协助健全税收机构。4月12日，财政部税务总局又召开全国税务会计会议，研究讨论和制定统一的《各级税务机关暂行会计制度》。②

---

①　《薄一波文选》，第88、92页。

②　税务机关的会计制度，是为了掌握全国各级税务机关的税收实况，促使税款及时入库，保证财政开支，依据《全国税政实施要则》第十二条及《中央金库条例施行细则》等有关规定制定的。它适用于全国各级税务机关，自税务总局至税务所分为六级，逐级汇总编报。税务机关会计制度分税收会计制度，税务费会计制度、票证制度、会计检查、会计处理规则五个部分，并对会计科目和税目、账簿组织、报告制度等作了具体规定。

由于各方面的努力工作，1950 年 6 月，已完成全年税收任务的 55.62%。国营企业的盈利，2 月在财政收入中还没有地位，但到 4 月已占到现金总收入的 16.7%，全年统算达到财政收入的第三位。[1]

5. 建立农业税制

上述四项工作使城市税制基本确立，税收工作步入正轨。与此同时，中财委对新中国成立后统一的农业税制的建立和完善也进行了认真研究。

农业税即公粮，是国家财政收入的重要来源。在民主革命时期，农民为抗日战争和解放战争的胜利，出人出钱，贡献了巨大力量。新中国成立初期，为解放战争的彻底胜利和国民经济的恢复，农民负担一时无法减轻；1950 年全国财政收支概算中，公粮收入仍占第一位，占国家全部财政收入的 41.4%[2]。随着城市经济的恢复和秩序的稳定，国家考虑到农业长期负担沉重，需要休养生息，应依据合理负担的原则，适当平衡城乡负担，加强城市税收的征管。但中国是一个农业国，农业的收入在国家财政中有极其重要的地位。人民政府必须根据新的形势完善农业税。

1949 年自春至秋，旱、冻、虫、风、雹、水、疫灾等相继发生，尤以水灾为最严重，全国被淹耕地约一亿亩，减产棉粮约 120 亿市斤，灾民约 4000 万人。仅华东区被淹面积即达 5000 余万亩，约占其总耕地的五分之一，其中毫无收成者 2000 余万亩，减产 70 余万万斤，灾民 1600 万人。其他牲畜房产资财损失，不可数计。[3]1950 年 2 月 13 日，陈云在全国财政会议的讲话中客观地指出，公粮征收任务完成得不好，除东北收齐外，华北收了 90%，华东、华中、西南都未收齐。

为保证国家公粮收入，3 月 10 日，政务院第二十三次会议通过了《关于春耕生产的指示》，要求切实贯彻以恢复为主的农业生产总方针。在积极鼓励

---

① 成致平主编：《中国物价五十年（1949—1998）》，中国物价出版社 1998 年版，第 56、57 页。

② 薄一波《关于 1950 年全国财政收支概算草案的报告》（1949 年 12 月 4 日），见《中国工业五十年（第一部）》上卷，第 893 页。

③ 《政务院关于生产救灾的指示》（1949 年 12 月 16 日），见中国社会科学院、中央档案馆编：《1949—1952　中华人民共和国经济档案资料选编（农业卷）》，社会科学文献出版社 1991 年版，第 54 页。

恢复农业生产的同时，政务院要求公粮应按土地常年应产量的一定比例征收，以奖励精耕细作；强调规定正确的农产品价格政策并保证实行；责成中财委规定主要农业工业原料作物在一定数量、规格下顶交公粮的合理比价。据此，4月11日，中财委发出《关于保证棉、麻与粮食合理比价的通告》。①

保证国家的公粮收入，除了严格征收外，还要加强对征收公粮的管理。3月24日，政务院第二十五次会议通过《关于统一国家公粮收支、保管、调度的决定》，对公粮收支、保管、调度作出明确规定：征收国家公粮的税则和税率，统由政务院制定，各级地方人民政府不得自定或修改；国家公粮征收任务的分配，由政务院根据各地情况决定；实行严格的公粮入库制度；严格执行公粮支付制度；有计划地在三四年内建设粮食仓库及加工厂，并分为财政粮库和贸易粮库；国家公粮的调度权属于中央人民政府财政部等。此项决定于3月26日公布执行。②

华东、华中、华南、西北、西南的新解放区，由于准备工作及群众的觉悟与组织还未达到应有程度，立即进行土改尚有困难。所以，新区农业税的征收必须依照实际情况另行规定。2月24日，政务院第二十一次会议曾对新区公粮的征收作出特别研究，于2月28日发出《关于新解放区土地改革及征收公粮的指示》，规定1950年秋收前，新解放区一律不实行土改；所有新解放区实行减租。为纠正新区征粮任务畸轻畸重现象及向地主征粮过多的偏向，《指示》要求中央人民政府所征公粮，在新区不到农业总收入的17%，地方政府附加公粮不得超过征粮的15%；按各户实际收入规定征粮额，最高不得超过其农业总收入的60%，其有特殊情形者，亦不得超过80%；公粮征收面，即负担人口，一般不得少于农村人口的90%。各地原来规定的农业税累进征收办法

---

① 《通告》根据棉、麻与粮食作物收获的比较，粮食供需和调剂状况，交通运输条件及历年棉、粮价格的比例，确定了1950年的棉、麻与粮食比价。各地比价系在产地全年的平均价格，在一般情况下不得低于各地比价。在财政征收上，产棉区可照比价以棉花抵交公粮。麻在较集中产地亦可抵交公粮。如市价高于比价，则依市价作征收标准。种植棉麻土地负担，按种植粮作物评定产量，或按其收获时出卖季节的一般批发价格合成粮食，折成定产，不得因种棉麻收藏较多而提高负担。参见当代中国研究所编：《中华人民共和国史编年（1950年卷）》，当代中国出版社2006年版，第264页。

② 《中央人民政府法令汇编（1949—1950）》，第254—256页。

与比例，应根据上述规定适当修正。[①]

　　为根据实际情况确保农业税的征收，人民政府进一步加强了对新区农业税法的研究。4 月 16 日，中央财政部召开全国农业税税法会议，一方面总结 1949 年秋征工作，下达 1950 年的夏征任务和征借布置；另一方面着重研究统一新区农业税问题，修改新解放区农业税条例。经过充分酝酿准备和夏粮征收的实践，9 月 5 日，政务院公布《新解放区农业税暂行条例》，对新中国成立初期新解放区税收制度作出明确规定[②]。《条例》的颁行，是新中国初期农业税制建立的重要标志。9 月 8 日，政务院发布《关于新解放区征收农业税的指示》，指出，《条例》是根据新解放区一般情况特别是还没有经过土改的情况，同时参考 1949 年征粮经验制定的。根据这个《条例》，国家公粮占农业的总收入，由 1949 年的 17% 降低至 13%，加上地方粮约由 20% 降至 15%，各阶层的负担都减轻了，且负担比例更趋公平合理。[③]

　　农业新税制从政治上团结了 90% 以上的农民群众，有助于封建剥削阶级通过改造成为自食其力的新型农民；有助于推动新解放区土改的深入进行；有助于进一步解放生产力，促进农业的恢复和发展。依照农业新税制，1950 年公粮征收成功。除广西、云南等个别边远省份外，其余省份均完成或超额完成预计任务。1950 年全国各地公粮入仓总额，超过 1949 年度 60 万吨（12 亿斤）以上。[④]

————————

　　① 《中共中央文件选集（1949 年 10 月—1966 年 5 月）》第二册，第 179、180 页。
　　② 凡有农业收入的个人或单位，除《条例》规定免税者外，都有义务依法缴纳农业税。农业收入的计算，以土地常年应产量为标准。常年应产量指土地自然条件、按一般经营情况和种植习惯，在常年下应收获的产量。常年产量以当地种植最多的主要粮食为标准，其他粮食折合主粮计算，奖勤罚懒。对自耕、佃耕、出租等性质不同的收入采取了不同的标准。自耕收入 100 斤作 100 斤计算，佃耕收入 100 斤作 80 斤计算，出租收入 100 斤作 120 斤计算。对烈军属、革命军人和雇农给予照顾和优待。税率的计算，以农户为单位，按农业人口每人全年平均农业收入多少确定其税率征收。每人全年农业收入平均主粮不超过 150 斤者免税；每人每年农业收入在 151 斤以上者，划分 40 个等级，全额累进征收等。参见《中央人民政府法令汇编（1949—1950）》，第 269—274 页。
　　③ 《中央人民政府法令汇编（1949—1950）》，第 275 页。
　　④ 李成瑞：《一九五○年农业税征收工作概述》（1951 年 2 月），见《1949—1952 中华人民共和国经济档案资料选编（财政卷）》，第 552—553 页。

（五）实现现金的统一管理

1950 年 2 月 21 日至 3 月 10 日，中国人民银行召开全国金融会议。其间，政务院发布财经统一决定，与会者根据决定精神，讨论确定三个问题：第一，1950 年银行的主要任务是：实行现金管理，大量吸收存款，建立金库，掌握外汇，控制游资，以稳定金融扶植生产。提出增设发行库 119 处（当时已建成 22 处），制定统一资金调拨制度。第二，制定 1950 年央行财务计划与外汇计划。全行存款计划达到 1949 年年底存款实价的 2.6 倍。第三，进一步统一金融机构，健全银行系统的垂直领导。人民银行逐步实行总行、区行、分行、支行四级制；普遍建立县支行，健全区行、省行；逐步缩小从上至下的重叠现象，减少内部编制层次；建立、健全专业分行，各地专业银行均受其直属上级与当地人民银行的双重领导。陈云在金融会议上讲话，把 1950 年银行的中心工作概括为："收存款，建金库，灵活调拨"[1]。

国家在现金统一管理方面采取的首要步骤是建立金库和发行库，这是实现现金管理的必备条件。这项工作始于 1950 年初，1 月 25 日，中财委为便于国家集中现金和公债的收购，向各大行政区、华北各省财委及银行发电，要求各地迅速建立集中金库及开展银行业务，于 2 月底前将人民银行各县机构一律建立起来，此事是全国财政计划切实执行的有力保证。2 月 1 日，陈云同薄一波在向毛泽东并中共中央的一旬财经要事报告中，进一步强调："各大行政区于我军已经到达的一切县市，必须抽出人员于二月底以前建立国库"。"人民银行为建库的主要负责机关。各库附于分行或县政府内，保证三月初以后税款入库。此事势在必行，已列为二月财政会议的主题，各大行政区须立即准备"。[2]

随后，政务院通过的国家财经统一的决定中，指定中国人民银行为国家现金管理的总机构，设立分支机构，一切军政机关和公营企业现金，除留若干近期使用者外，一律存入国家银行，不准对私营企业借贷，也不准存入私营钱社。与此相应，政务院发布《中央金库条例》，规定全国财政金库划分为四级：

---

① 杨希天等编著：《中国金融通史（1949—1996）》第六卷，中国金融出版社 2002 年版，第 46 页。

② 《陈云文选》第二卷，第 58 页。

"中央人民政府设中央总金库，各大行政区设中央区金库，各省（市）设中央分金库，各县（市）设中央支金库，必要时得于适当地点设经收处"；"各级金库均由中国人民银行代理，金库主任由各级中国人民银行行长兼任"；"凡一切国家财政收入，均须由经收机关照规定期限全部缴纳同级金库"；"金库款之支配权，统属于中央人民政府财政部"等。① 在政务院严格督促下，加上地方的积极配合，到 5 月末全国建成金库 1657 个；华北地区做到一县设一库，西北、西南大部分地区都已建库，形成了全国的财政金库体系。②

建立金库制对控制通货有着重要作用。这个办法在国民党统治时期也曾用过，但由于政治腐败，无法切实执行，国库制只是徒有虚名。而在人民政府的统一管理下，金库很快产生控制通货的效应。自 3 月起，税收和贸易机关把所有收入一齐交纳金库或国库，要有支付命令才能提款，这样以多补充不足，钞票不至多发，通货很快控制住了。3 月货币发行额为 4.91 亿元，4 月下降为 3.775 亿元，5 月进一步下降为 3.35 亿元，5 月比 3 月的发行额减少 31.77%。③

在央行建立金库的同时，3 月 2 日，中国人民银行还与中央贸易部发布《关于颁发贸易金库合同的联合命令》，决定在银行建立"贸易金库"制。这一制度实行后，各专业公司的固定资产和流动资金都由中央贸易部通过各专业总公司统一分配和调动、使用；各级专业公司的现金收入，均需于当日就地解缴贸易金库，并逐渐汇总上报中央贸易部；企业财产损失和一切费用开支，均需列报计划，经中央贸易部批准，由专业总公司以支付通知书的形式，通知贸易金库支付。贸易金库制的实行，使国营商业的全部资金，在全国范围内实现统收、统支、统一管理，并很快显出重要作用④。

---

① 《中央人民政府法令汇编（1949—1950）》，第 301 页。
② 《中国金融通史（1949—1996）》第六卷，第 48 页。
③ 《中国物价五十年（1949—1998）》，第 57 页。
④ 据 1950 年 3 月 16 日新华社报道，贸易金库建立 10 天以来，中央贸易部得以随时了解和掌握所属的现金力量，予以机动使用在粮食与花纱布的经营上，因为根据全局的衡量，这两方面的需要较为迫切。据天津反映，贸易金库制施行后，加强了国营贸易公司在业务和财务上的计划性。天津设立的 11 个国营贸易公司，已于 3 月 10 日前后将原订的 3 月份计划修改，呈报华北进口公司等单位，并着手拟定 4 月份计划。参见《人民日报》1950 年 3 月 17 日 1 版；《天津日报》1950 年 3 月 17 日。

　　为配合与帮助各公营企业现金的回笼与调拨，使银行成为现金出纳中心，中国人民银行还先后与铁道部、燃料工业部、重工业部、贸易部、电信总局等单位，建立代理金库与调拨合同。代理金库的建立，促进了金库工作的改进。

　　金库制的建立，增强了银行对社会资金集中和调控的能力，减少了货币对市场的冲击，益于政府集中财力办大事。这是统一金融管理的重要步骤。"金库制度既是保证统一全国财政收支的主要条件，又是争取财政收支平衡的重要工具"；建立金库"保证了国家收入的统一使用"①。

　　为使集中在金库的现金有序和灵活调拨，还必须建立发行库。1949 年 10 月，中财委曾拟定《关于建立发行库的决定》，规定发行库为中国人民银行机构组成部分之一，在总行设总库，各区行及主要分行按需要与可能先后设立分库。发行库总库对分库建立垂直系统的独立的会计制度，发行库款应与银行业务库款和金库款完全分开；发行库款的支配权属于中财委，中国人民银行总行未得中财委的批准不得动用库款或命令各分库付款给任何机关；发行分库支付款项，统一由中国人民银行总行指挥之。发行库的建立利于统一人民币的发行与调度。2 月的全国金融会议进一步指出："发行库为全国货币资金调拨之中心"，为使国家掌握大量资金和现金，在全国范围内灵活调拨，周转使用，"必须普遍建立发行库，并规定统一资金调拨的制度"，"调拨灵活为资金集中使用的前提，同时又是全面畅通汇兑的主要条件"。② 会后，中国人民银行拟订《统一资金运用与调拨制度》，于 4 月 1 日执行；10 月《中国人民银行发行库制度》正式颁行。

　　金库和发行库的确立，使现金的统一管理有了最基本的条件。自 3 月实行现金统一管理后，仅一个月国家银行的存款即达货币流通量的 60%。对这些现金如何具体管理，财经统一决定中只确定了原则，没有规定具体办法。为此，4 月 7 日，政务院第二十七次政务会议，根据周恩来的提议，通过并发布了《关于实行国家机关现金管理的决定》。《决定》要求一切公营企业、机关、部队及合作社等所有现金及票据，除准予保留规定的限额外，其余必须存入中

----

　　① 《中国人民银行总行：第一届全国金融会议综合记录》（1950 年 3 月 15 日），见《1949—1952　中华人民共和国经济档案资料选编（金融卷）》，第 110、109 页。

　　② 《1949—1952　中华人民共和国经济档案资料选编（金融卷）》，第 115、116 页。

国人民银行,不得存入私营行庄。它们之间的转账往来,必须使用转账支票,经过中国人民银行转账。各公营企业、机关、部队及合作社在具备必需条件后,应按期编制现金收支计划。[①] 这些原则在实践中贯彻的结果,使人民银行成为国家的现金中心、清算中心和信贷中心。这是银行工作的重大转变。

在统一财经工作的过程中,除现金管理外,金融系统的其他事业也有所发展,比如保险业和外汇管理等。应该指出的是,当时的金融体系与以后形成的大一统的金融体系有明显的不同。首先,中国人民银行虽然在整个金融体系中占有主体和领导地位,但是其他金融机构并非完全被排除。在新中国成立初期,与中国人民银行同时并存的,还有被保留下来的中国银行、交通银行,以及由各民族资本金融机构所组成的公私合营银行,这些银行都接受中国人民银行的领导,在规定的经营范围内从事业务经营。其次,当时的农村信用合作社有着鲜明的集体所有制性质,它们是根据自愿互利原则建立的,具有组织上的群众性、管理上的民主性、业务经营上的灵活性等特点。这种多种成分共存的金融体系,对国民经济的恢复和发展,特别是社会主义国营经济的建立和壮大提供了有力支持,同时也为民族资本主义工商业的社会主义改造创造了有利条件。

(六)加强国家贸易的统一管理

贸易的统一管理是加强流通领域物资管理统一性的重要方面,也是充分发挥国家对物资流通调控作用的重要途径。在财经统一过程中,中央贸易部在中财委领导下,进行了一系列工作。

1.设立集中统一的贸易管理系统

1949 年 11 月 1 日,政务院设立中央贸易部,统一管理、指挥国内外贸易。1950 年 3 月 14 日,政务院发布《关于统一全国国营贸易实施办法的决定》,依照《决定》,中央贸易部在全国设立集中统一的贸易管理系统:中央贸易部是"全国的国营贸易、合作社贸易与私营贸易的国家总领导机关";"各大

---

① 参见《中央人民政府法令汇编(1949—1950)》,第 304—305 页。

行政区及中央直属省市人民政府的贸易部门，受中央人民政府贸易部及当地
人民政府财政经济委员会的双重领导"。在中央贸易部领导下，设立全国范围
的国内贸易专业总公司和全国范围的对外贸易专业总公司；在各大行政区设立
与上述相应的国内贸易和对外贸易区公司；在各省设立粮食、百货、土产专业
公司。无论是大行政区，还是省级专业公司，均受上级专业公司和同级人民
政府主管贸易部门的双重领导。另外，各大城市之间设由各该全国专业总公
司或区公司直接领导的国营批发贸易，由市人民政府的主管贸易部门领导的
国营零售贸易，设置市的若干国营零售公司，在必要时并应设市的信托公司，
受市人民政府的主管贸易部门领导。《决定》还对国家各贸易机关的工作职
权、国营贸易贸易资金管理的基本原则、国家物资调的基本原则等问题作出
规定。①

与此同时，中央贸易部对全国贸易组织进行整理，建立粮食、花纱布、土
产、百货、煤业建筑器材、盐业、蛋品、皮毛、猪鬃、矿产、进口、油脂等
12 个专业总公司，统一了资金与财产管理；国营零售商业也有很大发展，在稳
定物价中发挥了作用。② 至新中国成立一周年时，国营贸易专业公司已经建立
了 15 个，各地国营商业的经营单位达 4200 多处，全部工作人员在 12 万人以
上，其中包括新疆、青海、西康等省少数民族地区新近所建立的机构在内。国
营贸易组成的广大商业网，在促进城乡物资交流，扶助生产，保障人民生活等
方面都发挥了重要作用。③

2. 加强国家对物资贸易的统一领导，建立商品调拨制度

全国财经工作统一后，各地国家贸易机关的物资调动统一由中央人民政府
贸易部指挥，地方不得干预。省际之间、地区之间、各专业公司之间的商品往
来，均按中央贸易部批准的各专业总公司调拨计划执行。区省贸易部与行政部
门只有领导和监督权，而无权调度。有时为应付市场急需，临时性商品调拨，
也必须由专业总公司根据中央贸易部批示，开出调拨单才能进行。同时，贸易

---

① 《中央人民政府法令汇编（1949—1950）》，第 325—328 页。

② 《中央贸易部半年工作报告》（1950 年 6 月），见《1949—1952　中华人民共和国经济档
案资料选编（综合卷）》，第 670 页。

③ 参见《一年来国营贸易的巨大成就》，《人民日报》1950 年 10 月 3 日。

部要求各地国营贸易部门与各工商业企业、合作社的营业往来,必须建立正常的经济核算制,不得拖欠货款,通过合同银行转账等经营方式进行,不以现金支付。

由于加强了国家对外贸易工作的领导,贸易部建立了统一的商品调拨制度,1950年春夏,国家成功进行了空前的全国粮食大调运,共调运粮食60多亿斤。① 这次调运的筹划起始于1949年冬季中央人民政府财政部举行的全国粮食会议。会议决定各地所收公粮,除地方附加粮之外,全部由中央财政部统一调度;同时,决定除去军粮和其他必要支援外,公粮的其余部分全部交中央贸易部调剂市场。这批粮食数量巨大,占全国市场商品粮食的主要部分,只要能够有计划地予以合理使用,国营粮食公司就有充分力量领导私营粮商解决全国粮食供应问题。贸易部曾两次召集全国各地区有关负责人开会,缜密计算各地区粮食产销数量,制定通盘计划,统一调运各个产区余粮,分别调剂各个销区。这样合理的调剂,对各个缺粮地区的利益自不待说,同时对各个有余粮的地区也是有利的。这次全国粮食的通盘调拨,在中国粮食史上是空前的。粮食调拨的成功,保证了全国各大城市、经济作物区和灾区粮食供求平衡,维持了产棉区棉粮的合理比价;同时将外国粮食的进口减到最低限度以还击敌人封锁,并在对外贸易上造成对我更为有利的形势。

3.严禁机关部队从事商业经营

在贸易工作统一过程中,某些机关、部队、学校,仍有借口生产继续从事商业经营者,也有不经当地国营贸易机关,而直接在市场抢购大宗物资者,更有不顾政府法令进行投机活动者。此种行为助长物价波动,给国营贸易机关掌握市场物价制造了困难。为加强市场管理,1950年4月22日,由中财委发出《关于严禁机关部队从事商业经营的指示》,规定:任何机关、部队、学校不得从事商业经营。过去机关、部队、学校所设商店,应移交给国营贸易机关收回资金,或自行结束。机关、部队、学校的消费合作社,只能在各该机关、部队、学校内部经营消费业务,并须遵守合作法规。为落实中财委指示,5月29日,中央贸易部拟发《关于接收机关部队商业办法的指示》,对接收范围、接

_____

① 郭今吾主编:《当代中国商业》上卷,中国社会科学出版社1987年版,第26页。

收组织及职责、接收中处理问题的原则、款项偿付等问题作出规定。① 严禁机关部队从事商业经营的规定，对于保障新民主主义贸易工作的健康发展，纯洁国家、军队公职人员队伍，有着重要意义。

4.统一管理对外贸易工作

财经工作统一初期，无论是政务院还是中财委，目光多集中于国内各种经济关系的理顺和经济秩序的统一；国内统一的经济运行机制基本确立后，它们便投入更多力量研究对外贸易工作。

由于美国及其附庸国对新中国实施经济封锁和禁运政策，对外贸易面临的国际环境复杂，任务艰巨，需要政府加强对外贸易的统一领导。香港是世界贸易的重要中心，人民政府在香港的贸易活动是整个国家对外贸易的重要窗口。所以，对外贸易工作的统一领导，须从加强对香港外贸工作的管理着手。

新中国成立初期，驻香港的贸易机构可分为三类：属于中共中央办公厅的，属于华东财委的，属于华南分局的。各单位分别建有贸易、海关、金融等业务机构，并在国外某些地方设立分公司和代理人。各单位之间有定期联席会议，因此在总的政策和原则上是协调统一的；但各单位产生的历史条件和具体任务不同，在领导和经营方式上也是分散的，基本上是完成各自指定的任务。在大陆基本解放、全国财经实行统一的新的历史条件下，国际贸易范围之广、任务之重、数额之大，远非过去所能比拟；特别是在和资本主义系统的国家作贸易和经济的斗争上，必须统一领导，统一管理，才能步骤一致，发挥效力，拓展工作。所以，加强对香港各贸易机构的统一领导很有必要。

这个问题在中央决策层已酝酿了很久。8月，中央贸易部特邀请香港方面和国内各单位贸易机构负责人来北京，商讨各贸易机构的联合经营、统一领导问题，已得出一致结论，并提出关于香港各单位贸易机构统一领导的方案，确定了统一领导的办法、业务方针、组织生活等。规定：在政策业务上，由中央贸易部统一领导。关于配合贸易部而设立的金融和海运部门，应与人民银行和交通部建立适当联系。香港原有各单位统一组织管理委员会，集中管理业务，掌握政策，统一调度资金、机构、人事。管委会于中央贸易部内设办事处，以

---

① 《中央人民政府法令汇编（1949—1950）》，第 332、334—335 页。

便取得经常业务上的联系，接受任务，由原香港管委会推举一人负责；原有各单位负责人，代表原隶属各主管部门参加管理委员会为委员等。此方案经周恩来审改。8 月 31 日，周恩来代中央起草致华东局、中南局并华南分局电，批准该方案，并指示他们："照此执行，以利对外贸易斗争。"①

8 月 31 日，政务院发出《关于向国外订货须先经中财委批准再交贸易部统一办理的通知》。据贸易部反映：该部各口岸办事处时有发现国外订货已进口，因事先未经贸易部订货而无法查明货是谁订的，结果影响其接交制度与时间等。在该订货部门接收以后，多不向贸易部补办转账结算手续，甚至有些订货拖延半年以上没有解决，大大影响贸易部与外国结算信用。对此《通知》"特规定中央及地方各机关、部队、团体今后向国外有计划订货时，必须按一定手续先经中财委批准，然后一律交由贸易部统一向外办理，以免接收与结算上发生不必要的混乱现象"。"过去未如此办理者，请即向中贸部接洽补办手续。②"对外贸易的统一管理，将新中国在香港国际贸易舞台上与资本主义国家竞争的力量凝聚起来了。

除上述几个方面的财经统一工作外，政务院及中财委还颁布了统一航务、港务、邮政、电信管理等方面的文件。5 月 23 日，中财委第二十一次委务会议决定合并全国邮政、电信组织系统，改变过去我国（东北除外）邮政与电信事业分别经营、组织上各成系统的状况，采取"集中领导，分别管理"原则，逐级合并全国邮政、电讯机构。县设邮电局，省设邮电管理局，中央则在邮电部集中领导下分设邮政、市内电话、有线电、无线电等四总局，分别掌握有关业务。7 月 26 日，中财委发出《关于统一航务港务管理的指示》，确定建立统一航务及港务管理机构——中央人民政府交通部航务总局及各地港务局，并逐步颁布统一管理航务及港务的章则、法规、制度，确定港务局的任务、工作范围及其领导关系等。③航务、港务、邮政电信等管理方面的统一，为社会经济生活的快速和健康发展提供了条件。

上述各方面工作的实施，使政务院财经统一的决定得以具体落实，说到底

①　参见《建国以来周恩来文稿》第三册，第 232 页。

②　《中央人民政府法令汇编（1949—1950）》，第 336 页。

③　参见《1949—1952　中华人民共和国经济档案资料选编（综合卷）》，第 678、673—676 页。

是实现了"三统三平"，即：统一全国财政工作，实现全国财政收支平衡；统一全国国营贸易工作，实现国家物资调拨平衡；统一全国金融工作，实现全国现金收支平衡。整编、统一收支管理是财政管理方面的统一，有益于国家财政收支的平衡；清仓、加强国营贸易统一管理，是国营贸易工作的统一，有益于国家物资调拨平衡；现金的统一管理，是全国金融工作的统一，有益于实现全国现金收支平衡。航务港务、邮政电信等管理方面的统一，为实现财政、物资、金融三大统一创造良性的经济环境。财政、物资、金融三大方面的统一是全国财经统一工作的核心内容，要达到的目标是：集中使用人力、物力，避免分散、浪费，确保国家财政收支、物资供求、现金出纳三大平衡。

四、全国财经统一的历史作用

从 1950 年 3 月至 6 月，人民政府仅用四个月时间就实现了全国财经工作的统一，其统一范围之广，速度之快，是中国历史上空前的。毛泽东把统一财经与平抑物价并列，认为其意义不下于淮海战役。刘少奇认为：统一财经"是全国最大多数人民的利益，这是除开人民解放军在前线上的胜利以外，从中央人民政府成立以来为人民所做的一件最大的工作"[1]。陈云的看法是："统一国家财经工作，将不仅有利于克服今天的财政困难，也将为今后不失时机地进行经济建设创造必要的前提。"[2] 这些论述为我们解读新中国成立初期财经工作统一的意义，提供了重要启示。

（一）初步建立有计划的经济运行体制，推动中国经济发生根本性变化

全国财经的统一，使财政经济由过去长期只是统一政策、分散经营的体

---

[1] 《刘少奇选集》下卷，第 15 页。

[2] 《陈云文选》第二卷，第 74—75 页。

制，形成了统一集中管理的体制。一些主要的经济部门，如铁道部、重工业部、贸易部、农业部等从 1950 年以后开始编制部门计划。这是中共执政后新民主主义经济形态的重要转变。李先念曾说：国家财政经济实现了统一领导与统一管理，"是一个历史转折点，是中国由农业国走向工业国的转折点"①。这一转变的实现，说到底是新生的中央政府根据当时客观形势的发展，对社会经济运行提出的规范要求。这一要求符合中国国情，也符合经济运行的自身规律。一句话，财经统一，是中共财经工作的重大转变，也是新中国财经工作步入正轨的良好开端。

中华人民共和国成立初期，千头万绪，百废待举；在国力有限的情况下，必须对有限的国力计划使用，决不能百废俱举。统一财经管理，使全社会的经济运行实现统一，有利于避免偏差，提高资源利用效率。只有在统收统支的高度集中的财经体制下，才有可能把有限的财力物力利用好，避免办事用钱不分轻重缓急、不顾全局只顾局部而造成浪费。当年，马寅初曾提出，财经工作统一的意义，除"为缩小财政收支间的平衡，逐步地达到完全平衡；为防止金融物价的大波动"外，是"为了使新中国走上现代化、统一的大道，就是实现计划经济"。② 可以说，在财经统一过程中建立起来的统收统支的高度集中的财经体制，为中国工业现代化的起步，提供了体制方面的支撑。此后在抗美援朝战争极其艰苦的条件下，中央人民政府仍能抽出财力进行重点经济建设，为日后"一五"期间大规模的建设打下一定基础，与新中国初年形成了国家财力、物力的统一使用体制有着密切关系。

经济运行过程即是社会再生产过程，它主要由生产、流通、交换、分配四个环节组成。各地区如果离开国家经济运行的统一轨道，经济在发展中的摩擦和消耗是难以避免的，这不仅对初创的新中国经济的恢复和发展不利，对任何一类国家经济的发展都会起消极作用。新中国初期的财经统一符合社会经济运行中的客观规律。

---

① 《李先念建国初期文稿选集（1949 年 7 月—1954 年 5 月）》，中央文献出版社 2002 年版，第 104 页。

② 马寅初：《新中国现阶段统一财经工作的轮廓》，见《马寅初全集》第十四卷，浙江人民出版社 1999 年版，第 103 页。

（二）从体制上根除恶性通货膨胀产生的因素，使国家财政经济状况明显好转

稳定物价，打击投机资本的胜利，使市场的领导权控制在国家手中，市场性质发生根本变化。但如果财经管理不统一，恶性通货膨胀产生的潜在因素便没有消除。全国财经工作的统一，使国家掌握了主要收入、资金和重要物资，迅速改变了新中国成立初期资金和物资管理分散的混乱状态。这对稳定市场物价，实现财政收支平衡、现金进出平衡和物资供需平衡，起到重大作用。

有学者认为，平衡财政收支，从体制上消除了通货膨胀失控的深层隐患。新中国成立前后的几次通货膨胀，根本原因在于发行巨额货币以弥补财政赤字；巨额赤字的出现又在于财政支出远远超过财政收入；支出大于收入的原因之一在于政府承担了庞大的财政开支，收入却没有统一起来，没有一个统一的财政体制。如果这种体制不改变，财政赤字、大量增发货币就很难避免。统一财经工作，实现收支统一，便从体制上消除了通货膨胀失控的深层隐患。[①]

事实是最好的证明。全国财经工作统一前，财政赤字为 18.7%。对于这些赤字的弥补，人民政府拟以发行折实公债解决它的 38.4%，但赤字的 61.6% 仍要靠银行透支来解决。[②]1—2 月继续增发货币的直接结果是全国物价继续上涨，不仅人民生活受到损失，而且使 1950 年国家收支概算的执行也受到影响。1 月因金融物价波动的结果，使国家财政支出超过了 1950 年财政概算中预定的数字。

统一国家财政工作的首要目标，是保证 1950 年国家财政收支概算的实现并尽可能缩小赤字。中央关于统一财经决定付诸实施后，由于财政收支、物资供需、资金进出实现平衡，自 3 月起，国家的财政状况便发生了变化。财政收入逐步增加，赤字大大减少。第一季度为 43%，第二季度为 40%（使用公债推销在内），第三季度降为 9.8%，第四季度更降至 6.4%。[③]周恩来在政协国庆

---

①　董志凯主编：《1949—1952 年中国经济分析》，第 155—156 页。

②　薄一波：《关于 1950 年度财政收支概算草案的编成报告》（1949 年 12 月 2 日），见《建国以来重要文献选编》第一册，第 59 页。

③　戎子和：《一九五〇年财政工作总结及一九五一年工作的方针和任务》（1951 年 3 月 30 日），见《中华人民共和国财政史料（国家预算决算）》第二辑，第 8 页。

一周年的庆祝会上充满信心地说："从今年三月以来，不但不再需要增发通货来弥补财政赤字，相反地，中国人民银行存款总额在今年九月份比一九四九年十二月份竟增加了十六倍以上。"① 这是国民党政府根本无法实现的奇迹。

财政收支接近平衡，使物价发生显著变化。从 1950 年 3 月起，物价上涨势头基本稳住，4 月以后，开始稳中有降。5 月下旬以来，全国物价趋于稳定，市场交易逐渐活跃。7 月尽管有美国出兵台湾和侵朝战争的影响，国内物价有所波动，但基本物资，如：粮食、棉纱、燃料的价格是稳定的。

刘少奇高度评价新中国的财经统一。他说："中国的财政经济，在历史上是没有统一过的。国家财政收支，在过去数十年中也没有平衡过，反动政府每年必须发行巨额的钞票和举借巨额的内外债才能过日子。中国的金融物价也是十二年来没有稳定过的，人民必须在通货膨胀的损失中付出巨额的资金。但是人民政府在战争尚未结束与发生灾荒及帝国主义封锁等情况之下，在很短的时期内，就实现了这些重大的措施，并达到这样的成绩。这是任何反动政府都不能做到的，只有真正的人民政府才能做到。这就证明：我们统一中国的口号不是一句空话，而是有其严格的政治、军事和经济内容的。这是我们国家一个极为重大的进步。"②

3 月 3 日，在政务院第二十二次会议讨论财经统一工作决定时，陈云曾明确指出，这个决定要达到的目的是：争取财政经济状况根本好转，但目前文件中没有明确提出，待以后真的好转以后，再提也不迟。财经统一的结果验证了陈云的预见。

（三）实现三大平衡，为国家重大战略任务及经济的恢复与建设提供了必要的财力支撑

财政收支的统一，实现了收支平衡。在财政收入方面，税收制度的统一，使以往各地税法、税目、税率不一致，负担不平衡，因而影响物资交流的现象

---

① 《周恩来选集》下卷，人民出版社 1984 年版，第 43 页。
② 《刘少奇选集》下卷，第 15—16 页。

基本消灭，国家财政收入情况发生很大变化。以全国税收为例，3 月比 1 月增加 10.8%，4 月比 1 月增加 58.3%。至 7 月底，1950 年概算中规定的各种主要收入，大体都已收上来了，其中公粮完成 68.69%，工商、货物、关、盐各税完成 59.25%，企业利润完成 72.67%，清仓收入完成 156.59%，东北及内蒙古解上以及其他收入完成概算任务的 116.16%，总收入完成 66.38%（以上没包括东北数字）。①

在财政支出方面，全国军政人员编制与供给标准的统一，有效抑制了各地政府机关随意扩充机构、增加人员的现象，在节省开支上有明显成效。1950 年末概算执行结果，仅行政费支出比预算减少了 4.5%，国防费、经济建设投资、文化教育费、社会事业费等都超过概算。超支最大的是国防费，超支 21.8%，占总实支出 43.2%；其次是社会事业费，超支 54.4%，占总实支出 3.4%。"这主要是因救济灾荒和失业工人、支援前线的缘故"，但"由于核实了人数，行政费减少，总的变动是不大的"。②

正是因为实现了财政收支平衡，才使国家拥有财力，能够分别轻重缓急，集中力量完成了 1950 年具有战略意义的国家任务：顺利解放海南岛与舟山群岛；调运粮食，保证城市供给与救济灾民；能进行某些工业、交通巨大恢复工程。在此以人民政府防止水患进行的巨大水利工程为例，1950 年上半年在全国范围内的防洪、灌溉、排水、航道整理等工程，完成土方 3.6 亿公方。这些工程的完成，使 1950 年受灾面积与人口减少 3/4。③ 这样巨大的工程，如果没有全国财经的统一，是无法聚集财力顺利完成的。

全国国营贸易的统一，实现了国家物资调拨平衡。统一全国国营贸易工作主要采取了两项措施：一是清仓，一是建立国营贸易统一管理体系。这两项措施可以说是物资统一管理的两个方面：清理仓库，加强库存物资统一调度及合理使用，属于物资供应性的统一管理，是在清理物资、掌握家底的基础上集中统一全国的物资调动权，节省国家财政开支。统一的贸易组织体系的建立，属

① 《1949—1952　中华人民共和国经济档案资料选编（财政卷）》，第 257、259 页。

② 戎子和：《一九五〇年财政工作总结及一九五一年工作的方针和任务》（1951 年 3 月 30 日），见《中华人民共和国财政史料（国家预算决算）》第二辑，第 8 页。

③ 《1949—1952　中华人民共和国经济档案资料选编（财政卷）》，第 254 页。

于物资流通性的统一管理。国营贸易统一管理体系的建立，有益于理顺中央同地方及上下贸易部门之间在物资调拨、业务往来、资金管理等各主要方面的关系，便于更好发挥各类物资的作用，减少了物资上的损失与浪费，既有助于物资的充分利用，又有利于搞活物资流通和节省财政开支。这两方面的统一是相辅相成的。计划供应性的统一管理有些可以转化为贸易流通性的统一管理，而贸易流通性的统一管理又可以加强和补充计划供应性的统一管理。

国营贸易的统一，加强了物资管理的统一性、集中性和计划性，保证了国家对重点物资的调拨权、集中使用权，加强了国家对物资供求的协调能力，有益于新中国成立初期紧张物资供求矛盾的缓和，从而形成稳定市场的有效力量。同时，加强城乡物资交流，减少剪刀差额，保护了工农业生产，大量推销了商品，回笼了货币。因此，"一九五〇年三月以后，国内市场的性质已经改变，官僚资本操纵下的以投机和败坏国民经济为目的的市场，已经基本上改变为在国营经济领导下的以服务于人民生活与恢复及发展生产为目的的市场了"[1]。新中国的国内市场与旧中国的国内市场相比，出现了两个根本性的变化：一是商业投机资本对于国内市场的领导权，永远不会存在了；二是在国民党反动统治下，经常由粮食或纱布领导物价上涨的不幸时代，一去不复返了。

从国外市场来看，旧中国"百年来入超与外汇负债的时代，也从一九五〇年起完全改变了"。国营贸易在确保国内市场领导权的同时，在国际贸易上、在与私人对外贸易结合之下，也取得了主动权。半殖民地性质的对外贸易已经改变为自主贸易了。非国民经济所需要的外国商品已停止进口，而国内多余的农产品与农副产品，在保护农民而不是剥削农民的原则下，实行了最大限度的出口。

实践表明，根据新中国成立初期物资紧缺的实际情况，全国贸易工作的统一，有计划地调度分配物资，从物资管理上要效益，以实现国家物资调拨平衡，保障了人民生活和市场的供需，促进了国民经济的恢复与发展。

全国金融工作的统一，实现了全国现金的收支平衡。它是通过现金管理、收存款、建金库、灵活调拨，将分散在国家机关、国营企事业单位和合作社的

———————

① 《陈云文集》第二卷，第 174 页。

大量现金集中到国家银行而完成的。

中国人民银行对 1950 年实行财经统一半年后的现金管理工作的主要收获这样估价：第一，集中大量资金，制止通货膨胀，支持贸易需要，接济财政开支，扶植出口外汇的需要，提供生产周转资金，对调整工商业起了极大的支持作用。第二，开始了国家银行与国营企业、机关等社会主义性质的结合关系，奠定了进一步实行货币管理工作的基础，由于现金管理工作的开展，改变了国家银行与国营企业与机关等主雇关系，开始了社会主义的相互促进的分工关系，全国国营企业与机关的 88% 在银行开户，其中 60% 已规定了库存限额，54% 实行转账，并对 50% 进行重点与普遍的检查，密切银行与各单位的关系，从而初步起到了银行监督生产的作用。第三，训练与培养了金融管理干部。[①]

事实上，现实的情况比央行的估价还要好。现金统一管理后，国家掌握了对货币流通量的控制权，除为金融物价的稳定创造条件以外，还出现以下明显效益。

首先，国家银行对集中的巨额资金转变了运用方法，通过正确贯彻国家信贷政策来扶助生产。通过现金统一管理，国家银行掌握了大量资金，并对各企业的投资有一定计划，可以有效地满足各企业对资金的需求，而且银行对各企业、各机关、合作社间，实行转账或汇拨，大大减少现金流通。自 4 月至 8 月根据 8 个主要城市银行的材料，国家银行转账与现金收付比例的变化，平均由 13：1 增为 16：1，内中上海、天津、重庆等地 8 月的比例都在 30：1 以上。因转账的广泛推行，一般存款时间延长，再加上物价稳定后货币流通速度的减缓，银行存款的备提额大大降低。如汉口 4 月的总存款是 29.9%，7 月即已降至 5.52%；广州 4 月是 40.75%，8 月已降至 3.17%，其他各地亦均大为减少。这样，银行就可以将存款更加放手地用到生产事业上去。[②] 这说明，全国现金统一管理后，国家运用现金的方式已从供给式转变为信贷式，大大减轻了国家财政负担。

其次，加强了国家财经工作的计划性，有益于生产的发展。实行现金统一

---

① 《1949—1952　中华人民共和国经济档案资料选编（金融卷）》，第 227—228 页。

② 参见王静然：《现金管理的主要收获与经验》，《人民日报》1950 年 11 月 3 日。

管理后，国家银行成为整个国家经济的总会计和经济枢纽，成为国家有计划发展经济、促进生产的重要工具。所谓计划，不仅要各部门各系统有计划，而且各部门之间要有联系，除国家最高的计划部门统一掌握计划外，还需要国家银行通过业务活动把各部门各系统联系起来。银行网络遍布全国，任何财经部门都需要和它发生往来，如果在严格执行现金管理的条件下，一切财经部门，在银行都有户头，而且要编制收支计划，交银行执行，那么银行便可以通过业务往来与资金调拨，将一切部门的经济情况表现在自己的账簿上。如此国家便可以通过银行账簿的记载，了解国家经济情况。

再次，转账和汇拨的推行，大量减少了人力和物力的浪费。经过十多年的通货膨胀，钞票面值看起来很大，实际上价值很低。当时一张 1 万元的人民币，还买不到 10 斤大米，其他如 500 元、200 元更不值钱。抗战时期，根据地政府运款用毛驴驮；解放战争时期，用汽车拉；新中国成立后，家当更大，经常是用火车轮船运，才能解决问题。大量钞票运来运去，固然浪费人力物力，但最浪费的地方还在出纳人员的浪费上。据央行 1950 年统计，银行人员二分之一以上是专门点钞票的，如此人力还不够用。1950 年折实公债 6000 亿元的收点，占去 10 万个以上的人工，这还只是银行一个部门的人力费用；如果再加上公营企业、合作社、机关部队的出纳人员，用在点钞票上的人力物力的浪费是相当可观的。推行现金转账和汇拨后，现金流通大量减少，使许多机关因减少出纳人员，而减少许多事务性工作，能够集中人力和精力改进业务，加强了经营。①

总之，财经统一工作中在国家经济生活中产生了历史性的巨大影响。正如陈云所说："财政收支的统一，使国家收入中主要部分的中央收入，集中使用于国家的主要开支。全国物资调度的统一，使国家所有的重要物资，如粮食、纱布、工业器材，从分散无力的状态中集中起来，而变为有效的力量。统一全国现金管理的办法，是把所有属于政府的但是分散在各企业、机关、部队的现金，由中国人民银行统一管理，集中调度，这就不但避免了社会上通货过

---

① 李一清：《关于实行现金管理的报告》，见《一九五〇年中国经济论文选》第八辑，第 59—60 页。

多的现象，而且大大增加了国家能够使用的现金。这三种统一的同一结果是避免了财力物力的分散和浪费，达到了集中使用的目的。这种效果对于扭转困难的财政经济局势是有重大作用的。这样的统一管理，在我国的历史上是一大进步。"[1] 它不仅促进了国民经济的恢复和发展，并为正常经济秩序的建立作出重要贡献。

（四）在财经统一过程中，转变经济领导方法，提高管理经济的水平

全国财经工作的统一，进展很快。这是一项极其复杂的系统工程，涉及财政、金融、贸易、生产及行政管理各个方面，这对于执政初期，还没有积累足够领导经济工作经验的中国共产党来说，是严峻的挑战，也是很好的锻炼。在这项工作推进过程中，中共领导全国经济工作的水平有明显提高，突出表现在学会运用制度、政策、法令管理经济。战争年代经济工作主要为革命战争服务，战时经济在管理上通常是按下达的行政命令和指派任务去进行。新中国成立后，经济环境发生质的变化，要求财经管理方法相应改变，这一转变在全国财经统一进程中表现得尤为突出，它主要是靠各项制度的建立和严格执行实现的。

对经济管理方式的转变，许多高级干部有着自觉的认识。李先念在4月3日湖北省财经会议关于《坚决贯彻执行政务院〈关于统一国家财政经济工作的决定〉》的讲话中说："统一就是一切必须按政策、制度办事。统收统支，统一管理，一切开支要有计划，有预算、决算，不造预算不发钱，不报决算不批预算"；必须健全会计制度等。[2] 这种认识在高级干部中很普遍。正是因为有了这种自觉意识，才使各级人民政府在财经统一过程中，逐步实现了从战时的经济管理手段向有计划的管理手段的转变。可以说，中财委及所属部门的财政、贸易、金融等一系列现代的经济管理模式，是在财经统一过程中逐步形成的。

---

① 《陈云文集》第二卷，第172页。

② 《李先念论财政金融贸易（1950—1991）》，第6页。

不仅如此，人民政府还很快总结出要根据实际效果及时修正和完善的制度、政策、法令，使它更好适应经济恢复和发展形势的需要，起到组织、管理和促进经济发展的作用。财政部副部长戎子和在3月30日政务院第78次会议总结1950年财政工作时说：有制度和法令，工作中有法可依，国家政策容易贯彻，但"制度不能太繁琐或重复，要做到扼要、具体、适当，应当兼顾到工作发展和干部执行能力。""在执行制度上，我们的经验是某些难以行得通的制度，不必过于拘泥，应适时地针对现实情况作适当的灵活的修改。"①

为实现好经济工作领导方式的转变，中财委强调，从中央到地方各级干部都要树立全局观念，加强财经管理知识的学习，以便更快适应和平时期经济建设的需要。

（五）以客观历史的观点全面评价新中国初期的财经统一工作

事实充分证明，财经统一，效益极大。但事物都是两面的，应以客观历史的态度全面分析。薄一波认为，财经统一也有负作用：一是助长了地方上的依赖思想，二是束缚了地方上的手脚。对于这些可能发生的问题，"我们也并不是一点没有预计到。但是，从大局考虑，当时亟待解决的是首先把财经统一起来，如果顾虑太多，就什么事情也办不成了。陈云同志那时常说，世界上从来不会有十全十美的办法，能作到九全九美就不错了。其实，九全九美的办法也并不多，大抵一件事利多于弊就是不错了"②。薄一波的分析是实事求是的。

陈云对财经统一的历史作用看得也很客观。他在财经统一决定公布后的一次讲话中说，3月3日，政务院决定公布之后，3月、4月、5月三个月会出现新的情况，财政收支将接近平衡，情况要比1949年8月上海财经会议预计的好，原因是战争进展较预期快。他说，稳定财政需要三个条件：（1）军事形势稳定，不稳定时期，钞票跟军队跑；（2）现金收支接近平衡；（3）物资（粮食、纱布）供求基本平衡。陈云的言外之意说明，财经情况迅速好转的原因是多方

---

① 《十年来财政资料汇编（国家预算决算）》第二辑，第11页。
② 《若干重大决策与事件的回顾》上卷，第61页。

面的，对收支平衡的实现，军事形势的胜利进展起了重要作用，因此，对统一财经的作用要恰当估价。

此外，财经统一的全过程是在战争刚刚结束的历史背景下进行的。当时，老解放区与新解放区之间财政、货币和其他方面的经济政策都存在相当大的差别；地方政权有较大的调控经济运行的能力，相对而言，中央政府的经济调控能力显得比较弱。固然全国财经工作迅速得到统一，有形势发展的客观要求的一面；另一方面，政务院和中财委等所属中央经济职能部门，通过政令强有力的调控，对于短期内实现经济运行的统一也产生很大作用。在没有足够经验而要实现空前规模的财经统一，并且主要依重政权力量将经济管理权限迅速集中到中央的情况下，经济工作的灵活性和地方政府的积极性受到一定程度的束缚，难以避免。

为了减少财经统一工作中出现的负面效应，时隔一年，1951 年 5 月 24 日，政务院颁发了《关于划分中央与地方在财政经济工作上管理职权的决定》及《关于 1951 年度财政收支系统划分的决定》《国营工业生产建设的决定》等文件，重新划分了中央与地方的经济权限。对这次调整的原因当时中央就有客观的阐释：第一，1950 年是在分散管理的基础上进行统一，1951 年则是在统一的基础上恰当地划分权限。"在地方工作上，因去年的财政统一，确实发生了一些小困难，或多或少地限制了地方工作的积极性。这些小困难，在保证与巩固统一的基础上，是应该恰当地予以解决的"。第二，1950 年在统一国家财政经济工作中，由于经验不足，在某些工作上中央管得多了一些。例如国营贸易工作，没有区别全国性比重较大的业务与地方性比重较大的业务，统由全国的各个专业公司实行垂直领导。这就使某些地方性比重较大的业务，特别是在指导土产的产销上，限制了地方因地制宜的作用。有了一年多的经验，就可以逐渐加以区别，根据不同部门的业务情况，恰当地划分中央与地方的管理职责。第三，属于中央集中管理但又分散在各地的企业，如中央直接管理的工矿业、铁路、银行、国营贸易公司等，过去没有规定哪些职权属于中央，哪些职权属于地方，这就使地方政府对在本地区的属于中央直接管理的企业难以插手过问，不利于企业的管理。所以，需要对分散在各地的、中央直接管理的企业，明确划分中央与地方在领导、管理、监督、指导、协助等方面的职权。第四，中国是一个地广人众、交通不很发达的国家，许多事情需要由地方管理，中央财经各部门又必须集中力量于全国财政经济工作的方针、政策、计划的掌握和主要工作的领导。因此，此时提出在财政经济各部门，根据业务在管理上必须集中和应该分散的不同情况，逐渐地适当地划分中央与地方的管理职权，是正确的，适时的①。显然，这次继全国财经统一后的体制调整，旨在使中央与地方的关系形成更有利于国民经济发展的互动模式，以此纠正财经迅速统一后带来的对地方积极性有损伤的消极作用。

中央与地方关系问题，是整个现代国家发展中存在的一个极其普遍并处于动态发展中的问题，想通过一个文件或一项决策，一劳永逸地解决是绝对不可能的。如何在财经统一的总体经济形态中处理好中央与地方的关系，是贯穿于中国现代经济发展中的重要问题，直至今日仍然是现实社会生活中需要继续研究的课题。对于经济发展中的中央与地方关系，要因时因地灵活、恰当、适时地处理，是新中国成立之初总结出来的一条重要的财经领导工作经验。

财经统一工作基本完成后，毛泽东对陈云领导的中财委工作给予充分肯定，他说："政务院财政经济委员会过去六个月在整理收支、稳定物价方面的工作有了很大成绩。财经委员会的方针是正确的。"②中财委对所取得的财经工作成就的认识也十分清醒：财经统一的实现，仅仅是国家财政经济根本好转的前奏。财政收支只是接近平衡，而不是完全平衡；财经情况只是开始好转，而不是根本好转。为使国家财政收支完全平衡，为使财经情况根本好转，还需要多方面采取措施，以巩固财经统一工作中取得的成就。

---

① 参见《论中央与地方财经工作职权的划分》（社论），《人民日报》1951 年 5 月 26 日。
② 《在中央人民政府委员会第七次会议上的讲话》（1950 年 4 月 13 日），见《毛泽东文集》第六卷，第 52 页。

第六章　中财委主持第一次全国工商业调整

　　物价的稳定和全国财经的统一，斩断了十多年来恶性通货膨胀的锁链，新中国的社会经济环境发生了根本性变化。在旧中国畸形经济环境中产生和发展起来的民族工商业，因一时适应不了变化的历史环境，在生产和经营两个方面都遇到很大困难，不少企业陷入绝境。新民主主义经济结构中的五种经济成分必须协调发展，人民政府如果不对私营工商业进行必要的调整和帮助，使其走出困境，对新中国社会经济的健康发展将极为不利。面对经济发展中出现的新问题，中财委对私营工商业存在的问题进行了大量调查研究，协助中共中央和政务院作出了调整工商业的决策。陈云不负党中央、政务院的重托，主持了1950 年私营工商业调整，使濒临崩溃的私营工商业逐步恢复生机。

一、私营工商业面临的困境及缘由

　　这里所说的私营工商业，是指私营资本主义经济（也称民族资本主义经济），在新中国成立初期，它是五种经济成分之一，在国家经济生活中具有重要地位。首先，在轻工业方面门类比较齐全，有轻纺、卷烟、面粉加工、食品加工、纸张、烧碱、煤炭、棉纱、棉布、食盐等，关系着当时的国计民生。其次，私营工商业行业的人数，固定资产，产值都比较高。其中工业（包括手工业）在国家整个工业中所占比重：职工人数 18.3%，固定资产 17.8%，产值 48.7%，接近一半。资本主义商业，在批发总额中占 76%，在零售总额中占 83.5%。① 特别是

---

① 赵梦涵：《新中国财政税收史论纲(1927—2001)》，经济科学出版社 2002 年版，第 84 页。

在一些大城市，私营资本主义经济所占比重很大。以 1949 年上海工业总产值为例，私营工业产值占 83.1%；以 1950 年的上海商业总营业额为例，私营部分占批发总额的 65.5%，占零售总额的 91.6%。[①] 而且工商业者手中掌握着大部分资金（包括各种物资），有着丰富的管理经验。这些情况说明私营工商业在当时国民经济和社会生活中占有重要地位和影响，如果不能有效利用这些资金和经验，不鼓励私营经济积极生产，对整个国民经济的恢复和发展是有害的。

中央人民政府对于私营资本主义经济的态度十分明确。《共同纲领》中清晰规定："凡有利于国计民生的私营经济事业，人民政府鼓励其经营的积极性，并扶助其发展。"新中国成立后，为发挥资本主义工业有利于国计民生的一面，以促进生产恢复和繁荣经济，人民政府采取一系列措施帮助资本主义工业解决原料、市场和资金等方面的困难。这些措施主要是：供给原料或以原料换成品，委托加工或代销成品，发放工业贷款，将工业税率降低到商业税率之下，等等。据统计，1949 年各大城市对资本主义工商业的贷款，一般占到国家对工商业贷款总额的 20%—25%，其中上海高达 52.3%，天津达到 46.9%。通过这些扶助措施，促使资本主义工业在较短的时间内恢复，并有不同程度的发展。[②]

但从 1950 年 3 月起，若干城市的私营工商业呈现出明显困难，且有着共同的表现：商品价格下跌，产品积压，销路呆滞，生产锐减；加上商品成本过高，原料缺乏，资金枯竭，致使工商业出现极度凋敝萧条状态；大批工人失业，小商、小贩、手工业者也因市场萧条而困难重重。这些情况尤以上海为甚。自从春节以来，上海几乎每天都有私营行庄停业和工厂商店倒闭、搁浅、停工、减产的情况，有些工厂商店的资方竟一走了事，失业工人数额骤然增加。据政府方面报告，上海自 1949 年 8 月，就有部分私营工商业向政府申请停业；1950 年前四个月，申请停业的私营工商业就更多了，歇业厂商不仅数量逐步增加，且由小厂到大厂，从性质上看，已由一般消费性行业转到日用必需品行业；

---

① 朱金海主编：《上海通史》第 12 卷（当代经济卷），上海人民出版社 1999 年版，第 2 页。

② 参见汪海波：《中华人民共和国工业经济史》，山西经济出版社 1998 年版，第 45 页；《中华人民共和国经济史（1949—1952）》，第 357 页。

1950年前三个月，上海失业工人已增至12万人。① 总的歇业情况参见表19。

表19　1949年8月至1950年4月上海私营工商业歇业情况表

1949年	8月	9月	10月	11月	12月
工厂户数	97	74	45	38	82
商业户数	43	140	179	119	264
1950年	1月	2月	3月	4月	合计
工厂户数	150	161	243	374	1273
商业户数	363	349	796	1440	3693

资料来源：《上海工商局长许涤新的报告》（1950年5月），见《1949—1952　中华人民共和国经济档案资料选编（工商体制卷）》，第812—813页。

天津情况也十分严重。自1950年春以来，烟草工业36户仅有3户开工，火柴工业18户仅有2户开工，造纸、肥皂、植物油、化学染料、橡胶等工业停工的厂户均在50%左右，其他各业停工的亦在20%以上，还有一部分工业的厂户靠给公营企业作加工或订货以资维持，可以说整个私营工业80%以上陷于不景气状态②。据中财委和全国总工会统计，1950年"一至四月，在十四个城市有二千九百四十五家工厂关门，在十六个城市中有九千三百四十七家商店歇业。""三四月间全国新增加的失业职工约十万人，其中上海五万，武汉二万五，天津一万四。实际上不止此数。全国各大城市的失业人口约三十八万至四十万人。全国失业人口总数已达一百一十七万人（包括东北的十二万五千人）"。③

工商业普遍出现的困难，引起私营企业家的心理恐慌，有的人对政府产生了怀疑，有的人对企业在新社会有无发展前途缺乏信心。这种消极心态在社会

---

① 李立三：《关于工商业萧条工人失业情况的报告》（1950年4月），见《1949—1952　中华人民共和国经济档案资料选编（工商体制卷）》，第809页。

② 《天津市工商业界关于津市私营工商业对于解除当前所感转变过程中暂时困难的意见》（1950年4月），见《1949—1952　中华人民共和国经济档案资料选编（工商体制卷）》，第809页。

③ 《陈云文选》第二卷，第88页。

上的直接反映，就是责备政府的议论多了。有人认为，这次工商业的困难，主要是税收和公债征募过重，工商业周转资金大大减少，"因而形成了这样搁浅的局面"；也有人认为，是"由于物价稳定得太早而且太快，使工商业对于这种突然来到的通货紧缩与物价下降，有措手不及之感"①；还有人认为，轻微的通货膨胀可以刺激工商业的繁荣，慢一些平衡财政收支可以避免一些痛苦②；比较多的一种说法是，政府要提早实现社会主义。这些议论的产生和存在，说明社会上对当时工商业困境产生的原因缺乏正确认识。

　　私营工商业出现的困境，不仅恶化了劳资关系，也引起一些城市工人和贫民对政府的不满，这种消极情绪影响着社会安定，使私营工商业问题成为全国关注的焦点，并提到中共中央亟待处理的议事日程上。

　　正确认识问题产生的原因，是有效解决问题的前提。只有消除种种不正确看法，才有可能增加广大私营工商业者对政府的信任，以利于政府带领他们努力奋进，走出经济困境。为此，中财委对这次私营工商业面临的困境和产生的原因进行了认真分析。陈云精辟指出，目前工商业界发生的许多困难是由以下情况造成的：

　　第一是通货和物价的稳定，暴露了同时又停止了过去社会上的虚假购买力。这就是说，人们在过去十余年的通货膨胀时期，为了避免钞票跌价的损失，不愿存放钞票，宁愿竞购和囤积并不是为了消费的货物。现在这种情况已经起了变化，他们不但不再囤积货物，而且将过去囤积的货物吐到市场上来。这样就使市场上若干物资一时供过于求，生意不好，许多工商业者发生困难。这种情况是暂时的，原来囤的货物一经销完，供求关系即将走向正常状态。第二是过去适合于半殖民地半封建经济发展起来的若干工商业，由于帝国主义的统治以及封建主义和官僚资本主义在中国的消灭，许多货物失去市场，另有许多商品也不合人民的需求。这种情况引起了一部分工商业的倒闭，从而发生一部分工人失业的现象，需要救济及转业。第三是许多私营企业机构臃肿，企业经营方法不合理，成本高，利润少，甚至还要亏本。这也引起许多工商业发生

① 孙晓村：《对于目前私营工商业问题应有的认识》，见《人民日报》1950 年 5 月 5 日。

② 沈志远：《怎样认识当前工商业的困难和前途》，见《学习》第二卷第 7 期，1950 年 6 月 20 日，第 5 页。

缩小营业，甚或停工歇店的现象。必须重新调整，才有出路。第四是经济中的盲目性，同一行业内部盲目竞争，地方与地方之间供求不协调，这也引起许多企业减产、停工和倒闭。至于因为长期战争，人民购买力大为降低，使得工商业不景气，则是人人共知的现象。①

陈云的分析深刻揭示了私营工商业面临困境的历史必然性。在由旧中国向新中国转变的过程中，民族工商业的经营环境发生很大变化，但其自身并没有相应发生变化。社会经济生活不会静止不动，来不及适应新环境的私营工商业，遭遇空前困难也就不可避免了。新中国要求工商业按照新民主主义方向，向有利于国计民生的目标组织和发展生产，而不是单纯靠追求利润和为少数特殊阶级服务。工商业者只有依据人民的利益改变经营方针，改造自身，把原来经营体制转变为"面向人民""面向农村"的经营体制，才会在新社会获得新的发展前途。

同时也要承认，引起私营工商业陷入困境，除客观原因外，与人民政府工作缺乏经验存在失误，也有一定关系，突出表现在三个方面。

第一，对公私营企业的发展缺乏统筹兼顾的意识。国家无论在银行贷款、原料分配，还是交通运输以及税收和公债任务的分配上，对私营工商业缺乏必要的照顾；在加工、订货、成品收购上，给私营工商业利润太低；有些国营企业执行合同也存在不守信用的情况。这些都影响了公私关系和私营企业家对政府的信任。特别是国家财经统一后，私营资本主义经济的资源渠道发生了变化，原材料、资金设备来源遇到困难，设备更新和生产能力的提高进一步受到影响。

第二，财政、金融政策对银根收缩过紧。1950年2月，中财委在平抑物价、统一财经的工作中，采取四项措施来收紧银根：征收税款；收缴公债款；要求资本家按时发放工资，不准关厂；公营企业现金一律存入国家银行，不准向私营银行和私营企业贷款。这样做产生了两方面的结果：一方面，财政状况开始好转，收支平衡，货币流通速度减慢，物价稳中有降，人民币的信用提高，银行存款大量增加，存放款利率也有所下降。另一方面，由于银根抽紧，货币回笼过于集中，造成工商业资金周转不灵和市场商品滞销。这一问题，中财委在

---

① 参见《陈云文选》第二卷，第101—102页。

三四月份已经发觉。但从发现问题到开始投放货币，犹豫了 25 天，这就加重了银根紧张的程度。同时，由于在平抑物价过程中，没有谨慎地区别对待投机资本的活动和正常的工商业经营活动，而是简单地一棍子打下去，使得有益于国计民生的工商业活动也连带受到打击[1]。

　　第三，国营贸易垄断程度过高。比如，华北地区国营商店和合作社经营的粮食、棉花、纱布、煤炭、煤油、食盐等几种主要商品量占 80% 左右，有些物资在某些城市甚至达到 100%。对其他日用必需品的经营也较广，加之普设零售店甚至摆摊子、上集赶会、游乡入户地推销货物，使私商感到生路日益狭窄。与此同时，垄断市场价格的情形也相当严重。华北批发价与零售价不分，如太原百货公司卖布，零尺比整匹便宜；地区价格差额无几，各贸易公司由天津运货，照本出卖，私人贩运便要赔钱；代销手续费太低，代销的私商与合作社都表示不满；原料价与成品价差额太小，致使工业利润太低，轧花、榨油因此而倒闭者甚多。垄断价格使交易呆滞，公私交困[2]。这种现象的出现，与干部本身的思想有着密切关系。据《苏南日报》反映：苏南国营贸易公司干部，对公私关系政策的理解有偏向，以致对私营工商业存在某种程度的排斥态度。有的干部顾虑在"公私兼顾"上，如多照顾资本家，立场是否右了；有的主张批发价与零售价"尽量缩短差额距离"。这使许多工商资本家认为："公营企业和反动派的官僚资本一样，垄断操纵市场，故意高价进、低价出，要挤垮我们私营商店！"商人们反映："公营企业的人是供给制，资本大，而且又不想赚钱，亏些本也不要紧。我俚怎么竞争得过？还是趁早关门拉倒！"[3] 另外，劳资政策上也有"左"的偏向，重视提高工人工资和增加福利，没有以发展生产为前提。

　　国家政策的失误，使私营工商业者焦虑不安。据中财委私营企业局反映，解放后各地私营工商业是趋于萎缩而不是趋于发展。其主要原因便是资本家对国家政策不了解，或心存疑虑，所以不愿拿出资金投资生产。在他们看来，政

---

①　《若干重大决策与事件的回顾》上卷，第 68 页。

②　《华北局关于调整工商业和改善公私关系的政策问题向毛主席并中央的报告》（1950 年 5 月 31 日），见《1949—1952　中华人民共和国经济档案资料选编（综合卷）》，第 737 页。

③　苏南日报讯：《苏南贸易公司部门干部对公私关系政策了解不正确》（1950 年 6 月 10 日），见《1949—1952　中华人民共和国经济档案资料选编（商业体制卷）》，第 820 页。

府扶植私营工商业"是仅有一般原则而无具体内容，是言辞多而行动少"。中财委私营企业局在对工作的反思中也说：人民政府对私营企业个别零星的扶助有，但不是有计划、有步骤的，整个说来，对私营企业照顾不够，干部在执行政策中有过"左"或过右的偏向。由于干部缺乏，国家财政又处于困难之中，干部对公营事业已是穷于应付，故对私营企业就无暇顾及或无力顾及了。①

这些情况表明，统一财经后出现的私营工商业萧条，是由于资本主义工商业不适应新社会环境，以及国家经济政策上某些失误两方面的因素造成的。只有依照《共同纲领》中对新民主主义经济运行方针调整对私营工商业的政策，改造和限制私营工商业不适应新社会的一面，扶助和发挥其有利于国计民生的一面，才能促进社会经济向好的方向转化。

二、调整工商业的决策过程及中财委的作用

私营工商业的困境，对整个国民经济的恢复和发展显然不利。为了帮助私营工商业克服暂时困难，扭转经济滞缓和市场萧条的局面，中共中央和人民政府召开各种会议，研究私营工商业面临的问题及解决办法；中财委也将工作重心从财政方面转到工商业方面来，协助中共中央和人民政府拟定调整方针。这一决策过程大致经历以下阶段。

（一）摸清党内外对私营工商业的基本态度，纠正思想偏差，明确方针政策，统一思想认识

1950 年 3 月，召开了两个全国性会议：一是 7 日至 21 日由中央劳动部召集的全国劳动局长会议；一是 16 日至 4 月底由中央统战部召开的全国统战工作会议。这两个会议为了解党内外对解决私营工商业目前困境的各种思想和现

---

① 千家驹、吴羹梅：《当前私营企业存在的问题——听取各地劳动局长对私营企业的报告以后的报告》(1950 年 3 月 29 日)，见《1949—1952　中华人民共和国经济档案资料选编(工业卷)》，第 374 页。

实情况，以及新中国成立后党内对民族资产阶级在思想认识上的动向，重申新民主主义经济方针和对待民族资产阶级的政策提供了契机。

全国劳动局长会议，除各大行政区、省、市的劳动局长参加外，还邀集了各大城市的工会代表及工商界代表参加。会议主要目标是："健全劳动行政机构，贯彻发展生产，繁荣经济，公私兼顾，劳资两利的政策"；"认真检查工矿安全卫生设备，建立劳动保险制度"；"实行工厂管理民主化，创造生产上的新纪录"。这些目标的实现都离不开正常劳资关系的建立。劳资关系是工商业调整中的重要内容之一，也是这次会议的中心议题和研究热点。

中央劳动部部长李立三在会上专门作了劳资关系的报告。他认为劳资关系中存在不正常的现象有五点原因：(1) 革命后经济组织转变，企业经济困难，劳资关系搞不好。(2) 资方对政府的劳资政策不了解，部分人对生产消极，或是想用旧的办法压制工人。(3) 工人中存有只顾眼前利益、报复观念以及不正当斗争方式等超过工人阶级最高利益的错误行为。(4) 反动分子的挑拨离间，这是劳资双方最需要警惕的。(5) 解放初期政府一时还提不出处理劳资关系的办法，并在个别地方犯有错误。李立三提出，要建立新民主主义的新型劳资关系，其基本特征是："平等、民主、两利、契约"。那么在私营企业中如何建立这种新型的劳资关系呢？他根据会议讨论的情况提出四项具体方法：一是平等民主订立集体合同、集体协议和劳动契约。二是设立劳资协商会议。三是政府对一般成熟问题应统一颁布法令，各地劳动局依法办事。四是劳资双方谈判，协商仲裁。只要按照这四种方法努力去做，劳资关系可以趋向正常。[1]

会议认为建立劳资协商会议是搞好劳资关系的有效途径，而且已经有了实践经验的积累[2]。中央劳动部吸取了这一经验。会议经过深入讨论，进一步明

① 参见刘靖基：《出席全国劳动局长会议的报告》，见《上海工商》第16、17合刊，1950年4月11日，第9—12页。

② 在私营企业中设立劳资协商会议机构起始于天津工商业界。1949年12月，天津私营东亚企业公司首先成立劳资协商会议；随后，天津市私营东亚、恒源、仁立、北洋、永利、远生等大厂也相继成立劳资协商会议。天津市总工会经过调查了解，认为劳资协商会议有益于私营工厂生产的管理，有益于劳资关系的改善，有益于提高劳资双方生产情绪把生产搞好。汉口也有类似组织，在实践中同样反映出好的效果。参见津市总工会：《津市劳资协商会议的初步经验》，《天津日报》1950年3月30日。

确劳资协商会议的性质是：在平等自愿原则下，由劳资双方分别选取同等数量的代表，经常协商有关集体合同的订立和履行，生产计划的研讨，生产任务的完成，生产组织及业务管理的改进，工作技术的改良，以及雇用、解雇、劳动条件、劳保福利等问题。这些问题经过双方充分民主协商，取得协议后再付诸执行。

会议共讨论通过了六项草案：讨论劳动政策与劳动部的任务，通过《省市劳动局暂行组织通则》；讨论劳资关系，拟定《关于在私营企业中设立劳资协商会议的指示》；讨论通过《工会暂行法》，以适应工会组织在全国各地普遍建立后，政府颁布法令明确规定工会职责和权力，以利工会工作推进的客观需要；讨论通过《关于开展工人业余教育的指示》，以引导广大工人职员的文化、政治、技术水平的提高，适应工业生产发展的需要；讨论决定设立劳动介绍所，并进行技术员工的登记，通过《各市劳动介绍所组织通则》和《失业技术员工登记介绍办法》。中央对全国劳动局长会议十分重视。除中央劳动部部长李立三在会议上作劳资关系报告外，国务院副总理董必武在大会上作政治报告，中财委副主任薄一波在会上作财经政策报告和周恩来的政治报告；会议闭幕时毛泽东和朱德到会，接见了会议代表。①

4月18日，中财委第十八次委务会议审查通过全国劳动局长会议的六个文件，并于次日呈报政务院核批。4月21日，政务院第二十九次会议通过李立三的《关于劳动局长会议综合报告》和全国劳动局长会议议定的六个文件，使新中国成立初期私营企业劳资关系的处理有了重要政策依据。

为了把准人民政府在私营工商业管理方面亟待解决的问题，中财委私营企业局利用全国劳动局长会议之便，分三次召开各地劳动局长及工商界代表座谈会，了解私营企业界的情况；其中两次是同劳动局长座谈，一次是同工商界代表座谈。经过座谈中财委私营企业局得出基本判断：目前，"各地私营企业存在的问题是相当严重的"，并亟待解决。其中，包括：（1）投资没有保障。旧公司法废除了，新公司法还没颁布。哪些行业可以投资，哪些不可以投资？资

---

① 刘靖基：《出席全国劳动局长会议的报告》，见《上海工商》第16、17期合刊，1950年4月11日，第9页。

本家感到无所适从，要求政府有明确指示。（2）生产方向问题。对应该转产的企业，政府没有明确的指导。私营企业迫切期望政府尽快指明萎缩、萧条企业在可能与必要条件下转产的方向。（3）私营企业迫切希望有统一的行政管理机构。各大行政区的工业部或商业部，大多专管公营不管私营，或集中注意力于解决公营工商业发生的困难与问题，对私营工商业没人管，也无暇管。中财委所设私营企业局仅是个内部参谋机构，不是实际管理私营企业的行政机关，与各地工商局没有直接联系，与私营企业更不发生关系，以致使私营企业发生的一些应该解决而且可以解决的困难没法解决。（4）东北私营企业情况较好，但缺乏对私营企业有计划的领导。（5）各地对私营企业的个别帮助是有的，但没有从发展方向上去考虑，以至于"事倍功半"。①

为了在调整工商业中，加强对工业的领导，中央领导层酝酿将李富春从东北调到中央。4月11日，毛泽东主持召开中央人民政府委员会第六次会议，任命李富春为政务院政务委员、财经委员会副主任，并接替陈云兼任重工业部部长。周恩来明确说："这次调李富春同志任中财委副主任兼重工业部部长，就是为了从工业的全盘上协调各方面的关系而采取的措施。今后财经部门不仅要管国营企业，也要管私营企业。至于国营企业和私营企业经营范围如何划分，要从各方面具体研究。"②

另外，值得注意的是，3月下旬财经统一后，财政情况明显好转，党内因此而滋长了骄傲情绪。有的干部淡忘《共同纲领》中规定的新民主主义经济方针，轻视私营经济存在的必要性和重要性，在贯彻扶持私营工商业方针和保护发展政策时，思想上产生摇摆，有人甚至认为私营工商业既然已经倒下去了，就应当以国营经济来代替，不必再加以扶持。这种思想倾向在3月召开的第一次全国统战工作会议上比较集中地反映出来。

3月21日，中央统战部部长李维汉在全国统战工作会议上作了题为《人民民主统一战线的新形势与新任务》的报告，特别强调，无论从政治或经济上，

---

① 千家驹、吴羹梅：《当前私营企业存在的问题——听取各地劳动局长对私营企业的报告以后的报告》（1950年3月29日），见《1949—1952　中华人民共和国经济档案资料选编（工业卷）》，第373—377页。

② 《周恩来统一战线文选》，人民出版社1984年版，第170页。

我们对民族资产阶级都必须执行既团结又斗争、斗争为团结的方针。在讨论这个报告时，党内明显反映出对民族资产阶级的认识有偏差。有人提出："今天斗争对象，主要是资产阶级"，资本家要求划分国营和私营的经营范围，"我们不允许"。国营经济要"无限制地发展。"周恩来敏锐觉察到，这种思想如果任其发展，对于新民主主义经济与政治的发展都极其不利。为尽快制止这种错误思想在党内蔓延，4月12日，他将部分会议发言记录稿报送毛泽东和刘少奇。与此同时，周恩来于4月12日和13日接连在全国统战工作会议上讲话，阐明党在新中国执政后的统一战线基本理论，以及对民族资产阶级和私营经济的方针政策。

周恩来说：人民民主统一战线是工人阶级、农民阶级、小资产阶级和民族资产阶级四个阶级的联盟，其中重要的问题是如何加强工人阶级的领导、如何巩固工农联盟、如何同民族资产阶级和小资产阶级合作三个问题；这也是各方面的关系问题，包括阶级关系、党派关系、民族关系、上下关系等。在阶级关系中，如何处理好劳资关系和公私关系，"是现阶段工人阶级同民族资产阶级如何适当合作并如何领导它的重要问题。"《共同纲领》第二十六条① 规定了"我们同资产阶级实行合作必须遵循的原则"，党在工作中应该认真贯彻执行。周恩来说：新中国成立后，我们对待资产阶级不是搞垮的方针，而是"以团结为主，斗争是为了团结"，"而今天的团结，又是为了明天实现社会主义"。今天国营经济力量还很小，有利于国计民生的私营经济是有一定的积极作用的，应该予以扶助使其发展。我们在思想上必须明确："在我国人民民主专政的条件下，资本主义经济是要受到限制的，但是我们必须注意发挥它的积极作用。""今天我们中心的问题，不是什么推翻资产阶级，而是如何同他们合作"，要依照《共同纲领》规定的方针政策办事。周恩来强调："现在鼓励私人企业发展的问题，已摆在我们议事日程上了"，"今年夏天，打算召开全国性的工商

---

① 《共同纲领》第二十六条："中华人民共和国经济建设的根本方针，是以公私兼顾、劳资两利、城乡互助、内外交流的政策，达到发展生产、繁荣经济之目的。国家应在经营范围、原料供给、销售市场、劳动条件、技术设备、财政政策、金融政策等方面，调剂国营经济、合作社经济、农民和手工业者的个体经济、私人资本主义经济和国家资本主义经济，使各种社会经济成分在国营经济领导之下，分工合作，各得其所，以促进整个社会经济的发展。"

工作会议，由财经部门与统战部共同筹办。这个会要有私营工商业者参加。"①

　　毛泽东从周恩来报送的会议发言记录中，了解到党内一些干部中存在的错误倾向后，4月相继作出一系列明确批示：今天斗争对象主要是帝国主义、封建主义及其走狗国民党反动派残余，而不是民族资产阶级。对于民族资产阶级的政策"是有斗争的，但必须团结它，是采用既团结又斗争的政策，以达团结它共同发展国民经济之目的"。对私营工商业"应限制和排挤的是那些不利于国计民生的工商业，即投机商业，奢侈品和迷信工商业，而不是正当的有利于国计民生的工商业，对这些工商业当它们困难时应给以扶助使之发展"。国营经济无限制的发展"是长远的事，在目前阶段不可能无限制发展，必须同时利用私人资本。"公营与私营企业要划分阵地，"即划分经营范围"，"公营不要垄断一切。只能控制几种主要商品（粮、布、油、煤）的一定数量，例如粮食的三分之一等"。毛泽东针对全国统战工作会议工商组讨论会发言记录稿中有关"大资本家要停工，我们就让他停工。我们有钱，就接收过来"的言论，批语说："这是不对的。"针对另一句："我们的政策，是要'与民争利'。但他们所谓的'民'，是资产阶级。我们则要争于人民有利的事情。我们说，我们就是'只许州官放火，不许老百姓点灯'。但这里的'州官'是人民，我们放火可以，你们点灯就违反群众利益"的言论，毛泽东毫不留情地在批语中说：这是"完全错误的说法"。②

　　毛泽东的批示和周恩来的讲话，为工商业调整方针的制定提供了理论和政策的指导。在第一线领导财经工作的陈云，与毛泽东、周恩来有着同样的认识。在全国统战工作会议召开期间，3月20日，轻工业部党组向中财委党组反映，轻工业部部长黄炎培认为，发展国民经济是与民争利，所以对于如何在私营资本主义经济占绝大比重的轻工业部门发展国营经济表示不关心等。薄一波见到此信后，于3月23日，批示薛暮桥将此信报送陈云；并让薛请示陈云：是否将轻工业部党组的信打印报送政务院党组传阅。此件送到陈云那里一直放着没有发出。这说明，陈云在思想上对这封反映信是有看法且处理态度十分慎

　　① 《周恩来统一战线文选》，第160、161、162、167、168、169、170页。

　　② 《毛泽东文集》第六卷，第49—50页。

重。陈云在了解到毛泽东对全国统战工作会议工商组讨论会发言记录批示内容后，于 4 月 18 日，将轻工业部党组向中财委党组反映信，送呈周恩来、董必武，并写了态度鲜明的批语：此件请阅。轻工业部更多注意私营倒是有益的。轻工业党组应该在这个问题上再考虑思索等。周恩来见信后明确批示：同意陈云同志的意见。[①]

全国劳动局长会议和全国统战工作会议，使中央主要领导人对党内在民族资产阶级和私营工商业的认识与实践中存在的问题有了了解，并及时批评了"左"的思想；尽管新中国成立后社会经济结构的变化很快，但中共中央主要领导人坚持《共同纲领》中对待资本主义经济的政策没有变，肯定私营工商业在新民主主义社会中有着一定作用的认识没有变，并在国家应帮助私营企业走出困境这个问题上有着共识；这为随后私营工商业调整方针的制定，党内思想偏差的纠正，进而保证正确贯彻执行中央调整工商业的方针和政策创造了重要条件。中财委在两次会议期间，对私营企业问题进行了认真调查研究，为中央具体拟订调整方案作了准备。

为了更好地把握经济形势和担当好执政党的责任，4 月中央政治局会议决定，所有党委书记原则上均应兼政府的财经委主任。7 月 7 日，中央正式下发通知。[②]

（二）中财委将工作重心从财政工作转到调整工商业上来，协助中央确定对私营工商业进行调整的决策

1950 年三四月份，中央先后召开有各大区负责人参加的工作会议和政治局会议，为七届三中全会作准备。毛泽东在政治局会议上说："中央人民政府成立以后，主要是抓了一个财政问题。目前财政经济的好转还只是财政的好转，并不是经济的好转；财政的好转也只能说是开始好转"，"目前财政上已经打了一个胜仗，现在的问题要转到搞经济上，要调整工商业"。会议明确指出，

---

① 参见《陈云年谱（修订本）》中卷，第 65 页。

② 参见《中共中央文件选集(1949 年 10 月—1966 年 5 月)》第 3 册，人民出版社 2013 年版，第 189 页。

调整工商业的原则是公私兼顾、劳资两利，要纠正一些干部中存在的想挤垮私营工商业的不正确思想和做法。毛泽东说："和资产阶级合作是肯定了的，不然《共同纲领》就成了一纸空文，政治上不利，经济上也吃亏。'不看僧面看佛面'，维持了私营工商业，第一维持了生产；第二维持了工人；第三工人还可以得些福利。当然中间也给资本家一定的利润。但比较而言，目前发展私营工商业，与其说对资本家有利，不如说对工人有利，对人民有利。"①3月29日，陈云在中央政治局会议上作财经问题报告，提出调整工商业是今后几个月亟待解决的问题。随后，中财委即将工作重心放到调整工商业方面来，并分三步进行。

第一步，反思工作中存在的问题。4月12日，陈云在全国政协一届常委会第四次扩大会议上，作了关于财政状况和粮食状况的报告。回顾以往的工作，陈云说："从前，财政部门忙于支援前线。去年中央人民政府成立以后，收公粮，开专业会议，忙于应付财政"，"公私关系未很好解决，公营、私营工业生产未管理好，公营工业也未做到有计划生产"。私营企业是整个工业的一部分，生产也要有计划。"过去，煤炭、电气、钢铁、有色金属等工业已经开过专业会议了。行业本身有了'政府'，而各行业间还是无政府的，混乱得很，需要组织、计划好"，特别是要克服私营企业的无政府状态。"工业中无计划，就不能组织起来前进。"目前还不能做大计划，"只有逐步调整，以便做到全面有计划"。②

第二步，初步提出解决问题的办法。也在4月12日，陈云主持中财委党组会议，专门讨论工商业调整问题。陈云主张国家对私营工商业的帮助要通过两个渠道：一是从预算内划分出一部分，给资产阶级一点"油水"；二是放宽税收。陈云将这两项称为与资本家的"合作费"。陈云还提出：国家订计划也要把私营部分包括进去。会议完全赞同陈云的意见，决定中财委的工作重心要从财政方面转到恢复发展经济上，首先抓好现有工商业调整，按照公私兼顾原则，从贷款、税收、原材料供应、运输等方面扶持私营工商业的发展。陈云明确指出：我们既然在经济上承认四个阶级，有利于国计民生的私人工商业就要

---

① 《若干重大决策与事件的回顾》上卷，第70页。

② 《陈云文集》第二卷，第110—111页。

让它发展,有困难就要帮助。但对私营企业的帮助要有分寸。①

第三步,明确提出把工作重心转到调整工商业方面去。4月13日,毛泽东在中南海勤政殿主持召开中央人民政府第七次会议。陈云在会议上作了《财政状况和粮食状况的报告》。他说:"中央人民政府成立以来的六个月中,政务院财经委员会的工作重心是放在财政方面,达到了平衡收支、稳定物价的目的,这是完全必要的。今后数月的工作,除坚持财政工作方面一切正确的方针和政策,并克服工作中发生的缺点以外,将召开若干必要的会议,拟订若干必要的法令,把工作重心转到调整工商业方面去,并做出成绩"。除整顿税收,缩小赤字等财经工作外,"国营企业和私营企业之间的关系需要调整,使公私兼顾的原则在实际政策和具体办法上体现出来,私营企业中的劳资关系应该改进;公营工厂的管理有待于改善;公私企业的生产和经营应减少盲目性,逐渐增加计划性"等。② 陈云在此不仅再次明确调整工商业是以后几个月财经工作重点,还初步提出调整内容。

毛泽东就陈云的报告发表讲话说:政务院财政经济委员会过去六个月在整理收支、稳定物价方面的工作有很大成绩。财经委员会的方针是正确的。工作中还有一些缺点,应当注意改正。"我们国家的财政情况已开始好转,这是很好的现象。但整个财政经济情况的根本好转需要有三个条件,即:土地改革的完成,现有工商业的合理调整和国家军政费用的大量节减。"这些条件要争取逐步实现,也是完全可以实现的,那时就可以出现根本的好转。"今后几个月内政府财经领导机关的工作重点,应当放在调整公营企业与私营企业以及公私企业各个部门的相互关系方面,极力克服无政府状态。"《共同纲领》规定,在经营范围、原料供给、销售市场、劳动条件、技术设备、财政政策、金融政策等方面,调剂各种社会经济成分,在国营经济领导之下,分工合作,各得其所,必须充分实现,方有利于整个人民经济的恢复和发展。现在已经发生的在这方面的某些混乱思想,必须澄清。③ 毛泽东的讲话明确了工商业调整在整个财经工作中的重要位置,明确了要按照《共同纲领》第26条确定的经济政策,

① 《陈云年谱(修订本)》中卷,第62页
② 《陈云文选》第二卷,第79页。
③ 《毛泽东文集》第六卷,第52页。

去搞好工商业调整的指导思想。

　　毛泽东及陈云在中央人民政府委员会第七次会议上的讲话表明，中共中央已确定依照《共同纲领》对私营工商业进行合理调整的决策；同时对私营工商业调整的实践意义、理论依据、政策目标、基本内容框架和工作步骤，均作出规定。

　　4月27日，中共中央在《人民日报》上公布庆祝五一劳动节的口号，其中第十五条是："坚决贯彻公私兼顾、劳资两利的政策，欢迎民族资产阶级发展有利国计民生的生产事业！"第十六条是："拥护中央人民政府平衡收支、稳定物价、调整工商业、逐步克服财政经济困难的正确政策！"第二十条是："拥护中央人民政府领导实行有准备、有步骤、有秩序的土地改革，恢复和发展农业生产，解决工业的原料和市场问题！"① 这三条口号实际是中共调整工商业政策希望社会配合响应的三个着力点。

　　4月29日，刘少奇在全国政协庆祝五一劳动节的干部大会的讲话中指出："中央人民政府即将根据共同纲领与毛泽东主席的指示，采取一些具体办法来调整工商业与公私关系，使我们国家的经济生活能在目前的条件下加以组织与计划，以便克服公私企业之间以及各企业部门之间许多尚未进入正轨的状态和无政府状态。"② 在讲话中他初步提出调整措施，即通过加工订货，调整工商业中的公私关系；通过某些生产的转业，调整产销关系；通过国家劳动法令、集体合同及劳资协商机构，调整劳资关系。刘少奇的讲话发表在5月1日的《人民日报》上。至此，中共中央调整工商业决策的基本思路公诸了社会。

　　（三）依照中央决策精神，加强调研工作；并在调研的基础上，初步筹划调整私营工商业的具体政策措施，特别是提出通过加强城乡物资交流，解决城市商品滞销的途径

　　决策确定后，重要的是拟订措施，落实决策。为了对症下药，制定出更有

---

① 《建国以来重要文献选编》第一册，第211页。

② 《刘少奇选集》下卷，第19页。

效的措施，中共中央提倡全党广泛深入进行调查研究，了解私营工商业家对调整公私关系的建议和想法。

5月10日，陈毅向毛泽东、中共中央、中共华东局综合报告了上海3—4月的情况：这两个月上海社会秩序比较混乱，敌特活动表面化，税收、公债政策受到攻击，劳资关系紧张，人心浮动。这些情况以4月上旬为最紧张。上海在解决上述问题稳定局势方面做了很多工作，他们的经验和采取的政策是：调整公私关系，实行公私兼顾政策；改善劳资关系，照顾双方利益；适当减少税款；救济失业工人；开展自我批评，纠正工作中的缺点等。毛泽东认为，这些政策都是各大城市党委值得研究的。5月13日，毛泽东将陈毅的来电转发中共中南局第三书记邓子恢、华南分局第一书记叶剑英、西南局第一书记邓小平、西北局第一书记彭德怀、华北局第一书记薄一波、东北局第一书记高岗、中共北京市委书记彭真、中共天津市委书记黄敬。①

华北局曾派人分别到天津、太原去检查，并召集张家口、大同、保定、石家庄等14个中小城市的负责人就执行"公私兼顾，劳资两利"政策的情况作汇报；然后将了解到的党内在私营工商业工作方面存在的问题概括为两个方面，于5月31日向毛泽东和党中央作书面报告。一方面的问题是，盲目扶持生产，供过于求。另一方面的问题是，国营贸易财大气粗，过火垄断，具体表现是：（1）在经营范围上，国营贸易和合作社控制范围和数量过大过多，有垄断一切的现象。（2）在价格政策上，垄断市场价格情形严重，批发价与零售价不分，原料价与成品价差额太小，致使交易呆滞，公私交困。（3）在税收公价上，存在税收、公债任务重，税目多，手续繁，存在户与户、行与行、地区与地区之间分配不公的严重现象。（4）在金融贷款政策上，公营贷款占80%至90%，对于私人正当工商业趋向倒闭而不加扶助。（5）在劳资政策上，做到重视工人工资福利，但失之于不以发展生产为前提。（6）各专业公司在物价已经平衡、市场呈现呆滞状态之后，仍只吐不吞，甚至个别城市贸易公司明里维持牌价，暗中按市价或低于市价售货，对农民副业产品拖延不收，实际放弃了对市场的领导责任。（7）在原料分配上，亦是先公后私，只公不私。（8）在加工、

---

① 《建国以来毛泽东文稿》第一册，第347—348、346页。

订货、成品收购上，利润太低，条件苛刻，执行合同不守信用，交通运输只顾公不顾私。① 其他地区同样存在类似的问题，说明在党内有进一步端正对私营工商业认识的必要。

各地经过调查研究了解并向中央反映的情况，为中财委制定工商业调整措施做了准备。4 月中旬，中财委开始采取一些措施，帮助各地危困企业渡过难关。12 日，中财委从汉口方面得知，武昌私资纱厂存布卖不出去后，即于当日就由贸易部通知武汉方面收买，并令当夜即办。因贸易部资金周转有困难，故原定收买和加工纱布的任务受阻。这一情况次日反馈至陈云。14 日，中财委开会商定："各处继续拨花、拨加工费，并收买纱布。本月续发行五千亿新钞"，并电报请示中央批准。15 日，陈云又将此情况致信报告毛泽东。②

随后，中财委私营企业局积极筹备召开七大城市工商局长会议，这次会议是中财委全面了解私营工商业情况，拟订具体调整措施的重要步骤。

4 月 20 日至 24 日，陈云主持召开七大城市工商局长会议的准备会。中财委私营企业局局长薛暮桥、副局长千家驹、吴羹梅，计划局副局长孙晓村，中财委委员兼粮食部部长章乃器和兼劳动部副部长的施复亮出席了会议。会议头两天听取了武汉、天津、北京、山东的代表汇报当地私营工商业情况，进行讨论；随后，与会人员按市场、工业、商业、劳资、税收、投资条例分为六组讨论。22 日上午，会议听取了六个组的工作情况汇报；陈云在讲话中对目前工商界的困难进行分析，提出订货、加工、收购及工商业发展方向等问题。23 日起，与会人员分成联营、公私合营、工业转换、专业会议、商业承兑投资公司、商业中的公私关系六个组继续进行专题研究。24 日，会议听取上述各组汇报；陈云在会上对私营工商业产销停滞等问题作了进一步分析并指出，解决市场不景气问题，一是疏导产销；二是解雇裁员；三是搞加工订货，收购产品，组织公私合营的投资公司等。对下一步研究工作陈云的安排是：上海方面负责劳资纠纷问题的研究；税收公债问题由财政部负责研究；产品生产过剩、工厂迁厂，投资条例草案，国有计划联营问题，均由中财委私营企业局研究提

---

① 参见《1949—1952　中华人民共和国经济档案资料选编（综合卷）》，第 736—739 页。
② 《陈云文集》第二卷，第 116 页。

供；加工、收购、订货代销的数目，以及企业利润计算的研究材料由中财委计划局局长宋劭文负责提供；市场活动方面的研究材料由中央贸易部副部长沙千里负责提供等。会议还拟定这次会后，再召开各省工商局长会议。

4月24日，会议结束后，陈云致信毛泽东并刘少奇、朱德、周恩来，汇报准备会的情况，并报告到月底准备以下材料：全国哪些行业的生产已经过剩或已达到饱和；国家可能向公私企业的加工订货数量表；投资条例草案；商业上的自由贸易和国营商业所占比重的指示草稿；中财委关于调整公私关系的专业会议计划；税收弊病的归纳材料。① 这些问题反映了中财委准备在私营工商调整中所推进的业务重点。

上海与全国其他城市相比，私营工商业的困难比较突出。在七大城市工商局长会议的准备会期间，4月22日，陈云主持中财委党组会议，专门讨论上海工商业调整问题。陈云说：稳定物价后，天津不发生问题，为什么上海发生呢？一是工商业组织不同，一是上海的历史原因造成的。现在产销大减，生产力很差，投资比例却很大，所以在税收和公债上不能与天津比；历史方面的原因短时间改不过来。为了解决上海问题，陈云提出，目前纱布、五金、橡胶是否可以让军委向上海收购，贸易部也要收购上海的大车轮胎，同时集中一些订货到上海。显然，陈云是把上海私营企业困难的解决，放到调整工商业的重要位置上去考虑的。

自4月下旬，天津根据中央指示开始调整公私营企业关系，协助私营企业的发展。首先，天津人民银行于4月28日与新华、通商、实业、农工、建业五家银行签订了业务联系合同，使各行得以推进业务。另外，北京私营银钱业联合放款银团于4月26日正式成立，放款工作开始实行，私营行庄被引导走上为生产服务的正当途径。津京私营工商业，在国营经济给予加工、交换、订货等帮助后，逐渐走向有计划的生产经营道路，有利于国计民生的私营企业逐渐恢复和发展，不利于国计民生的、需要依靠物价暴涨投机倒把的企业自然归于淘汰②。京津私营工商业的发展方向，为其他大城市私营企业的发展提供了

① 《陈云年谱（修订本）》中卷，第67页。

② 《京津调整公私企业》，见《经济周报》第十卷第18期，1950年5月4日，第2页。

范式，使在社会经济转变过程中的私营工商业，从京津的经验中间，看到了自身发展的路径。

实践的发展也使中财委拟定私营工商业调整措施有了越来越明确的意向。4月25日中财委召开例会，讨论了今后四个月调整工商业的专业会议安排。后来，这些专业会议的召开，对调整产销关系起了积极的引导作用。这是中财委推动落实中央工商业调整决策的又一重要举措。

5月8日至26日，中财委私营企业局正式召开七大城市工商局长会议。参加会议的除上海、天津、北京、武汉、重庆、西安、广州七大城市的工商局长外，还有天津市副市长周叔弢、上海市副市长盛丕华，以及中财委委员章乃器、俞寰澄和中央贸易、银行、劳动、税务、纺织、私营企业局等部门的负责人[1]。会议由薛暮桥主持，主席团由陈云、薄一波、薛暮桥、千家驹、吴羹梅五人组成，按地区分为华东、中南、西北和西南、京津四组讨论，根据需要有时也按行业分组讨论，大会发言以地方代表为主。

会议的主要议题是研究拟订解决4月以来商品滞销、生产缩减，商店歇业和工人失业增多等问题的办法。共讨论了六个问题：（1）了解几个大城市的生产力情况和存在的问题，商讨解决问题的办法。（2）研究在目前物价平稳情况下，私营企业产品滞销问题的解决办法。（3）研究哪些行业生产过剩、哪些已经饱和，哪些允许开设、哪些要停业，从中央到地方形成通盘计划。还有新厂的选址，工厂转业方向的确定等。（4）为即将召开的税务会议，整理归纳税收和公债存在问题的材料。（5）研究市场吞吐问题，拟订合理的工业与农业品价格标准。（6）研究已确定召开的专业会议是否需要增加和减少。陈云在开幕式讲话中，鼓励参会人员尽量发表意见，充分反映各地情况，讨论可以越出拟订的框架，不要有什么顾虑等。显然，这次会议既是中财委召开的研究拟定调整工商业措施的会议，也是一次具有广泛社会意义的生产营销的调研性会议。

除开幕式发言外，陈云在会上有三次讲话，着力点都放在寻找解决私营工商业困难的措施方面。

---

[1] 《新中国经济史》，第129—130页。

5 月 12 日，陈云在综合小组会议讨论时，提出两条为商品滞销解困的办法：一是将解决商品滞销的根本路径放到农村。他认为：城市购买力的恢复，不是一两年内可办到的，主要希望寄托在农民身上。"因此，各大都市的生产，除保持一部分城市与外国必要的产品外，其余应该转向农村。"二是要增发通货帮助私营工商界解决资金问题，以渡难关。"大约需要增发目前发行额的百分之五十"。但"物价稳定的大方针，是绝对不能动摇的。"要"用尽办法来防止物价波动"。① 这两项措施，前者对工商业的发展具有方向性指导意义，后者是临时应急措施。

5 月 24 日，陈云在综合小组讨论时着重指出上海工商业调整中应注意的问题。他说：目前上海工商业摊子"很烂"，调整中要注意保持物价平稳，这对上海工业发展和工人生活都有利。对暂时无利可图、将来还有希望的企业要维持；对负债过多又无法清理、经营极不合理、根本无法存在的企业，可任其破产。货币物资要配合下乡；土改后农民纷纷组织合作社，这对私商是不利的，但合作社还不能全部收购农民的产品和保证农民对日用品的需要，这就决定了要允许一部分私商存在，但要限制在一定范围内发展，不能危害农民利益。国营贸易公司对平衡物价、回笼货币要起一定作用，要注意保持一定的发展比重，既不与私商竞争，又要保护农民利益。国营贸易公司收购私营工厂产品时要注意两个问题：一是注意物价稳定，二是收购的物品要有销路。

在这次发言中，陈云还提出会议讨论以下问题：就几个大城市看，哪些产品生产过剩？哪类工厂需要迁址，迁到何处？此外，对加工、订货、代销问题，工商业发展方向、投资公司方向的问题，都要认真研究，形成文件，交给随后的省工商局长会议研究。人民银行和私人钱庄要联合研究商业承兑和物价稳定下的信用膨胀问题。劳资关系问题，虽不是本次会议解决的问题，但也要研究讨论，提出意见。依照陈云的拟题，会议扩大了讨论范围。

5 月 25 日，陈云在会议总结发言中，综合与会者的讨论意见，提出五点解决私营工商业困难的办法："一、重点维持生产。在华东，最重要的是纺织

---

① 《陈云文集》第二卷，第 122、123 页。

工业，拟采取国家拨给原料、私营工厂加工的方式。部分工业，如机器制造工业、橡胶工业及一部分造纸厂，拟采取国家对私营工厂订货的办法。""二、开导工业品的销路。分两方面：一是以收购农产品来增加农民购买力；二是政府给予优惠条件，组织目前暂时难于出口的工业品出口。三、联合公私力量，组织资金周转。四、帮助私营工厂改善经营管理。五、重点举办失业救济。"他指出：这些办法均须与稳定金融的政策相辅而行；并要用适当方法公告全国，工业生产中哪些产品已过剩，哪些已饱和，以避免再向这些方面盲目投资。陈云比照了农民在旧的封建土地制度下的情况，估计土改后：在一二年内，农民购买力肯定会提高，大致购买力可达620亿斤小米，"将比现在农民的购买力400亿斤提高一倍半"。①

陈云提出的措施，是在综合会议讨论意见的基础上，形成的初步解决问题的办法。这些意见虽然还仅仅是一个初步框架，但对以后调整工商业具体措施的制定具有重要指导意义。特别是通过城乡交流解决商品滞销和生产转业途径的确定，不仅对解决私营工商业目前困难有重要作用，而且对中国工业化道路的发展也有重要指导意义。

会议主持人薛暮桥认为：这次会议重要意义在于，促进了城乡物资交流的恢复与发展。他回忆说：

资本家在会上纷纷诉苦，说我国的工业品在国内销售不了，建议鼓励出口。各大城市的工商局长也在为当地土特产销不出去而发愁，要求国家收购。我看到当时市场萧条，主要是因为经过长期战争和制止通货膨胀后城乡商品交流堵塞所造成，并不是真正的生产过剩。所以，经向陈云同志请示，我在会上向大家说明，目前生产过剩是暂时现象，只要恢复12年战争所破坏的城乡物资交流，工业品和农产品都是可以找到销路的。②

随后，中财委召开的各省工商局长会议，提出恢复城乡物资交流的新任

---

① 《陈云文选》第二卷，第90、91、89—90页。
② 《薛暮桥回忆录》，第206页。

务。陈云认为，这不仅是农村问题，而且是目前活跃中国经济的关键。农副土特产品卖出去了，就增加了农民的购买力，促进了城市工商业的发展，减少或消灭了城市中的失业现象，城市购买力也会跟着提高。工商业的繁荣，又增加了国家的税收，减少了财政上的困难，使物价更趋稳定①。

七大城市工商局长会议遵循《共同纲领》中公私兼顾、各得其所、分工合作、一视同仁、反对不利于国计民生的投机和逃避原则，对公私关系的处理形成以下具体思路：（1）国营企业对私营企业的关系，根据国家的需要和可能，一年组织两次加工订货；鼓励出口滞销物资；指导私营企业联营；根据可能进行必要的收购，并根据不同情况制定工缴费标准；机关生产性质的企业是国营企业的一部分，要有统一领导。（2）在国营商业指导下，允许私营商业的存在，并保持合理的批零差价，使其有利可图；国营零售店的存在只是为了稳定零售价格，目前一般只经营粮、煤、纱布、油、盐、煤油六种商品；国营批发公司的责任是，回笼货币，稳定批发价格；国营商业在农村收购范围，包括主要农副产品，以及部分外销产品，以维持农产品价格，保证农民正当利润；国营商业应积极组织私商进行城乡物资交流。（3）私人银行、钱庄仍可保留，但营业范围要有所限制，要按照《共同纲领》第三十九条②办理；国家银行可与之联合放款，投资信托公司，国家可参加资本20%—30%等。（4）在税收方面，对公私企业一律按税率征收，并简化税目，改革征收办法；等等。③后来公私关系的调整，基本上是按这些路径进行的。可以说，中财委根据实际情况研讨出的调整私营工商业的思路，为中央全面部署工商业调整打下基础。

<hr>

① 实际情况正是这样。1950年冬和1951年春，各地纷纷举办城乡物资交流大会，不到半年，就解决了工业品的滞销问题，安然度过暂时困难，城乡购销两旺，市场开始繁荣。参见《薛暮桥回忆录》，第207页。

② 《共同纲领》第39条规定："关于金融：金融事业应受国家严格管理。货币发行权属于国家。禁止外币在国内流通。外汇、外币和金银的买卖，应由国家银行经理。依法营业的私人金融事业，应受国家的监督和指导。凡进行金融投机、破坏国家金融事业者，应受严厉制裁。"参见《建国以来重要文献选编》第一册，第10页。

③ 参见马寅初：《工商局长会议总结》，见《马寅初全集》第十四卷，第111—113页。

（四）毛泽东及中共七届三中全会，进一步明确了新中国的新民主主义经济纲领和政治上的战略策略方针，明确工商业调整的指导方针；陈云在广泛调研的基础上对合理调整工商业作出全面部署

自 1950 年 3 月以来，在物价稳定的情况下，个别城市经过政府的引导和扶持，私营工商业经营状况良好。据天津人民政府工商局统计，整个工商业在 3 月中只减少 1 户，从 3 月工商业开、转、歇业的情况看有五个明显变化：开业的工厂由小到大，社会资金逐步投向正当行业，商业转向工业的趋势更加明显，为生产建设所需要的工业和能促进城乡或内外交流的商业逐步健康发展，生产过剩或产品粗糙的工业和专靠物价上涨吃饭的商业开始萧条①。

5 月下旬，津沪汉三大城市市场均显生机，购买力有所恢复，粮食的成交总量达 2700 万斤，比中旬增加 740 万斤以上。据武汉工商局统计，4 月时全市工商业申请停歇和申请开业的比例是 7∶1，停歇的多，新开的少。5 月形势大变，两者的比例为 7∶6，停歇的大大减少。许多原来打算停的工厂商店都决定继续经营，已经停业的十多家百货店正准备复业。其他各大城市也或多或少出现类似的好转迹象。②

现实情况引起中央注意。5 月 25 日，毛泽东在中央政治局会议的讲话中，进一步重申私营经济存在的合理性和对公私关系处理的指导意见。他说："今天的资本主义工商业对社会是需要的，有利的。私营工商业统统要拿到政府的翅膀之下来，是有理由的，因为适应了人民的需要，改善了工人的生活。当然，资本家要拿走一部分利润，那是必需的。私营工商业是会长期存在的，我们不可能很快实行社会主义。"所以，对于公营和私营要"一视同仁"，但又要"有所不同"。毛泽东在讲话中，精辟论述国家对私营工商业"有所不同、一视同仁"的政策。他说：

有所不同者，是国营占领导地位，是进步的，把位置反转过来是不行的，

---

① 《津工商业逐步转化》，《天津日报》1950 年 4 月 19 日。

② 李普：《调整经济的来龙去脉》，见《新观察》第一卷第 1 期，1950 年 7 月 1 日，第 6 页。

因为私营工商业比较落后，这一点必须公开说明，我曾同几个资本家说过。其他则一般的应当一视同仁，有的是要逐渐才能办到的，如收购、采办、出口以及市场。工资问题将来也是要解决的。在私人工厂中，也可以有模范工作者和劳动英雄，也应当有生产竞赛。总的说来，这种政策对于国家和人民是有利的，这个利是超过对资本家的利益。裁员问题、失业救济问题，都应该是一样的，一视同仁，或者如陈云同志所说的"不分厚薄"。这个精神在《共同纲领》第二十六条中已经有了，即统筹兼顾。①

毛泽东在政治局上的讲话，再次明确了人民政府对私营企业应该持有的态度；也再次明确了以《共同纲领》第 26 条为基本方针，进行工商业调整的指导思想。事实已证明，只有认真执行《共同纲领》中处理公私关系的"统筹兼顾"政策，才能有益于社会经济的恢复和发展；任何超越现实经济发展状况的过急、过左的做法，都会损害国民经济的发展。

新中国成立初期，面临非常复杂的情况，各种社会矛盾交错在一起。一方面，经济的恢复和发展已成为主要任务；另一方面，繁重的民主改革和社会主义改造任务尚待进行，还有复杂的阶级斗争继续存在。所以，在根据变化的经济形势调整财经政策的同时，要从战略上、宏观上把握好新中国发展的走向，认清社会主要矛盾及其变化，这对即将全面展开的工商业调整工作的顺利进行至关重要。

6 月 6 日，中共中央于召开七届三中全会，拟从战略上确定出更明确的方针，以指导新中国的财经工作。会前的 6 月 4 日，中共中央书记处决定，陈云在任弼时休假期间内参加中央书记处。因此，会议主席团由毛泽东、刘少奇、朱德、周恩来、陈云组成。②

毛泽东在会上作了《为争取国家财政经济状况的基本好转而斗争》的书面报告。他说：人民政府在最近几个月内实现了全国范围的财政经济工作的统一管理和统一领导，争取财政收支平衡，制止通货膨胀，稳定了物价。为使财政

---

① 《毛泽东文集》第六卷，第 61—62 页。

② 《中共中央文件选集（1949 年 10 月—1966 年 5 月）》第 3 册，第 138、137 页。

经济状况获得根本好转，我们需要继续创造三项条件：完成土地改革，合理调整工商业，大量节减国家军政费用。"要争取这三个条件，需要相当的时间，大约需要三年时间，或者还要多一点。全党和全国人民均应为创造这三个条件而努力奋斗。""革命胜利以后，整个旧的社会经济结构在各种不同的程度上正在重新改组，失业人员又有增多。这是一件大事，人民政府业已开始着手采取救济和安置失业人员的办法，以期有步骤地解决这个问题。""人民政府对于合理地调整工商业，改善公私关系和劳资关系，已经做了一些工作，现正用大力继续做此项工作。"毛泽东再次明确地说："有些人认为可以提早消灭资本主义实行社会主义，这种思想是错误的，是不适合我们国家的情况"。适合国情的能够促进整个社会经济恢复和发展的做法是"在统筹兼顾的方针下，逐步地消灭经济中的盲目性和无政府状态，合理地调整现有工商业，切实而妥善地改善公私关系和劳资关系，使各种社会经济成分，在具有社会主义性质的国营经济领导之下，分工合作，各得其所"。①毛泽东在这篇讲话中确定了争取国家财经状况基本好转的中心任务和行动纲领，并向全党明确了合理调整工商业是目前国家财经工作中的重要任务之一，是全党和全国人民必须团结一致做好的工作。

为了使全党能进一步把握好社会主要矛盾，搞好工商业调整，尽快实现国家财政经济状况的根本好转，毛泽东在会上又作了《不要四面出击》的重要讲话。在讲话中毛泽东指出：

"革命胜利引起了社会经济改组。这种改组是必要的，但暂时也给我们带来很重的负担。由于社会经济改组和战争带来的工商业的某些破坏，许多人对我们不满。现在我们跟民族资产阶级的关系搞得很紧张，他们皇皇不可终日，很不满。失业的知识分子和失业的工人不满意我们，还有一批小手工业者也不满意我们。在大部分农村，由于还没有实行土地改革，又要收公粮，农民也有意见。""我们当前总的方针是什么呢？就是肃清国民党残余、特务、土匪，推翻地主阶级，解放台湾、西藏，跟帝国主义斗争到底。为了孤立和打击当前的敌人，就要把人民中间不满意我们的人变成拥护我们。这件事虽然现在有困

---

① 参见《毛泽东文集》第六卷，第 69、70、71 页。

难，但是我们总要想各种办法来解决。""我们要合理地调整工商业，使工厂开工，解决失业问题，并且拿出二十亿斤粮食解决失业工人的吃饭问题，使失业工人拥护我们。我们实行减租减息、剿匪反霸、土地改革，广大农民就会拥护我们。我们也要给小手工业者找出路，维持他们的生活。对民族资产阶级，我们要通过合理调整工商业，调整税收，改善同他们的关系，不要搞得太紧张了。"①

　　毛泽东在讲话中明确说：全党要认真谨慎地做好统一战线工作。要在工人阶级领导下，以工农联盟为基础，把小资产阶级、民族资产阶级团结起来。民族资产阶级将来是要消灭的，但是现在要把他们团结在我们身边，不要把他们推开。我们一方面要同他们作斗争，另一方面要团结他们。要向干部讲明这个道理，并且拿事实证明，团结民族资产阶级、民主党派、民主人士和知识分子是对的，是必要的。这些人中间有许多人过去是我们的敌人，现在他们从敌人方面分化出来，到我们这边来了，对这种多少有点可能团结的人，我们也要团结。团结他们，有利于劳动人民。现在我们需要采取这个策略。"总之，我们不要四面出击。四面出击，全国紧张，很不好。我们绝不可树敌太多，必须在一个方面有所让步，有所缓和，集中力量向另一方面进攻。我们一定要做好工作，使工人、农民、小手工业者都拥护我们，使民族资产阶级和知识分子中的绝大多数人不反对我们。这样一来，国民党残余、特务、土匪就孤立了，地主阶级就孤立了，台湾、西藏的反动派就孤立了，帝国主义在我国人民中间就孤立了。我们的政策就是这样，我们的战略策略方针就是这样，三中全会的路线就是这样。"②

　　毛泽东的论述，反映了中共中央根据新中国成立后的社会情况，进一步明确了新中国新民主主义经济纲领的政治意图和策略方法，明确了现阶段必须通过新民主主义经济政策，恢复和发展国民经济，党内任何过早跨越新民主主义经济发展阶段，实施社会主义经济政策的言行，对国家经济的恢复和发展，对

---

　　① 《毛泽东文集》第六卷，第 74 页。
　　② 《毛泽东文集》第六卷，第 75—76 页。

新中国政权的巩固都是不利的。

依据毛泽东阐述的党的七届三中全会精神，陈云代表中央在党的七届三中全会上，作了关于财政经济问题的报告，就调整公私关系和整顿税收两个问题阐述了中央的政策方针。

在调整公私关系上，陈云强调："毛泽东同志讲的五种经济成分统筹兼顾。也就是说，要按照《共同纲领》第二十六条办事。""因为私营工厂可以帮助增加生产，私营商业可以帮助商品流通，同时可以帮助解决失业问题，对人民有好处。"陈云深刻指出："只有在五种经济成分统筹兼顾、各得其所的办法下面，才可以大家夹着走，搞新民主主义，将来进到社会主义。但五种经济成分的地位有所不同，是在国营经济领导下的统筹兼顾。对于资本家，凡是妨害国计民生、投机操纵、偷税破坏等行为，都要反对，不能含糊，公开也这样讲。"如何实现国营经济领导下的公私统筹兼顾呢？陈云提出：在工业上，要通过对私营工厂加工订货，有步骤地组织私营工厂的生产和销售，逐步消灭无政府状态。在商业上，要通过合理的价格政策，使私商有利可图；公私要对农产品和农副产品的收购合理分工；外贸进口要严加管制，出口则放宽尺度。另外，国家银行要领导私人银行和钱庄，私人银行吸收的存款很少，我们要想办法把它利用起来，使其能够转动。

在税收问题上，陈云反思了工作中存在的缺点：一是政治不强，一是业务不通。"财经干部经常注意政治是必要的。做财经工作的人，一天脑子里就是数目字，经常转财经工作本身的问题，其他方面考虑得就很少。要经常在政治上提醒他们，如果没有群众观点，没有政治观点，就很容易出毛病。"过去税收工作中，对税率的大小是否超过人民的负担能力，没有过细考虑。大宗货物收税，鸡毛蒜皮就不一定要收。收税不但要有税率和税目，还要有细则和办法，目前我们的工作不完善，完全是外行办事。陈云在税收工作中提出如下要求：一是农业税，要按"毛泽东同志提出，今年夏征要减少，秋征也要减少一点。至于税率，我看在三五年内，一般的不提高，一部分还可能略为降低一点。"在农村要实行单一的定额农业税，棉花、黄豆、小米等合起来按年计算税额，增产不再增税。养鸡、养羊，卖几个鸡蛋，都不收税。这样就可以鼓励农民从事多种生产。二是工商税较为复杂，要根据税率收税，必须估计出两点：一是营业额，二是目前的平均利润；这需要调查研究，使估计有根据；税目不宜太多，手续不宜太繁。目前全国进行经济调整，要解决工人失业、商店关门等很多问题；且需要调整时间，因此在几年内，一部分商品的税率可以减低一些。①

陈云的报告切合当时经济恢复和发展的客观需要，并揭示了新民主主义经济的发展的规律，受到与会者赞同和大会批准。这次全会统一了全党思想，对于凝聚一切可以团结的力量，实现国家财经状况的根本好转，具有重要意义。

会后，陈云依据中央七届三中全会精神，代表政务院及中财委于6月15日在全国政协一届二次会议上再次作财经工作报告，清晰阐述目前经济形势，并对工商业调整从公私关系和税收两个方面作出具体布置。

陈云精辟指出："我们国家的经济，目前正处在一个重大的历史转折点。这就是在全国范围内改造半殖民地半封建经济而为独立自主的新民主主义经济的历史转折点，由落后到进步的历史转折点，由坏情况到好情况的历史转折点。"目前我们已经取得了一批胜利，即财经工作业已实行统一，财政收支业已接近平衡，通货和物价业已趋于稳定。在历史发展中的经济"变化虽然有痛苦，但这种变化的性质，却并不是坏的，它将走向新生，走向重建，走向繁荣，走向健全的新民主主义经济的建立。"②

关于调整公私关系的部署是：在工业方面，由政府和国营企业委托私营工厂加工及向私营工厂订货；政府收购部分农产品，并尽可能扩大工业品在国内外的市场；联合公私力量，组织工业资金周转；号召私营企业改善经营方法，改善劳资关系，共同克服企业中的困难；有步骤地把国营企业以外各机关、各部队、各团体分散经营的生产事业统一起来，并加以调整，使之与私人企业、手工业和农民副业相协调而不冲突；随时公告全国，哪些产业部门的生产暂时已经过剩，或已达饱和点，使人们知所趋避，减少盲目从事的弊害；有重点地举办失业救济，尽量把失业者组织起来参加国家公共工程，例如兴修水利、修

---

① 参见《陈云文选》第二卷，第95—97页。
② 《陈云文选》第二卷，第100、102页。

建市政工程等。在商业方面，政府依照经济情况，规定适当的价格政策，即把批发价与零售价、地区与地区的差价，保持适当距离。国营贸易机关所设的零售店和百货公司，其数量以能够稳定零售市场价格、制止投机商人扰乱市场为限度；零售店只卖粮食、煤炭、纱布、食油、食盐、石油六种人民日用必需品；国营批发公司的责任在于回笼货币，稳定批发价格。国营贸易机关的收购范围目前只能是主要农产品、外销物资及主要农业副产品的一部分，其余部分必须鼓励合作社和私商收购，要维持农产品的适当价格，又必须照顾销路和运销利润，以使农产品畅销。政府对于私商的运销手续及运输条件，应给以充分的便利，并在税收政策和税收手续上给以适当照顾。在金融业方面，国家银行继续赞助公私行庄联合贷款，并在现有基础上逐步扩大其业务。在工商界组织方面，为便于公私协商问题，公营和私营工商业以合组同业公会和工商业联合会为适宜。

针对征收农业税和工商业税等工作中出现负担畸轻畸重的偏差，陈云提出调整税收的主要措施是：在农业税方面，只向主要农产品征税，凡有碍发展农业、农村副业和畜牧业的杂税概不征收；适当减轻农业税；农业税以通常产量为固定标准，增产不加税；农村交易税要规定恰当的起征点，对农民小量交易不应征税。在工商税方面，继续执行工轻于商和日用必需品轻于奢侈品的政策；征收不得超过应征的税率；简化税目，准备减少200余种，简化合并200余种，两项共减500余种；减轻盐税；统一计税方法和估价方法；依照不同情况分别采取自报实征配合查账、民主评议和定期定额三种不同的征税办法；各大城市设立税务复议委员会，由税务局、工商局、工商业联合会三方面派员组成，复议有关税额及处罚事项。①

陈云代表中财委作出的调整工商业的部署，集中了党内外方方面面的意见，其中包括工商界的意见。陈云在领导中财委酝酿工商业调整政策措施前，作了充分的调查研究，一些政府组织的会议也专门吸收了工商界人士参加，听取他们对解决目前存在的经济困难提出的建设性意见。

---

① 以上陈云所述调整工商业、调整税收方面的具体措施，参见《陈云文选》第二卷，第104—109页。

以天津工商界为例。他们希望政府早日公布施行私营投资条例及公司法，使旧有的企业得以扩充资本，新生的企业易于吸收游资，进入正轨，发展生产。在市场销路方面，希望政府有重点有计划地扶助，以渡过难关；比如：植物油、油坊、地毯、制蛋工业和鸡鸭卵商业等，主张由政府掌握计划推广国外贸易，以争取外汇打开出路；橡胶和鞋帽工业主张实行有重点有计划的联营产销；火柴工业主张成立专卖机构统一产销，统一品质规格，避免盲目的生产和贬价的竞销。在资金和金融方面，希望通过国营机构的加工订货，帮助私营工商业复苏。在公私关系上，希望公营企业能以"正确合作的精神来领导着团结互助，共谋取发展，不要发生本位主义或操纵挤轧的偏差。"在税收方面，希望能尽早实现单一税制和尽量简化手续与公平合理，并早日统一全国税收，划一全国稽征手续；至于工商业税采用民主评议方式，在过渡期间，原不失是一种较为合理的办法，但不宜永远照此作下去，应吸取东北旅大的先进经验，由税务当局从速制定统一的会计制度，划一单据账簿，实行查账计征的办法，以期作到真正的合理的负担。关于工人救济和工资问题，希望政府强化职业介绍所机构，帮助过剩工人转业，或举办水利和修建工程，或移民垦区，以资收容救济；根据各地各业情况，划一制定工资标准，使私营工商业对于现存一部分不合理的制度，得有遵循加以调整等。①上海工商界在产品销路、资金解决、公私企业关系、税收等方面也提出许多类似的建议。②

对于中财委的充分调查研究、集中各方面智慧充分酝酿工商业调整措施的情况中央是了解的。毛泽东在审阅陈云6月15日全国政协一届二次会议讲话时，特地加了一段话："最近三个月来，中央劳动部召集了一次各省、市的劳动局长会议，政务院财经委员会召集了一次各大城市的工商局长会议，中央财政部召集了一次各大城市的税务局长会议，详尽地讨论了有关劳资关系、调整

① 《天津市工商界关于津市私营工商业对于解除当前所感转变过程中暂时困难的意见》（1950年4月），见《1949—1952　中华人民共和国经济档案资料选编（工商体制卷）》，第809—812页。

② 参见《盛丕华副市长关于上海工商业情况报告》（1950年），见《1949—1952　中华人民共和国经济档案资料选编（工商体制卷）》，第824—826页。

工商业和调整税收诸问题。这三次会议均有私人工商业代表参加。我现在的报告大都是这些会议共同的意见和结论。"①

决策过程中国家与社会的充分互动和认同，不仅为中央调整工商业决策与政策的正确拟订打了基础，也为以后的实施创造了坚实的社会基础。

（五）中财委第二次全体会议确定将工商业调整作为中财委下半年四项重点工作之一，并对有关问题在内部进行讨论

中财委 1949 年 10 月 21 日成立大会后，每星期二召开中财委委务会议，处理日常工作，委务会议由中财委所属的各部、署、局主管人员参加。由于其中大部分主管人均兼任中财委委员，又因中财委其他各委员散处各地，工作繁忙，不易召集，故成立大会后再未召开全体会议。

全国政协一届二次会议使中财委外地委员多数来京，客观上为召开中财委全体会议提供契机。更重要的是，经过稳定物价、统一财经，新中国经济建设的客观环境与中财委成立时相比，发生很大变化；工商业调整的开展，又将使中国的经济结构、公私经济关系发生进一步变化，中财委需要对新中国成立以来 8 个月的工作情况作个总结，明确努力方向，以继续推动经济的健康发展。故全国政协一届二次会议期间，陈云于 6 月 20 日主持中财委第二十四次委务会议，决定召开第二次中财委全体会议。

6 月 21 日，陈云致信周恩来并转中共中央，报告会议议程，即：由各部作口头或书面报告，总结过去工作，提出下半年工作设想；讨论中财委已拟订的下半年召开的各项专业会议议程，这些专业会议大部分由公私双方参加，将确定明年概算和投资计划；此外还需要讨论一些专项问题，例如投资条例等②。陈云的提议得到周恩来和中央的批准。中财委第二次全体会议的基本情况请，详见表 20。

---

① 参见《建国以来毛泽东文稿》第一册，第 403 页；《陈云文选》第二卷，第 109—110 页。

② 《陈云年谱（修订本）》中卷，第 82 页。

表 20　政务院财政经济委员会第二次全体会议基本情况

会议列项	会议详情
时间与地点	1950 年 6 月 26 日至 29 日北京中财委所在地会议厅
会议主要情形	会议共 4 天。第一、二日听取薄一波作中财委下半年工作计划报告暨铁道部、重工业部、轻工业部、纺织工业部、燃料工业部、食品工业部、交通部、邮电部、水利部、农业部、林垦部、财政（未印发文件）、贸易部、劳动部、中国人民银行、海关总署、中央财经计划局、中央私营企业局等 18 个部、行、署、局的工作报告。第三日分三组讨论：（1）各部、行、署、局的工作报告；（2）中财委下半年工作重点；（3）私营企业投资暂行条例等。4 日上午分三组总结，下午续开大会至 8 时闭幕。
会议主要议决结果	（1）一致通过薄一波在报告中提出的中财委下半年四项工作重点。（2）批准 18 个部、行、署、局关于过去 8 个月工作及 1950 年下半年工作计划报告。（3）会议一致认为，在公司法未颁布前，中财委私营企业局起草的《私营企业投资暂行条例（草案）》对于调整工商业，鼓励投资，可发生积极作用，原则上通过；并决定由中财委秘书长薛暮桥作文字修改后，呈报政务院审定。（4）对千家驹、吴羹梅关于建立中央工商行政领导机构（工商部）的建议，会议未取得一致意见，决定将原案及各委员意见汇报政务院供参考。（5）会议决定，中财委全体会议今后每三个月召开一次，于每 1、4、7、10 月四个月每月下半月中举行。
会议出席和列席人名单	陈　云　主　任 薄一波　副主任兼财政部部长 马寅初　副主任 李富春　副主任兼重工业部部长 叶季壮　委员兼贸易部长 陈　郁　委员兼燃料工业部部长 杨立三　委员兼食品工业部部长 黄炎培　委员兼轻工业部部长 滕代远　委员兼铁道部部长 朱学范　委员兼邮电部部长 章伯钧　委员兼交通部部长 李书城　委员兼农业部部长 梁　希　委员兼林垦部部长 傅作义　委员兼水利部部长 李立三　委员兼劳动部部长 南汉宸　委员兼中国人民银行行长 孔　原　委员兼海关总署署长 戎子和　委员兼财政部副部长 何长工　委员兼重工业部副部长

会议列项	会议详情
会议出席和列席人名单	钱之光　委员兼纺织工业部副部长
	宋裕和　委员兼食品工业副部长
	薛暮桥　委员兼秘书长
	宋劭文　委员兼中财委计划局局长
	曹菊如　委员兼中财委计划局副局长
	钱昌照　委员兼中财委计划局副局长
	孙晓村　委员兼中财委计划局副局长
	范子文　委员兼中财委人事局局长
	钟　林　委员兼中财委技术管理局局长
	孟用潜　委员兼中央合作事业管理局局长
	冀朝鼎　委员兼中财委外资企业管理局局长
	梅龚彬　委员
	章乃器　委员
	胡厥文　委员
	盛丕华　委员
	包达三　委员
	俞寰澄　委员
	冷　遹　委员
	吴羹梅　委员兼中财委私营企业管理局副局长
	李士豪　委员
	千家驹　委员兼中财委私营企业管理局副局长
	刘子久　委员
	罗叔章　委员
	陈叔通　委员
	侯德榜　委员兼中财委高等技术顾问
	胡子昂　委员
	周苍柏　委员
	王绍鏊　财政部副部长
	姚依林　贸易部副部长
	沙千里　贸易部副部长
	刘　鼎　重工业部副部长
	李范一　燃料工业部副部长
	吴　德　燃料工业部副部长
	陈维稷　纺织工业部副部长
	张琴秋　纺织工业部副部长
	杨卫玉　轻工业部副部长

会议列项	会议详情
会议出席和列席人名单	龚饮冰　轻工业部副部长 王新元　轻工业部副部长 吕正操　铁道部副部长 武竞天　铁道部副部长 石志仁　铁道部副部长 王　净　邮电部副部长 李运昌　交通部副部长 季　方　交通部副部长 罗玉川　农业部副部长 吴觉农　农业部副部长 杨显东　农业部副部长 李范五　林垦部副部长 李相符　林垦部副部长 李葆华　水利部副部长 张含英　水利部副部长 施复亮　劳动部副部长 毛齐华　劳动部副部长 胡景沄　中国人民银行副行长 丁贵堂　海关总署副署长 喻　杰　西北军政委员会贸易部部长 范长江　新闻总署副署长 雷荣天　公安部财经保卫局局长 胡子婴　中财委副秘书长 周荣鑫　中财委副秘书长 马豫章　中财委办公厅副主任 孙越崎　中财委计划局副局长 杨放之　中财委计划局副局长 章夷白　中财委人事局副局长 徐寿轩　中财委人事局副局长 陈修和　中财委技术管理局局长 梁　耀　中央合作事业管理局副局长 丁树德　中央合作事业管理局副局长 王寅生　中财委编译室主任 李国钧　中财委编译室副主任
会议缺席人	贾拓夫　委员兼西北财委主任 邓子恢　委员兼中南财委主任

续表

会议列项	会议详情
会议缺席人	曾　山　委员兼华东财委主任、纺织工业部部长 李民欣　委员 简玉阶　委员 周叔弢　委员 宋棐卿　委员

资料来源:《陈云、薄一波、马寅初给周恩来的报告》(1950 年 7 月 7 日),《政务院财政经济委员会第二次全体会议出席和列席名单》(1950 年 6 月 26 日);见《中国工业五十年(第一部)》下卷,第 1102—1104 页。

中财委第二次全体会议不是一次对重大经济问题的决策性会议,而是一次内部工作总结和研究性质的会议。因为会议报告所谈的重大问题,"均已在全国委员会和中央人民政府,政务院会议中报告并经讨论通过,故各委员对政策方针问题,已提不出什么重要的意见来"[1]。薄一波在 6 月 27 日会议的报告中提出的中财委下半年四项任务,是围绕中央决策作出的对财经全局具有重要影响的战略部署。这四项任务是:巩固财政经济工作的统一管理和统一领导,巩固财政收支的平衡和物价的稳定;继续调整工商业,召集若干专家会议解决公私企业产销问题;拟订 1951—1955 年计划轮廓,主要是定出 1951 年的生产计划交下次全委会讨论;制定 1951 年的财政概算。[2] 其中第二项是当务之急,表明中财委在全国工商业调整工作中处于领导地位,肩负着引导新中国多种经济成分健康发展的重要责任。

会议讨论了两项有关私营企业管理方面的重大问题:一是《私营企业投资条例(草案)》。此项在工商局长会议中已提出讨论,并作详细修改,因有若干问题(如盈余分配问题)意见尚不成熟,故尚未向政务院提出。会前,中财委私营企业局又请各地工商业家代表 20 余人讨论两次,因关系到他们的切身利益,争论甚为热烈。在小组会上,各委员提出许多补充修改意见。其中,主要

---

① 《陈云、薄一波给毛主席并中共中央的报告》(1950 年 7 月 3 日),见《中国工业五十年(1949.10—1952)》第一部下卷,第 1154 页。

② 参见《中国工业五十年(1949.10—1952)》第一部下卷,第 1107 页。

有：（1）有限责任问题，大家认为此条迫切需要。（2）盈余中先分股息，后提公积金，目的在奖励投资。（3）资金分红，有不超过60%和不少于60%两种意见，后决定资金分红加董监经理酬劳不少于60%。（4）要求加一条"私营企业之财产权及经营管理权不得侵犯"，经讨论，此条未能通过。与会工商业家委员一致要求早日批准公布这个条例。二是关于建立中央工商行政领导机构（即：设立工商部）。这个问题由中财委委员千家驹和吴羹梅提出，工商业家委员大多数赞成。与会者认为，目前工商业家有困难，因无专责机关，无处申诉。各部长委员则大多反对成立工商部，主张加强私营企业局或维持现状，理由是扶助私营企业除主管业务部门外，牵连到财政、贸易、银行各方面，必须由财委会掌握，建立工商部不能解决问题。会议对此问题未能形成决定。① 对这两个问题的不同意见，明显反映出中财委内部，私营工商企业家和政府各部长委员之间，由于不同的社会地位决定了他们对待问题的立场、观点不同。中财委对这两个问题已有相当一段时间的研究，并在一定范围内讨论过。调整工商业的展开，使对私营企业管理的问题日显突出。这两个问题在会上的再次提出和讨论，促进了政府与社会对私营企业管理问题的关注和研究。

中财委18个部、行、署、局的工作报告，是中财委二次全会内容中的重要组成部分。这些工作报告涉及财经工作的方方面面，分开看，是各部门半年多的工作总结和下半年工作计划；联系起来看，它勾勒出各部门在新中国成立八个月以来财经工作初创阶段走过的轨迹。虽然各个部门的工作都取得很大成绩，但从总的情况看，新中国财经工作在业务情况熟悉和工作经验积累方面，在组织领导、政策掌握和生产科学管理方面，在公私关系处理和工厂经营等方面都有欠缺，工作只能说是开了个头，需要进一步充实和完善。根据薄一波工作报告中提出的中财委下半年四项任务，所属各部、署、行、局拟订了不同的努力方向，其中根据本部门的特点拟订的调整公私关系或劳资关系及产销关系方面的措施，对落实中央工商业调整决策有着重要意义。

如中国人民银行总行在报告中提出：采取措施积极调整金融业和私营工商

① 《陈云、薄一波给毛泽东并中共中央的报告》（1950年7月3日），见《中国工业五十年（1949.10—1952）》第一部下卷，第1154—1155页。

业的关系，调整国家银行和私营金融业的关系；拟扩大私营工商业信贷，下半年贷款计划，除中央企业部门由总行直接贷放外，分配给各区分行的贷款总额超过 2 万亿元，为目前贷款额的 250%，此款将主要用于私营工商业；对私营金融业采取监督与指导方针，私营行庄在由通货膨胀转入通货稳定中，发生严重困难，需要国家扶植和调整；各大城市银行将召集行庄、工商联、职工会等分别举行座谈会，总行也将于 8 月 1 日召开全国金融业专业会议，讨论今后业务的改进与发展等。①

如中央贸易部在报告中提出，在调整公私关系方面，准备在 7 月、8 月两个月中，召集六个公私关系方面的会议，即：盐业运销会议，该会已开，对食盐价格、运销条件、公私分工等重要问题，公私双方均已取得完全一致的决议。另外，还准备召开纱布、百货、进出口贸易、食品加工、煤业运销五个会议，逐一调整这些方面的公私关系。除零售价格继续调整外，对零售商店、零售公司、百货公司门市部的数量要进行适当调整，以利于贸易工作的健康发展。在加工、订货方面，贸易部主要举办纱布、百货、面粉三种；纱布以现有及秋棉上市前可能收购及进口的原棉为限度，组织加工；面粉以今后国内市场可能销售数量为组织加工限度，并争取部分面粉出口，以求有扩大加工数量的可能；百货加工要适当减少，以配合国营公司紧缩百货经营。在进出口贸易上，采取大量鼓励出口的方针，以推销国内工农业剩余物资，换回生产建设器材。加强城乡交流是贸易部着重加强的一项工作，并拟订以下措施：在收购农副产品方面，采取尽量鼓励私人经营的方针，调整产销地区价格，使贩运者有利可图，组织土产商人下乡收购，贸易部建议税收机关适当减免土产税，并简化手续；铁路适当减低土产运费；银行适当举办土产贷款，以开拓土产销路，提高农民购买力。另外，与人民银行相配合，开展货币下乡工作；尽量组织私商下乡，以活跃城乡交流，开拓货币阵地；国营贸易机关也要组织一部分力量下乡，以补私商下乡力量的不足；在乡村附近重要城镇中，建立部分国营贸易点，以便掌握城乡物资的正常差价，防止因货币下乡可能引起的局部物价波动。②

① 参见《中国工业五十年（1949.10—1952）》第一部下卷，第 1146 页。
② 参见《中国工业五十年（1949.10—1952）》第一部下卷，第 1150 页。

中财委各部、行、署、局的工作报告从总体上反映出：通过八个月财经工作的实践，中财委及所属各部门在领导财经工作的观念上较之战争年代有较大转变。这集中体现在两个方面。

一是对计划工作有了初步认识。中财委计划局在总结中提出，新中国初年只有年度计划，而没有长期计划。这主要因为制定长期经济计划条件还不具备：战争没结束；做计划依靠的统计资料很缺乏；新建设的调查研究与设计工作短时间做不成。但陈云、薄一波清醒意识到，一年计划看得太近，容易出偏差，指示中财委计划局，要在 5—8 年的经济建设远景中考虑 1951 年国民经济计划。计划局根据陈云、薄一波指示，从 4 月起，即协同财经各部的计划司搜集资料，准备提出五年计划的轮廓及 1951 年计划控制数字，并在 7 月中旬向中财委提出议案。①

中央重工业部在总结中强调，要注意计划工作的作用与整体性，认为要使工业生产走上正轨，计划是中心环节。计划工作一定要上下成一体系，全国成一整体。为保障计划切实落实，必须纠正现存对计划工作确实性与严肃性不重视的倾向，要切实执行计划，加强各经济部门之间的联系性、整体性与全面性，这是执行计划的前提。重工业部在这方面是有教训的，由于各经济部门很少向中央重工业部提出需要，该部也未主动联系各经济部门，因此重工业部的生产计划不是根据各部门提出的订货单而制定的，结果造成产销不平衡，自己的机器空着无活做，有的部门还向国外订本国能造的机器。重工业部提出，今后凡已批准实施的计划，都要用合同固定下来，而且一定要维护合同的法律责任，违反合同要受法律制裁。因为实践已证明，合同制的实行保证了计划的现实性，凡签订了合同，计划就有现实意义。②

二是认识到银行在国家财政经济中的重要组织和调节作用，拟加强金融工作。中国人民银行总行在总结报告中指出，过去十几年银行主要的任务是，支援战争，扶持生产；1949 年冬以来是大力制止通货膨胀，争取金融物价稳定；今后应尽力巩固金融物价稳定，扩大信用，扶植生产。新的金融工作任务，使

---

① 参见《中国工业五十年（1949.10—1952）》第一部下卷，第 1109 页。

② 参见《中国工业五十年（1949.10—1952）》第一部下卷，第 1130 页。

过去十几年在通货膨胀中积累的经验已不适用；银行工作要想充分动员货币资金，使其有效地巩固金融，扶植生产，需要全面开展信用业务，改善组织和管理工作。为此，应建立经常、系统的金融检查工作，简化制度，使调查研究与设计组织工作密切联系，不断推出新的组织形式和工作方法，以适应新的工作要求。同时要有精确的计算，使人力资财得到充分运用，为争取下半年的业务在现有基础上继续发展 1 倍而努力。①

这两个方面都是现代经济中对全局具有决定性影响的因素，在短短八个月的财经工作中，中财委及其所属经济职能部门，即在这两个方面理出初步的工作思路，显示了中财委领导经济工作的能力和探索管理国家经济方法的正确性。这种观念上的转变，有益于中财委更好地领导全国工商业调整工作。

6 月下旬，贸易部召开各大区贸易部长及华北五省二市商业厅长和局长联席会议，对调整商业公私关系的方针作了进一步研究。7 月 6 日，陈云起草了与薄一波联名的给毛泽东并中共中央的报告，报告中财委二次会议在工商业调整问题上所获得的一致意见：（1）当前首要任务是巩固物价的继续稳定，但进口物资、工业器材和某些百货（如白糖）方面，力量很弱，不足以应付市场变化，须迅速补救，成立工业器材公司，设法增购工业器材。（2）在零售商业方面，各地发展很不平衡。要酌情减少、增加和保持原状。在大城市及大工业区可设零售公司，在中小城市只对个别的必要商品，如粮食才可设零售店。零售货物以中央规定的六种商品为限，以稳定零售价格为原则。（3）大城市所生产的百货，多不适合于农民需要，故拟在下半年减少百货经营，并减少百货加工订货。（4）纱布加工，大体维持现状；但棉花不足，拟增加进口十万担。面粉加工力量很大，年产 8000 万袋，但内销市场很小，拟由我们加工 2000 万袋，外销无把握不再增加。（5）物价稳定后，过去集中于城市的商业游资，拟组织向农村收购粮食、棉花、土产品。各中央局、分局党委要端正土产产销地区的合理价格差额，使私商有利可图；要适当地减免税收及减低运费，简化手续，以便土产畅流和销售。（6）各地除大力组织私商下乡外，国营贸易亦须开展在

---

① 参见《中国工业五十年（1949.10—1952）》第一部下卷，第 1146、1147 页。

中小城市与合作社相结合的工作。国营贸易下乡与组织私商下乡必须相辅而行，并充分运用私商力量，否则城市公私关系不能稳定。（7）按照中央规定积极组织各种协调公私关系的专业会议。①7 月 17 日，中共中央将陈云、薄一波上述报告批转各中央局、分局及所属财委等，中央在批示中说："中央同意这一报告的方针，望各地遵照执行，并在执行中发现问题或困难时，随时报告中财委并提出解决意见为要。"②

至此，中财委依据中央指示，将调整工商业的具体政策和措施全盘确定，此后，推动落实的问题提到中财委工作日程的首位。

三、中财委领导调整工商业政策的实施

思想动员是政策落实的先导。各地为落实中央拟定的调整工商业决策，首先进行充分的政治动员并加强组织领导。华北地区召开了各界人民代表会议、人民协商会议和各种座谈会，学习和宣传中央调整工商业的政策；石家庄人民政府通过工商业联合会，设立公私关系、劳资关系、税收、业务指导等组织，加强对私营工商业调整工作的领导。唐山、保定以市委、市政府为主，吸收工商界代表参加"工商调整委员会""私营工商业工作委员会"等咨询机关，以协助政府工作。③西南工商局组织调查和召开大小座谈会，了解各业情况，宣传政策；工会劳动局也配合调整劳资关系，在工人中进行教育，团结并推动资方，使生产效率提高，工商业者疑虑逐步消除，并在得到政府具体扶助后，感觉有利可图，开始积极经营，设法克服困难④。

---

① 《陈云文集》第二卷，第 149—151 页。
② 《中共中央文件选集（1949 年 9 月—1966 年 5 月）》第 3 册，第 217 页。
③ 《薄一波、刘澜涛关于华北调整工商业情况和初步经验向毛主席并中央的报告》（1950 年 8 月 6 日），见《1949—1952　中华人民共和国经济档案资料选编（综合卷）》，第 754—755 页。
④ 《西南局关于西南区工商业情况报告》（1950 年 8 月 6 日），见中国社会科学院、中央档案馆编：《1949—1952　中华人民共和国经济档案资料选编（工业卷）》，中国物资出版社 1996 年版，第 412—413 页。

　　调整工商业决策的形成有一个过程，与此相应，政府有关部门对中央调整工商业政策的组织实施也有个过程。这个过程的基本特征是：围绕调整公私关系、劳资关系、产销关系三个环节，结合经济各部类、各地区的实际情况，由中央在决策过程中广泛听取各地包括工商业家的意见，加上各级人民政府的思想动员。于是中央与地方在对调整工商业的各项政策、措施具有较高认同度的基础上，形成了良性的互动，使中财委经过认真调研而制定的具体实施方案得以落实。

（一）调整公私关系，就是调整社会主义经济成分与资本主义经济成分的关系，其目的就是要使私人资本主义工商业在国营经济的领导下，分工合作，各得其所

　　公私关系调整的主要内容：一是调整公私工商业关系；一是整顿税收，合理调整公私负担。调整的实质是确立资本主义经济在国家经济领导下各得其所的格局。调整的基本趋向是落实公私兼顾政策，注意扶助、照顾并激励私营工商业经营的积极性。具体措施包括以下方面：

　　1. 对私营工商业实行加工、订货

　　国营经济机关向私营工业加工订货、收购、包销，帮助私营工业解决原料供应、产品推销和资金周转，使他们按照国民经济的需要，在合理的生产中取得正当利润。加工订货的重点是国家建设急需和与人民生活密切相关的行业，如冶金、机械、纺织等。政府对私营工业加工订货，收购包销，在解放初期已经出现，但比重不大，调整工商业以后比重迅速扩大。

　　据天津市人民政府 1950 年工作报告统计，该年内各国营贸易公司对天津私营工商业加工、订货、收购的总值达 16000 余亿元，合小米 10 亿余斤。如花纱布公司包销了恒源、北洋、达生、华新四纱厂的全部纱布；各私营麦粉厂替粮食公司和供应局加工磨粉占其总产量的 77%；植物油业替油脂公司及合作社加工榨油占其总产量 51%；染整业替花纱布公司加工染布占其总量 42.94%，织染占 34%；煤建公司及其他国营单位包销及订购启新洋灰共占其总产量的 92%，信托公司订货收购了全市私营工商业的货物达 2100 亿元等。

这些行业在国家经济强有力的扶助下都得到发展。① 全国其他城市情况也与此类似。国家的加工、订货政策帮助了很多私营企业渡过难关。

在国家加工订货政策的扶持下，有的地区还组织联营、联购、联销。② 采取联合营销经济组织形式的好处是：（1）由于经营在一定程度上的集中，减少了相互间的倾轧竞争，达到了资金和技术上的互助，克服了资金缺乏、技术设备简陋等困难；从而减低成本，提高质量，打开销路，得到发展。（2）使私营企业便于接受国家较大批的订货和委托加工；也便利国营经济对私营企业的领导和帮助，无论是在银行贷款还是工业技术指导上都比以前方便；更重要的是结束了私营企业停工的不景气状态，使之走向正常发展的道路。（3）联营后经营改善，转为面向农村，面向人民，使私人资本有了广阔的发展领域。另外，在国家经营的部分中，还采取了合同的方式委托私商代购代销，以调动私商的积极性。

2. 调整公私商业的营业范围和价格

国营商业的价格政策是公私商业关系的基本环节。私营商业价格调整是从各地贸易公司零售价格开始的。针对有些地方国营贸易公司批发与零售价差价很小或批发与零售价格一致，甚至零售价低于批发价，不能给正当商人以合理经营利润，以至严重影响私营零售商业经营的情况，6月9日，贸易部发出《关于各地贸易行政机关应即检查并领导贸易公司调整零售价格的通知》，决定："各地国营贸易公司在确定零售价格时，必须根据零售成本（内含批发价格、运杂费、税佣、伤耗等），加合理利润，予以精确计算。"③ 正确的价格政

---

① 参见《天津日报》1951年2月1日。

② 以太原为实例。此处私营的棉织、铁炉、车马、粮食四个行业，计百余户，根据情况分别采取联营、联购、联销的经济组织形式。棉织业主要是联采联销，由独立的各厂自愿筹集股金成立联合购销处，统一承揽加工订货、采购原料、推销成品；统一规格、商标；并在统一计划下改进机器。铁炉业主要是统一揽货分散经营，由工商局、工商联合会、手工业工会等成立加工管理委员会，统一揽货、交货，统一规格，统一分配。粮店主要是联购分销，先集中资金，统一采购，再按资金大小分散出售。车马运输业主要是统揽分运，联营机构为承运委员会，任务是统一签订承运合同，组织各组分运。这些经济组织形式，在实践中都产生了好的效果。参见《中共山西省委调整公私关系以来私营企业联营情况的报告》（1950年8月19日），见《1949—1952 中华人民共和国经济档案资料选编（工业卷）》，第424页。

③ 《中央人民政府法令汇编（1949—1950）》，第339页。

策应照顾生产者、贩运者和消费者三方利益，并适当考虑到地区差价、批零差价、季节差价和原料成品差价，让私营零售商和运销商有利可图，以鼓励私商经营的积极性，达到活跃市场的目的。

私营商业在销售方面发生问题，与国营零售商业的范围和数量有关。1950 年上半年，国营贸易机关为了稳定城市零售价格，设置了一定数量的零售商店，这对稳定人民生活必需品的零售价，起了极大作用。但国营贸易不适当限制经营范围，就会影响正当私人零售商业的存在和发展。中财委注意到这个问题。陈云在 6 月 15 日全国政协二次会议的讲话中，为国营商店的零售范围确定了基本框架，即主要经营粮食、煤炭、纱布、食油、食盐、石油等六种人民日用必需品，以稳定零售市场价格、制止投机商人扰乱市场为限。①

为落实中财委调整零售价格和零售商店的数量、紧缩百货公司门市部、逐渐取消各专业公司委托的供销店的指示，中央贸易部部长叶季壮在中财委二次会议上提出，适当修正 1950 年初所规定的业务计划，修正的方向是：缩小百货经营、零售公司只在大城市及大工矿区设置，在中小城市不设置；现地方零售业务有多于粮食、煤、盐、食油、煤油、布六种商品者，应立即取消。② 随后，中央贸易部又召开各地区贸易部长会议，研究具体落实方案。

在中央贸易部研究的基础上，7 月，中财委发出《关于国营零售贸易问题的指示》，"请各地研究执行"：（1）零售公司的设置地区，暂仅限于大城市及大工矿区，中等城市暂不设零售公司。但专业公司必要时，得设零售门市部（亦限于六种商品及百货）。小城市向以批发为主、但亦办些零售者，可维持原状。（2）零售公司经营商品种类方面，以粮食为主；六种商品中的其他商品和百货，应视具体情况经营，目前已有多余部分应即逐渐减少或取消。（3）零售公司的零售店数量，应以稳定城市主要零售物价为标准，作适当调整。各地具体设置数量，由区市财委根据具体情况统一决定。（4）已设有零售公司的个别地

①　《陈云文选》第二卷，第 105 页。

②　《中国工业五十年（第一部）》下卷，第 1150 页。

区可以保留。(5) 代销店不作为方向，应有步骤地逐渐取消。① 对农副产品的收购，中财委亦于月 15 日指示贸易部：国家必须大力收购棉花，组织私人联购，尽可能做到私人不自购，以保证原棉供应。其他农副产品应采取尽量鼓励私人经营的方针，调整产销地区价格，使贩运者有利可图；组织土产商人下乡收购，并适当减免土产税，简化手续；铁路适当减低土产运费；银行适当举办土产贷款，以开拓土产销路，提高农民购买力。对许多次要土产，国营贸易准备逐渐减少经营，以至做到不经营等。②

私营商业由于私利驱使，并不因为国家对他们有照顾，就完全服从国营商业的引导。所以，在调整工商业时期，市场上公私经济的较量仍难以避免。7 月，中财委得到中央贸易部报告：天津市私营百货业部分商人，用低于我贸易公司牌价的价格，出售货物，与国营商业作竞争。自 3 月物价稳定以来，私商以低于公营贸易公司牌价出售货物，是各地普遍发生的现象。以前，主要原因是因为银根抽紧，资金周转困难，急于抛售存货，获得周转资金所致；时下私商低价出售，带有招揽顾客、扩展营业、薄利多销，与国营商业竞争的性质。中财委对这种现象的性质看得十分透彻。7 月 20 日，陈云与薄一波联名致电中央及各中央局、各财委、各军区后勤部等，指出：贸易部反映的问题，"应引起我各地贸易工作者注意；并研究解决这一问题的策略和办法"。我们认为，这种现象在公私商业同时并存条件下不可避免，将是长期存在的一个问题。物价稳定后，公私商业发生竞争是正常情况，这对国民经济和国营贸易基本无害。但国营贸易公司对此应引起警觉，大力改善经营，降低成本，从经济上与之竞争，"不可采用政治手段，强迫私商提价和国营贸易公司一样。因如此，将遭受人民反对于我不利；同时亦会松懈我国营贸易公司在减低成本，改善经营方面的势力。另外，中央贸易部应经常注意市场变化情况，按需要吞吐物资，以达平稳物价之目的"。③ 这一方针的确定，反映了中财委在打击投机倒把、稳定了市场物价的前提下，应对私商的基本政策导向：适当放宽市场管理，减少行

---

① 《1949—1952 中华人民共和国经济档案资料选编（商业卷）》，第 364—365 页。

② 《1949—1952 中华人民共和国经济档案资料选编（商业卷）》，第 363—364 页。

③ 《中国工业五十年（第一部）》上卷，第 477—478 页。

政干预，用经济手段，促进市场稳定，并推进生产发展；其中亦蕴含着陈云在调整私营商业方面的一个重要指导思想："在不允许投机的前提下，国营贸易应在价格与营业范围上给私人商业以出路，共同为城乡互助、内外交流而服务。"①

另外，商业的发展与交通运输事业的发展是紧密联系的。在中财委的领导下，各地政府经济组织亦注意了货运的统筹兼顾。

3.在金融业方面，整顿私营金融业，发放贷款，降低利率

金融业中公私关系的调整，按照央行行长南汉宸在中财委二次会议上的部署，主要从两方面进行：一方面，国家通过扩大信贷，调整金融业与私营工商业的关系。在贷款政策上对有利于国计民生、有发展前途的私营工商业进行有计划的扶植；同时，各大城市组织联合贷款银团，以扩大放款，协助正当工商业解决资金困难。下半年贷款计划，除中央企业部门由总行直接贷放外，分配给各区分行的贷款总额超过 2 万亿元，为目前贷款额的 250%，此款将主要用于私营工商业。另一方面，通过整顿通货膨胀中形成的过多私营金融业行庄，调整国家银行与私营金融业的关系。对作风正派、信用素佳、资力较厚的行庄，改善经营；信用差、资力小，存款少而无法维持的行庄，设法收束或转业。除此之外，还要在私营金融业中，统一实行国家要求的现金管理、货币下乡、稳定汇价等金融政策。②

国家银行发放贷款主要是两个渠道：一是以贷款贸易部大量进行收购与加工的方式，协助调整工商业。银行所提供的贷款，自3月至10月，约增加十倍强。贸易部一方面在城市进行加工收购，一方面在乡村收购农产品，促进城乡物资交流，活跃市场，使工商业由滞销转入繁荣。二是银行直接贷款工商业，以帮助其渡过难关。从放款余额来看，1950 年以来对公营放款逐渐减少，对私营放款逐渐增多，4 月和 5 月曾一度紧缩放款，6 月以后开始扩大贷款，7 月以来对私营企业放款增加一倍多。以北京为例，具体情况参见表 21 和表 22。

---

① 《陈云文集》第二卷，第 177 页。

② 参见《中国工业五十年（第一部）》下卷，第 1146—1147 页。

表 21　国行公私营放款余额统计

单位：亿元

时间	1 月	2 月	3 月	4 月	5 月	6 月	7 月 10 日	7 月 20 日
公　营	298	345	320	183	186	175	170	163
私　营	50	61	70	87	86	99	105	118
总余额	348	406	390	270	272	274	275	281

表 22　国行对私营企业放款总额统计

单位：亿元

时　间	1 月	2 月	3 月	4 月	5 月	6 月 *	7 月 25 日
放款额	831.816	284.302	297.977	65.366	136.147	328.976	1027.397

说明：*6 月份加上商业为 456263 万元。

表 21 和表 22 资料来源：《北京市财委会关于北京国行、私营行庄存放款情况报告》(1950 年 8 月 4 日)，
　　　　见《1949—1952　中华人民共和国经济档案资料选编（金融卷）》，第 367 页。

　　为了调整好国家银行与私营金融业的关系，中财委于 8 月 1 日至 10 日，召开全国公私金融业联席会议。出席代表 103 人，其中人民银行 21 人，公私合营银行 7 人，私营银行 39 人，钱庄 9 人，职工 16 人，工商联 7 人，专家 4 人。会前，各地明显存在公私金融业相互排挤的错误思想，强调今后业务要分疆而治。这种思想状况与当时私营行庄的状况有关。全国私营行庄在 1949 年底到 1950 年 6 月，半年中倒闭了一半。其中上海有 103 家、天津有 51 家，北京为 28 家，汉口有 12 家。故参会私营行庄代表，对会议抱有殷切希望。中小行庄因其资力小、业务小，希望国家银行业务上给一些支持；他们正在由联营走向合并，希望给他们一些鼓励与帮助。大银行因为有外汇、有资产，劳资双方对改造的决心都不够，包袱很重，困难尚未开始克服。他们对会议要求最多，除一般调整公私关系外，还希望政府帮助解决呆账和赤字，多数大银行要求公私合营，要求公布银行的编制和待遇标准，以便裁员减薪。①

---

　　①　参见《全国金融业（联席）会议报告》(1950 年 8 月)，见《中国工业五十年（第一部）》下卷，第 1199 页。

会议对私营银钱业的联营、合并与成立投资公司持肯定态度。总的看法是:"联营合并,为金融业进一步集中力量的良好方式;投资公司为金融业与生产进一步结合的良好方式,应予赞助推广。"

第一,联营。会议认为,联营不仅巩固参加行庄的信用,并益于促进本身的改造。在业务方面可发挥集体力量,减少盲目竞争,并可获人民银行的指导和帮助。现有的联营组织,要不断充实,并加强扩大组织。联营业务应逐步推广,由联放推展到其他业务,为合并创造条件。会议认为,联营组织应有严格的约束。原则同意上海联营集团作出的四项规定:(1)机构本身有盈余或有相当资产或资金抵补亏损而有余者。(2)劳资协调精简节约,已有具体成效者。(3)团员须保持收支平衡或实行经济核算制。(4)对团员直接放款每户额度及办理承兑业务总额的管理与监督。联营集团所作的联合放款希望人民银行比照联放,同样予以转抵押重贴现的便利。

第二,合并。行庄为增强实力,提高信誉,扩大扶持生产的力量,或克服目前困难,考虑合并。或经过联营,逐步走向合并。这适合新的经济情况,是有利的,国家银行应予以鼓励和协助。

第三,投资公司。会议认为投资公司的设立,为聚集游散资金,与吸收正在迫切寻求出路的工商业转业资金,以及华侨回国资金,使资金投放转为长期化,有利于经济建设。通过这一机构,有计划地投资于国计民生有关的生产事业,增加其流动资金,监督其改造经营,帮助其恢复与扩大生产,将来并有可能进一步投资创立新的企业。故会议一致同意设立投资公司,并提出五项意见:(1)投资公司的证券应有转让的便利。(2)投资公司本身资本,视各地情况,由小而大。希望由国行及行庄倡导投资,但不要偏重国行资金,宜注意吸收社会闲散资金及华侨资金。(3)规定投资公司的九项业务:有利于国计民生的生产事业的投资;代募或承募生产事业的股票及公司债;承受生产事业的股票与公司债;分组分期发行票面金额较小的投资信托证券;保管公司债押品及还债基金;代理公司还付股息及债票息;代理公司合营企业及私营企业证券的转让过户事宜;有关生产事业的股票及公司债的经营买卖;参与企业管理及协助一切改进事项。(4)对于私人投资股份可予以保息,以资鼓励。(5)投资公司的股票,票面金额不宜过大,以便广泛吸收社会上的小额资金。同时,宜以记名股票与不记名股票并用。①

会议后，中国人民银行行长南汉宸，据会议主要成果向中财委提交《中国人民银行关于全国金融业联席会议报告》②，中财委择其报告主要内容，于9月6日，向毛泽东并中共中央作了会议综合书面报告，精要反映全国公私金融业联席会议取得的成果。

第一，确定了对私营行庄的方针。目前物价稳定，私营行庄投机可能日渐缩小；私营工商业的好转，需要它们协助其资金周转。金融业中公私力量对比发生变化，国家银行控制存款占总额90％，放款占97.7％，已取得巩固的领导地位；私营行庄自觉要求我们领导，改造和运用它们的条件已经成熟。目前私营行庄与工商业的联系尚有扩大可能，通货稳定后存款还会增加，私营行庄还有一定程度的发展。由此我们确定对私营行庄的方针是："鼓励他们积极扶植工商业。其任务是扶植生产，沟通城乡，内外交流，吸收侨汇，促进资金回流。"

第二，确定国家银行支持私营行庄扶助工商业的业务职能。会议初，私营行庄和部分职工代表提案中，都有"一碗饭该谁吃""国家银行的发展挤了行庄"的思想，要求按《共同纲领》第26条办事，私营行庄和国家银行"分疆而治"，即有私营行庄的地方，不设国家银行机构，国家银行不做私人及私人企业的存放款。会议过程中，这种思想逐渐澄清，认识到应该共同发展，互相照顾，凡是私营行庄可以办理的业务应准许办理；国家银行有政府赋予的稳定金融和发展生产的特殊任务，并有管理和领导行庄的责任。为此，确定国家银行支持私营行庄扶助工商业，应建立下列业务联系：（1）行庄为扶助城乡交流，开展汇兑，人民银行可以代为调拨资金，汇率七折优待，并可代理人民银行汇兑。（2）放款发生周转不灵时，可向人民银行申请转抵押、转贴现，以鼓励放款于工商业。（3）行庄得申请办理人民银行的委托业务，如代收税款，代理储蓄、保险等。（4）行庄为开展中小城市的业务，可以考虑准予增设机构。（5）行庄资金

---

① 参见《中国人民银行全国联席会议综合记录》（1950年8月），见中国社会科学院、中央档案馆编：《1949—1952　中华人民共和国经济档案资料选编（金融卷）》，中国物资出版社1996年版，第910—911页。

② 参见《中国工业五十年（第一部）》下卷，第1199—1201页。

因信用阻滞一时不易放出时，准予转存人民银行。

第三，明确了金融业服务工商业的方针。（1）利率应该下降，利差应该缩小。目前物价尚有局部调整，资金供不应求。拟采取缓和步骤，逐步机动有幅度地调整利率，以接近战前水平。利率应力求一致，向利率较低的上海看齐，京、津两地9月底下调利率。今后由人民银行总行规定全国放款利率的最高额，交由各地利率委员会根据当地具体情况拟定利率。利率委员会应由金融业、工商联及工商局代表组成。（2）联合放款应即增资扩大。除固定资金外，行庄可临时搭放，注重时期较长数额较巨的放款，对中小型工商业亦应照顾。（3）公私金融业倡导组织投资公司，以便投资或长期贷款工商业。（4）鉴于工商业的困难以及行庄存款利差较高等情况，暂准工商业不通过行庄自行吸收股东及职工资金办理自由借贷。

第四，制定了全国性银钱业管理办法草案。拟订的精神是充实银钱业资力，鼓励充分运用资金扶助工商业，积极性的规定应多于消极性的限制。会议对草案讨论较多的有三点：（1）资本额的规定，同意分为200亿元、100亿元、50亿元、20亿元、10亿元、5亿元共六等。（2）资本额中现金部分的规定。针对目前一般行庄的资本多为房地产，缺少现金，不利于资金周转及增加放款，大银行更缺乏现金的情况，规定今后资本额中，现金应占10%—40%；资本愈小，现金比例要求愈大。（3）存款准备金，过去规定为现金缴存国家银行，以限制其扩张信用。现拟将额数扩大为存款的15%至30%，现金准备部分缩小为5%，其余为保证准备以公债、投资公司投资额、联合放款债权充之，以达到巩固信用、保证存户利益及促使资金集中使用的目的。该草案经过核定呈请批准，拟在行庄渡过困难，情况好转后实施。

经过这次会议，"私营行庄感到政府不但指出了出路，而且调整了公私关系，给行庄以转抵押、委托业务、汇兑折扣等支持，信用会逐渐恢复"。希望中小行庄将来合并时，国家银行帮助解决过剩人员。大银行呆账的清理，已决定各地组织呆账清理委员会。对上海400亿元呆账，我们拟以转抵押方式接受一部分。另外，国家银行管理国家股份已经指派董事的（实即公私合营的），有上海、浙兴、金城、大陆、中南、国华、和成七家；已提出要求，我们尚未允许的有聚兴诚银行。劳资关系中的裁员减薪问题，会议未能解决，转由劳动部研究具体解决办法。①

随后，9月8日，周恩来主持召开政务院第四十九次政务会议，讨论并批准南汉宸《中国人民银行关于全国金融业联席会议报告》。讨论时周恩来说，这次金融会议大家都很满意。从本质上来看，银行是应该属于国营的。但在新民主主义制度下，为照顾私营银钱业，没有把全部银行国有化。国家对私营银钱业既要指导，也要严格管理，不准投机倒把。私营银钱业的前途是要逐渐走向国有化的。陈云在会上直截了当地说，私营金融业的黄金时代是不能再有了。现在保留的357家行庄，我们不能保证他们将来不关门。②事实上，在工商业调整过程中，中财委通过一系列政策引导，已显明了私营金融业逐渐走向国有化的必然趋势，同时这也是越来越多的私营行庄自觉认可的前途。

为了发挥财税杠杆的调节作用，推动私营工商业的合理调整，并促使它沿着正确的方向发展，国家对财税政策进行研究，并作出新的调整。

5月27日，中央财政部在北京召开第二届税务工作会议，这次会议的中心任务是在公私兼顾、调整工商业的方针指导下，调整税收，修订税法，改进征收办法，调整税收计划。会议的一个明显特点是，除各地区税务局长参加外，并有全国各大城市私营工商业代表数十人与会。会议不仅是税务人员内部的检讨和研究工作，而且广泛听取纳税人的意见。征税人与纳税人共商办税，无论从政策的意义或税收的实际效果看，对税收的调整工作都有着重要作用。

会议期间，政务院先行调整农业税。5月30日，政务院第三十四次会议通过《关于1950年新解放区夏征公粮的决定》。周恩来在讨论时说，这个文件的重点是税率和征收办法。主要内容是：（1）夏征国家公粮的总额，以大行政区为单位，征收总额平均不得超过夏收正产物（指家作物的主要部分，如粮食所产的粮食，而不包括秸秆等副产物）总收入的13%；地方附加以省为单位，不得超过国家公粮征收额的15%。（2）缩减征税范围。凡烈军属、供给制工作人员家属中贫苦者，孤寡老弱及夏收后灾区无力负担者，夏季均可免征或减征公粮；但除灾区外，贫苦户较多地区，以区为单位，免征户不得多于该区有

---

① 参见《中财委关于全国金融会议情况向毛泽东并中央的综合报告》（1950年9月6日），见《建国以来重要文献选编》第一册，第413—417页。

② 参见《周恩来年谱（1949—1976）》上卷，第77页；《陈云年谱（修订本）》中卷，第89页。

夏收的总户数的 20%。（3）夏征公粮按累进办法征收。贫农最高不得超过其
夏收的 10%，中农不得超过 15%，富农不得超过 25%，地主不得超过 50%。
特殊户每年收入在 2000 石以上者，得由各省人民政府另行规定征收额，但最
高亦不得超过 80%。[①] 上述这些规定与 1949 年秋季比较，税率由 17%降低到
13%，缩小了征税范围，只对夏收增产部分计征。这就减低了人民负担，有利
于农业生产，特别是农林副业生产的恢复和发展，有利于农民生活的安定和
改善。[②]

　　6 月 17 日，薄一波在第二届税务工作会议会上讲话[③]，按中财委决策，对
城市税收调整工作进行部署。薄一波尖锐指出税收工作中存在的问题：在公布
工商业税、货物税两项主税法时，未能同时公布施行细则，以致各地税局对于
税法条文解释和引用极不一致；税收任务是按税率估定的，执行中发生了任务
和税率相互矛盾的现象；在税种、税目和管理手续上，有些本来可以简化，以
减少货物周转和工商业者纳税的困难，没有及时简化；工商业税包括营业税和
所得税在内，根据税率的自报公议民主评定，是依率计征条件还不具备时一种
比较合理的和必须采取的办法，但在评定中，不少地区发生小挤大、大挤小
以至负担不公的现象；税收干部积极工作，负责完成国家所赋予的任务，是好
的，但作风有时比较生硬，引起许多纳税人反感。

　　为克服税收工作中存在的弱点，薄一波对税收调整提出以下要求：第一，
合并税种，简化税制。停止开征薪给报酬所得税和遗产税，将房产税与地产税
合并为房地产税。使工商税由 14 种简化为 11 种。简化税目把货物税税目由原
定的 1136 个简化合并为 358 个；印花税原定 30 个税目简化合并为 25 个。调
整税率级距，减轻私营工商业的负担。工商所得税税率由纯所得 100 万元以下
征收 5%，改为 300 万元（旧币）以下征收 5%，最高累进点，由纯所得 3000
万元（旧币）以上征收 30%，改为 1 亿元（旧币）以上征收 30%；同时，降

---

　　① 《中央人民政府法令汇编（1949—1950）》，第 262 页。

　　② 房维中：《中华人民共和国经济大事记（1949—1980）》，中国社会科学出版社 1984 年版，
第 23 页。

　　③ 在这次讲话之前，薄一波于 1950 年 6 月 15 日，曾先在全国政协一届二次会议上向全
体委员作报告，并获政协委员的一致通过。

低货物税税率，盐税减半征收，其他各税税率酌量降低。第二，区别不同情况，简化纳税办法和手续。根据企业会计制度情况，分别采取自报查账、依率计征，自报公议、民主评定，在自报公议、民主评定基础上定期定额上缴三种办法，改变过去那种单纯查账和自报不查，报多少、交多少的做法，以此简化征税的方法和手续。第三，调整农业税。在征粮工作方面，主要问题是没有统一的征收办法。为克服这个主要缺点，决定采取固定负担比率，征收一律按土地的常年应产量计算；在秋收前进行一次产量调查和评产量的工作，夏粮征收时，必须依率计征；要制定一个全国统一的农业税法，规定农业税只征收农业正产物，对农民推销家庭手工业品和农副业品一律不征行商税。[1]

薄一波调整税收问题报告是对陈云在全国政协一届二次会议讲话中关于税收问题指示的具体部署，展现了党和国家在税收问题上的方针、政策和措施。6月29日，中财委发出《关于调整税收及其实行日期的通知》，决定7月1日起全国一致执行。直接税部分规定：临时商业税一律按5%比例课征，营业额不满20万元者免征；利息所得税不分公私行庄，一律按5%比例计征等。货物税部分规定：重工业品停征者计238种，轻工业品停征计者387种，合并征收者共87种，另外部分种类的烟、酒、火柴等都降低了税率。地方税部分对交易税、房地产税、特种消费行为税、屠宰税、使用牌照税等都作出新的规定。滞纳金除临时商业税按1%计算外，其余均按0.5%计算等。[2] 此前，为减轻私营工商业的负担，国家还适当调整了与其有关的财政政策：首先，停止发行原定1950年的第二期公债。对公债金额、不强调必须落实，有能力买者就收，无力买者就停，听其自愿。其次，整顿国营企业，均衡公私企业的财税负担。改变对国营企业照顾过多的情况，整顿国营企业的经营管理，增加国营企业的利润上缴，从1950年7月起国营企业同样按私营企业的征税办法办理。另外，6月1日，中财委还公布了《关于将现行食盐税额减半征收的决定》。

上述财政措施使政府税收工作发生重要变化：人民的税负酌量减轻；税目减便；工商业税率适当变更；税收方法明确以自报查账，依率计征，民主评

---

① 参见《财政部部长薄一波在第二届全国税务会议上的讲话》（1950年6月17日），见《全国税务工作会议主要领导讲话汇编（1949—1994）》，第19—26页。

② 《中央人民政府法令汇编（1949—1950）》，第264—266页。

议、定期、定额三者相结合。在保证国家财政需要的前提下，适当减轻私营企业税负的目的，是为了促使民族资本主义工业的恢复和发展，改善国家同私营工商业的关系，消除因税负偏高和手续繁杂而带来的困难和不便。因国家税收的合理调整，使国家税收明显增加。以天津为例，1950 年 1 月至 9 月三个季度中，天津税收数字较 1949 年同期增加 415.6%，是同期的 4 倍，这说明全市工商业确已获得相当的恢复和发展。[①]其他大中城市的税收情况，也同样出现好转。

（二）调整劳资关系，实质上就是依据新民主主义的劳动政策，在私营工商业中建立平等的、民主的、两利的、契约的新型劳资关系

新中国成立初期，因劳资关系紧张而使企业效率降低，是十分普遍的现象。因此，调整劳资关系是调整私营工商业的重要一环，也是对新民主主义劳动政策的全面落实。"发展生产，繁荣经济，公私兼顾，劳资两利"，既是新中国的经济政策，也是劳动政策。但劳资双方对这十六个字理解的重点不同：资方关心利润，强调发展生产和加强劳动纪律；劳方为了谋生，着重劳资两利，要求提高工资。劳资关系协调的目的就是为了使两方不对立，并要统一于发展生产。为实现这一政策目标，政府积极作了两方面工作：一方面，责成资方积极改进经营，反对他们消极怠工，抽调资金躺倒不干；另一方面，教育工人以国家利益为重，努力提高劳动生产率，为改善私营企业的经营状况努力工作。

1950 年 5 月 20 日，中华全国总工会发出《关于工会工作面向生产的决议》，指出：发展生产就是工人阶级的最高利益。当月 22 日，又召开全国工会生产工作会议，确定工会生产工作的基本方针主要是解决三个问题：无论公营或私营企业中的工会组织都应以做好工人群众生产工作为中心任务；工会组织领导工人群众生产工作的基本方法是组织生产竞赛；领导工人群众生产工作的基本环节是工会小组。为促进生产事业的恢复与发展，8 月 16 日政务院发布《关于奖励有关生产的发明、技术改进及合理化建议的决定》《保障发明权与专利

---

① 参见《天津日报》1950 年 10 月 26 日。

权暂行条例》等。

从新中国成立到私营工商业调整全面铺开，劳资关系调整中最成功的经验有两个：一是订立劳资集体合同，一是建立劳资协商会议。前者，以调节劳资争议为主；但自三四月工商业遭受困难以来，过去订立的集体合同中的某些内容已不适用，主要问题是生产谈得少，福利谈得多；于是为使劳资双方能够经常坐在一起交换意见和解决生产问题，出现了劳资协商会议这种新的组织形式。

4 月 29 日，劳动部经政务院批准正式颁布《关于在私营企业中设立劳资协商会议的指示》。这个指示颁行后，据不完全统计，到 1950 年 6 月底，仅北京、天津、上海、武汉、广州、济南等地，共建立 479 个劳资协商会议，其中工厂商店协商会议 345 个，产业或行业协商会议 134 个。[①]

实践表明，运用好劳资协商会议的关键是：协商一切问题必须从生产出发，以维持、恢复、搞好生产为中心。根据本厂具体情况，协商规定劳资双方应负的责任，如资方，应改善经营管理，筹措资金，裁减冗员，尽可能地改进职工生活和环境卫生等；劳方，则应提高劳动纪律，爱护机器，节省原料，提高质量，以及在企业确有困难时进行必要的减低待遇等；同时，要规定奖励办法。劳资协商不是要取消资方的行政管理权，而是要使其更合理、更有利于促进生产。劳资协商会议与国营工厂的生产管理委员会不同，其功能仅仅是协商劳资关系，而且要求协商的结果对劳资双方都有利；在协商中必须贯彻三项原则：确认工人阶级的民主权利；从有利于发展生产出发；用协商的办法解决劳资关系问题，然后过渡到更固定的合同关系。经过劳资协商双方矛盾明显缓和，不少私营企业生产出现新的活力。

劳资关系处理得如何，既影响经济的恢复和发展，对社会稳定也有直接作用。所以，单凭企业内的劳资协商会议是完全不够的，政府必须在其中发挥重要的协调作用：一是要将已有的劳动政策升华整理为统一的全国法令，使劳资双方有法可依。二是发挥劳动局调解、仲裁作用，必要时辅以法院处理；在劳资协商会议不能奏效时，劳动局就要出面调解和仲裁。劳动局与工会不同，它不是单独站在劳方的立场，而是站在劳资之间进行调解和仲裁；不但要解决劳

---

① 《中国工业五十年（第一部）》下卷，第 1152 页。

资纠纷，更主要的是减少劳资纠纷，推动订立集体合同和帮助建立劳资协商会议。劳动局依政策法令无法仲裁的劳资问题，就要提交人民法院依法处理。三是政府运用实际的财政和行政力量解决劳资关系中比较棘手的问题。

工商业调整时期，政府对失业工人的救济，对缓解私营工商业内的劳资矛盾起了很大作用。3月以来，失业工人数量激增。4月27日，中央劳动部召集京、津、沪、宁、汉、鲁等六个地区劳动局长与工会代表开会，草拟以工代赈为主、兼采生产自救，还乡生产，发救济金等失业工人救济办法。5月以来，中共中央曾几次发指示，肯定在救济工人方面"以工代赈为主"的形式。① 因救济太少，无法解决工人困难，"以工代赈"可以切实解决实际问题。

5月18日，周恩来找陈云、李立三、薄一波、安子文专门研究城市工人失业问题。次日，周恩来主持召开第三十三次政务会议，通过《政务院关于救济失业工人的指示》，决定发出4亿斤粮食作为救济失业工人基金；凡举办救济失业工人事业的地区，所有国营、私营的工商业企业在行政方面或资方及所有在业工人和职员，均应按月缴纳一定的失业救济金；救济办法"以工代赈为主"，而以生产自救、转业训练、还乡生产、发给救济金为辅；目前失业现象最严重的上海、南京、武汉、重庆、广州五市应即组织救济失业工人委员会和失业工人救济处，拟定救济计划和预算，报告本院批准执行；各公营、私营企业在恢复生产、扩大经营范围及创立新工厂企业时，应尽先录用本企业原来解雇的工人和职员。会议还通过了中央劳动部拟订的《救济失业工人暂行办法》，这个文件是对《政务院关于救济失业工人的指示》的具体化。为推动政务院院指示的落实，中央劳动部于5月20日又发布《失业技术员工登记介绍办法》和《市劳动介绍所组织通则》两个文件。

6月17日，中共中央发出《关于救济失业工人的指示》，要求各城市人民政府政府召集所有参加救济工作的干部召开两三天会议，仔细研究政务院颁布的指示和救济办法及当地拟定的施行细则，使社会失业救助工作切实得以有序展开。

---

① 比如，《中共中央关于采取重点救济失业工人诸问题征询西南局、华南局的意见》（1950年5月12日）、《周恩来关于救济失业工人办法给上海市人民政府的复示》（1950年5月13日）。

政府在积极以财政力量救济失业工人的同时，也运用行政力量对私营企业雇用与解雇工人作出相应规定和限制，以保障工人权益。6 月 14 日，政务院发出《关于目前私营工商业解雇问题的指示》规定：第一，凡有益于国计民生的私营工商业，在目前还能获得相当利润或不致亏本者，应以维持原来职工人数为原则：如确因冗员过多（包括管理人员），影响成本，非裁减冗员无法求得经营合理化者，得由劳资双方代表协商同意，经当地劳动局批准，解雇一部分多余职工。第二，凡有益于国计民生的私营工商业，在目前确属亏本者，应由劳资双方开诚协商，共谋补救办法。资方应尽可能地采取各种办法，以求减轻亏本程度，劳方也应考虑暂时调整工资、轮班工作、留职停薪或部分解雇等办法，以帮助资方做到保本地步。第三，私营工商业确因销路滞塞，生产过剩，无法维持，或因不适合于目前国计民生的需要而必被淘汰，非歇业或转业不可者，经当地劳动局批准，可解雇部分或全部职工。此种歇业或转业的工商业，应尽先发给职工工资。第四，私营工厂因暂时困难（如资金周转不灵、原料缺乏、销路滞塞、适值淡月等）而不得不实行暂时停工者，经劳方代表同意，暂时减发或缓发工资，以至留职停薪。其停工期限，减发工资数额，应由劳资双方根据实际情况，协商解决，并由当地劳动局批准。第五，被解雇职工的解雇费及留职停薪办法，依各地现行劳动法令办理；个别企业确实困难无力支付者，由劳资双方代表协商同意，经当地劳动局批准，分期支付或减发。职工失业后的生活，依《救济失业工人暂行办法》进行救济等。①

（三）调整产销关系，加强私营企业的计划性，克服生产的盲目性，改变不合理的经济结构

新中国成立初期，工业畸形发展，重工业比重很小，轻工业比重很大。随着物价稳定，消费结构的变化，生产结构不合理的矛盾日益突出：一方面许多重工业亟待恢复和发展；另一方面不少轻工业又出现生产过剩，而私营工商业主要经营的是轻工业。这样，调理产销关系就成为调整私营工商业的一项重要

---

① 《中国工业五十年（第一部）》上卷，第 411 页。

内容。

产销关系调整是经济改组中最繁杂、最艰难的问题。在人民政府已建立、社会主义国营经济在国民经济中的领导地位已确立、商业投机基本控制的条件下，采取经济和行政的办法，逐步把民族资本主义工业生产纳入国家计划的轨道，实现产销平衡是有可能的。召开各项专业会议和产销会议，是中财委落实私营企业产销关系调整的主要措施。

4月25日，中财委第十九次委务会议确定，于5月至8月，为调整产销关系要先后召开36个专业会议的初步方案，其中包括：财政部召开麦征条例及1949年借粮偿还办法会议，货物税会议，工商税（附摊贩牌照税）会议，第一期公债推销总结会议；贸易部召开加工、订购代销会议，出口贸易会议，经营范围、市场、原料会议，粮食加工会议，公私煤销会议；中国人民银行召开贷款利息会议，公私银行（附钱庄）管理会议，侨汇会议；劳动部召开失业救济会议，私营企业中厂规与劳动合同会议，国营企业中的奖金制度会议；纺织部召开棉纺会议（与贸易部加工原料等配合），毛纺会议，麻纺会议，针织会议；重工业部召开机械制造会议；燃料工业部召开电力供应会议；食品工业部召开烟草会议，油脂会议；交通部召开水运会议；轻工业部召开火柴会议，橡胶会议，纸张会议，制药会议，染料会议；中财委私营企业局召开投资条例（或公司法）、代管企业公私股权清理会议，计划局召开1950年下半年国家企业及机关订货数量会议、1951年度国家企业及机关订货数量会议等。这些专业会议要达到的目的是：了解与统计全国公私生产能力；了解国内外市场目前及将来的需要量；根据前两项情况的了解，调整工商各业及公私关系。这些专业会议要在各大城市工商局长会议和各省、中小城市工商局长会议提出调整工商业及公私关系初步意见的基础上召开。开过这些专业会议后，计划局就可以提出指导公私生产的计划草案了。

实际上，这些专业会议是在6月至9月中完成的，有的部委召开的专业会议名称及涉及的内容与计划方案中的设想也稍有不同，但基本按预定计划落实。会议有公私代表双方参加，共同研究本行业内的公私产销协调问题。通过研究讨论，会议在产销关系的调整方面取得两方面的收获。

第一，加强了产销的计划性。在进一步解决公私关系的基础上，拟定了各行各业今后公私分工合作的原则及产销计划，使私营工商业获得较充分的发展余地。比如盐业运销会议。经讨论公私商一致同意按季按月编造运销计划，经中盐公司批准后，切实执行。市场销售，要坚持以国营经济为领导，公私兼运兼销及计划运销的原则；关于盐价，决定照顾生产、贩运、消费三者正当利益，通过价格政策调剂供求。① 会后，中财委又批发了中国盐业经理会议对产销和公私关系作出的如下决议：华北、华东、中南三区由中盐公司包购、包销、包税。下乡销盐应当组织私商与国营共同进行，不能由国营公司包办。各地已设的县盐店，仅保留交通要道上的必要机构，其他不必设置者，应逐渐撤除，以免打击私商，并使中盐售货不敷开支。② 其他专业会议根据本行业特点，也拟订了产销计划。产销计划性的加强，使国家经济机关能够根据掌握的经济信息，结合加工订货，在公私之间合理分配原料和生产任务，以销定产，减少私营生产的盲目性。

第二，合理调整产销方向。协助不适应国民经济需要或生产过剩行业的企业转产，指导某些产销不对路的私营企业，制定调整对策。调整的方向是面向生产，面向大众，面向农村，还有面向原料和市场。专业会议上，对以农民为重要消费对象的商品，特别强调要下乡推销，如食盐、煤炭；6 月 12 日至 21 日的盐业运销会议、8 月 28 日至 9 月 7 日的全国煤炭产销会议，均提出这方面的问题等。

为调整产销关系而召开的专业会议，是调整公私关系中的重要一环。因为公私关系反映着，同时也影响着各业产销情况，只有在各业全面调整产销的前提下，公私关系才能获得适当、彻底的调整。通过专业会议方式，通盘考虑整个产销情况，定出全面计划，在此基础上调整工商业公私方面存在的问题，才能避免过去零星处理中流于畸轻畸重或单纯救济观点的弊病。

专业会议在产销关系调整方面拟订的政策，在实践中产生了重要作用。首先，端正了私营工商产销方向，帮助私营工商在产销上适应了解放后的市场需

---

① 《陈云、薄一波给毛泽东并中共中央关于全国公私盐业运销会议情况的报告》（1950 年 7 月 18 日），见《陈云年谱（修订本）》中卷，第 86—87 页。

② 《中财委关于批转中国盐业公司经理会议决议的通知》（1950 年 9 月 4 日），见《中国工业五十年（第一部）》上卷，第 480 页。

要，从而在一定程度上扶助了有利于国计民生的私营企业，改组了不合理的经济结构。

其次，这些专业会议都有私方代表参加，经过共同讨论和研究，使私营资本家端正了对新民主主义经济政策的认识，加强了接受国家领导的自觉性，一些私营工厂代表希望有统一的管理机构来领导。如在橡胶工业会议上，私营企业代表提出，希望有统一领导全国橡胶工业的管理机构，会议接受这个意见，中财委拟交轻工业部领导组建；同时还提出要加强技术人员培养。这些意见反映出私营资本家希望提高工厂管理水平和经营质量的愿望，经营积极性提高。这种局面的形成，与专业会议上公私代表的沟通与理解有着密切关系。

再次，加强了国民经济发展计划的总体设计。这些由公私双方参加的涉及国民经济各部类的会议，使政府不仅对公私和产销关系的处理有了明确认识，而且对一些重要工业部门的情况，有了比较全面的了解，并酌情拟订了总体发展计划。比如全国橡胶工业会议，针对橡胶工业原料不能自给，依赖国外供给，橡胶工业原料和成品在过去曾是奸商囤积居奇明确目标的情况强调：橡胶工业必须争取原料自给，并对橡胶的种植做了较全面的部署；对现有橡胶工业的发展提出明确方针：生活资料的生产（如胶鞋、自行车轮等），要采取一般维持、重点恢复整理和避免盲目扩充，逐步走上计划生产；要配合交通、国防、工矿、农业等发展的需要，有重点有步骤地向制造生产资料方面发展，如汽车胎、胶带、农具等；日用品的制造应面向农村，力求大众化。

除通过专业会议指导私营工商业产销调整外，中财委还通过发布全国产销公告，为私营企业主动提供产销信息，加强对私营工商业生产和经营的引导。7月5日，中财委发出由陈云亲自起草的《关于各种工业生产状况的公告》，依各地工商局长的报告为据，向全国通报了已经发生生产过剩的现象和已达到饱和状态的生产部门的情况。第一类，生产已发生严重过剩现象的工业有：火柴、卷烟、肥皂、面粉、丝织、酱油业等，这些行业在全国人民购买力未提高以前，不可能打开销路。第二类，依赖外销市场的工业有：地毯、丝织、手帕、针织、干蛋业等，这些行业目前生产能力已超过国外市场的需要，短期内无扩充外销市场的可能。第三类，已达饱和状态的工业有：橡胶、玻璃（光学、化学玻璃除外）、染织、硫化氢、油漆、毛巾、被单、钢笔、铅笔、灯泡、干电池、电珠业等，这些行业暂不宜再扩充生产，以免发生生产过剩。《公告》明确指出："以上一二两类应按产销状况适当限制产量，第三类亦不应再盲目发展，希各地从事生产事业者注意。"①

针对这种产销状况，中财委私营企业局副局长千家驹，代表中财委对私营工商业结构的调整提出系统意见：第一，市场上已经发生过剩的若干生产事业、短时期内（全国土改完成前）没有打开销路可能的工业，设厂应严格限制，已停工的可指导其转业；未停工的应改善经营方式，提高品质。第二，对那些一向依赖外销的生产事业，目前已超过外销市场所需要、短时期内无扩充市场可能的，应就其技术优良经营管理；已有基础的要加以扶植，利用联营或其他方式研究减低生产成本，提高品质，以争取国际市场。第三，对于目前处于饱和状态的生产事业，全年秋收以后，销路可望增加，但暂时仍不宜再扩充生产，以增加生产过剩的现象，有的应转变方向改变为制造适合农民要求的生产品，有的厂家过于集中在上海，应尽可能疏散一部分生产力到别的地区。第四，对于若干宜就原料产地设厂的生产事业，一方面应限制其设立新厂，同时在可能与有利的条件下，应鼓励并指导它们内迁。如上海的面粉工业，过去原料仰依赖于外洋，所以集中上海；现在原料来自农村，如不考虑内迁，最终难免不被内地磨坊挤倒。第五，对于若干为将来经济建设所必需的工业，目前因经济尚未恢复，一时生产过剩的，如煤炭、洋灰、电械工业、化学原料、造纸工业，应该加以必要调整，对其中生产合理，技术优良，经营管理已有显著成效的，要尽可能维持生产，对于生产不合理，成本太高的，应加以合并淘汰。第六，对于若干制造高级消费品，或不适合于当前需要的生产事业，应指导其改变生产方向。第七，各地应设立生产指导委员会，指导生产事业的开业、转业、歇业、迁厂，改变生产方向等工作，并与各地交流生产经验。各地要设法争取开工业展览会，由农民提出他们所缺少的商品、合乎他们实用的商品。工商业家要认识只有农村是最宽广的市场，要了解农民要求的重要性和城乡互助的具体内容，"面对农村"应该成为今后工业生产新发展的总方针。②

---

① 《中国工业五十年（第一部）》上卷，第 452 页。

② 《1949—1952 中华人民共和国经济档案资料选编（工业卷）》，第 410—411 页。

9 月 15 日，陈云在政务院第五十次会议讨论全国橡胶和火柴工业会议总结报告时，对私营产销方向进一步提出指导性意见。他说：人民购买力虽然没有根本好转，但已走向好转，因此今后生产要"紧跟着人民的需要而增加生产量，不能超过，也不要落后。""在全面照顾的情况下，要鼓励质量的提高，要有必要的竞争"。①

四、1950 年工商业调整的积极作用及总体评价

合理调整私营工商业是新中国初期的一件大事。它既是经济问题，也是财政问题。说是经济问题，因为私营经济当时在国民经济中占有重要地位，它的正常发展对经济的恢复和私营经济的稳定影响很大；说是财政问题，因为当时私营工商业经营得好坏，直接关系到国家财政状况的好转。由此出发，毛泽东把工商业调整视作争取国家财政状况基本好转的条件之一。陈云曾高度评价说，统一财经和调整工商业，是新中国成立初期的两项极其重要的工作。1950年"我们做了很多工作，只有两个重点，一是统一，二是调整。统一是统一财经管理，调整是调整工商业。统一财经之后，物价稳定了，但东西卖不出去，后来就调整工商业，才使工商业好转。六月以前是统一，六月以后是调整。只此两事，天下大定"②。中财委调整工商业的政策在实践中产生的社会积极效果表现在以下几个方面：

（一）私营工商业迅速摆脱困境，走上健康发展道路，促进了国家财政经济状况的根本好转，稳定了社会秩序

由于政府大力调整工商业的结果，私营工商业从 1950 年下半年逐步渡过难关，走上正常轨道，并有很大改进和发展。突出表现在以下方面：

---

① 《陈云文集》第二卷，第 159 页。
② 《陈云文选》第二卷，第 138 页。

第一，开张复业者日多，停工歇业者日少，生产效率有很大提高。这是北京、上海、汉口、济南五个大中城市的普遍现象。以上海变化最为突出。据统计上海8月、9月、10月，工业中申请开业户数平均较4月增加28倍，商业申请开业户数亦等于4月的17倍；工商业合计申请歇业户数，8、9、10月仅及4月的12%。其他中小城市工商业户的开歇业变化，一般都从6月起，由3月、4月、5月的歇多开少，转变为开多歇少。① 而且生产单位并不只是简单的复业，由于在公私关系调整中，生产经营方式、劳资关系及生产技术的改进，无论公营还是私营劳动生产率都已经大大超过国民党和日伪统治时期。以天津为例，1950年全年生产，大约比1949年增加40%。从各时期生产效率来看，天津1950年底的生产效率，无论公营或私营都已超过国民党、日本帝国主义在华统治时期的最高水平。具体情况，参见表23、表24。

表23 天津公营工厂生产效率提高比较 （以1950年底比较）

厂　　别	产　品	较国民党时期（%）	较1949年底（%）
华北纺织局	纱	+ 87.00	+ 22.40
（前中纺）	布	+ 39.00	+ 3.10
天津炼钢厂	钢锭	+ 1304.00	+ 68.70
天津造纸总厂	纸	+ 37.00	+ 87.30

表24 天津私营工厂生产效率提高比较 （以1950年底比较）

厂　　别	产　品	较日伪时期%	较国民党时期%
恒源纱厂	纱	+ 14.90	+ 14.40
北洋纱厂	纱	+ 15.40	+ 22.30
洪牲织布工厂	布	+ 3.20	+ 7.70

资料来源：黄敬：《天津市第三届各界人民代表会议第一次大会开幕词》，《天津日报》1951年2月2日。

在工商业调整的基础上，私营经济继续发展，于1951年走向繁荣，一定

---

① 杨波：《调整工商业以来的回顾》，见《一九五〇年中国经济论文选》第3辑，生活·读书·新知三联书店1951年版，第170页。

程度上支持了当时正在进行的抗美援朝战争。

第二，产业结构得到合理调整。私营工商业调整，不仅是自身的一次重大改组，也是整个产业结构的一次重要调整。经过这次调整，许多在旧社会成长起来服务于少数剥削阶级的产业和迷信的产业被有效地抑制；有市场和原料、有销路、符合国家产业政策的产业，如重工业、基本消费品工业得到进一步发展。据报道，天津私营工业经过一年多的恢复与发展，凡有利于国计民生的工业已经达到而且超过解放前的生产水平，凡对国计民生有害或不利的工业逐渐衰退走向萧条。[①]

第三，私营工商业的恢复与发展，促进市场繁荣，带动金融活跃。以上海商品批发市场纱布、粮食等 8 种主要物资成交数字为例，5 月较 4 月增加 20%。零售市场也渐趋活跃。以六大百货公司为例。3 月至 4 月，六家公司每日营业额总和，不如一家公营日用品公司，现在则大大超过；如永安公司，每日营业额不过三四千万元，7 月已增至 1.2 亿元；先施公司每日营业额不过一二千万元，5 月即增至五六千万元。丝绸业老介福 1—2 月营业总额不到 2 亿元，5 月达 5 亿元。随着商业好转，金融业也显见起色。放款呆账逐渐收回。如联放处 4 月底呆账有 51 亿元，5 月归还 13 亿元，国华银行收回呆账已达一半，大陆银行呆账由 20 亿元减至 16 亿元。另据 5 月所报，过去投机性商业资本已转入工业资本的达 50 余亿元，此现象为过去少有。[②]

第四，促进经营方式转变。在工商业调整过程中，旧企业经营方式发生一系列转变：在推销方式上，由过去消极被动等待顾主，改变为积极主动多方设

---

① 比如天津制香业，解放前共有 49 个制香工厂，580 个工人；但解放后，由于一般市民打破了迷信的封建思想，制香工厂便因为销路锐减而纷纷倒闭或转业，只剩下了几个小型工厂靠做蚊香来维持等。而橡胶业，自解放后，除扶助了 8 个停工工厂复工以外，新增了 33 个工厂，增加了 600 多工人，200 多台机器，产量最高时较解放前增加 4 倍多。再比如机器业，所产交通器材较国民党时期增加 149%，农具产量增加 162%强，麦粉机增加 66%强，其他橡胶机、榨油机、弹花机、袜子机等也都有显著增加等。参见笑岱：《天津私营工业的新气象》，见《经济周报》第十卷 22 期，1950 年 6 月 1 日，第 14 页。

② 《上海市委关于三届代表会议后调整工商业的工作给毛主席并中央与华东局的报告》（1950 年 7 月 16 日），见《1949—1952 中华人民共和国经济档案资料选编（综合卷）》，第 768—769 页。

法推销；同时实行"以销定产"，厉行节约，逐步推行定质、定量、定工、定料等科学管理制度，以求降低成本，打开销路。在组织机构上，克服过去因人设事，冗员充斥，机构臃肿，开支庞大的弊病，降低了生产成本。在企业管理方式上，改进显著；民主管理制度在某些私企中已初步推行，不少资方已认识到要搞好生产，不吸收广大职工对生产上的意见是不可能的。在工商业调整过程中，各私营企业通过劳资协商会议及其他形式的民主协商机构，解决了不少生产中的问题。如天津华阳烟草厂、光华造纸厂、天昌机械厂等工厂，均建立了扩大的厂务会议，或业务检讨会一类的组织，广泛吸收职工代表参加，在会上共同研究有关改进生产等问题。华阳烟草通过厂务会议，推行全面生产检查及节约运动，不但提高了产品质量，且使每箱烟草的成本较前大为降低。中华百货售品所，通过劳资业务管理委员会共同商议、研究、讨论，业务有很大改进，自6月起，各月均有400万—600万盈余，预计9月销货量与8月相比，将增加50%，等等。[①]

第五，私营工商业的恢复与发展，扩大了就业，稳定了社会秩序，为经济的恢复和发展进一步营造了好的环境。新中国成立之初，人民政府接收了一个经济烂摊子，加之美蒋联手施行封锁、轰炸和特务的破坏，社会处于动荡之中。私营工商业的困难进一步加剧了社会动荡。私营工商业调整的成功，不仅稳定了民族工商业企业家群体，而且由于国家税收和社会物质财富的增加，对整个社会的稳定也起到非常重要的作用。

（二）通过加工订货，巩固国营经济领导地位，加强了私营经济发展的计划性，使私营企业走上国家资本主义的道路，为日后的社会主义改造打下基础

经过工商业调整，私营企业最明显的变化是：大大减少过去生产的盲目性，开始走向计划生产。公营企业对私营企业的扶助，主要是通过委托加工、订货、收购和贷款四种方式。过去这四种方式不但没有全国性的统一计划，而

---

① 参见《津市部分私营工商业　突破旧的经营方式》，《天津日报》1950年9月25日。

且缺乏必要的配合，各自为政，害处很大：第一，各地区分配不匀，有的地区赶做不完，有的地区无工可做。第二，时间分配不均，有时订货一到，增开夜班或新添工人都来不及，但过几天，又要停工紧缩。第三，订货价格不同，对于私营企业，有的发财，有的赔本；对于国家机关来说，因有的订货价格不恰当，订货根本没人接。这种无计划的混乱现象，形成有些私营企业钻空子和各企业间苦乐不均的现象，也使公私双方遭到不必要的损失。通过调整特别是各种专业会议召开后，加工种类与地区的确定，在一个地区的恰当分配，由当地工商行政部门会同工商业团体和工人团体主持办理等，加工订货等有了全国性的统一计划，在各地区又由当地工商行政部门会同工商业团体及工人团体统一分配，消灭了以往各自为政、相互脱节造成的混乱现象，使公私双方都减免了不必要的损失。

由此而言，1950年调整工商业的过程事实上就是将私营工商业逐步引领到国家资本主义轨道，逐步实行有计划生产的过程。对于私营工业实行委托加工、订货和收购产品，解决了私营工商业发展所需原料、市场、资金等问题，扶助它们渡过难关，有所发展，繁荣了社会经济；而且由于对私营工商业采取有计划的加工、订货、统购、包销，使国家掌握了更多的工业品，得以调剂市场、稳定物价和满足城乡人民生产和生活的需要，限制资本主义企业对非法利润的追求和生产的无政府状态，在一定程度上把它们纳入国家计划的轨道，巩固了国营经济在整个国民经济中的领导地位。这就是《共同纲领》第三十一条所规定的帮助私人资本主义走向国家资本主义的方法，也就是逐渐克服私营工业生产盲目性的方法。

加工订货具有双重意义：就其直接作用看，加工订货、经销代销是帮助私营资本渡过难关的好形式，同时又是私营资本被纳入国家计划轨道的最佳途径。事实上，加工订货作为国家资本主义初级形式，已经或多或少带有社会主义因素，在当时不仅能够为大部分资本家所接受，而且能有效地发挥其生产和经营的积极性。这种具有双重意义的结合形式，是中国共产党的独特创造。1950年调整工商业中的加工订货，使私人企业开始被引导走上国家资本主义的道路。各种经济成分在国营经济领导下，分工合作，各得其所，健康发展，初步改变了经济上的无政府状态，并为以后的公私合营、实现国家资本主义的高级形式的社会主义改造创造了条件。这是对中国经济发展具有重要意义的事情。

此外，国家还通过合理调整税收负担，加强了私营工商业同国营企业的联系和国家的计划指导。财政工作的改进，有助于增强私营工商业的活力，促使其逐步走上既有利于国计民生，又有利于自身发展的道路。资本主义工商业的承税能力的增强，便于更好地发挥其对国家财政的积极作用。

（三）在中共党内进一步端正和确立了在新民主主义经济形态中，对私营工商业存在历史必然性的认识，在党外增进了民族资产阶级同国家合作的信心

在工商业调整过程中，党内对在目前必须保留资本主义经济，但要限制其消极面的新民主主义经济政策有了更加明确的认识。

新中国成立初期，党内有些干部对资本主义和社会主义关系的认识有偏差，对私营企业有明显的排挤倾向。由此，引申出私营工商业在今天有没有存在必要的问题。这种认识显然是超越新民主主义经济纲领、企图过早实现社会主义的"左"的思想的表现。这种错误思想在工商业政策调整、酝酿和实施过程中得到认真纠正。

《共同纲领》明确规定，中国在现阶段实行的不是社会主义，而是包括五种经济成分的新民主主义，私人资本主义是其中之一。为了切实落实《共同纲领》中的新民主主义经济方针，毛泽东在七届三中全会上，特别强调私营工商业在恢复国民经济方面的重要作用，并尖锐地批评了企图过早消灭资本主义的"左"的错误思想。

在工商业调整政策酝酿过程中，中财委的主要领导人对新中国初期私营企业存在的合理性就进行了认真论证。薛暮桥在一篇文章中说：如果只是发展国营经济，而不容许私营经济发展，是完全不符合国情的。因为目前国营经济在整个国民经济中所占的比重并不大，国民经济中的近代工业约有一半是国营，一半是私营；重工业中国营多，轻工业中私营多；商业中私营经济远多于国营经济。这种所有制状况决定了发展生产还要多多依靠私人资本，单靠国营经济不能满足广大人民的要求。另外，私营经济掌握了大部分资金（包括各种物

资），且有丰富的管理经验，如果不鼓励私营经济使它积极生产，不好好利用私营企业内的资金和经验，对国民经济的发展没有好处，人民政府在发展经济中必须公私兼顾。同时，对私营与国营经济也要有所区别，这是私营企业的性质决定的。私营经济运行的基本目的是追求利润，它们可能从事生产活动，也可能从事投机活动。所以，对有利于国计民生者应给以帮助、奖励，对不利于国计民生者就应加以限制和改造。①

调整公私关系是调整工商业的重点，在经济上表现为正确处理社会主义国营经济和资本主义经济之间的关系；在政治上表现为正确处理党和政府与民族资产阶级的关系。实践表明，通过工商业调整，政府赢得了许多民族资本家的理解和支持。当时上海资方有代表性的人物荣毅仁撰文道："政府根据了共同纲领，有计划、有步骤地改造了过去帝国主义和国民党反动派统治下的半殖民地半封建经济，走上新民主主义的经济道路，这是对人民和国家有利的。政府已经很明确地指示了工商业者今后应走的方向，已经尽可能地来扶助和照顾工商业。"那么，工商业者今后应如何接受领导，遵守政策，向正当的途径前进呢？荣毅仁认为：应该从改善经营方法、搞好劳资关系、争取资金、遵照税章纳税、学习与检讨五个方面努力；工商业者的光明前途，"主要还是依靠工商业的自力更生"。②由于对政府的信任，使荣毅仁在工商业调整时期率先在上海纺织企业提出"实行加工订货"的建议，在他的倡议下，这一主张成了上海纺织企业通用的经营模式。③可以说，通过工商业调整，中共和民族资产阶级的关系得到进一步改善。毛泽东说："我们和民族资产阶级的统一战线，现在已经在政治上、经济上和组织上都形成了。"④

（四）通过工商业调整，中财委初步积累了管理私营企业的经验

私人资本企业与人民的经济利益，既有一致的一面，又存在对立的一面。

---

① 薛暮桥：《工商业政策》（1950年1月12日），《新华月报》1950年3月18日。
② 荣毅仁：《调整工商业中工商业者的责任》，《人民日报》1950年6月20日。
③ 《荣智健心中的父亲荣毅仁》，《中华儿女》2005年第12期。
④ 《毛泽东文集》第六卷，第47页。

但在当时，为了有利于经济繁荣，必须扶助私人资本的发展，又扼制其有害的一面。这就向执政的共产党，特别是直接领导全国经济工作的中财委提出学习和探索如何管理和引导私人企业的新课题。在调整工商业期间，中财委在这方面主要作了两方面的工作。

第一，加强中财委私营企业局对私营企业的管理权限。这个问题在工商业调整尚未展开时就提出来了。许多资本家疑心中共要提早实行社会主义，在投资与生产方面均有许多的思想顾虑。针对这种情况，1950 年 3 月 29 日，中财委私营企业局副局长千家驹、吴羹梅提出加强私营企业局的工作，并具体提出两点建议：（1）由中财委私营企业局召集全国性工商会议，由各大行政区及重要省市负责主管私营企业领导同志参加，听取各地私营企业界的情况报告，确定公营和私营企业关系，帮助他们解决一些目前私营企业所存在的困难与问题。（2）设立中央工商部，在工商部未成立前，中央私营企业局除作为中财委的幕僚机构外，应同时成为管理全国私营工商业的行政机关，办理登记、注册、辅导、管理等工作，以便使中央私营企业局与各地工商局发生工作上的直接联系，随时反映私营企业的情况，并帮助他们解决一些具体问题。①但是，这两点意见提出后一直没有实行。6 月，在中财委第二次会议上千家驹、吴羹梅二人再次提出这一意见，仍没形成统一认识，会议也因此未作出决定。

随着工商业调整在全国各大城市全面铺开，加强对私营企业的领导已成为当务之急。7 月 15 日，周恩来向各大行政区军政委员会或人民政府及财委等，发出《关于加强私营企业局工作的指示》，明确指出："为继续调整公私关系，适时解决私营工商业中所发生的各种问题，决定加强中财委私营企业局工作，并与各地工商行政机关及中央各部私营企业主管部门建立工作上的联系。"今后私营企业局应实际成为中财委指导私营工商业的办事机关，并负责下列工作：（1）通报工商情况。各省工商厅、市工商局及其他工商行政机关应随时将私营工商业动态及有关材料报告中财委私营企业局。凡有关调整公私关系及其所属处理重要的案件，除呈报各大行政区外，应以复本呈报中财委私营企业局。（2）举办公司登记。私营工商业除应向当地主管机关申请许可营业外，如

---

① 《1949—1952　中华人民共和国经济档案资料选编（工业卷）》，第 407 页。

系公司组织，并应向中财委私营企业局进行统一登记。（3）举办商标注册。在商标注册暂行条例公布后，此项注册工作亦将移交中财委私营企业局，组织专门机构负责办理。（4）公私合营企业的管理。此项工作应由投资机关（银行）、业务部门（主管各部）及中财委私营企业局会同处理。（5）指导各地工商业联合会。"此外如公私产权处理及私营工商业辅导等工作，仍由中财委私营企业局会同有关部门继续负责处理。"①周恩来的指示，确立了中财委私营企业局对私营企业统一管理的领导地位。

9月16日，中财委为成立私营企业管理机构给各中央局发出征求意见函。接函后，各大区财委都认为，在目前情况下，设立私营专管机构是需要的。但各区情况不同，所以对设立这一机构的具体意见又各有差异。西北财委认为：西财委私营企业机构以设处为宜，私营企业处的日常业务应主要是：（1）调查研究并做出综合报告；（2）联系并检查各部厅（局）工作使其步调一致；（3）统一掌管加工订货。华东财委强调：新建的私企管理机构，一定要在职能上与工商厅和工业厅划分清楚。西南财委认为：西南私企管理局因干部贫乏已达极点，捉襟见肘，暂时还建立不起来。勉强建立只有再兼职，工作陷于被动，待有适当干部再建立。10月，中财委综合各地财委意见及私营企业局经验，发出《关于大行政区设立私营企业机构的指示》，对私营企业局的设立提出如下意见：（1）各地可按工作繁简及干部条件，在大行政区设私营企业管理处或局，直接受财委领导。省设工商科或处，受省财委或工商厅（或贸易厅）领导；市仍设工商局，负责管理私营工商业。（2）大行政区及省的私营企业管理机构的主要任务，应为协助财委研究管理私营工商业的政策法令，调整公私关系、清理公私合营企业中的公私产权，并联系有关各部厅（工业，贸易）、局（税务、劳动）、银行、贸易公司及工商联、工会等，协商解决私营工商业所提出的各种要求。私企局处不宜代替各部厅及银行、贸易公司去直接管理私营工商业。（3）商标注册已决定归中央私营企业局统一管理，工商业登记拟按规模大小归中央及地方分别办理。②这些情况表明，中财委根据周恩来指示，从各大区实

---

① 《建国以来周恩来文稿》第三册，中央文献出版社2008年版，第43—44页。

② 参见《中国工业五十年（第一部）》上卷，第701—702页。

际情况出发，努力通过组织机构的系统化，加强和规范对私营企业的领导，使私企进一步融入新民主主义经济社会发展的正常轨道之内。

第二，初步探索了管理私营企业的方法。7月据各地人民政府报告，工商界都盼望中央人民政府早日颁布公司法或投资条例，以确定投资人的权利与责任。上海各界人民代表会议举行时，工商联筹备会的报告中亦特别提出此项建议，述及私营企业中有限责任股东深恐在其投资之企业经营失败时要负无限责任，所以希望政府对此有所规范，以解除投资者的顾虑。为此，中财委积极组织研究公司法并组织起草投资条例，筹组投资公司。

投资公司问题所以在此时提出，是有其必然性的。工商业调整时期，也正是国民经济大规模恢复的时期，需要大量的长期的经济建设资金，这些资金并不是现时国家金融资力可以全部承担的，必须及时吸收社会私人资金，展开新的工作形式与方法，来适应新的情况。投资公司足以聚集游散资金，吸收正在迫切寻求出路的工商业转业资金以及华侨回国资金，使资金投放转为长期化，并有利于经济恢复和建设。通过这一机构，有计划地投资与国计民生有关的生产事业，增加其流动资金，监督其改造经营，帮助其恢复与扩大生产，将来并有可能进一步投资创立新的企业。社会和国家两方建立投资公司的设想正是在这种基础上产生的。

6月下旬，中财委二次会议对《私营企业投资条例（草案）》进行充分讨论，原则上基本通过，并责成薛暮桥对草案作文字修改。会后，中财委对私营企业投资条例问题继续认真研究，于7月15日先形成了《政务院财政经济委员会关于私营企业股东有限责任问题的指示》，确定两条方针："（一）私营企业凡已向地方政府办理登记经核准者，其有限责任之股东，应依该企业之章程，缴清其所认为股款；在该企业经营亏损时所负资金之责任，亦以其认缴之股款为限。（二）私营企业中执行业务之董事、经理人或其他代理执行人，若有非法经营、舞弊营私而使公司破产者，应负法律责任。"①

随后7月28日，中财委将修改后的《私营企业投资条例（草案）》，交由政务院第四十三次会议讨论，决定成立由章乃器召集的财经小组审查该《条例》

---

① 《中央人民政府法令汇编（1949—1950）》，第527页。

（草案）。《条例》（草案）中指出，制定本条例的目的是："鼓励并协助私人资本经营有利于国计民生的企业"；明确"本条例所指的企业，包括工业、矿业、建筑、农业、造林、水利、畜牧、渔业等生产事业及文化、贸易、运输、金融等一切私营企业在内"。《条例》共十九条，对私营企业的组织方式、领导机构、经营和运行规则等作出规定①。政务院会议没有通过关于《条例》（草案）的记载，这说明文件还不成熟，对于新民主主义社会私营经济的投资方式及规律仍须继续深入探索。这次政务院会议还通过了《商标注册暂行条例》，以"保障一般工商业专用商标的专用权"；明确："一般公私厂、商、合作社对自己所生产、制造、加工或拣选的商品，需专用商标时，应依本条例的规定，向政务院财政经济委员会中央私人企业局申请注册。"②此条例与会议当日7月28日公布。

一些私营金融业特别是上海市私人银行业，在准备向全国金融会议提交的议案中，对组织投资公司提出了意见。比如：联合商业储蓄信托银行总管理处认为："投资公司成立后有关重要工商业可由该公司经营银行业所吸收之游资，有扶助生产之出路"；"投资公司之股票如在市场流通又可吸收游资"；"投资公司为协助厂家解决经济困难可发行公司债，以款贷于厂家，使厂家得有周转，减少银行搁浅或呆账之机会"；投资"公司债如准许流通或抵押又可吸收游资圆滑资金运用"；"故组织投资公司实属有利银钱业管理办法之商榷"。上海金城银行总行对组织投资公司提出六点希望：（1）公私合营的公司；（2）全国性规模；（3）母公司性质，但只控制最低限度的子公司股票；（4）业务中心以设计组织，计划实行，募集资金，对子公司垫款，同时监督子公司，传达政府政策；（5）所有股票，公司债均应设立交易所公开买卖，以活泼事业资金；（6）私营金融业得以其现金或原有的工商投资为资金加入为股东。③据报在8月1日至10日的全国金融业联席会议上，大家一致同意设立投资公司。④所以，会后不久，北京兴业投资公司于9月1日率先成立。随后，全国各大城市相继

---

① 参见《中国工业五十年（第一部）》上卷，第342—343页。

② 《中央人民政府法令汇编（1949—1950）》，第528页。

③ 参见上海档案馆：全宗号172，目录号4，案卷号41。

④ 刘光第：《论投资公司的创立》，《经济周报》1950年9月7日。

成立投资公司。一时成立投资公司成为工商界普遍关注的问题,成为金融事业中的一个创举。

在新民主主义经济构成中,私营经济如何发展,对整个经济形态的健康发展有着重要影响;而且如何引导和规范私营经济在新中国向着有利于国计民生的方向发展,是共产党面临的重大新的实践课题,中财委对此付出艰辛努力。

继《私营企业投资条例(草案)》之后中财委协同各方又拟订了《私营企业暂行条例》。该《暂行条例》分总则、核准及登记、企业对内对外关系、附则共四章、三十二条,对私营企业的设立、变更经营范围和资本,以及迁移、转业、停业、歇业,企业盈余的分配办法等都作出具体规定。这个《暂行条例》体现了共产党执政的新民主主义社会与国民党统治时期对民族工商业政策的根本区别。其总则第一条明确:"根据中国人民政治协商会议共同纲领的经济政策的规定,在国营经济领导下,鼓励并扶助有利于国计民生的私营企业,特制订本条例。"条例要求私营企业遵照执行政府制定的产销计划,以克服盲目生产,调整产销关系,逐渐走向计划经济。私营企业必须切实执行政府一切有关劳动法令,企业的财产和营业受充分的保护,经营管理权属于投资人,但与劳资双方利益有关者,应由劳资协商会议或劳资双方协商解决。《暂行条例》第九条明确"企业经营的业务,如应国家迫切需要,或在技术上有重要的改进或发明,而在短期内不能获利者,得经政务院财政经济委员会核准,在一定期限内予以减税或免税的优待"[1] 等等。12 月 29 日,政务院第六十五次会议通过了《私营企业暂行条例》,并于次日公布。

在《私营企业暂行条例》拟订过程中,中财委于 8 月同时拟定《私营企业暂行条例实施办法(草案)》,包括通则、独资、合伙、无限公司、有限公司、两合公司、股份有限公司、股份两合公司、公司债、附则共 10 章、110 条,对私营企业组织形式、运行方式、管理办法等作出具体规定。[2] 工商业调整结束后,中财委及地方政府对私营企业管理问题继续进行探索,又拟订了《私营企业重估财产调整资本办法》,于 12 月 22 日由中财委对外发布。[3] 这些文件者

---

① 《中央人民政府法令汇编(1949—1950)》,第 539—544 页。

② 《中国工业五十年(第一部)》上卷,第 357—368 页。

③ 参见《中央人民政府法令汇编(1949—1950)》,第 534—538 页。

是中共在新民主主义经济框架下，对私营经济管理规律探索的重要认识成果。

对于 1950 年工商业调整的作用，无论是参与决策和具体实施的领导人在当时都有过评价。总的评价都是肯定的，但肯定的程度有差异。

先看看领导实施这次调整工商业的中财委内部是如何评价这一历史活动的。计划局副局长孙晓村对其历史作用给予很高的评价，把 1950 年调整工商业与土地改革相提并论。他说："调整工商业，是新民主主义社会的重要经济措施之一，其重要性仅次于土地改革。土地改革是把个体农民经济从封建的土地制度下解放出来，调整工商业则是把半封建半殖民地社会的工商经济组织，加以改造，使之能为人民大众服务，并且有发展前途。"① 这是历史还处在发生过程中的评价。

薄一波于 1951 年 4 月 9 日至 5 月 10 日在上海对工商业情况作了一个月的考察、研究，发现私营工商业存在的问题还不小，需要继续努力解决。上海工商业中公私资本的比例是 1∶5，而它们的营业额则是 2∶5，说明公营比私营恢复得快。这既是好现象，也说明私营工商业困难多，恢复乏力。那时私营工商业在一些重点产业部门还占优势。如按资本额计算，在机电行业占 60%，机械行业占 75%，酸碱制造业占 60%，纺织业占 60%，其他日用品工业几乎都掌握在私人手里。国营工业设备利用率已恢复到 70%—80%，私营工商业只恢复到 40%—50%，有一半的生产能力仍闲置在那里。从国计民生的需要看，还应继续调整工商业，把私营企业的潜力利用起来。②《私营企业暂行条例》虽然公布，但在实践中"并未全面实施"③。在调整工商业过程中，对政策的把握上也还存在一些过"左"和过右的现象，要想很好地把握公私兼顾的政策，还需要认真探索和不断总结经验，而突如其来的抗美援朝战争使这项工作没有做到底。所以，薄一波认为："还遗留下了一些问题没有得到解决，使后来的工作增加了一些困难"④。

中央领导层对这次调整工商业的作用又怎样评价呢？周恩来在 1950 年 9

① 孙晓村：《关于调整工商业》，见《一九五〇年中国经济论文选》第三辑，第 152 页。
② 《若干重大决策与事件的回顾》上卷，第 78 页。
③ 《新中国经济史》，第 141 页。
④ 《若干重大决策与事件的回顾》上卷，第 78 页。

月 14 日全国妇女联合会第三次执委扩大会的政治报告中说：对旧中国经济弊
病的医治，在他看来，调整工商业是"整理""恢复""国民党反动统治以及帝
国主义、封建主义、官僚资本主义给我们留下来的烂摊子"，是"治病"；"调
整在今天来说，还是带临时性的，还不是根本治疗。根本治疗，必须是《共
同纲领》所规定的那些经济政策逐条地实现。这需要时间。""调整工商业是
消极的办法，更积极的是把工业恢复起来，使工业真正发展，城乡交流，内
外交流，这是大事情"①。显然，周恩来认为调整工商业还是"治标"，而不是
"治本"。

　　新民主主义社会经济构成中的五种成分，是从旧社会变化而来的。解放
后，官僚资本被没收归人民政府所有，成为社会主义性质的国营经济；个体农
民经济在经过土改的地区，已从封建剥削制度下解放出来，在尚未经过土改的
地区，也将改变封建主义的土地制度；至于合作社经济与国家资本主义经济，
是过渡性质的两种经济成分，它们的性质是被它们所处的那个社会的性质及发
展方向所决定的；只有民族工商业即私人资本主义，因为解放后改变了环境，
不再受帝国主义和官僚资本的压迫，但自身的性质并没有因解放而有根本的改
变。调整工商业使私人资本主义经济在性质上开始发生变化：逐步纳入国家资
本主义行列，纳入国家经济计划之中，经营方针和经营方式及方向都发生了重
要转变；从而为新中国新民主主义经济的恢复和发展，为新民主主义经济逐步
向社会主义经济的过渡创造了条件。

---

① 《周恩来经济文选》，第 56、58 页。

第七章　中财委引导确立国营经济在多种经济成分中的领导地位

国营经济主要是在军管会相继接管各大中城市的进程中形成的公营经济，当时中财委尚未成立。新中国成立后，在中财委领导下，各地人民政府进一步完善了国营企业的接管工作。与此同时，中财委在领导稳定物价、统一财经、调整私营工商业等重大财经活动中，确立了国营经济在新民主主义多种经济成分中的领导地位；并通过民主改革和生产改革对国营企业进行改造，建立起国营企业中新的管理制度。这种以国营经济为领导、劳动者为企业主人、五种经济成分并存、在政府计划管理体制下协调运行的新中国企业制度，在当时促进了国民经济的恢复和发展。

一、新中国国营经济的建立和接管工作的进一步完善

没收官僚资本是新中国国营经济的主要来源。抗日战争胜利后，国民党政府接收了日本、德国和意大利等帝国主义在华企业，同时又得到美国在军事上、财政上、物资上的"援助"，官僚资本迅速膨胀。到1949年新中国成立前夕，官僚资本约占中国全部工业资本的三分之二，全部工业、交通运输业固定资产的80%；垄断了全国钢铁产量的90%，煤产量的33%，发电量的67%，石油和有色金属产量的100%，水泥产量的45%，纱锭37.6%，织布机60%，糖90%；官僚资本控制的银行占全国银行资本总额的59%；铁路航运方面，铁路公路占100%，轮船吨位占45%以上；在商业方面，拥有十几个全国性的

大垄断组织。① 随着人民民主革命的胜利，原来属于官僚资本的一切工厂、矿山、铁路、邮政、轮船、银行、贸易机构和其他企业，都被没收，归人民所有，为新中国的国营经济准备了物质基础。

将控制国家经济命脉的巨大资财，转移到人民手里，是巨大的历史性社会变革。

没收官僚资本企业的工作，始于 1946 年哈尔滨的解放。哈市国营经济的形成及其管理的企业化、民主化、计划化原则是在陈云领导下确立的。他在这一时期提出的迅速恢复和发展城市的生产事业，必须全心全意依靠工人阶级，正确处理工人阶级和从事脑力劳动的职员之间矛盾的思想，要重视企业管理工作和重视培养技术干部及管理干部的思想，实行工薪改革，反对平均主义，倡导劳动竞赛，反对形式主义等主张，对官僚资本企业接收后的健康发展起到了重要的引导作用。1948 年 7 月，陈主持东北财经工作。② 同年 11 月他主持了沈阳的接管，在实践中总结出"各按系统，自上而下，原封不动，先接后分"的经验，解决了城市接管中两大难点，即怎样做到接收完整和怎样迅速恢复秩序。随后，中共中央提出官僚资本企业要"原封原样接收"的方针，为完整地把官僚资本主义企业接收过来，尽量减少接收过程中的损失和破坏，并能在接收后迅速恢复生产起了全局性指导作用。这一方针是对已接管城市正反两方面经验的高度概括。

革命根据地和解放区原有的公营工业、商业、银行，在新中国成立后自然地成为国营经济的组成部分。这些公营企业本来主要服务于革命战争，工业方面主要是兵工、弹药、机械修理、炼铁、被服厂等，也有一些民用工业，如煤矿、纺织厂等，还有民主政权创办的银行、商店等。由于革命根据地和解放区以分散的落后的小农经济占优势，劳动生产率很低，在长期战争和敌人经济封锁的条件下，肩负着既要保障战争供给又要照顾人民生活的双重任务。在这种情况下，财政上不能单纯依靠人民交纳的公粮和税收，而是依靠军队、干部和

---

① 孙健：《中国经济通史（1949—2000 年）》下卷，中国人民大学出版社 2000 年版，第 1478—1479 页。

② 1948 年 7 月 17 日，东北行政委员会召开第 45 次常务会议，决定设立东北财政经济委员会，陈云任主任，李富春任副主任。参见《陈云年谱（修订本）》上卷，第 646 页。

群众自己劳动的积累，从无到有，从小到大，建立起一批公营企业，在毛泽东提出的"发展经济，保障供给"的方针指导下，逐步形成了工业、农业、交通运输业、商业、金融等各个部门齐全的经济体系。

根据地和解放区的民主政府通过直接管理公营经济，已有了管理经济的初步经验。如正确处理公营与私人经济的关系、财政与经济的关系、经济建设需要与可能的关系，公营商业掌握重要物资以稳定市场，开展对敌占区贸易以打破经济封锁的经验等。在革命战争环境下摸索出的企业管理方法和积累的经验，为新中国制定经济恢复与建设方针提供了重要思想资源，同时培养、锻炼出一批经济建设领导人才；公营企业职工自力更生、艰苦奋斗的优良传统，亦是新中国建设的宝贵精神财富。

新中国成立后，陈云主政的中财委承担了领导接收国民党政府人员及资材的重任。1949 年 10 月 21 日，陈云在政务院财政经济委员会成立大会上提议：政务院统一接收原南京国民党中央政府所属机关人员及材料。根据陈云的意见，政务院第一次会议作出成立由陈云负责召集的专门小组，拟定接收原国民党政府中央各机关人员、档案、财产、图书、物资等具体办法的决议。10 月 25 日，政务院第二次会议又决定，由陈云负责召集专门小组，拟定《政务院指导接收工作委员会工作条例》，该《条例》于 28 日在政务院第三次会议上通过。《条例》规定，该委员会直属政务院，代表中央人民政府所属各单位统筹指导与处理国内外有关国民党政府中央机关的人员、档案、图书、财产、物资等接收事宜。接收原则规定如下：（1）各机关原属中央系统的由中央接收，一时不能接收者，交由地方代管。（2）对原属中央系统各机关的旧工作人员，进行调查了解，因才使用，并与当地军政机关洽商，实行合理分配；需要教育者，按情况酌情设立各种学习机关，予以改造。（3）原属中央系统各机关的档案、图书、财产、物资等，一般划归中央人民政府及其所属各部门所有，特殊的经与当地军政机关洽商改归地方人民政府所有。会议决定，陈云为政务院指导接收工作委员会主任，董必武、邵力子、黄绍竑、章乃器、郭春涛等为委员。11 月 11 日，政务院第五次会议批准陈云《关于指导接收委员会工作报告》，并决议首先组织华东区工作团，由董必武领导，统筹指导和处理华东区接收事宜。12 月 27 日，在陈云主持的中财委第九次委务会议上，讨论拟订了《处理敌伪产业办法》；1950 年 1 月 17 日，又讨论了接收香港国民党政府资产问题；会议决定各有关部、署、行派员共组接收工作团，由冀朝鼎任"港九中国伪政府机构接管工作团"团长，率团赴广州，先与香港各有关方面取得联系，并候令进港。

新中国成立后，对外国在华企业和资产的处理，也是建立国营经济的重要内容。废除外国在中国的一切特权，使外资企业不再拥有比本国企业优越的特权，通过各种办法使控制国计民生的部分外资企业转归人民民主政权的国家经营，这是中国革命胜利的必然结果。在中共七届二中全会上，毛泽东对帝国主义在华势力的处理已提出明确原则："应当采取有步骤地彻底地摧毁帝国主义在中国的控制权的方针。……不承认国民党时代的任何外国外交机关和外交人员的合法地位，不承认国民党时代一切卖国条约的继续存在，取消一切帝国主义在中国开办的宣传机关，立即统制对外贸易，改革海关制度，这些都是我们进入大城市的时候所必须首先采取的步骤"，"剩下的帝国主义的经济事业和文化事业，可以让它们暂时存在，由我们加以监督和管制，以待我们在全国胜利以后再去解决"。[1]人民政府正是遵循毛泽东拟订的原则，逐步完成了废除外国在华经济特权与处理外资在华企业的。

外国在华投资有明显特点，既以控制中国经济命脉为目的的直接投资占多数，在直接投资中，又以金融、贸易、交通运输、房地产等服务业或商业性掠夺资本为主，投资于生产领域的比重较小。抗战前，外资在中国生产领域所占比重较高，特别是在东北（见表 25）。

表 25　抗战前外资与华资在中国生产总值中的比重（%）

	全　国	东　北	关　内
外　资	32	64.6	28.2
华　资	68	35.4	71.8

资料来源：《中财委：中国经济情况报告》，（1950 年），见《1949—1952 中华人民共和国经济档案资料选编（工业卷）》，第 6 页。

---

[1]　《毛泽东选集》第四卷，第 1434—1435 页。

　　抗战胜利后，日资企业均被中国政府接收，英、美企业大多在抗战中被日摧毁或接管。随着解放战争的胜利推进，外国投资者眼见国民党政府即将崩溃，纷纷撤走资金，只剩下为数不多、不便拆迁的工矿设备和房地产。到解放时，外国资本在华企业还剩一千多家，其中约有六分之五属于英、美两国的垄断资本，只有个别属于外国一般侨民经营的小企业。①

　　新中国成立后，中财委对外资在中国剩存经济力量，进行大致了解和分析后认为：（1）解放前，美、英银行控制着中国的货币和金融市场，在市场上有大量美钞和港币的流通。解放后，这种控制力量大大削弱，外国货币被逐出中国市场。（2）在国际贸易和沿海航运中，外国船舶仍占重要地位，在今后若干年内，除与苏东贸易途经大陆外，海洋贸易仍将依赖外国船舶和仓库码头的设备。在上海进出口吨位中，美、英两国船舶占70%以上；上海仓库容量中，外资占52%，华资占48%，油库全为外人所有。（3）外资掌握着上海的电厂、电车、电话等公用事业。上海和天津美商、法商电厂发电量21万千瓦，占全国发电量的15%。（4）中英合办（英资占55%）开滦煤矿年产煤400万吨，在1950年煤的总产量2800万吨中占14%（如按英资比例计算约为8%）。（5）英资的颐中烟草公司所产纸烟，在上海约占上海纸烟产量的三分之一，在天津约占半数。（6）外商纱厂仅有3万余纱锭，不到全国纱锭的1%（过去曾占半数上下）。（7）大部分铁路均借外资经营。综合上述情况，中财委认为："帝国主义对我国际贸易交通事业及上海公用事业仍有巨大控制力量，但在产业部门，已经不占重要地位，可以逐渐解决。"②

　　在没收官僚资本的过程中，对美、英、法等帝国主义国家在中国的企业并没有没收，仍然允许它们在服从中国政府法令的条件下继续经营。但是，在人民政府取消帝国主义特权以后，特别是帝国主义对中国实行"封锁禁运"以后，这些企业大都陷于瘫痪状态。有些企业（例如银行和洋行）经营不下去了，申请歇业；有些企业（例如开滦煤矿）的外国资本家自行放弃经营；有些企业（例如颐中烟草公司）自动转让给中国政府；有些企业则由中国作价收购。

---

　　① 《中华人民共和国工业经济史》，第15页。
　　② 《中财委：中国经济情况报告》（1950年），见《1949—1952　中华人民共和国经济档案资料选编（工业卷）》，第6页。

外资的情况比较复杂，一时不易处理，但又不能使它在新中国成立后继续享有特权。中财委认为，应先冻结美资，待以后酌情处理；并提出冻结美在华财产的三条意见呈报政务院：（1）建筑物及相随家具可征用，但要详细登记，负责保管。（2）急需又不易买到的物资及易霉烂损坏物资，可作价征购，价款存银行冻结。（3）其余物资应尽可能封存冻结。1950年3月9日，周恩来批准上述三条意见。抗美援朝战争爆发后，美国政府于是年突然无理宣布管制中国在美管辖区内的公私财产。为防止美国在中国境内从事经济破坏和危害人民利益，中央政府宣布管制并清查美国政府和美国企业在中国的财产。从此，基本清除了美在华的经济势力。

除管制美在华企业外，对其他资本主义国家在华企业，人民政府首先使其经营服从中国法令，逐步采取一些合理和必要的措施，如转让或征购等形式，以结束过去那种半殖民地残迹。转入国家手中的这部分外国企业是新中国国营企业的一个方面来源。

对旧海关的根本改造，在新中国元年废除外国在华经济特权中尤为重要。新中国成立后，中央人民政府收回了中国在关税政策及海关管理事业方面的独立自主权。1949年9月23日至10月16日，中财委召开全国海关工作人员代表座谈会。陈云在与海关工作人员座谈时指出："把百年来帝国主义所把持的海关，变成为人民服务的、完全自主的、有利于新民主主义国计民生的海关，这是带根本性的大变革。在变革中，应该采取稳重审慎的步骤。应该把旧海关内对新民主主义有用的东西，如验证、查缉等业务技术和管理经验接收过来。"同时他指示海关，在管理上要逐步统一；要在平等互利原则下"与各国政府及人民恢复和发展通商关系"。[①] 这篇讲话为新中国海关工作，提供了基本思路和总的工作原则。会后，在中财委直接关注下，新中国海关工作逐步开展起来。

第一，建立集中统一的人民海关系统。1949年10月25日，中央人民政府成立海关总署。12月30日，政务院第十三次政务会议批准《海关总署试行组织条例》，次年1月3日颁令执行。《条例》规定：海关总署统一管理全国一切海关事宜；受政务院财政经济委员会指导，并与贸易部保持密切联系，执行

①　《陈云文选》第二卷，第24页。

贸易部根据中央人民政府对外贸易政策法令所颁布的有关进出口货物决定。《条例》对海关总署的职权、内部机构设置、各厅处的职权划分、地方机构、地方海关职务等都作出规定。①《条例》不仅规范了海关总署内部的工作秩序，而且为其领导全国海关建立新的组织制度奠定初步基础。

　　新中国成立初，海关情况比较复杂。海关总署署长孔原在1950年8月21日的《全国关务会议和海关总署工作综合报告》中说：

　　全国现有27处独立海关，19处分关，127处支关分所哨站等，共有工作人员11271名，其中干部职员5383。原老解放区海关计有：满洲里、绥芬河、图门、辑安、安东、旅大、营口、瓦房店及烟台9处，组织制度比较简陋，干部人员都是老解放区的，缺乏正规海关工作经验。新接收的国民党海关计有：天津、青岛、上海、福州、厦门、汕头、广州、九龙、拱北、江门、北海、湛江、琼州、迪化、汉口、昆明、腾冲、龙州共18处，有一套形式完整的洋化制度，除极少数接管干部和地下党员外，全是留用人员，旧的思想作风相当浓厚。各关业务情况颇不一致，但一般均在恢复发展过程中。②

　　另外，旧海关组织机构和业务制度多已不适用，新的一套又未能完全建立，海关的组织形式、管理系统、规章条例、税则税率各地均不同，各行其是、各自为政和混乱脱节的现象相当严重。全国海关总署的建立，为统一管理海关创立了前提。但海关总署成立初期尚处于地区性分散状态之中，除东北老解放区外，其余各地海关都是在解放时先后由各地人民政府或军管会分别接管。这种分散管理的方法，在当时战争情况下是必要的。中央人民政府成立后，对外贸易日益开展，海关工作已超出局部地方性范围，分散管理的方法已不适应；要想切实执行集中统一的海关制度，必须进一步改革海关组织，统一政策业务，统一制度规章，统一管理领导，并制定新的海关法规。为此，中央人民政府加强了对海关的统一管理。

---

① 参见《中央人民政府法令汇编（1949—1950年）》，第343—346页。
② 《1949—1952　中华人民共和国经济档案资料选编（综合卷）》，第688页。

　　首先，中财委指导海关总署采取了一系列集中统一管理的措施。1950年2月13日，中财委指令海关总署迅速建立纵的业务系统，调配人员，充实各级组织；并向有关各方协商，统一港口管理、船舶收税和检查办法。此后，海关总署陆续派员逐步接管天津、上海、青岛、烟台等各地海关，在全国形成了由新中国海关总署领导的集中统一、独立自主的海关系统。3月8日，中财委发出通知，规定全国各地海关均应立即和海关总署建立上下级关系，受总署直接领导；一切有关海关的组织、人事、行政、业务等均应向总署报告请示；总署所颁发的一切规章、命令、指示应严格遵照执行，不经中财委及海关总署批准，各地不得自由变更。6月19日，海关总署召开全国海关关务会议，讨论和修正海关总署拟定的《中华人民共和国海关法（草案）》。会议确定：（1）海关工作的全国对外性，决定海关总署必须"统一集中的直接领导全国的海关"。（2）要纠正旧海关包揽一切的不正常现象，解除和海关无直接关系的公务，根据政务确定新中国海关三大任务：进出口货运监管、征收关税、查禁走私。（3）确立了设关原则和方案。决定裁撤过去在非开放对外贸易地方设立的关、哨、所等海关机构，只在开放对外贸易地方，设立海关机构；根据此原则，全国现有的海关及其分支机构，将由173处，缩减为70处；确定了满洲里等26个直属海关总署的海关。"这是海关组织的一次大变革"①。根据这次会议讨论情况，12月14日，政务院发布《关于设立海关原则和调整全国海关机构的指示》，海关统一工作基本完成。

　　第二，加强对关税的统一管理。关税政策对于保护国家生产有重大意义，对于经济建设和进口计划的执行有调节补助作用。在海关主权收回后，如何统一管理好关税十分重要。3月7日，在全国财经统一的过程中，政务院发布了《关于关税政策和海关工作的决定》，明确指出："中央人民政府海关总署，必须是统一集中的和独立自主的国家机关，海关总署负责对各种货物及货币的输入输出执行实际的监督管理，征收关税，与走私进行斗争，以此来保护我国不受资本主义国家的经济侵略。"《决定》强调：必须制定中华人民共和国输入输

―――――――――
　　① 《海关总署关于全国海关关务会议总结》（1950年10月6日），见《1949—1952　中华人民共和国经济档案资料选编（综合卷）》，第689—693页。

出货物的新海关税则，注意充分发挥关税杠杆对国民经济保护和促进发展的作用；为此确定六项原则：一是关税要保护国家民族生产，在国内能大量生产或者暂时还不能大量生产但将来有发展可能的工业品及半制品，进口同类商品时，关税率应规定高于该项商品的成本与我国同样货品的成本之间的差额。二是一切奢侈品和非必需品，订征更高的税率。三是在国内生产很少或者不能生产的生产设备器材、工业原料、农业机械、粮食种子及肥料等，其税率要低和免征关税。四是凡一切必需的科学图书与防治农业病虫害等物品，以及若干国内不能生产或国内药品不能代替的药品输入，免征或减征关税。五是对进口货物实施两种税率：与新中国有贸易条约或协定的国家，规定一般正常税率；没有贸易条约和协定的国家，要规定比一般较高的税率。六是为促进我国出口货物生产，对经中央人民政府奖励的一切半制品及加工原料的输出，只订很低的税率或免征税输出。① 对关税的严格管理，是新中国成立初期，实行对外贸易管制、清除和抵御帝国主义经济侵略势力，确立和捍卫国家主权、保障人民在海关利益的重要措施。

第三，明确与旧海关相关的在国外的财产处理。海关接收具有特殊性。在旧中国，海关管理和关税收支大权长期为帝国主义列强把持，大批现金被存入国外银行。为使这批财富能够回到中国人民手中，1949 年 12 月 24 日，陈云同薄一波、马寅初致函海关总署，指出：关于旧海关在国外存款处理问题，因目前我国与英美等国家尚未建立正式外交关系，外交部致函国外银行不妥当；人民银行与各存款行，亦非债权债务关系，通知冻结恐也无效。"可由海关总署以债权人名义直接函告各存款银行，声明该项存款为中华人民共和国中央人民政府海关总署所有，如有损失，存款行应负完全责任。"② 依照中财委决定，1950 年 3 月 2 日，海关总署致函伦敦汇丰银行、加尔各答汇丰银行、香港中国银行，要求冻结原国民党海关总税务司署截至 1949 年 5 月 27 日（上海解放之日）止在各该行开户结存的外币存款，对所有原总税务司署所签支票停止支付，并要该国寄空白印鉴纸以便换送取款印鉴。原总税务司所留印鉴作废。

---

① 《中央人民政府法令汇编（1949—1950）》，第 348、349 页。

② 《陈云年谱（修订本）》中卷，第 23 页。

　　海关在接管存款同时，还接管了大批物资，这些物资情况各异，处理必须慎重。所以，海关总署成立半年多，对这批物资始终没有擅自处理。直到财经统一基本完成，私营工商调整工作在全国已推开，中财委才抽出精力关注此事。7月1日，针对中央燃料工业部提出的有关解放前国民党各机关和企业已付订货贷款的国外进口货处理问题，陈云和薄一波、马寅初、李富春致华东财委、华东仓库物资清理调配分会函，指示：根据政务院关于全国仓库物资清理调配决定第四条，国民党时期各单位委托代订等关系一律无效，我方已向国外付款的进口物资，均应由原直接办理对外采购并执有证件（收提货单、订货收据）的机关接管，并作为其接管收入，由华东贸易部办理进口后，交华东仓库物资清理调配分会处理。物资如数量很大，关联的部门很多，可由华东财委集中办理进口等。8月2日，中财委对海关接管物资的处理也作出批复。海关总署将中财委的批复作为通令于8月9日下发各海关。通令除规定接管中的违禁物资由海关总署按规定办法自行处理外，其余物资均按照中财委的批复办理，主要把握三条原则：（1）凡扣留物资，案件尚未解决者，仍由各关继续调查，弄清问题后分别进行处理。（2）凡现在或解放前海关应没收或已没收的物资均移交中央财政部处理；已经海关拍卖变价款，要解缴中财部；已解缴当地政府财政部门的，应将收据数目报告中财部。同时向中财部报告查私人及密报人案件起数及应提奖金款额等。（3）中财部在地方尚未设置机构或有其他困难的，其没收接管的物资可委托当地海关代行处理。①中财委的这些指示，为地方人民政府对海关和涉外官僚资本遗留财产的处理，提供了规则。

　　国营企业主要是在没收官僚资本和敌伪产业的基础上建立的。但在解放战争迅猛发展，城市一个接着一个地被军管会接管的巨大历史变革中，对官僚资本和敌伪产业的没收当时来不及拟订出新的具体政策；主要任务是先将企业接管过来，迅速恢复生产，保障人民生活，尽量减低对社会震动。但企业接管，特别是产权归属的划定这些极其复杂的问题，急需人民政府尽早根据不同情况，有针对性地拟订政策，逐步处理。新中国成立后，中财委私营企业局先后

---

　　①　中国社会科学院、中央档案馆编：《1949—1952　中华人民共和国经济档案资料选编（对外贸易卷）》，经济管理出版社1994年版，第256—257页。

拟订《关于处理官僚资本的初步意见》和《关于处理敌伪产业的初步意见》两个文件，为国营企业接管工作的进一步完善提供了具体可循的政策。

对于官僚资本的没收，中财委私营企业局认为，要从政治上把握好两个原则：一是对官僚资本要有严格定义："凡利用政治特权，积累巨大财富者谓之官僚资本，时期则以国民党反动派统治时期起算，国统以前的官僚资本（除汉奸外）概不追究。"二是在清理官僚资本时，要考虑其所有者的政治倾向。在国民党统治时代，所有的公私企业多多少少不免要与国民党官僚资本有些勾结，否则就不能存在，今天凡"愿意在人民政府领导下积极参加生产工作的，除罪大恶极的以外，均不清算；在经济上要考虑到不至使私人投资有所顾虑，不至影响到他们的生产情绪，同时更重要的还要争取台湾之更有利的解放，争取外逃资金之返回国内，从事生产。因此，在原则上，清算官僚资本所要打击的面是愈小愈好！"由从此出发，中财委提出，对官僚资本要分清下列情况分别处理：（1）凡国民党政府国营企业，一律没收归人民国家所有，其中如有商股（如中国、交通两银行之商股），当承认其股权。（2）以私人名义办的官僚资本企业要没收，对化名隐匿或非法转移者，要彻底清查，但真正的商股仍予保留或发还。（3）凭借特殊地位，利用人事关系，套购外汇或四行贷款，而博取巨额利润，较为特殊者，以及假公济私、化国家资本为私人资本者，应清算或没收。（4）国民党党团假借名义所办的经济事业，一律没收。（5）以国家四行二局①名义投资所经营的事业，应视为官僚资本，收归国有。（6）伪省银行及官僚资本银行投资的事业，亦视为官僚资本，收归国有。（5）、（6）两项没收时要限定银行投资的部分，并不没收整个企业。如四行投资占比大的企业，收归国家经营；占比不大的改为公私合营或将公股折价售给私人经营。（7）私人企业中向国家行局贷款数额巨大，较为特殊者，要特别清算。（8）民营企业在国统时期，为应付环境，利用国民党要人出任公司董事或董事长，如仅挂空名未出资、未操纵公司行政者，不加清算；若实际出资，应将官僚资本部分没收归公，或让原主备价收回，或由政府作为股

---

① 四行二局：中央银行、中国银行、交通银行、中国农业银行，中央信托局、邮政储金汇业局。

款，采取公私合营。（9）国民党接收时期，官僚资本利用特权无代价或廉价取得的敌伪产业及善后救济总署物资，应重行清查，加以没收。但有的私人经营已久，为鼓励私人经营的积极性，以不清算为原则。但数额特别巨大，情况较为特殊者，仍要加以清查处理。（10）国民党时期利用其特殊政治、经济和社会地位，运用国家资金，作私人投资者，应视为官僚资本没收。（11）利用职权侵占、盗窃或隐匿公有财产，据为己有者，应予没收。（12）贪污有据，臭名昭彰，而积蓄财富者，应没收其贪污财产。（13）地方官僚资本要依照上项原则处理；起义将领所经营的生产事业不加处分；违法者应加调查清理。（14）凡隐匿以上应没收官僚资本财产，经人检举，查明属实者，隐匿人要交司法机关严予处分。①

敌伪产业，包括敌伪本身生产事业及敌伪强占的私人生产事业两部分。敌伪强占的产业，在时间上，经过敌伪统治、国民党接管、人民政府代管种种阶段，情况复杂。在产业设备上，有的被移动，有的被破坏，有的由敌伪或人民政府接管后增加。在资本成分上，有的未与敌伪合作，有的与敌伪合作，有的部分与敌伪合作，有的又有官僚资本参加。由于这些情况的存在，纠纷很多。为此，中财委私营企业局对敌伪强占产业拟出以下处理原则：（1）原主未与敌伪合作且无官僚资本在内的，以发还为原则。（2）曾与敌伪合作，或接受出卖股权代价的，不论是否强迫，一律由政府接收。其中尚有一部分未与敌伪合作的股东或未接收敌伪要求出卖股权者，可由政府承认其产业，就其业务性质及公私股份比例，分别采取国营、私营或公私合营的方式。（3）在敌伪强占或国民党政府或人民政府代管时期所增加的设备为国家所有，发还时可由政府作为股款，采用公私合营方式，或由原主备价购买，付款时可由政府斟酌情形一次或分数次拨付。（4）在敌伪强占时期，如设备物资有损失或破坏，政府不负补偿责任，可搜集材料，由原主如实呈报政府，于缔结对日和约时向日本提出赔偿要求。（5）在解放战争中被敌伪侵占产业受破坏时，政府不负补偿责任，可在该企业恢复生产时予以照顾。（6）发还敌伪产业时，原主对人民政府代管时期的经营盈亏不负任何责任，也不得有任何要

---

① 《1949—1952　中华人民共和国经济档案资料选编（工商体制卷）》，第107—109页。

求。(7) 对人民政府代管时期的职工要尽量沿用，不得无故解雇。(8) 凡属有关国家经济命脉和足以操纵国计民生的事业，由国家统一经营，或根据《共同纲领》第二十八条①的精神，由政府收归公营。原主设备的代价，可由政府以现金或公债方式分一次或数次偿付。(9) 敌伪强占的私人产业中，如有四大家族及战犯等官僚资本应一律没收。(10) 在国民党统治时期已完备发还手续者，以不清算为原则，其尚未完成手续者，应重行审查，再定发还与否。②

　　根据上述原则，中财委私营企业局处理敌伪有关产股权案 46 起，其中典型案例有：(1) 山东中兴煤矿，解放时因原主逃避，由政府代管，现已决定将中兴原有财产全部发还；但因其中日本投资和人民政府的投资数量相当大（尤以陶庄煤矿，主要为日本及人民政府所经营），因此改为公私合营。公私双方已拟订协议，互派代表到山东清理资财，商议合营办法。(2) 石家庄大兴纱厂及西安大华纱厂，解放时因原主逃避，由人民政府代管一个时期，现全部发还，仍由原主经营。(3) 南洋兄弟烟草公司，原为私营企业，后被宋子文侵入并霸占，解放后上海部分由简氏③经营，汉口部分因无人负责，暂由政府代管。现正商议清理资财，政府接收官僚资本部分，改为公私合营企业。(4) 卫辉华新纱厂，原为私资创办，1938 年经日本接收，至 1941 年资方派代表与日伪协商合作，达成协议，日本大量投资，获利甚巨。胜利后用贿赂手段使得国民党政府同意发还，解放前曾逃避大量资产，解放后人民政府派员驻厂监督。现资方请求政府撤退驻厂代表，我以该厂与敌合作，有充分理由加以接管，但仍拟宽大处理，由平原省人民政府处理。(5) 河北临榆县长城煤矿，原为私人创办，后以经营不善，1936 年由汉奸齐燮元出面，与日本合作。解放后，该矿旧股东刘钟奎向我申请发还，我以该矿抗战前即与敌伪合作，证据确凿，决

---

　　① 《共同纲领》第 28 条规定："国营经济为社会主义性质的经济。凡属有关国家经济命脉和足以操纵国民生计的事业，均应由国家统一经营。凡属国有的资源和企业，均为全体人民的公共财产，为人民共和国发展生产、繁荣经济的主要物质基础和整个社会经济的领导力量。"参见《建国以来重要文献选编》第一册，第 7—8 页。

　　② 《1949—1952　中华人民共和国经济档案资料选编（工商体制卷）》，第 109—110 页。

　　③ 南洋兄弟烟草公司创建于前清光绪三十一年，是南洋华侨集资创办，以简照南、简玉阶二兄弟为主体。

定不予发还。①

　　大陆解放后，各公私合营企业中的公股一时还来不及整理，为便于军管，这些公私合股企业由各有关部门分别接收代管。为保证政府对有关国家经济命脉企业的控制，3 月 25 日，陈云及薄一波、马寅初联名起草电文，对各地人民政府接管或代管的公私合股的企业，在处理方式上，要求视企业性质及公私股所占比例多寡而定：（1）凡有关国家经济命脉和足以操纵国计民生，而私股所占比重较小的企业，可由国家统一经营，其少数私股可由国家一次或分次收购。（2）上级企业如私股超过公股或与公股相当者原则上亦由国家逐步收购，其私股统一经营，但仍须视政府财力而定，如一时无此财力，此项企业可公私合营，国家切实监督。（3）非独占性而与国计民生有关的公私合营企业应由各该业务主管机关加强管理，严密执行检查及报告制度。（4）与国计民生无多大关系的企业，且公股所占比例甚小者，可将公股出售让给私人经营，价款悉交国库，公股所占比例较大、私人无力承购者可仍公私合营。（5）公私合营的公股代表人应由有关业务主管机关呈准中财委派充等。②

　　经过一段时间的实践，中财委对公私合营企业中公股的处理意见进一步成熟。10 月 13 日，中财委正式公布《关于统一清理公私合营企业公股的决定》，规定：（1）凡公私合营企业中的公股，其股权属中央财政部。（2）凡公私合营企业公股的清理与股权管理，由中财部委托人民银行责成交通银行统一办理。（3）在《决定》公布前，所有各部门接管公私合营企业的公股，应即转交通银行统一管理，并应提供有关材料，协助其完成公股清理工作。（4）凡公私合营企业，合并于其他企业者，应由接收单位向交通银行提供原企业合并前的全部资料，以便清理公股，确定股权。（5）交通银行所接管各公私合营企业的全部公股，应合并统一开立"中央人民政府财政部（交通银行代管）"户名，原中国银行、交通银行所参加的企业股份，仍用各该行户名。（6）各公私合营企业在选派公股代表及董事监事时，应请交通银行派员参加，其人选和人数由主管机关与交通银行商定后报中财委核准。（7）明确《决定》所称公股，指凡敌伪

　　① 《中财委私营企业管理局在中财委第二次全体会议上的工作报告》，（1950 年 6 月），见《中国工业五十年（第一部）》下卷，第 1110 页。

　　② 上海档案馆：全宗 22 号，目录 1 号，案卷 101 号。

政府国家经济金融机关参加的企业股份及属于战犯暨其他应依法没收归公的企业股份。① 这一《决定》对统一指导人民政府清理及管理公股股权，正确执行公私政策起了积极的引导作用。

在上述《决定》颁行后，中财委又研究颁行了《公私合营企业公股公产清理办法》，对所要清理的公股范围、主管机关、清理改组程序、清理期限等问题提出细则。② 经过修改商定，1951 年 1 月 5 日，政务院第六十六次会议通过此件，题为《企业中公股公产清理办法》。薛暮桥对此件作了说明。他说：新中国成立前，经过日本人和国民党的接管，企业中公股公产部分很乱；新中国成立后，我们又投了一些资。现在已被我们接管、代管或监管的企业，公私双方都要清理。据交通银行统计，全国有几千个企业中有公股公产，这是国家的一大笔财富，应该清理。过去一年中，只清理几十家，清理的办法也不统一，现在需要有个统一的办法。《办法》对隐匿在私人资本主义企业中的官僚资本股份的清理作出全面规定；指出，公私合营企业，及有公股公产的私营企业，不论是否已由政府接管、代管或监管，均应依照本办法进行清理。具体范围是：国民党政府及其国家经济、金融机关等在企业中的股份及财产，前敌国政府及其侨民在企业中的股份及财产，业经依法没收归公的战犯、汉奸、官僚资本家等在企业中的股份及财产，以及其他依法没收归公的股份及财产；解放后人民政府及国家经济、企业机关对企业的投资，亦应转作公股，合并处理。上述公股的所有权属于中央人民政府财政部；中国银行、交通银行对企业的投资，在计算股权时，作公股计算，但其所有权仍属于原投资银行。此办法公布后，企业中的公股由中财部委托交通银行统一管理；中央及地方政府掌握的企业中的公股，均应按照规定移交交通银行。《办法》还对公股、公产清理的主管机关、公股代表，以及董事、监察人和清理程序等作出规定。③ 2 月 4 日，此件正式颁布，使各级人民政府对企业中公股公产的清理有了明确的政策依据，从而避免了接管工作中国家财产的流失，使没收官僚资本的工作得以顺利完成。

---

① 参见《中国工业五十年（第一部）》上卷，第 544 页。

② 参见《中国工业五十年（第一部）》上卷，第 544—546 页。

③ 《1949—1952 中华人民共和国经济档案资料选编（工商体制卷）》，第 452—456 页。

沙俄在东北经营的中长铁路，在日本入侵东北后，为日本接管。根据《开罗宣言》和南京国民政府与苏联政府签订的协定，苏军在进入东北时接管中长铁路、大连及旅顺港。苏军还接管日本在东北的部分工厂和经济机关，将一些企业的设备作为对日本战利品拆运回国。新中国成立后，中苏两国签订了《关于中国中长铁路、旅顺口及大连的协定》，两国外长就苏联在东北自日本侵略者手中获得的财产，以及将过去北京兵营房产，全部移交中国的决定互换照会。根据这些协定，苏联政府于 1950 年内将大连市苏联方面临时代管或租用的财产，苏联经济机关自东北日本侵略者手中获得的财产及过去北京兵营全部房产，共 302 处，其中包括工厂 47 处、电影院 11 处、宅舍 188 处、仓库 33 处、地产 23 处全部归还。上述财产，属于各地苏联经济机关所有的共 260 处，属于秋林股份公司及其分布在各地的贸易机关所有者的共 42 处。[①] 苏联在华的这部分财产，也纳入国营经济之中。

新中国成立后，国营企业公产接管工作的进一步完善有着重要意义。通过这些清理和移交工作，避免了国家财产的流失，大大充实了新中国国营经济的力量，也使财经干部对产权划分、财产接管等方面的政策水平得到锻炼和提高。

二、国营经济领导地位的确立
和生产恢复的初步准备工作

以上叙述表明，国营经济主要是通过没收官僚资本和敌伪财产建立的，小部分是征购、代管、收购外资在华企业；还有部分是来自新中国成立前解放区建立的公营工业。其中没收的官僚资本是新中国国营经济的主体部分。这种经济成分格局决定了国营经济从建立初始即拥有对国家经济命脉的控制权。

在金融方面，接收国民党政府控制的"四行两局一库"[②] 系统和省市地方

---

① 《1949—1952　中华人民共和国经济档案资料选编（工商体制卷）》，第 133 页。

② 中央银行、中国银行、交通银行、中国农民银行，中央信托局、邮政储金汇业局及中央合作金库。

银行系统共 2400 多家银行，以及原国民党官商合办的其他银行中的官股。在工矿方面，接管控制全国资源和重工业生产的国民党政府资源委员会，垄断全国纺织工业的中国纺织建设公司，国民党兵工系统和军事后勤系统所办企业，国民党政府交通部、粮食部和其他部门所办企业，宋孔家族和其他官僚的"商办"企业，"CC"系统的"党营"企业，以及各省地方官僚资本系统的企业，共计 2858 个；其中发电厂 138 个，采煤、采油企业 120 个，铁锰矿 15 个，有色金属矿 83 个，炼钢厂 19 个，金属加工厂 505 个，化学加工厂 107 个，造纸厂 48 个，纺织厂 241 个，食品企业 844 个；这些工业企业的职工约 129 万人（其中生产工人 75 万人）。在交通运输方面，接管国民党政府交通部、招商局等所属全部交通运输企业。计有铁路 2.1989 万公里，机车 4069 台，客车约 4000 辆，货车约 47000 辆；公路通车里程 8.0768 万公里，载货运输汽车 32543 辆；铁路车辆和船舶修造工厂约 30 个，轮驳船 5698 艘，共 37 万吨；原中国、中央航空公司在香港的 12 架飞机，也由职工起义，归还祖国。在商业方面：复兴、富华、中国茶叶、中国石油、中国盐业、中国蚕丝、中国植物油、孚中、中国进出口、金山贸易、利泰、扬子建业、长江中美实业等十几家垄断性贸易公司。①

这些官僚资本的接管，奠定了新中国国营经济在五种经济成分中的领导地位；因为拥有这些企业，足以控制国家经济命脉，是其他所有制经济无法比拟的。据统计，1949 年国营工业产值占全国工业总产值的 26.2%，占全国大工业产值 41.3%；国有工业拥有全国电力产量的 58%，原煤产量的 68%，生铁产量的 92%，钢产量的 97%，水泥产量的 68%，棉纱产量的 53%②。这种经济力量的绝对优势，使国营经济在五种经济成分中自然而然地处于领导地位，并为国民经济的恢复、发展和改造奠定重要的物质基础。

在中财委领导的稳定物价斗争的胜利、财经统一工作的完成、工商业调整工作顺利进行的历史过程中，国营经济在多种经济成分中的领导地位得到进一步加强。这一结果不是自然而然取得的，而是在国营经济同私营经济的竞争和

---

① 参见廖盖隆主编：《1949—1989 新中国编年史》，人民出版社 1989 年版，第 9—10 页。

② 《中国工业五十年（第一部）》上卷，第 22 页。

较量中赢得的。

稳定物价的过程，实质上是从工商业资本家，特别是投机资本家手里夺取市场领导权的过程，是由国营经济控制市场价格，使物价的涨落不再决定于投机资本的兴风作浪的过程。有了物价稳定的前提，才有可能迅速恢复城乡贸易联系，通过价格政策来调节资本主义和个体经济的生产，调节国民收入分配，把私人资本操纵的对国民经济起破坏作用的市场，改变为国营经济领导的为发展生产、改善人民生活服务的市场。物价的稳定，标志着社会主义国营经济在市场上的领导地位已基本确立。此后，国营工业和交通运输业开始恢复和发展；国营商业在城市和乡村建立和壮大起来，集中地掌握了重要物资；国家银行通过行政管理和业务疏导等办法，限制了私营银行钱庄的投机活动，使它们不得不在国家银行领导下，进行正常经营。

财经统一工作，进一步加强了国家控制社会经济的权力，为国营经济的发展和在多种经济成分中领导地位的确立，创造了体制方面的条件。国营经济掌握了主要工业原料、销售市场和绝大部分存款；私营在遇到原料、市场和资金困难的情况下，要继续进行生产，不得不依靠国营经济。国营经济和私营经济在国民经济体系中地位的明朗和确定，改变了双方之间的力量对比。人民政府抓住这一契机，对私营工商业进行调整：进一步通过加工、订货，资本家从国家获得原料和市场，并通过工缴费和货价的形式获得合理利润，使企业得以再生产；国家则控制了商业的批发环节，把资本主义经济的流通过程掌握在自己手里，限制它们的利润和生产无政府状态，使它们能够按照国家计划和社会需要来安排物质资料生产，进而逐步将资本主义生产纳入国家计划轨道。利用这样的办法，国家也掌握一部分工业产品，用来供给农民、换取农产品。对于私营商业，国营贸易机关在限制其投机活动的同时，在批零差价、地区差价和营业范围方面给以活动余地，使它们在国营经济领导下为城乡、内外交流服务。

显然，革命的胜利使人民政府控制了关系国家经济命脉的金融业、重工业、现代交通运输等产业；稳定物价斗争的胜利，使国营经济在主要工农业产品的批发和内外贸易方面，占有绝对优势，可以通过调控市场来领导其他经济成分；全国财经工作的统一，使政府建立了高度集中的计划管理体制，为国营经济领导地位的确立和巩固提供了体制上的保障；工商业调整的进行，使国营企业通过经济贷款、收购和加工、订货，将私营企业纳入国家计划轨道。这一系列重大财经历史活动，加上国家拟订的各项财政、金融、贸易、生产政策及技术设备等方面政策的支撑，使国营经济在多种经济成分中领导地位的确立成为不争的事实。

然而，要使国营经济领导地位得以巩固，最根本的还是要迅速恢复生产。在城市大规模接管过程中，毛泽东在 1949 年 5 月 26 日，代中央起草的致华东局、华中局、西北局、南京市委关于平津接收企业经验的通报中指出：对企业"不但要接好，而且要管好，使生产不受损失"①；而要想管好生产，使生产得以迅速恢复，首先必须对被接管企业的整个情况有比较清楚的了解。所以，新中国成立不久，中财委便组织了刘鼎②为团长、沈鸿③为副团长的工业考察团赴沈阳、大连、鞍山、本溪、抚顺、吉林、瓦房店、小丰满、太原、北京、天津、上海、南京等地，对工业生产情况进行了近一个月的考察。

11 月 15 日，中财委工业考察团将了解的情况写成报告。报告对各地工业情况和重点建设总的认识是：东北资源丰富，基本工业如电力燃料，钢铁、机械、化工等已有相当基础；铁路运输、工业用水和各种附属工业条件相当完备，加上背靠苏联，恢复发展的条件在全国范围内是比较好的。华东地下资源丰富，但未开发；上海由于过去半殖民地的经济性质，工业虽有一定基础，可原料大多外来，生产发展极不平衡，私营企业占很大优势。华北的情况介于东北和上海之间，资源丰富，但开发程度和工业规模不及东北；原料供应比上海条件好，但存在不平衡现象。华中和西北的条件又不及华东和华北，但华中的特殊金属矿如钨、锑、锰等，西北的石油矿都蕴藏丰富，并有相当的开发基础，这是其他地区所没有的。根据全国工业发展的不同情况和特点，考察团提出"将工业建设的重点放在东北，同时必须照顾地区性的工业生产"的经济建设总体意见。

中财委工业考察团的报告，由刘鼎、沈鸿署名，除工业考察团总报告外，

---

① 《毛泽东文集》第五卷，第 301 页。

② 刘鼎，中国共产党内著名的军工与机械工业专家，新中国第一任重工业部副部长。

③ 沈鸿，时任中财委重工业处处长。解放战争时期，曾任晋察冀边区兵工局、华北企业部工程师。

还有考察团的电力组、电机组、机械组、钢铁组的分类调查报告，内容充实、详细，反映出了中财委工业考察团在近一个月内艰苦细致的考察工作。在坚实的调查研究基础上，考察团将国营工业存在的共性问题概括为六点并提出初步改进建议：（1）各地区的产销供应关系比较隔膜，是目前工业生产中的一个严重问题。各地区都要求有专门机构加强计划性，解决供求关系中的困难。（2）没有统一的工业品标准规格，各地区不能互相了解，亦是造成供求困难的原因之一。各地要求制定标准规格样本，以便互相订货，供求适合。对此我们可以急求苏联帮助，尽快解决。（3）工业产品的成本高和原料运输有密切关系，对工业品低价运输的要求也很普遍。（4）工业生产中带技术性的研究问题，由工厂本身做比较不经济，都要求整理和健全现有研究机构。（5）各地区大部分厂矿缺乏生产负责人。（6）各地区经营方面均缺乏精密盘存，精确核算，须大家努力。①

　　陈云对工业考察团工作极为重视。1949 年 11 月 1 日，重工业部成立②，陈云兼任部长，对国营工业恢复和发展的谋划与思考，更直接地提到他的工作日程上。在考察团 11 月 8 日返回北京时，他参加欢迎会并讲话。陈云说：考察对我们是有好处的，它的作用是对已解放地区的工业主要情况，有了一个大概了解，使我们在今后工作中有了帮助，但考察后马上作出一个有具体生产数字的计划是办不到的。因为考察还只是走马看花地看了一遍；这个工作还必须以各地区、各工厂为基础，召开各种会议搜集材料，三四个月后我们再召集全国性的会议来解决。经过这样一个过程，工业几个大的方向可以确定。

　　与工业考察团大规模考察活动几乎同期，苏联机械总工程师代表团机械组组长薄一佐夫也开始了对中国工业的考察。他先参观了北京机器工厂，然后赴天津考察。考察后他感觉到中国工业发展不平衡，并想把中国各地机械工业全部看完后再作计划；遂拟 10 月赴上海、太原参观。陈云和薄一波在 1949 年 10 月 17 日给中央的报告中汇报了这一情况。

　　时任中共西北局第一书记、西北军政委员会主席，西北军区司令员的彭德

---

① 《中国工业五十年（第一部）》下卷，第 1690、1691 页。

② 重工业部成立后，原中财委下属机构"中央金属工业处"被撤销。

怀，在解放初极为繁忙的工作中抽出时间对玉门油矿进行了考察，并将考察情况汇成一份简明扼要的《玉门油矿近况》的详细书面材料，分储量与成分、设备与能力、开采方法与运输工具、采炼计划、最高生产的年度及 1949 年实际可能产量几个专题，于 11 月 11 日呈报陈云。[①]

这种普遍、规模较大和多方面的调查研究，是国营企业恢复和发展必不可少的基础准备工作，为中财委了解新中国国营企业状况，特别是为随后中财委所属部门召开工业方面的专业会议积累了重要参考材料。

工业方面的干部准备工作也是当务之急。1949 年 1 月，接收沈阳不久，生产还没有完全步入正常轨道，陈云就预感到，将来城市接管中，生产方面会遇到两个困难："第一个是我们的老干部对管理生产还不内行，还缺乏经验。第二个是原料、器材不足……"[②]

中共诞生在城市，但后来长时期战斗、生活在乡村，许多干部不熟悉城市工作，对大城市社会经济的管理更是陌生，城市生产运动的领导经验十分缺乏，盲目性、片面性的缺点很多，"常常把领导乡村个体经济的经验搬运到城市中来，不对城市经济作整个的调查研究，不对整个城市经济工作做全面的领导，而盲目地开工厂、搞生产；不利用现有的公私工厂已有的装备，而各行其是，各搞一摊（例如私营油房无工作，而有些地方反而在建立小油房），忘记了城市经济不是个体经济，不能孤立地无计划地发展"[③]。由于小生产者的思想观点作怪，在华北最初接管城市时，曾走过弯路。

在井陉、阳泉等工业区收复后，发生了乱抓物资、乱抢机器的现象，使工业受到很大破坏。张家口收复时，不少干部随便往城里跑，乱抓乱买东西，有的甚至贪污腐化，领导机关又放松了乡村工作，引起部队战士和农村基层干部的不满。1947 年 11 月攻克石家庄，接管工作有所改进，但仍有不少士兵随便拿取东西，还鼓励城市贫民去拿。开始是搬取公物，后来发展到抢私人财物，以至于不得不实行戒严，甚至枪决了几个人来制止这种乱抢现象。进城后，外地机关纷纷派人去抢购物资，四乡农民也准备乘势涌进来。邯郸、焦作、运城

---

① 参见《中国工业五十年（第一部）》下卷，第 1605—1606 页。

② 《陈云文选》第一卷，第 386 页。

③ 《王稼祥选集》，第 385 页。

等几个城市也发生了类似情况。在城市的管理上，自觉不自觉地搬用农村经验，损害工商业的发展。1948 年 4 月 19 日，薄一波曾把这些情况写成专题报告报送毛泽东。毛泽东在这份报告上作了一条重要批示，指出：在城市或乡镇破坏工商业，"是一种农业社会主义思想，其性质是反动的、落后的、倒退的，必须坚决反对"。从此，华北乃至全党按照这一精神，在广大干部中进行教育，要求"原封原样、原封不动"地接管好城市。①

与此同时，由于暂时缺乏管理城市经济的经验，不少干部在工作中又存在畏首畏尾的消极放任的思想倾向，不善于和投机商人及旧资本主义作经济上的斗争。这表现在："不懂得或者不善于依靠工人阶级，团结其他劳动人民、革命的知识分子，以及自由资产阶级的代表人物、知识分子、民主党派，共同致力于建设城市从而建设国家的艰巨事业"。"只重视私营企业，而轻视公营企业，无原则地、无限度地、无区别地扶植一切私营工商业，而对投机操纵的、野蛮的、不利于国计民生的私营工商业不加以必要的限制"。"只知鼓励生产，而在供销上没有计划，没有办法，致使生产和消费脱节，供给和需要发生矛盾，生产品推销不出去，不能不陷生产于停滞的状态中，且给投机商人以操纵剥削的机会"②。另外，在公营企业中有不少领导干部还不善于与工人群众建立密切联系，不善于运用工厂管理委员会，通过群众路线来管理工厂。干部队伍存在的这种状况，与新中国成立后亟待开展的经济恢复和建设工作是极不相称的。如果不尽快改善干部队伍状况，对新中国财经工作的拓展将起到严重障碍作用。

要经营管理好国营企业，前提是必须有能够经营管理好这些企业的干部。当时企业管理的专业干部包括技术干部十分缺乏。新参加企业工作的干部很多来自农村，没有管理过企业，即使知识分子出身的干部也很少有人做过这方面的实际工作，土改的经验不能用来管理企业，因此，积极训练干部，使广大干部"养成适合于城市与工业环境的科学的工作方法"③，是中财委必须关注的问题。

陈云兼任重工业部长后，十分重视企业干部队伍的建设。从新中国初年重

---

①《若干重大决策与事件的回顾》上卷，第 5 页。

②《薄一波文选》，第 74、75 页。

③《彭真文选》，第 185 页。

工业发展处于起步阶段的具体情况出发，陈云特别强调，对"人力物力要有一个全局的调整"，"分别轻重缓急是非常重要的，不然就没有全面观点"，但"只顾重、急，不管轻、缓，也是不对的"，各大区都想自己搞个大摊子是不行的。关于机器的调拨，中财委和重工业部可派人到各地考察，主持分配工作。人员的调整将是大量的，中国的重工业多集中于东北，以往技术人才很多是靠日本人，这时已陆续遣返回国。为解决技术干部问题，陈云提出："南方的技术干部现在要向北调，东北的技术人才太缺乏了。"①1950 年 1 月 13 日，陈云在政务院第十五次会议的发言中尖锐指出：现在最大的问题是调动技术人员。把关内的人调到关外是一项十分困难的工作。这有两个原因：一是关外太冷，待遇低，离乡土远，很多人不愿意去；二是各地的本位主义，不愿意派好的技术人员去。为推动干部流动，陈云提出两项措施：提高关外干部待遇；打倒本位主义，如果华东华北不放人，要严格处理。同日，陈云致电华东财经委员会副主任曾山说：原资源委会所有石油及水电专门人员，多留在华东，而华东并无油矿及水力发电。现在西北玉门油矿及东北小丰满发电厂等处工作亟须开展，而技术人员非常缺乏，各地请求调派，燃工部颇感困难。目前的情况，以将这一批专门人员放到有实际业务工作的地方为好。

2 月 1 日，陈云、薄一波在向中央的报告中特别反映了这个问题，报告中说：各工商部门专业会议后，深感技术人员的数量不够与分布不当。鞍山、本溪钢铁产量占全国 80%，但技师只占全国 25%；关内钢铁产量占 20%，但技师占全国 75%。煤、电工业也以东北为多，但技师也是关内多东北少。"为此，必须下令调整，打破本位主义。同时东北方面必须提高技师工资，适当安置技师职务"②。这些情况反映出，陈云与中财委为推动中国工业的发展，努力合理调配全国技术干部的急迫心情和决心。

还有一个亟待解决的问题是，因财经干部普遍缺乏，大量新干部补进，导致干部结构突变，引起内部摩擦。虽然，中共在各根据地已初步拥有一定数量的、在经济管理方面有经验的干部，能够接管上千家在工业部门中占主要地位

---

① 《陈云文选》第二卷，第 25 页。
② 《陈云文选》第二卷，第 56 页。

的大企业，并逐步摸索和积累起一套管理城市的比较稳健的政策，但总体来说经济干部是缺乏的，特别是缺乏现代企业的专业技术干部，致使中共在新中国成立初期还不能对城市实行全面管理。根据当时干部的情况，中共采取两项办法：一是把党的干预限于关键领域，而让社会的其他部分仍照以前的方式运转；二是发掘新的人才资源，以保证政府和公共部门的正常工作。在这一人才资源使用的基本原则的指导下，原国民党统治时期的大量财政经济、社会生活等方面的公职人员，除极少数过去有罪行的被人民政府逮捕外，绝大多数仍留在原来岗位上，担任同样的工作、领取同样的薪金。新中国成立初期，具体的行政和管理业务，在很大程度上还在国民党时期的工作人员手中，解放区来的干部则被派到各级政府机关和重要的经济企业去建立政治领导，了解社会经济的整个运转情况。为弥补经济管理干部的不足，各级政府从学生和城市有文化的青年中吸收了一部分"新干部"，他们拥有从根据地来的"老干部"们缺乏的文化或技能。由于以往经历等差异，"留用人员"、"新干部"和"老干部"之间存在隔阂和矛盾。这种情况对经济工作的尽快恢复和发展是有障碍的。为此，陈云特别强调新老干部要团结。"希望互相之间打破隔阂，多多了解，很好合作，在新中国的经济建设中，起更大的作用"[1]。

由于中财委及重工业部对管理和技术干部队伍建设问题的重视，1950年国营企业干部队伍的状况有了改善。据中央重工业部统计，一年来，经本部分配至本机关及所属各企业单位的干部共2367人。为调整全国技术人员分布的编枯，1950年经过本部调至东北的专门技术干部共236人；在团结争取改造教育的方针下，招训和轮训旧人员共1527人，其中技术人员占364人，均已分配至各地工作。在培养干部方面，开办了物理探矿、人事、统计、工资等短期训练班，共训练初级专业干部240人。本部直属学校华大工学院1950年新招学生588人（现共804人），北京重工业学校新招487人（现共有692人），均注意理论与实际结合。重工业学校还开办了第一班工人班，招考各地优秀产业工人145人入学，开始实行学校向工人开门的政策。[2]

① 《陈云文选》第二卷，第28页。
② 中央重工业部：《一九五〇年工作简要总结和一九五一年的方针与任务》，见《1949—1952 中华人民共和国经济档案资料选编（工业卷）》，第585—586页。

此外，由于干部和企业管理经验的缺乏，中财委重视对苏联专家的聘用和发挥他们的作用。新中国成立前夕，9月29日，中财委召开会议专门讨论苏联专家的工作。根据各部汇报的情况，中财委了解到，派到中国工作的苏联专家处于两种状况中：派到企业和铁路部门工作的，已开始进入调研考察；派到政府各财经部、委机构中工作的，一时还不知从何入手，这与新中国各财经机构正值初创，尚无系统材料可以提供给他们有一定关系。会议认为要尽快扭转这种情况。对于苏联专家的生活待遇、薪资待遇问题，中财委曾与中央反复商议，均予以妥善解决。

除了解企业情况和准备管理人才外，物资和资金方面的准备对于国营企业的恢复和发展也是重要因素之一，但新中国成立头一年，建设资金主要用于交通和水利，还没有能力注入大批资金更新企业设备和建设新企业，国营企业处于经济恢复之中，这方面的准备还没有提上重要日程。

三、中财委积极探索国营企业管理体制问题

接收下来的官僚资本企业机构，虽然性质已发生根本变化，但许多企业本身的组织仍不合理。要使国营经济能够真正发挥领导作用，必须对接收过来的企业进行改造，建立适合新的社会制度和社会环境的企业管理制度。

中国共产党在解放战争的城市接管中，正确提出"不要打烂旧机构"和"保存原职原薪原制度"的口号，加上工人群众积极保护器材，参加清点工作，保证了接收得好、接收得完整，没有发生混乱现象和资材的损失。尽管如此，把国民党统治时代在企业内部许多不统一、不合理、无政府、无组织的混乱现象和某些腐败制度必须加以改变。在没收官僚资本企业的过程中，"各地区各城市都多少进行了一些调整和改革，某些腐败恶劣制度是去掉了，但这些改革多半是头痛医头，脚痛医脚，并且由于我们的干部缺乏管理生产的经验和知识，所以制定出来的新制度也不是很合理很科学的。特别是由于各地区各行其是，缺乏一致的步骤和办法，在各产业部门中原来不统一的混乱现象，不但没有改变，而且有些地方甚至弄得更加不统一了"。比如，铁路系统职工工资与待遇

的混乱，纺织部门的业务和生产管理制度还没有统一起来，煤矿系统还存在残酷的封建把头制度等。[①]

新旧两种运行机制的转换不可能一蹴而就，而是一个逐步转换、逐步过渡的过程，因此有许多过渡性的运行机制产生。这些过渡性机制的稳定性较差，而且容易产生机制性病变。这种病变轻者使过渡性机制功能紊乱乃至无法运作，重者引起社会震荡。只有不断改革旧的弊端，完善新的运行机制，才能使社会健康向前发展。中财委正是遵循这一规律去工作的。

改革企业管理制度同没收生产资料不同，单靠突变并不能解决问题。官僚资本企业有着自己一系列的管理机构和管理制度，其具有两重性：一方面从，官僚资本的生产关系中所产生的奴役和压迫工人的做法，必须废除；另一方面，也包含社会化大生产所需要的大企业生产管理、技术管理系统和核算制度等，一部分可以保存和继承下来，还有一部分不合理的必须进行改革。这决定了新中国国营企业制度的建立，有一个研究和熟悉旧制度然后改革和创立新制度的过程。

中财委及重工业部对国营企业行政管理制度的探索，是在人民政府对企业内部的民主改革过程中进行的，实现企业管理民主化是其中的重要方面。

新民主主义革命时期，中共在建立和发展国营工业的过程中，曾积累了许多有益的管理经验。土地革命战争时期，革命根据地的国营工厂最初像军队一样，实行军事制度，政委决定厂里的一切问题，其权力比厂长大。当时还没有建立厂长负责制，工厂管理混乱。针对这一情况，1934年4月中央工农民主政府颁布《苏维埃国有工厂管理条例》，规定厂长负责和管理的组织形式，即厂长对厂里一切事务有最后决定权，并向苏维埃政府负绝对责任；在厂长之下，设工厂管理委员会，由厂长、党支部代表、工会代表、团支部代表、工厂其他负责人、工人代表等组成，以解决厂内的重大问题。抗日战争时期，根据地的国营工厂曾出现"三权"（即行政、党支部和工会）鼎立的不协调现象，因而决定实行以厂长为首的厂务会议制度，即：在工厂内，厂长代表政府，集中管理工厂内部的一切，凡有关生产上的一切问题，厂长有最后决定权。厂长

---

① （社论）《学习管理企业》，《人民日报》1950年2月6日。

是厂内行政上的最高负责人，党支部和工会的一切活动，如与生产计划相抵触，厂长有停止执行之权；但工厂必须实行民主管理，必须走群众路线。

解放战争时期，鉴于抗日战争胜利后发生过一切由厂长包办代替的问题，1946年晋察冀边区政府要求各企业建立工厂管理委员会。1948年在哈尔滨召开的第六次全国劳动大会明确规定所有企业都要实行工厂管理委员会制度，并决定在500人以上的大厂必须建立职工代表会议。在东北主持财经工作的陈云，1949年1月18日于中共东北局例会上提出，在大城市接管的工厂中，现在的党委要转为管理委员会，另外重新组建一个党委。8月10日，华北人民政府拟订《关于在国营公营企业中建立工厂管理委员会与工厂职工代表会的实施条例》，对工厂管理委员会与工厂职工代表会的性质、职能、机构组成作出初步规定。这说明新中国成立前，各解放区人民政府在探索国营企业民主化管理方面已积累了初步经验。

新中国成立后，企业管理的民主化，是从改革企业的领导机构，即从原来派遣"军事代表"进行监督和间接管理的办法，改变为由国家委派的企业领导人（厂长、经理等）来直接管理企业的一切经济活动开始的。随着国民经济的恢复和发展，国营企业管理民主化问题日显重要。1950年2月6日，《人民日报》发表《学习管理企业》的社论，明确提出：学习管理企业，把官僚资本主义企业改造成为新民主主义企业是"中国工人阶级目前的中心口号"。2月12日，中共中央向各中央局等发出指示，要求全国各地学习讨论这篇社论，切实检讨，根据企业情况，定出具体执行办法，并督促执行。"各地党委应在三月底以前将当地各公营企业的状况及执行这次指示的情形，作一总结报告中央，不得有误。中央各企业管理部门及各全国性工会组织，由陈云、李立三同志督促"。①

依照中央指示精神，陈云领导中财委在实现工厂管理民主化方面进行了有益探索。2月28日，中财委发布《关于国营、公营工厂建立工厂管理委员会的指示》，提出：为完成1950年恢复与发展生产的中心任务，在国营、公营工厂企业中，必须把原来官僚资本统治时代遗留下来的各种不合理的制度，进行有计划有步骤的一系列改革。这种改革的中心环节，就是建立工厂管理委员

---

① 《建国以来重要文献选编》第一册，第107页。

会，实行工厂管理民主化。在尚未建立工厂管理委员会的工厂企业中，应根据 1947 年华北人民政府所颁布的《关于在国营、公营企业中建立工厂管理委员会与职工代表会议的实施条例》，"立刻开始认真执行，并将执行情形随时具报"①。随后，中国煤矿工会筹备委员会、燃料工业部拟定了《关于贯彻煤矿管理民主化的联合指示》，全国公营纺织工业会议拟定了《关于在公营纺织工厂中普遍建立与健全工厂管理委员会和工厂职工代表会议贯彻实施管理民主化的决定》等。

实现国营企业管理民主化所要把握的要害问题是：（1）明确工厂管理委员会是国营公营工厂企业中"以厂长或经理为首的统一领导机构"，必须把厂里的一切重大问题都提到管委会上讨论决定，然后贯彻下去；同时要辅之以职工代表会议（属工会领导）及类似组织，通过这种会议，定期向群众报告工作，传达管委会的意图，广泛吸收群众意见，听取群众批评。（2）明确实行管理民主化的唯一目的是搞好生产。管委会与职工代表会议的中心任务是解决生产管理上的重大问题，首先要倾听工人在生产上的要求和意见，同时要适当照顾工人在生活上的合理要求，使两者结合起来，生产是衡量民主管理的主要标志。

事实正是如此。通过工厂管理委员会与职工代表会议的民主化管理，在企业中确立职工群众的主人翁地位，使企业化的经营与科学化的生产组织制度得到职工群众自觉努力执行的保证，从而推动生产的迅速恢复和发展。

在落实企业管理民主化的过程中，中财委及所属工业部门对国营企业的具体管理制度也进行了初步探索。中财委从调查政府经济管理机构与企业隶属关系、划分国营企业管理层次着手，促进微观经济有序运行。1950 年 1 月 13 日，陈云和薄一波致函中财委下属各部，要求 1 月 25 日前将政府经济管理机构与国营企业的三种隶属关系，即：哪些工厂应归中央直接领导，哪些工厂应暂时委托地方管理，哪些工厂应划归地方经营，拟制详表上报中财委主管各处，以便研究决定。

为此，中财委地方工业处对全国工业管理情况进行广泛调查，于 2 月 27 日向中财委作出汇报。地方普遍希望中央能解决组织领导问题，其他商、农、

---

① 《中央人民政府法令汇编（1949—1950）》，第 353 页。

财各系统均有直接的上级领导，唯独地方工业厅（局）在中央没有专设领导部门，中央工业部门虽多，但没有对省、市工业部门实行领导，是"有要求而无领导"。华北、山西、山东、内蒙古等地区都急迫要求中央能设一专门领导地方的工业部门。广东反映，本地赚钱的厂子都收回了，留下的多为赔钱的或很难经营的，不是缺原料便是没有销路，中央工业部对他们没领导，召开专业会议也没通知他们，中央各主管部所要的表报常常直接发到厂里，工业厅反而需要经过厂子来了解中央精神，"希望中央有一个部领导他们"。2 月召开的全国财政会议，确定中央对地方工业不投资也不要上缴任务，估计多数地区会满意，但中财委地方工业处认为还应规定两条：（1）各大区可依各省市工业基础之大小和贫富情况的不同做适当调剂，即本着抽多补少，抽肥补瘦的原则以逐渐克服苦乐不均与发展不平衡性。（2）为鼓励地方工业发展，在地方财政许可情况下尽量能投些资，利润上缴应以不超过其总数的 30%—50%，即应以50%—70%留给工业部门进行扩大再生产。中财委地方工业处希望财委会能考虑地方建立中央工业部的建议，如"有困难的话，对本处所提两个方案请领导上能给以考虑，以终止地方工业自流状态"。①

　　根据各地反映的情况，3 月 3 日，政务院通过的陈云起草的《关于统一国家财政经济工作的决定》中，明确将国家所有的企业分为三类：一是属于中央人民政府各部直接管理者；二是属于中央人民政府所有，暂时委托地方人民政府或军事机关管理者；三是划归地方人民政府或军事机关管理者。② 其中，第二类型的国营企业，在中央与地方关系的处理上，需要将职责划分得更明确。1950 年春，中财委又拟订《中央所属企业委托各大行政区或各省市暂管办法草案》，其中规定：中央暂时委托大行政区或省市暂管的企业在政策方针上仍归中央主管部领导，但在实际工作上受所属大行政区或省市的领导；其主持人和副主持人由各大行政区或省市商经中央主管部同意后任免；其工作计划、预算决算及报告等，均须依照规定经由各大行政区或省市按期送交中央主管部审核；其年终结算有盈余时应全数缴解中央，如有亏损应由所属大行政区或省

---

①　《1949—1952　中华人民共和国经济档案资料选编（工业卷）》，第 185—187、192—193 页。

②　参见《陈云文选》第二卷，第 66 页。

市申述理由请由中央拨补；其物资及产品的调拨分配，中央于必要时统筹。另外，各大行政区或省市暂管的中央投资企业，应依照经济核算的原则力求经营上的合理化及企业化。①

除行政归属外，在财政上，陈云在为政务院起草的《关于统一国家财政经济工作的决定》中明确要求：所有中央政府或地方政府经管的企业，均须将折旧和利润的一部分，按期解缴中央政府财政部或地方政府，其解缴总数及按期缴出的数量，由中财委及地方政府根据情况分别规定。②3月17日，中央财政部发出《关于公营企业缴纳工商业税的通知》，具体规定："一九五〇年起，全国公营企业之所得税，一律作为利润，由其主管部门集中向中央财政部交纳（属地方管理之企业，则向地方财政部门交纳），其营业税除铁路可由铁道部集中向中央财政部交纳外，其他各企业均就地交纳。"③

对国营企业管理层次的划分和归属的初步确定，以及财政管理上的规范，强化了中央对全国国营企业的计划领导。显然，新中国成立初期政企关系的特征是：政企不分，实施行政性的计划管理，无论是资产归属、经营管理，还是收益所得等方面，政府都处于主导地位。可以说，政府集企业财权、人权、管理权于一身。这种体制在新中国成立初期，国内生产力基础极为薄弱、资本极度缺乏、劳动力相对过剩，外部又处于以美国为代表的西方国家对新中国实行孤立和封锁的情况下，是一种成本低、便于政府集中使用现有财力迅速恢复经济的有效管理方法。这是当时特定历史条件决定的，对它的历史作用，应该历史地看待。

但这种将企业的生产经营活动置于政府直接管理下的体制，即使在当时历史条件下，对企业积极性和自主性的发挥也有不小的负面作用。在1951年2月16日第一次全国工业会议的小组讨论上，有人提出："中央统筹得太多，统了之后，地方人也完了，钱也完了。因此，希望划清地方工业的界限。凡中央不统筹的，不投资的，不规定控制数字的，都应让地方去经营。应让地方利用一切可能动员的资金去发展建设。应当让大家发展，调整（减少）盲目性，等

① 《1949—1952 中华人民共和国经济档案资料选编（工商体制卷）》，第150—151页。
② 参见《陈云文选》第二卷，第67页。
③ 《中央人民政府法令汇编（1949—1950）》，第253页。

将来发展起来了，再实行统一。"有人提出："中央集权与地方分权的问题，应慎重考虑。中央抓得太紧、太多"，"我们愿意服从中央统一意图，请中央照顾执行上的困难。我们遵照中央的计划办事，请中央照顾地方的领导。中央的政策与步骤，全国均应统一执行。全国的干部都是中央的干部。但工作范围应明确划分。"还有人直接提出："中财委某些小事也要掌握，管得太多了。"① 这次会议反映出来的意见，实际上是 1950 年 3 月财经统一后，多方面对中央与地方关系处理方面意见的积累。由于中央与地方考虑问题的角度、目标、范围的差异，形成地方利益与中央意图之间不可避免的冲突；中央与地方之间关系的处理应是动态、开放的，需要根据实际情况适时调整。

新中国成立初期是多种经济成分并存，但对有关国家经济命脉的部门，政府要求归属国营。为此，当上海几个资本家准备投资创办原大华民航公司时，人民政府没有同意他们的打算。但善于从实际出发、不把任何原则绝对化，是陈云领导经济工作的一大特色。新中国成立后，出于爱国，国内私人和国外华侨"确有愿意投资于民航事业者"，而这部分资金的吸收对中国航空事业的发展是有利的。根据这一实际情况，陈云在确认"航空事业归国营这个原则"的前提下，提出"中国航空公司应吸收一部分本国私人的投资。私人投资的方式，不必先由私人筹设新公司后再投入中国航空公司，而可以将资本直接投入。如将来希望投资于民航者很多，则中国航空公司可于一定时间内专作一次征集私股的号召"②。这个设想在一定程度上已隐含了由国家控股的股份制形式的思想火花。从中可了解到，新中国成立之初，虽然适时采取对企业集中统一、计划经济的领导方式，但陈云作为经济工作主要负责人，他的思想并未完全囿于这个框架。

在企业民主改革过程中，中财委及重工业部还狠抓了企业安全生产和改善工人劳动条件两个方面的工作。

在企业管理中，不但要注重物质生产增长，而且要十分注重职工生活福利

---

① 杨放之：《关于第一次全国工业会议各小组 2 月 16 日讨论中所提出的主要问题向李富春并宋劭文的汇报》(1951 年 2 月 17 日)，见《1949—1952　中华人民共和国经济档案资料选编（工商体制卷）》，第 151—152 页。

② 《陈云文选》第二卷，第 42 页。

和人身安全。由于缺乏社会化大生产管理经验，加上各企业新旧管理人员的更换，新中国成立初期，企业内部管理特别是安全生产方面出现过一些较大的事故。1949 年 9 月 14 日石景山发电厂六号电机突然爆炸，造成生产上重大损失。事故发生后，陈云领导的中央重工业部高度重视，几次下发安全大检查通知，并在部内成立检查委员会，分两个小组赴太原及京津地区进行重点检查。努力通过检查工作："提高员工爱护国家财产观念，从而建立必要的保护工厂的各种安全公约守则"[①]；并根据检查所发现的问题确定措施，根绝任何危害工厂招致重大损失的状态，建立经常性的检查制度，巩固并逐渐改善工厂的管理和领导。

在中央重工业部对企业安全生产进行大规模检查期间，煤矿事故亦接连不断发生。所以，继重工业部安全生产大检查之后，中央燃料工业部也进行了安全生产大检查。

中国大部分煤矿在旧中国由帝国主义和官僚资本主义经营，因只顾追求利润，不顾工人安全，煤矿设施不完善，生产条件恶劣。煤矿接管后，少数地区矿山虽有若干改进，但大部分矿山因按接管时期规定的"原封不动"政策，安全设施和管理制度都未加以改革，在管理上也存在着严重的官僚主义现象，不相信依靠群众搞好生产，以致连续不断造成严重事故。据 1949 年的统计，东北鹤岗、鸡西、蛟河、西安、阜新、通化、抚顺、北票 8 个矿，自 1 月到 10 月死伤工人 8788 人；华北峰峰、焦作、井阳、潞安 4 个矿，1 月到 8 月共死伤工人 3471 人；山东贾汪、洪山、西河、新博 4 个矿 1 月到 10 月共死伤工人 3666 人。就工人死伤率来说：东北 1 月到 3 月每万吨煤伤 1404 人；华北下半年，每吨煤伤 7904 人。本来东北的死亡率就很高，可是华北的死亡率比东北还要高三倍。1950 年 2 月全国各地煤矿又连续发生多起严重事故。如：河南宜洛煤矿瓦斯爆炸，死亡工人 130 名；抚顺龙凤井煤矿瓦斯爆炸，死亡工人 15 名；开滦煤矿也连续发生事故等。[②]事故频繁出现的主要原因是，矿井各种通风设备没有改善，各种专责制度没有认真建立与执行，特别是各矿务局长、矿长以及

---

① 《陈云文集》第二卷，第 31 页。

② 参见《煤矿中死伤工人的惨案》，见《新华月报》第一卷第 6 期，1950 年 4 月号，第 1427 页。

各工种干部，对于职工安全与煤矿保安的问题，在思想上缺乏重视。

为迅速扼制煤矿事故的发生，3月11日，中财委通令各大行政区财委会，严查最近各地煤矿发生的工人伤亡事故，究明责任，并立即改进安全制度。严令全国各矿严重注意应即改善通风设备与检查制度，建立保安专责工作。由燃料工业部部长陈郁亲赴华东各矿检查；另派两组分别赴东北、华北检查。通令要求："对肇事各矿，希各地财委认真追究责任，对失职之行政工程人员，分别给予纪律惩处，并希望将处理经过报本委。"①

6月2日，周恩来主持召开政务院第35次会议，讨论批准监委《关于河南新豫煤矿公司宜洛煤矿沼气爆炸灾变案处理的报告》。陈云在会上讲话，对煤矿事故频繁发生的原因进行了分析。从客观方面说："中国的矿业，有些是封建时期开发的，有些是帝国主义侵华时期开发的，都不注意安全卫生，只顾要东西，非常危险。"此外，工作中明显存在三个问题：一是干部不熟悉业务，把地面上生产的经验教训，运用到地底下去。不应该开展生产竞赛的时候，偏要开展生产竞赛，"不知道怎样的做法才叫安全。"二是工人、职员不团结。没有注意发挥技术上非常有经验的工程师的作用。三是"工程师、矿师不敢负责，不敢说话，怕被斗争，这也是出乱子的一大原因。"加上技术管理方面存在的问题，即造成"灾变的可能性"。为保障安全生产，陈云提出三条要求：(1)各地的工矿业部门以及行政机关，应对各公私矿普遍检查，尤其对私营矿要加强检查。(2)对干部要加强教育，增加他们的政治认识与科学常识。(3)要保证安全。由政府制定安全条例，令各地严格遵守。②陈云对事故发生原因的分析和避免事故发生的建议，抓住了问题的要害。

新中国成立初年，由中财委发起的这两次安全生产大检查，对生产的恢复特别是企业管理制度的建设有着重要意义。首先，通过较为全面的企业安全生产检查，消除了不少生产线中存在的安全隐患，促进了国营和公营企业中劳动生产率的普遍提高。其次，为企业安全生产和财产保护制度的建立提供契机。通过这次大规模的安全生产检查，使中财委意识到在企业内部建立

① 《中央财经会通令严查煤矿工人伤亡事件》(1950年3月11日)，见《新华月报》第一卷第6期，1950年4月号，第1426页。
② 《陈云文集》第二卷，第131—132页。

保险制度的必要和重要。1949 年 12 月 19 日，陈云同薄一波、马寅初致函中
财委所属各部、署，为使各企业能安全进行生产与国家财产不致遭受意外损
失，作出两项决定：（1）各地国营公营企业及仓库均须到中国人民保险公司
及其代理机构进行保险（以企业单位为被保单位），并接受保险公司有关保
险设备的指导与监督。（2）此项保险费用准予列入生产成本内。12 月 23 日，
这两项决定作为《政务院财政经济委员会关于国营公营企业必须向中国人民
保险公司进行保险的指示》向全国企业公布。《指示》中指出："中国人民保
险公司是国家经营的保险事业，举办水险火险等业务，其目的主要是保护与
发展生产，并保护劳动人民之福利。各种企业保险后，一方面可经常得到保
险公司对安全设备之指导与检查，使生产事业遭受损失之可能减少；另一方
面万一遭受损失，亦可得到应有的补偿，使生产得能继续，所以这是各企业
部门加强经济核算制的重要一环。"[①]新中国企业保险制度的建设，就是从这次
安全生产全面大检查开始的。

　　这次安全生产检查后，全国劳动保护工作在 1950 年有很大发展。各级劳
动行政机构与产业领导部门，先后颁布一系列有关全国性或地方性的劳动安全
保护文件。例如，中财委颁发《关于规定全国公私营厂矿职工伤亡报告办法通
令》，建立伤亡事故报告制度。中央重工业部颁布《关于大力开展安全教育的
指示》，强调普遍进行安全思想教育、安全技术知识教育、遵守工作制度和劳
动纪律教育；还颁布了《关于加强雨季安全工作的通知》，对雨季中企业设备、
物资的安全保护作出规定。中央劳动部颁发《工厂卫生暂行条例》草案，对工
厂环境卫生、工作场所的卫生、食堂、浴室、盥洗所、厕所等生活环境卫生的
要求共作了 64 条规定。燃料工业部发布了安全生产方针与煤矿保安大检查命
令。重工业部颁布了技术安全制度、职责及机构试行条例和工厂安全管理制
度。铁道部建立了行车安全监察员制度；东北铁路总工会建立了铁路劳动保护
监察员制度。西南区工业部公布了技术安全责任制度，东北区规定了并在厂矿
中推行了公营工厂安全责任制度暂行办法，沈阳市公布了安全暂行条例，武汉
市制订了工厂安全卫生暂行条例，河南颁布了工厂安全卫生简要办法，华东工

---

① 《中央人民政府法令汇编（1949—1950）》，第 306 页。

业部颁发了厂矿安全指示,上海拟订了全市安全条例等。这些条例、规程、制度的发布与实施,对推动与督促厂矿重视安全卫生问题起了很大作用,并使工人获得改善劳动条件的法律根据。在组织方面,已有 10 个省建立了 26 个省市安全卫生委员会;某些厂矿在行政方面建立了"技术保安科",工会建立"安全卫生委员会"和"安全小组",各级政府劳动行政机构单独的或与有关部门共同组织安全卫生检查组。①

一系列新的劳动保护措施的落实,使工人生产条件和生活福利在 1950 年有了一定改善。首先在劳动安全大检查中发现的问题得到解决。如东北春季大检查中发现的 16000 多件问题,已有 80% 获得解决。据北京、成都、青岛等 19 个公私营工厂的统计,已解决的问题平均占发现问题的 80% 以上。其次,职工伤亡数字明显减少。1950 年东北第二季度较第一季度伤亡总人数减少 54.82%。再次,劳动保险和福利工作在不少国营企已经开展。以东北地区为例,已经建立 541 所医院和医疗所;23 个疗养院及休息所和 3 个残废院,享受劳动保险待遇的职工总数达 55 万人;得到劳保制度保障的职工亲属达 150 多万。1949 年一年中,东北人民政府修建住宅面积 100 多万平方公尺,解决 9 万多单身工人和 2.8 万户有家属工人的住房问题;1950 年继续为 7 万单身工人和 4.9 万有家属的工人解决住房问题。天津、石家庄、山西等地和铁路、邮电等产业系统的劳保福利工作亦已开始。此外,在政府的帮助下,各地职工合作社普遍建立,以大量低于市价的日用品供应职工们。②

在企业民主改革过程中,人民政府还领导和发动工人群众,彻底打破官僚资本主义企业残留下来的压迫和奴役工人的制度。1950 年初,全国总工会常委扩大会批准全国纺织工会代表会议通过的《关于废除"搜身"制度的决议》。同年 3 月 21 日,中央燃料工业部根据全国煤矿工会代表会议的建议,颁布《关于全国各煤矿废除把头制度的通令》。24 日,政务院第二十五次会议通过《关于废除各地搬运事业中封建把持制度暂行处理办法》。31 日,政务院第二十六

---

① 参见毛齐华:《工业改造中的劳动保护问题》,见《一九五〇年中国经济论文选》第 3 辑,第 268—269 页。

② 参见毛齐华:《工业改造中的劳动保护问题》,中华全国总工会:《一年来的中国工人运动》,见《一九五〇年中国经济论文选》第 3 辑,第 270、204 页。

次会议又通过接受中国工会第一届代表大会《关于设立搬运公司废除各地搬运事业中封建把持制度的建议的决定》。这些政府法令的实施，在纺织工业中废除了"搜身"制度，在煤矿工业中废除了把头制度，在搬运事业中废除了包工头等封建制度，并且清除了隐蔽在企业里的反革命分子和封建残余势力。另外，通过民主改革，在组织工人代表参加企业管理，发扬工人阶级政治和生产上的积极性与创造性的同时，团结和改造旧技术人员和管理人员，使职员和工人的关系得到改善。

　　尽管在企业民主改革中，国营工厂管理工作在各个方面有很大推进，但中财委认为仍有许多问题需要继续改进。在新中国成立一年之际，中财委就工厂管理问题向中央报告说：我们的工厂从接收到恢复生产有很大成绩，目前急需在现有基础上加强管理，肃清国民党遗留下的腐败恶劣习气，建立新的管理秩序。为此，中财委提出以下要求作为整顿首要步骤：（1）保证工厂设备安全。"上年已做了不少工作，但还很不够。""各厂须拟定严格防火防险条例，建立安全设备，从各方面保证安全，尤以工厂中之重要工作部门，如动力及重要机器设备，应成为保护工厂的重心。"（2）不少工厂多年失修，再加上我们存在游击作风，使有些厂房库房仍然属破、残、朽，甚至露天等，使机器器材受很大损害。各厂须紧急动员全体职工克服困难，组织一次大检查与修缮。（3）逐渐树立起整洁的秩序，养成职工新的习惯，消除过去存有的器材乱堆、脏污铁锈、满地油滴等不良现象和习气。这个报告反映出，新中国国营企业管理已从对人的组织和关怀方面，继续到物和环境的管理和美化方面。为保障上述步骤的落实，中财委提出继续推进企业管理民主化的三项措施：（1）贯彻民主管理方针，依靠工人阶级，有计划、有领导地启发、酝酿、讨论，提高工人觉悟，爱厂如爱自己家务，反对官僚主义。（2）加强各级干部责任心，明确分工负责，及时检查监督，反对麻痹大意或不负责的态度。（3）党、工会、行政必须密切一致，统一计划，推动工作，党员、团员、工会会员要起带头作用。①

---

　　① 《中财委关于工厂管理问题给中央的报告》（1950年10月11日），见《中国工业五十年（第一部）》上卷，第455—456页。

四、中财委引导国营企业走上国家计划的经营轨道

国营企业的民主改革是为了在企业内部建立社会主义秩序，改革的结果进一步提高和加强了工人的生产积极性、劳动热情和主人翁态度，为企业的生产改革提供了必要条件。生产改革是民主改革的继续，它所要解决的主要是企业的科学管理问题。在企业的生产改革过程中，国营企业逐步被纳入国家计划的经营轨道。

从新民主主义经济的特性和发展前途出发，依照马克思主义基本理论和苏联经验，新中国成立后，在相当一段时间内实行计划经济是必然的。按照社会主义的原则实行计划管理，把企业的发展计划同国家规划恰当衔接，是中财委及其所属部门的重要任务。

为了实行计划管理，设立计划机关是首要条件。1949 年 1 月，东北解放区首先成立经济计划委员会及下属机构。在计划机关成立的同时，东北财委在陈云领导下开始拟订 1949 年经济计划草案。对于计划机关所担负的职责，1948 年 6 月，王稼祥在《城市工作大纲》中，根据东北财政经济委员会的经验，提出一些原则性意见。他认为，计划机关要通过调查研究工作，对公私合作企业进行登记，弄清楚各种工厂作坊的数量、资本、装备、工人数量、生产量、开工停工等情况，得出精确数字；参照这些数目字和实际情况，订出适当计划，规定哪些是需要和可以发展的、哪些是只能维持现状的、哪些是需要收缩的，对于新开业的也可以加以适当的控制与领导；然后再根据机器装备与生产率，大体上分配给公私合作企业以一定任务。这样可以减少因经营的盲目性而使生产停顿的社会浪费。经济机关与计划机关还必须调剂与计划工业生产所需的原料与成品的销路，组织市场；还应当领导私营企业的转业，注意工厂的机器装备与生产率，应当用尽办法使大工厂、生产率高的工厂能够充分使用机器，开足工时。① 这些想法还只是从理论上和苏联的经验中得出的一些设想，当时中共领导人尚缺少计划管理的实践经验。

---

① 《王稼祥选集》，第 387—388 页。

华北人民政府在新中国成立前，也开始了计划经济的探索。1949 年 2 月 24
日拟订的《1949 年华北区国民经济建设计划》，一方面对华北地区国民经济情况
作出总体估计，另一方面从农业、工业、商业、交通几个方面规划 1949 年经济
发展所要达到的指标，同时拟订企业投资和资本运转计划。①

7 月中财委成立后，在内部设立财经计划局；到 1950 年初财经计划局，已
拥有 14 个处：综合计划处、基本建设处、财政金融计划处、贸易计划处、重
工业计划处、燃料电力工业计划处、轻工业计划处、地方工业计划处、农业计
划处、交通运输计划处、统计处、物资供应处、秘书处等。地方上亦设立相应
的计划机构，但计划经济管理一时还未提上日程，因为当时实行计划经济的条
件尚未成熟。

1950 年第一季度，由于各新解放区的国营企业已接收完毕，并进行了初
步整顿与改造，大部分企业已恢复或准备恢复生产；大行政区的企业隶属关系
已大体确定；全国性各专业会议已基本结束，1950 年的生产任务已确定；全国
财政情况好转，物价趋于稳定。据此，5 月 11 日，中央重工业部《关于建立
与加强计划工作机构的指示》中说："以上条件提供了使现有工业生产逐步走
向计划性的必要前提"，"为了打下计划经济的工作基础，并从现有基础上，把
管理工作提高一步，各地企业及其管理机关，应首先建立或加强各级计划工作
的机构"。为此，重工业部提出本部现行计划工作系统组织机构的设置，其中
包括重工业部计划司现行组织、重工业部钢铁工业局计划处组织、钢铁工业局
的工厂企业计划科组织的设置。②

由于实行计划经济历史条件已初步具备，中财委试编了《制定 1950 年国
民经济计划的指示》，对国民经济计划的制订提出总体要求。这是新中国第一
个综合的国民经济计划，分别从工业、农业、交通运输及邮电通信、基本建
设、劳动、工业产品成本、零售商品周转、文化建设、保健及体育九个方面提
出编制计划的具体要求。它的基本内容已涵盖国民经济各个部类，并包括文化
与体育两个方面，依照它的要求所拟订的国民经济计划，将是一个较全面的计

---

① 参见《中国工业五十年（第一部）》下卷，第 962—970 页。

② 具体组织系统构架，参见《1949—1952　中华人民共和国经济档案资料选编（综合卷）》，
第 799—800 页。

划。《指示》虽然仅是一些控制数字，但提出了拟订计划的具体技术规范，所以对国民经济各部门拟订的经济计划具有指导作用。例如：在中财委编制的1950 年工业计划的指示中，对工业计划中总生产量及商品生产量的组成、对企业内主要设备修理范围及修理费的确定、对生产能力的确定和合理使用、对生产计划中累进的技术经济定量的确定，都作了专门规定。[①] 这些技术规则的细致和具体，使企业编制计划的可操作性和科学性有了一定保障。

无论是新中国前东北和华北解放区拟订的经济计划，还是新中国成立初中财委及所属部门拟订的经济计划都有一个明显的历史特点：经济计划总体看来是较为初级、具体、直观的。这些经济计划实际上都是恢复经济的计划，大规模的经济发展尚未提上计划日程。另外，在新中国初年乃至整个国民经济恢复时期，编制的都是年度经济计划，尚没有中长期计划；新中国第一个五年计划，是从 1953 年大规模经济建设开展后，一边实施，一边编制的。

对国营工业经济计划的组织与方法，中央重工业部计划司作了系统探讨，提出国营企业经济计划编制工作应包括四个部分。

第一，建立国营企业计划工作体系。这一体系包括由上至下和由下至上两个系统。由上至下的系统，即中央人民政府批准了全国国营工业经济计划及其组成部分后，即下达执行命令给各中央工业部，各部则又经专业局至各企业，根据批准的计划，逐级下达执行命令。由下至上的系统表现在各级计划的送呈与逐级综合，即各企业计划上报后，由专业局综合审核，编制成各局的专业经济计划，各局的专业经济计划上报至部，又由部的计划司综合审核，并根据本部需要及与其他经济部门的供求平衡而编制出各部的工业经济计划，各部的经济计划上报至中央人民政府，再由中央计划局综合起来，编制全国的国营工业经济计划。

第二，国营企业计划的主要内容。企业是编制工业经济计划的基本环节，又是执行计划的基础。编制企业计划应包括七个部分：（1）产品计划——全部计划的核心。它包括产量的技术定额、生产设备的运用情况、产品的种类与质量、按月度及季度的产品数量和完成产品计划的技术条件。（2）劳动计划——

---

① 《中国工业五十年（第一部）》下卷，第 935—951、954—958 页。

与完成产品计划首先发生关系的就是劳动计划。它包括产量劳动定额与人员定额、工人工作时间计划、工资计划、员工的分类与增减情况及员工的福利设施。(3)材料供应计划——完成产品计划的物质基础。它的内容包括单位产品的原材料消耗定额，按期以原材料供应计划，补助材料的需要量，半成品需用量，燃料、电及水的需用量，工具及器具的购置和材料的来源计划。(4)成本计划——反映了如何组织劳动、利用生产手段，完成生产任务的实际情况。它的内容包括单位产品所需标准量、原材料及工资的费用、补助材料及燃料水电的费用、固定资产的折旧、间接费用的分担，直至单位产品的计划成品。成本计划为产品计划、劳动计划及原材料供应计划的总体表现，故计划成本的升降即是该企业生产成绩的指标，由此有人把产品计划、劳动计划、原材料供应计划及成本计划总称为生产计划是有其意义的。(5)产品分配计划——根据总的平衡计划及已订合同所拟订的分配产品的蓝图。它的内容包括已生产的成品的类别、数量及价格、产销的平衡、按期拨出商品的计划、企业收入及盈余计划等。(6)基本建设计划——全部国营工业经济计划的主要组成部分。所有能增加生产能力的建设，无论新建、恢复、改造与扩充，一概包括在基本建设范围之内。这一计划的内容首先是全部工程项目目录、每一工程的预算、每一工程的详细内容与进度计划，直至直接与间接的员工工资、主要材料与补助材料的需用量和其他间接费用都在计划之列。(7)财务计划——它是有关生产及基本建设的全盘预算，表明生产的周转和基本建设投资的收支情况及其成果。通过这一计划来掌握生产周转及基本建设在经济价值上的两个循环的各自平衡。这项计划包括生产支出、销货收入、生产利益计划、企业流动金的需要及其来源、企业基金支出预算、基本建设投资来源及按期支出计划。

第三，编制国营工业经济计划的方法和步骤。编制计划是通过一系列上下有联系的表格来完成的。企业计划是填写在企业专用计划表上汇交至各专业局的；各专业局根据企业报来的计划表，研究审定后填写专业局用计划表；各专业局计划表上报至部，经部内计划司并会同其他有关各司研究审定，填写部用综合计划表，这就是部的综合计划了。计划上报至中央人民政府，即由中央计划局来编制全国的国营工业经济计划。企业计划的拟订有三个环节：一是建立技术作业规程。二是通过各种生产指数的核算，来决定技术经济定额。三是根据技术经济定额，来编制企业计划。

第四，监督与检查计划的执行。计划拟订后，要监督与检查既定计划的执行，要密切注意群众执行计划中的成绩、困难及波折，作为修正计划的根据，并及时将执行情况提出报告，使执行计划各单位及时获得上级适当的帮助与奖惩。还须将执行计划过程中先进分子的创造发明及技术改进，随时传播于同行，相互学习和促进，向新纪录及新定额看齐。这样就会使计划引导着生产向最高水平前进。另外还要通过定期的巡视制度，特别是健全统计制度来督促与检查计划执行的情况。①

从1951年开始，中财委要求根据本委颁发的控制数字和以政务院名义颁发的计划表格，从基层生产单位开始自下而上地编制计划草案。② 至此，国营企业的发展可以说被正规地纳入国家经济计划轨道。

建立严格的经济核算制度，对保障国营企业经济计划的有效执行有着重要意义。通过经济核算制度，将微观经济运行有计划地纳入宏观经济运行之中，是国营企业计划管理的开端。新中国第一年，中财委在国营企业经济核算制的建立方面作了积极而重要的探索，主要是两方面。

1. 建立国营企业的统计制度

统计工作是企业经济核算制度实施中的基本方法。中财委于1950年3月中旬发布了《关于各公营、公私合营及工业生产合作社的工矿企业进行统一的全国普查的训令》，决定对全国公营的、公私合营的及工业生产合作社的工矿进行统一的全国普查。这次普查的结果是：截至1949年底，全国工矿企业公营2858个，公私合营业359个，中苏合营109个，合计3326个；职工共有118万人。③8月12日，中财委又颁布了《关于全国公营及公私合营工矿企业建立统一的定期统计报表制度的训令》。《训令》指出：目前全国公营及公私合营工矿企业的统计报表制度极不统一。此种情况在我们刚刚接收和初步恢复的时期内是难免的，但长此下去就会造成国家企业统计制度的混乱，并严重影响

① 参见《中央重工业部计划司：国营工业经济计划工作的组织与方法》（1950年6月），见《1949—1952 中华人民共和国经济档案资料选编（综合卷）》，第801—807页。
② 刘国光主编：《中国十个五年计划研究报告》，人民出版社2006年版，第53页。
③ 《陈云年谱（修订本）》中卷，第52页。

到企业经济核算制的推行和国家计划的实行。为保证国家企业能逐步走上计划经济的道路，要统一国家企业的核算项目、报表格式及报表程序。[①] 前一项《训令》的实施，使中财委具体了解了全国工矿企业的基本情况，为恢复与发展工矿生产提供了根据；后一项《训令》的实施，保证了国家企业内统计计划工作的逐步贯彻，在客观上对私营企业的计划产销也是一个很好的促进。

8月25日，中财委拟订了《关于实施全国公营及公私合营工矿企业建立统一的定期统计报表制度的指示》。《指示》说：目前全国公营及公私合营工矿企业的统计报表制度，极不统一，严重影响到企业经济核算制的推行和国家计划的实行。为保证国家企业能逐步走上计划经济的道路，首先要统一国家企业的核算项目，报表格式及报告程序。为此颁行该项统计报表标准格式九种，自本年7月起全国一律实施，同时决定：中央各主管部、行、署首长，各大行政区及各省市政府首长，东北人民政府及东北统计局首长，各企业机构的负责人，应先行筹设统计机构或指定专责统计人员，负责进行编制报表工作。各级政府首长，各工矿企业及其领导机构的负责人，于接获定期报表的标准表式后，应即会同有关人员对表式内容及报告系统详细研究，正确理解；依照行政隶属系统由上而下逐级布置编报工作；督促所属机构按期填报，如有特殊困难，部分项目不能填报或填报不能及时者，应向上级机构说明理由并提出有步骤的实施办法；各级工矿企业主管机构，应及时准备本身编制定期综合报表工作。此项定期报表制度自1950年7月实施。为从速建立全国公营企业的经济核算制度，并使落后的部门加速赶上先进的部门，《指示》要求，克服一切困难，从速配备得力的统计干部，或训练原有适合于这项工作的干部，尽快实施全国统一的定期报表制度。各级主管机构，要根据企业按期填报的情况，作为考核企业工作进度及进步的重要根据之一。"如能根据表式规定开始建立或调整厂矿内部的核算制度，则困难克服的过程，也就是企业进步的过程"[②]。

2.规范国营企业利润的提缴和折旧费的解缴

为了加强经济核算、尽量积累资金、减少浪费、利于恢复和发展生产，中

---

① 《中国工业五十年（第一部）》上卷，第349页。

② 《1949—1952　中华人民共和国经济档案资料选编（工商体制卷）》，第166—167页。

财委加强了对国营企业财务制度的建设。国营企业利润的提缴和折旧费的解缴，是财务管理中的重要内容。

1950年2月28日，有关部门曾拟订《中华人民共和国国营企业及经济事业提取利润办法》，其中第一条即规定："采取经济核算制的中华人民共和国一切国营企业及经济事业，不论其归何部门管辖，均应按照其隶属关系，向中华人民共和国中央、大区、省、县、市及区等预算的收入项下办理提利。"①3月6日，陈云召集中财委所属各部负责人开会研究公营企业纳税及缴纳利润和折旧问题。陈云在发言中说："过去办企业的是政治家，现在应该变为企业政治家，大家都要算一算钱在手里有没有损失，对企业来说，应该精打细算，走向正规化"。② 根据会议精神，4月，有关部门拟订了《公营企业及事业机关提缴利润办法》《国营工业解缴利润折旧暂行办法》两个草案，对国营企业利润的提缴和折旧费的解缴作出规定。③

此外，中财委在1950年还拟订《关于公营企业投资、贷款、利润、折旧处理办法的决定》，要求：（1）一切公营企业，不论工业、交通、农业、水利、商业、银行业，其投资、贷款、利润、折旧等都依本决定规定的办法审理。（2）公营企业由中央各部直接经营或委托大行政区、省市代管的为国营企业，其投资由中财委或主管部核定，由中央财政部投放，其利润及折旧均由财政部按计划归国库。由省市及专署县经营的为地方企业，其投资分由大行政区或省市核定，由省市经营企业所得利润及收回之折旧投放。地方经营企业的利润、折旧，原则上归地方掌握，但中财委得抽多补少，作必要的调配。（3）企业投资分为固定资本、周转资本两项。前者系指企业的固定设备如厂房、机器、工具等项；后者系指企业的周转金，如材料周转金、工资费用周转金、运输周转金等。生产事业的投资，除固定资本外，分别不同企业给以2—3个月的周转资本；银行贸易资本，国家只投放固定资本的周转资本。（4）企业投资分为新建设投资、恢复工程投资、修理投资、扩充业务投资四种；该文件对投资程序作出四项规定。（5）各企业资本确定后，所有在生产上、经营上需要的临时周

---

① 《中国工业五十年（第一部）》上卷，第184页。
② 《陈云年谱（修订本）》中卷，第48页。
③ 参见《中国工业五十年（第一部）》上卷，第186—188页。

转资金，应以借贷形式从国家银行贷款中解决；国家银行得索阅并审查借款企业的业务计划、财产目标，决定贷款数额、期限。此项贷款可以折实低利或无利。[①]

为建立企业财务管理制度，5月15日，中财委拟订《关于1950年度经济建设投资审核工作的意见》，确定经济建设投资审核的总原则是：各主管部负责主审，财委负责复审，财政部负责具体掌握支付，并对中财委、主管部、财政部所负的复审、主审、支付工作范围作具体规定。同日，中财委还拟订《关于1949年企业决算审核工作的意见》，对企业决算的各级审批权限和方法也作了规定。[②]

在生产改革中，中财委除引导国营企业步入计划经济管理轨道外，还积极摸索对企业生产的科学管理。

首先，花费很大精力，研究各工业部类的管辖所属及业务范围的科学划分。1949年11月1日，中财委召集中央重工业、燃料工业、纺织工业、轻工业、食品工业部五个部开会，经讨论明确"凡从事开采、制造、加工等工业方面的企业，除国营工业应由各部直接经营管理外，其他公私合营、地方经营、私人资本经营以及手工业等工业，亦均分别属于各部管理。"各部工作范围划分的原则是：凡从事生产资料的工业，以及国防工业除煤矿、石油、电力外，均划归重工业部；凡从事发生动力的工业，均划归燃料工业部；凡从事纤维制造工业，均划归纺织工业部；凡从事食品制造工业，均划归食品工业部；凡从事生产日用品工业，除纺织及食品外，均划归轻工业部；凡附属各厂矿内的其他性质的工业，除机器的制造工业应划归重工业部外，其他工业则仍可隶属于该厂矿，一并化归所属各工业部。依照上述原则，各部具体业务划分是：(1)划归重工业部的有：黑色金属的开采与冶炼、有色金属的开采与冶炼、非金属的开采与提炼（除炼焦工业外，其他燃料工业不包括在内）、机械制造、交通工具制造、农业机械制造（不用马达的交通工具不包括在内）、电工器材制造、建筑材料制造、耐火器材制造、科学仪器制造、五金工业、国防工业制造。(2)

[①] 《中国工业五十年（第一部）》下卷，第563—564页。

[②] 《中国工业五十年（第一部）》上卷，第538—539页。

划归燃料工业部的有：电力工业、煤、石油、油页岩的开采与提炼，瓦斯工业。（3）划归纺织工业部的有：棉纺织（包括轧花、打包等附属工业）、毛纺织、丝纺织、麻纺织。（4）划归食品工业部的有：碾米、磨面、酿造（酒专烧专卖仍属财政部）制糖、榨油、调味品、卷烟、茶、糖果、饼干、清凉饮料、水果加工、畜产制品、蛋类加工、水产及水产加工，其他食品制造。（5）划归轻工业部的有：针织、巾毯、手工纺织、边带、鞋帽、制革、毛皮成品、防雨用具、织席、造纸、印刷、文具制造、火柴、肥皂、烛类、化妆品、玻璃日用品、赛璐珞品、漂染整理、陶器制造、搪瓷器材制造、油漆、日用小五金、教育仪器、乐器制造、度量衡制造、竹木器材制造。①

这次会议的划分虽很明确，但仍不能将一些特殊情况包括在内，所以，会后有的部在认真研究后，将一些需要特别划分的问题，又请示中财委。1949 年12 月6 日，陈云、薄一波、马寅初答复了轻工业部提出的九项分工问题，明确以下业务分工：肥皂工业属于轻工业，但中央与地方应分开；玻璃属于重工业；制药业属于轻工业，但卫生部所辖制药厂仍以卫生部管理为宜；科学仪器属于重工业；无线电收音机属于重工业，电灯泡、电池等电器日用品属于轻工业；矿质油漆属于重工业；钉属重工业，针属轻工业；不用动力的针织及缝纫属于轻工业。1950 年1 月10 日，陈云、薄一波、马寅初又答复了食品工业部提出的工作范围问题，明确渔业、糖业、麦粉业、油业及卷烟业划归食品工业部管理。

新中国的成立，为中国工业化的推进奠定了前所未有的社会政治基础。党和国家高度重视新中国工业的开局，力图其科学化和正规化，并最大限度凝聚与整合人与物力资源。故在中财委多次讨论并与各轻、重工业部沟通协、有了初步方案后，政务院又将方案呈送苏联专家听取意见。

1950 年8 月23 日，伊阿尔希波夫复函周恩来说，依工作程序苏联专家审查了"中央财政经济委员会根据政务院的决议曾拟定按照管辖权划分的工业企业分配草案"，提出如下修正和补充意见：（1）冶金工业部门。因国内各地区在各种产品方面存在不均衡现象，有使生产合作化的必要，又鉴于冶金工业对于国防具有特殊意义，建议"毫无例外地将一切国营的钢铁与有色金属冶炼企

---

① 参见《1949—1952　中华人民共和国经济档案资料选编（工商体制卷）》，第80—81 页。

业交重工业管辖。仅将纯粹地方性的小规模企业留给地方机关。"（2）化学工业部门。除中财委草案内同列企业外，建议将下列"具有国防意义和重大经济意义的企业补交重工业部管辖：天利氮气公司，天原电化厂，中华酸碱厂，齐鲁（青岛市）公司染料厂，泸州23号工厂连同长寿（四川省）分厂和太原电化厂。（3）轻工业部门。应将北京燕京造纸厂和一切足为保证造纸计划基础的国营纸浆工厂（包括东北在内），完全留归轻工业部直接管辖。（4）食品工业部门。鉴于食品工业部门和企业种类繁多，建议择其最重要、技术装备最优，而生产量最大的国营企业集中食品部管辖，其余的一切食品工业企业，留归地方管辖。对此苏联专家提出一些具体建议；并建议现由财政部管辖的一切盐业，贸易部管辖的一切茶业，移交食品工业部管辖。（5）关于东北企业的管辖。建议将重工业主要厂矿、冶炼厂、矿山、煤矿，发电站和大规模的机器制造厂移交中央各部管辖，而在东北设置主管总局，就地指导这些企业。①

　　其次，注意劳动与技术结合，推进先进作业法，改进生产方式。当时普遍和主要实行的有以下几种形式：成立技术研究会，有步骤地学习一定的技术知识或交流经验；开好生产会议，这是动员群众对生产的创造性与积极性的有力手段；开展合理化建议，其中最重要的是有关技术改进方面的合理化建议。当时还在国营企业普遍开展爱国主义生产竞赛，制定合理的生产定额，开展先进生产者运动，不断地创造新的生产定额。在竞赛中，劳动力组织不断得到改善和强化。

　　另外，还注意建立发掘企业潜在力的劳动机制。在这方面，中财委主要抓了工资制度和奖励制度的实行，以及技术干部和管理干部的培养。在《中财委关于制定1950年国民经济计划的指示》后附有两个文件：一是《职工工资总额组成细则》，一是《关于专门工人干部之培养》。前一个文件依据按劳分配的原则对企业职工工资的组成和其他报酬及奖励作了详细规定。另一个文件对如何从企业工人中培养干部，并训练职员及工程技术人员；如何使现有的工人干部继续提高，提出具体思路。②这两个文件的落实，对于国营企业工人工资的

① 参见《中国工业五十年（第一部）》下卷，第1339—1340页。
② 参见《中国工业五十年（第一部）》下卷，第951—954页。

合理拟订和适当调整，在发展生产的基础上逐步改善职工的生活，使分配制度适应于生产资料的所有制形式，以更好地调动企业职工的积极性，以及对于企业干部队伍的建设，有着重要意义。

总之，新中国国营公营企业①通过生产改革，逐步废除了陈旧的生产管理和技术管理制度，发挥了国营公营经济的社会主义优越性，使国营公营企业的生产得以迅速地恢复和发展起来。

五、确立国营企业在国民经济中领导地位的重要意义

新民主主义国营经济的性质与资本主义国营经济的性质根本不同：一方面，新民主主义的国营经济是通过革命手段，在铲除大资产阶级（即以官僚资本主义）统治的物质基础上，收归新民主主义国家所有的；另一方面又把这种官僚资产阶级所垄断的压迫、剥削人民血汗的生产手段，转变为人民所有及为人民利益服务的工具。新民主主义国营经济的独特性质，决定了它在国民经济中领导地位的确立，有着重要的政治、经济和社会发展方向的意义。

第一，为新生的人民政权的巩固奠定了重要的经济基础。政治上的权威是建立在经济权威基础上的。国营经济在国民经济体系中领导地位的确立，为新生人民政权的巩固提供了重要的经济基础。新中国是以工人阶级为领导、工农联盟为基础、团结小资产阶级与民族资产阶级所组成的向社会主义发展的新民主主义国家。国体的性质要求经济基础能够确保广大劳动人民的利益，只有这样才能利于人民政权的巩固。《共同纲领》第二十八条指出："国营经济为社会主义性质的经济。凡属有关国家经济命脉和足以操纵国民生计的事业，均应由

---

① 新中国成立后，由各级人民政府管理的企业，一直有国营和公营两种称谓。以后又出现了公私合营企业。故 1952 年 9 月 2 日，政务院正式发出《对"国营企业"等名称用法的规定》。《规定》中指出："关于各级政府所经营的企业，目前有称'国营企业'的，有称'公营企业'的，名称殊不一致。为此，政务院作如下规定：一、凡中央及大行政区各部门投资经营的企业（包括大行政区委托省市代管的），称'国营企业'。二、凡省以下地方政府投资经营的企业，称'地方国营企业'。三、政府与私人资本合资，政府参加经营管理的企业，称'公私合营企业'。"参见《中央人民政府法令汇编（1952 年）》，人民出版社 1954 年版，第 98 页。

国家统一经营。凡属国有的资源和企业，均为全体人民的公共财产，为人民共和国发展生产、繁荣经济的主要物质和整个社会经济的领导力量。"① 具有这种性质的国营经济，在建设目标上，能够确保广大劳动人民的利益，消灭剥削，创造的利润除必要的扩大再生产资本积累外，用于工人所得和提高工人福利。正是因为新中国国营经济具有这种性质，所以领导地位一经确立，便使政权有了较稳固地服务于人民和发展公共事业的经济力量，从而确保了政权稳固所需要的社会资源。

第二，提供了推动新民主主义国家生产力发展的先进范式。国营经济与国民经济中的其他经济成分比较，在生产设备、机械器材、工作技术方面是优良的。由此决定了国营经济在生产方法上能够采取优良的生产技术，使用新式的高等机器，实行集中的、大规模的、合理标准化的生产；在经营方式上，能够实行科学化管理，建立严密的经济核算制度，实施工人参加生产管理的政策。这些因素决定了国营经济只要经营管理得好，就能够创造高于其他经济成分的劳动生产率，并向其他经济成分提供学习范式。

第三，促进新民主主义五种经济成分协调、健康发展。在新中国第一年，稳定物价、统一财经、调整工商业的历史过程中，社会主义国营经济的领导作用和影响力大大增加；国营经济通过自身的民主改革和生产改革，以及一系列管理制度的建立，步入生产健康发展的轨道。然而，由五种经济成分构成的新民主主义经济形态的发展，是不能一枝独秀的，国营经济必须影响其他经济成分共同协调发展，才有利于整个社会经济的健康运行。由于国营经济的发展关系着整个新民主主义中国经济建设的前途，所以政府在一切经济政策的运用上皆使国营经济处于领先地位。这种优势地位，一方面决定了国营经济领导作用的愈益增强；另一方面决定了国营经济在调剂其他四种经济成分的过程中，有能力发挥带头与示范作用，有能力起到协调与推进的作用，从而促使其余四种经济成分在有利于新民主主义经济社会前进的原则下，基于合理与互助的方针，彼此配合，相互扶持，共谋改进，避免冲突，克制矛盾，共同发展。

当时的经济学界是这样认识国营经济领导作用的："所谓国营经济的领导

---

① 《建国以来重要文献选编（第一册）》，第 7—8 页。

作用，只是'带头'的意思，而非'排挤'；仅是'比重'的关系，不是'偏畸'；只是'主体'的地位，决非'垄断'；仅具'配合'的功用，没有'对立'；只有'扶持'的效能，决不'控制'。"这与国民党官僚资本垄断的国营事业完全不可同日而语。①特别是，国营经济对私营经济的引导和帮助，对中国经济的发展有着重要意义。新中国成立之初，整个社会经济是农民及手工业者个体经济占优势。这种局面是绝对不能支持长久的。中国没有机械化、电气化，不可能站起来，一定要大量开设各种工厂，发展轻重工业，这不是单靠国家经济力量就能迅速完成的，需要私人资本共同发展，公私合作，才能使新中国早日实现工业化。所以，调整私营工商业的实质，就是调整公私关系，对资本主义工商业由国家给以适当照顾和安排，使得五种经济成分各得其所。在思想上，就是树立起国营经济强有力的领导地位，并在国营经济领导下，对私营工商业实行利用、限制、改造的政策。

第四，保证新民主主义经济的社会主义发展方向。新中国国营经济主要是在没收官僚资本和处理外资在华企业并使其转化为全民所有制企业基础上建立起来的。而且这两种资本很集中，控制了国民经济的主要命脉。因此，国营经济在开始建立时力量就相当强大，得以掌握和经营有关国家经济命脉的事业，代表中国先进生产力的发展方向。新中国成立后，国营经济采取国家所有制的形式，在国家统一领导下进行有计划的生产，并得到国家的支持，在企业内部实行按劳分配，这些因素又决定国营经济中具有优于其他经济成分的生产关系。在生产力和生产关系方面的优势决定国营经济在国民经济体系中对其他经济成分有着强有力的引导作用和控制力，能够有效地发挥资本主义有利于国计民生的积极作用，限制其不利的消极方面，并通过国家资本主义的形式逐步对它进行改造；同时也保障了社会主义经济在与资本主义经济争夺小生产者的斗争中，能够取得胜利。可以说，国营经济是新民主主义经济向社会主义经济过渡的主要物质基础。

第五，为国家实行计划管理体制准备了条件。稳定物价和统一财经的胜利，使国营经济在生产、流通领域和金融物价等方面掌握了主动权，这为新中

---

① 漆琪生：《论国营经济》，见《经济周报》第9卷24期，1949年12月15日，第480页。

国初步建立计划管理体制提供了历史前提。其他几种经济成分的情况就不同了。周恩来在全国政协国庆一周年大会上说："私营经济的资本主义性质与彻底的计划性是有矛盾的。"有没有可能引导私人经济走上有计划地发展经济的轨道呢？他认为是有可能的。因为现阶段已经具备两个条件："第一，在一切最重要的经济部门，我们已经有了强大的社会主义性质的国家经济，并已开始发展了半社会主义性质的合作社经济。第二，私营经济是处在国家经济的各种形式的领导之下，其中还包含着日益发展的为社会主义经济服务的国家资本主义经济。"因为具备了这两项条件，就"可以使中国的经济一步一步地避免过去的无政府状态，而带有更大的计划性"。① 显然，这两项条件都是以国营经济在国民经济中的领导地位的确立为基础的。可以说，国营经济的主导地位，是国家控制市场、实施宏观计划管理和指令性计划的基础，是经济迅速恢复增长的重要保障。由于国营经济控制着国民经济命脉，便保障了新民主主义经济向社会主义经济过渡的可能性。只有使国营经济得到发展，才能增强新中国经济的领导力量，推动新民主主义经济建设有计划地迅速发展。

---

① 《周恩来选集》下卷，第44—45页。

第八章　中财委探索新中国经济建设之路

繁荣经济是《共同纲领》中新民主主义经济政策的目标。中财委在新中国元年的活动，都是为国民经济的恢复和发展奠定基础和扫清障碍的。如何开展新中国经济建设事业，始终是中财委探索的重心。面对国民党政府留下的残破不堪的经济烂摊子，尚无成熟领导经济工作经验的中财委，在艰辛探索中启动了新中国经济建设的历史车轮。

一、中财委策划和指导召开系列专业会议

1949 年 11 月 29 日，毛泽东在全国政协一届常委会第二次会议的讲话中，首次提出关于国民经济恢复和发展的总体设想，即"三年五年恢复，十年八年发展"。12 月 2 日，他在中央人民政府委员会第四次会议上，重申了这个设想。他说："我们的情况会一年比一年好起来，估计明年要比今年好。在三年五年的时间内，我们的经济事业可以完全恢复；在十年八年的时间内，我们的经济就可以得到巨大的发展。"[1]

许多专家学者也在积极考虑新国家经济的恢复和发展问题。7 月 8 日新中国成立前夕，著名经济学家马寅初、薛暮桥、沈志远、王学文、许涤新等 19 人，在北平成立中国新经济学研究会总筹备会，旨在把马列主义经济学及毛泽东思想运用到实际工作中去。原国民党政府资源委员会委员长钱昌照，在国民党政府统治时期曾从事重工业领导工作 18 年，9 月 25 日，他作为新政协特邀

---

[1] 《毛泽东文集》第六卷，第 24 页。

代表，对新中国重工业的发展提出 8 条意见，第一条即是："应该从速举办大规模的资源调查"①。

调查和研究是进行经济建设的必要条件。中财委将情况的调查和问题的研究结合起来，其路径是召开财政经济各个方面的专门会议。这类会议既能全面了解实情，又可以共同研究应对的政策和切实可行的计划，逐步形成总体建设思路。

召开专业会议的设想，在中财委内部有个酝酿过程。10 月 4 日，陈云主持召开中财委会议，研究和提出了 1950 年建设应该考虑的诸多问题。比如：农业方面，如何作出植棉计划；水利方面，在哪些地区进行；工业方面，钢铁、电力、煤、纸张的生产能力和需要量；贸易方面，应出口哪些土产，进口哪些货物；在几个主要地区如何保障布、粮、煤、盐等物资的供求，以稳定物价；可能掌握多少外汇和回笼多少票子；运输方面，铁路、航运的运输能力有多大；财政金融方面，公粮的收入和消耗，货币的收入与支出和财政赤字等问题。这些都是当时必须妥善解决的，又是以往缺乏经验的新问题。

解决这些问题，靠少数人关起门来凭主观思考是不行的，必须分门别类地进行调查研究，弄清实际情况，才能提出切实有效的办法。10 月 10 日，陈云主持中财委所属各部委联合办公会议，进一步讨论了 1950 年的经济工作计划。一些中财委所属经济部门领导人在会上提出召开专门会议的建议。比如：中央财政处副处长戎子和提出召开税务、粮食、后勤三个会议，以便把 1950 年的实物、现金、公粮三项收支计划拟定出来；中央燃料处处长陈郁提出召开煤炭工作会议；中央商业处处长姚依林提出召开城市供给会议和茶叶会议等。陈云在讨论中对各方面工作计划制定应注意的问题作出指示。

10 月 21 日，陈云在政务院财政经济委员会成立大会的讲话中，报告了当前的财政金融、农业、工业交通状况，提出目前至 1950 年第一季度中财委应该进行的工作；并要求所提工作以各主管部为主，"由计划局协助组织全国性的各种专业会议来进行"，"各部应提出自己的业务初步计划"。② 这样，通过

---

① 当代中国研究所编：《中华人民共和国史编年（1949 年卷）》，当代中国出版社 2004 年版，第 526 页。

② 《陈云文集》第二卷，第 20 页。

召开各项专业会议研究 1950 年建设计划的方法，在中财委内部确定下来。

　　1949 年 10 月 29 日，陈云、薄一波向中共中央报告了中财委成立后的工作情况及今后三个月的工作计划。报告中说："自七月中旬中财委实际开始办公以来，这一百天中简要说来做了三件工作：其一，在财政上、物资上支援前线。其二，调拨收购物资，供应大城市（首先是上海，其次为津汉），力求物价涨度不过猛过快。其三，物色干部，找租房屋，筹备财委本身及各部机构的建立。"从 11 月到 1950 年 2 月，工作计划有四项：一是使用力量于生财之道，布置 1950 年度的农业生产和出口产品的收购。二是把钢铁、电器制造、机械制造、煤矿、石油炼制、棉纺六种工业，在原料、制造、推销三个方面尽可能地加以衔接，减少盲目性，增加计划性。三是铁道部要贯彻抢修前方、补修后方的方针；交通部要组织好现有轮船运输，组成邮务和电信两个全国总局。四是在 1949 年底和 1950 年年初召开东北、西北、华北、华东、华中、两广财委主任会议，概算 1950 年度公粮、税收及各项开支。[①]

　　陈云、薄一波在报告中还提出："为了上述工作，我们拟于 11 月至 1 月间召开若干种专业小型会议（五大解放区各派二三个专业人员），经过这些专业会议，以便把材料综合起来，在 2 月底，由财委计划局作出一个明年度的实物及现金收支概算，并计算出赤字多少，拟出弥补赤字的办法，拟定明年度发行钞票的大概数目，估计明年的物价水平，以便依此简要计划进行明年工作。"可见，陈云、薄一波把召开各项专业会议看作实行下一步各项任务的基本依据。他们认为：目前许多地区解放不久，财经方面的材料难于全面掌握，而全国性专业会议正好是个补救办法，能够把各个方面的材料综合起来。关于专业会议的领导，陈云、薄一波拟定："以财委系统之各部为主，财委和计划局则给以协助"；党外人士当部长的各部召开专业会议时，中财委要给予更多的关心和帮助，以保证会议开好且提高他们的积极性。陈云、薄一波估计"经过这些专业会议，对于各部工作的建立，很有益处的"，[②] 并将要召开的专业会议计划附列在给中央报告的后面。中央很快批准了这个计划。

---

　　① 《陈云文集》第二卷，第 22—23 页。

　　② 《陈云文集》第二卷，第 23 页。

　　11 月 4 日，陈云在政务院第四次会议上，报告了中财委所属各部将从 11 月至 1950 年 2 月，举行 23 个专业会议的安排，即，水利部：水利会议；农业部：农业生产会议；贸易部：茶叶会议（本会议已于 10 月 25 日开始，现在已结束），猪鬃、皮毛、油脂会议，保证各大城市供应会议；交通部：全国航务公路会议；邮电部：成立邮务总局会议，成立电信总局会议；重工业部：钢铁会议，机器制造会议，电器会议，稀有金属及有色金属会议；轻工业部：纸张会议；燃料工业部：煤炭会议，石油会议，动力会议；铁道部：铁道运输会议；计划局：进口物资计划会议等。陈云指出："举行这些会议的目的，是为了解决若干亟须解决的问题，并使各部了解其业务的全盘情况，作通盘筹划，从而使各部建立其工作的基础。"[①] 陈云的这番话点明了各项专业会议在整个经济工作中的重要地位。这些会议所要讨论的既是当前工作中迫切需要解决的问题，又是经济工作方面面具有长远意义的问题。

　　11 月 8 日，薄一波在系列专业会议的开端——全国水利会议的讲话中，再次明确中财委召开各项专业会议的目的。他说："经过长期战争的破坏，要百废并举，是不可能的。所以要分别轻重缓急，哪些应该立刻就办，哪些应该计划了再办，我们把时间排开，使工作上的必需与财政上的可能互相结合，才符合实事求是的精神。""在共同纲领和中央人民政府组织法中，都充分表现经济建设是今后施政方针中最重要的方面。在这个方针之下，财政经济委员会今年就要召开各种专业会议，研究拟定各方面的建设计划，并吸收全国人才参加这一工作"。[②]

　　陈云的工作作风向来是细致和周密的。在召开各项专业会议的部署确定后，他领导中财委为开好这些会议作了一系列准备工作。主要包括以下方面：

　　第一，组织各方系统整理和审定各专业会议所需材料。比如：为准备全国钢铁有色金属会议，重工业部整理了一份全国钢铁及非铁金属资源、设备，过去的产销计划及炼焦、耐火材料等情况的资料。为了使这份材料正确完善，11 月 22 日，陈云以重工业部部长名义特将这份材料寄送东财委计划处，要求该

①　参见《人民日报》1949 年 11 月 5 日。
②　《薄一波文选》，第 83、81 页。

处根据掌握的材料进行补充和修正。①

　　第二，对各部召开会议的方案提出具体修改和补充意见。比如，陈云、薄一波、马寅初在阅过农业部报送的《农业生产会议报告》初稿后，于11月30日致函农业部。除对农业生产基本情况中的数字作了必要修正外，还提出以下意见：（1）过去由于材料缺乏，很难定出确切要求。希望能通过这次会议了解情况，吸收各地代表意见，订出1950年比较恰当的计划。（2）新老解放区情况不同，不仅在农业生产的要求上应有不同，在整个工作中的比重及政策上亦应有所区别，对此在会上要充分讨论，以便分别掌握。（3）增产粮食、增产棉花是1950年极其重要而艰巨的任务，对增产的重要环节及方法望在会议上能作具体研究等。

　　第三，会前做必要的调查研究，以便对一些关键问题如何处理在事先做到心中有数。比如：在全国电力会议召开前，为了准备所需的资金，1950年2月7日，陈云、薄一波致电贸易部部长叶季壮，特询问四个问题：可定发电机多少千瓦，何时可以交货，价格以美金计多少钱，今年付款若干。与此同时，同样的咨询电报也发往中国驻苏联大使馆。

　　各项专业会议召开期间，陈云一方面，亲临部分会议并讲话，为会议的有效进行提供重要的方针和政策指示；另一方面，与薄一波不断写报告，将会议情况择要向毛泽东和中共中央汇报。毛泽东十分重视中财委召开的这些专业会议。他在看过1950年1月7日陈云、薄一波发来的关于铁路、钢铁、农业三个专业会议的情况报告后，于1月10日致电陈、薄，要求二人将"各项会议结果的要点""数日内分项写一报告给我"；并嘱"如你们无时间，可否要你们的秘书写，经你们看过发来。不要太繁，每项几百字即够"②。此后，陈云、薄一波接连写了数份关于专业会议情况的综合报告给毛泽东（或刘少奇）并中共中央，为党中央的经济工作决策提供重要参考依据。从这些会议情况报告中，我们可以清楚地了解到这些专业会议获得的重大成果。

---

　　① 《陈云年谱（修订本）》中卷，第15页。

　　② 《建国以来毛泽东文稿》第一册，第225页。

1. 农业方面

由于长期战争的摧残和敌人的破坏，新中国成立初的农业生产水平较战前下降四分之一左右，老解放区虽然经过几年生产运动的恢复，仍较抗日战争前的最高水平低 15% 左右。农业经济如果不能恢复，谈不上整个国民经济的恢复。因此，1949 年 12 月 8 日至 20 日，中央农业部召开的全国农业生产会议，确定"一九五○年的农业生产方针是以恢复为主"。[①]12 月 23 日，政务院第十二次政务会议通过了农业部《关于全国农业生产会议的报告》。

1950 年 2 月 5 日，陈云、薄一波给刘少奇并中共中央写报告较为详细地汇报了全国农业生产会议讨论形成的主要成果。第一，确定 1950 年农业生产方针以恢复为主。在这个总方针下规定：老区的收入一般要求比现有生产水平提高一成，接近战前水平；新区保持现有生产水平，条件较好的略加提高；灾区须克服水、旱等灾害。第二，1950 年农业生产的中心放在增产粮食和棉花上。计划在现有水平上，粮食增产 100 亿斤，皮棉增加 477 万担。为完成增产计划，会议建议大量发动与组织劳动力，以恢复与提高耕作水平，特别是组织劳动互助组，动员妇女参加农业生产；还要采取繁殖耕畜、家畜，兴修水利，增施肥料，防治病虫害，推广优良品种，修补农具，扩大耕地面积，开展农业科学研究等具体措施。第三，明确增产标准。1950 年要求增产是在现有生产水平，即耕除、施肥与生产技术等水平上加以主观努力，使之提高做到增产，并非以天年的好坏做增产标准。第四，明确为解决农民困难、刺激与促进农业生产的发展，必须给以必要的投资和贷款。但这些投资和贷款只限用于 1950 年增产粮食确实有效的事业，如水利、农具、种子、防除病虫的药械、种畜与兽医等，应以老区为主。投资和贷款不能包括临时性的行政开支，不能作为灾区的救济粮款，也不能用于扶植农民进行副业生产，因为这些问题的解决供销合作社另有专款。同时也强调要克服单纯依赖国家贷款的思想，开辟发展农业生产的财源，主要应该依靠与发动群众的力量，并开展农村的信用借贷。第五，要求各地在落实恢复农业生产方针与计划下，要"因地制宜"拟定出适合

[①] 《中华人民共和国经济大事记（1949—1980）》，第 6 页。

当地情况的具体计划，积极展开宣传和组织工作，充分运用与发挥地方有利条件，保证完成 1950 年增产计划。会议希望政务院解决两个问题：一是"由中央人民政府指示各地明年在老区应以领导生产为压倒一切的中心工作，新区保证不误农时"；二是"要求解决农产品如花生、麻、烟叶等销路问题，并保障合理的价格。"①

这次会议提出的农业增产措施是对《共同纲领》中提出的农业政策的具体落实，为新中国元年农业生产的发展提供了基本思路；对政务院两点希望和国家加大对农业投资的政策是农业生产恢复任务实现的重要保障。2 月 5 日，中共中央向各中央局等批转了陈云、薄一波关于农业生产会议的报告，要求各地按照当地具体情况，加以布置，督促检查，务期保证 1950 年农业生产任务的实现。

水利是农业生产的命脉。农业的增产必须与兴修水利密切配合。1949 年 11 月 8 日至 18 日，由水利部召开的各解放区水利联席会议，根据国家水利的基本状况特别是 1949 年水害频仍的严酷现实，确定了防止水患、兴修水利，以达到发展生产目的基本方针②。

2. 工业方面

新中国成立之初的工业，大部分是帝国主义和依赖帝国主义的买办资本建设起来的，殖民地性很大，一个主要特点是不能独立成为一套，基本工业如钢、煤、电都互不衔接，工厂设置、原料产地、市场三者大都互不配合，产铁只有 1/3 能炼成钢，轧钢能力仅及产钢的 1/2 弱，轻工业这种情形也非常严重。为此，中财委认为，新中国成立初期的工业"在恢复建设中必须注意调整"③。而且 1949 年是全国工业生产最低落的一年。如以历史上的最高年产量为 100，则 1949 年几种主要工业品的产量大约如下：生铁降至 10.9%，钢锭降至 15.8%，钢材降至 17.8%，煤降至 44.5%，电力降至 72.3%，水泥降至 30.9%，纯碱降至 62.9%，棉纱降至 72.4%，棉布降至 72.6%，汽车胎降至

① 参见《中共中央文件选集（1949 年 10 月—1966 年 5 月）》第 2 册，第 116—119、120 页。
② 《中华人民共和国经济大事记（1949—1980 年）》，第 4 页。
③ 中财委：《全国财政经济状况》（1950 年 3 月），见《1949—1952　中华人民共和国经济档案资料选编（工业卷）》，第 3 页。

35.9%，纸降至 89.5%，面粉降至 77.6%，糖降至 39.6%。[1] 各工业部就是从上述新中国工业的实际情况出发，依照中财委确定的工业在恢复建设中必须注意调整的方针，在系列专业会议上，拟定了 1950 年的生产计划、投资安排和具体工作方针。

重工业部自 1949 年 12 月 16 日至 1950 年 3 月 22 日，先后召开钢铁、有色金属、电机、化工、机器、钨锑锡等六个专业会议。

钢铁会议是其中最重要的会议，确定了 1950 年生产任务及投资的指标，即生铁 88 万吨，炼钢 66 万吨，轧成钢材 50 万吨；投资总额为 156 万吨小米。这一生产和投资计划是根据中国钢铁工业的实际情况确定的。陈云指出："中国的钢铁工业大体上是帝国主义入侵后，适应于帝国主义的需要而建立起来的"；其特点是，炼铁的设备多，炼钢的设备少，轧钢设备又不能适应钢炉生产的能力，各个环节极不平衡。而钢铁工业是重工业的骨干，"是一切工业之母"，必须搞好。所以，在生产计划方面要努力调整和平衡炼铁、炼钢、轧钢生产的比例，加大对钢铁工业的投资。[2] 会议据此确定，东北为目前中国钢铁工业建设的中心，1950 年要在东北增加 75 万吨重型钢材轧钢机一座，增产 5 万吨薄板及 9 万吨无缝钢管设备，并责成东北建厂制造钢铁工业不可缺少的电极。另外，在太原改装现有中型轧机试轧重道轨，在鞍山修建 700 吨高炉，在天津、上海、太原等地修建马丁炉等。[3]

为保证钢铁工业的恢复和调整，钢铁会议决定，钢铁工业系统的组织机构实行重工业部—钢铁工业局（或东北工业部）—钢铁企业三级制；确立厂为生产管理单位，钢铁工业局及东北重工业部为钢铁企业的直接领导机关，中央重工业部为全国重工业计划决策机关；在生产技术的组织方面，将计划与生产分开，基本建设与生产管理分开。鉴于东北技术干部极度缺乏，6 万职工只有技术人员 142 人，占总人数 0.42% 的情况，会议决定由关内各地再抽调技术人员

---

① 参见《中国工业的目前情况和我们的努力方向》（1951 年 10 月），见《1949—1952 中华人民共和国经济档案资料选编（工业卷）》，第 3 页。

② 《陈云文集》第二卷，第 61、64—65 页。

③ 中央重工业部：《关于五个全国性专业会议结果及问题的综合报告》（1950 年 3 月 25 日），见《1949—1952 中华人民共和国经济档案资料选编（工业卷）》，第 203—204 页。

140 人赴东北；并同意提高东北工人与技术人员的工资；对生产管理已上轨道的企业实行超额奖金制。①

陈云在 12 月 25 日全国钢铁会议闭幕会的总结讲话中，针对技术人员缺乏的情况指出：在东北建设钢铁工业基地，关系到国家建设的全局，为了完成好这一全局任务，必须"集中使用全国有限的技术人才，动员专家到东北去从事新的经济建设工作"。陈云说：技术人员"是我们的'国宝'，是实现国家工业化不可缺少的力量，要很好地使用他们"，对他们要采取信任的态度，在物质上也要有必要的保证。② 陈云还强调，要完成全国钢铁会议提出的 1950 年轧钢材 50 万吨的任务是很不容易的事情，是一个大的组织工作，必须统筹规划，科学地、有计划地供应材料，生产成品，计划分配，合理消费，只有这样，才能把全国的轧钢工厂组织起来，发挥全国的能力。做到这点要注意四个条件：(1) 要有大小钢材的分工；(2) 要分期计划生产；(3) 组织材料调拨，灵活运用，互相协助；(4) 保证运输，要与铁道部、交通部密切联系。

其他会议也根据实际情况分别确定了 1950 年的工作重点。有色金属会议中重点为要求解决目前各方急需的铜、锰、铝、铅问题。电机会议要求解决中型及重型电机制造，以适应全国工业的恢复与建设。化工会议确定产品重点为肥田料及人造石油、染料水泥，在化工范围上确定以酸碱无机盐、人造肥料、人造石油、人造橡胶、轮胎、药品、合成液体燃料、电化工业电极等。这些会议都确定生产任务与投资的重点在东北。机器会议由于在一些重要问题上，中财委还没有制定明确方针，而未能取得成果。③

钨锑锡为重要战略物资。钨锑锡专业会议根据这些矿藏的特性，主要讨论了产销和私营矿区收归国有的问题，决定 1950 年要有计划地开采钨锑锡矿，该类矿一律统购统销。1 月 25 日，陈云、薄一波在给毛泽东并中共中央关于

---

① 参见《重工业部关于钢铁会议总结报告》(1949 年 12 月)，见《中国工业五十年》第一部下卷，第 1207—1208、1209 页；《1949—1952　中华人民共和国经济档案资料选编（工业卷）》，第 204 页。

② 《陈云文选》，第二卷，第 45、46 页。

③ 重工业部：《关于五个全国专业会议结果及问题的综合报告》(1950 年 3 月 25 日)，见《1949—1952　中华人民共和国经济档案资料选编（工业卷）》，第 204—206 页。

全国钨锑锡会议情况报告中着重说明了上述问题。

　　陈云作为兼任的重工业部部长高度关注重工业部召开的上述会议，并从国家建设全局的高度对工业恢复与发展的安排给予指导。比如工业投资问题。3月15日，陈云在中财委第十五次委务会议讨论全国化工会议情况报告时，提出对投资问题要重新计算。陈云说，我们应该能够回答在5年内国家应有多少钱投资于工业。我计算每年应至少有200亿斤的工业投资，5年内有1000亿斤的投资；投资是有限的，要想用得好，就要计算何者先办；如果按每年投资总数10亿美金计算，根据建设需要，我认为工业应占50%，铁道占30%，农业占15%，其他占5%。现在的投资一定要照顾到将来，建设资金投资方向的确定一定要慎重。在这次会上陈云还提出，经济恢复时期作一年计划，在经济恢复后就可作5年计划，现在我们就应进行资源的调查研究。

　　燃料工业部自1949年11月至1950年5月，先后召开全国煤矿、电业、石油等三个专业会议。

　　全国煤矿会议是其中最重要的会议。会议确定1950年国营煤矿生产的总方针是：全面恢复与部分建设，以全面恢复为主，部分建设以东北为重点。1950计划出煤田640万吨（1949年为2621万吨）。为了落实这个工作方针，完成生产任务，会议提出：在工作中要彻底克服平均主义和本位主义的思想，"将提高生产技术和团结全体职工密切结合"，"集中管理，统一领导，实行严格定额的经济核算制度，使煤矿经营走上正轨"。①

　　全国电业会议确定的方针是："保证全年安全发、送电，并准备有重点地建设两三年内工业生产所需的电源设备。"在此总方针下，要求大力改进技术和管理制度，进一步开展民主改革工作，努力消灭事故与贯彻定额管理，达到质好、量多、效率高与成本低的目标，以帮助其他工业的生产与发展。②

　　石油工业会议确定的方针是："在三年内恢复已有的基础，发挥现有设备

---

①　燃料工业部：《第一次全国煤矿会议决议》（1949年11月30日），见《1949—1952　中华人民共和国经济档案资料选编（工业卷）》，第208—209页；《中国工业五十年》第一部下卷，第1210页。

②　燃料工业部：《第一次全国电业会议决议》（1950年3月2日），见《1949—1952　中华人民共和国经济档案资料选编（工业卷）》，第210页。

的效能，提高产量，有步骤、有重点地进行探勘与建设工作，以适应国防、交通、工业与民生的需要"。为了大力开发石油资源，会议决议，首要任务是选择重点迅速进行探勘工作：首先是甘肃河西，其次是陕北地区。计划玉门油矿在 1950 年须完成产油井五口的建设工程；迅速改进蒸馏裂炼厂，争取将汽油生产率由 36% 提高到 56.5% 等。①

　　1950 年 1 月 15 日至 19 日轻工业部召开全国纸张会议。会议检阅了全国造纸工业的生产能力和生产条件，规定了今后造纸工业全面恢复和重点发展的方针，并在现有基础上就目前客观需要及原料供应情况，估计了增产的可能性；确定 1950 年全国公私营纸厂生产的计划，预计 1950 年生产各种纸张 174.564 吨，其中文化用纸计 64.468 吨，占新闻出版两署估计的全年需要量的 83% 等。生产计划一方面准备供应 1950 年大部分文化用纸的需要，同时又组织了全国的造纸工业，使过去各自为政盲目生产的公私营纸厂，在 1950 年生产计划的指导下，能担负起一定的任务，并将全国纸厂的生产力提高一步。当时，纸张生产方面的主要问题是纸浆供应不足。为此，会议决定，重点投资及整理扩充原有纸浆厂的计划，同意先扩充四川宜宾木浆厂，筹设华东草浆厂，同时恢复东北旧的木浆厂；为解决当前纸张增产的迫切需要，会议同意暂请政府进口一部分木浆，以协助完成 1950 年的生产计划。②

　　在 1949 年末至 1950 年初召开的纸张会议是轻工业部召开的仅有的一次专业会议；食品工业部只是参加了相关的专业会议，并没有单独召开会议；纺织工业部没有举行专业会议。从当时中央 5 个工业部门召开会议的情况看，国家明显地将主要力量投入到重工业和能源工业恢复方面，这既是当时经济工作的迫切需要，又是陈云领导的中财委依照《共同纲领》中的工业政策，从整个国家巩固和发展的全局出发，从人民长远利益出发对新中国成立初期工业建设战略部署的选择。

---

　　① 燃料工业部：《第一次全国石油工业会议决议》（1950 年 5 月），见《1949—1952 中华人民共和国经济档案资料选编（工业卷）》，第 210—211 页。

　　② 黄炎培：《第一次全国纸张会议总结》（1950 年 1 月 19 日），见《1949—1952 中华人民共和国经济档案资料选编（工业卷）》，第 216—217 页。

3. 交通方面

交通运输是工农业生产发展和城乡物资交流的重要条件，没有现代化的运输，要进行大规模的经济建设是不可能的。而铁路运输是中国运输业的主导和骨干，在全国解放过程中，人民政府就集中力量对接收的铁路进行抢修。新中国成立后，政府又把注意力转移到铁路的养路、机务、财务、运输等工作环节上。1949 年 10 月，铁道部接连组织几个会议，研究讨论这几个方面的问题。其中，全国铁路工务会议讨论并制定了养路负责制度；全国铁路财务会议，研究了全国铁路财政统一问题，决定建立统一的铁路会计制度和铁路预算暂行规程。全国铁路机务厂检修联席会议确定了全国厂段检修能力，研究制定了1950 年检修计划。

中财委布置的专业会议开始后，铁道部又将注意力集中到提高铁路运输能力方面，11 月 7 日，经中财委批准，铁道部决定自 11 月 28 日起调整客运运价率；12 月下旬，又召开全国铁道运输会议，对铁路运输等问题进行讨论；1950 年 2 月颁布了《铁路技术管理规程》，使中国铁路第一次有了统一遵循的基本法规，铁路的运输效率显著提高。

除铁路外，航务公路也承担着重要的交通运输任务。当时，国家航务公路的现状十分落后。据中财委统计，新中国成立初期所拥有的航务运输能力，全国沿海航线除台湾、海南岛和南洋等航线待解放或被封锁外，已解放能通轮船的主要航线为 1.2 万余里，占全国总航线的 85%；东北、华北、长江等可通帆船的内河航线 6 万余公里，前后都已恢复通航；全国原有运输船只共计 2805 艘，总吨数为116 万吨（其中私营占 50 万能吨），现在解放区（西南、华南未列入）共有船只2357 只，公私营共计 38 万吨，在南洋、香港、台湾等地尚有 448 艘，计 78.2 万吨。公路方面，新中国成立时已达 25 万余公里，1949 年底，已解放 20.3 万余公里；解放区拥有运输汽车 1.5 万余辆；但没有自造汽车的能力，原有汽车各式牌号都有，零件复杂，运输力很小。[①] 恢复经济必须首先发展交通事业。1949 年 11 月19 日至 12 月 27 日，中央交通部召开了全国首届航务公路会议。

陈云到会作了关于交通运输形势和任务的报告。他说：我们国家是个大

---

① 参见《1949 年中国经济简报》（内部编印），第 70—71、72、74 页。

国，面积大，人口多，国家经济十分落后，交通事业也不发展，很长时期交通部门是被帝国主义控制着的。现在随着人民革命战争的胜利，情况有根本改变，改变的结果在我们面前展开一个很好的局面。"我们要从事经济发展，必须有适应经济发展的交通发展，因而任务重大，很不容易。这不是少数人所能做到，要靠全国力量长时间努力才能做到。"陈云希望这次会议：一方面预先考虑全国迅速胜利后怎样准备交通工作，另一方面目前运输力不足又应怎样加以组织。陈云提出：一是中央与地方要配合充分组织现有运输力量。中央人民政府交通部成立了，"但并非今后一切都依靠上面，下面必须更加努力。上面筹划指挥，下面努力工作，方能做好。""事情是不好做，摊子又很破，交通部刚成立，联系也才开始，所以要做好工作还是要取决于大家的努力。"二是各方面人才要合作。我们党内交通运输人才很少，懂这行的人也不多，我们没有经验。交通工具是现代化的，要有专门的技术与知识。只有老解放区的人，没有全国在这方面有丰富经验的人才合作，是不能完成现在困难将来又很伟大的交通任务的。要估计到自己知识不足，经验很少，要和党外人士合作。三是公私之间的合作。中国的企业家受帝国主义、官僚资本家的排挤，他们想从事国家的建设，心有余而力不足。现在有了这个机会，使公私能合作，共同为新民主主义国家努力。中国的交通事业太落后，我们"应该集中国家和民间可以集中的力量共同发展，这对国家、对人民、对私人都是有利的。这个事业前途远大。私人对国家应采取合作的态度，政府对私人也应采取合作的态度，两方面只要合作得好，交通事业的发展是会好的。""我很希望全国交通事业在公私合作的条件下能合理地大踏步前进。"陈云还提出：长江运输要统一管理。地区有华中、华东、西南之分，但江河是整个的，如果各管各不统一，航运载重、水上标识也不一样，便会降低运输力。四川解放后，长江的运输力包括公营和私营，要全部组织起来，应该配合中央交通部研究好这一问题。长江两岸是中国最富庶的地带，运输要求很高。应将长江运输比较多地集中在中央交通部手里，大船、小船、机器船、木头船、公营船、私营船都应合理组织，再将长江统一管理，并与铁路运输有进一步的分工和配合。[①]

---

① 《陈云文集》第二卷，第32、36、37、38、35页。

陈云的讲话对会议产生重要影响。会议确定 1950 年的交通工作方针与任务是：除战争急需的建设外，一般是在现有基础上有重点地进行整理与恢复，将原有车船加以组织，提高其运输力，并为战后大力开展交通建设作准备工作。会议决定：（1）组织长江航务局，统一管理长江航运。（2）采取国家补贴的方法，降低水运价格至铁路运价之下，以此增加水运，减轻铁路运输的负担。（3）公路方面，确定了国道、省道、县道的各种修筑养路规格、统一各大区省县之间繁杂的捐税与通行手续。（4）自 1947 年以来，长江江心积沙北移，浦口码头不断被冲，1948 年曾大塌，塌处现离铁路仓库仅 20 米远，并接近宁浦铁路轮渡；故会议决定由交通部为主，地方协同，专职抢修浦口码头。①

会后，11 月 23 日，陈云、薄一波、马寅初共同签署中财委复交通部函，原则同意全国航务公路会议拟决定的问题与初步意见，并指出：在水路运输方面，航务总局、轮船总公司及公路总局的设立，原则可行，航务与所在地的市政府间、区公路局与地方政府间的关系应注意有明确的分工。在公路运输方面，全国设总公司和分公司，大经济区不设公司，由总公司直接领导分公司推进业务。至于公路问题的方针，前方以便利军运为主，后方以能通车为准，着重在现有路线的有效利用。在公路建设方面，目前以不由国库支款为基本原则，也没有必要修筑高级公路和风景公路。

4.邮政、电信方面

国民经济的恢复离不开通信基础设施的恢复和建立。当时邮政、电信企业尚无全国性的邮电合一的统一领导管理机构。各区邮资标准与邮票是不统一的，财务是各区独立解决的，运输邮路分割管理，人民十分不便；1949 年 6 月电信总局在中革军事委员会下成立，除了在组织全国通信联络工作上较邮政顺利外，其他方面也与邮政相似，只有区域性的统一，而无全国性的统一。邮电企业管理领导的统一，是搞好邮电工作的根本前提。1949 年 11 月 1 日，新中国邮电部正式成立不久，即于 12 月 10 日和 1950 年 1 月 25 日，先后召开第一届全国邮政会议和电信会议。

全国邮政会议确定的主要事项是：（1）全国成立邮政总局，统一筹划和规

① 参见《中国工业五十年》第一部下卷，第 1211 页。

定全国邮政上的财政会计、预算、人事、业务、规章、手续等。各大行政区的管理总局改为全国邮政总局的分局。东北邮电议决分设。军邮继续保持，归人民解放军建制，各地邮政协助业务运输。(2) 过去各种规章合理部分均保留，含有封建性和从帝国主义方面抄袭来的部分予以废止。(3) 从 1950 年起统一全国邮资，随物价涨落调整。军队信件准免纳邮费。(4) 针对 1950 年乡邮政入不敷出达 1 亿余斤小米的情况，中财委核定补贴 9700 万斤小米，提出 1951 年达到自给自足，1952 年能有盈余的目标。(5) 全国邮政局、所，战前 74587 处，现为 47773 处；邮路，战前 650624 公里，现为 532291 公里；1950 年争取全数恢复，已恢复者再加整理。(6) 确定一般邮件运输，全赖飞机、铁路、轮船及汽车，供给充足吨位及优惠运费。包裹业务以普通人民小包为主，过渡时期可兼收商品包裹。储金汇兑在政策上完全接受人民银行领导等。①

全国电信会议确定的主要事项是：(1) 关于实现全国电信业务的统一。1949 年 6 月，全国电信总局成立后，基本实现统一；但在电信业务领导组织方面，尚需进一步统一。会议明确几个问题：一是组织系统进一步统一。在邮电部电信总局领导下，各区成立电信总分局；组织形式应与各大行政区的划分相适应，并规定各级组织的职权关系。二是实现总金库制与统一财务调度。一切营收由邮电部电信总局统一掌握调度，凡有人民银行之处，均存入银行，统一核定工程建设专款，并不准移作他项开支。三是统一机材调度，充分合理使用于重点建设工程与必要的日常维护消耗，以减少国库支出。四是统一人事调度，适应全国业务要求，统一调度技术人才；按目前与今后业务情形重新调剂人才；除专家与国立大学电信系毕业生可吸收外，均不许自由增添新人。五是为实现统一要注意克服两种思想障碍，即：解决营收富余与接收器材、人才较多之局与整体的矛盾；处理好各解放区领导在实现更高的集中性、统一性中，又能保持其积极性的关系。(2) 关于 1950 年的生产计划。建设计划重心放在沟通以北京为中心的有线干线建设，使中央与各区及主要省转到用有线电话与有线电报，使中央能利用电话与各区领导中心用电话开会。与苏联能以可靠的

---

① 《陈云、薄一波关于全国邮政会议情况给刘少奇并中共中央的报告》(1950 年 2 月 14 日)，见《中共中央文件选集（1949 年 10 月—1966 年 5 月）》，第 2 册，第 161—162 页。

有线电通信。另建设北京国际无线电台，与邻近的社会主义国家及各人民民主国家建立直接的电信联系；并争取于今年内完成北京、上海、莫斯科间的无线电传真设备；整理与加强首都市内电话设备。1950年上半年内恢复与加强江岸海岸电台，解决沿海及内河航运的通信联络问题等。为实现上述计划，会议对建设资金作出总的预算：预计"今年总的投资数应为340 735 860斤小米"；收支相抵后，政府投资要达1606000000斤小米，"当可完成此建设任务"。①

两次会后，全国邮政和电信系统进一步统一，根据实际情况和建设需要，1950年5月23日中财委召开第21次委务会议，决定合并全国邮政、电信组织系统；采取"集中领导，分别管理"的原则，逐级合并全国邮政、电讯组织机构。县设邮电局、省设邮电管理局，中央则在邮电部集中领导下分设邮政、市内电话、有线电、无线电等四局，分别掌握有关业务。8月8日，邮电部电信总局公布《各大行政区邮电机构合并令》，首先在各大行政区成立邮电管理局。②

5. 贸易方面

中央贸易部在1949年11月至12月先后召开茶叶、猪鬃、皮毛、油脂及全国城市供应会议。从1950年1月12日陈云、薄一波给毛泽东并中央关于猪鬃、皮毛、油脂的综合报告中可以了解到，这些会议有一个共同的着力点，就是努力加强国家对贸易的统一管理力度。茶叶会议决定成立中国茶叶总公司，统一办理国营茶叶的收购、加工和研究改良等事项。在主要茶叶集散城市设分公司，在主要茶叶产制地区设立加工工厂。对苏联销售的红茶全由国家经营，维持并扩大对非洲的销售，内销以私营为主。猪鬃、皮毛、油脂会议决定成立全国统一的猪鬃、皮毛、油脂三个专业公司，在华北、华东、中南、华南、西南、西北、内蒙古等地均设分支机构，统一由中央贸易部领导，资金、计划和干部由中央统一调度，日常工作由地方财委领导。这几个会议的目标很明确，就是落实《共同纲领》提出的"对外管制，对内自由"的商业政策，以达到发

---

① 《陈云、薄一波向毛泽东并中共中央转报邮电部党组关于全国电信会议的综合报告》（1950年4月8日），《党的文献》1988年第3期。

② 参见《1949—1952　中华人民共和国经济档案资料选编（交通通讯卷）》，中国物资出版社1995年版，第971—972页。

展城乡贸易、组织出口、争取外汇、换回工业原料、建设新中国的目的。

全国城市供应会议根据中财委集中统一的指示，研究了物资统一调度问题，决定成立粮食、花纱布、煤炭建筑器材、盐业、百货、猪鬃、油脂、土产、茶叶、矿产、石油、进口等 12 个专业公司，并对粮食、纱布、煤、食盐四种主要物资的统一调度作了具体部署。为了落实这一计划，中财委作出安排：1950 年 1 月 10 日，成立全国盐业公司；1 月 20 日，成立全国粮食公司；2 月 5 日，成立全国花纱布公司及百货公司；2 月 25 日，成立全国煤业公司；3 月 10 日，成立中国油脂公司、中国猪鬃公司、中国蛋品公司及中国进出口公司。总之，"各国营贸易专业总公司大体在 1950 年第一季度相继成立"①。

在财政税收方面，中财委指导召开全国税务、盐务、粮食三个会议，为国家税制统一和税收的增加打下基础。②

从上述会议召开的情况可以得出以下判断：1949 年冬至 1950 年春，中财委指导召开的各项专业会议是新中国初年财经工作中的一件大事，是开创新中国成立初期经济工作新局面的重要举措，在新中国经济建设史上有着奠基作用。新中国成立后，中国共产党从以往熟悉的乡村及解放区独立分割的经济工作，过渡到过去并不熟悉的城市及国家集中统一的全局性经济工作中去。在这场巨大的历史转变中，在逐步稳定经济秩序、营造良性的经济运行环境的同时，新中国的经济工作究竟应如何起步、国民经济的恢复和建设应如何进行，这些都需要根据国力作出统一的筹划。中财委指导下的各项专业会议正是在这样的历史条件下召开的。可以说，新中国成立之初各项专业会议承担了调查研究、弄清情况、集中各方智慧、部署国民经济恢复与建设如何开局的重任。

中财委指导下的各项专业会议取得了重要成果，主要有以下几点：

第一，确定了全面恢复和重点建设相结合的经济工作方针，并据此方针研究制定了当前急迫需要解决的经济问题的工作方案，为国民经济逐步走上正轨准备了条件。根据当时实际状况，从地区方面确定以东北为重点建设基地，特别是重工业建设基地；在部门方面将农业、水利、交通、钢铁工业等居于重点

---

① 参见《1949—1952 中华人民共和国经济档案资料选编（商业卷）》，第 114、115 页。

② 这三个专业会议的内容在第四章已有论述，本章不再重复。

建设的首要地位。

第二，确定了 1950 年生产计划和工作任务，使全面恢复和重点建设相结合的经济工作方针具体化。1950 年是国民经济恢复的第一年，通过各项专业会议，对国家各部类经济情况进行全面调查，并在全面掌握情况的基础上，确定了生产任务、建设重点、投资规模、科技人员调配等问题，从而为国民经济的恢复与新中国建设的起步打下良好基础。这些各类不同的专业会议如同色彩斑斓的画笔，绘制了从旧社会刚刚脱胎而出的新中国的经济建设蓝图。

第三，从各个部门不同的角度，为全国财政经济工作的统一做了准备。各项专业会议在管理方面突出反映了加强计划性和促进全国财政经济统一是中央人民政府领导经济工作的取向。对此，陈云在系列专业会议召开之初就说：中财委召开的一系列专业会议，将部署统一财经方面的工作，"大家都要朝着统一的方向中努力。"① 如果说通货膨胀的治理为经济的良性运行创造了外部环境，那么，国家各经济部门运行体制的初步确立和协调则为经济的良性运行创造了机制上的保障。1950 年春全国财经工作的统一，正是在此基础上展开的，高度集中统一的经济管理体制也是以此为起点逐步确立的。会后，这些统一措施的落实，开创了旧中国从未有过的工业、农业、交通、贸易、财政、金融协调发展的局面。

第四，协调了各类产业与相关产业的产、供、销关系。通过这些专业会议，中央管理部门掌握了大量经济情况，并聚集了大批专家和管理人员对各产业的发展全局进行研究和协调，从而降低或避免了经济恢复过程中的盲目性，平衡了产销关系。各项专业会议还确定了对各类产业内部公私企业的生产与建设任务，合理安排了投资规模的比例，协调了产业内部的公私关系，进而促进了新民主主义经济形态内多种经济成分的共同发展。

任何国家无论社会性质如何，经济的恢复与发展都需要有个宏观计划，以统一指导建设事业的进行。新中国元年，中央政府一时还不具备拟订综合性经济恢复和发展规划的能力，各经济部类的发展计划是通过中财委指导下的各项专业会议完成的。所以，周恩来从总体上作了这样的评价：这些会议"一方面

---

① 《陈云文选》第二卷，第 46—47 页。

了解情况，一方面确定今后一个时期的工作方针和计划，这是必要的。各部委
工作的总方针在《共同纲领》中都已经规定了，可是怎样使这些方针具体化，
怎样贯彻下去，就需要召开一些业务会议来解决。各部委都是草创，不可能立
刻掌握全面情况，也需要通过开会或者去各地调查来了解"①。的确，《共同纲
领》内确定的经济方针和经济运行目标，在各项专业会议上得到初步落实；各
产业部门内管理机构的设置及控制框架的基本构建，也在诸多会议内得到落
实。从历史的角度看，新中国元年的各项专业会议，是人民政府以新的经济管
理系统取代旧政权的经济管理系统历史过程中的重要步骤，在新中国经济史上
占有重要地位。

　　上述各类专业会议有几个共同的鲜明特点：计划有重点，不是百废俱举；
以恢复生产为主，建设计划为辅；量力而行，顾及国家财政、人民负担、技术
条件等；长远考虑，虽然只是一年计划，但是决不与长远计划相悖搞短期行
为。这些特点是中财委领导财经工作的重要特色。特别是，各项专业会议突出
反映了陈云极端重视调查研究的工作特点。调查研究在陈云领导中财委的过程
中从来不是一次性的，而是一个过程；一般要在集体范围内经过三个阶段，即
实地考察，资料搜集，讨论研究，然后在此基础上作出决策。

　　陈云十分重视实地考察，但反对将考察中形成的初步认识简单地作为依
据而确定下来，而是对能够搜集到的资料及数据作反复核实和系统研究。1949
年 11 月 8 日，他在欢迎赴东北考察团归来的会上说：考察对我们有好处，它
使我们对已解放地区的工业主要情况有了大概了解。但是考察之后，不要马上
拟出具体的生产数字，因为考察还是走马看花，要制订具体的工作计划，还要
以各工厂为基础，召开各种专业会议搜集材料。对于工业发展的大方向也要通
过召开各项专业会议，讨论再定。陈云在以后领导财经工作中始终保持这一慎
重决策的稳健作风。

　　各项专业会议召开后，陈云在 1950 年 3 月给中央的一份财经情况报告中
说：从 11 月 5 日起开始召开的为期三个月的系列专业会议，使我们的头脑开
始清楚。因为这些专业会议是建立在各种考察、搜集情况基础上更深入、专业

---

① 《周恩来经济文选》，第 20 页。

性更强的调查研究，并且更广泛地听取在第一线从事实际工作的管理和技术人员的意见，集思广益。新中国元年的经济建设工作正是在这样反复而不断深入的调查研究的基础上开始的。

1950 年夏，为继续调整工商业，中财委又指导召开了各类经济部门的 30 余个专业会议，以解决公私企业产销问题。① 这批专业会议对于当时产销关系的合理调整，对于引导私营企业走上有计划发展的轨道，起了一定的推动作用。

实践证明了新中国成立之初选择召开专业会议来解决重大经济问题的工作方法的有效性。这一工作方法好就好在将调查与研究，决策与实施等几个环节有机地结合在一起，提高了经济领导工作的效率和科学性。中财委充分肯定专业会议这一工作方式，于 10 月 14 日向各地财委及中财委所属各部、行党组发出《中共中央财经委员会关于学习贯彻专业会议决议的工作方法的指示》，明确指出："几个月以来的经验，证明这样的工作方式，表面看来似乎很麻烦费时间，但实际是最省时间最能取得各方配合，把工作顺利贯彻下去的最有效的办法。各地所有财经机关应该学习这种工作方法，认识任何工作如果仅由业务机关单独进行，得不到党和政府的保证及支持，必然是做不好的。必须通过党、依靠党，通过政府（或省财委），依靠政府来保证，有些还应该通过人民代表会议、群众团体或党外协商，取得大家的同意和支持，这样做的好处很多"，"希望各地财委及本委所属各部署行党组把这种工作方式研究一下，并在领导同志的整党会议中进行讨论"。② 中财委这一《指示》，同时上报中共中央。专业会议是中财委在新中国成立之初，探索经济工作领导方式的一条十分重要的成功经验。

二、以城乡交流推动工农业经济的恢复

工农业生产的恢复是国民经济恢复的基本目标。如何使工农业生产迅速恢

---

① 这部分内容在第六章中已有论述，本章不再重复。

② 《1949—1952　中华人民共和国经济档案资料选编（工商体制卷）》，第 92—93 页。

复，是对中财委领导经济工作水平的考验。新中国成立初年，中财委是紧紧抓住恢复城乡交流这一重要环节，来促进经济恢复的。

旧中国城市有两大类：一类是沿海沿江的通商口岸，作为推销帝国主义国家商品的经纪站，是帝国主义与官僚买办相互勾结剥削乡村的基地；另一类是国民党统治系统盘踞的政治都市。旧中国城市固有的特性，给城乡关系打下明显的烙印。

一是城乡对立。"特别是大城市，其'繁荣'是帝国主义殖民地经济的'繁荣'，是建筑在封建剥削基础上搜刮农民膏血的'繁荣'"①。所谓"中国饥饿，上海跳舞"这句话，形象地反映了旧中国城乡对立的关系。

二是城乡隔离，彼此脱节。国民党统治下的城市不是以工业生产为中心的，也不能根据乡村的实际需要来供给工业制成品。农业生产也不与工业生产的需要相配合。粮食和棉花、蚕丝、烟叶等重要工业原料及茶叶、桐油等重要出口物资的生产，都不断低落。城市中的工业不是为农村中的广大农民而生产，而是为地主阶级及官僚资产阶级的消费而生产。帝国主义的舶来品大部分都在城市里消费，乡下人很少看到，但洋货却是靠乡村土产换来的。因此城市的许多消费，都是由乡村供给的，城市成为乡村的一种负担。

三是旧中国城市工业带有浓厚的买办性。城市中许多重要工业不仅原料是依赖外国输入的，而且许多工业品是装配性质的。如上海的工业以钢铁机械、化学及纺织为主，其中钢铁机械工业需要从国外输入硅钢片、钢板、特殊钢、耐火材料（镁砖、铬砖）和柴油，化学工业需要输入橡胶，纺织工业甚至连原棉都需要国外大量进口。所以，旧中国的工业不是植根于本国，而是外国资本主义经济的尾闾。

带有上述烙印的旧中国城乡关系严重阻碍着中国经济的发展。中华人民共和国的成立，使中国社会进入一个新的阶段。在新民主主义社会中，人民政府要建立一种新的城乡关系。这种新的城乡关系包含两种含义：一方面，要彻底改造过去半殖民地半封建社会中那种城乡关系；另一方面，要按新民主主义经济性质重建城乡关系。它的基本要求是，把旧的消费性城市变为新的生产性城

---

① 《朱德选集》，第 265 页。

市，这就需要切实落实《共同纲领》中提出的"城乡互助"的方针。

"城乡互助"是恢复和发展生产的重要环节。特别是在帝国主义封锁的情况下，要恢复与发展生产，必须掌握这一重要环节。旧中国的工业生产是依赖外国资本主义经济的，新中国的城市工业只有掉回头来面向农村，以国内农民所生产的原料，生产为农民所需要的工业生产品，以公道的价格换取粮食与原料，才有条件恢复生产，乡村才有可能把生产提高一步。在城乡互助的基础上密切城乡联系，使城乡经济打成一片，生产的发展相互促进，才可能为建立独立自主繁荣的新民主主义经济体系创造条件。

创造"城乡互助"局面，从哪个环节下手最为有效？从商品经济运行规律来看，商业是既有益于发展城乡机器大工业，又有益于农村经济恢复的重要条件。从城乡商品交流入手改造旧中国城乡关系，可以消除城乡对立和隔绝，建立城乡经济之间的联系。特别是由于长期战争的破坏，商品流通的渠道被堵塞，城乡之间物资交流的渠道也是如此，在这种情况下，打通城乡物资交流渠道，发展城乡之间的商品流通，具有特别重要的意义。

新中国成立前后，中共城乡贸易工作的恢复经历了一个过程。1949年1—2月，平津解放后，各解放区的城乡贸易即开始进行。当时城市供给乡村的主要商品有：洋布、洋纱、车子内外带（包括胶皮轮子）、颜色、白报纸、盐、煤、杂货（包括碱面、茶叶、红白糖、白矾等）、信石、铁货（包括农工用具、铁丝、钉子、铜锣底等）、五金零件、化妆品、西药、医院器材、马尾、竹货、桐油等。乡村供给城市的商品有：皮棉、粮食、猪、鸡、鸭、鸡蛋、菜、鱼、油类、山货、高阳布、猪鬃、山货、草药、皮硝、草帽辫等①。

5月下旬，东北广大城乡公营商业网已成为沟通东北城乡经济的主要纽带。在东北行政委员会商业部领导下，按业务性质划分为百货公司、粮食公司、燃料公司、土产公司四个系统。业务方针是：在农村收买粮食、农副产品及工业原料，调整工业与农业品价格，供应农民生产资料与生活资料，以推动农业生产的发展；在城市调剂粮食，保证职工和市民生活供给，推销公营工厂

---

① 参见《华北人民政府工商部关于冀中目前经济情况中几个问题的通报》（1949年5月23日），见《华北解放区财政经济史资料选编》第二辑，第832页。

企业的产品及组织必要的私人加工业，调剂城乡供求，稳定物价，并与奸商的投机倒把行为作斗争。①

新中国成立前夕，陈云在上海财经会议上即提出，建立由中财委直接领导的、全国性的花纱布公司和土产公司；经过花纱布公司以纱布换棉花，经过土产公司收购和推销丝、茶、桐油等类土特产，从而实现在中财委统一管理下的商业秩序。

新中国成立后，中财委在领导稳定物价、统一财经的工作中，开始建立国家对国有商业高度集中的管理体制，即由中央贸易部建立全国性的各种专业总公司对设在各个地区的分支机构实行统一管理、统一经营和统一核算，把各个分支机构的资金、收入和商品调拨，集中于中央贸易部；这在确立和巩固国有经济在商业方面的领导地位，稳定市场，为恢复包括工业在内的国民经济创造必要前提等方面，都起了重要作用。另一方面，这个时期在大力发展国有商业和合作社商业的同时，又对私营商业的发展作了统筹安排，开始建立了以国有商业为领导，合作社商业为助手，同时包括国家资本主义、私人资本主义和个体商业在内的多种经济成分并存的商业结构；因而，能够在国有商业领导下，发挥各种经济成分办商业的积极性，以国营贸易为领导的集中统一的商业体制的建立，对全国物资的统一调度、市场物价的稳定、城乡交流的有序进行，起了重要作用。

全国财经工作统一后，物价稳定，多年战争期间形成的虚假购买力一下子消失了，加上旧的城乡交流渠道已被破坏，新的城乡交流渠道还没有完全建立，因此，市场上出现了新的情况：商品滞销，很多工业品卖不出去，不少私营工厂减产停产以至关门，有些商店也歇业了。

中财委经过分析，认为目前金融物价的特点是，"由上涨规律转为稳定的改组过程，货币仍集中在大城市并未下乡"。为盘活国内市场，必须使城乡经济转动起来，向农村收购物资，提高农民购买力，以刺激城市经济发展。为此中财委决定增加对国营商业的投资，于1950年4月12日向华东、中南、西南、西北财委并华北五省京津两市财委，发出《关于向农村投放货币收购物资的决

---

① 《中华人民共和国史编年（1949年卷）》，第404页。

定》。《决定》指出：除前已定由银行向西南投放 1000 亿元，财政部向西北投放 200 亿元及贸易部购棉投放的资金外，决定再增加发行 5000 亿元，分两次发行，由贸易部掌握，向农村收购物资，用途分配如下：华北区收购皮毛 200 亿元，猪鬃 100 亿元，土产 80 亿元，蛋品 200 亿元，花纱布 200 亿元，粮食 50 亿元，煤铁 100 亿元，共计 930 亿元。华东区皮毛 40 亿元，猪鬃 70 亿元，茶叶 350 亿元，土产 60 亿元，蚕丝 100 亿元，蛋品 200 亿元，矿产 40 亿元，花纱布 260 亿元，粮食 100 亿元，煤铁 100 亿元，共计 1320 亿元。中南区猪鬃 150 亿元，茶叶 250 亿元，土产 200 亿元，矿产 300 亿元，花纱布 300 亿元，粮食 250 亿元，共计 1450 亿元。西南区猪鬃 200 亿元，土产 100 亿元，矿产 360 亿元，花纱布 100 亿元，共计 760 亿元。西北区皮毛 160 亿元，猪鬃 80 亿元，土产 60 亿元，花纱布 240 亿元，共计 540 亿元。[①]

　　贸易系统的恢复和商业资本的注入，为新中国城乡交流的恢复和开展创造了首要条件。与此同时，中财委积极推动人民币下乡。因为财经统一、物价稳定后，推行人民币下乡，增强物资交流的客观条件已经具备，关键在于把握时机，加强组织和领导工作，以扩大和巩固人民币在小集镇和农村中的使用。各大区对中财委关于推动人民币下乡的指示十分重视，5 月 16 日，华东军政委员会第十三次行政会议通过《关于推行人民币下乡促进城乡交流的指示》，对如何促进人民币下乡作出具体部署：(1) 组织城乡公营贸易机构与合作社，运送农民所必需的物资如粮食、肥料、农具、布匹和其他日用品到乡村中去出售，货价指定只收人民币，不得以其他币物抵换；另一方面，各专业公司必须经常并大量地收购农村物产如丝、茶、麻、烟叶、桐油和其他手工业产品等。(2) 运销和收购工作都应根据贸易部统一价格的原则，并参照当地的供销情形，规定合理的售价和收价。(3) 应该以县为单位，有重点有步骤地初步选择若干重要集镇建立公营零售商店（干部条件好而需要大的地方可以多建立），已有较健全的合作社组织的集镇，可委托它们为零售代理店；在没有合作社组织或已有而不够应用的集镇，应该由各级人民政府协助

---

①　参见中共中央办公厅编印：《中共中央文件汇集》（内部本）1950 年 1 分册，第 315—316 页。

合作社领导机关，建立供销、运销、生产、信用等合作社；同时应注意组织各集镇、各乡村中的小商小贩，按照公平的批发价格，售以整批货物，使之深入农村，开展推行人民币的工作。（4）由于目前农村中人民币缺乏，须先投入适当数量的人民币到农村中去。最近在产麦区应进行收购农产品及副产品，在产麦较少的地区，人民银行应根据实际情况发放货币农贷。对继续使用银元的地区，应坚决禁用银元，同时由人民银行在乡村中进行收兑银元工作。（5）办理国家税收、公营贸易机构与合作社等进行交易时，必须坚决执行以人民币计算并收付的原则，积极向农民宣传使用人民币收付的重要意义。（6）公营商店应以当地优秀干部为骨干，动员和组织留用及编余的有管理及计算才能的人员，到农村为广大农民服务，为城乡物资交流服务。对于当地农民所需要的物资，须查明可能的销售量，并适合于季节性，及时地适量地运达；防止将不适合当地农民需要的物资盲目运去，以致造成搁住资金、浪费运力、增加成本的无计划状态①。其他各大区，为落实中财委推行人民币下乡的指示，也拟定了相应措施。

面对私营工商业萧条的严重情况，社会上有人认为商品滞销是"工业品生产过剩了"，要求降低工业品价格，缩小工农业产品价格的剪刀差。为搞清这一问题，陈云派人到北京图书馆查阅了抗日战争前的《大公报》和《益世报》，抄录了当时大中城市主要工农业产品价格，对战前 10 年或 5 年的平均价格进行了对比，以说明工农业产品剪刀差扩大情况。经过研究和分析，中财委内部也有人建议：适当降低"龙头布""五福布"（当时上海和天津生产的两种有代表性的名牌白细布，是稳定市场物价的主要物资）的价格，以缩小工农业产品价格的剪刀差。陈云听取汇报后明确指出："现在的问题，不是把每匹布的价格降低几毛钱（是按战前的价格计算），以减少农民的一点支出，而是如何尽快恢复和搞活城乡物资交流，使农民手里的农副土特产品能够很快卖出去，以增加农民的收入，提高农民的购买力。"②在陈云心中有一笔很清楚的账：当时仅猪鬃、桐油、茶叶、鸡蛋、药材等项，平均约占农业收入的 10%，有的地

---

①   上海档案馆：全宗号 E36，目录号 1，案卷号 14。

②   参见杨波：《学习陈云同志的工作作风和工作方法》，见《陈云与新中国经济建设》，第128—129 页。

方占 20%，甚至更多。1950 年全国产粮以 2400 亿斤计，土产收入即相当于 240 亿斤粮食；公粮大概是 220 亿斤，"如果帮助农民把土产推销出去，农民的收入就相当于交公粮的数量。土产推销不出去，还要交公粮，老百姓就会有困难"①。所以，恢复城乡交流，把农民的土产推销出去，增加农民收入，以拉动内需，是解决工业生产萧条的关键所在。

在 5 月中财委召开的全国七大城市工商局会议上，陈云阐明了这一意见，他说：应该从虚假购买力的消失和城市购买力的降低上来着眼分析工商界产生困难的原因。"解放后，农村、城市购买力发生了变化"，"城市中购买力的恢复，不是一两年内可以办到的，主要希望还是寄托在农民身上"。中国是个农业国，绝大多数人口在农村。这一国情决定：生产的恢复和发展，商品销路的扩展，主要依靠国内市场，特别要开拓农村市场。经济恢复和发展的"主要的出路是增加农民的购买力"。② 陈云比照农民在旧的封建土地制度下的情况，估计土改后：在一二年内，农民购买力肯定会提高，购买力大约可达 620 亿斤小米，"将比现在农民的购买力 400 亿斤提高一倍半"③。陈云认为，这不仅是农村问题，而且是目前活跃中国经济的关键。农副土特产品卖出去了，就增加了农民的购买力，促进了城市工商业的发展，减少或消灭了城市中的失业现象，城市购买力也会跟着提高。工商业繁荣，可增加国家税收，减少财政困难，使物价更趋稳定。④

陈云的分析符合实际，通过城乡交流、拉动内需，成为会议上多数代表认同的解决私营工商业经营困难的途径。实际上当时并不存在工业品"过剩"，而是不足，只要几亿农民的土特产品有了销路，工业品就会有宽阔的市场。由此七大城市工商局长会议确定，面向农村，广泛开展城乡物资交流，是工商业调整过程中的主流方向。这次会议的重要意义之一就在于促进了城乡物资交流的恢复与发展。会后，中财委在全国范围内领导开展了大规模的城乡交流，并拟定了一系列政策给予支持。1950 年冬和 1951 年春，各地纷纷举办城乡物资

---

① 《陈云选集》第二卷，第 127 页。
② 《陈云文集》第二卷，第 121、122、177 页。
③ 《陈云文选》第二卷，第 90 页。
④ 参见《薛暮桥回忆录》，第 207 页。

交流大会，不到半年就解决了工业品滞销问题，安然渡过暂时困难，城乡购销两旺，市场开始繁荣。①

1. 组织下乡收购土产

收购农副土特产，是促进城乡交流的关键环节。土产卖不出去，农村人民币稀少，工业品也就不能很好地下乡，三者互相影响，形成农村呆滞现象。陈云认为，解决这一困难的办法，即是组织力量下乡收购土产。为此，他曾提出："推行货币下乡。在全国选五百至七百个县设立国营贸易机构，再在每个县内找四五个镇子，设立代理店。"②

但实践中很快反映出来，国营贸易机构和合作社单独承担推行人民币下乡的任务，力量明显不足。由于中国是一个地大而小生产占优势的国家，土地辽阔，交通不便，客观条件决定了城乡交流工作的异常复杂性；同时由于长期战争造成的地域分割局面，战前的土产交流规律已经打乱，旧的商业网在许多地方已经瓦解。在这种情况下，中财委认为，要迅速扩大和加速城乡商品的流通，各地必须根据《共同纲领》第二十六和三十七条规定的原则，大力组织和鼓励私商经营土产，使集中在城市的游资到乡村去与国营贸易机关配合，共同负起收购和供应的责任。

7月6日，陈云、薄一波在给毛泽东并中共中央的报告中进一步指出："过去集中城市的商业游资，找不到出路，转向股票及进口物资投机。拟今后组织他们向农村收购粮食、棉花、土产品，帮助他们打开出路。""组织游资下乡，收购土产，对于解决城市公私关系，解决农民出售土产品的要求，巩固物价的继续稳定，均属十分必要。我们要求各中央局、分局提起各下级党委对这一问题的注意，扭转过去依赖国家收购的思想，端正土产产销地区的合理价格差额，使私商有利可图"。为使货币下乡并站稳脚跟，各地"除大力组织私商下乡外，国营贸易亦须开展在中小城市的工作，与合作社相结合，在乡村中建立某些据点，以免一有风吹草动，货币便从乡村卷回城市"。国营贸易下乡与组织私商下乡必须相辅而行，要充分运用私商力量，否则城市公私关系不能稳

---

① 参见《薛暮桥回忆录》，第207页。
② 《陈云文集》第二卷，第123页。

定。因为城市商业本来过多，现在投机范围大减，工业又暂无出路，广大市场不在城市而在农村，因此只在城市零售方面对私商做些让步，还不能解决问题，必须在乡村给私商找出路①。

其实，动员私商下乡收购土产，在老解放区早已实行，并有一定的经验。7月27日，中共华北局向毛泽东报告了他们在组织和鼓励私商下乡经营土产的工作中所摸索出的经验：首先，必须使干部完全懂得，私商在很长时间内还会存在，组织和鼓励私商经营土产，对整个国家经济是有利的，用不着害怕。其次，在价格上必须保证农民和私商均有利，克服农有利而商没利的片面观点。再次，要召集大中城市的土产商开座谈会，具体组织私商下乡，而地方党与政府必须欢迎私商下乡，并给以种种便利。另外，必须正确执行已经规定的价格、税收和运输等政策，用正确政策来推动私商下乡经商土产。只有这样，才能解决农民的要求和城市私资的出路。②

8月6日，薄一波、刘澜涛在给毛泽东和中央书面报告华北调整工商业情况时，又特别报告了他们推销土产的措施，即：积极建立供销社，收购并帮助农民推销生产品，供给农民生活与生产必需品；有计划地推广合同制；除组织城乡交流外，还应着重组织省、专、县及山地与平原之间的物资交流，提高农民购买力，改善农民生活，打开工业原料的来源与产品的销路；根据农商两利原则，积极鼓励和组织私商下乡，贩运土产。③

城乡贸易实践的发展，进一步表现了收购土产在提高农民购买力、开辟国内市场、恢复和发展公私工商业中的重要作用。为了进一步切实落实中财委拟订的大力收购土产的政策，国营商业在各地纷纷设立农副土特产公司，供销合作社普遍设立农副土特产品收购门市部，国营商业部门积极研究和掌握大宗农副土特产品的流通规律，千方百计恢复旧的和开辟新的购销路线。国营商业和合作社商业与农民签订农副土特产品购销合同，并及时供应农民农业生产资料。为了给滞销的农副土特产品打开销路，商业部门召开县、省、大区各级土特产品交流会议，举办以销售为主的土特产品展销会，恢复和发展农村集市、

---

① 《陈云文集》第二卷，第150—151页。
② 《1949—1952　中华人民共和国经济档案资料选编（商业卷）》，第430页。
③ 《1949—1952　中华人民共和国经济档案资料选编（综合卷）》，第763—764页。

庙会和骡马大会，组织农民开展短距离的物资交流，建立贸易货栈和农民交易所、农民购销服务部，以方便农民出售农副土特产品。

为了鼓励私营商业和小商小贩采购和贩运土特产品，加强城乡物资交流，6月15日，陈云在全国政协二次会议上布置全国调整工商业的工作时明确强调："地方人民政府对于私商的运销手续及运输条件，应给以充分的便利，并在税收政策和税收手续上给以适当的照顾。"①7月6日，陈云、薄一波在给毛泽东并中共中央的报告中又说："要适当地减免税收及减低运费，简化手续，以便于土产畅流和销售。"②这些政策的落实，促进了私商下乡对土产的收购，对城乡交流工作的开展起了积极作用。

为了解决收购农副土特产品的资金困难，人民银行在1950年冻结机关团体在银行的存款后，又迅速增加对商业部门的资金投放；同时银行普遍举办押汇业务，加速资金周转，扩大国内通汇网点，畅通资金流通渠道，以利于活跃城乡交流；此外，还提高农民存款利率，吸收农民信用存款。商业部门在收购农副土特产品时，实行部分实物交换，部分赊销，并实行为农民代销，以解决收购资金的不足，还鼓励私营行庄贷款给私商下乡收购土特产品。

通过农副土特产品的大力收购，向农村投放货币，提高了农民的收入水平；通过收购农副土特产品，再通过开展城乡交流，增加农民对工业品的需求，促进了城市工业经济的恢复；城市经济的恢复，扩大了对农业生活消费品和工业原料的需求，进一步增强了农业恢复的活力。土产收购政策在当时产生了盘活整个城乡经济的效益。由此形成的城乡交流的扩大和良性循环的局面，推动了新中国成立之初工农业经济的共同发展。

2.拟订合理的工农业产品比价

拟订合理的农业产品与工业产品的交换比价，是畅通城乡贸易的决定环节。在旧中国，农业产品的价格经常大幅度低于工业产品价格，这是造成城乡对立，交流不畅的重要原因。要消除城乡对立，实现城乡互助，就必须合理处理工农业产品价格剪刀差额的问题。

---

① 《陈云文选》第二卷，第105页。
② 《陈云文集》第二卷，第151页。

商品的流转和流水一样，平则不流。畅流必须创造条件，要根据生产、贩运、消费三者有利的原则，适当确定地区差价和工农产品交换比价。如果农产品价格过高，会促使城市居民生活费用的高涨，增加工业的生产成本；如农产品价格过低，又会降低农民收入，使农民生产的情绪受到打击，削弱农民的购买力，从而限制工业的发展，缩小工业品的市场。

为了拟订有益于当时城乡贸易交流的合理价格，陈云在 6 月 6 日中共七届三中全会上提出两点意见：（1）在价格政策上，"批发和零售的差价要适当，使私商有利可图"；"百货公司的主要任务是稳定市场物价，而不是回笼货币"。（2）"农产品和农业副产品的收购要有分工"。"城乡物资交流都靠我们的贸易公司不行，这样做会害了农民"，"农村是很分散的，我们的国家又这样大，生产方式是零零碎碎的小生产，东西是在一家一户的"，都由我们收，"会拖长收购时间，仓库也没有那么多"。农产品价格要注意两条："卖价必须照顾到消费者的接受能力"，"还必须照顾到商人有利可图"。[①]6 月 15日，陈云在全国政协二次会议的讲话中，在谈到农产品出售时又说："农产品有无销路和销得快慢，是一件有关民生的大事。目前国营贸易机关的收购范围，还只能是主要农产品、外销物资及主要农业副产品的一部分。其余部分，必须鼓励合作社和私商收购"。"必须维持农产品的适当价格，保护农民正当的生产利益，但又必须照顾销路和运销利润，以使农产品畅销，方于农民有利"。[②]

1950 年秋全国丰收，中秋以后农产品大量上市，米棉价格发生季节性降落；同时，工业品下乡，销路畅旺，加上某些入口原料减少，其价格发生季节性上涨。这两种不同情况，增大了工农业产品价格的差额，若干地区粮食市价竟低于牌价。工农业产品剪刀差价的增大，引起农民极大不满。为制止"谷贱伤农"，中央贸易部及时指示各地贸易机构大量收购粮棉，适当调整其价格，以阻止工农产品差额继续扩大。遵照中央贸易部的指令，各地除大力收购农产品外，适当提高农产品价格。10 月中旬，天津粮食公司、花纱布公司先后三

---

① 《陈云文选》第二卷，第 93—94 页。

② 《陈云文选》第二卷，第 105 页。

次调整粮棉价格：麦粉提升18.03%，棉花提升3.7%强，小麦提升10.32%等。[①]通过中央与地方人民政府采取积极措施，农业品价格偏低的现象得到抑制，城乡交流得以继续健康和顺畅进行。

9月19日，薄一波、刘澜涛在向毛泽东并中央书面报告华北工农业情况时，就解决华北工农业产品价格剪刀差不断增大的问题提出两点意见：（1）国营商店应依照高于市价的牌价大力收购粮棉，动员各级合作社、私商有计划地收购粮棉；在大量收购农产品的同时，组织工业品下乡，相应完成回笼货币的任务。（2）适当降低某些工业品的价格。除积极改善工厂经营管理，克服浪费与耗损，以降低工业成本外，国营商店要改善经营方法，减少流通环节，并在工商业中贯彻薄利广销的方针，加速商品与资金的流通。毛泽东见此报告后批示："我认为华北局的意见是正确的，请陈、薄即根据华北局所提各项召集有关人员开会，拟出具体方案，于数日内向中央报告一次，并迅即推行。此事极为重要，不能久延不决。"[②]9月25日，陈云即主持召集有关部门开会讨论毛泽东提出的问题。会议决定：放手购粮，把粮价维持在一定的水平上，以免"谷贱伤农"，造成市场呆滞。同时，加强农产品的推销与出口工作，并进口一部分农民需要的日用品。这样做，对繁荣农村市场，活跃整个国民经济有利。[③] 这些措施的落实推动了农产品价格形成合理的比差，从而益于城乡交流的开展。

3.坚持城乡兼顾，转变城市生产经营方针

在大规模的城市接管过程中，中共的工作重心已经从农村转到城市；全国解放后，工业的恢复与发展日益重要。但农村依然很重要，是整个国民经济转动的基础。因为中国的国情和所处的国际环境决定了工业恢复与发展的资金和市场有赖于农村。所以，尽管城市经济的恢复有着重要意义，但没有农村经济的恢复和发展作为支撑，城市经济的恢复和发展是不可能的。对此，陈云有着清醒的认识。6月6日，他在七届三中全会上说："中国是个农业国，工业化的

---

① 参见张高峰：《天津怎样压缩工农产品剪刀差》，见《经济周报》第十一卷第18期，1950年11月2日，第32页。

② 《建国以来毛泽东文稿》第一册，第526—527页。

③ 《若干重大决策与事件回顾》上卷，第77页。

投资不能不从农业上打主意。搞工业要投资，必须拿出一批资金来，不从农业打主意，这批资金转不过来。但是，也决不能不照顾农业，把占国民经济将近百分之九十的农业放下来不管，专门去搞工业"。农村生产要恢复发展，粮和棉要自给。"中国从大清帝国开始，就从外国买棉花、粮食、石油，现在我们如果还把外汇都用来买这些东西，哪里有钱买机器搞工业建设？所以，要先解决棉花、粮食的问题"。① 农村与城市兼顾发展，是新中国发展战略中必须坚持的原则。

从旧中国工业和农业的隔离，到新中国工业和农业的结合，必须经过一个农业和工业生产改造的过程。这一过程走向如何？陈云在七大城市工商局长会议上分析说："中国大城市的工业，大多是为城市与外国人服务的，并不面向农村。解放后，农村、城市购买力发生了变化。"这种购买力的客观变化，需要提高农民的购买力，这就要转变生产经营方针，"各大都市的生产，除保持一部分城市与外国必要的产品外，其余应该转向农村"。② 城市生产"面向农村"即指：工业要生产农民所需要的农具、肥料，也要生产农民所需要的日用品；工业生产的产品是必须要适合农民实际需要的，而且要价廉物美。在强调工业生产"面向农村"的同时，要强调农业生产面向城市、面向全国、面向国外，转变自给自足的自然经济状态，增产工业所必需的各种原料，以及增产各种出口物资，用以换回建设器材。做到这样"两个面向"，也就做到了农业和工业生产的相配合。

除以上政策外，中财委还调整了农业税③，以保证在国家财政需要的前提下，适当减轻农民负担；农民税赋的减轻等于提高了农民的购买力，最终起到刺激对工业品需求的作用。另外，积极推动恢复和改善运输条件，疏通旧的和开辟新的商品流通渠道，在着力恢复和发展火车、汽车、轮船等现代运输条件的前提下，广泛发展木船、大车、板车、小推车以及马驮、肩挑等运输力，广泛恢复和建立运输公司，使零担土产品集中装卸运输，促进农副土特产品运销。

上述政策及措施的目标很明确：就是要提高农民购买力，开辟国内市场，

① 《陈云文选》第二卷，第97、98页。
② 《陈云文集》第二卷，第121、122页。
③ 这个问题在第四章已有论述，本章不重复。

推动城市工业经济的恢复和发展，推动整个国民经济的恢复和发展。

中财委新中国初年的城乡交流政策的实施有着重要意义。首先获得的直接成果是，为城市私营工商业产品开拓了农村市场，同时调整其生产经营方向，推动了工商业调整工作的开展，并初步探索了中国工业发展的正确路径。对这个问题中财委几个主要领导都有充分认识。

陈云1951年4月，在谈到调整工商业工作的效果时说，加工订货和收购土产，是我们调整私营工商业发展的两路"救兵"，其中"起决定作用的是收购土产，因为收购土产，就发出了钞票，农民有了钱就可以买东西。到九月全国情况就改观了，霓虹灯都亮了。"由此，陈云坚定地说："城乡交流有利于农民，有利于城市工商业，也有利于国家"，"这是历史上没有一个政府提出过的，但却是关系全国人民经济生活的一件大事"。1950年，全国产粮2400亿斤，土产收入即相当于240亿斤粮食，公粮大概是220亿斤，如果帮助农民把土产推销出去，农民的收入就相当于交公粮的数量。①

薄一波回顾这段历史时生动地揭示了"城乡互助"对新中国经济恢复产生的影响。他说："1950年调整工商业的工作，总的看成效是大的，特别是把收购农副产品作为主要措施，抓到点子上了。"最重要的是，面向农村的方针，特别是城乡交流，对城市经济的转动有着决定意义。薄一波在回忆中曾提到，陈云同志在中财委一次会议上专门讲道："三、四月间工商业困难，经过五、六、七月情况变了，霓虹灯又亮了。为什么变化得这么快？其中的道理之一是使社会力量转动起来，办法就是收购，城乡都是如此。在乡村收东西投放钞票，然后钞票又进城来买东西，就活起来了。所以，繁荣的重要之点又是收购农副产品。这是主要经验。农村这个90%动了，10%也就有办法了（当时城乡人口比例是一比九）。基本动力是农村的力量，这一条道理我们摸到了。"当大量收购农产品后，农民卖出了产品，就增加了购买力，城市的工商业也就活了，失业现象跟着也会减少，继之又会推动城市购买力的提高，使工商业进一步繁荣起来。②

---

① 参见《陈云文选》第二卷，第128、127页。
② 《若干重大决策与事件的回顾》上卷，第77页。

薛暮桥在 1952 年 7 月总结三年国民经济恢复的成就时特别指出：城乡交流的"经验证明，新中国工业的发展，必须建立在国内市场的基础上。国内市场的主体在农村，经过土地改革的拥有四亿以上人口的农村市场，是推动中国工业前进的雄伟的动力"①。此段话虽然不长，却清楚地点明了"城乡互助"对中国工业化发展的重要作用。

4.城乡交流的恢复在政治上有益于新生政权的巩固

新中国成立元年城乡交流的恢复，对于加强工农联盟、稳固新生政权有着重要意义。城乡交流承担的决不是单纯的经济功能，而具有重要的政治职能。城乡交流在经济上促进工农业产品的交换，在政治上密切了工农关系，使工农联盟得以进一步的巩固。无论在抗日战争中还是解放战争中，牺牲最大、贡献最多的是中国农民，而且城市的工人大部分来自乡村，工人与农民有着天然的血肉联系。革命胜利了，广大农民需要休养生息，人民政府在土地改革中使农民有了自己的土地，这一工作是伟大的。但假如人民政府不能搞好城乡交流，改变过去城市剥削乡村的状况，保证农产品价格的稳定与实际收益的相当增加，土地改革的成果是难以巩固和发展的，进而会影响到农民的生产积极性和在政治上对政府的信任，这都不利于新生政权的巩固和发展。由此说，新中国成立初年中财委拟订的城乡交流政策，不仅是盘活国民经济的良策，也是巩固新生政权的良策。

此外，从中国社会经济发展的趋势分析，城乡交流在经济上承担的任务不只是沟通工农业产品的彼此交换，而且是新民主主义经济建设中必要的一个基本环节。新中国经济建设的目标是要把原来以农业占优势的农业国家，改变为以工业占优势的工业国家。中国工业建设资财的积聚主要依靠农业生产的增加，原料的取给完全依靠国内乡村，而工业品销售的市场也要建立在广大乡村上面；而乡村方面需要改变其生产方式，改造其生产工具，这些技术及设备上的改进都将仰仗于城市工业的发展。所以城乡交流是经济改造与建设的必要步骤。

总之，新中国成立初年在中财委领导下，通过贸易系统的恢复和商业资本

---

① 《1949—1952 中华人民共和国经济档案资料选编（综合卷）》，第 843 页。

的注入，为新中国城乡交流的开展创造了条件。在此基础上，国家贸易机构通过国营贸易公司、合作社实现了与私人商业资本有效的配合。由于收购及时和价格合理，更由于大量组织私商下乡收购土产，适时适量地满足了农民对工业品的需求，进而使新的城乡关系在交流与互助的基础上迅速建立和发展起来。通过城乡交流这一纽带，城市与农村的关系、工人与农民的联盟，在新中国第一年有了大发展。但新中国初年的城乡交流是初级的，仅仅是通过农产品收购与工业品供应的一种比较单纯的商业体系。要使城乡交流符合于新民主主义经济发展的需要，必须在此初级基础上把城乡交流向高级阶段推进：由贩卖的交流推进到生产的交流，由商业的交流推进到工业的交流。向高级城乡交流的推进是需要先决条件的，在城市方面是工业的改造与发展，工业发展了，便能充分供给乡村以改良生产的工具，扩展原来生产规模与提高生产性能；在乡村方面是消灭普遍存在的落后小生产状态，逐步减少自然和半自然的生产，能以工业必要的各种原料供给城市，并由于生产力的提高，推动农民生活水平的提高，为工业产品提供良好的消费市场。以后，中国城乡交流正是朝着这样的方向发展的。

三、确定水利和交通为经济恢复的重点

新中国成立初，薄一波曾明确指出："经过长期战争的破坏，要百废并举，是不可能的。所以要分别轻重缓急，哪些应该立刻就办，哪些应该计划了再办，我们把时间排开，使工作上的必需与财政上的可能互相结合，才符合实事求是的精神。"① 这是中财委部署国民经济恢复任务时的重要指导原则。

根据新中国元年初期的客观情况，人民政府确定了经济建设工作中的两个重点："一个重点在交通，尤其是铁道；另一个重点在水利和农业。"② 为保证这两项重点建设项目的完成，国家在建设投资上给予切实的支持。1950 年，农

---

① 《薄一波文选》，第 83 页。
② 《陈云文集》第二卷，第 175 页。

业水利投资占国家基本建设投资比重的 11.5%（其中水利为 8.1%），运输邮电投资的比重为 30.1%，① 两项加起来，将近国家整个建设投资的一半。

确定铁路交通和农业水利为经济建设重点，是中央人民政府从客观实际出发作出的战略决策。

中国交通事业原本就很落后，加上战争破坏，可谓遍体创伤：铁路大桥、山洞、给水设备大量被炸毁，工厂机器通信设备被拆毁破坏，车头车辆大部分破旧不堪，刚解放时大多不能通车。轮船被破坏，全国航运中心上海原有总吨位 84.6（包括公私营轮船），这时只余下 6.9 万吨的船舶。公路及其设备破坏严重，江南桥梁涵洞多被破坏。电讯方面，电台被拆走和破坏，邮政稍好，但员工多，工资高，全国各地邮政多是赔钱经营。航空方面，除剩下破旧飞机外，也几乎被破坏无余。②

然而，交通事业在国民经济恢复中至关重要。它是促进社会经济正常运行，特别是使城乡交流得以开展的基础。没有交通事业的恢复，社会经济生活将是死水一潭，无法运转，经济的恢复和建设将无从谈起。所以，1949 年 11 月，陈云在全国第一次交通会议上说："战争结束以后，我们要从事经济发展，必须有适应经济发展的交通发展"③。特别是，新中国处于帝国主义和国民党严密经济封锁中，"敌人的封锁使我们的原料、销路、运输都有困难。棉花大部来自华中、华北，煤炭来自华北，粮食来自华中、东北。由于我们的火车不够，船舶只有小的，还要防空，晚上才能走，东西不能及时运来，加上市场没有打开，销路很少，因此，许多工厂不能全部开工，有的甚至要关门"④。在盘活经济主要靠国内经济交流的情况下，离开交通事业的经济交往是根本无法进行的。何况新中国成立之初，稳定物价、救济灾荒、调剂各地物资都有赖于交通的恢复。如 1950 年春，为应对粮荒，中财委指挥全国粮食大调运，交通运输发挥了重要作用。

同样，新中国成立初国家水利情形也十分糟糕。除老解放区外，大部分地

---

① 参见《中国工业五十年（第一部）》上卷，第 86、87 页。

② 参见《中国工业五十年（第一部）》下卷，第 1403 页。

③ 《陈云文集》第二卷，第 32 页。

④ 《陈云文选》第二卷，第 21 页。

区的桥梁、涵洞、河堤、江岸都遭受严重破坏。因此，1949 年各地遭受的水旱灾荒十分严重。仅华北、华东、华中、东北、西北几个地区不精确统计，受灾耕地面积约一亿多亩，粮食减产约 143 亿斤（包括西北 30 万担棉花折杂粮 3 亿斤）。① 中国是个农业大国，农业是国家经济之本，而要使农业恢复，水利工程的恢复必不可少。

陈云在新中国首个国庆讲话中，精辟地概括了国民经济恢复中这两个工作重点确立的依据。他说：

"要实现全国规模的恢复与发展中国工业，首先要创造一些基本条件。第一是恢复交通，尤其是铁路交通。这一方面是革命战争的需要，另一方面也是沟通全国城市与农村的需要。阻塞的交通，将永远使全国城乡经济处于瘫痪的局面，根本不可能进行工业的恢复和发展。第二是恢复农业。恢复农业的目的，在于迅速解决粮食与工业原料（尤其是棉花）的需要，同时即为城市工业开辟广大的市场。""农业的恢复，目前最重要的关键，除完成全国土地改革外，即在于水利。只要几条主要河流能避免水灾，并起一定的灌溉作用，加上若干农业技术改良，农业的面貌就可以大大地改观"。②

为了实现交通和水利事业的迅速恢复，中财委及所属部门提出和具体拟订了一系列建设计划。

（一）交通事业的恢复

中财委把铁路修复和建设作为重点。新中国成立时现有铁道，包括台湾在内，共计 26 856 公里。就全国面积平均，每 360 平方公里有铁道 1 公里；就全国人口平均，每 1 万人仅有铁道 0.6 公里。③ 这种状况与新中国经济恢复和发

① 参见《朱德选集》，第 271—273 页。
② 《陈云文集》第二卷，第 175—176 页。
③ 中国社会科学院、中央档案馆编：《1949—1952　中华人民共和国经济档案资料选编（基本建设投资和建筑业卷）》，中国城市经济社会出版社 1989 年版，第 661 页。

展的要求极不适应。

1949 年 7 月 9 日，毛泽东在全国铁路职工临时代表会议的讲话中说："中国从前是被帝国主义统治的国家，修筑铁路多是向帝国主义国家借款，帝国主义国家借款修筑的每一条铁路，都是和帝国主义国家的侵略目的相配合的。铁路成为帝国主义压迫、榨取我们的工具。当然，那时要想把铁路建设好也是不可能的。现在我们不受帝国主义统治了，我们有可能并且应该很好地恢复铁路和发展铁路"，国民党政府没有办好铁路，"我们跟他们是不同的，我们能够恢复铁路和建设好铁路"。他还说："我们这样大的国家，现在还只有二万多公里铁路，这太少了。我们需要有几十万公里的铁路。"[①]

随着解放战争的胜利推进，铁路虽然陆续回归人民，但因战火蹂躏，处处寸断。在全国政权还未取得时，解放区人民政府就投入很大力量修复铁路，工作已有一定进展：1949 年 8 月底，已修复 22450 公里，可通车 18167 公里。陈云对当时铁路修复情况的总估价是："前方是修复赶不上军事的进展，后方是临时性修复，要将临时性设备改为永久性设备，需要花费很大的力量。"[②]

从这种实际情况出发，10 月 21 日，陈云在政务院财政经济委员会成立大会上提出恢复交通建设的努力目标是："以主要的力量抢修前方的铁路，同时补足后方永久性的设备，迅速修复主要的干线，以达到各地区间运输能力的相对平衡。轮船方面，先把北方与沪、汉、渝等地的运输力加以组织并合理使用，来加强内河、内地的水陆运输。"[③] 随后，中财委按"抢修前方，补修后方"的方针，计算了 1950 年度实物、现金的投资数量和可能的公私客货运输量，由交通部将现有轮船运输力加以组织，以减少工作的盲目性。

11 月，中央交通部召开第一次全国交通会议，讨论交通运输问题。陈云到会讲话说：现在交通运输方面存在的主要问题是"运输要求与运输力不平衡。"我们接收的摊子是破破烂烂的，要想办法将现有的运输力很好地组织起来。因为"我们现在还不是大建设"，"是恢复生产阶段"，还不可能在交通事业方面投入很大资金，所以必须充分使用现有运输力。（1）各方面人才要合

---

① 《毛泽东文集》第五卷，第 305、306 页。

② 《陈云文集》第二卷，第 19 页。

③ 《陈云文集》第二卷，第 20 页。

作。"我们党内交通运输人才很少，懂这行的也不多，我们没有经验。交通工具是现代化的，要有专门的技术与知识。只有老解放区的人，没有全国在这方面有丰富经验的人合作，是不能完成现在困难将来又很伟大的交通任务的。"（2）公私之间要合作。"我们的交通事业发展不够，而且差得很远，应该集中国家和民间可以集中的力量共同发展，这对国家、对人民、对私人都是有利的。""希望全国交通事业在公私合作的条件下能合理地大踏步前进"。①

"抢修前方，补修后方"，以调动各方面积极性，充分组织和运用现有的交通运输力量，这两条由陈云提出的意见，是新中国成立初期中财委对全国铁路交通工作的指导方针。当时，中财委对铁路修复中的重点工程是直接过问的。对一些重要工程的进行，中财委都进行了认真研究和审批。如北京西苑机场铁路三公里支线，经华北军区与苏联专家提议修筑，铁道部因此在1950年1月10日上报中财委。中财委经研究认为确有修筑必要，于1月16日致函铁道部，要求拟具体计划呈核，所需经费准在1950年度国家核资工程概算内勾支。

在中财委的积极关注下，1949年交通事业有较大恢复。铁路修复进展较快，京汉线12月15日修通；粤汉线12月25日接轨；同蒲路北起忻县南至运城已修通，年内可到风陵渡；衡阳至桂林亦可于年内修竣。上述各线均可于1949年底通车。赣江桥争取1950年1月修好，上海至广州即可直达。② 在陆运方面，沪粤的联络通车，使东南半壁连成一气。在航运方面，由汉水可至襄樊，由湘江可至长沙，由赣江可至南昌，其他资江、澧江等也早已恢复通航，华中地区已连成一片。除抢修方面的成绩外，在养路方面，行车速度普遍提高，徐行大大减少，尤其推行了业余劳动养路运动和新养路法，使几十年来未修补的线路为之改观。在运输方面，全年完成货运约5000万吨，乘车旅客8000余万人，仅在1949年7月、8月、9月三个月支援宁、沪、汉的煤、粮、盐三项便达61万吨。1949年复活机车296台，客车341辆，货车2322辆，重造客车50辆，新造货车383辆。在机务工作中，首先推行负责制，日车公

---

① 《陈云文集》第二卷，第33、36、37、38页。

② 《陈云文选》第二卷，第43页。

里普遍提高。[①] 由于交通修复取得初步成绩，使南北东西，交通开始畅达，物资交流较以往便利，城乡关系随之密切。交通的扩展，为1950年国内外贸易任务的完成提供了条件。

为使交通恢复工作进一步拓展，中财委认真研究1950年的修复工作，1月7日，陈云、薄一波将考虑好的意见书面报告毛泽东并中共中央。报告中说，关外方面，修复锦承线，修复中长路长春至鞍山复线；关内方面，修复同蒲北段、湘桂全部，修复山海关至天津复线。1949年修复的临时桥梁，1950年必须修复为永久工程的要完成补修，还要修理必需的车站房屋；并准备在解放台湾、海南岛后，随即进行修复铁路的工程。由于目前海道被封锁，铁路南北运输任务繁重，估计有三分之一以上需运而未运的货。克服方法是提高车皮运用率和尽量修复旧车皮，尽可能地添置新车皮。只要客货车皮增加，收入必可完成和增加。1950年关内铁道修复费（不包括兵工筑路）为14亿余斤，全部由国家投资，已列概算。[②]

1950年初，彭德怀曾提议，以兵工先筑天兰路[③]。陈云、薄一波由此想到：这年"除若干部队准备进攻台湾、海南岛外，大陆上只需少数兵力入藏和剿匪，有大量兵力可以剩余。因此，拟议以西北、西南、华中的剩余兵力，除去进行农业生产、水利工程外，有计划地使用于修筑某些必要铁路的路基、山洞，利用军队的空闲劳动力，争取时间，把今后几年内需要或可能修筑的铁路，先筑好路基，以便鞍山向苏方订购的轧大钢轨机器到达而出货时，适时铺轨。"拟修路基的各路有：天兰线，并在可能时修到玉门油厂；天水、成都线；成渝线；叙府、昆明线；昆明、贵阳线；黔桂线；湘黔线（湘潭、芷江、贵阳）。上述各线国民党统治时期，或已修大部分，或已修好一段（如天兰、成渝、叙昆、黔桂、湘黔）。天水、成都线已测过，只需最后定线。只有兰州至玉门未测。陈云、薄一波向毛泽东并中共中央报告了这件事，并说："兵工筑路的原则，政治局同意。我们正进一步具体计划。"它的好处有四：（1）利

---

① 滕代远：《关于铁道工程计划的报告》，见《新华月报》第一卷第5期，1950年3月号，第1169—1170页。

② 《陈云文集》第二卷，第60—61页。

③ 即天兰线，指天水至兰州的铁路，今陇海线一段。

用了军队空闲劳动力；（2）绝大部分路线国民党时已动工；（3）建筑西北、西南干线，沟通全国，有国防价值；（4）改善西北、西南民生。由于交通阻塞，农产品贱，工业品贵，西北、西南"许多人民至今没有裤子穿"。[1] 中央批准了中财委这个意见。

为落实中财委提出的全国铁路修复与建设计划，中央铁道部于 1 月 17 日在北京召开全国工程计划联席会议。铁道部副部长吕正操在会上作报告，明确指出：1950 年铁路工程任务主要是永久修复工程，其次是线路修复工程，再次是新路设计和土石方工程。永久修复工程重点，第一是京汉路，第二是粤汉路，第三是陇海路。铁道部部长滕代远指出，1950 年的铁路工作计划主要是补强线路，增加技术设备，增加车辆，提高运输效率；要建立严格的经济核算制度，以达到节省工料、减低成本的目的。[2]

1 月 29 日，政务院第十四次会议听取了滕代远关于 1950 年铁路工作计划的报告。会议认为：1949 年的铁路工作在修复铁路、桥梁，完成军运及客货运输任务，对支援战争及国家经济恢复、增强物资交流，是有很大成绩的。铁道部 1950 年以恢复尚未通车的铁路、补强已修复的铁路上必不可少的技术设备，以保证必须负担的运输任务为主的方针，是正确的。政务院对这个方针及其全部运输、修建计划，予以批准，"铁道部应即根据已批准的计划概要，制定 1950 年更具体的工作计划，并分季度、月别保证实施，务使人力、物力、财力作到精确合理的分配与使用"[3]。同日，政务院发布《关于实现铁道部工作计划的指令》，号召各级政府、机关、部队、公私企业尽力给铁路以协助，及时供应铁路需要，严格地遵守铁路规章，高度地组织与计划运输，做到按照规定时间装卸与夜间装卸。同时，组织各地人民搜集与献纳在各处的铁路器材，以节省国家开支，完成铁路修建任务，促进国家经济的迅速恢复与发展。同日，中共中央发布《关于保证实施铁道部工作计划的通知》，表示中央同意中央人

---

① 《陈云文集》第二卷，第 59—60 页。

② 滕代远：《关于铁道工程计划的报告》，见《新华月报》第一卷第 5 期，1950 年 3 月号，第 1169、1170 页。

③ 《政务院关于实现铁道部一九五〇年工作计划的指令》（1950 年 1 月 29 日），见《中央人民政府法令汇编（1949—1950）》，第 365 页。

民政府铁道部 1950 年工作计划，"责成铁路上所有党的组织与全体党员首先发起在工人、职员和工程技术人员中研究与讨论这个计划，并保证以高度的热情和努力的工作全部完成和超过这个计划"①。

2 月 8 日，政务院第十八次会议又通过《政务院关于 1950 年公路工作的决定》和《政务院关于 1950 年航务工作的决定》。公路工作决定，规定了 1950 年公路工作的任务、工程计划、公路等级的划分、工程标准、民工修路、公路业务的组织领导等方面的原则和办法；明确："一九五○年公路工作任务，是继续支援解放战争，争取全国彻底胜利，恢复生产。除为了支援战争所急需的修建外，一般的是把现有公路有重点地根据必要与可能加以整修，把原有的运输工具、工厂加以组织修整，提高其运输力生产力。"航务工作《决定》规定了 1950 年航务运输的主要任务、航务上各项工程建设及助航设备计划、航务管理、航务的组织领导及培养航务人员等方面的原则；亦明确："一九五○年航务工作任务，是继续支援解放战争，解放全中国，并为恢复生产服务。除为了战争所急需的工作外，一般的是把原有的运输工具，工厂设备及航道港口，有重点的加以整理恢复，组织各种大小船只，提高运输力"。② 这两项《决定》均于 3 月 12 日发出。

此外，在邮政电信方面拟订了 1950 年电信恢复建设工程计划。新中国成立初，由于经济困难，大部分线路材料多先尽铁道重建与抢修，加上区域分割不统一，到 1950 年春，全国还主要靠无线通信，这既不利于国家机密的保护，也不适应国家高度集中统一的要求；而且领导中心已转移至北京，华北的线路在战争中破坏最大，无法适应政治领导中心的需要。据此，中央邮电部拟订 1950 年电信恢复建设工程计划的主要任务是：沟通以北京为中心的有线干线建设，使中央与各区及主要省转到用有线电话与有线电报，使中央能利用电话与各区领导中心开会，与苏联能以可靠的有线电路通信；建设北京国际电台与整理北京市话。其次，应估计到空中威胁与海上封锁的解除，为恢复水上航运设置通信；配合军事边防要求赶修若干次要线路。

---

① 参见《新华月报》第一卷第 4 期，1950 年 2 月号，第 921 页。
② 参见《中央人民政府法令汇编（1949—1950）》，第 391、403 页。

　　细密的工作计划在强有力的组织领导和全国交通工作人员的努力拼搏下，转为可喜的现实。1950年末，滕代远在记者招待会的讲话中充满自信地概述了这一年铁路工作的重要成就。他说：至1950年底为止，全国通车线路已达2.2万余公里，第一次有了全国统一完整的运输计划，全年运输任务提前21天完成，营业收入计划已提前67天完成。铁路管理效率空前提高，从车辆运行的准确性来说，全国运行列车2月间只有一半达到正点，6月即有99%的客车和97%的货车达到正点。由于列车运行和高度工作的进步车辆停留时间大大缩短。为改善路况，对线路进行整修，在雨季前及时完成大量桥梁的修复和加固工程，线路在行车安全设备上也有很大改善。① 随后，滕代远在《铁道部1950年工作总结与1951年计划报告》中又指出：1950年国家为补强修复铁路，投资数目之庞大，为中国铁路史上所未有，"一年中基本上已改变了铁路上几十年来所存在的恶劣状况，保证了提前完成国家运输任务"。滕代远坦率地指出：工作中缺点仍很多，铁路设备尚未达到完善的地步，比如全国还有徐行桥梁207处，桥梁是很贵重的财产，但养护很差，防洪排水工作不被重视，铁轨车辆种类复杂等，须在今后业务增加、国家经济许可的条件下，逐步加以改善②。这些问题的提出，表明当时国家铁路的修复，已开始从大规模路架修复，深入到路况完善和保养方面。

　　同铁路工作一样，其他交通方面的恢复工作1950年也取得可喜成绩。航务方面，组织了长江和北洋的航运，长江航运完成了川粮运沪、军运、煤炭供应、桐油输出、棉花、工业品及铁路器材的运输等；上下水共运210余万吨，15亿余延吨公里，并建立沪汉定期班轮。公路方面，总计新建路线406公里，整修路线19 623公里，桥梁57 000余公尺，涵洞5500余道等；此外尚有由各大行政区各省地方经费整修恢复的公路19 000余公里。全国现有通车里程已达102 700（1949年为75000公里）公里。在邮电方面，实现了管理领导的统一；邮电恢复建设工程线路，关内完成年计划110.72%，机械建设全国完成年计划195%；从北京到莫斯科和北京到海参崴的国际电信，已在年内开通，其

---

　　① 参见《新华月报》第三卷第3期，1951年1月号，第631页。

　　② 《中国工业五十年（第一部）》下卷，第1266页。

中北京至莫斯科电路为世界最长的陆上有线直达电路；全国邮政局、所已有
53 712 处，邮路有 925 549 公里，比 1936 年增加 38.02%。航空方面，民用航
空已于 8 月 1 日起正式开航，这是新中国民航建设事业的重要开端，但整个航
空事业尚处于起步阶段①。

（二）水利事业的恢复

1949 年 11 月 8 日，中央水利部召开各解放区水利联席会议，这是新中国成
立后第一次水利工作会议，中财委对水利恢复与建设提出重要指导性意见。薄
一波在这次会上说："财委会对这次会议的要求和希望"有四点：第一，在水利
事业的计划中，要把治标工程与治本工程结合起来，把当前任务和长远任务结
合起来。在全国范围内，"水利建设应当有个统一的比较长远的计划"，比如对
黄河的治理，但也要根据实际情况，先解决眼前迫切的工作。只要中央水利部
有了具体计划，"中央人民政府一定会支持的，财委一定会拿出一定的经费来解
决的"。第二，要充分利用群众力量这个有利条件进行建设。目前战争尚未完全
结束，国家财政还有一定困难，"水利事业与群众切身生活密切相关，如果利用
群众的劳动力来建设，是可能而且很好的事情"。抗日战争特别是解放战争时
期，解放区人民的劳动力平均每年有 70 天到 100 天用在支援前线，现在大部分
地区战争已结束，估计每个劳动力一年可节省出 60 天，如果能拿出一个月时间
治河治水，就会使水利建设有很大开展。中国人民的劳动力有剩余，是因为农
业生产有季节性，农闲季节便有广大剩余劳动力。过去中国的生产力虽然不发
达，可是历史上有许多大工程，如万里长城、大运河，都是农民用手干出来的。
第三，订计划时要把必需与可能结合起来。也就是每个工程都要考虑是否必需，
财政上是否可能，"把必需与可能联系起来，这计划才是一个现实的计划""要
深深地考虑，各河各江应从哪里着手建设，应从哪个最迫切最急需的工作开始，
然后根据财政情况，做出具体可行的计划""还要考虑可能有的两个矛盾：一个

---

① 《1949—1952　中华人民共和国经济档案资料选编（交通通讯卷）》，第 928、550、
1066、1172 页。

是中央与地方的矛盾，水利部与各地区的矛盾，即中央财政不足与地方必需兴工之间的矛盾；另一个是水利部与财委会的矛盾，就是水利事业与其他各方面，如与农业工业建设的矛盾。虽然有这些矛盾，但都要提出来，在实事求是的观点上我们一定能够解决的"。第四，"要把水利工作的人才集中起来，使专家与同志们团结在一起，这里面包括要把学科学的新人才与老解放区有经验的工作干部结成一个统一战线，一起为人民的水利建设事业服务"。① 中财委提出的这四点意见，对新中国水利事业的推进有着重要的战略指导意义。

全国解放区水利联席会议按照中财委提出的意见，根据不同地区不同情况，确定了 1950 年水利建设的重点：在受洪水威胁地区，着重于防洪排水；在干旱地区，着重于开渠灌溉；同时要加强水利事业的调查研究工作，以准备今后长期水利建设的资料；其他水利工程，如航道整理、运河开凿等，则视人力物力技术等具体条件择要举办或准备举办。根据会议精神，1950 年的水利工作有两个重点，一是防洪，二是灌溉，其他适当兼顾。② 由此，水利部拟订了1950 年要以"防止水患，兴修水利"为主的工作方针。具体工作目标是：统一水政，防洪、排水、灌溉、放淤等；从事内河航道的整理，并有计划地开凿运河；有计划、有步骤地调查开发水力事业；研究各种重要水系原有的治本计划，以此为基础制定新的计划；积极充实水利机构，有计划培植水利人才，提高水利建设知识。③ 根据各地不同情况，水利部对 1950 年全国各区水利工作的具体布置，有的以防洪为主，有的以灌溉为主，有的则防洪与灌溉约占同等地位；从各区水利事业费的分配上，可以显著地看出各个地区水利工作的重点。如华东区防洪占 94.6%，灌溉占 1.3%，其余占 4.1%；中南区防洪占90.2%，灌溉占 4.3%，其余占 5.5%；东北区防洪占 31.8%，灌溉占 37%，其余占 31.2%；西北区防洪占 6.1%，灌溉占 79.4%，其余占 14.5%；华北区防洪占 61.7%，灌溉占 28.2%，其余占 10.1%。从这个比例可以知道 1950 年各

---

① 《薄一波文选》，第 82—84 页。

② 参见傅作义：《在中财委第二次全体会议上的报告》（1950 年 6 月），见《中国工业五十年（第一部）》下卷，第 1112 页。

③ 李葆华：《关于当前水利建设方针和任务的报告》（1949 年 11 月 14 日），见《1949—1952 中华人民共和国经济档案资料选编（基本建设投资和建筑业卷）》，第 898—899 页。

地区的工程重点是：中南、华东、华北三区以防洪为主，灌溉为次；西北以灌溉为主，防洪为次；东北则防洪与灌溉略等。但就全国范围来说，防洪排水约占全部事业费的73%，开渠灌溉约占19%，勘测研究约占4.7%，其余约占3.3%。[①] 这一投资特点表现出1950年全国水利工程是以防洪为重点，并兼顾到开渠灌溉及勘测研究，这与水利部拟订的"防止水患，兴修水利"的工作方针相符合。

有了具体的工作目标、步骤后，为推进水利工程建设，中财委作了两方面的事：一是尽量提供水利贷款资金。为推进冬季全国农村中小水利工程建设，农业部曾向中财委申请再批准1949年12月水利贷款。因为财政困难，中财委无法另行贷款，但为使该年冬水利工程能够顺利进行，中财委于12月13日致函农业部并财政部、中央人民银行，决定从中央财政投资于国家大型水利事业的5000万元资金内，改拨贷款1500万元给农业部，并通知它立刻向财政部及央行办理贷款手续。新中国成立初期，建设资金很缺乏，即便水利事业确定为经济恢复的重点，资金也很有限。农业部为直接管理使用华北五省水利工程及国营农场两项事业的投资，向中财委申请资金不拨到省，由农业部统一掌握，直接经营，以便统筹供应器材与检查各地工程进度及财务计划的执行。4月24日，中财委复函，同意农业部的提议。

二是加强对各地水利工程的领导。中财委同意中央水利部对国家一些大型水利工程设置专门的领导机构。1950年1月6日，水利部向中财委请示，拟于珠江流域设置珠江水利工程总局，广东、广西两省设省水利局。1月13日中财委复示同意，并指出：珠江水利工程总局直属水利部领导，并接受中南军政委员会指导。是年夏，中财委又提出，海河工程局归海河委员会领导，这一建议经周恩来等研究同意。

3月17日，政务院第二十四次会议进一步研究1950年的水利工作，通过《关于1950年水利春修工程的指示》，提出更加具体的1950年春水利工程实施目标：全国主要河流如黄河、长江、淮河等，保证再遇相当于1949年的洪水

---

① 参见傅作义：《在中财委第二次全体会议上的报告》（1950年6月），见《中国工业五十年（第一部）》下卷，第1112页。

时不溃决；同时恢复并开发水田 556 亩，争取全年浇地 237 万亩。完成这些任务的土方工程将达 2.2 亿立方米，任务极其艰巨。为完成春修工程任务，政务院要求各级人民政府、水利机关及其他有关机关务必加强组织领导与准备工作，提高工程质量，保证经济效益；灾区的工程，要切实做到以工代赈；水利部要抓紧对春修工程的全面领导。① 此件 3 月 20 日以周恩来及傅作义的联合署名发布。

1950 年水利的春修与排水工作达到了两方面的经济效益：一方面，保证 1949 年受灾面积的 70% 免遭水灾；另一方面，保证在一定条件下不发生新的水灾，如黄河堤防、淮河堤防、长江荆江大堤、苏浙海塘等工程，有的保护了数百万人民的生命财产免遭损失，有的保护了某些城市免遭淹没，有的保护了某些铁路免遭冲毁，其经济效益是不可计算的。②

治淮是 1950 年下半年的重点水利工程。7 月，淮河发生大洪水，灾害严重。毛泽东连续三次批示周恩来③，督促尽早治淮，随后又发出"一定要把淮河修好"的号召。8 月 25 日至 9 月 12 日，水利部召开治淮会议，提出上中下游统一规划、统一领导、蓄泄兼筹的治淮方针，拟定了 1951 年具体施工方案；并为了加强治淮工程的统一领导和贯彻治淮方针，提出成立治淮委员会。9 月 21 日，毛泽东再次批示周恩来，督促治淮工程"早日勘测，早日做好计划，早日开工"④。次日，周恩来致信陈云、薄一波、李富春并转水利部部长傅作义、副部长李葆华和张含英，指出："昨晚毛主席又批告治淮工程不宜延搁，故凡紧急工程依照计划需提前拨款者，亦望水利部呈报中财委核支，凡需经政务院

① 《中央人民政府法令汇编（1949—1950）》，第 439—441 页。

② 傅作义：《在中财委第二次全体会议上的报告》，1950 年 6 月，见《中国工业五十年（第一部）》下卷，第 1114 页。

③ 1950 年 7 月 20 日，毛泽东批示周恩来："除目前防救外，须考虑根治办法，现在开始准备，秋起即组织大规模导淮工程，期以一年完成导淮，免去明年水患。请邀集有关人员讨论（一）目前防救、（二）根本导淮两问题。" 8 月 5 日，毛泽东又批示周恩来："请令水利部限日作出导淮计划，送我一阅。此计划 8 月份务须作好，由政务院通过，秋初即开始动工"。8 月 31 日，毛泽东再次批示周恩来："……导淮必苏、皖、豫三省同时动手，三省党委的工作计划，均须以此为中心，并早日告诉他们。"《建国以来毛泽东文稿（1949 年 9 月—1950 年 12 月）》第一册，第 440、456、491 页。

④ 《建国以来毛泽东文稿（1949 年 9 月—1950 年 12 月）》第一册，第 530 页。

令各部门、各地方调拨人员物资者，望水利部迅即代拟文电交政务院核发"①。
9 月 26 日，陈云主持中财委第 35 次委务会议，讨论了李葆华代草拟的《政务
院关于治理淮河的决定》。《决定》确定治理淮河的方针是"应蓄泄兼筹，以达
根治之目的"。上游应筹建水库，普遍推行水土保持，以拦蓄洪水发展水利为
长远目标。中游蓄泄并重，按照最大洪水来量，一方面利用湖泊洼地，拦蓄干
支洪水；一方面整理河槽，承泄拦蓄以外的全部洪水。下游开辟入海水道，以
利宣泄，同时巩固运河堤防，以策安全。洪泽湖仍作为中下游调节水量之用。
淮河流域，内涝成灾，亦至严重，应同时注意防止，并列为 1950 年冬 1951 年
春施工重点之一，首先保障 1951 年的麦收。② 此《决定》经政务院讨论通过后，
于 10 月 14 日发布。

　　1950 年水利工程取得的主要成就是：河工方面，全国完成土工总数，包括
新解放区和民修堤防在内，达 419 亿立方公尺；全国 4.2 万余公里的堤防，绝
大部分进行培修，重要险工地段，对坝堤进行了加固。灌溉方面，中央投资或
贷款兴办的工程，共增加灌溉面积 371 万余亩；还整修旧渠及民营小型工程，
受益农田 1300 余万亩。从防汛成效来说，除淮河流域的河南、皖北因雨水过
大成灾以外，多数河流和多数地区都能依照标准完成任务，对保障农业生产和
保护沿河人民生命财产安全起到重要作用。例如黄河，1950 年的洪水虽然不
大，但是撤防时期有过最后一次洪涨并没有发生问题。长江中游和珠江流域，
苏北新沂河工程，华北潮白河下游整理工程，经过汛期考验，都战胜了 1950
年的洪水，大大减轻水灾造成的损失。至于 1950 年淮河发生的水灾，是因为
洪水过大，大大超过现有河道堤防的容泄量及人力抢护所能奏效的限度。在水
文、测验和规划研究方面，虽然干部不足，仍进行了许多工作。水文方面，全
国增设水文站 365 个、水位站 589 个；并对水文资料进行了系统整理。勘测研
究方面，除配合 1950 年的工程设计进行工作外，对一些主要河流进行了治本
的勘测规划。③

---

　　① 《建国以来周恩来文稿》第三册，第 319—320 页。

　　② 《中央人民政府法令汇编（1949—1950）》，第 445 页。

　　③ 中央水利部：《水利工作一九五〇年的总结和一九五一年的方针与任务》，见《一九五〇
年中国经济文选》第 4 辑，第 314—316 页。

国庆一周年时，陈云对 1950 年水利工程的评价是："今年的水利工程和各地人民政府领导人民积极防灾，使几千万亩可能被灾的农田得到了丰收。今年全国丰收，农业增产。在粮食和棉花方面都超过了原订的增产计划，棉花已能接近自给，粮食则已经能够完全自给。"①

四、拟订及初步实施抗美援朝开始后的
　　　财经工作方针

新中国从成立到 1950 年 5 月短短的八个月中，人民解放军在国家财政极度困难的条件下，解放了除西藏和台湾以外的大西南，战争已经结束。4 月 21 日，中共中央即向各大军区负责同志发出指示，要求中南军区在 5 月至 8 月四个月内实现复员 53 万至 60 万人的计划，"以便节省出九月至十二月共四个月的经费，减轻人民一部分粮税负担。"同时中央要求华东、西南、西北军区作出复员计划。建议：华东只留军队及地方武装 100 万人；西南只留军队及地方武装 80 万人；西北尽快考虑能复员多少人，并于四个月内办理完毕。②按照中央指示，5 月中国人民解放军全军参谋会议，确定全军保留 400 万兵员、复员 140 万人的计划。③6 月党召开七届三中全会，毛泽东在会上提出：通过土地改革、工商业调整、国家机构经费大量节减，用约三年时间实现国家财政经济状况的根本好转。财经工作的方向是减少军费，增加经济建设和文教经费，以恢复和发展经济为重点。

事与愿违。6 月 25 日朝鲜战争爆发，新中国面临的国际局势迅速恶化。一场不期而遇的战争向中国人民压了过来。

6 月 27 日，美国总统杜鲁门发表声明，公开宣布武装干涉朝鲜内政，同时以武力阻止中国政府解放台湾，令其海军第七舰队侵入台湾海峡。随后，加

---

①　《陈云文集》第二卷，第 176 页。

②　参见《中共中央文件选集（1949 年 10 月—1956 年 5 月）》第 2 卷，第 329 页。

③　参见中央党史研究室：《中国共产党大事记（1919.5—2005.12）》，中共党史出版社 2006 年版，第 158 页。

紧在越南、菲律宾等地实施武装干涉，在朝鲜、台湾、越南、菲律宾等几个方向对新中国造成威胁。7月上旬，美国操纵联合国安理会通过非法决议，同意美国及其他国家（英国、澳大利亚、荷兰、新西兰、加拿大、法国、菲律宾、土耳其、泰国、南非、希腊、比利时、卢森堡、哥伦比亚、埃塞俄比亚等）组织"联合国军"，成立"联合国军"总司令部；杜鲁门任命美国远东军总司令麦克阿瑟为"联合国军"总司令。

中国人民渴望和平。中共中央、中央人民政府尽最大努力争取和平，但也决不向帝国主义乞求和平。6月28日，毛泽东在中央人民政府第八次会议上发表讲话，义正词严地谴责美国政府武装干涉亚洲事务的侵略行为。毛泽东说：

"中国人民早已声明，全世界各国的事务应由各国人民自己来管，亚洲的事务应由亚洲人民自己来管，而不应由美国来管。美国对亚洲的侵略，只能引起亚洲人民广泛的和坚决的反抗。杜鲁门在今年一月五日还声明说美国不干涉台湾，现在他自己证明了那是假的，并且同时撕毁了美国关于不干涉中国内政的一切国际协议"。"美国对朝鲜、菲律宾、越南等国内政的干涉，是完全没有道理的，全中国人民的同情和全世界广大人民的同情都将站在被侵略者方面，而决不会站在美帝国主义方面。他们将既不受帝国主义的利诱，也不怕帝国主义的威胁。""全国和全世界的人民团结起来，进行充分的准备，打败美帝国主义的任何挑衅。"①

同日，周恩来也以外交部长名义发明声明指出："杜鲁门二十七日的声明和美国海军的行动，乃是对于中国领土的武装侵略，对于联合国宪章的彻底破坏。""不管美国帝国主义者采取任何阻挠行动，台湾属于中国的事实，永远不能改变"。"我国全体人民必将万众一心，为从美国侵略者手中解放台湾而奋斗到底"。②

① 《建国以来毛泽东文稿》第一册，第423页。
② 《建国以来重要文献选编》第一册，第326、327页。

　　朝战发生后，国内市场部分物价波动，特别是进口货及金银、美钞上涨较多。上海、天津等大城市，进口工业器材及原料上涨较大；金银、美钞感觉灵敏，波动也很大。国内主要物资由于贸易公司力量雄厚，商人不敢轻举妄动。陈云和薄一波对当时物价波动特点的概括是："（1）主要物资物价欲动未果。（2）进口货涨价。（3）金银、美钞涨价。"①

　　陈云密切关注国内金融物价变动情况，积极组织中财委商议对策。6月29日，中财委下发《关于稳定金融物价的指示》，为防止物价发生大的波动，提出五点工作要求：（1）各地贸易公司合作社应按照中央贸易部规定的牌价放手抛售一切存货，不得惜售，不得抬价。（2）中央贸易部应迅速但是稳当而有步骤地购买国内市场上缺乏的各种进口品，如五金器材、电料、化学药品等，以保证进口品价格的平稳。（3）人民银行应对外汇牌价作适当调整，以利于进口；并对私人供汇尺度适当放宽。必要时可从人民银行再拨付一笔外汇专供购买此类物品。各地应即清理仓库中已经清出的五金器材、药品、染料，除酌量保留自己两月需用量（两月可进口）外，应尽量抛售；各公营企业应在一个月内尽量减少当下非十分必要的入口器材的收购。（4）加强黄金银元的管理，防止抬高黄金、银元价格，扰乱市场。（5）各大区财委、各大城市的市政府、市财委对于可能发生的物价波动应严密注意，物价若有波动，应组织力量坚决击退，予投机者沉重打击，等等。② 由于中财委的及时部署，主要物资价格没有发生大的波动。

　　7月14日，陈云、薄一波向各中央局、分局及各地财委、各野战军区负责同志等发出《对金融物价情况的通报》，在对金融物价情况分析的基础上，对稳定物价作出进一步指示。在分析了物价和财政发行的情况后，陈、薄判定："现存主要物资价值远超过发行总数，等于实际流通量的两倍。"从目前的货币实际流通量与5月间紧缩达到顶点的流通量比较看，在任何情况下，可能冲击国家物资的游资，充其量不过万余亿元。"对主要物资市场，可充分保证不致因时局影响而生波动。"据情，陈、薄要求各地坚决执行6月29日中财委下发的《关于稳定金融物价的指示》，"对主要物资价格采稳定方针，大量抛售，

① 《陈云文集》第二卷，第156页。

② 《中财委关于稳定金融物价的指示》（1950年6月29日），见《陈云传》第二卷，中央文献出版社2015年版，第720—721页。

不但可稳定物价，且可乘机回笼货币，并有利于贸易资金的周转。"目前我们力量比较薄弱的一环是进口物资，因此对进口物资的价格，应根据我们的力量和不同情况分别对待：（1）我存量雄厚而进口又容易者，其价格还未发生波动。如波动应大量抛售，坚决稳定市场价格。（2）我存底薄弱但短期内可大量进口者，可随市场价抛售，待进口后再低于市场价出售，借以打击投机商。（3）我存底薄弱且短期内不能大量进口者，可将现有存货随市价逐渐出售，不宜抛售压价。（4）现存冷货应设法趁机抛售。上述进口货价格的掌握，由贸易部根据各地各货存量情况具体布置。对目前所存近一亿三千万美元的外汇，为防止被美帝冻结与减少受美元贬值损失，除必须储存一定数量外，须迅速运用，并注意用得得当。为此，陈、薄提出两项要求：一是今后必须进口的物资，通盘筹划，责成中贸部迅速办理进口。二是私营企业批汇，可放宽尺度，但对进口物资种类、数量、时间，仍宜照原定方针审核，不应进口的物资，仍不得批准进口，而准许进口的物资，在适当数量与适当时间的条件下，即可充足供给外汇，同时应加强自备外汇的管理等。①

自 8 月下旬，美军派出 B-29 重型轰炸机和其他作战机，不仅轰炸中国东北地区，而且袭扰山东半岛等地。经过长期革命战争考验的中国共产党，面对美帝国主义的挑衅，是绝对不会坐以待毙的。在开展政治外交斗争和财经工作准备的同时，中央军委从 7 月中旬，根据毛泽东的指示，在中央军委副主席周恩来的主持下，开始对东北边防进行一系列部署。国家其他职能部门也开始备战准备。7 月 26 日，中财委发出《关于统一航务港务管理的指示》规定："建立统一航务及港务管理机构——中央人民政府交通部航务总局及各地港务局，并逐步颁布统一管理航务及港务的章则、法规、制度"。规定"水道测量和助航设备之建设计划与管理，航行刊物之发行，凡属海务与国防性质者，均应会同海军当局办理。助航设备兼受海军当局之指导，在海军部未直接办理之前，原海关、海务、江务、港务各机构应即移交交通部掌管。凡属国防有关之各项资料与措施应由交通部随时抄送海军司令部。"②

---

① 参见《陈云文集》第二卷，第 156—158 页。
② 《中央人民政府法令汇编（1949—1950）》，第 406、408 页。

朝鲜战局在继续发展，中国人民企盼和平建设的愿望被逐步打碎。中共中央和中央人民政府不惧怕美国侵略者的威胁，但为了争取人民和平的根本利益，作出极大忍耐。不过，忍耐是有明确底线的，这就是美国军队不能越过"三八线"；如果美军越过"三八线"，大举进犯朝鲜，把战火烧到中国边境，中朝两国唇齿相依，中国政府决不会坐视不管。

中国政府通过各种渠道将底线奉告美国政府。9月30日，周恩来在国庆大会上作《为巩固和发展人民的胜利而奋斗》的报告，警告美帝国主义："中国人民热爱和平，但是为了保卫和平，从不也永不害怕反抗侵略战争。中国人民决不能容忍外国的侵略，也不能听任帝国主义者对自己的邻人肆行侵略而置之不理。谁要是企图把中国近五万万人口排除在联合国之外，谁要是抹煞和破坏这四分之一人类的利益而妄想独断地解决与中国有直接关系的任何东方问题，那么，谁就一定要碰得头破血流。"①

10月2日，"联合国军"总司令麦克阿瑟下达了突破"三八线"向平壤进攻的命令。次日，周恩来紧急约见印度驻华大使潘尼迦，请他立即向印度总理尼赫鲁报告，中国政府希望朝鲜问题和平解决，如果美军越过"三八线"，我们不能坐视不顾。同时请潘尼迦将此意见明确转告美国和英国政府。此前，10月1日，朝鲜首相金日成，已代表党和政府正式请求中国派出部队进入朝鲜，援助朝鲜抗击美国侵略战争。

美国政府低估了中国人民的决心和力量，漠视中国政府一次次的严重警告，认为是虚言恫吓，毫无意义。10月上旬，毛泽东主持中央政治局连续召开会议，从国家根本利益和民族长远利益出发，作出"抗美援朝，保家卫国"的决策。10月7日，美军大举越过"三八线"，向朝鲜北方进犯，一直把战火烧到鸭绿江边。10月8日，毛泽东发出《关于组成中国人民志愿军的命令》。命令中国人民志愿军"迅即向朝鲜境内出动，协同朝鲜同志向侵略者作战并争取光荣的胜利。"任命彭德怀为中国人民志愿军司令员兼政治委员。中国人民志愿军以东北行政区为总后方基地，所有一切后方工作供应事宜，以及有关援助朝鲜同志的事务，统由东北军区司令员兼政治委员高岗调度指挥并负责保

---

① 《周恩来选集》下卷，第37页。

证。同日，毛泽东将上述内容电告中国驻朝鲜大使倪志亮并转告金日成，请即派朝鲜劳动党中央常务委员、朝鲜政府内务相朴一禹到沈阳与彭德怀、高岗会商，中国人民志愿军进入朝鲜境内作战的诸项问题。①10月19日，中国人民志愿军入朝参战。这是新中国元年也是跨元年过程中，中共中央作出的一项对新中国历史，乃至世界现代史都有着重要影响的决策。

志愿军入朝作战的次日，中财委下达了《关于防止物价波动问题的指示》。《指示》对朝战爆发后的物价情况和存在的主要问题作出综合分析。(1)进口物资物价不稳。朝战爆发后，进口物资如工业器材、汽油、煤油等，因进口困难，我储备力量薄弱，以及价格不断上涨等原因，国内价格曾一度上涨，采取措施后平息。美帝接近并越过"三八线"后，涨风又起，商人乘势投机囤积，价格继续上涨的危机仍然存在。(2)棉纱基本供不应求，小麦出现群众性囤积套购。目前棉纱业争相囤积原料，纱商及非纱商都在囤；有的地区在收购棉花上，因按陈棉价格掌握，刺激棉花上市量增多，货币大量上市，收购过猛，货币集中投放，带动粮价上涨。棉农售棉后，就套购小麦。因我面麦价格未能按季节变化逐渐调升麦价，造成市价高于牌价，商人及棉农均突击囤麦，我出售量远大于收购量，已造成群众性囤积套购。(3)"今天的工业品基本上是不能满足农民需要的"。土改后农民收入增加；今年普遍丰收，秋收前后，我们又在农村大量收购农产品和农副产品，投放货币较多，农民购买力普遍提高；农业生产恢复远较工业生产恢复快，造成农民购买力提高的速度，远超过工业生产的供应能力。故"人民对物价稳定信心仍不十分巩固，货币流通速度亦同时加快。"

《指示》针对现实存在的问题，为巩固币值、平稳物价提出相应措施。(1)在经营方面：我手中实物充足力量雄厚的商品，要大量出售，以资物价平抑达到稳定。秋粮上市后，要酌情利用市场吞吐政策，保持市价与牌价平衡。在局部地区，我掌握力量很不充足的个别商品，采取有计划有步骤地上提价格，以避免复力不继，造成物价波动。我力量不十分充足的商品，主要是纱、煤油、工业器材及其他进口物资，可分别采取增加生产、增加进口，将力量摆在主要

_____

① 参见《建国以来毛泽东文稿》第一册，第543、545页。

市场上出售，按工厂生产配售、不在市场出售、适当调整价格等办法，以稳定物价。（2）加强商业行政管理措施。纱布、棉花、粮食等有交易所的地方，必须集中成交，宣布场外成交违法；严格取缔投机，囤积居奇。非纱布厂商严格禁止经营纱布，违者加重处罚。对扰乱市场哄抬物价者，严格取缔。"责成银行严格执行紧缩银根的政策，在各级财委统一领导下，贸易、银行、合作、财政、税收及其他财经机关，必须密切配合，贯彻中央物价方针。"（3）准备特殊措施。如遇特殊情况，对物资缺乏而又关系人民生活重大的商品，采取统购统销及配售禁卖办法，以避免物价大波动，并帮助增加财政收入，平衡预算。主要准备纱布实行统购及配售；工业器材采取配售办法；扩大统销范围，如煤油、汽油、羊毛、油脂、糖等。①

自朝战开始后，中财委始终高度关注物价的稳定，先期出台的一系列措施已奏效，避免了国内市场混乱。但抗美援朝战争与以往侵入国土的战争不同，这是一场邻境之战，战略后方基地主要在东北，关内生活仍为常态，国民经济的运行，不必像全民族抗战那样转入战时体制，经济建设仍是重要一环，不可偏废。故除稳定市场外，必须适应局势的变化，在经济工作全局方面有新的应对方针和政策，以防范和化解国内社会经济中可能出现的风险，并继续推进国内经济恢复和建设。新的形势对财经工作提出新的要求与任务，要求党中央、政务院拿出指导全局的战略方针。

经济的稳固是政治和军事斗争胜利的基础，决不可掉以轻心。10月25日，志愿军发起入朝后第一次战役。毛泽东全力投入作战方针的研究与部署指挥之中，谋划国内财经方针的重任落在陈云及他领导的中财委肩上。在战局发展趋势尚不明朗的情况下，拟定应对的财经工作方针十分不宜。朝鲜战局紧张后，陈云就开始了对财经工作全局的思考。10月5日，陈云、薄一波曾向政治局会议提出了1951年概算草案，"该草案已交各大区书记带回去"②。待战幕全部拉开后，陈云和薄一波对时局及财经工作应对方针又有了初步全盘的考虑。

10月26日，也就是第一次战役开始的次日，陈云、薄一波联名给毛泽东

---

① 参见《中财委关于防止物价波动的指示》（1950年10月20日），见《中国工业五十年（1949.10—1952）》上卷，第482—483页。

② 参见《陈云文集》第二卷，第181页。

并中共中央写报告，阐述了对战局的三种估计：一是邻境战争，国内平安；二是邻境战争，国内被炸；三是邻境战争，敌人在国内海口登陆，全国卷入战争。陈、薄建议"我们的对策暂以第二种局势为基点。如时局只变到第一种局势，则我可应付裕如；如时局变到第三种情况，则财经对策需另制。但目前先把基点放在第二种上，对将来另制第三种局势的对策，也不矛盾的。"① 在事态尚不明朗的情况下，拟定方针留出回旋和进退空间，是陈、薄的智慧。

在报告中，陈云、薄一波和盘托出了应对第二种局势的对策。以 10 月 5 日中财委向政治局提出的 1951 年概算草案为基础，同时加入新的筹划："扩大军费支出，准备减少税收和公营企业利润，减缩经济、文化投资，取消增加军政人员的津贴的拟议，扩大工农业品的剪刀差，以增加国营贸易的收入，其目的是力求金融物价波动之程度不是太大而能控制在新钞发行指数的上下。"② 新的筹划将战时如何解决财政收支这一财经工作中的核心意向表示得十分清楚。同时陈云、薄一波具体估算了增支、减收、减支、增收四项要目及与 10 月 5 日草案的区别，一并写明在给中央的报告中。

支撑战费和准备被炸后税收减少的财经工作方向是：缩小经济投资，适当扩大剪刀差，增加贸易收入三项。陈云、薄一波考虑到，扩大剪刀差会影响人民生活。在战费必须增加，财力又有限的情况下，要将财力用于重点。"如果不是有计划地扩大剪刀差而多发钞票，则由物价波动而来的人民损失将更大。"物资供应方面，要实行花纱布和主要纺织品采统购配给政策。一是为了避免私商囤积抢购；二是为了易于实现有计划地扩大剪刀差和增加国营贸易利润。陈、薄从当时情况中已预见到："无论战争或和平，都难避免统购统销。"③

报告最后建议，如果中央认为所提方案原则上可作为讨论基础，则请求中央批准在北京召集各大区财委副主任的会议（主任是各中央局书记兼的，估计难于抽身来京）加以讨论，订出更具体的办法，报告中央并交各大区斟酌。会期不宜太迟，定于 11 月 10 日。陈云、薄一波表示：依时局而论，以我们的提

① 《陈云文集》第二卷，第 181 页。
② 《陈云文集》第二卷，第 181 页。
③ 《陈云文集》第二卷，第 183、184 页。

案做准备为好，即令三五月后，时局确可和平，再改方案也无妨。因从较坏的估计转为较好的情况，方案的改变不困难。①

　　财经工作方针的确定在当时非常紧要。在陈云、薄一波向毛泽东并中央报告的次日，也就是 10 月 27 日，中共中央即向各中央局转发了此报告；并批示说："兹将中财委负责同志关于今后财经对策一件发给你们研究。此是密件不得下达。"② 同日，任弼时去世，殡葬仪式 10 月 30 日在八宝山革命公墓举行。陈云自 6 月 4 日任弼时病休期间，即参加中央书记处的工作。任弼时去世后，正式递补为中央书记处书记。

　　11 月 15 日全国财经工作会议开幕，比陈云、薄一波原定日期推迟 5 天。此时，志愿军入朝第一战役③ 已胜利，稳住了战局。这更加坚定了陈云把财经工作方针，放在第二种战局上进行谋略的信心。在开幕会报告中，陈云说，现在放在财政会议面前的有三个问题：第一，明年的财经工作方针；第二，明年度的财政概算；第三，财经工作中的若干具体问题。"今天只讲第一个问题，即明年财经工作的方针。这个问题的性质，是属于财经工作中的政治，需要首先弄清楚。"现在时局的发展有三种情况：邻境战争，国内平安；邻境战争，国内被炸；邻境战争，敌人在我海口登陆，全国卷入战争。我们的对策，暂以第二种局势为基点。"简单地说，就是把明年的财经工作方针放在抗美援朝战争的基础之上"，即"战争第一"，"第二应该是维持市场，求得金融物价不要大乱；第三才是其他各种带投资性的经济和文化的支出"。④

　　依此方针陈云对 1951 年财经工作作出部署。（1）"战争第一，这是无疑问的。一切服从战争，一切为了战争的胜利。没有战争的胜利，其他无从说起"。（2）"市场列在第二，"因为市场的稳定，在政治和经济上有重要作用，也会影响到军事。"这是财政问题，也是经济问题。我们所用的方法是求得收支平衡，

────────

① 参见《陈云文集》第二卷，第 184—185 页。

② 《中共中央文件选集（1949 年 10 月—1956 年 5 月）》第 4 卷，人民出版社 2013 年版，第 211 页。

③ 抗美援朝第一次战役，开始于 1950 年 10 月 25 日，结束于 11 月 7 日。志愿军在第一次战役中取得胜利。参见军事科学院军事历史研究部：《抗美援朝战争史》第二卷，军事科学出版社 2000 年版。

④ 参见《陈云文选》第二卷，第 111、112 页。

削减以至消灭赤字，而不是用多发钞票弥补赤字。"财政金融平稳了，市场物价的平稳便有了基础。同时还要保持物资供应，交通畅通。金融和物资都发生问题，物价波动程度将更大，更难以控制。求得稳定的关键在于收支平衡，削减以至消灭赤字。除军事上紧急需要万不得已，不允许有赤字。没钱可以不办和缓办。因为"在战争中大量发钞票是很危险的事，其后果在物价上立刻可见。"故陈云说：我们"对支出用'削萝卜'的办法，对收入用'挤牛奶'的办法，在财政和经济上都会有利。"（3）要削减经济和文化建设投资。对直接与战争有关的军工投资，对财政收入直接有帮助的投资，对稳定市场有密切关系的投资，应该予以满足。"在任何一个国家的财政方针上，都不可能又战争又建设，不可能两者并列，两头兼顾。"财政上的各项支出，必须分清主次，不能面面俱到。战争第一的观点表现在财政上，即是在预算上要尽可能满足战争的需要。但另一方面，对军事系统做后勤工作的同志来说，不能采取有多少用多少的"包用"办法，要做到有计划有步骤地使用，这样才能满足军事上的要求。在财政上，经常存在着要多和要少、要早和要迟的矛盾，这是局部与全局的矛盾，局部必须服从全体。（4）努力增加财政收入。陈云明确提出，1951 年地方收入要上解一部分，如地方公粮附加[①]及地方企业收入，要缴中央一部分。另外，扩大地方武装的开支，也要由各地自行解决。要向农民求援。各级政府及税收机关要加紧收税，提高税务人员的质量。某些民用必需品，如棉纱和棉布可以实行统购统销；统销税[②]的增加，可使国家增加一大笔收入。[③]

　　会议对陈云提出的抗美援朝开始后的财经工作方针，进行了热烈讨论。从陈云在闭幕会的讲话中，可以看出这次会议的主要成果和关注点。

---

　　①　地方附加，是地方随正税征收的、不列入国家预算的部分。正税指列入国家预算的税收。国家对地方附加的比例有严格限制。例如，农业税地方附加，一般不得超过正税的15%，某些获利大的经济作物区不得超过30%。参见《陈云文选》第二卷，第351页。
　　②　1951年4月，为配合对棉纱实行统购统销，开征棉纱统销税。1952年12月31日，政务院财政经济委员会颁发的《关于税制若干修正及实行日期的通告》规定，取消棉纱统销税，并入商品流通税。参见《陈云文选》第二卷，第358页。
　　③　以上陈云在1950年11月5日，第二次全国财政会议上报告的内容，参见《陈云文选》第二卷，第112—117页。

第一，"这次会议讨论确定的明年财经工作的方针，中央已经基本上同意"。这是会议最大的成果。但在方针的提法上有明显变化。陈云在开幕会上提的是"战争第一"，闭幕会讲话中，变化为"国防第一"。①但陈云在闭幕会的讲话中，并没有完整表述抗美援朝开始后财经工作的方针；其完整表述，即："国防第一，稳定市场第二，其他第三"的财经方针，体现在1951年2月23日陈云在全国公路会议上，关于《一九五一年国家财力使用方针及财经工作要点》的讲话中。陈云说："去年十二月中央人民政府通过的一九五一年概算的方针是，国防第一，稳定市场第二，其他第三"②；4月4日，陈云在中共第一次全国组织工作会议的讲话中，再次完整并明确地表述了抗美援朝开始后的财经工作方针，并结合1951年财经工作的六项要点，即：城乡交流、农业增产、经济核算、统一管理下的因地制宜、经济建设的准备工作、整顿财经队伍，全面部署了抗美援朝开始后的财经工作方针的实施。③但党中央确认的抗美援朝开始后的财经工作方针的谋划，是在1950年11月中财委主持的第二次全国财政会议上完成的，这是确定无疑的。

第二，"扩大农副土产品的购销，是中国目前经济中的头等大事。"为了支撑国防费用，国家必须增加收入。在开幕会上陈云已经提出一些思路。会议结束时，增收的重点已经非常明确，这就是"帮助农民销出农副土产品，是国家取得税收的前提。""扩大农副土产品的购销，不仅是农村问题，而且也是目前活跃中国经济的关键。"会议所提增收措施，如增加公粮附加，征收契税④，酌增若干种货物税、进口出口税等，大部都要落在农民头上。人民政府只有"实行近地交流、全国交流、内外交流，让农民销出农副土产品"，农民才有就可

---

① 参见《陈云文选》第二卷，第112、118页。

② 《陈云文集》第二卷，第213页。

③ 参见《陈云文选》第二卷，第126—139页。

④ 这里所说的征收契税，指在土地改革完成以后颁发土地房屋所有证（或土地证）时所收的一次土地证费。1951年2月12日，中央人民政府政务院作出了《关于土地房产所有证收费的决定》。土地证收费标准，一般分为两类，均以细粮（大米、小米、小麦）计算。甲类：水田及场院、宅基，每市亩收五市斤。乙类：旱地，每市亩收二市斤半。凡已领有土地证的土地房产，如有买卖、典当、赠与或交换，则按1950年4月3日中央人民政府政务院公布的《契税暂行条例》办理领契完税手续。参见《陈云文选》第二卷，第359页。

能负担得起将要增收的几十亿斤小米的任务。① 这次会议后，加强城乡交流、帮助农民销售土特产，成为 1951 年和 1952 年中财委工作的重点之一。

第三，市场稳定的着力点在于稳定金融；保障金融稳定的关键是财政概算要平衡，尽量不发或少发票子。从陈云闭幕会的讲话中可以看出，在这个问题上会议有共识。同时注意了物资供应对市场的影响，确定了加强运输和纱布统购统销的措施。同年 12 月 1 日，陈云在政务院第 61 次会议作的《抗美援朝初期的财政问题》的报告中，又专门阐述了"为什么金融市场力争不乱列为第二"的原因。（1）金融物价的大波动会影响到国家的财政收入与支出，如果我们的工作做不好，还可能重复 1949 年年底的情况。（2）金融物价的长期波动，在政治上会影响人心。现在全国已经解放，物价一旦波动，影响的不是一城一乡，而是全国范围都会受到损失。所谓金融市场不乱，主要指在战争情况下，社会心理、供求、运输因素要稳定，特别是不能滥发钞票；这些因素对物价波动会产生很大影响。稳定市场就是要在稳定和抑制这几种因素特别是不增加钞票上想办法。陈云尖锐指出："我们确定的金融市场力争不乱这一条，不仅是为了财政打算，首先还是为了经济打算。因为只要市场不乱，全国的经济就可以保持生产的进行。如果市场波动，使囤积的利益高出了生产的利益，就会助长市场投机现象的发生，这对于老百姓的生活是不利的。"②

第四，在缩减经济和文化的投资的问题上统一了认识。与会者对把财经工作方针放在抗美援朝战争的基础上，财政上把国防开支列为第一，尽量保障军事需要，是没有疑问的。但是，对把稳定市场列在第二，而且宁可削减经济和文化的支出以就市场，存在争议。抗美援朝前，原拟 1951 年计划，曾打算减少军费，以全部概算的 70% 投入经济建设和文化建设，并考虑改善公教人员的生活，发展日用品生产。现在，经济建设和文化建设的投资，排在第三，有些同志想不通。为什么稳定市场摆在经济建设之上，是不是只顾财政出路，违反了财政依靠经济的原则？对此，陈云在会议讨论时反复作了说明。陈云在闭幕会讲话的最后诚恳地说：

---

①　参见《陈云文选》第二卷，第 118—119 页。

②　参见《陈云文集》第二卷，第 193—194 页。

在这几天的会议上，大家认为暂时缩减经济和文化的投资是必要的。如果今天不主动削减，到明天金融乱了，势必被动削减。金融波动不仅影响收支，影响存款，而且在政治上会造成损失。被迫削减，不如主动削减。目前中国的财政经济要满足各个方面的需要还不可能。主动地把一些经济文化投资推迟一年半载，将来则可集中力量搞这方面的建设，三五年后算起总账来，效果是不会小的。今年的经验证明，物价稳定，金融巩固，是促进工商业繁荣、活跃商品交流的重要条件。①

总之，陈云领导中财委主持召开的第二次全国财政会议，为党和国家迅速适应美国政府突如其来强加于中国人民的临境战争，最大限度防范和化解社会经济生活中出现的危机，以支撑前方军事斗争所需战费和物资，巩固后方人心和社会经济，提供了明确工作方针。随后，陈云领导中财委，按照这一工作方针，拟订了一系列财经政策和措施，以迅速使国内财经工作适应了战时新形势的需要。

12月1日，陈云在政务院第61次政务会议的报告中，针对1951年财政收支方面将发生的军费增加，税收及公营企业收入减少，钞票流通量还要增加三种情况，提出六项政策措施：一是缩小投资，减少1951年的临时费。二是实行决算、预算和设计施工审核等制度。这些制度实行起来，可以避免许多浪费。三是在地方公粮附加的数量中，请求再增加15%，同时在农村中还要征收契税。四是再酌量增加若干货物税、出口进口税。五是在公私营企业中实行保险制度。在公营企业中强制实行，私营企业中提倡实行。六是城市附加项目可以增加些，在某些物价的税率上可略为提高。采取这几项办法，目的是减少支出和浪费，增加收入，"最终目的则是为了在第二种战势情况下，争取基本上不靠发行货币"而支撑战费。②这六项政策在全国财政会议上已初步议定，是将抗美援朝开始后的财政经济工作方针具体化的重要措施。

为控制财经局势，陈云进一步明确了几项对财经工作全局有直接影响的问

---

① 《陈云文选》第二卷，第120页。

② 参见《陈云文集》第二卷，第195—196页。

题。一是对纱布实行统购，政府可优先收购，并保障纱布厂商的利润；同时加强对纱布配售的管制。二是对运输要加强管理，增强指挥机构。三是再次明确税收将大部分由农民负担，必须设法帮农民把土产销售出去，实现内外交流、城乡交流、全面交流。土产交流中，要注意解决好目前存在的三个问题：通过国家贷款或与农民签订合同的方式，解决资金问题。通过开办训练班，解决贸易工作人员知识不足的问题。为实现国营经济的领导，每个地区必须设立合作社或地方的代理机关；努力搞好农业生产，"老百姓每天最关心的就是他们的收成好不好，以及生产的东西是不是可以卖出去等问题"。另外，还有东北币制与关内币制的统一问题。过去东北处在一种建设的状况，如果与关内币制统一起来，会影响东北金融市场的稳定。现在东北已经变成战争前哨，支付与调拨已不适应，要考虑统一东北的币制与关内的币制，这对于东北方面也是有利的。①

按照谋定的工作方针和思路，中财委及所属政府部门在 1950 年最后两个月，在政务院支持下推出一系列政策，为党和国家应对抗美援朝开始后的财经形势打下坚实基础。

1. 冻结部队、机关、团体存款一个月，加强财政制度建设

朝鲜战争开始后，金融危机即逐步显现。社会上存货不存钱的心理已经抬头，游资集中进攻棉纱。国家银行存款不增加，部队、机关、团体不断向国家银行提款。11 月、12 月两月因军费增支而来的财政赤字及收买外汇两项，现金支出至少缺 4 万亿元。如部队、机关、团体继续向银行提存款，将会导致缺款 6 万亿至 7 万亿元。银行为了应付提存和垫付财政借支，必须向贸易公司索回贷款；贸易公司如以回笼的货币偿还银行贷款，则无力收购农民的农产品和土特产。解决这种危局只有两项办法：一是大、小公家在银行的存款暂时定期冻结，贸易公司暂时缓收、少收农、土产。二是发行 6 万亿至 7 万亿元新钞（即增加发行一倍）。陈云及薄一波思量后，决定两害相权取其轻，采取第一项办法，于 11 月 5 日实行存款冻结期一个月左右。此议获中央批准。②

---

① 参见《陈云文集》第二卷，第 196—199 页。
② 参见《陈云文集》第二卷，第 186—187、188 页。

　　银行冻结现金提款措施到期后，中财委强化了财政金融管理制度建设。11
月15日，政务院批准《财政部设置财政检查机构办法》，建立财政检查制度和
设置各级财政检查机构，以严格收支，保证战时紧张的财政供应。12月1日，
政务院第61次政务会议，通过并颁行了陈云起草的《关于决算制度、预算审
核、投资的施工计划和货币管理的决定》。要求：（1）在实行决算制度方面，
所有军队、政府、公立学校及受国家经费补助的团体，均须每年第四季度，向
中央或各级人民政府的财政部门报会计决算报表，每年3月31日作上年度的
全年决算报告，由中央人民政府财政部将上年度总决算案报请中央人民政府核
批。国营企业亦须定期作出决算报告。决算后，凡在预算中所余的款项，均须
缴回国库。责成各级军政机关、学校、团体的负责人，切实防止浪费预算中的
余款的现象。实行决算制度是国家的法令，不得违抗；除中央人民政府财政部
批准者外，不得延迟。（2）在实行预算审核方面，各部队、机关、学校、团体
在向财政部门提出经费的预算或国营企业的投资预算时，必须首先经过各领款
机关首长亲自审核后提出。各级人民政府财政部门有再审查与核算的责任。各
级财政部门审核预算的人员，必须忠实于国家制度，严守财政纪律。（3）在加
强投资计划性方面，中央人民政府或地方人民政府批准的一切企业投资或文化
事业的投资，在请领款项前，必须审慎设计，作出施工计划、施工图案和财务
支拨计划，并须经过各该级人民政府或其财经、文教机关批准；否则财政部门
应拒绝拨款。（4）在加强货币管理方面，部队、机关、团体、国营企业、合作
社的现金使用，必须编造收支计划，并经过适当机关的批准；在本埠、埠际及
国际间的一切交易往来，全部通过中国人民银行划拨清算；各单位间不得发生
赊欠和借贷，信贷集中于国家银行。各企业基本建设投资之拨款，逐步交由银
行实行监督，按计划拨款。为了便利部队的货币管理，中国人民银行应逐步举
办部队的随军银行。陈云在《决定》最后严肃指出："上述各项规定，是为了
避免浪费，力求国家财力的合理使用。这是国家的财政纪律，必须执行。兹责
成各有关财经部门，根据上述原则，制定各项实施办法。"① 陈云在这次会议的
报告中称，中财委在现金冻结期限到后，实行现金管理的制度为两项：一是实

---

　　① 参见《陈云文选》第二卷，第121—123页。

行现金收支计划的制度；二是实行现金划拨清算的制度。① 从中我们可以知晓，新中国初步的较为备的财政制度，是产生并执行于抗美援朝开始后国家财政局势异常严峻的形势之下的。

2. 提早谋划应对美国对华封锁政策的措施，尽力减少国家经济损失

12 月 12 日，据朝战开始后美国对我实行严厉经济封锁的情况及我们将遭受损失的评估，中财委果断向中央提出："改变今后在国际贸易上的做法，一般的采取易货办法。凡须现汇购买者，须货到付款或付货，否则宁愿不订。对资本主义国家的贸易，以后准备少做。在易货的做法上，尽量缩小与资本主义国家贸易的结算差额，以减少贸易外汇遭受冻结的危险"等七项措施；并向中央报告了因预见美帝可能冻结我资金，中贸部从 7 月就开始在境外抢购物资的情况。12 月 15 日，中央向各中央局、分局及各地财委转发了中财委的报告。② 次日，美国政府正式宣布管制中国在美国辖区内的公私财产，禁止一切在美国注册的船只开往中国港口。因中财委未雨绸缪，减少了国家经济损失。

12 月 28 日，政务院又发出《关于管制美国在华财产冻结美国在华存款的命令》。规定：第一，美国政府和美国企业在中国境内的一切财产，应即由当地人民政府加以管制，并进行清查；非经大行政区人民政府（军政委员会）的核准，不得转移和处理（中央直属省、市报经政务院财政经济委员会核准）。各该财产所有者或管理者应负责保护这些财产，不得加以破坏。第二，美国在中国的一切公私存款，应即行冻结。为维持正当业务人员生活必需费用，经当地人民政府核准后始得动用；动用数额由政务院财政经济委员会另行规定。③

3. 想方设法增加财政收入，支撑战争和国内必需的经济费用

加强税收工作。12 月 15 日，政务院第 63 次政务会议通过《屠宰税暂行条例》《印花税暂行条例》《利息所得税暂行条例》《工商业税民主评议委员会组织通则》《税务复议委员会组织通则》，④ 以加强国家税收，保障国家财政收入。

提出建立企业经济核算制度。新中国成立初，国营企业经过接管登记、工

①　参见《陈云文集》第二卷，第 191 页。
②　参见《中共中央文件选集（1949 年 10 月—1966 年 5 月）》第 4 卷，第 382—384、385、382 页。
③　参见《中央人民政府法令汇编（1949—1950）》，第 204 页。
④　参见《中央人民政府法令汇编（1949—1950）》，第 278—292 页。

业普查与清理仓存物资，财产有初步清理与登记；但固定资产与流动资金未正式核定，很多企业尚保持战时供给或半供给性的经营方式，没建立经济核算制，使有限的企业资金不能充分发挥作用。在战时资金紧张情况下，企业资产与资金合理使用非常重要。10月31日，中财委拟订《关于限期清理企业资产与确定资金的建议报告》送中央审批，建议对国营企业资产进行彻底清理与估价，以建立企业经济核算制，提高企业部门管理作用。11月7日，中央批复同意，并建议向政务院提出决定草案，经会议通过后公布实施。[①]1951年6月，中财委发布《关于国营企业清理资产核定资金的决定》；7月31日，又制订和颁布了《国营企业资产清理及估价暂行办法》和《国营企业奖金核定暂行办法》；8月17日，召开全国国营企业清理资产核定资金会议。这项工作不仅使国家对国有资产数额心中有数，同时开启了国有资产管理的制度化。

在公营企业中实行保险制度。12月23日，中财委下发《关于国营企业必须向中国人民保险公司进行保险的指示》。次年2月23日，政务院第73次政务会议通过《关于公布〈中华人民共和国劳动保险条例〉并定期实行的决定》，指定中国人民银行为代收与保管劳动保险金的总金库。2月26日，政务院公布《中华人民共和国劳动保险条例》。

加强金融管理。为能主动掌握与调剂货币流通以巩固金融，使属于国家而分散在各单位的资金充分集中统一使用，以适应国家战费和建设巨大资金需求，促进国家经济核算及计划的实施，中国人民银行拟订《货币管理实施办法》和《货币收支计划编制办法》，由中财委12月25日批准下发试行。货币管理制度的加强，是进一步统一财经工作的重要环节。

4. 积极部署稳定市场的措施，保障国内经济有序运行

纱布是应对战争和国内供需的紧要物资。陈云估计现有纱布1951年勉强够用，[②] 必须加紧生产，才能保障供应，稳定市场。为此，中财委首先积极推进棉花增产工作。1950年11月28日，中财委向中央提交了指导农业部召开棉花工作会议的情况报告。这次会议谋划了棉花单位面积增产的方法。12月6

---

① 《中共中央文件选集（1949年10月—1966年5月）》第4卷，第251页。

② 《陈云文选》第二卷，第120页。

日，中共中央向各中央局、分局转发了中财委棉产工作会议情况报告，指示各地，根据会议决定，加强对棉产生产的领导。① 其次，布置棉花统购。1951 年1 月 4 日，中财委发布《统购棉纱的决定》。规定：凡公私纱厂自纺部分的棉纱及自织的棉布，均由国营花纱布公司统购；公私纱厂现存棉纱棉布均行登记，停止在市场上出售，由国家花纱布公司承购。为使统购价格、工缴费的规定趋于合理，由当地政府的工商局主持，工商联、总工会参加，召集国营花纱布公司及公司纱厂共同协商，提出具体方案，经中央人民贸易部批准实施。各地人民政府对纱布市场必须负责管理，取缔投机囤积，协助国营花纱布公司作有效分配销售等共七项要求。②

为达到稳定物价、安定民生的目的，在中财委领导下，贸易部于 11 月 14日下发《关于取缔投机商业的几项指示》，加强市场管理，取缔八种扰乱市场的投机商业行为。同时提醒财经干部明确管理目的与范围："只对影响人民生产及生活，扰乱市场的投机商业予以严格的处分及取缔，而对正当合法的经营应贯彻'在国家统一的经济计划内实行贸易自由'的政策。保障并积极组织，鼓励私营厂商奉公守法，向有利于国计民生的方向发展。"③

在陈云领导下，中财委经过短期研究与探索，使全党应对抗美援朝战争开始后的财经工作方针在实践中的着力点日益清晰，整个财经工作与国家面临的形势和任务日益相适应。1950 年 12 月 31 日，中共中央发出《关于执行一九五一年度全国财政收支总概算的指示》，明确"一九五一年概算的总方针是：既要顾到国防开支急迫需要，又要保证财政状况和市场继续稳定。"收入概算，主要依靠税收、国营企业收入和清理仓库结余，不依靠赤字贷款。支出概算，国防经费加预备费超过总数 50%，经济文化建设及行政业务经费合共只占42%。量入为出是制订 1951 年财政收支总概算的主要原则。④ 按此政策指向，国家财经工作有条不紊地踏入了坚实应对抗美援朝新形势和新任务的轨道。

在 1950 年向 1951 跨进的两个多月中，朝鲜战局发生重要变化。志愿军

① 参见《中共中央文件选集（1949 年 10 月—1966 年 5 月）》第 4 卷，第 325—328 页。
② 参见《中央人民政府法令汇编（1951）》，第 175 页。
③ 《中央人民政府法令汇编（1949—1950）》，第 342 页。
④ 《中共中央文件选集（1949 年 10 月—1966 年 5 月）》第 4 卷，第 452、453 页。

进行的第二、三战役相继胜利，第四次战役正在激烈进行，朝战局势已根本扭转。① 据形势变化，2 月 18 日，中央政治局扩大会议要求全党干部树立"'三年准备、十年计划经济建设'的思想"，明确"准备时间，现在起，还有二十二个月，必须从各方面加紧进行工作。"② 战局变化和中央新的工作要求，拓展了中财委的工作思路。2 月 21 日，中财委在致华东局、西南局、中南局并报中央的电报中提出："今年财经方针初步拟定：（一）大力促进城乡地区间物资交流。（二）农业增产。（三）各企业中有重点地实行经济核算制度。（四）实行财政纪律，即严格预决算制度、施工图案、财务计划等。（五）为计划经济建设作必要准备。"③ 此后，陈云领导中财委，在金融、贸易、城乡交流、物资贮备、基本建设等方面对 1951 年财经工作积极进行探索。

　　经过一段时间的酝酿与局部工作的推进，陈云领导中财委确定了 1951 年财经工作思路。陈云在 4 月 4 日党的第一次全国组织工作会议讲话中说："现在，抗美援朝战争还在继续进行，今年国家财政概算的方针是：国防第一，稳定市场第二，其他第三"。假如我们不把国防放在第一位，不把美帝国主义侵略气焰打下去，一切经济建设都靠不住。物价稳定不仅有经济意义，而且有政治意义；市场不稳定，人民政府的声誉就不大好。财政平衡要靠增产节约，不靠发票子。④ 显然，1951 年财经工作方针，与抗美援朝战争开始后中财委谋划的财经工作方针一致。但在方针指导下的经济建设实践要点明显拓展：1951 年投资的重点"集中在水利、铁路和纺织这几个主要部门"；同时要把握好城乡交流、农业增产、经济核算、统一管理下的因地制宜、经济建设的准备工作、整顿财经队伍六项工作要点。⑤

---

① 抗美援朝第二次战役，分东、西两线作战：西线开始于 1950 年 11 月 25 日，12 月 1 日结束；东线开始于 1950 年 11 月 27 日，12 月 15 日结束。抗美援朝第三次战役，开始于 1950 年 12 月 31 日，结束于 1951 年 1 月 8 日。抗美援朝第四次战役分两个阶段：第一个阶段开始于 1951 年 1 月 25 日，2 月 16 日结束；第二个阶段开始于 1951 年 2 月 17 日，4 月 21 日结束。在上述三次战役中，中国人民志愿军和朝鲜人民军均获胜。参见军事科学院军事历史研究部：《抗美援朝战争史》第二卷。

② 《建国以来重要文献选编》第二册，中央文献出版社 1992 年版，第 39 页。

③ 《建国以来重要文献选编》第二册，第 54 页。

④ 《陈云文选》第二卷，第 126 页。

⑤ 参见《陈云文选》第二卷，第 127、127—139 页。

实践表明，1951 年中财委在抗美援朝开始后的财经工作方针基础上，成功拓展财经工作思路并取得重大成绩：1951 年农业主要产粮区除江西平收外，都是丰收；棉田面积扩大，产量创我国历史最高纪录；烟叶、麻、茶、丝产量均高于 1950 年。全国公私工业进一步恢复。重工业方面，如钢铁、煤炭、电力；轻工业方面，如纱布、麻袋、纸张、面粉、卷烟、火柴；均增产。商业方面也有进一步的恢复。根据中财委私营企业管理局 1951 年 1 月到 6 月对六个城市（上海、天津、北京、武汉、重庆、西安）的统计："商业方面的新开业者二万八千六百二十三户，歇业者七千三百七十八户，开多歇少"。1951 年工商业税和货物税收入增加，是工商业进一步恢复的证明。各地人民政府的贸易部门、合作社、私营企业、公私运输企业广泛开展了城乡交流，是商业恢复的重要原因。公私关系也有很大进步，多种经济成分在国营经济领导下各得其所，通过国家计划达到统筹兼顾，利于全局，减少了生产盲目性。① 根治淮河一期工程胜利完成。② 国家财政收入 133.1 亿元，总支出 122.5 亿元，结余 10.6 亿元。③ "全国物价在朝鲜战争条件下，基本上没有波动，只有微小的上涨"。"国家在恢复与改造经济及文化事业方面，1951 年拨付了比 1950 年更多的资金"，"加速了经济及文化事业的恢复与改造的速度。"④ 周恩来高度评价说："这个成绩的伟大不亚于抗美援朝，不亚于镇压反革命，不亚于土地改革。掌握财经工作的同志，特别是陈云同志，在这方面确实是兢兢业业的。"⑤

陈云领导中财委谋划的抗美援朝开始后的财经工作方针，引导全国财经工作近一年半。1952 年 5 月，中共中央根据朝鲜战局的变化和国内经济恢复与建设需求，提出了"边打、边稳、边建"的财经工作方针，简称"三边"方针。

本章所述前三个方面的中财委关于新中国经济建设的基本工作思路，引领一个饱受战争创伤、经济基础薄弱、财力极其有限的新国家稳步进入经济建设健康发展的轨道，并取得明显成效。新中国成立初各类专业会议的召开，勾勒

---

① 参见《陈云文集》第二卷，第 312—313、315—317 页。

② 参见《中华人民共和国经济大事记（1949—1980）》，第 53 页。

③ 《中国工业五十年》，第一部下卷，第 1926 页。

④ 《建国以来重要文献选编》第三册，中央文献出版社 1992 年版，第 301 页。

⑤ 《周恩来年谱（1949—1976）》上卷，中央文献出版社 1997 年版，第 174 页。

出新中国经济发展的初步蓝图，使人们对新中国经济建设工作如何开局有了一定的认识。从基本国情和旧中国遗留的经济现状出发，中财委选择以城乡交流为基本路径，推动工农业经济的恢复，进而带动了整个国民经济的运转。确定水利和交通为经济恢复的重点，使新中国成立初期有限的财力用到了能够对国家经济建设的全局产生最优化的影响方面。这三项工作的实施过程，也是中财委在中共中央和政务院的领导下，凝聚中央与地方各级财经工作干部的集体智慧，探索新中国经济建设途径的过程。抗美援朝战争开始后，在中共中央、政务院领导下，1950年11月，中财委在第二次全国财政会议上谋划的财经工作方针，不仅支撑了抗美援朝战争开始后的大量军费，保证了国内经济秩序的稳定，且1951年财政没有赤字，并为1952年国民经济恢复的完成做出重要贡献。

结　语

新中国元年，不是简单的政权更替的一年，而是被压抑了一个多世纪的中国人挺起胸膛、站立起来，成为国家、社会和自己命运的主人，整个社会发生翻天覆地变化、破旧立新、向着人民民主制度奋力跨越的一年！

热烈的企盼和严重的困难同在。

中国共产党团结带领人民经过 28 年的浴血奋斗，完成了新民主主义革命，成立了中华人民共和国，实现了几代中国人梦寐以求的民族独立和人民解放，为中华民族的进步创造了前提。但这只是万里长征的第一步，前进征程上有着更加艰巨复杂的历史任务在等待新执政的中国共产党去担当，这就是巩固并建设新国家，把旧社会改造成新社会。历史性课题纵横交错，千头万绪。迅速医治战争创伤、恢复国民经济，建立社会经济新秩序，让人民安居乐业，在巩固政权、推动社会变革中具有决定性意义。共产党必须迅速熟悉并学会自己本来不熟悉的事情。国际国内等着看共产党笑话的不乏其人。"共产党军事一百分，政治八十分，财经打零分"[1]，这出自上海资本家之口，却反映了国内相当一部分人的观点。

在以毛泽东为核心的党中央和政务院的领导下，中财委以新中国元年出色的政绩在中华人民共和国经济史册的开端留下奠基之笔：迅速治理经济环境、开拓财经工作新局面、高效整合社会有限的人力和财力资源，在新旧社会交替、经济秩序从无序到初步有序转变的历史过程中，交出了一份出色答卷。这份答卷向中国社会和国际社会表明：中国共产党不仅能够领导人民取得新民主主义革命的胜利，创立新国家，而且能够领导人民巩固新社会、建设新国家，逐步完成由新民主主义过渡到社会主义的新飞跃。

---

[1]　《陈云文选》第二卷，第 60 页。

一、中财委在新中国元年的历史贡献

新中国元年的财经工作在现代经济史中具有开端和奠基的双重意义。当时国家经济"正处在一个重大的历史转折点。这就是在全国范围内改造半殖民地半封建经济而为独立自主的新民主主义经济的历史转折点，由落后到进步的历史转折点，由坏情况到好情况的历史转折点"[①]。在历史大变动时，并不是旧社会的一切事物都会立刻随之改变。但直接妨碍新社会秩序建立的因素，必须及时革除。这些因素往往是在旧社会长期积累下来的痼疾，是新社会前进中迫切需要解决的问题。中财委在毛泽东、中共中央和政务院领导下，正是从解决这些棘手的难题着手，很快冲破了困局。

（一）结束旧中国持续 12 年之久的恶性通货膨胀，初步恢复城乡贸易系统，使社会经济环境发生根本性变化，为新中国经济的恢复和建设创造基础条件

国民党政府统治下的旧中国，在经济方面有两个突出顽疾：一是恶性通货膨胀，一是城乡交流阻塞。这两大弊端，与连年战争紧密相连，是旧社会长期积累下来的痼疾，严重破坏社会秩序，影响经济发展。

新社会是旧社会的产儿，旧的痼疾不经整治不可能自动消除。1949 年的中国经济，可谓千疮百孔，生产能力低下，城乡交流阻隔；通货膨胀严重，物价不断波动，社会经济秩序极度混乱。当时解放战争还在进行，军费及接收下来的旧人员，使人民政府的财政负担严重，不得不大量发行货币，进而加重了物价波动和经济动荡的隐患。这些因素相互作用，使新中国成立前后的经济形势异常严峻和复杂，先后发生四次大的物价波动。中财委如果不能整饬经济环境，国民经济恢复的局面难以打开，人民政权的巩固也要受到严重威胁。

通货膨胀这个毒瘤，已依附旧中国经济肌体 12 年之久。国民党政府曾采

---

① 《陈云文选》第二卷，第 100 页。

取种种措施进行治理，包括发行、税收、公债、控制物资、限制物价、币制改革等手段，都一筹莫展，未能奏效，直至财政经济总崩溃。在解放战争没有结束、人民政府财政负沉重的情况下，要解决这个久治未愈的痼疾，难度极大。

中国共产党创造了奇迹！1949年5月，初到中央参与筹组中财委的陈云，在毛泽东和党中央的支持下，协同中共华东局、上海市委和南京市委，6月在上海打赢了"银元之战"，基本结束中国近代国内货币流通市场长期混乱的局面，为整饬恶性通货膨胀创造先决条件。此后，资本家的投机活动从金融领域转向商品流通领域，聚集于粮食和纱布市场。陈云指挥刚成立的中财委，集中力量统筹调拨全国物资，掌控市场主要商品特别是粮食与纱布的供应，利用市场吞吐政策，狠狠打击投机商人，稳住第二次物价涨势。随后，7月27日至8月15日，陈云领导中财委主持召开上海财经会议，从金融、物价、财政、贸易、管理以及军事和政治多角度，确定了解决通货膨胀和财政困难的方针政策，大大提高人民政府在稳定物价斗争中的主动性和计划性，为各级财经干部认识和解决财政困难提供综合治理方案。

新中国成立后，依照综合治理方案，陈云领导中财委，通过调运物资，保障供给；发行公债，紧缩银根；集中抛售，控制市场；打击投机商人，维护正常秩序；适量发行，保障财政运转等几个方面共同发力，先后平抑两次物价涨风。为彻底消除通货膨胀隐患，1950年3月，在政务院领导下，中财委具体部署和指挥了全国财政统一。4月，全国经济状况开始好转，财政收支接近平衡，为弥补财政赤字而发行货币的局面结束了。5月下旬，全国物价出现稳定的局面。毛泽东高度评价，平抑物价、统一财经斗争胜利的意义"不下于淮海战役"，称道陈云理财之能！① 刘少奇在当年庆祝五一劳动节大会的演说中进一步指出："中国的财政经济，在历史上是没有统一过的。国家财政收支，在过去数十年中也没有平衡过，反动政府每年必须发行巨额的钞票和举借巨额的内外债才能过日子。中国的金融物价也是十二年来没有稳定过的，人民必须在通货膨胀的损失中付出巨额的资金。但是人民政府在战争尚未结束与发生灾荒及帝国主义封锁等情况之下，在很短的时期内，就实现了这些重大的措施，并达到这样的成

① 《若干重大决策与事件的回顾》上卷，第63页。

绩。这是任何反动政府都不能做到的，只有真正的人民政府才能做到。"①

中财委在领导平抑物价的斗争中，初步恢复了全国城乡物资交流，盘活了国内市场，为新中国经济肌体注入生机。这是关系建设新国家和新社会的全局性问题。城市和乡村是社会大系统中两个互相促进、互相制约的子系统。城乡协调发展是社会稳定和国民经济持续发展的基础。在旧中国，城乡对立情形十分严重。农民在工农业产品比价上不仅被帝国主义通过不等价交换所掠夺，同时还受着一般资本主义经济共有的城市剥削农村的原则所支配。1925 年以后，旧中国工农业产品比价剪刀差的总趋势不断扩大。城乡对立是国民党统治时期经济衰败无法得到解决的重要原因。

中财委对恢复城乡交流的重要性有着清醒的认识。中国是个农业大国，农村经济的恢复，是城市经济好转的基础，城市工业的引领又是农村从小农经济的局限中摆脱出来的前提。加强城乡交流，既是国民经济恢复的重要途径，也是促进新中国工业发展的必由之路。特别是新中国成立后，经济环境与旧中国相比发生很大变化。对外，中国经济不再依赖帝国主义，并且处在它们对新中国经济封锁下；对内，消费结构发生了变化，旧的消费性城市逐步向新的生产性城市转变。在这种情况下，城市只有面向农村，以农民生产的原料来生产农民需要的工业生产品，以换取粮食与原料。只有这样，才有可能迅速恢复和繁荣经济，建立独立自主的新民主主义的国民经济体系。恢复城乡交流，开拓农村市场，是使整个经济转动起来的枢纽。新老解放区土地改革的进行，又使农村整个经济环境发生根本变化，为城乡交流的开展创造了历史前提。

新中国成立前后，中财委从恢复全国范围的贸易系统着手，使城乡交流有所复苏。城乡交流的初步展开，有益于国家对物资的统筹调控，支持了平抑物价的斗争。全国财经的统一，从体制上保障了集中统一的贸易体制的确立，为新中国城乡关系的重建创造了条件。随后，中财委从实际情况出发，有步骤地注入公私商业资本，推动人民币下乡，为城乡交流的发展注入活力。正是在贸易系统和商业资本初步具备的基础上，新中国城乡交流才得以开展起来。为扭转市场萧条、私营工商业经营困难的局面，中财委把推销土特产作为进一步活

---

① 《刘少奇文选》下卷，第 15—16 页。

跃城乡交流、盘活经济的重要渠道，并在实践中获得好的成效。这里的关键是，收购土产增加了农民的收入。在中国这样一个拥有众多农业人口的大国里，只有采取恰当措施，提高农民收入，才可能真正拉动国内市场，畅通工业品的销路，从而有效地刺激和推动国民经济的恢复与发展。土特产品的购销，不仅为城市私营工商业产品开拓了农村市场，同时进一步促进了工业生产经营方向的转变，明示了中国工业恢复与发展的正确路径。1949 年 12 月，天津举办的工业展览会的订货情况明显表现出农村市场对工业品，特别是对生产机械的广大需求①。这种需求明确了新中国工业发展的方向：凡一切为广大农民所需要、有利于新中国工农业建设的工商业都是有希望、有前途的。中财委的这些工作，逐步改变了国民党政权时期城乡阻隔、城市剥削农村的恶疾，初步沟通了城乡经济联系，开辟了农村市场，使新中国经济恢复和发展获得较为稳定的国内市场，从而加强了经济发展的自主性，创造了国民党政府时期从未有过的经济活力。

通货膨胀和城乡阻隔以至对立，是国民党政府长期无法解决的问题，也是使旧中国经济衰败的全局性问题，中财委抓住这两个问题进行整治，就抓住了旧中国经济痼疾的要害，从而为新社会经济秩序的建立和国民经济的恢复创造了具有决定意义的条件。

（二）确立国营经济在多种经济成分中的领导地位，初步引导私人资本主义经济迈入国家资本主义经济的发展轨道，建立并巩固了新民主主义经济制度

新中国的诞生，在政治上意味着新旧政权的更替，在经济上标志着半殖民

---

① 参见《订购大批工业品》，《天津日报》1949 年 12 月 3 日。本报道具体列举了各地代表团在参观天津工业展览会后，订购大批工业品的具体情况，总的情形是"不少工厂存货售罄并承受水车麦粉机等大量订品"。经初步订货分析，可以看出三个问题：第一，订出的机器较多，说明不是工业品没有销路，而是要适合农村需要。第二，由于几十年城乡阻隔，各厂均原料不足，存货不多，一旦城乡交流畅通，供不应求；目前需要努力提高生产率，缩短制作时间，减少运输成本等，才能适应明春大生产运动。第三，为推动城乡交流，需要组织工商业专家下乡，切实了解农民需求；对农民订货要加强指导，并要加强对公私贸易配合等问题的研究。

地半封建经济形态向新民主主义经济形态的转变。在这个转变过程牢固确立新民主主义经济制度是巩固新社会秩序的基础。

中财委自成立后，即参与领导了各大城市接管中的国营企业接收工作。1949 年 10 月 25 日，政务院决定，陈云为政务院指导接收工作委员会主任，领导中财委承担接收国民党政府人员及资材的重任。11 月 11 日，政务院第五次会议批准陈云《关于指导接收委员会工作报告》。随后在中财委指导下，接收官僚资本，没收敌伪财产，征购、代管、收购外资在华企业及海关，加上新中国成立前解放区建立的公营工业，使国营经济拥有了对国家经济命脉的控制权。

在官僚资本和敌伪产业接收和没收中，最复杂的问题是产权归属的划分。中财委私营企业局于 1950 年春先后拟订《关于处理官僚资本的初步意见》和《关于处理敌伪产业的初步意见》两个文件，经过实践，10 月 31 日正式出台《中财委关于统一清理公私合营企业公股的决定》，以及《公私合营企业公股公产清理办法》，对要清理的公股范围、主管机关、清理改组程序、清理期限等问题提出细则；避免了接管工作中国家财产的流失，充实了国营经济力量，也锻炼和提高了财经干部对产权划分、财产接管等方面的政策水平。

在治理通货膨胀、稳定物价的斗争中，中财委凭借人民政权的力量，控制和统筹调拨物资，战胜投机资本，确立了国营贸易在市场中的领导地位。财经统一工作，进一步加强了国家控制社会经济的权力，为国营经济的发展和在多种经济成分中领导地位的确立，创造了体制方面的条件。

增强国营经济的实力，是巩固国营经济领导地位的根本条件。1949 年 11月 1 日重工业部成立，陈云兼任部长，指导中财委工业考察团，对全国主要工业区生产情况考察近一个月，并协调了全国工业干部包括苏联专家的调配。在此基础上，陈云领导重工业部，指导全国各大国营企业，克服重重困难，迅速恢复和发展生产，在战争废墟上重建、扩建或新建企业，使生产步入正常轨道。

接收下来的官僚资本企业，虽然性质发生根本变化，但企业本身的组织不合理。要使国营经济真正发挥领导作用，必须对接收过来的企业进行改造，建立适合于新的社会制度和社会环境的企业管理制度。中财委指导国营企业进行了民主改革和生产改革。通过民主改革，去掉原官僚企业中的陋习和弊端，在企业内部建立起社会主义秩序，提高和加强了工人阶级的主人翁地位和生产积极性，改善了工人的劳动条件和生活条件。通过生产改革，解决企业科学管理问题，逐步建立了国营企业经济计划编制体系、国营企业统计制度、规范国营企业利润的提缴和折旧费的解缴，将国营企业纳入国家计划的经营轨道；并摸索企业的科学分工，注意劳动与技术结合，推进先进作业法，改进生产方式等。民主改革和生产改革为国营企业的健康发展创造了重要条件。

国营经济的迅速恢复和逐步强健，改变了新民主主义经济结构中社会主义经济和资本主义经济的力量对比，使国营和公营经济在原料、市场、资金等方面处于绝对优势地位，具备了协调、引导其他经济成分健康发展的能力。在1950年工商业调整中，中财委按照中央部署将工作着力点放在公私关系、产销关系、劳资关系的协调上，使营经济领导下的公私兼顾、劳资两利，分工合作、各得其所的新民主主义经济格局进一步稳固；加工订货的国家资本主义初级形式的运用，使民族工商业有了全新的发展空间。

以国营经济为领导的新民主主义经济制度的确立和巩固，在经济和阶级基础上夯实了共产党的执政地位，保障了新民主主义经济的社会主义发展方向，并为人民政权的巩固积累了物质基础。加上新中国元年刘少奇指导进行的合作社经济的整顿与发展，1950年冬主持领导的土地改革运动，使新民主主义经济制度进一步巩固，为新中国迈入第二个年头，有力量支撑并打赢抗美援朝这场震惊世界的立国之战，在制度和物质两个方面准备了条件。

（三）统一全国财经，初步建立符合国情与经济发展要求的集中统一的国家宏观经济管理体制

新中国成立前夕，以毛泽东为核心的第一代中央领导集体已有了较为成熟的执政思路："在革命胜利以后，迅速地恢复和发展生产，对付国外的帝国主义，使中国稳步地由农业国转变为工业国，把中国建设成一个伟大的社会主义国家。"由于中国的私人资本主义工业，占了现代性工业中的第二位，是一个不可忽视的力量。中国民族资产阶级及其代表人物受帝国主义、封建主义和官

僚资本主义的压迫或限制，在人民民主革命斗争中常常采取参加或者保持中立的立场；且新中国经济处于落后状态，革命胜利后一个相当长的时期内需要尽可能地利用城乡私人资本主义的积极性，以利于国民经济的向前发展，"一切不是于国民经济有害而是于国民经济有利的城乡资本主义成分，都应当容许其存在和发展"①。照顾这一历史特点《共同纲领》没有写明社会主义前途。这一基本国情决定中国共产党执政后，在新民主主义国有经济为主导的多种所有制经济结构基础上，不可能照搬苏联式的计划经济体制，也不可能搬用西方资本主义的市场经济体制，具体建立何种经济管理体制尚需要实践探索。中财委在新中国元年，为建立适合新中国新民主主义经济状况的经济管理体制，并初步运用这一体制促进经济健康发展作出突出贡献。

在治理通货膨胀的过程中，中财委已深感巨大财政困难的压力，而且恢复国民经济需要的物质与资金支持，客观上都要统一管理和使用当时十分有限的财力物力，做到节约支出，平衡收支，紧缩通货，建立正常稳定的经济秩序。过去形成的"统一领导，分散经营"的体制，已同新的形势和任务不相适应。为了确保物价稳定，争取财政经济情况好转，必须从根本上采取措施，实现财政收支、售货进出、物资供需三大平衡，进一步统一全国的财经工作。这是当时战胜帝国主义经济封锁和不法资本家的投机活动，克服困难、争取财政经济状况根本好转、尽快恢复国民经济必不可少的要求，是关系新生人民政权能否巩固的重大问题。

中财委依据中共中央的决策，具体领导全国财经统一工作，使中央与地方在财政、金融、贸易等方面的权限得到初步划分，实现了从战时"统一领导，分散经营"的经济管理体制向和平建设时期"统收统支"的经济管理体制的转变。新中国集中统一的宏观经济管理体制就是在全国财经统一的历史进程中逐步形成的。这一管理体制适应当时多种所有制经济结构，保留了一定的市场经济机制，同时又有利于人民政府集中统一整合、动员和管理有限的经济力量。

对于财经统一的历史意义，胡乔木有过很好的论述。他说：这种统一首先是为了把能集中使用的力量都集中起来，以便战胜当时所面临的严重困难。同

---

① 《毛泽东选集》第四卷，第 1437、1431 页。

时，也是为了使中国这样一个地大人多、贫穷落后的国家，能够把仅有的一点物质力量管好用好，足以维持全国的统一安定，有能力调剂各地区和应付各种意外，并且有计划有步骤地恢复和发展经济，保障和逐步改善人民生活。这种统一在中国历史上没有过。"这种办法既不是出于事前预定，也不是出于国外的成规或建议，而只是在特定情况下的惟一选择。这当然是说的共产党所能作出的选择，共产党以外的任何力量即使想这样做也做不到"①。

集中统一的经济体制在新中国初年得以确立，有两个重要前提：第一，政务院财政经济委员会的成立，内部机构的完善，工作制度的确立，各大行政区及所属省、市、县财经机构的配备整齐，形成了强而有力的组织系统。第二，国营经济领导地位和国家预算决算制度的确立，为国家集中经济体制的形成提供了经济力量和体制上的支撑。特别是在国营企业领导地位的确立过程中，中财委指导国营企业建立了经济核算管理制度，使中国经济在事实上步入有计划地发展的轨道。

通过财经统一而初步建立起来的集中统一的经济体制，意味着国家主导型经济运行机制的确立。财经统一，整合了国家、集体、个人的利益，使政府能够在社会各方面基本利益一致的基础上统筹全局，作出计划，制定政策，使建设计划的落实有了统一的物质基础。

在集中统一的管理体制下，为尽快推动经济的恢复和发展，中财委对私营资本主义经济与农村个体经济实行计划指导与市场调控相结合的管理：通过一系列立法和行政手段，取缔淘汰经济成分中不利于国计民生的部分；对于有利于国计民生的部分，在民主改革和调整的基础上，允许它按照市场需要的原则生存和发展。在工商业调整期间，通过推广加工订货、统购包销等国家资本主义初级形式，使私人经济自然逐步地纳入政府监督和国营经济领导下的计划经济轨道；并通过国家财政、金融政策扶持，通过国家的价格政策鼓励，引导私营小商小贩积极采购和贩运土特产，充分发挥市场流通作用，促进城乡交流的发展，推动了国民经济的恢复。

当然，在统一全国财经、国家计划配置资源机制建立的过程中，也出现了

---

① 《胡乔木谈中共党史》，人民出版社1999年版，第347页。

与当时五种经济成分并存相适应的市场配置资源机制的被忽视，以至被排斥而产生某些负面效应的情况；但新中国成立初乃至整个国民经济恢复时期的历史事实证明，由中财委具体领导建立的新中国集中统一的宏观经济管理体制和当时的国力、资源状况，以及经济运行发展状况是基本相适应的，因此大大促进了生产力的发展。

（四）从根本上开始扭转旧中国的经济结构，初步确立新中国经济发展战略和恢复重点

新中国元年，共产党从国民党手里接收过来的是一个极度贫穷落后的农业国，产业结构、城乡结构、地区结构都不合理。毛泽东在党的七届二中全会报告中指出，中国只有大约10%的现代性的工业经济，有大约90%的分散的个体的农业经济和手工业经济。新中国成立后，要尽快将城市生产恢复和发展起来，实现将消费城市变成生产城市的战略任务。[1] 七届二中全会后，薄一波特为新华社撰写了《把消费城市变为生产城市》的社论，明确"变消费的城市为生产的城市，是我们当前的重要任务"[2]，并提出具体实现路径。这成为中财委新中国元年转变经济结构的重要方针之一。

新中国的成立，使旧中国原"服务于帝国主义、官僚资本主义和封建主义的，以通货膨胀和商业投机为基本内容的经济上的虚假繁荣，突然不存在了"；凡"依靠帝国主义、封建主义和官僚资本主义以及通货膨胀和商业投机而存在而发展的一系列的社会经济组织，都顿时失去了依据"；"许多工商业突然萧条，停工、歇业、失业现象大量发生"，"半殖民地半封建经济的病态充分显露"。[3] 环境的变化，要求工商业按照新民主主义向社会主义发展的方向，组织和发展有利于国计民生的生产；依据人民利益改变经营方针和改造自身，把原来经济结构变为"面向人民""面向农村"的经济结构，在新社会获得新的发展前途。

---

① 参见《毛泽东选集》第四卷，第1430、1428页。

② 参见《薄一波文选》，第72—75页。

③ 《陈云文集》第二卷，第176页。

中财委主持的 1950 年工商业调整，通过调整公私关系，确立私人资本主义经济在国家经济领导下各得其所的格局；通过调整劳资关系，在私营工商业中建立平等、民主、两利、契约的新型劳资关系；通过调整产销关系，加强私营企业的计划性，克服生产的盲目性，改变不合理的经济结构。中财委计划局副局长孙晓村认为："调整工商业，是新民主主义社会的重要经济措施之一，其重要性仅次于土地改革。土地改革是把个体农民经济从封建的土地制度下解放出来，调整工商业则是把半封建半殖民地社会的工商经济组织，加以改造，使之能为人民大众服务，并且有发展的前途。"① 新中国元年的工商业调整，不仅巩固了新民主主义经济制度，同时有力地促进中国经济发生历史性转变和根本性改组，即"把中国国民经济从落后的、半殖民地半封建的轨道上，移到了进步的、新民主主义的、独立自主的轨道上来"②，为新中国经济结构的转变奠定基础和启动开端。

在破除和改组旧生产关系和经济结构的同时，中财委积极领导探索新中国建设之路。在 1949 年冬至 1950 年春，指导各经济部委召开一系列专业会议，承担了新中国经济恢复和建设如何开局的一系列重大问题的谋划。系列经济专业会议，如同色彩斑斓的画笔，绘制了新中国建设蓝图，确定全面恢复和重点建设相结合的经济工作方针，并据此拟定 1950 年生产计划和工作任务；使中央管理部门掌握大量经济情况，聚集大批专家和管理人员对各产业的发展全局进行研究和协调，从而降低或避免经济恢复过程中的盲目性，平衡产销关系，并从各个部门不同的角度，为全国财经统一作了准备。

新中国元年，国家财力物力人力都极为有限，百废并举不可能。中财委从基本国情和旧中国遗留的经济现状出发，确定交通和水利为经济恢复的重点，使有限的财力，对国家经济建设全局产生了最优化的影响。在回顾新中国元年工作时，陈云清楚阐述了经济恢复重点确定的思路。他说：要实现全国规模的恢复与发展中国工业，首先要创造一些基本条件。一是恢复交通，尤其是铁路交通。交通阻塞，会使全国城乡经济永远处于瘫痪局面，根本不可能进行工业

---

① 孙晓村：《关于调整工商业》，见《一九五〇年中国经济论文选》第三辑，第 152 页。
② 《陈云文集》第二卷，第 176 页。

的恢复和发展。二是恢复农业。通过农业恢复，迅速解决粮食与工业原料（尤其是棉花）的需求，同时为城市工业开辟广大市场；然农业恢复，目前最重要的关键，除完成全国土改外，即在于水利。只要几条主要河流能避免水灾，并起一定灌溉作用，加上若干农业技术改良，农业的面貌就可以大大改观。① 实践证明，确定交通和水利为经济恢复的重点，抓住了当时经济建设事业的牛鼻子，在新中国开局之年的经济恢复与发展全局中起到重要作用，并为以后经济的发展提供基础条件。

二、中财委在新中国元年政绩取得的主要原因

新中国财经工作起步的社会经济基础是十分差的，要建立与旧社会不同的新民主主义经济形态，需要经历一个复杂的破旧立新的改造和创新过程。为什么中财委在短短一年中能够奇迹般地基本完成这一历史转变过程，并取得对以后中国经济发展具有深远影响的成就呢？从历史的角度分析，有以下原因。

（一）有明确的指导思想

理论是从实践中概括出来的，又是指导实践的准绳。历史活动的主体如果没有明确的指导思想，其实践就会陷入盲目性。无论做什么事情都要有坚定的理论和明确的方针、政策，这是成功实践的首要条件。

中财委在新中国元年的领导活动具备这样的条件。以毛泽东为核心的党中央领导集体对于新民主主义经济应该如何搞，过去在各革命根据地已有一个较长的探索过程，到新中国成立初已形成较成熟的理论体系。1940 年，毛泽东在《新民主主义论》中初步提出新民主主义革命三大经济纲领；1947 年，毛泽东在中共十二月会议作的《目前形势和我们的任务》报告中对三大经济纲领作了更加明确的论述。1948 年，筹划新中国的重大事项提上日程后，毛泽东委

---

① 参见《陈云文集》第二卷，第 175—176 页。

托刘少奇集中力量研究新中国经济构成和发展道路问题。刘少奇在九月政治局会议和 12 月华北财经会议的讲话中，较为全面地阐述了新中国新民主主义经济构成、基本矛盾和建设途径等问题。同年，张闻天根据东北解放区的实践起草《关于东北经济构成及经济建设基本方针的提纲》报送中央，经刘少奇修改、毛泽东审定，使中共中央对新民主主义经济构成的认识更进了一步。在这些理论研究成果的基础上，毛泽东在 1949 年党的七届二中全会上深刻阐述了新中国新民主主义经济建设方针。随后，根据城市接管的实践，毛泽东提出处理公私关系、劳资关系、城乡关系、内外关系的"四面八方"政策，即公私兼顾、劳资两利、城乡互助、内外交流，使新中国新民主主义经济建设有了明确的政策思路。

新民主主义革命的三大经济纲领和新民主主义经济构成理论，是新中国新民主主义经济理论的两块基石，为《共同纲领》中新民主主义经济方针的确定提供了理论前提。毛泽东的"四面八方"政策，以及新中国成立后在七届三中全会上提出的"不要四面出击"的政策，为中国共产党在多种所有制经济结构基础上，指导恢复与发展经济提供了明确路径。正是因为有了充分的理论和明确的政策方针，中财委才可能在新中国元年的历史大变动中，较快理出工作思路，抓住主要问题，取得财经工作的重要成就，为新中国经济的发展赢得良好开局。

创造性的理论，同样需要并有赖于创造性的实践。中共中央拟定的新民主主义经济方针，只是为新中国财经工作的开展指明了方向和提供了基本思路。现实远比理论设想要生动和具体得多。实践活动中许多问题的解决并没有现成的方案，必须从具体情况出发，扎扎实实地进行探索。如果以形而上学和教条主义的思想方法和工作方法对待理论，即使理论准备再充足，方针政策再完备，也难以开拓工作局面。

在毛泽东和党中央领导下，中财委在新中国元年的财经工作中，能够有一个好的开局，很重要的在于他们注重调查研究，实事求是地从中国国情出发，将中共中央拟订的新民主主义经济理论和《共同纲领》中的财经方针，创造性地转化为符合现实财经工作发展客观要求的具体政策和措施，成功地领导了稳定物价、统一财经、调整工商业、确立国营经济领导地位和恢复国民经济等一系列重大财经活动，使整个社会经济在宏观上形成了有益于经济恢复和发展的秩序和机制。事实表明，实行由国家调控的统一的物资调拨，实行高度集中的计划经济管理体制，实行政府主导型的计划与市场调节相结合的经济运行方式，构成国营经济领导下的"分工合作、各得其所"的新民主主义经济格局，通过加工订货使资本主义经济逐步过渡到社会主义的国家资本主义初级形式，抓住城乡交流作为盘活社会经济的纽带，以交通和水利为经济恢复的重点等重大举措，都是与当时国情相符、趋利避害的最佳选择，是新民主主义经济理论在实践中的创造性运用。这些重大问题的指导方针是中共中央和中央人民政府确定的，但如果没有中财委创造性地对具体经济工作的统筹领导，这些决策的形成和落实都难以实现。中财委的实践活动，既为中共中央决策提供了鲜活的现实依据，也为中央决策的落实提供了坚强的组织保障。

（二）以人民利益为中心，同时注意协调和处理好新民主主义社会变革中各个阶层的利益关系

新中国五种经济成分并存，决定了社会情况的复杂性。在历史大变迁的过程中，需要解决的问题千头万绪，不可能毕其功于一役，必须在各种社会因素的相互作用中寻求能够妥善照顾各方利益的最佳方案，以保证社会的协调和稳定。

中财委把广大劳动人民群众的利益作为财经工作的根本出发点。共产党的根基在人民、血脉在人民、力量在人民；任何一项伟大事业要成功，都必须从人民中找到根基，从人民中积聚力量，由人民共同完成；没有人民的全力支持，就没有新中国。由此决定从人民的根本利益出发，是共产党领导下的财经工作中的最大政治。为此，陈云一再提醒财经干部要有政治观点，要有群众观点，中央人民"政府不是别的政府，是一个以共产党人为领导的全心全意为人民服务的政府"①。这是陈云领导中财委的重要立场。

在新中国元年，中财委运用财政、金融、物资、行政各方面措施，综合

---

① 《陈云文集》第二卷，第172页。

治理通货膨胀，稳定市场物价，改善财政状况；通过全国财政收支、金融管理、物资管理等方面的统一，理顺中央与地方关系；通过调整公私关系、劳资关系、产销关系，以扶助有利于国计民生的私营资本的发展，将其纳入国家计划的轨道；通过民主改革和生产改革牢固确立社会主义国营经济的领导地位，为新政权的巩固提供现实的经济基础；通过城乡交流政策在经济上活跃国内市场，政治上巩固工农联盟。这些问题的解决都关乎民生，关乎人民政权的巩固和发展，都是以人民根本利益为出发点和落脚点的。政治的视角是全局的视角。列宁说："一个阶级如果不从政治上正确地看问题，就不能维持它的统治，因而也就不能完成它的生产任务。"① 中财委在新中国元年的活动及达到的社会效果充分印证了这一真理。

中财委在注意以广大劳动人民根本利益为出发点的同时，也充分注意了政策的社会公众性。在五种经济成分并存的经济形态中，财经政策的公众性，对于协调各个阶层的利益，有着重要意义。毛泽东在中共七届三中全会上提出的"不要四面出击"的政策思想在财经工作方面的要求，就是要求人民政府能够协调好各个社会阶层之间的利益关系，最大限度维护好五种经济成分并存和共同发展的格局，建立并巩固广泛的统一战线，以减少社会动荡，为国民经济恢复提供稳定的社会环境。这是新民主主义社会性质和阶级状况的客观要求。陈云领导中财委在拟订政策时高度重视这个问题。比如，1950 年 1 月 27 日由政务院通过的《全国税政实施要则》，从生产、销售、所得、财产以及商事、产权凭证等各个环节规定全国统征 14 种税。这种税收制度，适应了当时包括大量私营工商业在内的五种经济成分并存的情况，便于把分散在各个环节的资金，通过税收集中起来，增加财政收入。对各种经济成分一律照章征税，便于协调和沟通公私关系，扩大物资交流；也便于国家安排市场，加强物价管理和企业的财政监督，在经济上有利于限制资本家的违法活动，在政治上有利于统一战线工作的开展。

在新中国成立之初社会大变革的动荡时期，由于中财委拟订政策注意从广大劳动人民群众的根本利益出发，同时又能够关照多种所有制结构的实际情

---

① 《列宁全集》第 40 卷，人民出版社 1986 年版，第 280 页。

况，最大限度注意了政策的公众性，从而使各个阶层利益得以协调和妥善处理，既保持了社会稳定，又最大限度调动了社会各阶层的积极性，利于了经济的恢复和发展，使中央人民政府广泛赢得民心。中财委在国家财经工作中能够显示出较强的社会调控力，就在于实施政策立足于广大劳动人民的根本利益，同时亦适宜了社会的公众性，所以能够为新民主主义经济的运转提供强有力的社会依托。

（三）具有强而有力地驾驭全局的领导能力

新中国元年，新旧社会更替、破旧立新，需要解决的问题千头万绪，如果没有把握全局的能力，就会被纷繁复杂、需要紧迫解决的各类问题牵着走，陷于盲目的事务主义。中财委内集聚了当时中共党内出色的经济工作领导者。陈云及薄一波、李富春都有着独当一面领导解放区财经工作的出色政绩；马寅初以及中财委内部的一些党外人士，拥有丰富的财经工作知识和经验；大批中共财经系统的干部都经过在各革命根据地实践的锻炼、拥有不同程度的从事财经工作的经历和经验。新中国的成立，党的工作重心的转移，经济恢复工作的全面开展，使全党上下都意识到经济工作在全局中的重要位置。学习经济工作本领，对于共产党员来说，如同过去在战争中上战场，在思想上日益重视；各级党的组织和地方人民政府对开拓经济工作也高度关注。在这些因素聚集的前提下，中财委在党中央、政务院领导下，展现出较强的执政能力，特别是驾驭全局的能力和战略谋划能力，很好地掌控了当时纷繁复杂的财经局势，统筹兼顾、有条不紊、分别轻重缓急地解决了一个又一个财经难题，摆脱了困境，掌握了国民经济恢复与发展的主动权，使新中国元年的财经工作有了一个良好的开局。

在新中国元年的历史进程中，中财委驾驭财经工作全局领导能力的特色，主要表现在以下几个方面：

其一，抓住关系全局的重点问题拓展工作局面。针对国民党统治时期社会经济形态存在的主要弊端，中财委坚持三条基本思路，即治理通货膨胀，稳定市场物价；统一全国财经，理顺中央与地方的关系；恢复城乡贸易，调整公私关系，确立国营经济的主导地位，扶助有利于国计民生的民族工商业的发展。这三个问题都是关系社会经济全局的问题；这三个问题的解决，使新中国财经局面很快发生重大变化。陈云自己也把抓准对全局有决定影响的工作开拓局面，作为新中国成立初期财经工作取得成功的一条重要经验。1951 年，他在回顾财经工作巨大成就时曾说：1950 年"我们做了很多工作，只有两个重点，一是统一，二是调整。统一是统一财经管理，调整是调整工商业。统一财经之后，物价稳定了，但东西卖不出去，后来就调整工商业，才使工商业好转。六月以前是统一，六月以后是调整。只此两事，天下大定。"①

对经济恢复工作，中财委同样是抓重点以开拓局面。前面已提到，陈云要求"实现全国规模的恢复与发展中国工业，首先要创造一些基本条件。第一是恢复交通，尤其是铁路交通。这一方面是革命战争的需要，另一方面也是沟通全国城市与农村的需要。阻塞的交通，将永远使全国城乡经济处于瘫痪的局面，根本不可能进行工业的恢复和发展。第二是恢复农业。迅速解决粮食与工业原料（尤其是棉花）的需要，同时，改善农民生活，也为城市工业开辟广大的市场。农业适当恢复之后，大城市的粮食供应与纺织工业的原料才能不依赖帝国主义，并使过去多少年来占我们国家主要入口项目的粮食、棉花所消耗的外汇，可以转而购买机器，为工业化积累资金"②。为了恢复农业，又着重抓了兴修水利的问题。陈云领导中财委谋划的这一新中国初年经济恢复的思路，抓住了中国经济发展中的要害问题，进而促使国民经济恢复任务提前较顺利地完成。

其二，把当前问题的解决和国家长远发展目标结合起来。新中国元年，亟待解决的财经问题是稳定、民生、统一。中财委在拟订方针和措施时，将这些亟待解决的问题与新中国建设的长远目标结合起来考虑。这一特色在新中国元年两度召开的各项专业会议，对新中国建设蓝图的谋划中，反映得特别鲜明。在落实新民主主义经济方针时，既要考虑调动各种经济成分的作用，又要考虑到为向社会主义过渡准备条件。这是新民主主义社会发展规律的客观要求。新

---

① 《陈云文选》第二卷，第 138 页。
② 《陈云文集》第二卷，第 175 页。

民主主义社会最终是要向社会主义社会过渡的，在经济上保障国营经济的领导地位，是在政治上正确把握社会发展方向所必需的。而中国社会生产力状况又决定了，不恰当地对待私营经济，有害于国民经济的恢复和发展。中财委在稳定物价、统一财经、调整工商业等项重大财经活动中，将眼前问题的解决和长远目标的实现相结合，实施了恰当的政策，既保护了多种经济成分的协调发展局面，又加强了国营经济对其他经济成分特别是私营经济的影响力，保证了中国历史的社会主义发展方向。

其三，遵循经济发展的客观规律，运用综合治理的方法，解决复杂的财经问题。这是中财委新中国元年实践活动的突出特点，也是历史活动成功的突出缘由。各种经济措施的综合运用，往往会产生影响全局的重要效果。新中国成立前后，在稳定物价问题上与资产阶级的几次较量，是中财委依据货币和物价运动规律，运用金融、贸易、财政、生产等经济手段，辅之以必要行政干预，综合治理通货膨胀而成功的范例。这种综合手段的运用在 1949 年 11 月平抑物价的斗争中，表现得尤为突出。在以后统一财经、工商业调整的经济体系发生重要历史转变的过程中，中财委都注意按照经济发展的内在规律，采取适应当时经济情况的综合治理政策，在实践中取得了好的效果。从另一个角度看，新中国元年运用综合手段治理财经问题，反映出中财委强调要在政府管理下充分发挥市场作用的重要思路。这为后人留下深刻的启示。

尊重经济规律，还表现在中财委有一条明确的从经济到财政的工作思路，而不是相反。当财政面临困境的时候，做财经工作的干部容易囿于单纯解决财政问题的狭隘眼界。对这种错误思路，毛泽东在延安大生产运动中就曾严厉批评过。[①] 但这种狭隘的、抓不住要害的思维方式，在部分财经工作干部中仍没有完全克服。新中国成立后，在管理税务的干部中仍存在"只管强调收入，而忽略培养税源，不很关心经济和生产情况"，出现了厘定的税率与经济发展状况不符的情况，故用很大力量突击征税，"结果不但弄得大家喊叫，而任务亦

---

① 毛泽东说：党内"有许多同志，片面地看重了财政，不懂得整个经济的重要性；他们的脑子终日只在单纯的财政收支问题上打圈子，打来打去，还是不能解决问题。"因为他们不懂得"财政政策的好坏固然足以影响经济，但是决定财政的却是经济。未有经济无基础而可以解决财政困难的，未有经济不发展而可以使财政充裕的。"《毛泽东选集》第三卷，第891页。

未完成"①。陈云对这种错误思路同样给予严厉批评。经过6月公私关系和税收的调整，国家财政收入逐渐增加。1950年第二届税务会议后，盐税减低一半，不但没有影响税收任务的完成，反而促进了盐的运销。陈云在领导中财委的工作中，始终强调要把目光放远，不能就财政问题解决财政问题，而是要以经济的发展促进财政问题的解决，经济的发展在整个财经工作中永远处于基础和中心位置，其他社会问题只有在发展生产的前提下，才能获得最终解决。

强调尊重经济规律，并不排斥在特定情况下，用行政手段处理经济问题。社会的发展并不是自然的历史过程，而是有意识的人的实践结果，顺应时势的政府干预，能促进经济的发展，而不是相反；何况经济领域内出现的问题，还有不少非经济因素在起作用，因而拟订措施时往往也需要辅助某些经济以外的手段。新中国成立之初，中财委在指挥运用综合财经手段稳定物价同时，在政治上采取强硬措施打击投机资本，从而加强了国家对财政金融的领导权，扩大了人民币的城乡市场，初步改变了因投机活动所造成的金融市场的混乱局面。打击投机资本的强硬行政措施，赢得了具有全局意义的经济成果：城市工商业得到治理整顿，国家基本上控制了投机资本哄抬物价造成的混乱局面，增强了国营商业的调控能力，增加了国家财税收入；城市工商业的经营状况和承税能力逐步上升，为国家采取进一步的经济措施、创造了有利条件。在社会资源短缺的情况下，中财委依靠中央政府的行政力量实现了国家财经统一，达到了实现调控经济的目的。事实表明，在稳定物价、统一财经、调整工商业、进行国有企业民主改革和生产改革的一系列经济活动中，中财委实行的一系列行政管理措施都形成了对财经工作有全局意义的结果。

另外，在破旧立新的新中国元年，中财委还注意了在历史转变时期力争不要破坏不应当破坏的事物；这也是毛泽东在新旧社会过渡时期提出的一条重要原则②，是对社会变迁进程中的重要规律性认识。这样做可尽量降低变迁中的破坏性，保持社会稳定，减少震动和避免冲突，以利于新生政权巩固和人民生活安定。为此，中财委在财经工作中注意把原则的坚定性和政策的灵活性结合

---

① 戎子和：《一九五〇年财政工作总结及一九五一年工作的方针和任务》（1951年3月30日），见财政科学研究所编：《十年来财政资料汇编》（第二辑），财政出版社1959年版，第27页。

② 参见《毛泽东文集》第六卷，第54页。

好。如对官僚资本全部没收，对官僚资本主义企业的管理机构和一般工作人员却采取"原封不动"地先接收下来的原则；对旧的政府机构从上到下彻底打碎，对一般工作人员全部包下来，实行所谓"三个人的饭五个人吃"的政策；对不法资本家的投机行为坚决斗争和打击，但严格有别于对待官僚资产阶级的政策和策略；对有利于国计民生的资本主义工商业积极扶持和引导，但严格执行公私兼顾、劳资两利的政策。这一系列政策的实行，达到了最大限度减低社会内部在变革过程中的冲突和保障社会稳定的目的。尤其是陈云在国家财政十分困难的情况下，力主多留用旧人员，实施"三个人的饭五个人吃"的政策；这项政策表面上看是增加了财政负担，但因保障了这部分人的就业，减少了社会动荡，稳定了社会秩序，巩固了人民政权，也可以使有一技之长的旧人员能在社会经济发展中继续发挥作用，由此产生的社会效应，远远超出了财政政策所能达到的目标。

（四）调查研究，多谋善断的工作作风

新中国元年，面对纷繁复杂的问题，中财委之所以能够抓准解决问题的切入点，为新中国经济的恢复和发展开辟可行的路径，与陈云和中财委其他领导干部多谋善断的工作作风有着密切关系。

中财委多谋善断的作风，突出表现在"谋"上，"谋"是"断"的基础。陈云一贯强调，经济工作不能单凭热情，决策必须建立在充分调查研究、了解情况基础上。每临重大决策前，他总要部署中财委有关部门认真进行调查研究，对问题反复讨论，周密思量，权衡各种利弊得失。如派出考察团，实地了解情况；查阅各类经济资料，为决策提供参考；召开各种会议，广泛听取方方面面意见等。特别是中财委在新中国第一年两度举行较大规模的各类专业会议：一次是在 1949 年末至 1950 年初，为拟订各部门 1950 年经济建设恢复和发展规划，曾召开 23 个专业会议；一次是在 1950 年夏私营工商业调整期间，为协调产销关系，摸清各行业和市场情况，拟定各行业发展方向和调整政策，曾召开 36 个专业会议。这些专业会议都是在中财委领导下，由各财经部委主持召开的。会议通过的各项决议，除经中财委核准外，都由中财委向党中央及

政务院分别报告，其中特别重要的经中共中央、政务院批准后分别通知各级党委及政府保证执行。所有会议完毕后，要求各地代表各自向其所属党委、政府报告，取得党政机关的指示和支持。实践表明，专业会议是党委、政府、业务工作部门联合探索新国家经济工作的一种重要谋划和决策方式。情况真正弄清了，决策也就不难了。

然而，"谋"的目的是为了"断"。寡谋武断不可取，好谋无决、没有要点，同样不可取。中财委的多谋善断表现在摸清情况后，即能抓住要害，作出决断，采取强有力的措施，抓紧不放，不折不扣地坚决去做，直到抓出应有的结果，进而带动全局发生重要变化。这是中财委工作作风上的重要特点。

在1950年人民胜利折实公债发行中，中财委多谋善断的作风表现得十分明显。以发行公债弥补财政赤字的想法，在1949年7月上海财经会议上就提出了，并经过充分酝酿，向中央报告了具体实施方案。党中央经了解情况，考虑到发行公债可能会引起民族资产阶级对新政权的不满，决定暂不发行公债。当财政赤字引起的通货膨胀及物价上涨，对新政权的生存造成严重威胁的情况下，陈云、薄一波果断地再次向中央建议发行公债，以弥补财政赤字。中央同意了陈、薄的意见。随后中财委采取坚定有力的措施，在全国推销公债。由于措施计划周密，实施坚决，一期公债发行十分顺利，很快在弥补财政赤字、稳定金融物价方面产生效果。这以后，全国财经统一，使财政收支趋于平衡，物价逐步稳定，无须通过公债发行吸收社会游资、弥补财政不足了，且当时私营工商业又陷入了困境；据此，陈云、薄一波又及时向中央提出停发二期公债。陈、薄的建议亦被中央采纳。

正是因为中财委在多谋之后，能明察要点，当机立断，抓住主要矛盾带动全局战略性问题的解决，使困难重重、异常混乱的财经情势，在新中国成立后短短一年中便有了头绪，经济工作走上正轨，形成了较好的发展局面。

（五）重要的客观历史条件

中财委在短短一年中，能够取得具有重要历史意义的成就，固然同出色的谋划和行动力有关，但如果没有特定历史条件作基础，这些成就是难以实现的。

　　新中国的成立，使政权性质发生根本变化。人民民主专政的共和国代替了腐朽的国民党统治；由中国共产党、各民主党派、各人民团体等组成的中国人民政治协商会议，是人民政权的组织形式。新国体确立了劳动人民的主人翁地位，形成了广泛的人民统一战线；新国体和新政体的结合，最大限度地调动社会各方面积极因素，将全民族动员起来，为国家经济的复苏和财经工作新秩序的建立提供了充分的社会支持力量。这是国民党政权绝对办不到的。在经济上，人民政府以革命的方式铲除了旧中国经济体系中的特权，摆脱了对帝国主义的依附性，改变了半殖民地性质；在农村，进行土地改革，变革生产关系，实现了中华志士仁人几代追求的"耕者有其田"的社会理想。在此基础上初步建立了完全有别于国民党政权的、以国营经济为领导、五种经济成分并存的、独立自主的新民主主义经济体系。这为新中国财经工作其他方面的破旧立新提供了前提条件。

　　1949年底，解放战争在中国大陆已基本胜利结束，军费开支的压力有所缓解，使国家有可能够腾出较多的财力来致力于国民经济的恢复和财经问题的解决。外交方面的因素也是很重要的。新中国成立后，实行"一边倒"的国际战略，迅速同苏联和东欧的社会主义国家建立了外交关系。1949年12月16日，毛泽东出访苏联，签订了《中苏友好同盟互助条约》，确定了在政治、军事、经济、文化、外交方面全面的战略联盟，这一重大的外交举措，为新生的中华人民共和国在帝国主义封锁敌视的恶劣国际环境下得以发展创造了有利条件。同时，也取得3亿美元贷款和苏联的其他方面的援助。

　　1950年4月29日，刘少奇《在庆祝五一劳动节大会的演说》中，对于人民政府能够如此迅速解决国民党政府十几年都没有解决的痼疾、顺利推进国民经济恢复工作的社会基本条件有一个精辟的分析。他说：第一，帝国主义已经从中国赶走，许多特权已经被取消。"我们已把中国大门的钥匙放在自己的袋子里，而不是如过去一样放在帝国主义及其走狗的袋子里"。中国工业的发展不再受制于帝国主义的控制，"这就扫除了一百年来使中国工业不能发展的一个最大的障碍。"第二，"人民解放战争已接近于胜利的结束"，我们的国家将完全转入经济建设的轨道。第三，1950年老区土改将完成，新区土改将于秋季开始，并在两三年内基本完成。"如此，就能解放农村的生产力，以充分的粮食和原料供给城市，解决工业发展的市场问题。"第四，实现了国家财经统一和金融物价的稳定；为一切正当的工商业及其他生产事业创造了一个恢复和发展的条件。第五，拥有了进行建设的国际条件。《中苏友好同盟互助条约》的签订，"使我们已经有了一个强有力的同盟者"，"使我们能够放手地去进行建设工作"。① 这些因素都是考察中财委在新中国元年取得突出政绩时不能忽视的。正是在这些客观历史因素交互作用创造出的历史环境下，中财委治国理财方略才能够显示出国民党政府从未有过的社会动员力和社会控制力及贯彻中的高效性。没有这些因素的相互作用，不管中财委怎么努力，新中国财经工作历史性转变是不可能在短短一年中发生完全不同于国民党统治时期的变化的。

另外，中财委在新中国元年之所以能较快奠定财经工作的基础，与中共执政下形成的党、政、军、民高度统一的组织系统有着密切关系。在长期革命斗争中，共产党在广大乡村建立了一整套强而有力的组织系统。新中国成立后，中央人民政府依据《共同纲领》着手建立了各级地方政权，使国家政权从中央到地方形成比较完整、有效的体系，进一步强化、完善并发展了已有的社会控制力量。中央人民政府成立时，全国还有部分地方没有解放，所以不少地方政权是在边解放、边建立的过程中展开工作的，政权具有军管的性质；尤其是1950年初建立的军政一体的大区政府，对地方具有很强的控制力，对中央整合地方的能力有很大帮助。全国政权体系的形成，使国家政权与所调控的社会建立了最直接的联系，社会动员力和整合能力得到充分发挥，形成全国一盘棋，根据国家政策统一调配社会资源和力量的局面。中财委领导的平抑物价斗争和统一财经工作在很短时期内得以完成的事实，充分展现了新中国政权组织系统所具有的强大整合社会的能力。

有的民主人士曾怀疑中共是否可以管好经济。陈云明确回答："如果一个一个来比，共产党员、共产党的干部，确实比不过资产阶级的企业家和资产阶级的学者，他们有知识、有经验。但是我们共产党是有组织的，以组织对个

---

① 《刘少奇选集》下卷，第13、15、16、18页。

人，这个力量谁也比不上。"① 在社会变革过程中，社会秩序的维持需要相对稳定、强而有力的政治秩序的保护。中共在战争年代形成、新中国成立后进一步完备的坚强、严密、高度统一的组织系统，在新中国成立初年复杂的国际国内环境下，高效发挥了政治平衡和组织控制的能力。在中共领导下，各级人民政府对全国人力、物力、财力的调配力、动员力和控制力，以及行动上的高度统一，都是国民党政府完全无法相比的。

对新中国成立初，党、政、军高度统一的政治体制的历史作用，国内学者有着十分客观的评价。他们认为："组织严密、纪律严明、受到人民拥戴的中国共产党成为各级政府的中枢，对于提高政府的权威和效率，对于迅速开展各项改革，建立新的社会秩序，都起到了不可替代的作用。这种体制具有效率高，使政府机构特别是基层政府能够有效运转的优点；但是，也容易导致以党代政和采取运动方式从事经济工作。在这个时期，总的来说，这一体制利大于弊。"② 笔者同意这种观点。政权资源所产生的能量，对社会经济新秩序的建立和经济的恢复及发展所起的推动作用，是中财委在新中国第一年指挥全社会经济活动得以成功，并在财经工作方面取得巨大成就具有决定意义的成因。

另外，政权体系在经济工作中产生的巨大能量，与中财委在新政权体系中所处的重要位置也有密切关系。中财委在国家政权体系中处于较高位置，而且管辖范围较宽，由此决定了中财委在全国经济活动中的权威性，保障了国家经济方针政策得以切实落实。新中国元年财经工作的实践效应表明，中财委对纵向各级财委机构系统，对所领导的横向各类国家经济部门及下属系统，有着充分的驾驭和协调能力；在中财委有力的领导下，国家财经事务得到有效管理，《共同纲领》规定的新民主主义经济方针初步得到具体落实，在国家经济事务的管理过程中锻炼和提高了各级人民政府整合社会关系、解决社会矛盾、保持社会稳定的能力，并在实践中成长起一批新中国财经管理干部。中财委以出色的工作政绩，赢得社会各阶层对新政权的普遍认同。

---

① 参见《邓力群在国史第一卷初稿讲座会上的讲话》（1993 年 8 月 26 日）。

② 《中华人民共和国经济史（1949—1952）》第一卷，第 964 页。

三、对中财委新中国元年活动的历史评价

中财委开国元年的实践及主要历史贡献，开启了中国经济史新的一页，是具有历史转折意义的开端，对新旧社会交替中的经济基础具有奠基作用和长远影响，为新中国的巩固和发展创造了经济制度、体制和物质的基础。

（一）中财委在新旧社会历史变迁中，成功完成了经济方面的历史性转变任务

在新中国元年，中国共产党实现和完成了由农村到城市、由革命到建设的工作重心转移，"财经工作已成为中央和中央局的主要议程"，"中央政治局现在几乎每次都要讨论财经工作"。在毛泽东"各中央局主要负责同志必须亲自抓紧财政、金融、经济工作，各中央局会议必须经常讨论财经工作"[①] 的明确要求下，不仅财经干部，全党都在积极探索管理国家和建设国家的有效途径。中财委是新政权中专门管理国家财经工作的领导机构。中财委通过新中国元年的工作，实现了由半殖民地半封建经济形态向新民主主义经济形态的初步转变，由战时经济体制向和平建设时期经济体制的初步转变，由解放区人民政府的局部经济管理向中央人民政府的国家经济管理的初步转变。这一初步转变带来了旧中国经济生活中从未有过的独立自主、城乡结合、中央与地方统一、产销运行逐步有序的社会新局面，使长期受战争蹂躏的中国人民得以摆脱通货膨胀、经济混乱、民不聊生之苦，在共产党引领下踏上了当家做主人、建设新国家的历史征程。这是翻天覆地的变化！

中国共产党在七届二中全会拟定的建国大计是：在完成新民主主义革命任务以后，"迅速地恢复和发展生产，从而创造条件使中国有可能稳步地由农业国转变为工业国，由新民主主义国家转变为社会主义国家"[②]。前一种转变是国

---

① 《毛泽东文集》第六卷，第 25、59 页。
② 《中共中央文件选集（一九四九）》第 18 册，第 196 页。

家现代化的转型，即建设现代化国家；后一种转变是国家社会形态的转型，即由新民主主义社会形态向社会主义社会形态的转变，建设社会主义国家。这两大转型所展现的国家发展目标，都符合中国社会发展的历史趋势。用历史发展的眼光分析，新中国元年的财经工作，对这两个历史性转变都作出了重要贡献。

（二）在破旧立新的历史发展中，探索和建立了符合国情、顺应中国历史发展方向、对国家经济发展有着长远影响的经济制度和体制机制

在新中国元年，由于新旧社会经济形态的交替，整个社会经济处于改组和改造的过程中，旧的不合理的经济体制和活动方式被逐步排挤出历史舞台，新的经济体制和活动方式逐步生成和发展。在这一历史过程中，中财委不仅解决了十分紧迫的财经问题，而且为实现财经工作方式的转变、探索新中国新民主主义经济发展道路作出重要贡献。新中国初年建立的以国营经济为主导的五种经济成分并存的新民主主义经济格局、集中统一的经济体制，以及与之相配套的国家为主导的财政、金融、贸易、海关等方面的具体财经制度，特别是国营企业内的经济核算制度，实现了国家政权对整个社会经济的主导和调控。历史证明，新中国初步确定的经济格局、体制和具体财经制度适合当时国情，是能够调动各阶级、阶层及各种有利于国计民生经济成分积极性，而促进生产力发展的最佳选择。

在新中国元年确定的经济体制和制度的框架下，新民主主义经济结构的渐变是向着有利于最终实现社会主义前途发展的：社会主义国营经济逐步壮大，领导地位得到加强；劳动者个体经济与社会主义国营经济发生日益密切的联系，合作社经济开始得到发展；私人资本主义经济得到改造，有利于国计民生的积极作用得到发挥，不利于国计民生的消极作用受到限制；国家资本主义的初级形式有所发展，对资本主义经济的管理制度开始建立起来。中财委在这一符合国情、顺应中国历史发展方向、对中国经济发展有着长远影响的经济发展道路的选择中，付出艰辛努力，作出重要贡献。

有的学者认为，新民主主义经济思想有三个组成部分：新民主主义革命的

三大经济纲领、新民主主义的经济结构、新民主主义经济管理思想。前两个部分在新中国成立前已经初步确定，1949 年以后的发展更重要的是在第三部分，即经济管理思想方面。[①] 中财委在新中国元年的活动，无论是从宏观、微观经济管理方面，还是社会经济发展方向方面，都大大充实了新民主主义经济管理思想，拟订的许多政策和措施，不仅落实了《共同纲领》中规定的新民主主义经济方针，而且以鲜活的实践经验充实了这一方针，对以后中国经济体制和制度的完善都产生了重要影响。

中财委在新中国元年财经工作方面取得的成就充分说明，中国共产党不仅能够领导革命取得胜利，建立人民政权，而且有能力运用经济手段管理好国家，建设新社会，带领人民奔向光明的未来。中国共产党执政地位的确立是历史的必然。

（三）在新中国起步的历史进程中，拟订了利于国家经济恢复和发展的经济战略，奠定了巩固新政权的物质基础

中财委在新中国元年的拟订的经济恢复方针和经济发展战略，使新国家经济得以迅速恢复，国家经济能力有较大提高。工业方面，包括生铁、钢材、发电机、机车等 26 种主要产品的产量，虽然在 1950 年尚未恢复到解放前最高产量，但都大大超过 1949 年的产量；农业方面，包括稻谷、小麦、大豆、牲畜等 13 种主要产品的生产情况也是如此。[②] 中国共产党执政一年后，便经历了抗美援朝战争，在艰难和严峻的国际国内形势下，新中国第一年积累的经济基础，使新国家拥有了应对突发事件的物质实力。

没有通货膨胀的治理，城乡交流的恢复，创造良好的社会经济环境；没有财经统一形成的宏观经济管理体制和机制，去整合有限的财力、物力并优化使用；没有新民主主义经济制度的确立和巩固，公私关系、劳资关系、产销关系在经济运行中合理格局的形成，以调动各种经济成分的积极性；没有国民经济

---

① 《中华人民共和国经济史（1949—1952）》，第 145 页。

② 参见《1949—1952　中华人民共和国经济档案资料选编（综合卷）》，第 932、933、929 页。

的重点恢复和发展战略的正确选择；新中国在短短一年内，能在极度残破不堪的经济基础上，获得巩固政权的物质力量是不可能的。第一年如果方向走偏，如果在物质和制度、体制机制方面没有一定的创造和积累，在随后出现的国际形势恶化、国内财政压力加大、经济恢复任务进一步紧迫的情况下，财经工作很难有所作为；而没有坚强有力的经济支撑，新政权在军事和政治上的胜利是难以巩固的。

特别是面对1950年下半年国际局势的恶化，中财委推出一系列措施，有效控制了国内金融市场出现的混乱局面，并在毛泽东和党中央及政务院领导下，拟订了"国防第一，稳定市场第二，其他第三"的抗美援朝开始后的财经工作方针，有条不紊地引领国家财经工作，坚实地踏上应对抗美援朝新形势和新任务的轨道。抗美援朝战争期间的财经工作实践充分证明，陈云领导中财委制定并根据实践发展不断完善的抗美援朝开始后的财经方针的正确和有效：1951年在支撑大量军费的情况下消灭财政赤字；1952年底圆满完成国民经济恢复任务；1953年起在坚实准备基础上开始实施第一个五年计划。在抗美援朝战争背景下，陈云领导中财委，不仅支撑了军需，恢复了国家经济，并为中国工业化起步作了重要准备。

但也必须清醒地认识到，中财委在开国元年取得的成绩，毕竟是新中国财经工作的初始，是在中共积累的已有政治和思想资源基础上迈出的第一步，也是探索的第一步。无论是经济工作领导方式和管理方法，还是经济运行机制和经济体制及具体财经制度，都是特定情况下的产物，有着明显的历史特点，并不是尽善尽美，尚处于初创阶段，只是有了一个基本框架，开了个好头，需要在实践中继续充实和完善。

中国共产党在革命战争艰苦的经济条件和复杂的经济环境局面下，锻炼出一支对党和人民忠诚、群众工作经验丰富、具有驾驭复杂局面的财经工作干部队伍，中财委主任陈云又有着丰富的财经工作经验，但从总体来说，中共管理国家经济的经验还很少，各级干部中真正精通经济工作规律的人屈指可数。然而，在新中国初期社会动荡、财力资源极其有限的情况下，必须全国一盘棋，统筹考虑问题，凸显中央政权在社会转型和变迁中的重要作用。由此出发，对政府工作人员特别是经济工作人员所具备的专业素质提出较高的要求，学习和探索领导全国人民进行经济建设的执政方式，对于中国共产党来说是长期的任务；不断变化的形势和任务，要求广大财经干部学习的新知识和探索的新规律将层出不穷。所以说，中财委在新中国元年的实践，只是初步尝试，一切有待于继续努力。

尽管如此，中财委毕竟迈出了第一步。这一步是在历史大转折、新旧交替，初掌政权的中国共产党毫无管理国家经验的情况下迈出的极其不容易的一步；这一步迈得符合中国历史发展方向，并为以后财经工作的继续开展提供了重要基础。万事开头难。新中国元年财经工作意义的重要和深远毋庸置疑。在中共中央、政务院领导下，中财委带领全党财经干部走好了破旧立新的第一年，以出色成就向世人证明，中国共产党不仅能领导革命取得胜利，建立人民政权，且有能力运用经济手段管理好国家，建设新社会，带领人民奔向光明的未来。这一年治乱兴衰的财经史，给后人留下宝贵的启示。

习近平总书记在 2019 年新中国 70 华诞之际，深刻揭示了 70 年来共和国奋斗历史留给我们的重要历史经验。他说："70 年披荆斩棘，70 年风雨兼程。人民是共和国的坚实根基，人民是我们执政的最大底气。一路走来，中国人民自力更生、艰苦奋斗，创造了举世瞩目的中国奇迹。"[1]"坚持中国共产党领导，是中国人民的历史选择"。[2]"中国共产党之所以赢得人民群众拥护和支持，就因为我们党始终坚守为中国人民谋幸福、为中华民族谋复兴的初心和使命"[3]等等。这些经过 70 年反复印证的真理认识，在新中国元年中财委破旧立新的实践活动中清晰可见。毛泽东早就说过："如果要看前途，一定要看历史"[4]！历史是一面映照现实的明镜，也是一本最富哲理的教科书。

---

[1]　习近平：《在全国政协新年茶话会上的讲话》（2018 年 12 月 30 日），《人民日报》2018 年 12 月 30 日。

[2]　习近平：《在人民大会堂会见"元老会"代表团时的谈话》（2019 年 4 月 1 日），《人民日报》2019 年 4 月 2 日。

[3]　习近平：《在内蒙古考察并指导开展"不忘初心、牢记使命"主题教育时的讲话》，《人民日报》2019 年 7 月 17 日。

[4]　《毛泽东文集》第八卷，第 383 页。

跋　语

本书的基础是笔者 2006 年于复旦大学历史系在职攻读博士时撰写的博士论文，题为《新中国第一年的中财委研究》。笔者的导师金冲及是国内外知名的中国近现代史专家，学识渊博，成果丰厚，治学严谨，有着丰富的治史经验和很高的史学造诣，在史学界享有盛誉。博士论文答辩委员会由中国史学会原会长、中国人民大学教授李文海，中国史学会原副会长、北京市学会原会长、北京师范大学教授龚书铎，华东师范大学原党委书记、教授张济顺，中国经济史学会原会长、中国社会科学院经济研究所现代经济史研究室研究员董志凯，复旦大学历史系原主任、教授、国内知名金融史专家吴景平组成。他们是历史学界和经济史学界著名的学者和专家，答辩时对笔者的博士论文提出很好的意见，并促成进一步完善。

《破旧立新：新中国元年的中财委》一书是在博士论文的基础上修改而成的。虽然全书框架没有大的变动，但从分析研究到文字表述都有很大变化。在此，要提到本书的审读人、中央财经委员会办公室副主任蒲淳同志。他在审读此书时，从政治思想高度和史学研究的深度两个方面，提出很好的修改意见，使本书在政治站位和史著严谨方面都有所提高。

新中国元年的财经历史，很好地展现了现代社会发展中政党、国家、社会之间互动的历史发展过程。在本书中，笔者关注了中共中央、政务院重大经济决策过程的研究，这方面的研究利于展现中国共产党整体的执政能力。党中央的决策所具有的广泛的政治动员力和强大的政治运作优势，是通过政府和国家职能部门落实和推进的，对中财委及其所属经济部门活动的研究，直接展现了这一历史场景；这方面的研究，有利于展现共产党区别于国民党的执政理念和效率、方法和作风，有利于党领导国家财经工作经验的总结。党的决策和政府施政能力能否达到预期目标，取决于社会民众的认同、支持和实际产生的社会效益，这方面的研究易于反映中国共产党执政巩固的历史必然性。总之，本书以中财委的活动为研究中心，注意拓展中共中央、政务院的领导决策和社会实施这两个层面相关的历史活动的研究，既侧重于国家大政方针、领导层决策过程的研究，也关注社会民众在政府实施党中央决策过程中的具体活动和态度的研究，力求展示给人们的这段历史，因拥有活生生的内容而客观和可信。

全书对中财委研究在总体思路上注意了三个结合：一是把中财委的活动和历史环境的研究有机结合，以此展示中财委是在怎样复杂困难的历史条件下，为新中国财经工作的开创和奠基而作出贡献的。二是把中财委的实践活动与中共中央、政务院的决策过程研究有机结合，以此展示中财委在实现由战时经济到和平建设的转变过程中，从实际出发，根据新的历史情况，创造性贯彻党中央、政务院的决策，积极探索新民主主义经济规律，逐步积累管理国家财经工作的经验，并为中共中央重大经济决策提供意见，为推进新民主主义经济向社会主义经济过渡而作出的贡献。三是把中财委的实践活动和地方人民政府及社会各阶层人民群众对中共中央决策的认同及落实有机结合，以此展现中财委领导全国财经干部，为恢复和发展国民经济，建立新民主主义经济秩序，赢得全国人民对共产党执政的认同、信任和支持所作出的贡献。另外，在大量的历史资料中，注重选择了上海、天津、北京三地财经情况作为个案分析。这三个城市在新中国成立前后的城市接管、经济恢复的历史进程中，有着典型意义。选择这三个城市作为个案分析，对透视历史全局有着重要帮助。

在本书写作中，笔者最深的思想体会是，中国共产党执政是人民的选择。民心不可违，"政之所兴在顺民心，政之所废在逆民心"，这是共产党取胜、国民党失败的最根本原因，也是共产党执政地位确立和巩固的根本原因。只要共产党始终坚持人民的立场，就能顺应历史潮流，把握好历史发展规律，立于不败之地。这是中国共产党取得政权和巩固政权最基本的历史经验。笔者最深的史学研究体会是，历史研究决不是对历史简单的复制，研究者必须以时代的眼光去审视历史。"思往事以知来者"，以史为鉴。从对历史的回顾、重读中，更好地认识现实，以汲取前进的智慧。对新中国元年中财委实践的研究，可以说是对中国共产党取得政权之初，开拓经济工作局面实践的研究。领导经济建设，对于长期从事武装斗争的共产党来说，是一个严峻的考验。但中国共产党成功了，人民政府一年的经济治理，是国民党政府十余年的努力无可比拟的，且处在强大的国际压力和严重的内患之下。这个成就是如何取得的？站在今天的历史高度，从总结党的执政经验出发，眷顾中财委在新中国元年的实践活动及党执政初年的历史，从中找出答案，这对于全体党员、干部坚持好不忘初心、牢记使命的制度，坚持好为人民执政、靠人民执政的各项制度，坚定不移地走好中国特色社会主义强国之路，有着重要的现实意义。

在书付梓之际，再次感谢导师金冲及先生对笔者的教育；感谢在笔者成长过程中支持和帮助过自己的领导和同志们；感谢本书审读人蒲淳同志的指教；感谢人民出版社的信任，特别是责任编辑刘伟同志的辛勤付出；感激已故父母的培养和教育；感激家人刘泳和女儿刘海丹对自己多年研究工作的支持。

人生的画卷漫长而美妙，最好的风景永远在路上。只要怀着一颗感恩的心、一颗敬业的心、一颗平常的心，坚持辩证唯物主义的科学精神，把个人理想与中华民族复兴伟业紧紧联系在一起，坚守住平凡，踏踏实实，勤于思索，不懈奋斗，就一定能够在平凡中创造出它应有的价值！

迟爱萍

2020 年 4 月 10 日于中共中央党史和文献研究院办公室

主要参考文献

一、中共中央、中央人民政府、政务院文献

1. 中共中央文献研究室、中央档案馆编：《建党以来重要文献选编（一九二一——一九四九）》第 25、26 册，中央文献出版社 2011 年版。

2. 中央档案馆编：《中共中央文件选集》第 15、16、17、18 卷，中共中央党校出版社 1992 年版。

3. 中共中央文献研究室、中央档案馆编：《中共中央文件选集（1949 年 10 月—1966 年 5 月）》第 1、2、3、4 卷，人民出版社 2013 年版。

4. 中共中央办公厅编印：《中共中央文件汇集》（内部本）1949 年和 1950 年部分。

5. 中共中央文献研究室编：《建国以来重要文献选编》第 1、2、3 册，中央文献出版社 1992 年版。

6. 中央人民政府法制委员会编：《中央人民政府法令汇编》，1949—1950 册和 1951 年册，人民出版社 1952 年版和 1953 年版。

7. 中共中央文献研究室编：《中华人民共和国开国文选》，中央文献出版社 1999 年版。

二、选集、文集

8.《毛泽东选集》第一、二、三、四卷，人民出版社 1991 年版。

9.《毛泽东文集》第五、六卷，人民出版社 1999 年版。

10.《建国以来毛泽东文稿》一卷，中央文献出版社 1987 年版。

11.《毛泽东外交文选》，中央文献出版社、世界知识出版社 1994 年版。

12.《周恩来选集》上、下卷，人民出版社 1980 年版和 1984 年版。

13.《周恩来论经济文选》，中央文献出版社 1993 年版。

14.《建国以来周恩来文稿》第一、二、三册，中央文献出版社 2008 年版。

15.《刘少奇选集》上、下卷，人民出版社 1982 年版和 1985 年版。

16. 中共中央文献研究室编：《刘少奇论新中国经济建设》，中央文献出版社 1993 年版。

17.《建国以来刘少奇文稿》第一、二册，中央文献出版社 2005 年版。

18.《朱德选集》，人民出版社 1983 年版。

19.《邓小平文选》第一卷，人民出版社 1994 年版。

20.《陈云文选》第一、二卷，人民出版社 1995 年版。

21.《陈云文集》第二卷，中央文献出版社 2005 年版。

22.《任弼时选集》，人民出版社 1987 年版。

23.《叶剑英选集》，人民出版社 1996 年版。

24.《李先念建国初期文稿选集（1949 年 7 月—1954 年 5 月）》，中央文献出版社 2002 年版。

25.《李先念论财政金融贸易（1950—1991）》上卷，中国财政经济出版社 1992 年版。

26.《董必武选集》，人民出版社 1985 年版。

27.《彭真文选》，人民出版社 1991 年版。

28.《李富春选集》，中国计划出版社 1992 年版。

29.《张闻天文集》第四卷，中共党史出版社 1995 年版。

30.《王稼祥选集》，人民出版社 1989 年版。

31.《薄一波文选》，人民出版社 1992 年版。

三、历史文献与资料汇编

32.政务院财政经济委员会编印:《1949 年中国经济简报》(内部编印)。

33.《胡乔木谈中共党史》,人民出版社 1999 年版。

34.《马寅初全集》第十四卷,浙江人民出版社 1999 年版。

35.中国社会科学院、中央档案馆编:《1949—1952　中华人民共和国经济档案资料选编》(共 12 卷):

(1)《综合卷》,中国城市经济社会出版社 1990 年版;

(2)《农业卷》,社会科学文献出版社 1991 年版;

(3)《工业卷》,中国物资出版社 1996 年版;

(4)《工商体制卷》,中国社会科学文献出版社 1993 年版;

(5)《金融卷》,中国物资出版社 1996 年版;

(6)《财政卷》,经济管理出版社 1995 年版;

(7)《对外贸易卷》,经济管理出版社 1994 年版;

(8)《商业卷》,中国物资出版社 1996 年版;

(9)《基本建设投资和建筑业卷》,中国城市经济社会出版社 1989 年版;

(10)《农村经济体制卷》,社会科学文献出版社 1992 年版;

(11)《劳动工资和职工福利卷》,社会科学文献出版社 1994 年版;

(12)《交通通讯卷》,中国物资出版社 1995 年版。

36.中华人民共和国国家经济贸易委员会编:《中国工业五十年(1949.10—1952 年)》第一部上、下卷,中国经济出版社 2000 年版。

37.中央档案馆编:《共和国雏型[形]——华北人民政府》,西苑出版社 2000 年版。

38.中国人民银行国库司编:《国家债券制度汇编(1949—1988 年)》(内部发行),中国财政经济出版社 1989 年版。

39.《中华人民共和国财政史料》(内部发行)共三辑:

第一辑,财政部综合计划司编:《财政管理体制》,中国财政经济出版社 1982 年版；

　　　　第二辑，财政部办公厅编：《国家预决策》，中国财政经济出版社 1983 年版；

　　　　第三辑，财政部税务总局编：《工商税收》，中国财政经济出版社 1987 年版。

40.国家统计局编：《我国国民经济问题研究资料》1960 年印（内部刊印）。

41.国家税务总局办公厅编：《全国税务工作会议主要领导者讲话汇编 (1949—1994)》，中国税务出版社 1995 年版。

42.财政科学研究所编：《十年来财政资料汇编》第二辑，财政出版社 1959 年版。

43.华北解放区财政经济史资料选编辑组编，山西省、河北省、山东省、河南省、北京市、天津档案馆合编：《华北解放区财政经济史资料选编》第一辑、第二辑，中国财政经济出版社 1996 年版。

44.北京市档案馆编：《国民经济恢复时期的北京》，北京出版社 1995 年版。

45.《上海解放一年(1949 年 5 月至 1950 年 5 月)》，解放日报社 1950 年版。

46.中共中央组织部、原中共中央党史研究室、中央档案馆合编：《中国共产党组织史资料》第四卷（上）全国解放战争时期（1945.8—1949.9），中共党史出版社 2000 年版。

47.中国第二历史档案馆编：《中华民国史档案资料汇编》第五辑第三编财政经济分类第（六）卷，江苏古籍出版社 2000 年版。

48.中国人民银行总行参事室编：《中华民国货币史资料（1924—1949)》第二辑，上海人民出版社 1991 年版。

49.泰国生、胡治安主编：《中国民主党派历史　政纲　人物》，山东人民出版社 1990 年版。

四、史著、史论、编年纪事

50.胡绳主编：《中国共产党的七十年》，中共党史出版社 1991 年版。

51.原中共中央党史研究室：《中国共产党的九十年（社会主义革命和建设时期）》，中共党史出版社、党建读物出版社 2016 年版。

52.中国社会科学院当代中国研究所：《中华人民共和国史稿（1949—1956）》第一卷，人民出版社、当代中国出版社 2012 年版。

53.许涤新、吴承明：《中国资本主义发展史》第三卷，人民出版社 1993 年版。

54.杨培新：《旧中国的通货膨胀（增订本）》，人民出版社 1985 年版。

55.张公权：《中国通货膨胀史（1937—1949 年）》，文史资料出版社 1986 年版。

56.朱建华主编：《东北解放区财政经济史稿》，黑龙江人民出版社 1987 年版。

57.王相钦：《中国民族工商业发展史》，河北人民出版社 1997 年版。

58.苏星著《新中国经济史》，中共中央党校出版社 1999 年版。

59.吴承明、董志凯主编：《中华人民共和国经济史（1949—1952 年）》，中国财政经济出版社 1999 年版。

60.赵德馨主编：《中华人民共和国经济史（1949—1966 年）》，河南人民出版社 1988 年版。

61.汪海波：《中华人民共和国工业经济史》，山西经济出版社 1998 年版。

62.杨希天等编著：《中国金融通史（1949—1996 年）》第六卷，中国金融出版社 2002 年版。

63.商业部商业经济研究所编著：《新中国商业史稿（1949—1982）》，中国财政经济出版社 1984 年版。

64.《新中国若干物价专题史料》编写组：《新中国若干物价专题史料》，湖南人民出版社 1986 年版。

65.成致平主编：《中国物价五十年（1949—1999 年）》，中国物价出版社 1998 年版。

66.项怀诚主编：《中国财政 50 年》，中国财政经济出版社 1999 年版。

67.尚明主编：《新中国金融 50 年》，中国财政经济出版社 2000 年版。

68.刘佐：《中国税制五十年》(1949—1999 年)，中国税务出版社 2000 年版。

69.军事科学院军事历史研究部著：《抗美援朝战争史》第一、二、三卷，军事科学出版社 2000 年版。

70. 中国经济论文选辑委员会编辑：《一九五○年中国经济论文选》，生活·读书·新知三联书店（共六册）：

  （1）第一辑 1951 年 8 月版；

  （2）第三辑 1951 年 9 月版；

  （3）第四辑 1952 年 2 月版；

  （4）第五辑 1951 年 8 月版；

  （5）第六辑 1951 年 9 月版；

  （6）第八辑 1952 年 2 月版。

71. 中央财经领导小组办公室编：《中国经济发展五十年大事记（1949.1—1999.10)》，人民出版社、中共中央党校出版社 1999 年版。

72. 廖盖隆主编：《新中国编年史》，人民出版社 1989 年版。

73. 房维中主编：《中华人民共和国经济大事记（1949—1980 年）》，中国社会科学出版社 1984 年版。

74. 中共中央党史研究室：《中国共产党历史大事记（1919.5—2005.12)》，中共党史出版社 2006 年版。

75. 中共中央党史研究室：《中华人民共和国大事记（1949—2009)》，人民出版社 2009 年版。

76. 当代中国研究所编：《中华人民共和国史编年》，1949 年卷和 1950 年卷，当代中国出版社 2004 年版和 2006 年版。

77.《中国人名大词典·当代人物卷》，上海辞书出版社 1992 年版。

五、年谱、传记、回忆录

78. 薄一波：《若干重大决策与事件的回顾》上卷，中共党史出版社 2008 年版。

79. 薄一波：《七十年奋斗与思考》，中共党史出版社 1996 年版。

80.《薛暮桥回忆录》，天津人民出版社 1996 年版。

81. 逄先知主编：《毛泽东年谱（1983—1949）》修订本下卷，中央文献出版社 2013 年版。

82. 逄先知主编：《毛泽东年谱（1949—1976）》第一卷，中央文献出版社 2013 年版。

83. 力平主编：《周恩来年谱（1949—1976）》上卷，中央文献出版社 1997 年版。

84. 金冲及主编：《刘少奇传》下卷，中央文献出版社 1998 年版。

85. 吴殿尧主编：《朱德年谱（新编本）》中卷，中央文献出版社 2006 年版。

86. 朱佳木主编：《陈云年谱（修订本）》上卷、中卷，中央文献出版社 2015 年版。

87. 金冲及、陈群主编：《陈云传》第二卷，中央文献出版社 2015 年版。

88.《陈云与新中国经济建设》编辑组编：《陈云与新中国经济建设》，中央文献出版社 1991 年版。

89.《缅怀陈云》编辑组编：《缅怀陈云》，中央文献出版社 2000 年版。

90.《董必武传》撰写组：《董必武传》下卷，中央文献出版社 2006 年版。

91.《董必武年谱》编辑组：《董必武年谱》，中央文献出版社 1991 年版。

92. 房维中、金冲及主编：《李富春传》，中央文献出版社 2001 年版。

六、理论指导文献

93.《邓小平论中共党史》，中共党史出版社 1997 年版。

94. 中共中央党史和文献研究院编：《习近平同志关于党史、文献和编译工作的重要讲话选编》（内部学习本），2018 年版。

95. 中共中央党史和文献研究院编印：《习近平论党史和文献工作》（内部学习本），2019 年版。

96.《中国共产党中央委员会关于建国以来党的若干历史问题决议》（1981 年 6 月 27 日）。

七、主要报刊参考资料

《人民日报》《新华月报》《北京日报》《解放日报》《新闻日报》《天津日报》《东北日报》《银行周报》《经济周报》《经济导报》《上海工商》《中国金融》（1949—1950 年）。

主题索引